内容简介

海商法作为现代法律体系的重要组成部分，是顺应海上贸易和海上运输的产生和发展需要而形成和确立的独立法律部门，以其特定的调整对象和适用范围而在各国的民商法领域中占有一席之地，并以诸多特点和特殊的法律规则制度而区别于其他法律部门。本书全面系统地介绍了海商法的框架体系，着重阐述了海商法各项法律制度的理论内容和学术观点，以帮助读者理解和掌握海商法的基本理论和法律制度规则的内容及其适用条件等。并且，根据学习和理解海商法理论的需要，本书还介绍了相关的具有代表性的国际公约和国际惯例，以便读者深入理解海商法的国际性特点。不仅如此，针对复杂多样的海运市场情况，本书在详述海商法理论体系的同时，还设置了“实例枚举”“知识链接”“学术前沿”等栏目，其价值在于：将复杂的海商法理论理解与处理海运的实践需要相结合，将繁复的制度规则的构建和运用与海运市场的典型事例或者出现的新现象、新情况相结合，为读者学习和研究海商法理论和制度建设提供了理论空间和发展视角，以促进我国海商法的制度完善和理论发展。

作者简介

贾林青　中国人民大学法学院教授，中国保险法学研究会副会长，中国商法学研究会理事。长期以来，从事民法、商法、公司法、信托法、保险法、海商法、破产法、律师实务等课程的教学和科研工作，独著或合著民法、商法、保险法、信托法、海商法等领域的著作数十本（套），发表有关民法、商法、公司法、保险法、海商法、信托法、破产法的专业论文百余篇。代表作包括《保险法》（普通高等教育“十一五”国家级规划教材、“十二五”普通高等教育本科国家级规划教材）、《海商法》、《信托法》、《中国信托市场运行规制研究》、《中国保险市场的法律调控》、《中国企业兼并与破产的法律规制研究》等。主编中国人民大学法学院海商法保险法研究所系列丛书《海商法保险法评论》第一卷至第十卷，并主持完成了中国社会科学基金项目“中国信托市场的法律调控”的研究，参与完成了教育部优秀青年教师基金项目“中国保险市场的法律调控”等多项国家级、省部级科研课题的研究。

总序

曾宪义

在人类文明与文化的发展中，中华民族曾作出过伟大的贡献，不仅最早开启了世界东方文明的大门，而且对人类法治、法学及法学教育的生成与发展进行了积极的探索与光辉的实践。

在我们祖先生存繁衍的土地上，自从摆脱动物生活、开始用双手去进行创造性的劳动、用人类特有的灵性去思考以后，我们人类在不断改造客观世界、创造辉煌的物质文明的同时，也在不断地探索人类的主观世界，逐渐形成了哲学思想、伦理道德、宗教信仰、风俗习惯等一系列维系道德人心、维持一定社会秩序的精神规范，更创造了博大精深、义理精微的法律制度。应该说，在人类所创造的诸种精神文化成果中，法律制度是一种极为奇特的社会现象。因为作为一项人类的精神成果，法律制度往往集中而突出地反映了人类在认识自身、调节社会、谋求发展的各个重要进程中的思想和行动。法律是现实社会的调节器，是人民权利的保障书，是通过国家的强制力来确认人的不同社会地位的有力杠杆，它来源于现实生活，而且真实地反映现实的要求。因而透过一个国家、一个民族、一个时代的法律制度，我们可以清楚地观察到当时人们关于人、社会、人与人的关系、社会组织以及哲学、宗教等诸多方面的思想与观点。同时，法律是一种具有国家强制力、约束力的社会规范，它以一种最明确的方式，对当时社会成员的言论或行动作出规范与要求，因而也清楚地反映了人类在各个历史发展阶段中对于不同的人所作出的种种具体要求和限制。因此，从法律制度的发展变迁中，同样可以看到人类自身不断发展、不断完善的历史轨迹。人类社会几千年的国家文明发展历史已经无可争辩地证明，法律制度乃是维系社会、调整各种社会关系、保持社会稳定的重要的工具。同时，法律制度的不断完善，也是人类社会文明进步的显著体现。

由于发展路径的不同、文化背景的差异，东方社会与西方世界对于法律的意义、底蕴的理解、阐释存有很大的差异，但是，在各自的发展过程中，都曾比较注重法律的制定与完善。中国古代虽然被看成是“礼治”的社会、“人治”的世界，被认为是“只有刑，没有法”的时代，但从《法经》到《唐律疏议》《大清律例》等数十部优秀成文法典的存在，充分说明了成文制定法在中国古代社会中的突出地位，唯这些成文法制所体现出的精神旨趣与现代法律文明有较大不同而已。时至 20 世纪初叶，随着西风东渐、东西文化交流加快，中国社会开始由古代的、传统的社会体制向近现代文明过渡，建立健全的、符合现代理性精神的法律文明体系方成为现代社会的共识。正因为如此，近代以来的数百年间，在西方、东方各主要国家里，伴随着社会变革的潮起潮落，法律改革运动也一直呈方兴未艾之势。

从历史上看，法律的文明、进步，取决于诸多的社会因素。东西方法律发展的历史均充分证明，推动法律文明进步的动力，是现实的社会生活，是政治、经济和社会文化的变迁；同时，法律内容、法律技术的发展，往往依赖一大批法律专家以及更多的受过法律教育的社会成员的研究和推动。从这个角度看，法学教育、法学研究的发展，对于法律文明的发展进步，也有着异常重要的意义。正因为如此，法学教育和法学研究在现代国家的国民教育体系和科学研究体系中，开始占有越来越重要的位置。

中国近代意义上的法学教育和法学研究，肇始于 19 世纪末的晚清时代。清光绪二十一年（公元 1895 年）开办的天津中西学堂，首次开设法科并招收学生，虽然规模较小，但仍可以视为中国最早的近代法学教育机构（天津中西学堂后改名为北洋大学，又发展为天津大学）。三年后，中国近代著名的思想家、有“维新骄子”之称的梁启超先生即在湖南《湘报》上发表题为《论中国宜讲求法律之学》的文章，用他惯有的富有感染力的激情文字，呼唤国人重视法学，发明法学，讲求法学。梁先生是清代末年一位开风气之先的思想巨子，在他的辉煌的学术生涯中，法学并非其专攻，但他仍以敏锐的眼光，预见到了新世纪中国法学研究和法学教育的发展。数年以后，清廷在内外压力之下，被迫宣布实施“新政”，推动变法修律。以修订法律大臣沈家本为代表的一批有识之士，在近十年的变法修律过程中，在大量翻译西方法学著作，引进西方法律观念，有限度地改造中国传统的法律体制的同时，也开始推动中国早期的法学教育和法学研究。在 20 世纪初，中国最早设立的三所大学——北洋大学、京师大学堂、山西大学堂均设有法科或法律学科目，以期“端正方向，培养通才”。1906 年，应修订法律大臣沈家本、伍廷芳等人的奏请，清政府在京师正式设立中国第一所专门的法政教育机构——京师法律学堂。次年，另一所法政学堂——直属清政府学部的京师法政学堂也正式招生。这些大学法科及法律、法政学堂的设立，应该是中国历史上近代意义上的正规专门法学教育的滥觞。

自清末以来，中国的法学教育作为法律事业的一个重要组成部分，随着中国社会的曲折发展，经历了极不平坦的发展历程。在 20 世纪的大部分时间里，中国社会一直充斥着各种矛盾和斗争。在外敌入侵、民族危亡的沉重压力之下，中国人民为寻找适合中国国情的发展道路而花费了无穷的心力，付出过沉重的代价。从客观上看，长期的社会骚动和频繁的政治变迁曾给中国的法治与法学带来过极大的消极影响。直至 70 年代末期，中国社会开始用理性的目光重新审视中国的过去，规划国家和社会的未来，中国由此进入长期稳定、和平发展的大好时期，以这种大的社会环境为背景，中国的法学教育也获得了前所未有的发展机遇。

从宏观上看，实行改革开放以来，经过二十多年的努力，中国的法学教育事业所取得的成就是辉煌的。首先，经过“解放思想，实事求是”思想解放运动的洗礼，在中国法学界迅速清除了极左思潮及苏联法学模式的一些消极影响，根据本国国情建设社会主义法治国家已经成为国家民族的共识，这为中国法学教育和法学研究的发展奠定了稳固的思想基础。其次，随着法学禁区的不断被打破、法学研究的逐步深入，一个较为完善的法学学科体系已经建立起来。理论法学、部门法学各学科基本形成了比较系统和成熟的理论体系和学术框架，一些随着法学研究逐渐深入而出现的法学子学科、法学边缘学科也渐次成型。1997年，国家教育主管部门和教育部高校法学学科教学指导委员会对原有专业目录进行了又一次大幅度调整，决定自1999年起法学类本科只设一个单一的法学专业，按照一个专业招生，从而使法学学科的布局更加科学和合理。同时，在充分论证的基础上，确定了法学专业本科教学的14门核心课程，加上其他必修、选修课程的配合，由此形成了一个传统与更新并重、能够适应国家和社会发展需要的教学体系。法学硕士和博士研究生及法律硕士专业学位研究生的专业设置、课程教学和培养体系也日臻完善。再次，法学教育的规模迅速扩大，层次日趋齐全，结构日臻合理。目前中国有六百余所普通高等院校设置了法律院系或法律本科专业，在校本科学生和研究生已达二十余万人。除本科生外，在一些全国知名的法律院校，法学硕士研究生、法律硕士专业学位研究生、法学博士研究生已经逐步成为培养的重点。

众所周知，法律的进步、法治的完善，是一项综合性的社会工程。一方面，现实社会关系的发展，国家政治、经济和社会生活的变化，为法律的进步、变迁提供动力，提供社会的土壤。另一方面，法学教育、法学研究的发展，直接推动法律进步的进程。同时，全民法律意识、法律素质的提高，则是实现法治国理想的关键的、决定性的因素。在社会发展、法学教育、法学研究等几个攸关法律进步的重要环节中，法学教育无疑处于核心的、基础的地位。中国法学教育过去二十多年所走过的历程令人激动，所取得的成就也足资我们自豪。随着国家的发展、社会的进步，在21世纪，我们面临着更严峻的挑战和更灿烂的前景。“建设世界一流法学教育”，任重道远。

首先，法律是建立在经济基础之上的上层建筑，以法治为研究对象的法学也就成为一门实践性很强的学科。社会生活的发展变化，势必要对法学教育、法学研究不断提出新的要求。经过二十多年的奋斗，中国改革开放的前期目标已顺利实现。但随着改革开放的逐步深入，国家和社会的一些深层次问题，比如说社会主义市场经济秩序的真正建立、国有企业制度的改革、政治体制的完善、全民道德价值的重建、环境保护和自然资源的合理利用等等，也已经开始浮现出来。这些复杂问题的解决，无疑最终都会归结到法律制度的完善上来。建立一套完善、合理的法律制度，构建理想的和谐社会，乃一项持久而庞大的社会工程，需要全民族的智慧和努力。其中的基础性工作，如理论的论证、框架的设计、具体规范的拟订、法律实施中的纠偏等等，则有赖于法学研究的不断深入，以及高素质人才，特别是法律人才的养成，而培养法律人才的任务，则是法学教育的直接责任。

其次，21世纪是一个多元化的世纪。20世纪中叶发生的信息技术革命，正在极大地改变着我们的世界。现代科学技术，特别是计算机网络信息技术的发展，使传统的生活方式、思想观念发生了根本的改变，并由此引发许多人类从未面对过的问题。就法学教育而言，在21世纪所要面临的，不仅是教学内容、研究对象的多元化问题，而且还有培养对象、培养目标的多元化、教学方式的多元化等一系列问题，这些问题都需要法学界去思考、去探索。

中国人民大学法学院建立于1950年，是新中国诞生后创办的第一所正规高等法学教育机构。在半个多世纪的岁月中，中国人民大学法学院以其雄厚的学术力量、严谨求实的学风、高水平的教学质量以及丰硕的学术研究成果，在全国法学教育领域处于领先地位，并开始跻身于世界著名法学院之林。据初步统计，中国人民大学法学院已经为国家培养法学专业本科生、硕士生、博士生一万余人，培养各类成人法科学生三十余万人。经过多年的努力，中国人民大学法学院形成了较为明显的学术优势，在现职教师中，既有一批资深望重、在国内外享有盛誉的法学前辈，更有一大批在改革开放后成长起来的优秀中青年法学家。这些老、中、青法学专家多年来在勤奋研究法学理论的同时，也积极投身于国家的立法、司法实践，对国家法制建设贡献良多。

有鉴于此，中国人民大学法学院与中国人民大学出版社经过研究协商，决定结合中国人民大学法学院的学术优势和中国人民大学出版社的出版力量，出版一套"21世纪法学系列教材"。自1998年开始编写出版本科教材，包括按照教育部所确定的法学专业核心课程和其所颁布印发的《全国高等学校法学专业核心课程基本要求》而编写的14门核心课程教材，也包括法学各领域、各新兴学科教材及教学参考书和案例分析在内，到2000年12月3日在人民大会堂大礼堂召开举世瞩目的"21世纪世界百所著名大学法学院院长论坛暨中国人民大学法学院成立五十周年庆祝大会"之时，业已出版了50本作为50周年院庆献礼，到现在总共出版了80本。为了进一步适应高等法学教育发展的形势和教学改革的需要，最近中国人民大学法学院与中国人民大学出版社决定将这套教材扩大为四个系列，即："本科生用书"、"法学研究生用书"、"法律硕士研究生用书"以及"司法考试用书"，总数将达二百多本。我们设想，本套教材的编写，将更加注意"高水准"与"适用性"的合理结合。首先，本套教材将由中国人民大学法学院具有全国影响的各学科的学术带头人领衔，约请全国高校优秀学者参加，形成学术实力强大的编写阵容。同时，在编写教材时，将注意吸收中国法学研究的最新的学术成果，注意国际学术发展的最新动向，力求使教材内容能够站在21世纪的学术前沿，反映各学科成熟的理论，体现中国法学的水平。其次，本套教材在编写时，将针对新时期学生特点，将思想性、学术性、新颖性、可读性有机结合起来，注意运用典型生动的案例、简明流畅的语言去阐释法律理论与法律制度。

我们期望并且相信，经过组织者、编写者、出版者的共同努力，这套法学教材将以其质量效应、规模效应，力求成为奉献给新世纪的精品教材，我们诚挚地祈望得到方家和广大读者的教正。

2006年7月1日

序言

法学教育是高等教育的重要组成部分，是建设社会主义法治国家、构建社会主义和谐社会的重要基础，并居于先导性的战略地位。在我国社会转型的新世纪、新阶段，法学教育不仅要为建设高素质的法律职业共同体服务，而且要面向全社会培养大批治理国家、管理社会、发展经济的高层次法律人才。近年来，法学教育取得了长足的进步，法科数量增长很快，教育质量稳步提高，培养层次日渐完善，目前已经形成了涵盖本科生、第二学士学位生、法学硕士研究生、法律硕士研究生、法学博士研究生的完整的法学人才培养体系，接受法科教育已经成为莘莘学子的优先选择之一。随着中国法治事业的迅速发展，我们有理由相信，中国法学教育的事业大有可为，中国法学教育的前途充满光明。

教育的基本功能在于育人，在于塑造德才兼备的高素质人才。法学教育的宗旨并非培养只会机械适用法律的“工匠”，而承载着培养追求正义、知法懂法、忠于法律、廉洁自律的法律人的任务。要完成法学教育的使命，首先必须认真抓好教材建设。我始终认为，教材是实现教育功能的重要工具和媒介，法学教材不仅仅是法学知识传承的载体，而且是规范教学内容、提高教学质量的关键，对法学教育的发展有着不可估量的作用。

第一，法学教材是传授法学基本知识的工具。初学法律，既要有好的老师，又要有好的教材。正如冯友兰先生所言：“学哲学的目的，是使人作为人能够成为人，而不是成为某种人。其他的学习(不是学哲学)是使人能够成为某种人，即有一定职业的人。”一套好的教材，能够高屋建瓴地展示法律的体系，能够准确简明地阐释法律的逻辑，能够深入浅出地叙述法律的精要，能够生动贴切地表达深奥的法理。所以，法学教材是学生学习法律的向导，是学生步入法律殿堂的阶梯。如果在入门之初教材就有偏颇之处，就可能误人子弟，学生日后还要花费大量时间与精力来修正已经形成的错误观念。

第二，法学教材是传播法律价值理念的载体。好的法学教材不仅要传授法学知识，更要传播法律的精神和法治的理念，例如对公平、正义的追求，尊重权利的观念。本科、研究生阶段的青年学子，正处在人生观、价值观形成的阶段，一套优秀的法学教材，对于他们价值观的塑造和健全人格的培养具有重要意义。

第三，法学教材是形成职业共同体的主要条件。建设社会主义法治国家，有赖于法律职业共同体的生成。一套好的法学教材，向法律研习者传授共同的知识，这对于培养一个接受共同的价值理念、共同的法律思维、共同的话语体系的法律共同体，具有重要的作用。

第四，法学教材是所有法律研习者的良师益友。没有好的教材时，一个好的教师或可弥补教材的欠缺和不足，但对那些没有老师指导的自学者而言，教材就是老师，其重要作用是显而易见的。

长期以来，在我们的评价体系中，教材并没有获得应有的注重，对学术成果的形式优先考虑的往往是专著而非教材。在不少人的观念中，教材与创新、与学术精品甚至与学术无缘。其实，要真正写出一部好的教材，其难度之大、工作之艰辛、影响之深远，绝不低于一部优秀的专著，它甚至可以成为在几百年甚至更长的时间内发挥作用的传世之作。以查士丁尼的《法学阶梯》为例，所谓法学阶梯，即法学入门之义，就是一部教材。但它概括了罗马法的精髓，千百年来，一直是人们研习罗马法最基本的著述。日本著名学者我妻荣说过，大学教授有两大任务：一是写出自己熟悉的专业及学术领域的讲义乃至教科书；二是选择自己最有兴趣、最看重的题目，集中精力进行终生的研究。实际上，这两者是相辅相成的。写出一部好教材，必须要对相关领域形成一个完整的知识体系，还要能以深入浅出的语言将问题讲清楚、讲明白。没有编写教材的基本功，实际上也很难写出优秀的专著。当然，也只有对每一个专题都有一定研究，才能形成对这个学术领域的完整把握。

虽然近几年我国法学教育发展迅速、成绩显著，但是法学教育也面临许多挑战。各个学校的师资队伍和教学质量参差不齐，这就更需要推出更多的结构严谨、内容全面、角度各有侧重、能够适应不同需求的法学教材，为提高法学教学和人才培养质量、保障法学教育健康发展提供前提条件。

长期以来，中国人民大学法学院始终高度重视教材建设。作为新中国成立后建立的第一所正规的法学教育机构，中国人民大学法律系最早开设了社会主义法学教学课堂，编写了第一套社会主义法学讲义，培养了新中国第一批法学本科生和各学科的硕士生、博士生，产生了新中国最早的一批法学家和法律工作者。中国人民大学法律系因此被誉为“新中国法学教育的工作母机”。半个多世纪以来，中国人民大学法学院为社会主义法制建设培养了大批优秀的法律人才，并为法学事业的振兴和繁荣作出了卓越贡献，也因此成为引领中国法学教育的重镇、凝聚国内法律人才的平台和沟通中外法学交流的窗口，并在世界知名法学院行列中崭露头角。为了对中国法学教育事业作出更大的贡献，我们有义务也有责任出版一套体现我们最新研究成果的法学教材。

承蒙中国人民大学出版社的大力支持，我们组织编写了本套教材，其中包括本科生用书、法律硕士研究生用书、法学研究生用书和司法考试用书四大系列，分别面向不同层次法科教育需求。编写人员以中国人民大学法学院教师为主，反映了中国人民大学法学院整体的研究实力和学术视野。相信本套教材的出版，一定能够为新时期法学教育的繁荣发展发挥应有的作用。

是为序。

2006 年 7 月 10 日

第六版修订说明

海商法作为现代法律体系中的独立法律部门，是为适应海上贸易的产生和发展而形成和确立的，它以其特定的适用范围和调整对象在各国民商法领域占有一席之地，成为民商法的必要组成部分。

海商法适用于特定的社会经济关系范畴，即海上运输关系和船舶关系。这使得海商法成为独立的法律部门，而不能为其他法律规范所替代。其首要表现就是，海商法围绕着海上运输活动，着眼于维护海上运输安全秩序、促进海上运输发展的目的，经过悠久的历史发展，适应国际海运市场的需要，建立和适用了一系列特有的海商法律制度，诸如船舶抵押权和船舶优先权制度、船员制度、海上货物运输合同制度、海上旅客运输合同制度、船舶租用合同制度、海上拖航合同制度、船舶碰撞制度、海难救助制度、共同海损制度、海上油污损害赔偿责任制度、海事赔偿责任限制制度等，形成了海商法独特的法律规范体系，并因此而在民商法领域独树一帜。同时，海商法又是实践性极强的法律部门，必须结合海上运输活动的实践，才能够切实理解海商法的立法精神和立法内容。

不仅如此，海商法还是具有很强的国际性的国内法。这不仅体现在海商法所调整的海上运输关系和船舶关系是存在于不同国籍的船舶、货物所有人之间的经济活动，更体现在海商法的法律渊源主要包括国内立法、国际公约和国际惯例等多种形式。因此，研究各国在海商法适用过程中对法律冲突的预防和处理，就成为海商法立法和理论的重要组成部分。而且，在国际范围内所出现的统一海商立法，也是不可忽视的重要问题。

《海商法（第五版）》自 2017 年出版至今已经 7 年了，其间，受世界政治动荡、经济低迷以及新冠疫情等多方面的影响，我国的国际海运业和国际海运市场面对艰难的发展环境，发生了新的变化，海商立法环境亦出现新情况和新现象。在《海商法》的修订过程中，需要学术界和实务界展开热烈的讨论，形成“百花齐放”的局面，这势必对我国参与国际海运活动和处理海事纠纷的司法和仲裁活动产生相应的影响。

党的二十大报告提出，以创新发展为重点，推动中国特色社会主义自主创新型国家的建设，包括建设交通强国。而中国海运市场作为交通市场的重要部分，更需要有良好的法律环境为其保驾护航。这就要求有科学的创新性的海商法律理论研究提供理论支持。因此，本书的修订也就势在必行。此次修订的重点是根据国际海运市场出现的新情况和新问题，引入新的知识点并增加部分“知识链接”，更新和增加了部分新的海事案例的分析研究，特别是增加了“学术前沿”栏目，补充与正文有紧密联系的海商法前沿争议问题和介绍相关的学术观点，用以提升大家学习海商法理论的兴趣，扩展研究海商法理论的视野，了解国际海运市场和海商法研究的发展走向，从而实现培养多层次实用型人才的教学目标。

贾林青

2024 年 2 月

目录

第九章 船舶碰撞

第十章 海难救助

第十一章 共同海损

第十二章 海上油污损害赔偿责任制度

第十三章 海事赔偿责任限制制度

第十四章 海上保险合同

第一章
海商法概述

本章提示

海商法是一个古老的法律规范体系。它是为适应航海通商贸易活动的发展需要而产生和成长起来的，经历了从国际法到国内法，再趋向于国际统一化的历史演变过程，成为法律体系中一个独立的法律部门。从而，海商法专门以海上运输关系和船舶经营关系作为其调整对象，相应地形成了诸多独特的法律制度，同时，海商法的法律渊源和适用效力也具有自身的特殊性。这些均是学习海商法的具体法律制度之前需要先行把握的问题。因此，本章围绕着海商法的历史沿革、内容和调整对象、性质和特点、法律渊源、适用效力等予以阐述，构成学习海商法的理论基础。

学习本章时，应当了解海商法的发展历史，掌握海商法的概念、内容和性质，海商法在法律体系中的地位，海商法的法律渊源，海商法的适用效力等问题。

关键术语

海事习惯法　海商法　海商法的调整对象　海商法的法律渊源　国际公约　国际惯例　海商法适用的水域范围　海商法适用的船舶范围

第一节　海商法的历史沿革

一、海商法语义探源

海商法是一个古老的法律部门。它是随着航海通商贸易活动的发展而产生和成长起来的。

众所周知，海洋占地球表面积的 7/10，辽阔的海洋将陆地隔断成若干部分。因此，人类自古以来为了生存需要而进行航海活动和海上运输，从而使得海上运输成为商品流通不可缺少的环节。最初，商人们到海外进行商品贸易，要用自己拥有的船舶完成海上运输活动。故而，在17世纪之前，参与商品贸易的商人既是商品的所有人（货主），又是船舶所有人（船东）。这些商人为了商品贸易交换的需要，以海洋为通道，用自己的船舶作为海上运输工具，从事自运自销的商业贸易活动。欧洲中世纪的学者称其为“海上贸易”，而亚洲学者则习惯于称其为“海商”，以区别于陆上商人所从事的商贸活动。相应的，用于调整此类海商活动的法律规范就是“海商法”。

知识链接

郑和下西洋[①]对中国海上贸易和经济发展的影响

郑和作为中国历史上一位杰出的航海家、外交家，受命于明成祖（永乐帝）朱棣，以“敢为天下先”的精神，依赖我国当时先进的船舶制造技术，率领庞大的由200多艘海船、27 800余名官兵和船员组成的远航船队，从我国苏州刘家港出发驶出长江口，战胜“洪涛接天、巨浪如山”的茫茫大海，开始了历时28年（1405年至1433年）的七次远航，访问了30多个位于西太平洋和印度洋上的以及非洲东海岸、红海沿岸的国家和地区。这一为我国民间称为“三宝太监七下西洋”[②]的航海壮举是亚洲海上交通的重大历史事件，开辟了许多新的海上航线，创建了东西方交流的海上“丝绸之路”，对15世纪至16世纪东亚人民的生活、海上贸易和国际关系均产生了深远影响。当然，与15世纪“大航海时代”西方人远航的与经济利益和宗教相联系的野蛮性海外扩张目的不同，郑和下西洋的目的更多是扬威示好，传递和平。因此，向海外各国宣示明帝国的国威和综合国力，推行天朝礼制体系，促进中国与东南亚、南亚、阿拉伯和东非各国人民之间的友好往来就成为郑和下西洋的核心使命。同时，郑和下西洋对于中国海上贸易和经济发展的影响也是不容小觑的。一方面，郑和远航船队将当时中国先进的农业技术、制造技术、建筑雕刻技术、制瓷技术、医疗技术、造船和航海技术向当时相对落后的亚非各国进行传播和交流；另一方面，通过与这些国家进行胡椒、苏木等香料，珍宝、珍兽、药品、颜料、奇木、金属用品等商品的交易活动，扩大了中国海上通商贸易的范围。

二、海商法的起源——欧洲中世纪的海事习惯法

海商法的起源，可追溯到公元前2—3世纪以位于地中海东部的罗得岛（Rhodes）为中心实行的《罗得海法》。当时，罗得岛是地中海的海商贸易中心，商人们多在此订立海商贸易契约或者解决海商纠纷，因此，逐渐形成了一系列从事海上贸易的商业习惯，经过几个世纪的汇编，形成了《罗得海法》，并被拜占庭帝国推行，用以解决有关共同海损分摊、海难救助等海事纠纷。可见，《罗得海法》的主要内容是关于共同海损和海难救助的制度规定，同时，《罗得海法》的内容还包括船长、船员和乘客的权利和义务，船舶适

① 明朝初期，以婆罗/文莱为界，其以东为东洋，以西为西洋。
② 罗懋登．三宝太监西洋记通俗演义．上海：上海古籍出版社，1985.

航，船舶物权，船舶租赁等，已经形成了独立的海法体系。其中，影响深远的当属共同海损和海难救助两项海事制度，使得海上贸易参与者的行为往往受制于此类海事习惯。只可惜这些海事习惯现多已散失。

到了中世纪，航海通商贸易活动更趋繁荣，海商习惯也日渐发达，逐渐在以地中海、大西洋和北海沿岸的海港城市为中心的欧洲，形成了海事习惯法，主要包括海事习惯和海事判例。这些海事习惯法大都由私人编纂成集，对于现代海商法具有较大的影响。其中，最为著名的是欧洲三大海法。

（一）《奥列隆海法》（Lex Oleron）

这是由爱利诺（Eleanor）在12世纪末期编辑的一部海事判例法，于1458年出版了法文本。其标题是“关于海洋、船长、海员、商人及商行为的判例法”，编录了奥列隆岛（当时为圭亚那公爵的领地）有关海事纠纷的判例和在英格兰、佛兰德、诺曼底、布列塔尼及圭亚那等地各港口之间从事酒类和油类贸易的海事习惯。《奥列隆海法》得名于法国西海岸附近的、处于中世纪时期大西洋交通门户和商业中心的奥列隆岛。其内容共有24章，偏重于船舶法、海上救助和船长出售货物的权利等。当时，该海事判例法主要适用于大西洋沿岸地区，并逐渐传入英国，形成英国海商法的基础。后来，对于大陆法系和英美法系的海商法均有很大影响。

（二）《康苏拉度海法》（Lex Consolato）

《康苏拉度海法》系地中海沿岸海事习惯的私人汇编①，其内容丰富，资料翔实。全文334条，收集了地中海沿岸各港口城市的海事惯例，故被冠以“海事法汇编”（Consolato del mare）的名字，包括了裁判庭程序规定、海上善良习惯、私掠武装船只与军舰航行法令等三部分，集程序法与实体法、公法与私法于一体。它主要是专供海事裁判员处理海事纠纷。它于1492年在西班牙的巴塞罗那出版后，被认为是当时最完备、最具价值的海事习惯法，通行于地中海沿岸地区。该法被译为多种文本，广为传播，不仅对当时地中海国家的海事裁判具有实用价值，对后世海事立法也有深远的影响。

（三）《维斯比海法》（Laws of Visby）

14世纪末，在波罗的海哥得兰岛（瑞典岛屿）的维斯比港口城市，公布了一部海事法典，被称为“最高和最古老的维斯比法”，原名《哥得兰海法》。它继承了《奥列隆海法》的传统，其内容主要是收录了阿姆斯特丹、吕贝克地区的海事习惯，涵盖了船长、船员、船东之间的权利和义务、海难救助、船舶租用、船舶抵押、船舶碰撞、共同海损、船舶优先权等内容。当时，该海法主要适用于波罗的海和北海沿岸地区，并与《奥列隆海法》齐名，对调整15世纪北欧的海上贸易有重要作用，对后世的影响也较大。

上述三大海事习惯法基本上未受到内陆国家法律的影响，自成独立体系。它区别于

---

① 《康苏拉度海法》译自意大利语“consolato del mare”，又因西班牙语“consuls”有“裁判官”之意，也有学者译为《海事裁判集》。

陆上法律的适用区域，专门用于调整航海通商贸易关系。而且，此类海事习惯法在一定地区之间通行，逐渐成为国际性海事习惯法。它们对法国路易十四于 1681 年颁布的《海事条例》（又译为《海事敕令》）以及法国商法典的编纂产生了重要的影响。

三、近现代西方国家的海商法

随着社会生产力的发展，社会分工愈来愈细。其中，国际贸易的日益扩大和航海技术的发展，尤其是蒸汽机船的广泛使用，使得航海活动成为专业化经营活动，而船舶投资的成本也在不断加大。因此，海上运输作为完成商品的空间位置转移的必要形式，已经进入了“船货分离”时期并成为一种独立行业。这意味着商人无须自备船舶，也不再随船航行，而是借助专营海上运输的船东提供的船舶运输货物。与此相对应，船东成为专门经营海上运输、为商人们运送需进入贸易活动之货物的经营者。从而，调整海事活动的海商法的社会意义日益重要。海上运输与商业贸易的分离，构成独立的船东时代，标志着商品贸易与海上运输各自依照自身的规则独立运作。同时，独立的船东时代使得船东成为海上运输关系中的独立主体，导致海上运输关系进一步复杂化。虽然船舶和货物在海上运输过程中仍然互为依存，船东作为海上运输的专门经营者，其用于海上营运的船舶不运送货物就失去了存在的价值，但是，船舶所有权的独立又形成了船东与商人——国际贸易中的卖方（托运人）与买方（收货人）之间的权利义务关系，故需要海商法予以专门调整。

这些变化带来了海商法的长足发展。15 世纪以后，为适应社会化大生产和市场竞争的需要，各个中央集权制的资本主义国家先后把海商法纳入国内法范围予以制定，并且，从习惯法发展成成文的海商法，对于调整海上运输活动、保护和发展本国的海上运输业产生了重要的促进作用。

其中，以大陆法系中法国、德国的海商法和英美法系中英国、美国的海商法最具有代表性。

（一）法国海商法

法国左右临海，同时受到《康苏拉度海法》和《奥列隆海法》的影响，导致其处理海事纠纷时适用海事规则困难。于是，法国国王路易十四首先着手统一海商习惯法，于 1681 年颁布了《海事条例》。其内容是以 17 世纪由私人在鲁昂编纂的《海事指南》为基础，将诸多已经固定下来的海事习惯予以综合，具体包括海事审判官和管辖权，船员与船舶，海事契约，海港、海岸、停泊所之警察，海上渔业等五部分，尤其是以海事审判官的管辖权取代了原有的领事法庭处理海事纠纷的裁判权。《海事条例》不仅是一个公法和私法内容并存的法律文件，且作为资本主义初期的海商立法，它对于各国的海商法有着深刻的影响。这首先表现在《法国商法典》上。1807 年，拿破仑在制定《法国商法典》时，将上述《海事条例》中的私法部分内容收入《法国商法典》的第二编“海商编”之中，成为法国的海商法，同时这也是近代史上的第一部海商法。

（二）德国海商法

德国受到法国海商立法的影响，吸收了 1820 年以来的海商判例，于 1861 年的《德国商法典》中制定了海商法（第五编）。

另外，日本在明治年间，以德国海商法为蓝本，于 1898 年制定了本国的海商法（先列为商法典第五编，现为第四编）。

这些大陆法系国家除了在商法典中将海商法列为独立一编以外，还相继颁布了单行的海商法规，作为商法典之海商编的补充，构成了完整的海商法体系。例如，法国分别颁布了《船舶抵押法》（1885 年）、《海上货运法》（1936 年）、《船舶优先权法》（1949 年）、《海难救助法》（1951 年）等。而大陆法系中的"民商法合一"的国家，因没有综合性的商法典，故另行制定了单行的海商法，如瑞士、泰国。

（三）英国海商法

英国本是判例法国家的典型代表，但是，因其参与海商活动的广泛性和海上运输业的发达程度高，所以对于海商立法尤为重视，存在比较完备的、成文的海商法规。而且英国的商船队自 19 世纪以来规模庞大，活动范围遍布全球。英国最早的海商立法当推自爱德华三世在位时期（14 世纪）开始使用的《海事黑皮书》(Black Book of the Admiralty)。《海事黑皮书》的内容多引自《奥列隆海法》。此后，随着英国海上运输业的发展，其陆续颁布了一系列海商立法，如 1734 年的《船舶所有人责任法》、1855 年的《提单法》、1894 年的《商船法》、1906 年的《海上保险法》、1924 年的《海上货物运输法》和 1971 年的《海上货物运输法》等。这些海商法规在世界上均具有重要的影响。

（四）美国海商法

美国作为英美法系的又一代表者，其海商法源于英国海商法①，初期主要是由判例法构成，而进入 19 世纪以后，美国也开始重视制定法。但是，由于受自身政治、经济和文化传统的影响，美国海商法与英国海商法存在着很大区别。美国海商法先后有 1851 年《船舶所有人责任限制法》（1936 年修正案和 1984 年修正案）、1893 年《哈特法》、1912 年《海难救助法》、1916 年《联邦提单法》、1920 年《联邦船舶抵押权法》和《联邦船舶优先权法》、1920 年《海事诉讼法》、1924 年《油污法》、1936 年《海上货物运输法》和《商船法》、1948 年《联邦水污染控制法》（1977 年修正案）和《海事管辖权扩展法》、1984 年《航运改革法》(1998 年进行修订）和 1990 年《油污法》等。

其中，对于美国海运业和国际海运市场有重要影响的当属《哈特法》和《航运改革法》。由于美国在国际上特殊的政治、经济地位和美国海运业的发展需要，其《哈特法》率先确立了承运人的"航海过失免责"原则。这成为 1924 年《海牙规则》的立法基础，而美国 1936 年的《海上货物运输法》又是建立在《海牙规则》基础上的国内立法。至于经过 1998 年修订的《航运改革法》则是美国国际海运政策的集中体现，并被美国航运业普遍视为成功的海运立法。

---

① 郁志轰．美国海商法．杭州：杭州大学出版社，1996：2.

在2020年因新冠疫情发生而引发全球航运拥堵，致使货物延迟和货运价格高涨的背景下，为了应对美国进出口航运拥堵、价格上涨突出的情况，2022年6月13日美国国会众议院通过《2022年航运改革法》，6月16日，经美国总统拜登签署后生效。相比《1998年航运改革法》，2022年的法案制定了特定条款来增加承运人的义务，加强了美国联邦海事委员会（FMC，是直接隶属于美国国会的航运监管机构）的监管作用，成为存在缓解出口货物积压的海运监管法案。

知识链接

关注《极地规则》对国际海事法的影响①

《极地规则》是《极地水域船舶操作国际规则》的简称，属于国际海事公法体系的范畴。它是适应国际社会亟须解决基地地区的航行安全、环境保护与商业保护的矛盾的要求，由国际海事组织（IMO）从2009年就开始补充修改《国际海上人命安全公约》《国际防止船舶造成污染公约》而推出，并获得通过的。它对上述国际公约的缔约国来说，是默示适用的，使得极地航行领域形成了具有强制力的国际统一标准，为极地船舶航行安全以及海洋环境保护提供了一定的法律保障。

《极地规则》是极地立法体系的重要组成部分。首先，它的通过是对现有国际海事公法的补充，因其内容涵盖了北极航行的各个方面，有助于实现对北极地区的综合治理。《极地规则》的最大进步在于它不再是非强制性指南，而是一部强制性规则，实现了由"软法"到"硬法"的跨越，能够为船舶通航不同水域提供统一的法律标准，为减少国家间的国际争端、稳定国际秩序提供了解决方法。

同时，《极地规则》也与国际海事司法关系密切。考虑到北极航道的地缘政治和自然环境特点，《极地规则》对于北极航道秩序的构建，从船舶设计建造、认证标准、航行安全、环境保护责任等诸多方面均提出了更加高标准的要求。它不仅将适用水域扩展到南北极，还对极地船舶认证予以统一，使极地船舶的建造标准统一化，严格要求极地船舶设备的安全化配置，特别是专章规定了极地航行船舶的严格责任制度。

不过，客观地讲，《极地规则》仍然与现行有效国际海事立法存在着不同与冲突。作为《国际防止船舶造成污染公约》和《国际海上人命安全公约》的附件，其规则内容的执行，仍然由船旗国自行认定。尤其是，它虽然有上述高标准的法律规则，却未就惩罚机制、执行主体等作出规定，这会导致有关的高标准要求形同虚设。而且，《极地规则》提出的高适航标准也是对传统适航规则的挑战，对承运人的适航义务的要求过于严苛，使得承运人在船舶航行于环境恶劣的北极时面临巨大的风险，不利于鼓励承运人从事北极运输的积极性。

考虑到北极航道因全球变暖而逐步改善航行条件、航通的商业化价值逐渐提升的情况，中国自然要成为北极航道相关运营利益的参与者，故而，需要积极应对《极地规则》适用所带来的机遇和挑战，推动我国造船业理解和运用《极地规则》，参照有关极地船舶标准来提高船舶制造水平，提升极地航行能力。

---

① 王祥修，陈源.《极地规则》对当代国际法的影响及中国的应对.中国海商法研究，2019（2）.

四、我国的海商立法

我国造船和航海的历史悠久，早在汉朝时期就与马来半岛和印度通航，唐宋两朝设有管理航海通商的专门机构——市舶司，更有明代的郑和七下西洋，但是，直至清朝末才开始着手制定海商法。1929 年，国民党政府颁布了《海商法》，次年又颁布了《海商法施行法》。

中华人民共和国成立后，从 20 世纪 50 年代开始了海商法的起草工作。由于这一立法工作经历了漫长的过程，故从 20 世纪 50 年代至 90 年代的几十年间，我国调整海商活动的法律依据，主要是一系列的单行海商法规。同时，我国还与很多国家签订了协定、通商航海条约、海运协定，并批准或者加入了若干有关海上运输的国际公约。

不过，上述海商立法工作并不能适应我国海运业发展的需要。因为，在社会主义市场经济条件下，我国的海运业随着对外经济贸易的发展而迅速成长，中国跨入了海运大国之列。早在 1991 年底，我国从事沿海运输的航运企业已有 1 300 多家，从事国际海上运输的航运企业超过了 140 家，拥有的商船吨位（不包括台湾地区和香港地区）居世界第十位。所以，自 1981 年开始，我国政府恢复了海商法的起草工作。几经易稿之后，最终《中华人民共和国海商法》于 1992 年 11 月 7 日经第七届全国人民代表大会常务委员会第二十八次会议通过，并于 1993 年 7 月 1 日起施行，成为调整海上运输活动的重要法律。

此后，我国政府又针对社会主义市场经济发展的新情况和新要求，着手制定与海商法相配套的法律法规。其中，国务院于 1994 年 6 月 2 日发布、并于 1995 年 1 月 1 日起施行的《中华人民共和国船舶登记条例》，成为我国船舶监督管理制度进入新的发展阶段的标志。而第十届全国人大常委会于 2003 年 6 月 28 日通过的《中华人民共和国港口法》、国务院于 2001 年 12 月 5 日通过的《中华人民共和国国际海运条例》以及交通部于 2000 年 8 月 28 日颁布的《国内水路货物运输规则》《港口货物作业规则》和此前已于 1994 年 1 月 1 日起施行的《关于不满 300 总吨船舶及沿海运输沿海作业船舶海事赔偿限额的规定》和《中华人民共和国港口间旅客运输责任赔偿限额的规定》等，均是对我国《海商法》所作的重要补充。1999 年 12 月 25 日由全国人大常委会通过的《中华人民共和国海事诉讼特别程序法》，标志着我国的海事诉讼法律制度的完善。我国海商立法的日臻完善是中国海运市场发展规模的客观要求。有关资料①显示，至 2007 年 8 月，我国从事国际海运的船公司已达 231 家，总运力达到 2 210 多万载重吨，居世界第九位。

应当强调的是，随着综合国力的增强，我国已成为一个航运大国。根据中华人民共和国交通运输部的统计②，截至 2021 年末，全国（不包含中国台湾地区和香港地区）拥有远洋运输船舶 1 402 艘、净载重量 4 870.09 万吨，分别同比下降 6.5%和 10.8%，但仍居世界十大海运强国的前列。而且，我国主要航运企业经营的船队总规模保持平稳，船舶大型化、专业化程度得以提升，平均船龄有所下降，运力结构进一步优化。我国的

---

① 2007 年中国海运业市场研究与发展预测. [2007-08-29]. http://www51report.net.

② 中华人民共和国交通运输部.《2021 年交通运输业行业发展统计公报》. 北京：人民交通出版社，2022.

水路货物运输量和港口吞吐量连续多年稳居世界第一。到我国改革开放40周年的2018年时，中国已经成为贸易大国和海运大国。根据WTO秘书处提供的2017年的全球贸易数据，中国以2 263.27亿美元成为全球最大的货物出口国，出口贸易量约为2 247.55亿美元；而在进口贸易方面，中国以1 843.79亿美元，位居第二大货物进口国，进口贸易量约为最大货物进口国美国2 408.48亿美元的76.6%。同时，由于国际贸易的八九成货物是用海运完成的，因此国际贸易的发展势必影响到海运市场的发展。根据联合国贸易及发展会议发布的《世界海运发展评述2018年报告》所列全球前35位船东大国的排名，中国拥有一千总吨以上的海运商船共计5 512艘，位居其全球第三，占世界海运商船的运力约为9.6%，仅次于希腊和日本。但应当强调的是，我国仍然是海运大国而不是海运强国，这也是我国理论界和海运实务界的共识。鉴于此，中国海运市场的发展目标，就是由海运大国向海运强国迈进。因此，必须建立以海商法为核心的海上运输立法体系并营造良好的法治环境。

实例枚举

2021年3.23货轮搁浅堵塞苏伊士运河

埃及时间2021年3月23日上午8时（北京时间下午2时），我国台湾地区长荣海运集团旗下巴拿马籍超大型集装箱货轮“长赐”号，因沙尘暴、能见度低、强风以及通信错误等叠加原因，最终失去控制，在苏伊士运河搁浅，其400米长的船身几乎完全横着搁置在运河中，导致欧亚之间最重要的航道之一苏伊士运河被切断长达6天。

在“长赐”号货轮搁浅的6天里，每一天都会有数十艘运载价值数十亿美元货物的船舶因苏伊士运河关闭而被迫中断航行，共有400余艘船受困，许多航运公司甚至考虑着手改道好望角航行。“长赐”号货轮在成功脱浅之后，又在埃及停留了3个月。其间，苏伊士运河管理局（SCA）与该船的船东日本正荣汽船株式会社就损失赔偿问题展开“拉锯战”。直至2021年7月，该船才得以正常航行，前往欧洲货主。之后，“长赐”号货轮再次经过苏伊士运河，前往我国青岛的船厂进行维修。

此次“长赐”号货轮搁浅堵塞苏伊士运河事件十分复杂，它涉及船东、租船方、货主、苏伊士运河管理局，以及各方所持来自世界各地的保险单涉及的保险方等。各方都希望能够挽回一定的损失补偿，相关的索赔包括：“长赐”号货轮本身的物理损失、苏伊士运河管理局的收入损失、救援作业成本、受苏伊士运河堵塞影响船舶的船东和租船方的业务中断损失、易腐货物的损失、货物延误的损失，以及运河本身的损失等。根据法国再保险公司SCOR SE的预估，相关保险索赔金额超过20亿美元。

通过此一事件，我们看到国际海运业在世界经济中所处的重要地位，也进一步体会了海洋命运共同体的深刻内涵，窥视到国际海运市场的紧密型、全球性和脆弱性及其表现出的市场统一化和国际化的特色。一艘船舶搁浅、一条航道堵塞，就能给方方面面带来如此巨大的影响。仅仅搁浅6天时间，对于运河管理部门、等待通航的船只和货物、等待货物的众多货主而言，都意味着面临巨额损失。正如德国保险公司安联集团的最新研究所显示的：“长赐”号货轮搁浅导致苏伊士运河封锁或使全球贸易每天损失60亿～100亿美元。

五、海商法的发展趋势

海上运输是国际范围内的经济活动，而现代各国的海商法却是各国的国内法，各国为了保护本国在海上运输中的利益，制定了有利于本国经济利益和经济发展的海商法律规范，并加以解释和运用，由此导致各国海商法在适用中的冲突。这直接影响着国际贸易和海上运输市场的发展。

为了解决这一普遍存在的法律矛盾，世界各国自19世纪起就已开始了统一海商法的努力。特别是在第二次世界大战以后，随着第三世界国家经济的发展，各船运国家与货主国之间的利益冲突凸显。由此，统一各国海商法成为海商法发展的必然趋势，以求海商立法向着公平、合理的方面发展。

首先，各国海商法的统一，表现在经过各国政府和有关国际组织[①]的努力和协调，已在国际上制定了一系列有关海商活动的国际公约。诸如调整海上货物运输的《海牙规则》（1924年）、《维斯比规则》（1968年）和《汉堡规则》（1978年）；有关海上旅客运送的《雅典公约》（1974年）；有关海上航行安全的《国际海上人命安全公约》（1974年）、《国际船舶载重线公约》（1966年）、《国际船舶吨位丈量公约》（1969年）、《国际海上避碰规则》（1972年）、《国际集装箱安全公约》（1972年）、《海员培训、发证和值班标准国际公约》等；关于海上运输活动的法律责任，则制定了《船东责任限制公约》（1957年）、《国际油污损害民事责任公约》（1969年）和《国际海事赔偿责任限制公约》（1976年）等。需要注意的是，2009年9月23日，联合国大会通过了《联合国全程或部分海上国际货物运输合同公约》，又称《鹿特丹规则》。上述国际公约经过各缔约成员或者参加成员的接受而生效后，可以统一规范各国或地区的海商活动，达到统一海商法律规范的目的。

其次，各国海商法日益重视设立冲突规范，而且趋向于订立双边冲突规范，作为确定准据法的法律根据。这是解决各国海商法的法律冲突的另一有效方法。冲突规范本来是国际私法中的特有概念，是在解决国际经济纠纷时确定适用何国法律的标准，避免法律冲突。现在，这一冲突规范逐渐地被引入海商法范畴。例如，我国《海商法》就在第十四章中专门规定了有关海商领域各类涉外关系的法律运用规范。

最后，为了解决各国海商法的冲突，有些民间机构还制定了相应的国际惯例或者格式合同，供海上运输活动的参加者选择适用。海事活动的当事人一旦选择了某一国际惯例或者格式合同，便要受其约束。这已成为各国公认的法律规则。例如，用于处理共同海损理算关系的《约克-安特卫普规则》（现有1890年、1924年、1950年、1974年、1994年、2004年、2016年等规则文本），对于协调各国的共同海损理算工作、平衡各方当事人的利益冲突具有积极的作用；而英国劳合社制定的劳氏救助合同格式和劳氏船货

---

① 致力于统一海商立法的国际组织包括：（1）成立于1958年的国际海事组织（原名为政府间海事协商组织），该组织所制定的国际公约和议定书有三十余个；（2）创立于1897年的国际海事委员会，在海商法领域专事国际立法的研究工作；（3）直属于联合国的国际贸易法委员会，它根据联合国第2205（XX1）号决议，成立于1966年12月17日，由代表着不同地区经济和主要法律体系的60个国家和地区的代表所组成，其工作内容之一就是制定和统一海运领域的国际立法，诸如1978年《联合国海上货物运输合同公约》、1980年《联合国国际货物多式联运公约》等。

保险单分别在海难救助和海上保险领域为各国的法律所普遍认可，并得到广泛的适用，也成为统一各国海商法的一种有效方法。

知识链接

传承与发展了承运人责任制度的《鹿特丹规则》

2008 年 12 月 11 日，联合国大会正式通过了《联合国全程或部分海上国际货物运输合同公约》，并决议于 2009 年 9 月 23 日举行签字仪式。大会遵循海事运输公约的传统习惯，建议根据签字仪式举行地点将其称为《鹿特丹规则》。签字仪式上，共有 16 个原始签字成员[①]签署了该公约，此后，又有马达加斯加、亚美尼亚、喀麦隆、尼日尔和马里等 5 个国家相继签署。中国虽然积极地参与了自 1996 年起国际海事委员会与《鹿特丹规则》有关的准备工作，对其起草和讨论予以高度的重视和关注，但是，至今并未成为该公约的签署国。

应当说，一旦《鹿特丹规则》达到其要求的 20 个批准国或者加入国的生效条件[②]，国际货物运输的国际立法领域“将结束‘海牙时代’，开启‘鹿特丹时代’”[③]。因为，《鹿特丹规则》具有的诸多特点体现出其明显地优于 1924 年《海牙规则》、1968 年《维斯比规则》和 1978 年《汉堡规则》，尤其是该公约对承运人责任制度作出的多方面变革，使得海上货物运输合同制度的核心内容得以传承和发展。

六、中国海商法应为构建海洋命运共同体做贡献

2020 年 11 月召开的中央全面依法治国工作会议正式提出“习近平法治思想”，并明确为全面依法治国的指导思想[④]。习近平法治思想包含着国内法治和涉外法治，蕴含着丰富的国际法内容，全球海洋治理无疑是其重要组成部分。当今，人类的生产生活与海洋密切相关，海洋为人类的生存和发展提供了巨大空间。21 世纪的人类已经进入开发利用海洋的新时代，但围绕海洋的争端和问题也与日俱增，在此意义上，21 世纪被称为“海洋世纪”。由于中国管辖的海域面积约 300 多万平方千米，习近平高瞻远瞩地将“建设海洋强国”纳入全球海洋治理范畴，同时，还提出了海洋命运共同体的理念，作为中国参与全球海洋治理的基本立场和实施方案：“我们人类居住的这个蓝色星球，不是被海洋分割成了各个孤岛，而是被海洋连结成了命运共同体”[⑤]，“大家应该相互尊重、平等相待、

---

① 这 16 个成员包括：刚果共和国、丹麦、法国、加蓬、加纳、希腊、几内亚、荷兰、尼日利亚、挪威、波兰、塞内加尔、西班牙、瑞士、多哥和美国等。根据《联合国 2008 年国际商品贸易统计年鉴》统计的数字，该 16 个国家总计代表着 25%以上的全球贸易量。与《汉堡规则》的 34 个成员仅代表全球 5%贸易量显然大不相同。

② 《鹿特丹规则》第 94 条第 1 款规定：“本公约于第二十份批准书、接受书、核准书或者加入书交存之日起满一年后的下一个月第一日生效。”

③ 司玉琢．《鹿特丹规则》的评价与展望．中国海商法年刊，2009（Z1）．

④ 中国国际私法学会课题组．习近平法治思想中的国际法治观．武大国际法评论，2021（5）．

⑤ 习近平．习近平谈治国理政：第 3 卷．北京：外文出版社，2020：463．

增进互信……携手应对各类海上共同威胁和挑战，合力维护海洋和平安宁”①。这为全球海洋治理合作，解决海洋争端，共同维护和平安宁贡献了中国智慧，对于实现全球海洋治理的变革具有重要的指导意义。中国海商法作为调整海上运输活动及其船舶营运关系的专门法律处于重要的地位，应当责无旁贷地秉承海洋命运共同体理念，并将其融入我国海商法的立法精神和立法目标之中，落实到各项海商法律制度规则。因为，“海洋命运共同体”作为全球海洋治理的内容，倡导各国在发展海洋经济中共商共建共享共担共赢，推动海洋领域的经济、文化、安全以及生态环境保护，弱化海洋冲突发生的动因和可能性。以此理念指导中国海商法的制度设计和实践应用是完全契合的，究其原因，在于海商法的诸多法律制度体现出海洋命运共同体的价值内涵，有助于实现其目标宗旨。例如，海商法特有的共同海损、海难救助、海洋污染损害赔偿制度、海上保险制度等均彰显了涉事各方共建共商共享共担共赢的理念。特别是党二十大报告提出，高质量发展是全面建设社会主义现代化国家的首要任务。为此，要加快构建以国内大环境为主体、国内国际双循环相互促进的新发展格局。加快建设制造强国、质量强国、航天强国、交通强国、网络强国、数字强国。其中的交通强国当然包含对中国海运市场的建设，这项工作离不开良好的海商法律环境为其保驾护航。当前，恰逢我国《海商法》的修订，应当深刻领会习近平总书记关于全球海洋治理的重要论述的精神，以其指导海商法各项制度的建立，针对中国海运市场的发展需要进行相应的修改完善，助力推动海洋命运共同体的构建，提升我国海商法的科学性和适用性，促进我国国际海运市场的发展，维持可持续的、良性运行的国际海运秩序。

第二节　海商法的内容和调整对象

一、海商法的内容

（一）各国海商法的基本内容

虽然，各国海商法所规定的具体内容不尽相同，但是，围绕着海上运输活动，海商法均涉及以下几方面内容：

1. 船舶

商业性的海上运输活动，必然是以船舶为运输工具的，因此，船舶是海商法调整的首要内容。这些船舶是由船东建造、购买或租赁而用于海上营运的，并且，它们不仅在本国水域活动，还要航行于国际水域。从而，海商法要明确规定船舶的范围和法律地位，以法律手段调整与船舶有关的权利和义务关系，建立船舶所有权的登记和转让制度，为实现海上运输的正常经营秩序提供必备前提。

---

① 习近平．习近平谈治国理政：第3卷．北京：外文出版社，2020：463.

2. 船员

船舶经营人运用船舶进行海上运输营运，因而离不开船员，有关船员的配备、培训、考试、发证，船长的职责，船员与船舶经营人之间的劳务合同关系等构成海商法领域船员制度的调整内容。

3. 海上货物运输和旅客运输

船舶经营人雇用船员驾驶和管理船舶的活动内容，主要是进行海上的客货运输及其他海上作业。所以，海上货物运输和旅客运输就成了海商法的核心内容。各国的海商法都全面规定了海上货物运输合同和海上旅客运输合同，明确了各方当事人的权利义务，而海商法的其他各项海商法律制度也都是为与此相配套所建立的。

4. 海事赔偿责任制度

由于海上航行的风险复杂多样，海损事故的发生难以避免，相应的人身伤亡、船舶和货物的损害必然要发生。尤其是随着保护海洋环境呼声的日益高涨，对于海洋的油污损害也受到了各国立法者的重视。因此，海事赔偿责任就成为各国海商法的必要组成部分。它包括船舶碰撞、海难救助、共同海损以及船舶所有人责任限制等各项具体内容。

5. 海上保险制度

海上保险，既是保险法的组成部分，也是海商法的重要内容之一。因为，通过海上保险制度可以为海上航行和营运提供有效的经济保障，可以解除承运人与托运人等各方当事人的后顾之忧，促进海上运输业的发展，保证海上运输的正常秩序；所以，各国海商法都把海上保险作为一种必要的保障手段而列入其立法范围。

由此可见，海商法的内容极为广泛和复杂。它围绕着海上运输活动，规定了相关的各项法律制度，形成一个有机完整的法律规范体系。在此，仅对我国《海商法》的内容体系加以说明。

（二）中国《海商法》的内容体系

中国的《海商法》制定于20世纪90年代，吸收了各项在国际上具有重大影响的有关海商活动的国际公约所体现的法律精神，借鉴了各国海商法的有益内容和先进经验，特别是结合国际海上运输市场和我国海上运输业的实际需要，形成了较为科学的内容体系。该法共分15章（278条），以海上货物运输合同和海上旅客运输合同为中心，规定了相关的各项法律制度。具体包括：第一章总则，第二章船舶，第三章船员，第四章海上货物运输合同，第五章海上旅客运输合同，第六章船舶租用合同，第七章海上拖航合同，第八章船舶碰撞，第九章海难救助，第十章共同海损，第十一章海事赔偿责任限制，第十二章海上保险合同，第十三章时效，第十四章涉外关系的法律运用，第十五章附则。归纳我国《海商法》的上述基本内容，可以概括为五个主要部分。

1. 海上运输组织法

这是各国通过其职能部门对于海上运输活动进行组织管理的法律规范。它包括海上运输企业的设立，船舶的登记制度（所有权登记、抵押权登记等），船东的责任及其限制，船长的任用和职权，船员的考试、发证和雇用，有关船舶的债权的行使（优先权）

等内容。该部分内容可为海上运输的正常进行提供所需的法律条件。

2. 海上运输法

这一部分是海商法的核心内容，它规定了参与海上运输的各方当事人之间的权利义务关系，确立了海上运输活动的规则，成为调整海上运输关系的法律规范。它包括了海上货物运输合同、海上旅客运输合同、船舶租用合同、海上拖航合同等。

3. 海上损害赔偿法

这一部分针对基于海上风险而形成的海商法范围内的海损事故，规定了各方当事人就海上损害所应承担的赔偿责任以及对法律责任的限制，包括船舶碰撞、共同海损、海事赔偿责任限制等内容。

4. 海难救助法

它主要规定了海船的救助义务和救助报酬给付上的权利义务关系。其目的是鼓励海难救助行为，提高海上运输的安全性，降低和防止海难事故的损害后果。因此，它是海上运输活动不可或缺的法律制度。

5. 海上保险法

海上保险在海上运输中的适用由来之久，主要决定于它所具有的经济保障性。因此，海上保险法成为各国海商法的必要内容。它着眼于海上保险合同关系，规定了各方当事人在海上保险中的权利和义务，用以保障海上运输的正常秩序。

二、海商法的调整对象

借助各国海商法规定的上述内容，我们可以看到海商法是专门适用于海上运输市场的法律规范体系。因此，各国立法者多认为海商法是一个相对独立的法律部门，应当具有特定的调整对象。所谓海商法的调整对象，指的是海商法所调整的社会关系。明确海商法的调整对象，对于确定海商法的性质和任务，正确处理海商法与相邻法律部门的关系，准确理解和适用海商法都具有重要意义。但是，各国对于海商法的调整对象尚未有统一的认识，亦有不同的立法体例。

1968 年的《苏联海商法典》第 1 条规定："苏联海商法典调节商业性航海活动中发生的各种关系"。这里所说的商业性航海活动，包括除海上军事活动以外的各种海上活动，诸如海上货物和旅客运输、海上捕捞、海上开采、海上拖带、海上救助等。可见，该海商法的调整对象的范围较为广泛。

而波兰海商法则把其调整对象限定为"有关海上运输的法律关系"。相比而言，该海商法的调整对象集中于海上运输活动，范围较为特定。

我国《海商法》第 1 条则开宗明义："为了调整海上运输关系、船舶关系，维护当事人各方的合法权益，促进海上运输和经济贸易的发展，制定本法。"显然，海上运输关系和船舶关系是我国海商法的调整对象。

在海商法学术研究方面，各国学者也对海商法的调整对象各抒己见。日本学者认为海商法是关于海上企业，特别是海上运输企业的法，它是以海上企业为对象的法律体系。

英国学者认为海商法是调整船舶和航运的法律体系。美国学者则提出海商法的核心是重点调整海上货物和旅客运输的规则、习惯和判例的总和。

学术前沿

关于我国《海商法》调整对象的学术争议[①]

我国《海商法》没有专门条款规定海商法的调整对象，只是在第1条出现了“为了调整海上运输关系、船舶关系”的规定内容，但是，该规定内容过于宽泛，存在不确定性，并未将我国《海商法》的调整对象界定清楚，这导致学术界有关《海商法》调整对象的表述不尽相同主要有四种观点。观点一：认为《海商法》的调整对象就是“海上运输关系和船舶关系”[②]。观点二：认为《海商法》调整“两大法律关系，即海上运输中发生的法律关系和与船舶有关的法律关系”[③]。观点三：认为《海商法》调整对象包含三个方面，即海上运输的当事人、海上运输的船舶和货物、船舶可航水域[④]。观点四：认为“《海商法》的调整对象是海事法规范所作用的社会关系，也就是海事法规范所作用的特定海上运输关系和船舶关系”[⑤]。而讨论《海商法》调整对象问题时，引起学术界关注的是如下理论焦点上的看法与分歧。一是我国《海商法》是否调整纵向关系。由于《海商法》未对第1条表述的“海上运输关系”和“船舶关系”加以定义，特别未将上述法律关系明确限定为平等主体之间的横向关系，而第4条、第5条和第6条规定的内容涉及我国港口间海上运输和拖航的经营者、船籍取得和船旗使用以及海上运输的主管机构的地位和职责归属等，理应纳入海运管理等纵向海事管理关系。因此，有的学者主张船舶管理和监督关系也是我国《海商法》的调整对象。当然，国务院在对《海商法》进行说明时指出：海商法调整的“海上运输关系”主要是指承运人、实际承运人与托运人、收货人或者旅客之间，承拖方与被拖方之间，保险人与被保险人之间的关系。其调整的“船舶关系”，主要指船舶所有人、经营人、出租人、承租人之间，抵押权人与抵押人之间，救助方与被救助方之间的关系。这些关系是平等民事主体之间横向的经济关系。显然，这从立法层面确认了《海商法》不调整纵向的关系。这也为多数学者所认可。二是我国《海商法》是否调整平等主体之间的人身关系。有的学者认为，海商法只调整平等主体之间的财产关系，而不调整彼此之间的人身关系。但是，众所周知，保护公民的生命健康权是诸多法律部门的共同任务。而海商法中存在有关海上人身民事责任的规定，也就表明人身关系属于海商法的调整对象。三是如何理解我国《海商法》调整的“海上运输关系”。因为，学界大多认为现行《海商法》所调整的“海上运输关系”的内涵和外延存在不确定性，含义模糊不清。有的学者将其解释为“海上运输中发生的关系”。然而，海事活动实务中，海上运输中发生的关系未必都是海上运输关系。另有学者认为，海上运输关系仅指“海上运输合同关系”。果然如此的话，就应当直接表述为“海上运输

① 李海．关于修订《海商法》需要厘清的几个基本理论问题．中国海商法年刊，2011（1）.
② 崔明霞．海商法教程．北京：中国财经经济出版社，1999：2.
③ 於世成，杨召南，汪淮江．海商法．北京：法律出版社，1997：3.
④ 陈宪民，魏友宏，张梅生．海商法论．北京：中国法制出版社，2002：2-3.
⑤ 司玉琢，李志文．中国海商法基本理论专题研究．北京：北京大学出版社，2009：3.

合同关系”。同时，它还涉及与“船舶关系”的关系。由于所有的海上运输关系，均与以船舶为运输工具有关，都可以纳入“船舶关系”的范畴，也就无须单独保留“海上运输关系”的表述。四是如何理解我国《海商法》调整的“船舶关系”。对此表述也存在争议，因为，如果把“船舶关系”理解为合同关系，则无法涵盖以船舶为标的的物权关系。如果将“船舶关系”解释为一种以船舶为客体或标的的关系的话，又不能简单地包含那些与船舶有关系的船舶救助。还有学者提出，船舶是物，不可能构成社会关系，故海商法以船舶关系为调整对象似有不妥。而更有学者针锋相对地指出，我国《民法典》调整的财产关系应当是以财产为媒介的人与人之间的社会关系，理解“船舶关系”亦应如此。而且，船舶关系因其内容的不同，还包括船舶支配关系和船舶流转关系。我国《海商法》所调整的是全部船舶关系的一部分，而诸如船舶建造、船舶修理、船舶买卖以及因船舶致害的码头等固定设施的侵权之债等，均未在《海商法》中加以规定。五是《海商法》是否有独立的调整对象。对此，有的学者持否定态度，理由之一，是我国已经出台的单行民商事法律均没有规定各自的调整对象，而《海商法》同样作为单行商事立法，也应当遵循这一惯常做法。理由之二，是大多数海运国家的海商法，不论是英美法系，还是大陆法系，均不存在海商法调整对象的规定。似乎海商法不规定调整对象，已是世界主要海运国家的普遍做法。只有俄罗斯的《商船航运法典》规定了“本法典调整商船航运中发生的各种关系”（第 1 条）。一些学者认为，对海商法的调整对象不做明确规定，只是确认海商法调整着与船舶有关的民事关系，“本法有规定的，适用本法规定，本法无规定的，适用民法规定”。不过，也有学者提出，将海商法的调整对象定义为“特定的”船舶关系和海上运输关系，却因未能“特定”的内涵而无法体现海商法调整对象的确定性本质。

也有学者通过对海商法调整对象界定依据的分析，指出应当根据实践诉求、空间要素、主体法律地位以及体系性诉求等因素，将海商法调整对象界定为：平等主体间的法律地位以及因船舶运输、船舶停泊、船舶归属与利用而产生的社会关系以及与之有关的社会关系。笔者的看法是，海商法自从出现至今，始终就是以特立独行的形象存在于商法领域，它有着自成一体的制度结构和法律规范体系，被用于规范调整不同于其他运输模式的海上运输领域。这表明海商法是调整特定的海上运输领域而设计和运用的法律规范体系，应当确认其具有特定的调整对象，笔者建议表述为：“海商法是调整运用海商法意义上的船舶进行海上运输而建立的各类海商合同关系和相关海事活动关系的法律规范体系”。

虽然上述立法实例和学术观点关于海商法调整对象的提法不尽相同，但是，均承认海上运输关系是海商法调整对象的核心。

究其原因，市场经济是以商品生产和商品交换为内容的社会经济形态，而商品生产和商品交换要通过社会再生产的各个环节才能完成，故市场经济就表现为一系列相对独立的市场结构的统一体。其中，运输市场作为实现商品空间转移的必要途径，是商品生产过程在流通领域的继续，是市场经济体系中的一个重要环节。尤其是在现代国际贸易的发展过程中，由于货物所有权人（货主）与船舶所有权人（船东）的分离取代了过去的船、货一体的航海贸易，海上运输业成为一个独立的商品生产部门，以其自身的特有内容和经营特点而区别于其他市场结构，在市场经济体系中处于相对独立的地位。

在海上运输市场中，基于海上运输活动的特殊性和风险性，参与海上运输活动的船舶所有人、船舶经营人、货物所有人相互之间存在不同的经济利益，构成独立的商品交换关系。同时，围绕海上运输活动所产生的船舶管理监督、船员的任用、海事赔偿责任的处理等权利义务关系也成为海上运输市场的必要组成部分。而海商法正是以海上运输活动及其船舶经营关系为调整对象的法律。海商法针对海上运输活动及其由此产生的各种权利义务关系的特点，制定相应的法律规范和法律体系，进行有效的规范调整。

当然，这并不意味着一切与海上运输和船舶经营有关的社会关系都为海商法所调整。海商法仅仅调整其明确规定范围内的海上运输关系，而其他法律明确规定的特定的海上运输关系则不为海商法所调整。例如，海关对船舶和货物的监管或者卫生检疫部门对船舶和货物的卫生检疫，应当分别由海关法和卫生检疫法所调整。

实例枚举

“平安”轮属于孙甲所有，经营人为乙轮船公司。2004年10月20日，孙甲为该轮向丙保险公司投保了沿海内河船舶保险，丙保险公司签发了以孙甲为被保险人的保险单，保险期限自2004年10月21日0时至2005年10月20日24时。在该保险条款约定的被保险人义务中，明确规定被保险船舶出租或者船舶管理人、经营人改变或者船舶改变技术状况和用途的，被保险人应事先书面通知保险人，经保险人同意并办理批改手续；被保险人应当确保船舶的适航性等。2005年5月15日，孙甲将“平安”轮光船租赁给姚丁、王戊，但未办理光船租赁登记，也未通知丙保险公司。2005年8月1日，“平安”轮装载货物由我国的A地驶往B地，途经我国沿海C海区时遭遇大风浪，该船的1号、2号发电机组相继发生故障，舵机失控。船长采取冲滩措施，但船舶横向遭遇大浪袭击后沉没。A海事局出具的事故调查报告认定，导致“平安”轮发生沉没事故的原因包括：(1) 电机故障导致船舶失控；(2) 船长采取应急措施欠妥，导致船舶横向受浪；(3) 大风浪影响；(4) 船员严重不足，且素质较低，船舶管理不善等。同时，该报告推定“平安”轮全损，损失金额85万元。由于丙保险公司的答复为拒赔，孙甲向B海事法院起诉，要求丙保险公司承担保险责任。B海事法院认定，原告孙甲未将改变船舶管理人的情况告知丙保险公司，违反了合同约定的告知义务，同时，未能尽谨慎处理义务而确保船舶适航，违反合同约定的保证条款，故依据我国《保险法》驳回原告孙甲的诉讼请求。学习该案例，能够帮助大家理解我国《海商法》的调整对象，准确把握其适用范围。虽然本案涉及的“平安”轮是从事海上运输活动的船舶，但是按照我国《海商法》第2条第2款的规定，“平安”轮从事的是沿海（我国港口之间的）货物运输活动，不属于我国《海商法》的调整对象。因此，处理本案，涉及海上货物运输的部分，应当适用《合同法》以及有关内水运输的法律规则；而涉及保险关系时，则应当适用我国《保险法》的有关规定。

第三节　海商法的概念和法律性质

一、海商法的概念

综上所述，海商法，是指调整海上运输关系及其船舶经营关系的法律规范的总和。

应当说，海商法针对其特有的调整对象，是自成一体的法律体系，但是，关于如何看待海商法在法律体系中的地位，则观点颇多。其中，以五种观点较具代表性。

（一）认为海商法是商法的组成部分

众所周知，“民商分立”的国家有独立的商法典，与民法典并存，而海商法则作为一编而被列入了商法典之中。相应的，其法律理论上就认为海商法是商法的一部分。这一观点在以德国、法国、日本为代表的大陆法系国家较为流行。

（二）认为海商法是民法的一个特别法

在“民商合一”的国家，此种观点较为普遍。因为这些国家无独立的商法典，而是以民法作为基本法来调整广泛的市场经济活动，同时，制定相应的特别法予以补充。其中，因海上运输市场具有自身特点，所以由海商法作为民法的特别法对该经济领域的关系进行调整，即首先用海商法来调整海上运输市场，而海商法未规定的，则适用民法的有关规定。

（三）认为海商法是海法的一个部门法

依照这一观点，在法律体系中存在着独立的海法，即“航海法规的总称”，而海商法作为调整海上运输活动的法律规范，则成为海法的一个部门法。例如日本学者户田修三即持这一观点。它也是我国海商法学界持有的一种观点，其代表者如司玉琢、初北平等。

知识链接

海商法是海法的部门法——我国海商法学界的一派之说[①]

在我国，关于海商法的体系归属之争，主要表现为民商法体系说与海法体系说。前者是主张：海商法是民商法体系内的组成部分，民商法和海商法之间是一般法与特别法的关系，海商法是海法下属的子概念，是海法的一个部门法。

所谓海法，是“maritime law”的翻译，其范围广泛，涵盖了私法、公法。该学说认为，作为独立体系的海法，其长期的历史演进过程显示出强烈的自体性（一体性）特征，即海法“具有适应海洋活动规律的自主生成、整体关联、相对自足、长期独立的特征”[②]。这一自体性具体表现在：第一是海法起源独立，并成为陆上法律制度的来源，如保险法

①② 司玉琢，李天生．论海法．中国海商法研究，2017（4）．

来源于中世纪的海上保险法；第二是海法效力始终独立覆盖着海事领域，并随着航海贸易的发展而不断扩展其适用范围；第三是海法体系独立，海法一直是集民事、行政和刑事于一体的综合体，只不过古代海法是并存于一部法律中，而近现代海法是若干海事法律构成的。

时至今日，因法理思维的差异，海法在英美法系国家和大陆法系国家的发展呈现不同的情况。英美法系国家采取以判例法为核心的多元的普通法形式，较好地维护了海法的自体性特征①。同时，英美法系的判例法也很好地传承了海法②，并促进了海法在世界范围内的发展。

与此不同，海法在大陆法系国家因主权国家立法对习惯法的冲击，中世纪的海法为欧洲近代中央集权国家的立法所取代，特别是19世纪后，欧洲各国编纂现代海法的社会背景发生了变化（主要表现在造船技术和无线电通信的飞速进步，钢铁船舶、蒸汽机船舶取代了木制帆船），陆上法律的发展开始影响海法的诸多特殊制度，严格的公法、私法分立原则宣告一体形式的海法典被解体。其中，海法的私法部分内容被编入商法典的"海商"编，而海法的公法部分内容，或者被剔除，或者为一般部门法所吸纳，或者被制定成隶属部门法的单行法。这意味着海法的内容被割裂，其自体性和特殊性被淡化，导致海法的碎片化、边缘化。

不过，海洋活动的特殊风险、复杂的技术性和关联性以及海洋的整体性和国际性始终是一种客观存在，都决定着现代社会条件下的海洋活动需要自发的秩序，海法就是因此类海上自发秩序所形成的海洋活动规则。据此，上述的海法体系说认为，应当回归海法的独立体系，并适应21世纪海洋活动的需要而超越传统海法的约束和国内法的局限。最为关键的是，该学说通过研究提出中国海法的创新与发展：面对海洋世纪全球海洋经济、海洋环境、海洋安全紧密交织，海洋资源、海洋权益的争夺日益激烈。因此，有必要构建中国的海法，充分体现海法的自体性，强化海法独特的社会功能，用以维护我国的海洋主权和海洋权益，保护海洋生态环境，发展海洋经济。这就需要在立法层面淡化部门法的观念，并借鉴国外海法的立法经验——割裂海法的立法模式不应成为中国的立法选择，判例法也不符合中国的立法体例，而要构建中国的综合性海法，编纂完整、开放的海法典。

（四）认为海商法是经济法的组成部门

我国的一些学者持此观点，其理由在于海商法所体现的是国家对于海上运输活动实行专门组织管理的意志。在现代社会大生产条件下，海上运输已经与一般的商事活动相分离，构成特定的生产经营行业。各国均对于海上运输及以船舶为中心的各种经济关系实施专门的组织管理。这一国家管理职能，决定了海上运输不能为民法所调整，而属于

① 例如，颁布于1894年并沿用至今而成为英国调整海上活动的基础性法律的《商船航运法》就是包含着航运领域的公法和私法内容的综合性立法。美国自建国至今颁布的一系列涉海法案多为海上某一领域的综合性立法，是其海法体系的重要内容。

② 英美国家的法官在审理海事案件时，可以从古海法的条文中抽象出法律原则，并适用于具体案件。

经济法的调整范围。

（五）认为海商法是独立的法律部门

在我国，有的学者提出海商法是独立的法律部门。因为，海商法专门以海上运输关系为调整对象，这一调整对象既包含海上运输当事人之间平等的权利义务关系，也涉及国家政府机构组织和管理海上运输企业的纵向关系；所以，它不能单一地为民法或者经济法所调整，而应适用专门的法律规范体系。海商法正是因应这种需要而生的独立的法律部门。该法针对海上运输关系，设立了一系列独有的法律制度，形成了完整的法律体系，而不能为其他法律部门所取代。

知识链接

从《鹿特丹规则》的适用对象看其对中国的影响①

尽管中国政府曾积极参与国际海事委员会有关《鹿特丹规则》的准备和起草工作，但是，中国至今并未签署该公约。然而，我国很多的海商法专家学者认为，《鹿特丹规则》对中国有重要的影响，应当对此予以充分的重视。

中国近年来的经济成就，尤其是中国远洋船队、对外开放的港口和国际贸易的发展，表明中国在世界海运和国际贸易中均处于举足轻重的地位。因此，中国政府对于《鹿特丹规则》的态度也是国际社会十分关注的。而《鹿特丹规则》对中国的影响也是决定性的。这首先就体现在，《鹿特丹规则》内容上众多的新规定，仅就其确定的适用对象便显现出对中国影响的深度和广度。由于《鹿特丹规则》设计了“海运＋其他”的模式，规定适用于包括海运的“门到门”运输，即包括依据同一运输合同所涉及的海上运输区段和以其他运输方式进行的运输区段，因而该公约的适用范围已经超越了海运范围，这使其不同于已有的三个纯粹调整海上货物运输之国际公约。该项是具有创新意义的立法变化，标志着其实质上成为调整包括海运活动在内的“门到门”的货物多式联运公约。

此一变化符合国际货物运输实践的需求。目前，以集装箱运输为基础的国际货物多式联运已日益普及，并有不断增长的趋势。根据联合国贸易和发展会议（UNCTAD）的统计，截至2023年1月，全球船舶保有量已经突破10万艘，达到105 493艘，总运力达到22.70亿载重吨。这反映了全球水运业的快速发展，尤其是全球的集装箱运力市场呈现出高度集中的状态。截至2024年5月，全球运营集装箱运力达到2 965.60万标准箱，约为3.52亿载重吨。而中国的船舶保有量近年来虽然受多种因素影响出现一定的下滑，但整体上仍保持较高水平。2022年底的船舶保有量达到12.54万艘，其中包括350艘集装箱船、1 194艘油船。到2023年6月底，中国船东拥有的船队规模达到2.49亿载重吨，包含集装箱船375艘，油船1 185艘。2024年中国的船舶保有量为12.19万艘，其中集装箱运力为183.67万标准箱，占比为61%。

---

① 张永坚．如何评价《鹿特丹规则》．中国海商法年刊，2010（1）；蒋跃川，朱作贤．《鹿特丹规则》的立法特点及对其中涉及重大利益的几个问题的分析．中国海商法年刊，2010（1）；朱曾杰．初评《鹿特丹规则》．中国海商法年刊，2009（Z1）．

中国既是海运大国，也是国际贸易大国，与世界上的其他经济大国同时重视贸易与航运的共同发展一样，难以将中国界定为纯粹的代表船东利益或者货主利益的航运大国或者货运大国，传统海商法意义上的船方与货方之间的博弈已然失去了意义，而是需要兼顾船货双方的利益。因此用于调整海运活动的现代海事立法应当与此相适应，采取以平衡海上运输的承运人与托运人双方权利与义务的思维为基础的立法模式，以便为国际海运市场提供与其相适应的法律环境。

笔者认为，上述《鹿特丹规则》所确立的"海运+其他"模式，正是其作为调整国际海运市场的新型国际公约为适应国际海运市场的新形势而出现的立法变化。其法律价值是否标志着现代海商法的调整对象（或者说适用范围）发生了变化，应当成为大家研究海商法的时候，结合海商法理论和国际海运实践的需要加以考虑的一个问题。

二、海商法的法律特性

从上述海商法的调整对象、内容等，可以看到其具有自身的特殊属性，而区别于其他法律部门。这些法律特性表现在：

（一）海商法具有明显的相对独立性

之所以强调海商法的相对独立性，是因为人们普遍认为，海商法虽然是商法的组成部分，但其中存在着一套从古代延续下来的独特的以海事习惯为基础的海事制度规则，它通行于全球，在海运界尽人皆知，故海商法理论界称其为"海商自体法"（Lex Maritima）[①]。概括当前各国颁行的海商立法，为适应国际海运市场的活动需要，其制度结构和规则体系大体相似，形成了相对独立的立法体系，而与各国的民商法律制度存在着明显的制度差异，不可能用后者予以替代。

此类独特的海事制度在海商法领域俯拾皆是，其中，不仅是海商法特有的共同海损制度、海难救助等海事制度，还有承运人的货损赔偿制度更能够展现其独立性。首先，认定承运人承担货损赔偿责任所实行的不完全过失责任制度就明显地不同于民法追究违约责任的归责原则，其特殊性表现为：承运人在法定范围内——例如对船长、船员或者其他受雇人因驾驶或者管理船舶的过失所造成的货物灭失或者损坏——不承担赔偿责任[②]。其次，将承运人的赔偿责任限制在法定范围内，即承运人对不能免责原因造成的货损应当在法定范围内承担赔偿责任[③]，而超出法定范围的货损则不予赔偿，这当然不同于以恢复违约之前原有状态为目的的民事赔偿责任制度。

同时，海商法领域的海事审判的独立性也是其相对独立的集中体现。鉴于海事案件存在着有别于一般民商案件的诸多特点，各国多设立专门的海事法院，并运用先于海事实体法产生的专门用于海事诉讼的特别程序规则来审理此类案件。相比较而言，在海事

① 郭瑜．海商法精神：中国的实践和理论．北京：北京大学出版社，2005：40.

② 参见《中华人民共和国海商法》第51条第1款有关免除承运人赔偿责任的12项规定。

③ 参见《中华人民共和国海商法》第56条有关承运人单位赔偿责任限制的规定。

诉讼制度更为发达的英美法系国家，英国自16世纪起就设有海事法庭，负责海事案件的审理，当时的普通法法院不得介入。可以说，其海事法庭的这种独立性至今仍然保留。在美国，其海事案件始终由联邦地区法院的独立机构单独审理，即使是在1966年司法改革后，仍然保留着独立的海事审判权和司法管辖范围。我国的海事诉讼开始于1984年在沿海城市设立海事法院专门审理海事案件，而2000年7月1日生效的《海事诉讼特别程序法》又为海事法院审理海事案件提供了全面的程序规则，确立了我国海事诉讼的独立性。

（二）海商法是以船舶使用作为调整中心的法律规范体系

海商法的调整对象是海上运输关系，而海上运输离不开船舶。围绕船舶的使用，在海上运输过程中产生了各种各样的权利义务关系，诸如船舶所有人与船舶经营人之间的关系、船舶出租人与船舶承租人之间的关系、承运人与托运人和收货人之间的关系、船舶拖航中的承拖方与被拖方的关系、海难救助中的救助方与被救助方的关系、共同海损中有关各方的分摊与补偿关系、海上保险中保险人与被保险人的关系等。相应的，形成了海商法的一系列特有法律制度，如海事赔偿责任限制、船舶优先权和船舶抵押权，船舶碰撞、海难救助、共同海损、海上保险等，构成了相对独立的法律体系，从而区别于其他法律部门。

（三）海商法是强制性规范与非强制性规范并存的法律部门

从各国海商立法的实践来看，海商法的立法依据，主要来自国际公约、国际惯例和标准合同。因此，与国际公约、国际惯例及标准合同相联系，海商法也就并存着强制性规范和非强制性规范。

有关海上运输的国际公约，具有严格的约束力，主要是由强制性规范所组成。而有关海上运输的国际惯例，则是在国际海上运输市场发展过程中，经过反复实践所形成的非强制性的行为规则。它只有经当事人的所属国家承认并由当事人选择适用时，才具有约束力，故属于非强制性规范。至于标准合同，就具有更大的任意性。所以，各国立法者在将上述国际公约、国际惯例和标准合同吸收进本国海商法后，必然使海商法并存着强制性规范和非强制性规范。

（四）海商法是国际性很强的国内法

如前所述，海商法是以国际海上运输关系为调整对象的，因此其涉外性质非常明显。一国的船舶在从事海上运输的过程中，要航行于国际水域和不同国家的港口之间，不仅行驶在公海上，还要进入外国领海。但是，海商法属于各国的国内法范畴。

不论各国的海商法是采取有关国际海上运输的国际公约和国际惯例的形式，还是采取直接转化为本国海商法条款的方式，或者用本国海商法明文规定其具有优先适用的效力，其共性都表现为由各国立法机关依照本国统治阶级的利益需要，在其国家主权范围内予以制定和实施。因此，海商法成为各国国内法的组成部分。

而且，存在于海商法之中的冲突规则也在一定程度上体现着其作为国内法所具有的国际统一性。冲突规范本属于国际私法范畴的法律概念，是用于确认处理涉外法律关系时应适用何国法律作为依据的法律规则，其作用在于解决司法管辖和法律适用上的冲突。海商法因其规范调整的国际海运关系的国际性，势必需要规定处理各类海事纠纷时所应适用的冲突规范，以便减少或者避免各国有关海商立法之间存在的法律冲突。

（五）海商法是适用综合调整方法的专业性法律规范体系

海商法不同于一般的国内法的另一特点，在于其针对专业性和复杂性很强的国际海上运输活动，采用综合的调整方法。其中，很多的调整方法和法律规则是海商法所独有的。具体来讲，海商法在调整各种海上运输关系时，不仅采用民事法律方法，还会采用行政法律方法，甚至是刑事法律方法。在很多情况下，海商法的调整方法还涉及该国所缔结或者参加的国际公约的有关规定（声明保留的条款除外）。如果所需处理的海上运输争议涉及海商法中设立的冲突规范的话，则应当适用该冲突规范所确立的准据法——该国法律规范规定的相应调整方法。此外，各国海商法还允许适用当事人在海商合同中协议适用的外国法律或国际惯例来调整具体的海上运输活动，但是，不得与本国的法律和公共利益相抵触。

第四节　海商法的法律渊源

从法理上讲，海商法的法律渊源所指的是法律规范的表现形式。概括各国立法实践，成文法典、判例法、习惯法、国际公约和权威学者的学说是海商法的五大渊源。就我国的海商法而言，按照我国的社会制度、法律传统和民族文化传统，其法律渊源只表现为国内立法、国际公约和国际惯例。

一、国内立法

现代海商法，按其性质属于具有国际性的国内法。各国立法者出于维护其统治利益所需的政治、经济秩序的需要，在发展本国的国际经济贸易和海上运输市场的同时，都非常重视制定其海商法。不论是强调成文法典的大陆法系国家，还是以判例法为主的英美法系国家，海商法均是其法律体系中不可或缺的组成部分。相应的，各国都在其主权范围内，运用本国海商法规范调整海上运输关系，处理各类海事纠纷。

同样，国内立法是我国海商法最重要的法律渊源。我国的法律强调系统化、成文化。其中，由第七届全国人民代表大会常务委员会第二十八次会议于 1992 年 11 月 7 日通过、自 1993 年 7 月 1 日起施行的《中华人民共和国海商法》是我国海商法的基本法典。此外，海上交通安全法、海洋环境保护法、船舶登记条例、国际海运条例、港口法、海损事故调查和处理规则以及国务院颁布的法律法规中涉及海上运输活动的法律规范等，均是我国海商法的组成部分。

二、国际公约

国际公约是各个国家相互之间为解决某一重大国际问题，通过国际会议缔结，用以确定相互之间权利义务关系的协议。其中，以调整海上运输为内容的国际公约就是海商法的一个重要渊源。当然，这些国际公约的具体内容不尽相同，可以概括为两大类：一是属于统一有关海事实体法律规则的国际公约，如 1924 年《关于统一提单若干法律规定的国际公约》(《海牙规则》)。二是属于统一有关海事冲突规则的国际公约，如 1952 年《统一船舶碰撞中民事管辖权方面若干规定的国际公约》。随着当今国际贸易和国际海上运输市场的发展，各国已不可能仅仅局限于用国内法调整国际海上运输关系，从而出现了以国际公约统一各国海商法的趋势。

但是，国际公约并非自然地成为各个国家海商法的法律渊源。因为，国际公约不是无条件地在任何一个国家都生效，只有经过某一国家政府加入和批准的国际公约，才对该国具有法律约束力，这时，它才是该国海商法的法律渊源。不过，各国对于有关海商法的国际公约约束力的接受方法也是各不相同的。有的国家在加入国际公约后，就按照本国立法程序，将该国际公约纳入本国法律，如韩国就采取这种方法。有的国家则是在加入了国际公约后，制定相应的国内法加以实施，如日本、英国等。还有一些国家在加入国际公约后，采取国际公约优先于国内法的原则处理这一问题，如我国就依此原则解决国际公约与国内法的适用关系。例如，我国《海商法》第 268 条规定：我国缔结或参加的国际公约同本法有不同规定的，适用国际条约的规定；但是，我国声明保留的条款除外。

三、国际惯例

这里所说的国际惯例，是指在国际海上运输领域中逐步形成的、未经过立法程序而形成的行为规则。由于国际惯例是在国际海运过程中反复实践形成的，为海上运输界所普遍接受，可以补充各国国内法和国际公约规定的不足，故成为海商法的一种法律渊源。例如，用于确定和计算共同海损的《约克-安特卫普规则》就是自 1877 年正式定名，为国际航运界、保险界所普遍接受的国际惯例。

当然，国际惯例不同于各国的国内法和国际公约，它不是法律，不具有法律约束力。因此，国际惯例的适用，必须经当事人在相关的海事合同中选择后，才对其产生法律约束力。如前所述的《约克-安特卫普规则》至今主要存在 1890 年、1924 年、1950 年、1974 年、1994 年、2004 年和 2016 年等不同文本，当事人从中选择适用哪一个，就要受哪一个文本的制约。各国法律均承认当事人选择适用国际惯例的权利。有些国家的法律甚至规定按照国际惯例解释海上运输当事人之间的合同关系。我国现行立法亦确认国际惯例作为海商法的法律渊源之一，正如我国《海商法》第 268 条第 2 款规定：“中华人民共和国法律和中华人民共和国缔结或者参加的国际条约没有规定的，可以适用国际惯例。”

学术前沿

应当确立海上运输习惯为《海商法》的法律渊源①

颁布于1992年11月的我国现行《海商法》基于当时中国处于从计划经济向市场经济转型过渡时期的背景下，对海上运输关系实行“双轨制”，即将国际海上运输市场部分纳入《海商法》的调整范围，而国内水上运输则仍然采用政策加指令性计划的调控。这成为贯穿整个立法的主线，其中，就海上运输习惯，只承认国际海上运输习惯具有法律调整作用，却否认国内水上运输习惯对国内水上运输的调整作用。也就是说，《海商法》第268条第2款仅仅在涉外法律关系的适用中规定了国际惯例的补缺适用价值，没有确认国内海上运输习惯为法律渊源。

总结我国民商事立法经验，从1985年的《涉外经济合同法》开始使用“国际惯例”后，一直被沿用，而非国际习惯。显然，前者的内容范围窄于后者，并且，其含义和范围均较为模糊，难以满足海上运输实践的需求。我国《海商法》第268条第2款亦使用“国际惯例”，表明国际性是其适用国内法的条件，司法实践中更是往往保守地限缩范围予以适用。

虽然我国民商立法确立了民商合一的立法模式，但海商法毕竟自成一体，存在诸多特色，不可能为民法规则所取代。相比较而言，《民法典》确立了民事习惯为法律渊源，但是，《民法典》是立足于狭义的民法立场认定民事习惯为法律渊源，并以公序良俗为检验标准，却“没有充分关注商事习惯所具有的特殊技术性品行”，而“商事习惯相较于民事习惯而言具有较弱的公序良俗色彩”②，故民事习惯并不能当然涵盖海上运输习惯。鉴于此，《海商法》单独赋予海上运输习惯法律渊源地位是十分必要的。

首先，能够解决海商法与一般法的适用冲突。按照目前我国的法律规定，无法适用海上运输习惯，只能按照“没有特别规定，应遵守一般法”的原则，即海事审判中，遇到海商法没有规定的情形时，就适用相关的一般法的规定来处理。如果确立海上运输习惯为法律渊源，就可以解决法院在审理国际海上运输合同纠纷时产生的《海商法》与一般法之间的法律适用冲突，符合“用尽海商法”的理念；还可以改善调整国内水路货物运输关系时缺乏法律依据的境况。

其次，能够贯彻《民法典》对海商立法的指导精神，并体现海商法特有的价值追求。民法是包括海商法在内的民商法之基础，因此，在《民法典》肯定民事习惯的法律渊源地位的前提下，海商法确认海上运输习惯是其法律渊源，是中国民商合一体制下民法对海商法立法层面予以指导的表现。而且，海商法确立海上运输习惯为法律渊源，充分满足了其特有的价值追求——海上运输行业的风险特殊性决定的风险合理分摊与有限责任的适用，使得海事海商纠纷的处理遵从海上运输习惯，更具科学性，避免一味地僵化地追求民法的公平性而产生有违海上运输习惯的不公平结果。

有的学者基于以上研究提出建议：《海商法》修订时应当遵从《民法典》赋予习惯法

---

① 袁发强，南迪．论海上运输习惯在海商法中的法律渊源定位．中国海商法研究，2020（1）．

② 曹兴权，卢迎．商事习惯司法适用特殊性问题的体系阐释与因应．人民法院报，2018-11-14（7）．

律渊源地位的做法，打破国内与国际海上运输之间存在的法律适用壁垒，取消现有的“国际惯例”提法，将两者统一为“海上运输习惯”，确立海上运输习惯是《海商法》的一般法律渊源，使其优先于一般法的适用意义，达到海事审判“用尽海商法”的理念，让非涉外海事海商案件能够接受海上运输习惯的调整。

第五节　海商法的适用效力

基于海商法的诸多特点，其适用范围不同于其他法律部门。而且，各国海商法出于本国的利益要求，各自的适用范围也不尽相同。海商法的适用效力涉及水域范围和船舶范围。

一、适用海商法的水域范围

所谓适用海商法的水域范围也就是海商法适用的空间效力，具体表现为一国的海商法在多大的水域范围内具有适用效力。对此，各国因其所处地理条件和航运政策的不同，在各自的海商法中做了不同的规定。例如，北欧各个国家的海商法均规定适用于一切水域的运输活动；日本的海商法则规定适用于沿海、近海和远洋运输，但是，不适用于内河和港湾等水域的运输。而原德意志民主共和国的1976年《海商法》规定的适用水域则是另一种立法体例，即适用于在海上和与之相通的水域进行客货营运和使用的船舶，但是，不适用于用轮渡和在内河进行的客货运输（即使是全部或部分地在海上或与之相通的水域进行），不过，允许当事人在海事合同中协商议定适用海商法。

我国《海商法》借鉴了各国海商法的立法体例，结合现代海上运输业发展的情况和我国海上运输市场的实际需要，明确规定，本法适用于“海上货物运输和海上旅客运输，包括海江之间、江海之间的直达运输”（第2条）。但是，江、河、湖等内水领域的运输和我国港口之间的海上货物运输，不适用该法（《海商法》第2条第2款）。结合我国有关法律法规的规定，我国《海商法》有关货物运输的规定仅适用于国际海上货物运输，而不适用于沿海货物运输。其他各项海商制度则对于国际海上运输和沿海运输均适用。但是，有关不满300总吨船舶和沿海运输、沿海作业船舶以及旅客运输的赔偿责任限额则不适用《海商法》规定的海事赔偿责任限制制度。

我国《海商法》规定的上述水域适用范围，既适应了我国水上运输市场的现状，又为中国水上运输市场与国际海运市场的“接轨”，进而适用统一的海商法体系做了准备。

二、适用海商法的船舶范围

海商法是以船舶为调整中心的，故各国海商法都十分重视其船舶的适用范围。一般来说，海商法适用于在海上航行的商务船舶，而排除了军舰以及用于军事目的、政府公务的船舶。例如，1936 年美国《海上货物运输法》规定适用于从事海上货物运输的任何船舶。日本《商法典》第 684 条的规定则表明其海商法部分适用于以商业行为为目的的供航海之用的船舶。同时，为适应各种海商活动的不断发展，海商法规定的船舶适用范围普遍趋向于日益扩大，涉及用于商业目的的各种海上浮动装置。

同时，各国海商法对于适用船舶的范围又多有限制性规定。例如，日本海商法不适用于端舟（桥船、灯船、仓库船）和以橹棹划运的船舶；而《希腊海事私法典》则排除了净吨位低于 10 吨的船舶及其他水上浮动建筑物的适用。

我国《海商法》总结我国海上运输市场数十年的实践经验，借鉴各国海商法立法，将其适用的船舶范围限定为海船和其他海上移动式装置。但是，用于军事的、政府公务的船舶和 20 总吨以下的小型船舶除外。

实例枚举

为了帮助大家真正理解我国《海商法》适用效力规则的法律内涵，在此，仅举一实例。2000 年 8 月 15 日，A 茶叶厂委托 B 港务公司用海船承运 10 000 斤茶叶，由我国的 S 港运至我国 T 港，收货人为 C 茶叶公司。8 月 20 日，B 港务公司用 D 海运局所属的集装箱装载该批茶叶。在准备装船时，因受台风影响而连降大雨，装载茶叶的集装箱按照惯例露天放置，B 港务公司未采取任何防护措施。集装箱在起运时经检查箱体和铅封均完好。9 月 5 日，装运该批茶叶的船舶抵达约定的目的港，三天后，收货人 C 茶叶公司提取 5 个集装箱时，其箱体和铅封皆无异样。从提货至货物运到 C 茶叶公司仓库，天气始终晴好。但是，C 茶叶公司在仓库内开启集装箱时，发现 5 个集装箱的底部均有不同程度的水湿痕迹，箱内茶叶部分受潮霉变。C 茶叶公司立即电告 A 茶叶厂。最终，造成损失共计近 30 万元人民币。由于 A 茶叶厂与 B 港务公司就损失赔偿问题的意见分歧较大，A 茶叶厂向海事法院提起诉讼。

显然，本案的海上货物运输合同关系所涉及的船舶是海船，属于我国《海商法》适用的船舶范围，但是，该海运关系是我国两个沿海港口之间的沿海货物运输合同关系。因此，根据我国《海商法》第 2 条第 2 款的规定，“本法第四章海上货物运输合同的规定，不适用于中华人民共和国港口之间的海上货物运输”，调整本案的沿海货物运输关系的法律依据，应当是《中华人民共和国合同法》和有关国内水路运输的法律法规，而不能适用《海商法》中有关海上货物运输的规定。

知识链接

关于我国《海商法》的修改①

1993 年 7 月 1 日起施行的《中华人民共和国海商法》作为当时我国经济体制改革的成果，对于深化我国经济体制改革、促进对外开放政策的实施、发展中国的海运市场具有不可替代的作用。但是，必须看到《海商法》适用 20 多年以来社会环境发生了诸多变

① 摘自：司玉琢，胡正良．我国《海商法》修改的必要性．中国海商法年刊，2002；张永坚．建立中国统一的海上运输法律体系．中国海商法年刊，2002.

化，尤其是中国的海运市场出现了新情况、新变化，对《海商法》的调整提出了新要求。鉴于此，专家学者们关于修改《海商法》的呼声日益高涨，更有目光敏锐者归纳出修改《海商法》的客观原因。

1. 20世纪90年代以来再度活跃的国际海事立法对我国《海商法》的影响

进入20世纪80年代，联合国贸发会及其他国际组织将注意力集中于推进现有国际公约的生效和实施。到了90年代，国际海事立法活动再度活跃，相继出现了1992年《国际油污损害民事责任公约》、1990年和1994年《约克-安特卫普规则》等一系列新的国际公约和民间规则，同时，1976年“金康”合同格式也已被1994年“金康”合同格式所取代。可见我国《海商法》制定之时作为立法基础的海事国际公约、国际海事惯例以及具有借鉴价值的国际海运市场上的格式合同等纷纷出现了以新换旧的变化，使得我国《海商法》失去了原有的超前性和先进性，亟待作出相应的修改。

2. 相关国内立法的相继出台对我国《海商法》的影响

自《海商法》生效以来，与其有关的国内立法相继出台，诸如《对外贸易法》《仲裁法》《担保法》《保险法》《合同法》《公司法》《海洋环境保护法》《海事诉讼特别程序法》等，导致《海商法》与这些相关立法存在诸多不协调之处，需要通过修改予以解决，以便使《海商法》的规定与其他相关立法相吻合，充分发挥各自的法律调整功能。

3. 海事司法实践对我国《海商法》提出的完善要求

在海事司法实践中，《海商法》本身所存在的不成熟之处得以显现，需要通过修改而逐步完善。例如，由于《海商法》制定之时缺乏海运单和电子提单的适用实践，所以该法只是在第80条泛泛地提到“提单以外其他单证”，并未明文规定海运单和电子提单。而在国际航运领域，此两类单证已被广泛使用，故需要在我国《海商法》中作出相应规定。又如，由于可借鉴经验的欠缺，《海商法》对于多式联运仅在第四章中规定了5个条款，难以适应关系复杂的多式联运实践的需要。再如，对于船舶留置问题，《海商法》仅在第25条、第161条和第188条三处有所涉及，并且，未能体现船舶留置与一般留置的区别，对此应结合《物权法》和《担保法》完善相关规定。

4. 中国海运市场的发展变化对我国《海商法》提出的修改需要

由于中国经济发展过程中的历史原因，致使中国的海运市场分为国际和国内两部分，分别适用两套法律体系进行调整。不过，经过近十年的发展历程，我国国内沿海运输领域，已经逐步由计划经济体制向社会主义市场经济体制转变，市场运行机制基本形成，行政干预日益淡化，再分别适用两套法律调整已无实际意义，因此，建立统一的海上运输法律体系的客观条件已经成熟，故需修改《海商法》，将其适用范围扩大至国内沿海运输领域。

而且，学者们不满足于等待，纷纷行动起来，为我国《海商法》的修改进行分析研究，献计献策。有的学者着眼于海商法的基础理论的研究，为海商法修改提供充足的理论支持；有的学者对我国《海商法》的修改模式发表意见，例如，我国著名海商法专家司玉琢就提出建议，当下修改《海商法》不应当再局限于修修补补的微调，而应当将具有关联性、一体性的涉海法律法典化，完成中国海法典的编纂；更多的学者则是认真地结合我国海运市场的发展变化，就《海商法》的现有诸多制度规定，进行分析论证，提出各自的修改建议。不仅如此，大连海事大学和上海海事大学先后接受交通运输部的委托，组建修改《海商法》课题组，全面深入地比较海商法的国际发展经验，研究我国海运市场的现实需要，完成了各自的《海商法》修改建议稿。这充分说明，我国《海商法》的修改研究工作正在有条不紊地进行，但是，时不我待，应当尽快进入实质性的修改进程。让我们期待新的《海商法》能够早日破茧而出。

问题与思考

1. 简述海商法的历史演变过程及发展趋势。
2. 什么是海商法？它有哪些特点和作用？
3. 海商法的法律渊源有哪些？
4. 什么是海商法的调整对象？海商法包括哪些内容？
5. 如何理解适用海商法的水域范围？
6. 如何理解适用海商法的船舶范围？

第二章
海事法律关系

本章提示

海事法律关系是将海商法中的各项法律制度予以系统化的基本线索，因为各项海事活动都可以归纳为相应的海事法律关系。可见，掌握了海事法律关系也就把握了海商法的纲，以此为基础，就便于理解具体的海事法律制度的共同属性及法律特点。本章既阐述了海事法律关系的主体、客体、内容三个构成要素，又分析了引起海事法律关系产生、变更和消灭的法律事实，尤其是作为海上运输市场组成部分的行政管理制度。因此，学习本章时，应当掌握海事法律关系的主体、客体、内容，产生、变更和消灭海事法律关系的法律事实，并且要了解我国海上运输市场的管理制度。

关键术语

海事法律关系　海事法律关系的主体　船舶所有人　船舶经营人　船舶承租人　多式联运经营人　海上保险人　海事法律关系的客体　劳务　相关利益　海事法律行为　国际船舶代理　国际货物运输代理

第一节　海事法律关系的概念和性质

一、海事法律关系的概念

海事法律关系，是指由海商法律规范确认和调整的，具有海事权利和海事义务内容的社会关系。

在人类社会中，各种各样的社会关系是广泛存在的。其中，为海商法律规范所调整的那些社会关系才属于海事法律关系。可以这样理解，海事法律关系是海商法调整社会关系的具体法律形式。海运市场上的各种活动无不以海事法律关系的形式为表现，以便形成海商法的调整机制。

二、海事法律关系的性质

海事法律关系以其自身具有的法律属性而在各类社会关系中自成一体，也不同于其他法律部门的法律关系。具体表现在四个方面。

（一）海事法律关系是存在于人与人之间的社会关系

社会是人类生活的共同体，从而，社会关系所体现的是人与人之间的联系，因此，只有在社会成员之间才能够形成法律关系。海事法律关系亦如此。我国《海商法》只承认自然人、法人和其他组织为海事主体，调整其相互之间的权利义务关系。至于船舶，则依我国《海商法》只能成为海事法律关系的客体，而不是海事主体，所以，不存在英美法系国家海商法以船舶作为被告提起海事诉讼的对物诉讼制度。

（二）海事法律关系是一种思想社会关系

社会关系进一步可以分为物质社会关系和思想社会关系两大类，它们之间既有质的区别，又密切联系。从海运市场角度讲，作为海商法调整对象的海上运输关系和船舶关系是直接反映社会成员之间经济需求的物质社会关系，而海事法律关系则是社会成员之间反映其法律意图的社会关系。后者是海商法调整前者所产生的法律后果。因为，当海商法律规范对于海上运输关系和船舶关系予以调整后，就在参与海上运输关系或者船舶关系的社会成员的思想意志中产生了反映其经济需求关系的法律权利和法律义务的观念。

（三）海事法律关系是由国家强制力保障实现的社会关系

海商法作为体现国家调整海运市场之意志的行为规范，带有国家强制力的效力，从而，涉及其调整的海事法律关系时，必然要表现出国家强制力的作用，也就是依据海商法律规范而建立的海事法律关系，由国家强制力保障其得以实现，以完成海事主体追求的海事活动目的，维持正常的海运市场秩序。

（四）海事法律关系是以海事权利和海事义务为内容的社会关系

既然海事法律关系反映的是海事主体之间在海上运输关系或者船舶关系中追求的经济需求，那么，为了实现这一目的，海事法律关系当然要以相应的海事权利和海事义务为内容。

按照民商法理论，海商法律规定的海事权利和海事义务属于具有普遍适用意义的客观权利和义务，当其被固定到具体的海事法律关系之中后，就已转化为特定海事主体所享有或者承担的具体的主观权利和义务，海事法律关系因此而特定化。从而，海事权利和海事义务成为区别海事法律关系与其他法律部门的法律关系、区分此海事法律关系与彼海事法律关系的重要标志。

从法理层面讲，海事法律关系具有重要的指导价值。其普遍存在于国际海事活动中，是区分和界定各个海事案件的出发点，以下案例可以予以说明。

实例枚举

“乐油”轮登记为赵甲等六人共有，乙有限公司于2004年7月20日与赵甲签订光船租赁合同，租用该船1年，此后，该船被交付给丙海运公司经营。2005年6月1日，该船舶经营人以自己为被保险人、以“乐油”轮为保险标的向丁保险公司投保了沿海内河船舶一切险，保险金额100万元，承保比例100%。2005年10月6日，“乐油”轮锚泊于A港的北港池，遭遇大风而搁浅在离主航道160米的浅滩上。次日，赵甲等通知丁保险公司该船舶出险。丁保险公司受理后，嘱咐船方等待时机自行脱浅。赵甲等人先后尝试拖轮拖离、高压水枪冲击船底泥沙以及在船底装气囊充气上浮等脱浅办法，并为此支付了12万元，但均告失败。

2006年6月15日，丙海运公司和赵甲等人向海事法院提起还船之诉，要求乙有限公司返还“乐油”轮，赔偿损失80万元。海事法院认定乙有限公司在光船租赁合同期限届满后未完全履行还船义务，判决其30日内还船，并赔偿损失。

2007年7月20日，丙海运公司向丁保险公司递交了书面的理赔报告，丁保险公司营业部门受理后，将该理赔案移交给理赔部门。其理赔部门遂要求船方联系海事救助单位，编制可行性施救方案，并编制预算报告。丁保险公司也委托保险公估机构进行损失评估。

海事法院就还船之诉的判决生效后，一直未能执行，“乐油”轮仍然搁浅在原位置。于是，赵甲等人在2008年9月25日，又向海事法院提起保险赔偿之诉，要求丁保险公司赔偿船舶损失100万元、船舶施救费用16万元、船舶保管费用12万元等。丁保险公司提出如下拒赔意见：（1）赵甲并非船舶保险合同的当事人，不是本案的适格主体；（2）涉案的事故应为坐浅，而非搁浅，并非保险合同规定的保险事故；（3）涉案的“乐油”轮未办理海事签证，事故发生后又未在48小时内报告，也未经海事主管部门调查；（4）被保险人投保时未如实告知保险船舶存在光船租赁的事实；（5）赵甲等人已经起诉法院另案判决，由丙海运公司返还涉案船舶，因此其未在事故中遭受损失；（6）赵甲向海事法院提起本案诉讼之时，已经超过《海商法》第264条规定的2年诉讼时效等。

对繁杂的上述案情进行分析梳理，可以归纳为如下要点：（1）船舶所有人赵甲与乙有限公司之间存在光船租赁合同关系；（2）丙海运公司与乙有限公司之间存在船舶经营关系；（3）丙海运公司与丁保险公司之间存在船舶保险关系。各个海事法律关系为各方参与特定的海事活动、享有特定的权利、履行相应的义务提供了法律依据。

第二节 海事法律关系的主体

海事法律关系的主体，是指海事法律关系的参加者，也就是海事法律关系中权利的享有者和义务的承担者，是海事法律关系的重要构成要素。

一、按照民商法理论，海事法律关系的主体包括自然人、法人和其他组织

（1）自然人作为海事法律关系的主体，在早期的航海通商贸易中是普遍的。而现在，

自然人仍然在诸多领域参与海事法律关系。一方面，依法取得海上航运经营资格的自然人，在其从事海上航运经营活动中，可以成为海事法律关系的当事人，诸如依法获准经营海上航运的个体工商户成为海上货物运输合同关系或者海上旅客运输合同关系中的承运人。另一方面，自然人在日常的工作或者生活中，成为与经营海上航运业务的一方当事人相对应的另一方当事人，诸如海上货物运输合同关系中的托运人或者收货人、海上旅客运输合同关系中的旅客、海上保险合同关系中的被保险人等。

（2）法人作为海事法律关系的主体，在现代海运市场上的地位日益突出。其中，依法获取经营海上航运业务的企业法人在多元化的海事活动中居于首位，当然是海事法律关系的重要当事人。例如，船舶运输公司、租船公司、保险公司等。与此相对应，其他生产经营领域的企业法人、国家机关法人、事业单位法人和社会团体法人则可以成为另一方当事人。

（3）其他组织成为海事法律关系的主体与法人同理。但是，应当注意此类其他组织必须符合法定的资格条件。根据我国的法律规定，凡合法成立，有一定的组织机构和财产，但又不具备法人资格的组织是其他组织。它们依法可以独立从事海事活动而成为海事法律关系的当事人。

二、按照经营海运业务的范围划分，海事法律关系的主体包括六种类型

（一）船舶所有人

船舶所有人又称船东，是指运用自己所有的船舶经营海上运输活动的企业法人。根据我国《海商法》的规定，船舶所有人依法对其船舶享有占有、使用、收益和处分的权利，这是海事企业法人从事海上航运经营必需的法律前提，因此，在海运市场的长期发展中，船舶所有人是最基本的海运企业。大多数的海事法律关系都离不开船舶所有人。例如，在海上运输（包括货物运输和旅客运输）合同关系中，船舶所有人是承运人或者实际承运人；在船舶租用关系中，船舶所有人是船舶出租人；在船舶碰撞、海难救助、共同海损等法律关系中，船舶所有人成为特定的当事人等。

（二）船舶经营人

在现代市场经济条件下，海运市场与其他各个商品经济领域一样，基于所有权与经营权分离的经营模式，形成了更加复杂和多样化的海运经营方式，产生了与船舶所有人相分离的船舶经营人，即根据法律规定或者合同约定，对他人所有的船舶享有经营权、从事海运业务的海事企业法人。船舶经营人对于特定的船舶不享有所有权，但是，基于船舶经营权而得以占有、使用该船舶，并从该船舶的经营中获取收益。

在我国海运市场上，船舶经营人主要表现为国有船舶经营人，即对于我国国有船舶享有经营权的全民所有制企业法人。它是按照我国经济体制改革中实行的国家所有权与经营权“两权分离”原则而产生的独立主体，具体表现为“国家所有的船舶由国家授予具有法人资格的全民所有制企业经营管理的，本法有关船舶所有人的规定适用于该法人”（《海商法》第 8 条）。由此可见，依照我国《海商法》的规定，国有船舶经营人的法律地

位与船舶所有人的相同。

学术前沿

如何识别船舶经营人①

船舶经营人的概念广泛存在于国际海事公约中，我国《海商法》亦使用了这一术语，但因无明确的定义，多年来我国学术界对此众说纷纭，实务界在认定海事法律关系主体时也莫衷一是。

早期的海商法并无船舶经营人的概念，针对船舶所有权与船舶经营权分离的情况，国际海商法界运用"营运船舶之人"和主要承租人来表述只经营和管理而不拥有船舶所有权的人。第二次世界大战以后，伴随着船舶运营方式的多样化，船舶经营人被作为与船舶所有人并列的海事法律主体，出现在国际公约中，如1976年《国际海事赔偿责任限制公约》、1986年《联合国船舶登记条件公约》、1993年《统一船舶优先权和抵押权国际公约》等。不过，这些国际公约关于船舶经营人的概念较为空洞，大多内涵模糊，具有不确定性，难以解决海事法律主体的识别问题。而在存在"船舶经营人"概念的国家中，自各立法对船舶经营人的定义也不尽相同。概括希腊的《海事私法典》、荷兰的《海商法》、美国的1990年《油污法》、英国的1995年《商船航运法》等海事立法，均遵循形式主义来表述"船舶经营人"，却可能导致船舶经营人的范围过窄，不能适应当今船舶的所有权与经营权日益分离发展的需要。因而，应当把握船舶经营人的实质内涵，以便用于识别未经登记而实际经营管理船舶的海事主体的身份。

我国学术界关于船舶经营人的定义和范围问题长期存在争论。主要有两种代表性观点：一是认为船舶经营人仅指国有船舶公司。此观点以我国《海商法》第8条的规定为依据，在20世纪90年代较为盛行。二是认为经营或者控制船舶的人即为船舶经营人，可以是船舶所有人或光船承租人，也可以是其他称谓的人。还有学者提出船舶经营人是多重概念的观点，其在不同海事制度下的内涵和外延并不相同：在船舶优先权和船舶侵权领域，船舶经营人是指实际使用并控制船舶的人；在海事赔偿责任限制制度领域，船舶经营人则应当包括技术性经营人和商业性经营人（无船承运人据此而成为海事赔偿责任限制的主体）。

2010年3月最高人民法院通过的《关于审理海事赔偿责任限制相关纠纷案件的若干规定》，于第12条对船舶经营人作出了明确定义："海商法第二百零四条规定的船舶经营人是指登记的船舶经营人，或者接受船舶所有人委托实际使用和控制船舶并应当承担船舶责任的人，但不包括无船承运业务经营者"。此一规定明确了船舶经营人的内涵，将其划分为登记型船舶经营人和受托型船舶经营人，并且将无船承运人排除在海事赔偿责任限制的权利主体范围之外。

不过，在处理船舶经营人与其他海事法律关系主体的关系问题上，有的学者认为，船舶经营人属于船舶关系主体的概念，并非其他海事法律关系的主体能够涵盖。由于海

---

① 何丽新，钱小敏．"船舶经营人"的识别．中国海商法年刊，2011（1）；王立志，李桢．重新界定《中华人民共和国海商法》的调整对象．中国海商法年刊，2011（2）．

运领域内的营运形式多种多样，海事关系主体的称谓也是种类繁多，诸如船舶管理人、多式联运人、挂靠人、方便旗船舶经营人、国际货物代理人等。这些海事主体在海事活动中有可能受船舶所有人的委托来实际使用和管理船舶，从而在海事赔偿责任限制、船舶优先权、船舶碰撞等海事制度中被认定为船舶经营人。认定的关键在于其有无实际使用和控制船舶的核心内容。

（三）船舶承租人

船舶承租人，是指租用他人船舶，按照约定的用途使用船舶的人。其使用船舶的内容可以是运送自己的货物，也可以是从事海运经营活动。

船舶承租人作为船舶租用合同的一方当事人，虽不享有相应船舶的所有权，但基于船舶租用合同取得了船舶承租权，其内容包括船舶经营使用权和一定的收益权。依照我国《海商法》的规定，该船舶承租权具有物权属性，即船舶承租权不因船舶所有权的转让而受影响。同时，船舶承租人依法不需经船舶出租人的同意，便可以将其承租的船舶予以转租，但是船舶承租人应当将转租情况及时通知船舶出租人。由此可见，船舶承租人的法律地位与船舶所有权人和承运人相同。

（四）多式联运经营人

多式联运经营人，是指本人或者委托他人以本人名义与托运人订立多式联运合同的人。因为多式联运要包括两种以上的不同运输方式，而且，其中必须有一种是海上运输方式，所以，只有符合上述要求的多式联运法律关系才属于我国《海商法》调整的范畴，诸如海陆运输、海空运输、海陆空运输等。参与此类多式联运关系的多式联运经营人视为海事法律关系的主体。多式联运经营人作为具体海事法律关系中的承运人，除了其所承担的法律责任与相应的运输区段存在联系以外，均适用《海商法》有关承运人的各项规定。

实例枚举

国内多式联运经营人甲集装箱货运有限责任公司从乙实业公司处揽取了货物，并托运给丙海运公司。丙海运公司用其所属的“静水”轮实施沿海运输，但在运输途中，因“静水”轮船员操作不当而发生事故，导致“静水”轮沉没，所承运货物全损。于是，乙实业公司以甲集装箱货运公司和丙海运公司为被告向海事法院提起诉讼，要求两被告赔偿其全部货物损失。诉讼中，甲集装箱货运公司主张，它属于船舶经营人，能够享有海事赔偿责任限制的权利。海事法院认为，船舶经营人分为技术性船舶经营人和商业性船舶经营人，包括直接从事船舶营运的船舶所有人、船舶承租人、与船舶营运有关且承担船舶营运引起的有关责任的其他任何自然人和法人。据此，认定甲集装箱货运公司是本案之“静水”轮的船舶经营人，可享有海事赔偿责任限制。二审期间，二审法院就甲集装箱货运公司的主体地位问题请示最高人民法院，最高人民法院的答复是：“本案中，甲集装箱货运公司虽然是涉案的海上运输合同的承运人，但其不是船舶经营人，不具有申请限制赔偿责任的主体资格。”

而在甲船务有限公司申请海事赔偿责任限制一案中，甲船务有限公司与乙海运公司用乙海运公司所属的“冰峰”轮合作经营我国 A 地至 B 地的沿海运输。在双方合作期间，“冰峰”轮运输途中在 B 地海域因故沉没，乙海运公司为此设立了赔偿责任限制基金。由于作为运输合同凭证的海运运单是由甲船务有限公司签发给各货主的，因而部分货主在 B 地海事法院向甲船务有限公司提起了诉讼，要求其赔偿原告遭受的货物损失。在诉讼中，甲船务有限公司向法庭提出了海事赔偿责任限制的申请，然而，B 地海事法院驳回了甲船务有限公司的申请，理由是：甲船务有限公司在本案中不是船舶经营人，因为，“法律意义上的船舶经营人应当具有船舶的占有、使用、收益以及有条件的处分权，而分析甲船务有限公司在本案中与乙海运公司的关系，对于‘冰峰’轮并没有占有和处分等权利，其没有对于‘冰峰’轮上的船员的聘用与辞退的劳动关系，更没有经营‘冰峰’轮的权利，这表明甲船务有限公司不具有船舶经营人的身份和地位”。

上述案例有助于大家理解船舶经营人的本质特征在于实际管理和控制船舶，并能够进一步了解船舶经营人在海运实践中的具体表现以及法律标准的运用。

（五）海上保险人

海上保险是与海上运输不可分割的商品经营活动。而海上保险人则是此海事法律关系中不可缺少的当事人，具体是指与海上运输的参与者订立海上保险合同，向其收取保险费，并在保险事故发生时，对于被保险人因保险事故造成的保险标的损失承担保险赔偿责任的人。

海上保险对于海上运输具有不可替代的保障作用，其适用范围涉及整个海上运输市场，因此，海上保险人的保险经营活动关系到海上运输市场的稳定。为此，《保险法》和《海商法》极其重视海上保险人的资格，只有具备法定条件的人才能经营海上保险业务，成为海事法律关系的主体。

（六）船员

船员基于与船舶所有人、经营人、光船承租人之间签订的雇佣合同而在海事法律关系中处于独立的主体地位，享有权利，承担义务，尤其是船长可以作为船舶所有人的代理人与第三人实施法律行为，故应成为海事法律关系的主体。

实例枚举

能否正确地将海事法律关系理论用于解决国际海运实践中的现实问题，关键在于确认参与者的主体身份、明确其在国际海运活动中的法律地位，在此，用如下实例加以说明：

某土畜产进出口公司委托某外运公司托运一批奶制品，从我国上海运往日本。该外运公司以自己的名义向对方签发了货运提单，并将该批货物交付给某远洋公司实施运输。当此货物抵达目的港时，收货人发现其中的部分货物发生湿损。为此，某保险公司作为货物运输保险人依据保险合同的约定赔偿了收货人的损失，并取得了代位求偿的权利。

该保险公司得以债权人的身份，向签发提单的该外运公司行使追索权，要求其予以赔偿。该案例已经不是货运代理合同纠纷，而是海上货物运输合同纠纷。因为，外运公司以自己的名义签发提单，而使其成为海上货物运输合同关系中的承运人，应当以承运人的身份承担承运人的义务和责任，对承运人责任范围内的货方损失负赔偿责任。其后，该外运公司可以依据其与处于实际承运人地位的远洋公司之间的合同关系，向远洋公司进行索赔。

第三节　海事法律关系的客体

海事法律关系的客体，是指各方当事人共同指向的对象。它体现了各方当事人共同追求的目的。由于《海商法》所调整的海事法律关系包括了诸多海事法律制度，其各自追求的目的不同，相应的内容亦各具特点，因而海事法律关系的客体也是多样的，概括来讲，包括行为、劳务、财产及其相关利益等。

一、行为

作为海事法律关系客体的行为应当是具有特定意义的行为。由于《合同法》将海上运输（包括货物运输和旅客运输）合同纳入运输合同的范畴，因而海上货物运输合同和海上旅客运输合同与其他运输合同一样，均以特定的运输行为为客体。在上述海上运输合同中，承运人与托运人或者旅客的权利和义务所共同指向的就是经海路从一地运输货物或者运送旅客到另一地的行为。此外，海上拖航合同和海难救助均以相应的行为为客体。前者是指海上拖航行为，而后者则是指海上救助行为。

二、劳务

由于海上航运是以船舶的使用为基本条件的，而使用船舶就离不开人的专业技术劳动，因而此类包含相应技术含量的劳务就是海事法律关系中重要的客体。劳务作为海事法律关系的客体主要表现在船员与船舶所有人或者经营人以及光船承租人之间的权利和义务关系中，即船员在其受雇担任的岗位上，应当认真履行职责，提供相应的劳务。可见，劳务客体普遍存在于投入海上运营的各个船舶上。

三、财产

海上运输市场中的各种经营活动都属于商品经营活动，必然涉及各种各样的财产，故以财产为海事法律关系的客体也就不足为奇。不过，由于海上运输市场是在船舶使用的基础上以从事海上运输为核心的业务活动，因而构成海事法律关系客体的财产也就不同于一般的商品经营活动。

作为海事法律关系客体的财产首先表现为船舶。船舶所有权、船舶抵押权、船舶留置权和船舶优先权等物权法律关系的客体是船舶。而各种船舶租用合同等债的法律关系亦以船舶为客体。

四、相关利益

所谓相关利益，是指可以用货币衡量的物质性的权益，具体包括现实利益、期待利益、责任利益等。在海商法体系中，以相关利益为客体的海事法律关系的典型表现是海上保险法律关系。海上保险的各个险种具体承保的对象——保险标的是不一样的，依照《海商法》的规定，可以是船舶、货物、船舶营运收入、货物预期利润、船员工资和其他报酬、对第三人的责任等，但所有海上保险合同具有的保险利益是相同的。

保险利益，是指法律所认可的，被保险人与保险标的之间存在的经济上的利害关系。应当说，海上保险的保险人与被保险人的权利和义务所共同指向的是保险利益。被保险人追求的是其保险利益得到保险人的保险保障，而保险人所能提供的也只能是通过保险赔偿而保障被保险人的保险利益，并非是为了保全保险标的本身，故海上保险法律关系以保险利益为客体，是具有科学性的。

知识链接

“死船”能否构成船舶优先权的客体[①]

“死船”（dead ship）是相对于“活船”而言的，这是美国海事判例法中的概念，涉及美国海事法独特的“死船”制度[②]。船舶作为一个特殊物质的物理形态存在，有其生命周期，以船舶为调整对象的海商法据此设定判断标准，用来确认船舶何时具备法律地位、何时丧失法律地位。一般而言，船舶因沉没或拆解而丧失物理形态，当然失去海商法上的法律地位，但船舶也可能保留物理形态，却由于失去运输航行功能而在法律上不再是船舶，使其法律地位归于消灭，这类船舶就构成了“死船”。可见，“死船”制度有其存在的逻辑必要性，其在美国海事法中的影响颇深。它不仅涉及海事法院对海事案件的管辖权，也决定着涉案船舶的法律地位、原被告双方之间的法律关系（尤其是“死船”能否构成船舶优先权的客体）、法律适用与法律冲突等问题。

英美国家海商法确定船舶属性的一个重要标准，就是“航行”（in navigation），实践中，不能航行的、不再用于航行的、停航（包括临时性停航、退役、封存、为恢复运营而进行修理）的船舶等，就被归入“死船”范畴，丧失船舶的法律地位。不过，在美国海事法上，对“死船”制度存在着不同的观点，不同的海事判例中认定是否构成“死船”

① 宋淑华．论“死船”是否构成船舶优先权客体．中国海商法研究，2018（2）.

② 在英国海事判例法中没有“死船”的概念，英国判例中的“dead ship”一词是指失去动力的船舶，而这些船舶仍然具备“船舶”的法律地位，只是由于发生船舶碰撞等事故而失去了动力。

的判断标准也多有不同。一种观点认为，既然“死船”不具有船舶的法律地位，就不构成船舶优先权[①]的客体。也有观点认为，“死船”虽然已不是船舶优先权的客体，但仍然构成海事案件管辖权上的船舶。诸多的海事判例都表明因此观点所产生的裁判结果，即处于修理状态的同一艘船舶，对于船员而言，其构成船舶，是船舶优先权的客体；而对于船厂修理工而言，就构成“死船”，不是船舶优先权的客体；但对提出支付修理费索赔的船厂而言，该船舶仍然是海事法上的船舶，是船舶优先权的客体。

这意味着在美国海事法的“死船”制度下，同一艘船舶，在不同的法律关系中的法律地位是不一样的。了解了美国的制度，有助于大家理解海商法中的船舶的法律地位，体会船舶作为海事法律关系客体的实际情况。当然，必须明确的是，我国《海商法》没有“死船”制度，即使是退出营运的船舶，只要是海船或者海上移动装置，且没有用于政府公务目的或军事目的的，就具有船舶的法律地位，就是海事法律关系的客体。

第四节　海事法律关系的内容

海事法律关系的内容是由其各方主体所享有的海事权利和所承担的海事义务所组成的。

海事法律关系主体在海事法律关系中所享有的权利表现为：权利人在法定限度内得以为或者不为一定行为和要求义务人为或者不为一定行为的可能性。与此相对应，海事主体所承担的海事义务则是义务人依据法律或者权利人的要求为或者不为相应行为的必要性。

从性质上讲，构成海事法律关系内容的海事权利和海事义务可归纳为物权关系和债权关系两大类。船舶所有权、船舶抵押权、船舶留置权等即为物权关系。其核心内容是权利人依法占有、使用、处置权利客体——船舶，而义务人则承担着不得妨碍权利人行使权利的义务。而海上货物运输合同、海上旅客运输合同、船舶租用合同、海上拖航合同、海上保险合同以及各项海事赔偿制度等都属于债权关系。其基本内容均表现为权利人请求义务人履行特定行为（如运输行为）或者给付一定财产（如给付保险赔偿金或者损害赔偿款项）。当然，海商法领域的物权关系和债权关系之间也存在内在联系。一方面，上述海事物权关系是使海事债权关系得以产生的前提条件；另一方面，海事债权关系的产生、实现又是以建立新的物权关系为宗旨的。

从海事权利与海事义务的构成来看，海事法律关系的内容有单务性和双务性之分。所谓单务性海事法律关系，是指海事法律关系的一方当事人只享有海事权利，而另一方当事人则只承担海事义务。例如，船舶所有权、船舶碰撞等海事法律关系就属于单务性海事法律关系。所谓双务性海事法律关系，则表现为海事法律关系的各方当事人均既享

① 应当注意的是，美国海事法中的船舶优先权（maritime lien）的范围比我国《海商法》中船舶优先权的范围更加宽泛。

有海事权利又承担着海事义务，而且彼此之间的海事权利和海事义务是互为条件的。海上货物运输合同、海上旅客运输合同、拖航合同、海难救助合同、海上保险合同均属于此类海事法律关系。

从权利和义务的内容角度分析，海事权利和海事义务有区别于一般民事权利和民事义务的特性。对于海事权利来讲，权利人行使其享有的海事权利时，不仅要遵守一般的法律要求，还必须符合海商法的特殊规定。例如，海事赔偿请求权的行使，必须限于海商法规定的赔偿限额范围之内。对此，我国《海商法》在海上货物运输合同、海上旅客运输合同、海事赔偿责任限制等海事法律制度中分别规定了义务人的赔偿限额，从而限制了权利人的海事权利。同样，义务人所承担和履行的海事赔偿义务，则也以海商法规定的责任限额为限度，而不适用一般民事法律制度的实际损失实际赔偿的原则。此外，海事法律关系中的海事义务，既有针对特定权利人的海事义务，也有依法对国家和社会承担的海事义务。例如，根据1989年《救助公约》第8条的规定，救助人和被救助人均负有“以应有的谨慎防止或减轻环境损害”的义务。

学术前沿

关于港口经营人法律地位的观点之争①

“港口经营人”的用词来源于《1991年联合国国际贸易运输港站经营人责任公约》（简称《港站经营人公约》），我国2003年《港口法》亦有使用。2000年以来，随着我国海事审判中涉及港口经营人的纠纷日益增加，理论界有关港口经营人的法律地位问题的讨论不断展开，并提出了诸多观点。

观点一认为港口经营人是承运人的受雇人或代理人。这是早期的主流观点②。

观点二认为港口经营人是美国法下的“履约承运人”。这是2005年后，有学者参照1999年《美国海上货物运输法》，将港口经营人定义为“履行、承诺履行或者组织履行运输合同项下契约承运人的任何义务的人”③。

观点三认为港口经营人是实际承运人，并对船方和货方委托的港口经营人做区分定性④。

观点四认为港口经营人是大陆法系民法上的“履行辅助人”⑤。有学者主张借鉴大陆法系经验，将港口经营人定性为“独立性履行辅助人”，并归纳入“使用人”的范畴。

观点五认为港口经营人是《鹿特丹规则》中的“履约方”项下的“海运履约方”。

观点六认为港口经营人是独立合同人⑥。此观点强调港口经营人与船方或货方订立合

① 陈诗婷，何丽新．港口经营人法律地位的判例探析．中国海商法研究，2021（2）．

② 朱家麟．论港口经营人的法律地位．水运管理，2000（8）；李璐玲．受承运人委托的港口经营人之法律地位辨析．政治与法律，2010（8）．

③ 余妙宏．论港口经营人的法律地位．浙江万里学院学报，2005（1）．

④ 司玉琢．中国海商法下港口经营人的法律地位．昆明理工大学学报（社会科学版），2007（5）．

⑤ 傅廷中．论港口经营人在国际贸易运输中的法律地位．清华法学，2008（2）．

⑥ 陈诗婷，何丽新．港口经营人法律地位的判例探析．中国海商法研究，2021（2）．独立合同人是英美法下一个古老的概念，根据1958年美国《代理法》第二次重述的解释，独立合同人是“与另一人订立合同为他做某事，但不受另一人控制，也不受另一人在履行承诺时对其身体行为的控制权的制约的人。他可能是，也可能不是代理人”。

同，获得与船货双方对等的独立地位，因为，港口经营人以船货以外的第三方参与海上货物运输，承担某种工作（例如货物装卸等港口作业）达到约定的结果，并在独立自主实际完成此项工作时，不受委托人指令或控制。持此观点的学者阐述如下理由来予以论证：第一，港口经营人并非实际承运人。国际上的海运大国普遍认同港口经营人为独立合同人，并用代理和托管理论来解释其与其他海运主体之间的关系，表明港口经营人与承运人相分离是立法的共同趋势。第二，港口经营人不是履约承运人或海运履约人。但是，在《鹿特丹规则》未生效之前，我国《海商法》不宜直接引入这些新概念。第三，确立港口经营人是独立合同人，需要单独立法加以规制。主张最便利的方式，就是修订《港口法》，将港口经营人纳入其中，不论是船方还是货方委托。因为，港口经营人不是运输合同的当事人，且港口作业并非海运合同的组成内容，港口作业的专业性和特殊性，使其与海上货运合同差异巨大。

第五节　海事法律关系的产生、变更和消灭

作为民事法律关系的一种，海事法律关系也是基于特定的法律事实才能够产生、变更或者消灭。

在此，法律事实是指根据海商法律规范的规定，能够引起相应的海事法律关系产生、变更或者消灭的客观事实。可见，海事法律关系的产生、变更或者消灭是以法律事实为法律前提的。但是，并非任何事实都能成为法律事实。其区分的法律标准，在于是否为海商法律规范确认具有引起海事法律关系产生、变更或者消灭的法律作用。

海商法范畴内的法律事实包括行为和事件。

一、行为

作为法律事实的行为，是指行为人有意识的活动，为此，应当将该行为与作为海事法律关系客体的行为予以区分。前者的作用是依法引起海事法律关系的产生、变更和消灭，而后者则是海事主体在海事法律关系中追求的目的。

由于海事活动是社会成员追求赢利的商品经营活动，都体现着海事主体一定的意志，故大多数引起海事法律关系产生、变更或者消灭的法律事实是行为。但是，若进一步分析的话，该行为还可以分为法律行为、合法的非表意行为、侵权行为、行政行为和司法行为等。

（一）法律行为

引起海事法律关系产生、变更和消灭的法律行为，是指行为人基于意思表示实施的，以产生、变更或者消灭海事法律关系为目的的合法行为。

此类法律事实的特点包括：（1）以行为人的意思表示为必备要件，法律上称为表意

行为。（2）具有设立、变更或消灭海事法律关系的目的，法律上称为设权行为。（3）具有合法性。这些特点使法律行为区别于其他各类法律事实。在我国海商法中，多数海事法律关系，诸如海上运输合同、船舶租用合同、海上保险合同等都是基于法律行为而产生、变更和消灭的。

（二）合法的非表意行为

作为法律事实的合法的非表意行为，是指行为人在没有追求海事法律关系产生、变更和消灭之目的的意思表示的情况下实施的合法行为。此类非表意行为与法律行为的区别在于不包含以产生、变更和消灭海事法律关系为目的的意思表示。例如，共同海损法律关系的建立就是以共损行为为前提的，行为人实施该共损行为的目的是避免共同危险，而并非是追求建立共同海损关系，但这亦为法律所确认，故属于合法的非表意行为。

（三）侵权行为

侵权行为，是指行为人没有合法依据而实施的、侵害了他人财产权或者人身权的行为。此类法律事实区别于法律行为和合法的非表意行为的特点在于：（1）行为人并没有追求海事法律关系产生、变更和消灭的目的。（2）因违法而不为法律所保护。（3）依据法律规定要追究行为人的法律责任故产生了相应的海事赔偿法律关系。例如，船舶碰撞就是因碰撞方的侵权行为依法产生的海事赔偿法律关系。

（四）行政行为

行政行为，是指国家行政机关依法行使职权的行为。由于海运市场的复杂性和涉外性，各国政府均对其适用诸多的行政管理制度，从而海事活动就涉及多方面的行政管理行为，相应的可以引起海事法律关系的产生、变更或者消灭。因此，行政行为也是法律事实的一种。比如，船舶登记可导致船舶所有权关系或者船舶抵押权关系的产生。

（五）司法行为

司法行为，是指国家司法机关依法行使司法权的行为。在海商领域内，司法行为可以引起相应的海事法律产生、变更或者消灭。诸如仲裁机关或者人民法院对于海事纠纷作出的仲裁裁决或者判决，基于其国家强制力可以变更或者消灭海事物权关系或债权关系。又如，人民法院的扣押船舶行为亦可改变船舶所有权的归属。

二、事件

作为法律事实的事件，是指与当事人的主观意志无关的客观事实。在海商法领域内，事件主要表现为时效制度。我国《海商法》第十三章专章规定了时效制度，分别明确了各项海事法律制度中，权利人行使请求权所适用的时效期间。如果权利人超过时效期间未行使请求权，就可能引起海事法律关系的变化。

实例枚举

100 多年前海事大难——“泰坦尼克号沉船案”的原因之谜

100 多年前的 1912 年 4 月 15 日凌晨，当时世界上最大、最豪华的英国皇家游船泰坦尼克号（Titanic）（被称为“永不沉没的船”），在其从英国驶往美国的处女航行中不幸撞上冰山而沉没。船上的 2 229 名乘客和船员，有 1 517 人葬身鱼腹，生还者仅有 700 余人，成为和平时期的人类航海史上最大的灾难事件，震惊了世界。

泰坦尼克号沉没的真正原因，时至今日仍然是迷雾重重，一直是人们探究的焦点。凡看过 1997 年詹姆斯·卡梅隆执导的影片《泰坦尼克号》的人均知道其广为接受的剧情，这艘近 270 米长的豪华客轮，被迎面而来的冰山撞开了约 92 米长的裂缝，船舱大量进水，很快沉没在距加拿大纽芬兰岛约 643 千米的北大西洋海域 3 784 米深海海底。但是，1996 年 8 月由多国潜水专家、造船专家和海洋学专家组成的国际考察队深入实地探测，得出截然相反的惊天答案：声波探测仪只在泰坦尼克号的船身残骸上发现 6 处小伤口，总损坏面积仅有 3.7～4 平方米。这说明 6 个舱室的 6 个破洞有大有小，进水量有多有少，而如此精良的一艘巨轮，从 4 月 14 日晚 11 点 40 分撞上冰山，到 15 日凌晨 2 点 20 分，仅仅经过了 2 小时 40 分钟就沉没，简直匪夷所思。当然，有些专家经过研究有关打捞出水的泰坦尼克号残骸的船体部件后，提出该船舶沉没与其钢板因含有硫黄夹杂物而较脆，难以承受外来碰撞和水压而易断裂有很大关系。也有人将沉船悲剧的发生归责于船舶制造商使用质量低劣的铆钉。此外，2004 年英国人罗宾·加迪诺和安德鲁·牛顿提出耸人听闻的、以一件件异常情况为依据的“船只保险诈骗阴谋”说[①]，吸引了世人的注意力。

就普遍的观点而言，缺少足够的救生艇是导致 1 500 多人丧生的关键原因。尽管泰坦尼克号的安全装置（如水密室、远程激活的水密门等）在当时非常先进，但是，它缺少足够的救生艇来满足全船人员的需要。因为，按照英国贸易委员会在当时已经适用了 20 年的规定，所有 10 000 吨级以上的轮船必须配备 16 艘救生艇，虽然轮船制造商白星航运公司为泰坦尼克号配备的救生艇比规定数量多出 4 艘，但该巨轮的吨位高达 46 328 吨。显然，由于过时的安全规则，泰坦尼克号携带的 20 艘救生艇只够约 1 180 人使用，仅仅相当于该巨轮满员人数的三分之一，从而自泰坦尼克号撞上冰山的那一刻起，注定了其伤亡人数会成为 20 世纪的海难之最。然而，当时的监管机构、轮船制造商和运营者都没有发现该巨轮明显存在的救生艇数量与乘客和船员的满员总数不相匹配的问题。借用 1958 年描写泰坦尼克号沉船事件的电影《冰海沉船》中的一幕：史密斯船长与造船工程师托马斯·安德鲁斯在谈到船上的救生艇甚至不够半数乘客逃生之用时，史密斯船长说：“我想英国贸易委员会恐怕没有预料到会发生这种状况。”因此，有人将关于救生艇配备数量规定的过时和监管不力导致泰坦尼克号沉船事件发生看作是 20 世纪最典型的监管失职的例子。大家借助泰坦尼克号沉船事件，可以了解海上运输活动所面临的错综复

---

① “船只保险诈骗阴谋”论提出，造成 1 500 多人丧生的原因是人祸，船舶制造商白星航运公司为避免破产而将此前已经被撞毁的泰坦尼克号的姊妹船——奥林匹克号伪装成泰坦尼克号，从而安排了一场“海难”来骗取巨额保险金。

杂的海上风险，理解适用于市场运营中的现代航海技术的发展和建立海运市场监督管理制度的必要性和急迫性。

第六节　国际海运市场管理制度

作为引起海事法律关系产生、变更和消灭的法律事实的种类之一，海上运输行政管理机关实施的海运市场管理行为，对于规范海运活动参与者的经营行为、加强海运市场的稳定发展具有重要作用。所以，很多国家的海商法都将海上运输行政管理制度作为其必要的组成部分。我国的海运市场从1985年开始，伴随着中国经济体制改革和市场经济的三十多年发展历程而迅速发展，海上运输市场的行政管理制度也在不断地完善，成为调整我国海运市场的重要法律机制。尤其是2001年12月11日通过，并于2002年1月1日起施行的《中华人民共和国国际海运条例》更是适应着经济全球化的需要，对于规范我国国际航运市场秩序，保护公平竞争，取缔非法经营活动，维护国际航运市场健康发展的环境具有重要作用。概括而言，《国际海运条例》所规范的内容涉及国际海上运输经营活动以及国际船舶代理、国际船舶管理、国际海运货物装卸、国际海运货物仓储、国际海运集装箱站和堆场等与国际海上运输相关的辅助性经营活动。

应当说，我国《国际海运条例》及其实施细则（2003年3月1日起施行，此后，根据2013年7月18日国务院第638号令《关于废止和修改部分行政法规的决定》、2016年2月6日国务院第666号令《关于修改部分行政法规的决定》和2019年3月2日国务院第709号令《关于修改部分行政法规的决定》进行了3次修订①），是目前规范和调整我国国际海运市场的基本行政管理法律制度。《国际海运条例》从市场经营主体和市场经营行为两个方面入手，规定了市场经营者的资格条件和取得程序、市场经营活动的法律规则，对于我国国际海运市场正常经营秩序和公平、公正的市场经营环境的建立意义重大，有利于我国国际海运业充分利用WTO规则，促进航运企业从事公平竞争，进行正常经营活动和开拓业务范围。

学术前沿

制定中国《航运法》的价值取向②

我国交通运输主管机关起草《航运法》的工作始自1996年，到2004年先后已有11稿。但时值立法资源有限，难以满足社会发展对法律建设的需要，而且，我国航运市场尚处于改革发展过程中，《航运法》的起草工作进入缓慢停滞状态。到2010年后，面对改革初见成效的中国航运市场，我国的航运政策基本确定，为制定《航运法》提供了所

① 《中华人民共和国国际海运条例》现正为进行第四次修订而征求意见。

② 胡正良，郑丙贵．中国《航运法》制定中几个基本理论问题之研究．中国海商法研究，2012（1）；李光春．航运法研究论纲．中国海商法研究，2013（3）.

需的基础条件。于是，2011年交通运输部重新启动《航运法》的起草工作，取代现行的《国际海运条例》。

不过，为了加快《航运法》的颁行，以适应我国作为航运大国的地位和中国航运市场的需要，一些学者着手研究航运法的相关理论，为确保我国《航运法》的科学性和先进性提供理论基础。

首先需要确定《航运法》的地位。有学者认为，《航运法》是以国家干预航运经济活动所产生的特定社会关系为调整对象的法律规范体系，实现国家和政府对航运经济进行组织、协调、管理、监督、控制等，属于我国经济法领域的特别法。它与现行的《海商法》《海上交通安全法》《港口法》等构成我国航运业的基本法律体系。

其次是确立《航运法》的立法目的。为了明确制定和施行《航运法》的立法宗旨，有学者归纳《航运法》应当明确的立法目的如下：(1) 维护社会主义市场经济体制下的航运市场秩序，确保中国航运市场经济在法治范围内有序地运行和发展。(2) 鼓励建立和维持能够在规模、结构、技术和管理等方面达到世界先进水平的、满足我国经济发展需要的中国籍商船队伍。(3) 建立和维持高效率的航运管理体制，实现我国航运市场管理的公开、公正、透明，提高管理效率，降低管理成本。(4) 在充分发挥市场机制对航运资源配置作用的前提下，明确国家对航运市场宏观调控的条件、形式、手段和内容，实现国家对航运市场经济的宏观调控。(5) 体现国家的可持续发展的战略思想，规范航运设施投资、船舶类型和技术状态，保障我国航运市场可持续发展政策的实现。

最后，有的学者将《航运法》的主要规则制度归纳如下：(1) 政府航运市场管理体制规则。这一部分规则主要是明确政府航运管理机构的设置和各级管理机构的职权范围。而从法理上分析，就是由谁行使航运市场管理职权，对哪些航运市场主体实施管理，应当由《航运法》规定明确的规则制度。(2) 航运市场准入规则。这是航运市场得以正常运行所需的前提条件，《航运法》应当针对航运市场的各个组成部分的运行需要，对相应的航运市场参与者的身份资格和准入程序作出相应的规定，为维持正常稳定的市场运行和公平竞争提供前提条件。(3) 航运市场运行规则。这是航运市场经济活动规范的具体表现，《航运法》应当对各种航运经营行为的管理标准予以明确，统一实施，实现航运市场活动的正常有序和公平竞争。(4) 航运市场责任规则。这是维持航运市场正常运行和发展的法律保障，《航运法》应当明确规定各类航运市场活动参与者所应当承担的义务以及违反这些义务所应当承担的法律责任，用以督促航运市场主体自觉履行市场义务，营造航运市场运行稳定、违法必究、有责必罚的法律环境。

一、国际海上运输及其辅助性业务经营者

为了实现我国对于国际海运市场有效的管理和规范，《国际海运条例》首先从市场主体入手，分别就从事国际海上运输及其辅助性业务的经营者的资格条件作出明确的规定。因此，从事国际海上运输及其辅助性业务的企业的主体资格，既要符合我国公司法和有关的企业立法的一般规定，又应与《国际海运条例》的规定相一致。

按其所从事的业务范围来划分，这些经营者包括：

（一）国际船舶运输业务经营者

根据《国际海运条例》的规定，国际船舶运输业务经营者，包括中国国际船舶运输经营者和外国国际船舶运输经营者。其中，中国国际船舶运输经营者是依据《国际海运条例》规定取得《国际船舶运输经营许可证》而从事国际船舶运输业务的中国企业法人；外国国际船舶运输经营者是依据外国法律设立的经营进出中国港口的国际船舶运输业务的外国企业。

在中国境内设立企业经营国际船舶运输业务，或者中国企业法人申请经营国际船舶运输业务的，应当具备如下条件：（1）有与经营国际海上运输业务相适应的船舶，其中，必须有中国籍船舶；（2）投入运营的船舶符合国际规定的海上交通安全技术标准；（3）有提单、客票或者多式联运单证；（4）有具备国务院交通主管部门规定的从业资格的高级业务管理人员。而且，应当考虑国务院交通主管部门公布的国际海运市场竞争状况和国家关于国际海上运输业发展的政策。但是，国务院交通主管部门就上述状况和政策未经公布的，不得作为拒绝申请的理由。

在中国境内设立企业经营国际船舶运输业务，或者中国企业法人申请经营国际船舶运输业务的申请人，应当向国务院交通主管部门提出申请，报送相关材料。申请材料包括：（1）申请书；（2）可行性分析报告、投资协议；（3）申请人的企业商业登记文件（拟设立企业的，主要投资人的商业登记文件或者身份证明）；（4）船舶所有权证书、国籍证书和法定检验证书的副本或者复印件；（5）提单、客票或者多式联运单证样本；（6）符合国务院交通主管部门规定的高级业务管理人员的从业资格证明。

国务院交通主管部门收到申请人的申请材料后，应当在申请材料完整齐备之日起 30 个工作日内按照《国际海运条例》的规定进行审核，作出许可或者不许可的决定。对于决定许可的，应当向申请人颁发《国际船舶运输经营许可证》。

（二）国际班轮运输业务经营者

经营国际船舶运输业务的经营者，同时申请经营进出中国港口国际班轮运输业务的，应当向国务院交通主管部门提出申请，并报送下列材料：（1）国际船舶运输经营者的名称、注册地、营业执照副本、主要出资人姓名及其身份证明；（2）经营者的主要管理人的姓名及其身份证明；（3）运营船舶资料；（4）拟开航的航线、班期及沿途停泊港口；（5）运价本；（6）提单、客票或者多式联运单证样本。

国务院交通主管部门自收到经营国际班轮运输业务的申请材料后，应当在申请材料完整齐备之日起 30 日内，按照《国际海运条例》规定审核完毕，申请材料真实、完备的，予以登记，颁发《国际班轮运输经营资格登记证》。对于取得经营进出中国港口国际班轮运输业务资格的国际船舶运输经营者，国务院交通主管部门应当在其政府网站公布该国际班轮运输经营者名称及其提单格式样本。

取得国际班轮运输经营资格的国际船舶运输经营者，应当自取得资格之日起 180 日内开航；因不可抗力并经国务院交通主管部门同意，可以延期 90 日。逾期未开航的，国际班轮运输经营资格自期满之日起丧失。

（三）无船承运业务经营者

根据《国际海运条例》规定，无船承运业务经营者，包括中国无船承运业务经营者和外国无船承运业务经营者。其中，中国无船承运业务经营者是依照《国际海运条例》规定取得无船承运业务经营资格的中国企业法人；外国无船承运业务经营者是依照外国法律设立，并依照《国际海运条例》规定取得经营进出中国港口货物无船承运业务资格的外国企业。

申请办理无船承运业务经营者提单登记的，应当向国务院交通主管部门提出提单登记申请，报送相关材料。申请材料应当包括：（1）申请书；（2）可行性分析报告；（3）企业商业登记文件；（4）提单格式样本；（5）保证金已交存的银行凭证复印件。当然，在中国境内经营无船承运业务的，应当在中国境内依法设立企业法人。

同时，无船承运业务经营者应当向国务院交通主管部门附送证明已经按规定交纳保证金的相关材料①。其在中国境内的银行交存保证金的专门账户，由国务院交通主管部门实施监督。至于外国无船承运业务经营者按照外国法律已经取得经营资格且有合法财务责任保证的，在按照《国际海运条例》申请从事进出中国港口无船承运业务时，可以不向中国境内的银行交存保证金。但是，为了保证外国无船承运业务经营者清偿因其不履行承运人义务或者履行义务不当所产生的债务以及支付罚款，申请者所属国的政府主管部门应当就财务责任保证实现方式与中国政府交通主管部门签订协议。

国务院交通主管部门收到申请人的申请材料后，应当在申请材料完整齐备之日起 15 个工作日内，按照《国际海运条例》的规定进行审核。审核合格的，应当予以提单登记，并向申请人颁发无船承运业务经营资格登记证。中国的申请者取得无船承运业务经营资格登记证，并向原企业登记机关办理相应的企业登记手续后，方可从事无船承运业务经营活动。

实例枚举

2007 年 1 月，新加坡的 J 公司所属、俄罗斯的 E 公司经营的利比里亚籍（方便旗）N 轮与中国 Z 公司所属中国籍 S 轮在我国某港口的锚地内发生碰撞，N 轮沉没，致使该锚地无法使用，给通航环境、海洋环境和港口安全造成极大威胁。事故发生后，海事管理机构查明俄罗斯 E 公司为船舶实际所有人，但其为了规避风险，专门在新加坡设立了 J 公司，且 J 公司的全部财产仅为 N 轮，其在 N 轮沉没后已无其他财产。事故调查中，始终由 J 公司出面处理，并对涉及打捞、清除费用的请求一律拒绝，而 E 公司为逃避责任则一直处于幕后。海事管理机构为确保航行畅通安全和港口正常运行，经过限期打捞通知、发出强制打捞决定等法定程序之后，只能请专业打捞清除公司代为打捞，全部费

① 根据《国际海运条例》规定，无船承运经营者应当缴纳的保证金金额为人民币 80 万元。每设立一个分支机构，增加保证金 20 万元人民币。保证金用于无船承运业务经营者清偿因其不履行承运人义务或者履行义务不当所产生的债务以及支付罚款。保证金及其利息，归无船承运业务经营者所有，但是，应当向中国境内的银行开立专门账户交存。

用高达 3 000 余万元。但海事管理机构向 J 公司提起追偿诉讼时，J 公司放弃应诉权利，E 公司对法院传唤置之不理。打捞出水的沉船残值仅为 10 余万元，导致 3 000 余万元的清除费用无法清偿。

本案表明针对当前海事管理机构对于单船公司、实际所有人隐没身份、清除费用无法保障追偿等问题难以依法解决的现状，国内亟待颁布《海运法》完善各类海运业务经营主体的识别标准，并采取立法手段完成残骸清除制度的建立和适用。

（四）国际船舶代理业务经营者

在中国境内经营国际船舶代理业务的中资企业应当在开业后 30 日内向国务院交通主管部门备案。未按规定备案的，由交通运输部依《国际海运条例》第 45 条规定实施处罚。而且，该类中资企业应当具备如下条件：第一，高级业务管理人员中至少 2 人具有 3 年以上从事国际海上运输经营活动的经历；第二，有固定的营业场所和必要的营业设施。

中资企业从事国际船舶代理而备案的，应当向国务院交通主管部门报送的材料包括：（1）备案函，包括企业名称、注册地、联系方式等信息；（2）《企业法人营业执照》复印件；（3）2 名高级业务管理人员从业资历证明文件。

中外合资、中外合作经营企业从事国际船舶代理业务的，依《国际海运条例》第 29 条规定，外商出资比例不超过 49%，并继续实施审批制度。

（五）国际船舶管理业务经营者

经营国际船舶管理业务的经营者，应当具备的条件包括：（1）高级业务管理人员中至少 2 人具有 3 年以上从事国际海上运输经营活动的经历；（2）有持有与所管理船舶种类和航区相适应的船长、轮机长适任证书的人员；（3）有与国际船舶管理业务相适应的设备、设施。

中国企业法人申请经营国际船舶管理业务或者在中国境内设立企业经营国际船舶管理业务的，应当向其拟经营业务所在地的省、自治区、直辖市人民政府交通主管部门提出申请，并报送如下申请材料：（1）申请书；（2）可行性分析报告、投资协议；（3）申请人的商业登记文件（拟设立企业的，主要投资人的商业登记文件或者身份证明）；（4）固定营业场所的证明文件；（5）符合《国际海运条例》规定的高级业务管理人员的从业资历证明文件；（6）符合《国际海运条例》规定的人员的船长、轮机长适任证书复印件。

有关省、自治区、直辖市人民政府交通主管部门收到申请人的申请材料后，应当在申请材料完整齐备之日起 15 个工作日内进行审核，对于材料真实且符合《国际海运条例》规定条件的，予以资格登记，并颁发国际海运辅助业经营资格登记证。申请人持国际海运辅助业经营资格登记证向企业登记机关办理企业登记，向税务部门和外汇管理部门指定的银行办理相关手续。

经国务院交通主管部门批准，外商可以依照有关法律、行政法规以及国家其他有关规定，投资设立中外合资经营企业或者中外合作经营企业，经营国际船舶运输、国际船舶代理、国际船舶管理、国际海运货物装卸、国际海运货物仓储、国际海运集装箱站和堆场业务，并可以投资设立外资企业经营国际海运货物仓储业务。不过，经营国际船舶运输、国际船舶代理业务的中外合资经营企业，其外商的出资比例不得超过49%。经营国际船舶运输、国际船舶代理业务的中外合作经营企业，其外商的出资比例比照适用上述规定。中外合资国际船舶运输企业和中外合作国际船舶运输企业的董事会主席和总经理，经中外合资、合作双方协商后，由中方指定。

经国务院交通主管部门批准，外商可以参照有关法律、行政法规以及国际上其他有关规定投资设立中外合资经营企业、中外合作企业、外资企业，为其拥有或者经营的船舶提供承揽货物、代签提单、代结运费、代签服务合同等日常业务服务；未在中国境内投资设立中外合资经营企业、中外合作经营企业、外资企业的，上述业务必须委托中国的国际船舶代理经营者办理。

上述国际船舶运输经营者、无船承运业务经营者和国际船舶管理经营者，不得将其依法取得的经营资格提供给他人使用。

实例枚举

甲贸易公司将其从乙有限公司购买的一批化工产品转卖给丙化工公司。该批货物交由丁远洋公司自A国X港运到我国Y港。甲贸易公司支付了全部货款后取得托运人乙有限公司背书转让的一式三份正本提单，并将其中两份寄给了丙化工公司。丙化工公司收到提单后，与戊外轮代理公司联系，要求改在我国S港卸货，还为此出具承担一切后果的保证函。戊外轮代理公司将丙化工公司的要求转告给丁远洋公司。

船抵S港时，丙化工公司凭一份正本提单向丁远洋公司提货，后者要求其出具全套正本提单。丙化工公司告知，其余两份提单已交给戊外轮代理公司。当丁远洋公司电传询问时，戊外轮代理公司给予了肯定的答复。于是，丙化工公司从丁远洋公司处提走了货物，却没有向甲贸易公司支付货款。在此情况下，甲贸易公司以丁远洋公司和戊外轮代理公司为被告提起诉讼。应当说，戊外轮代理公司对丁远洋公司答复持有两份正本提单的行为是与事实不符的，表明戊外轮代理公司没有尽到代理人的职责，应当承担法律责任。

显然，代理人的代理业务活动虽然是国际海运领域的辅助性业务，但其是否依法经营与国际海运市场的有序发展关系密切，因此，应当将其纳入市场管理的范围之内。

二、国际海上运输及其辅助性业务经营活动

我国《国际海运条例》第2条规定，本条例适用于进出中华人民共和国港口的国际海上运输经营活动以及与国际海上运输相关的辅助性经营活动。为此，《国际海运条例》将国际海运业务及其辅助性业务进行科学的定位，并对各个业务领域的经营活动规定了相应的行为规则，确定了市场经营参与者的权利和义务，形成了业务范围泾渭分明、经营规则具体的法律体系。

（一）从事国际船舶运输业务与国际班轮运输业务的经营规则

国际船舶运输业务，是指国际船舶运输经营者使用自有或者经营的船舶、舱位，提供国际海上货物运输和旅客运输服务以及为完成这些服务而围绕其船舶、所载旅客或者货物开展的相关活动，包括签订有关协议、接受订舱、商定和收取运费、签发提单及其他相关运输单证、安排货物装卸、安排保管、进行货物交接、安排中转运输和船舶进出港等活动。

而国际班轮运输业务，所指的是国际船舶运输业务经营者以自有或者经营的船舶，或者以共同派船、舱位互换、联合经营等方式，在固定的港口之间提供的定期国际海上货物或旅客运输活动。

国际船舶运输经营者经营进出中国港口的国际班轮运输业务的，应当依据《国际海运条例》规定取得国际班轮运输经营资格。未取得国际班轮运输经营资格的，不得从事国际班轮运输经营活动，不得对外公布班期、接受订舱。

当然，取得国际班轮运输经营资格的国际船舶运输经营者，应当自其取得经营资格之日起 180 日内开航；因不可抗力并经国务院交通主管部门同意，可以延期 90 日。逾期未开航的，国际班轮运输经营资格自期满之日起丧失。

国际班轮运输经营者新开或者停开国际班轮运输航线，或者变更国际班轮运输船舶、班期的，应当提前 15 日在国务院交通主管部门指定媒体上予以公告，并应当自上述行为发生之日起 15 日内向国务院交通主管部门备案。

如果中国国际船舶运输经营者增加运营船舶，包括以光船租赁方式租用船舶增加运营船舶的，不仅增加的运营船舶必须符合国家规定的安全技术标准，而且，应当在其投入上述运营的前 15 日内向国务院交通主管部门备案，取得备案证明文件。备案材料应当载明公司名称、注册地、船名、船舶国籍、船舶类型、船舶吨位、拟运营航线。国务院交通主管部门收到备案材料后，应当在 3 个工作日内出具备案证明文件。

在中国港口开展国际班轮运输业务的外国国际船舶运输经营者，应当在中国境内委托一个联络机构，负责代表该外国企业与中国政府有关部门就《国际海运条例》规定的有关管理及法律事宜进行联络。联络机构可以是该外国企业在中国境内设立的外商投资企业或者常驻代表机构，也可以是其他中国企业法人或者在中国境内有固定住所的其他经济组织。委托的联络机构应当向国务院交通主管部门备案，并提交如下文件：（1）联络机构说明书，载明联络机构名称、住所，联系方式及联系人；（2）委托书副本或者复印件；（3）委托人与联络机构的协议副本；（4）联络机构的工商登记文件复印件。

经营国际班轮运输业务的国际船舶运输经营者使用的运价，应当按照规定格式向国务院交通主管部门备案。国务院交通主管部门应当指定专门机构受理运价备案。备案的运价包括公布运价和协议运价。前者是指国际船舶运输经营者运价本上载明的运价；后者则是指国际船舶运输经营者与货主约定的运价。公布运价自国务院交通主管部门受理备案之日起满 30 日生效；协议运价自国务院交通主管部门受理备案之时起满 24 小时生效。国际船舶运输经营者和无船承运业务经营者应当执行生效的备案运价。

此外，从事国际班轮运输的国际船舶运输经营者之间订立涉及中国港口的班轮公会协议、运营协议、运价协议等，应当自协议订立之日起 15 日内将协议副本向国务院交通主管部门备案。

国际船舶运输经营者在其经营过程中遇有下列情形之一的，应当在情形发生之日起 15 日内，向国务院交通主管部门备案：(1) 终止经营；(2) 减少运营船舶；(3) 变更提单、客票或者多式联运单证；(4) 在境外设立分支机构或者子公司经营国际船舶运输业务；(5) 拥有的船舶在境外注册，悬挂外国旗。

如果国际船舶运输经营者之间发生兼并、收购活动的，应当将其兼并、收购协议报国务院交通主管部门审核同意。国务院交通主管部门应当自收到国际船舶运输经营者报送的兼并、收购协议之日起 60 日内，根据国家关于国际海上运输业发展的政策和国际海上运输市场竞争状况进行审核，作出同意或者不同意的决定，并书面通知有关国际船舶运输经营者。

经营国际船舶运输业务的经营者，不得有如下行为：(1) 以低于正常、合理水平的运价提供服务，妨碍公平竞争；(2) 在会计账簿之外暗中给予托运人回扣，承揽货物；(3) 滥用优势地位，以歧视性价格或者其他限制性条件给交易对方造成损害；(4) 其他损害交易对方或者国际海上运输市场秩序的行为。

而外国国际船舶运输经营者从事《国际海运条例》规定的有关国际船舶运输活动的，应当遵守《国际海运条例》的有关规定。例如，外国国际船舶运输经营者不得经营中国港口之间的船舶运输业务，也不得利用租用的中国籍船舶或者舱位，或者以互换舱位等方式变相经营中国港口之间的船舶运输业务。

（二）从事无船承运业务的经营规则

无船承运业务，是指无船承运业务经营者以承运人身份接受托运人的货载，签发自己的提单或者其他运输单证，向托运人收取运费，通过国际船舶运输经营者完成国际海上货物运输，承担承运人责任的国际海上运输经营活动，包括为完成该项业务围绕其所承运的货物开展的下列活动：第一，以承运人身份与托运人订立国际货物运输合同；第二，以承运人身份接收货物、交付货物；第三，签发提单或者其他运输单证；第四，收取运费及其他服务报酬；第五，向国际船舶经营者或者其他运输方式经营者为所承运的货物订舱和办理托运；第六，支付港到港运费或者其他运输费用；第七，集装箱拆箱、拼箱业务；第八，其他相关的业务等。

在开展无船承运业务过程中，无船承运业务经营者需要委托代理人签发提单或者相关单证的，应当委托依法取得经营资格的国际船舶运输经营者、无船承运业务经营者和国际海运辅助业务经营者代理上述事项。但是，上述的国际船舶运输经营者、无船承运业务经营者和国际海运辅助业务经营者代理上述事项的，不得接受未办理提单登记并交存保证金的无船承运业务经营者的委托，为其代理签发提单。同样，从国际船舶运输经营者角度讲，也不得接受未办理提单登记并缴纳保证金的无船承运业务经营者提供的货物或者集装箱。

当然，《国际海运条例》要求无船承运业务经营者，应当将其在中国境内的船舶代理人、签发提单代理人在国务院交通主管部门指定的媒体上予以公布。公布的事项包括代理人名称、注册地、住所、联系方式。如果上述代理人发生变动的，则应当在有关代理协议生效前的 7 日内公布有关变动事项。为此，无船承运业务经营者应当及时将其公布以上代理事项的媒体名称向国务院交通主管部门备案。

无船承运业务经营者的运价，应当按照规定格式向国务院交通主管部门备案。国务院交通主管部门应当指定专门机构受理运价备案。与国际船舶运输业务经营者一样，该备案的运价包括公布运价和协议运价。前者是指无船承运业务经营者运价本上载明的运价；后者则是指无船承运业务经营者与货主约定的运价。无船承运业务经营者应当执行生效的备案运价。而生效的标准为公布运价自国务院交通主管部门受理备案之日起满 30 日生效；协议运价自国务院交通主管部门受理备案之时起满 24 小时生效。

无船承运业务经营者在经营无船承运业务过程中，不得有如下行为：（1）以低于正常、合理水平的运价提供服务，妨碍公平竞争；（2）在会计账簿之外暗中给予托运人回扣，以承揽货物；（3）滥用优势地位，以歧视性价格或者其他限制性条件给交易对方造成损害；（4）其他损害交易对方或者国际海上运输市场秩序的行为。此外，未依照《国际海运条例》的规定办理提单登记并缴纳保证金的，不得经营无船承运业务。

实例枚举

某油轮在我国 A 地 1 港区油库卸油，驶出 1 港区后发现油舱内留有部分渣油，于是，该油轮的船长曲某决定停靠 A 地 3 港区油库联系卸油。为此，该油库提供了两节可承受 $4kg/cm^2$ 的输油软管作输油之用。在试泵过程中，油轮方加压至 $3.5kg/cm^2$ 时，发现油库方提供的输油软管临近码头油管接口处鼓胀破裂。虽然油轮方当即停止泵油，但是，已经有大约 200 公斤的渣油喷出，造成码头和水面的污染。污染事故发生后，油轮方没有及时向 A 地港务监督部门报告，也未将该污染事故记入油类记录簿。

A 地港务监督部门得知此事故后进行了调查，认定：该污染事故是在卸油过程中因输油管破裂造成的，至于输油管破裂的原因，在于输油管本身的质量缺陷。对此，油轮的船长曲某和油库方均予以承认。根据上述事实，A 地港务监督部门作出的处理决定是：给予油库罚款处分，给予油轮船长警告处分，事故调查费用由油库和油轮船长双方均摊。油轮船长曲某以自己无过错为由，不服处理决定，诉至法院。

法院经审理认为，此次污染事故的发生，油轮船长曲某存在如下过错：（1）未经港务调度而擅自靠泊卸油；（2）事故发生后，没有主动报告主管机关；（3）未将卸油作业和漏油事故记入油类记录簿。因此判定维持 A 地港务监督部门给予油轮船长曲某的处理决定。

本案让大家深切体会到国家对于国际海运市场实施监督管理是必要的，它是维持国际海运市场正常经营秩序的重要保证。

（三）从事与国际海上运输相关的辅助性经营活动的规则

根据《国际海运条例》第 2 条第 2 款规定，所谓与国际海上运输相关的辅助性经营活动，包括本条例分别规定的国际船舶代理、国际船舶管理、国际海运货物装卸、国际海运货物仓储、国际海运集装箱站和堆场等业务。

其中，国际船舶代理经营业务，是指依照中国法律设立的中国企业法人接受船舶所有人或者船舶承租人、船舶经营人的委托，从事下列业务的经营活动：（1）办理船舶进出港口手续，联系安排引航、靠泊和装卸；（2）代签提单、运输合同，代办接受订舱业务；（3）办理船舶、集装箱以及货物的报关手续；（4）承揽货物、组织货载，办理货物、集装箱的托运和中转；（5）代收运费，代办结算；（6）组织客源，办理有关海上旅客运输业务；（7）其他相关业务等。

国际船舶代理经营者在从事其国际船舶代理经营活动中，应当按照国家有关规定代扣代缴其所代理的外国国际船舶运输经营者的税款。并且，出于国务院交通主管部门对于国际海运市场进行调控的需要，国际船舶代理经营者应当真实地填报《中华人民共和国海上国际运输业信息表（国际船舶代理）》，于当年 3 月 15 日前报送其公司所在地省、自治区、直辖市人民政府交通主管部门。而国际班轮运输经营者在委托代理人接受订舱、代签提单、代收运费等项业务的，其所委托的代理人应当是依法取得经营资格的国际船舶代理经营者。

国际船舶管理经营业务，是指依照中国法律设立的中国企业法人接受船舶所有人或者船舶承租人、船舶经营人的委托，从事下列业务的经营活动：（1）船舶买卖、租赁以及其他船舶资产管理；（2）机务、海务和安排维修；（3）船员招聘、训练和配备；（4）保证船舶技术状况和正常航行的其他服务等。

国际船舶管理经营者在开展其业务的经营活动中，应当根据有关船舶管理合同的约定和国家有关规定，履行有关船舶安全和防止污染的义务。

国际海运货物仓储业务经营业务，是指依照中国法律设立的中国企业法人，从事提供海运货物仓库保管、存货管理以及货物整理、分装、包装、分拨等服务的活动。

国际海运集装箱站与堆场经营业务，是指依照中国法律设立的中国企业法人从事提供海运货物集装箱的堆存、保管、清洗、修理，以及集装箱货物的存储、集拼、分拨等服务的活动。

上述的国际船舶代理经营者、国际船舶管理经营者、国际海运货物仓储业务经营者以及国际集装箱站与堆场业务经营者，在各自的日常经营活动中，不得有下列行为：（1）以非正常、合理的收费水平提供服务，妨碍公平竞争；（2）在会计账簿之外暗中给予客户回扣，以承揽业务；（3）滥用优势地位，限制交易当事人自主选择国际海运辅助业务经营者，或者以其相关产业的垄断地位诱导交易当事人，排斥同业竞争；（4）其他不正当竞争行为；等等。

外国国际海运辅助企业依法在中国境内设立的常驻代表机构不得从事如下的经营活动：（1）代表其境外母公司接受订舱，签发母公司提单或者相关单证；（2）为母公司办理结算或者收取运费及其他费用；（3）开具境外母公司或者其母公司在中国境内设立的中外合资经营企业、中外合作经营企业、外资企业的票据；（4）以托运人身份向国际班轮运输经营者托运货物；（5）以外商常驻代表机构名义与客户签订业务合同。

（四）从事国际货物运输代理业务的规则

国际货物运输代理，是指接受进出口货物的收货人、发货人或者其代理人的委托，以委托人的名义或者以自己的名义，为委托人办理国际货物运输及相关业务，并收取服务报酬的活动。

其中，国际货运代理企业可以作为代理人从事的国际货运代理业务，是指国际货运代理企业接受进出口货物收货人、发货人或其代理人的委托，以委托人名义或以自己的名义办理有关业务，收取代理费或佣金的行为。而国际货运代理企业作为独立经营人从事的国际货运代理业务，则是指国际货运代理企业接受进出口货物收货人、发货人或其代理人的委托，签发运输单证、履行运输合同，并收取运费以及服务费的行为。

客观地讲，国际货运代理业务涉及海上货物运输、航空货物运输和陆路货物运输。其中，国际货运代理在国际海运市场上是相对独立的业务领域，为了加强对于国际货物运输代理的管理，对外经济贸易部于 1995 年 6 月 29 日发布了《中华人民共和国国际货物代理业管理规定》（自发布之日起施行），1996 年 9 月 9 日又发布了《外商投资货物运输代理企业审批规定》，而 2004 年 1 月 1 日商务部又发布了《中华人民共和国国际货物代理业管理规定实施细则》（自发布之日起施行）。

按照上述法律规范的要求，国际货物运输代理企业则必须依法取得中国企业法人资格。

设立国际货运代理企业，应当具备的条件包括：（1）有与其从事的国际货物运输代理业务相适应的专业人员；（2）有固定的营业场所和必要的营业设施；（3）有稳定的进出口货源市场。而经营海上国际货运代理业务的经营者，其注册资本最低限额为 500 万元人民币，每设立一个分支机构，应当增加注册资本 50 万元。国际货运代理企业不得将规定范围内的注册资本挪作他用。

申请设立国际货运代理企业的，申请人应向拟设立该企业所在地的省、自治区、直辖市、经济特区、计划单列市人民政府商务主管部门提出申请。外商在我国境内可以投资，以中外合资经营或中外合作经营方式设立国际货物运输代理企业，但必须报国务院对外贸易主管部门审批，而且，其中一方合营者的出资比例不应低于 50%。

国际货物运输代理企业，可以接受委托，代为办理下列的部分或全部业务：（1）订舱、仓储；（2）货物的监装、监卸，集装箱拼装拆箱；（3）国际多式联运；（4）国际快递（私人信函除外）；（5）报关、报检、报验、保险；（6）制作有关单证，交付运费，结算、交付杂费；（7）其他国际货运代理业务等。

取得国际货运代理业务资格的国际货运代理企业，应当在批准的业务范围内从事国际货物运输代理业务。但是，国际货运代理企业在从事代理业务经营过程中，不得有如下行为：（1）以不正当竞争手段从事经营活动；（2）出借、出租或者转让批准证书和有关国际货物运输代理业务单证；（3）将其国际货运代理经营权转让或变相转让；（4）允许其他单位、个人以其国际货运代理企业或其营业部名义从事国际货运代理业务；（5）与不具有国际货运代理业务经营权的单位订立任何协议而使之可以单独或与之共同经营国际货运代理业务，收取代理费、佣金或者获得其他利益等。

学术前沿

还原海上货运代理的传统职能①

中文中所称的“货运代理”（简称货代）是为国际运输提供服务的中介，比较接近于英文 freight forwarder 的另一说法 forward agent，传统意义上，货运代理不作为承运人承担责任，而只是货主或者承运人的代理人。实践中，其主要是货主的代理人，有时也会成为承运人的订舱代理。

海上货运代理与海上运输一样，也是一种跨越国界的海事业务，属于商事代理，但至今尚没有相关的国际公约。国际货运代理协会联合会（FIATA）以各成员的货代企业使用的标准条款为基础，设计出《FIATA 国际货运代理服务示范规则》，供各成员参考，但因货代组织运用标准条款确定责任的传统正趋向衰落而影响很小。可以说，目前实现统一货运代理法律是不可完成的任务，这不仅是因为货运代理标准条款的约束力普遍地遇到各国司法挑战（德国和斯堪的纳维亚国家例外，例如，德国的货运代理标准条款是由货代组织和货主组织共同制定的，并得到了法律、司法、保险等相关方面的支持），更由于各国的代理法、货运代理法呈现多样化格局，相互间存在着较大的差异。大陆法系国家通常有专门的货运代理法律制度来规定调整货运代理活动。英美法系国家却没有类似的制度，只能是运用各自的代理法在个案中加以处理，具有不确定性。例如，《汉堡规则》在托运人、承运人的定义中引入代理规则，而《鹿特丹规则》又放弃了此一做法。

货运代理在中国是一个特定的行业，与欧美国家发达市场来孕育发展货代市场的过程相比较，我国货运代理行业在改革开放后逐步形成，有自身成长规律，它从第一家货代企业——中国对外贸易运输总公司——开始就没有引入西方市场中介按运费总额的一定比例收费的模式，而是采取包含收取固定费用的方式，以运费杂费差价形式赚取代理费。而且，我国至今没有专门的货运代理法律制度和商事代理制度。调整货代活动的多为行业主管部门制定的管理规定，再依据《民法典》和《海商法》中的相关法律规则。对我国海上货运代理制度的发展，有的学者提出，应当以《民法典》为基础，构建间接代理制度模式。因为，我国的货运代理是伴随着外贸代理的发展而发展的，并且经过市场实践检验而逐步选取了间接代理——货代企业以自己的名义为货主订立合同的方式。这一货代模式的选择已经得到我国货运市场、行业主管部门以及司法实践（最高人民法院 2012 年 3 月 18 日发布的《关于审理海上货运代理纠纷案件若干问题的规定》与大量海事审判案例）的认可。发挥间接代理具有的借助确认介入权和选择权有助于平等地保护货主和承运人利益的制度优势，促进我国海上货运代理制度的稳定发展。

（五）船舶管理

船舶管理是各国海商法的重要组成部分，也是各国国际海运市场管理制度的重要内容之一，其核心内容表现在船舶登记制度上。我国国务院也于 1994 年 6 月 2 日颁布了

① 高伟．正本清源，还原海上货运代理的传统职能．中国海商法研究，2012（2）．

《中华人民共和国船舶登记条例》(1995年1月1日施行)，与我国《海商法》的船舶制度相配套。

按照《船舶登记条例》的规定，凡在我国境内有住所或者主要营业所的中国公民的船舶，依据中国法律设立而且主要营业所在中国境内的企业法人（包括中外合资经营且中方投资人的出资额不低于50%的合资企业）的船舶，我国政府的公务船舶和事业法人的船舶以及我国港务监督机关认为应当登记的其他船舶等，均应在我国的船舶登记主管机关——港务监督机关办理船舶登记。可见，我国《船舶登记条例》规定的登记范围不限于《海商法》所规定的船舶，包括了海船、内河船舶及政府公务船舶。

船舶登记的内容包括：船舶所有权登记、船舶抵押权登记、光船租赁登记和船舶变更、船舶注销登记。办理船舶登记是确认相应船舶权利归属的法律根据。

知识链接

当代海运仍然难逃海盗阴影[①]

据媒体报道：2007年5月15日和16日在索马里沿海，有3艘渔船（一艘中国台湾渔船、两艘韩国渔船）遭海盗劫持，船上至少有10名中国人。这是索马里沿海当年发生的第六起海盗劫持事件，中国政府通过各种可能的渠道全力开展营救工作。同时，此事件再次将人们的目光聚焦在全球范围内威胁着国际海运的海盗袭击。

目前，世界上存在五大海盗横行的恐怖海域。其中，中国海员遭劫持的索马里沿海是海盗袭击的高发水域，被国际海事局称为“海盗天堂”，在此遭劫持的不仅有各国渔船，还有运送联合国救援物资的船只和豪华游轮。

据国际海事局统计数据显示，仅2011年全球就有406艘航运船只遭到海盗的武力攻击，其中49艘遭劫，仅被索马里海盗扣为人质的船员就达到867人。而由于海上环境的特殊性，遭海盗劫持的船舶和被绑架的船员，获救的概率不足10%，大大低于陆上被劫持人质90%以上的获救概率。

而国际海事局认为，海盗袭击最危险的当属马六甲海峡。处于东南亚的马来西亚、新加坡与印度尼西亚之间的马六甲海峡是全长960公里的狭长水域，最窄处只有36公里。这里是全世界最繁忙的海上通道，其通航量是苏伊士运河的3倍、巴拿马运河的5倍。而此处也为海盗提供了充足的劫掠目标。数据显示，大约半数的海盗袭击事件发生在这里。

此外，全长1 900公里以上的红海与亚丁湾一带、每年10月处于捕捞鲥鱼黄金季的长达711公里的孟加拉湾沿岸和因贫困与政局动荡的几内亚附近海域的西非海岸等均成为海盗横行的水域。

由此可见，能否有效防止海盗劫持，维持国际海运市场的正常经营秩序，是国际海运界、保险界、法律界和各国政府共同面临的棘手课题。

现代的海盗风险相对于以索要被劫持的船舶和船上财物为目的的传统海盗风险已发生重大改变，其是以扣押船员为人质而索取赎金为目标，这对海上运输合同的承运人造

---

① 袁原．当代海运仍然难逃海盗阴影（新华社专稿）．北京晚报，2007－05－18．

成巨大的消极影响。为了规避和减轻海上风险，各国海上保险业已然突破传统的海上保险，针对新型的海盗赎金风险开办“船舶海盗赎金险”等新险种。如中国人民财产保险股份有限公司南京分公司就于2011年向长江航运集团南京油运股份有限公司签发了“船舶海盗赎金保险单”。

问题与思考

1. 什么是海事法律关系？它具有哪些特点？
2. 海事法律关系包括哪些主体？
3. 什么是海事法律关系的客体？
4. 如何理解海事法律关系的内容？
5. 海事法律关系基于哪些法律事实产生、变更和消灭？
6. 海上运输市场的管理制度的主要内容有哪些？

第三章
船　舶

本章提示

船舶的使用是海上运输市场的基础，因此，船舶在海商法律体系中处于重要的地位，所有的海事法律关系都与船舶密切相关。虽然各国的海商立法对于“船舶”尚无一致公认的定义，但是明确船舶的法律地位和范围是海商立法所需解决的首要问题。同时，围绕着船舶，各国海商立法普遍适用船舶登记制度，以此作为船舶管理的法律手段和确认船舶国籍、船旗、所有权、抵押权及优先权的法律根据。所以，从海商法角度理解船舶，不能局限于将其作为海上运输活动所必需的工具，而应当把握船舶特定的含义和法律地位以及相关的权利、义务、责任和管理制度。

因此，船舶在海商法上的法律内涵、法律性质和范围，船舶登记和船舶国籍的制度内容，船舶所有权、船舶抵押权和船舶优先权的法律特性和适用范围等均是本章的重点知识点。

关键术语

船舶　船舶登记　船舶国籍　船旗　船舶抵押权　船舶优先权

第一节　船舶在海商法中的概念和法律性质

一、船舶在海商法中的概念

按一般理解，船舶是指人们用于水上航行的工具。因此，它必须具有水上航行设备和人造船体。但是，海商法所说的船舶概念与此不尽相同。各国海商法规定的船舶的内涵和外延也不一样。其趋势是法律制定的时间越往后，则船舶的外延范围越大。

按 1899 年施行，后经 1911 年修改的《日本商法典》第 684 条的规定，船舶是指以进行商业行为为目的而供航海使用的船舶。但是，以橹棹划运的船舶不在此列。1936 年的《美国海上货物运输法》第1条第4款规定：船舶“是指用于海上货物运输的任何船舶”。而根据1968年《苏联海商法典》的规定，“本法所称船舶是指机动或非机动的浮动装置”（第9条），包括了除军事舰艇及悬挂海军军旗的船舶以外的各种船舶。而在《希腊海事私法典》上，船舶则是“大于10净登记吨的以其自身的动力航行于海上的各种船舶”。

1992年11月7日经第七届全国人民代表大会常务委员会第二十八次会议通过，于1993年7月1日起施行的《中华人民共和国海商法》适应现代海商活动的实际需要，将船舶规定为“海船和其他海上移动式装置，但是，用于军事的、政府公务的船舶和20总吨以下的小型船艇除外”（第3条）。而且，在我国《海商法》中，船舶是一个整体，除了船体、主机、辅机外，还包括船舶属具，诸如锚链、罗经、消防救生设备等。此外，船舶在海商法中，还包含正在建造中的船舶和失事沉没的船舶等。

从以上立法例可以看出，海商法上的船舶必须是用于“商业目的”，排除了用于“军事目的”“公务目的”的船舶，有的国家还排除了小于一定吨位的船舶。

二、船舶的法律性质

实例枚举

英美国家一直以来对适用于海商司法实践的船舶作拟人化处理，将船舶视同“人”的法律属性，使得船舶这个“特别的物”具有了主体身份，相应产生了“对物诉讼”理论，这意味着船舶可以成为被告，承担责任。

例如，在“Span Terza”案中，“海神”号所有人以“Span Terza”轮所有人未按租船合同支付租金为由，要求法院扣押“Span Terza”轮。1981年11月8日，“Span Terza”轮在利物浦被扣，该船的所有人和抵押权人始终未到庭，12月16日，法院作出判决，并发布命令，估价后拍卖了“Span Terza”轮，以所得价款满足了原告“海神”号所有人的请求。

显然，该案的处理完全体现了英国一个多世纪以来传统的对物诉讼原则。因为，基于船舶的拟人化处理，原告只要控制住船舶，其对物诉讼的目的就较易实现。正如“Span Terza”案的法官所称，起诉是对船舶，而不是对船舶所有人的。虽然船舶不会触犯法律，但这是为了确保受害方能获得应有的补偿。

船舶作为海上运输工具，在海商法中具有重要的法律意义。但是，船舶作为法律上的一种物，既有民法上物的一般属性，又在海商法上具有以下特殊的法律性质：

（一）船舶具有合成物的属性

现代用于海上营运的船舶价格昂贵，体积庞大，是由船体、船机、属具等部分合成的水上浮动运输工具。每一组成部分虽都有独特的使用功能及价值，但是，又都不能离开船舶整体而单独存在，否则，将会失去其应有的使用价值。在此意义上，船舶在海商法上是一种合成物，具有不可分割性。

不过，从各国海商法的规定来看，对于船舶属具的法律性质，存在不同的观点。法国、德国、日本等大陆法系国家的立法规定船舶是主物，而属具则是从物。两者归属于不同的所有人时，可分割处理；两者归属于同一所有人时，依民法上“主物处分及于从物”的原则，对船舶的处分，其效力及于属具。而在英美法系国家，则视船舶与属具是不可分离的一个整体。我国《海商法》亦将属具认定为船舶不可分割的组成部分。即使是在船舶保险中可将船体、船机和属具分别投保，也不能否认船舶属具与船舶不可分离的性质。

（二）船舶是按不动产处理的动产

船舶作为一种运输工具，其功能就是通过在海上的移动，完成货物或乘客的空间转移。这决定了船舶是动产的性质。然而，因为船舶价值高、体积大，并且，基于其作为运输工具的功能，其所有权的转移不像作为流通对象的一般商品那样频繁，所以各国海商法趋向于将船舶视为不动产加以处理，对船舶的所有权、抵押权实行登记制度等。

（三）船舶是具有人格化属性的物

各国海商法为了实现对于船舶的管理，普遍对于船舶进行拟人化处理。其主要表现是通过船舶登记制度，使船舶具有船名、国籍、船龄和船籍港，甚至对于船舶也适用失踪，这些都类似于法律上的人。

但是，船舶经拟人化处理的法律性质在各国海商法上则有很大差异。在大陆法系国家，船舶虽经拟人化处理，具有类似于法律上人的某些特点，但其仍然是物，不具有法律人格，所以，只能是海事法律关系的客体，而非主体。我国《海商法》亦持此种观点。与此不同，英美法系国家的海商法则赋予经过拟人化处理的船舶法律人格，使其成为海事法律关系的主体。这集中表现在英美等国海事诉讼中的“对物诉讼”上，即船舶可以其自己的名义为诉讼主体，参与诉讼活动，成为被告。从而，对物诉讼，仅仅是以“物”（“船舶”）作为诉讼主体提起的诉讼。除非船主应诉，否则，法院判决只能通过拍卖船舶来执行。这意味着此判决对船主不发生法律效力。此类判例始于 1892 年的 *The Dictator* 一案。

知识链接

由 1997 年“Indian Grace（No. 2）”案看对物诉讼在英国的新发展①

Indian Grace 轮承运一批军需品从瑞典前往印度。该轮 3 号货舱在航程中发生火灾，船员用水灭火，并抛弃了部分货物。当该轮到达印度柯欣港时，收货方印度政府发现了货物损失。于是，印度政府分别于 1988 年和 1989 年提起两个独立的诉讼，一是就全部货损向船主提出索赔，二是就抛弃货物部分对 Indian Grace 轮索赔。前一诉讼，原告于 1989 年 12 月在印度获得胜诉。而就第二个案子而言，原告是在英国提起诉讼，并申请

① 沈晓平．英国对物诉讼的新发展．中国海商法年刊，2000；张丽英．淡化船舶拟人处理对减少扣船管辖冲突的作用．中国海商法年刊，2009（Z1）．

扣押被告的一条姊妹船，故该案需要解决的问题是原告提起的第一个对人诉讼与第二个对物诉讼是否是在相同当事人之间的诉讼。根据英国法律规定的精神，英国或外国法院已对某一诉讼作出判决的，胜诉方不得就同一诉讼理由，对同一当事人再次提起诉讼。最终，英国上议院于1997年判定前一个对人诉讼案件与第二个对物诉讼案件都属于主体之间的诉讼，因为，对物诉讼实质是对船主的诉讼，无论船主是否应诉，均是对物诉讼的主体。

此判决改变了英国确立了一个多世纪的对物诉讼原则，也在各界引起很大震动，对其评价是毁誉参半。赞同者认为，该判决符合当今国际海事诉讼的发展趋势，既有利于弥补对物诉讼的缺陷，又接近于大陆法系的观点，为两大法系协调扣船原则创造了法律条件。

第二节　船舶登记和船舶国籍

一、船舶登记

（一）有关船舶登记的国际公约

目前，各国海商法都要求船舶必须登记，国际上亦有若干国际公约确认了船舶登记制度。

1958年4月29日在日内瓦签订的，并于1962年9月30日生效的《公海公约》明确规定，各国应当确定给予船舶登记、船舶国籍和船舶悬挂其国旗的条件。

1982年4月30日在美国纽约召开的第三次联合国海洋法会议上通过了《联合国海洋法公约》。其第91～97条要求船舶与登记国之间必须具有真正的联系，以实现登记国对于船舶的有效管辖和控制。

至于无海岸国家的船舶登记，根据1921年4月20日于西班牙巴塞罗那签订的《承认无海岸国家悬挂船旗的声明》的规定，无海岸国家拥有的船舶可以在其国内某一地点进行登记，登记地就是该船舶的船籍港。各缔约国应当承认无海岸国家的船旗。

在世界范围内，第一个关于船舶登记条件的国际公约，当推1986年2月8日于日内瓦联合国船舶登记条件会议上通过的《联合国船舶登记条件公约》，其规定了正常登记制度下的船舶登记所应具备的最低条件，目的是通过建立船舶与船旗国之间的真正联系，使船旗国切实有效地对船舶进行管辖和控制。显然，该公约是发展中国家与发达国家之间妥协的产物，发展中国家作了较大的让步，其具体条文也不尽完善。

之所以重视船舶登记制度，是因为它对于船舶管理具有重要意义。首先，船舶登记是确定船舶所有权、抵押权、租赁权等船舶权利的根据。其次，船舶登记是产生船舶国籍、船籍港，并确认船舶航行权的根据。最后，船舶登记是对抗第三人、保障权利人合法权益的根据。总之，船舶登记是加强船舶管理和监督的必要法律手段。

（二）船舶登记的内容

船舶登记是船舶所有人或者其他对船舶享有权利的人提出登记申请和提供有关文件，经船舶登记机关审查符合法律条件，对于船舶依法予以登记的法律行为。

各国的船舶登记制度不尽相同。在我国，船舶登记制度是以国务院于 1994 年 6 月 2 日颁布而于 1995 年 1 月 1 日起施行的《中华人民共和国船舶登记条例》为根据的。按其规定，我国船舶登记制度包括船舶所有权登记、船舶抵押权登记、船舶国籍登记、光船租赁登记、船舶权利的变更和注销登记以及临时登记等。而我国的船舶登记机关则为各港口的港务监督机关。在哪一个港口办理船舶登记，由船舶所有人自由选择，而予以登记的港口则成为该船舶的船籍港。如果是在国外获得的船舶，则应当先到我国驻该国的使、领馆办理临时登记，取得不超过 1 年期限的临时国籍证书和悬挂我国国旗航行的权利，待该船舶到达国内后，船舶所有人再到选定的港口办理船舶登记。

（三）船舶登记的法律效力

船舶登记作为国家对于船舶实行管理的必要措施，适用于参与海上营运的每一艘船舶。而船舶登记的法律效力主要表现在从船舶登记机关获取了相应的登记证书来证明其享有的船舶权利，可以对抗第三人。同时，经过船舶登记，该船舶的船名被依法确认，并取得登记国的国籍，有权悬挂该国国旗在海上航行。

具体到我国现行《海商法》，关于船舶登记的法律效力集中在其第 9 条和第 13 条，并且采取了登记对抗模式，即“船舶所有权的取得、转让和消灭，应当向船舶登记机关登记；未经登记的，不得对抗第三人”（第 9 条第 1 款）。“设定船舶抵押权，由抵押权人和抵押人共同向船舶登记机关办理抵押权登记；未经登记的，不得对抗第三人”（第 13 条第 1 款）。这一立法例不仅与大多数国家的立法实践相同，也符合船舶本身特性，更能够适应我国海运市场的实践和海事司法的需要。因为，依据上述立法规定精神，船舶的所有权和抵押权的登记是作为船舶所有权和抵押权的公示方法，成为确权的依据，但不是唯一的依据。它强调的是当事人转移船舶所有权或者设立抵押权的意思表示。只要双方当事人形成上述意思表示，就发生物权变动的法律效果，但是，在转移船舶所有权或者设立船舶抵押权进行登记之前，该物权变动的事实不能对抗第三人。

（四）船舶所有权登记

船舶所有人申请船舶所有权登记的，应当向船舶登记机关提供下列文件：

（1）购船发票或船舶买卖合同及交接文件。若就新造船舶申请船舶所有权登记的，应提供船舶建造合同和交换文件。若就继承、赠与、依法拍卖或法院判决取得的船舶申请船舶所有权登记的，应当提供具有相应法律效力的船舶所有权取得的证明文件。

（2）原船籍港船舶登记机关出具的船舶所有权登记注销证明书。

（3）未进行抵押的证明文件或者抵押权人同意被抵押船舶转让他人的文件。

船籍港船舶登记机关应当对船舶所有权登记申请进行审查核实，对符合条件的，自收到申请之日起 7 日内向船舶所有人颁发船舶所有权登记证书，授予船舶登记号码。而对不符合条件的，则应当自收到申请7日内书面通知船舶所有人。

（五）船舶国籍登记

船舶所有人申请船舶国籍登记的，除提供申请船舶所有权登记证书外，还应当按照船舶航区交验下列文件：

（1）航行于国际航线的船舶的所有人要提供法定的船舶检验机构签发的下列有效船舶技术证书：1）国际吨位丈量证书；2）国际船舶载重线证书；3）货船构造安全证书；4）货船设备安全证书；5）乘客定额证书；6）客船安全证书；7）货船无线电报安全证书；8）国际防止油污证书；9）船舶航行安全证书等。

（2）国内航行的船舶，其所有人应当根据船舶的种类提供法定的船舶检验机构签发的船舶检验证书和其他有效的船舶技术证书。

从境外购买具有外国国籍的船舶，其所有人还应当提供原船籍港船舶登记机关出具的注销原国籍的证书或者将于重新登记时立即注销原国籍的证明书。

对审查合格的船舶，船舶登记机关核准颁发船舶国籍证书，有效期为5年。

至于向境外出售新造船舶、从境外购买新造船舶、境内异地建造船舶、在境外建造船舶及以光船条件从境外租进船舶等情况下，船舶所有人或光船承租人可持法定文件到法定地点的船舶登记机关申请办理临时船舶国籍证书。临时船舶国籍证书有效期一般不超过1年，其法律效力与船舶国籍证书等同。

（六）船舶抵押权登记

根据我国《船舶登记条例》规定，对20总吨以上的船舶设定抵押权时，抵押权人和抵押人应当向船籍港船舶登记机关申请办理船舶抵押权登记，需要提交下列文件：（1）双方签字的书面申请书；（2）船舶所有权登记证书或者船舶建造合同；（3）船舶抵押合同。

相应的船舶上还设定有其他抵押权的，则还应提供有关证明文件。

船舶共有人就共有船舶设定抵押权时，还应提供2/3以上份额或者约定份额的共有人同意的证明文件。

对于审查合格的，船籍港船舶登记机关应自收到申请之日起7日内将有关抵押人、抵押权人和船舶抵押情况以及抵押登记日期载入船舶登记簿和船舶所有权登记证书，并向抵押权人核发船舶抵押权登记证书。

船舶抵押权转移时，抵押权人和承转人应当持船舶抵押权转移合同到船籍港船舶登记机关申请办理抵押权转移登记。对于审查符合条件的，船籍港船舶登记机关应当将承转人作为抵押权人载入船舶登记簿和船舶所有权登记证书，并向承转人核发船舶抵押权登记证书，封存原船舶抵押权登记证书。当然，办理船舶抵押权转移者，抵押权人应当通知抵押人。

（七）光船租赁登记

根据我国《船舶登记条例》的规定，光船租赁登记的适用范围包括：（1）中国籍船舶以光船条件出租给本国企业的；（2）中国企业以光船条件租进外国籍船舶的；（3）中国籍船舶以光船条件出租境外的。在上述情况下，出租人、承租人应当办理光船租赁登记。

船舶在境内出租的，出租人和承租人应当在船舶起租前，持船舶所有权登记证书、船舶国籍证书和光船租赁合同正本、副本，到船籍港船舶登记机关申请办理光船租赁登记，对于审查合格的，船籍港船舶登记机关应将船舶租赁情况载入船舶所有权登记证书和船舶登记簿，并向出租人、承租人核发光船租赁登记证明书各一份。

船舶以光船条件出租境外时，出租人应当持船舶所有权登记证书、船舶国籍证书和光船租赁合同正副本到船籍港船舶登记机关申请办理光船租赁登记。对于审查合格的，船籍港船舶登记机关应当封存原船舶国籍证书，发给中止或者注销船舶国籍证明书，并发给光船租赁登记证明书一式二份。

以光船条件从境外租进船舶，承租人应依其住所或主要营业所所在地就近选择船籍港，向该船舶登记机关申请办理光船租赁登记证明书，并提交下列文件：（1）光船租赁合同正本、副本；（2）法定的船舶检验机构签发的有效船舶技术证书；（3）原船籍港船舶登记机关出具的中止或者注销船舶国籍证明书或将于重新登记时立即中止或注销船舶国籍的证明书。对于审查合格的，船舶登记机关发给光船租赁登记证明书和临时船舶国籍证书，并在船舶登记簿上载明原登记日期。

学术前沿

《民法典》对《海商法》之船舶登记规定的影响①

取代了《物权法》而于2021年1月1日起施行的《民法典》引发了有关登记对抗规则之理解和适用上的争议。其中，根据《民法典》第225条的规定，船舶位列适用物权登记的特殊动产之首，这就使争议焦点直接指向《海商法》第9条第1款和第13条第1款的船舶物权变动规定。争议的焦点集中在船舶登记的效力和生效要件两个问题上。

关于船舶登记的效力，有学者分析了《海商法》第9条第1款前后两个半句之间存在的逻辑错误：因“登记”一词既是相互间的衔接点，也是船舶物权的公示方法，却并非物权变动的生效条件。这表明由此产生的法律后果是：物权变动生效，但因登记与否而有登记物权和未登记物权两种情况，才有所谓“未经登记的，不得对抗第三人”之规定的必要，也就使得该条文前半句规定“应当登记”的强制性要求失去意义。然而，“应当登记”的要求又体现出登记生效主义的意味，否定了“未经登记的，不得对抗第三人”的登记对抗效果。相比之下，《民法典》第225条关于物权登记对抗主义模式的新表述，则被学界公认为更加科学，即取消“应当登记”的强制性要求，并将“未经登记，不得对抗”的第三人限定在“善意第三人”的范围之内。有的学者将此解释为对抗范围应当限于有效交易关系的对船舶享有物权的第三人才为“善意”。当然，也应当理解为，未经登记的船舶变动得以对抗恶意第三人。不过，也有学者提出，从鼓励交易的角度出发，

① 参见：刘本荣．中国船舶物权登记对抗主义的实际运行与匡正．中国海商法年刊，2009（1－2）；关正义，刘安宁．船舶抵押权若干法律问题研究．中国海商法年刊，2011（2）；王文军．登记对抗主义挽歌．中国海商法研究，2015（3）；郑宇辉．中国船舶所有权变动规则辨析．中国海商法研究，2015（4）．

怠于船舶登记的，即使是恶意第三人“依然应受保护”[①]。尤其需要关注的，是来自履行船舶登记职责的海事行政部门和对船舶采取司法强制措施的法院等实务部门对《民法典》有关排除“应当登记”和限于“不得对抗善意第三人”的新表述产生的担忧，认为照此执法，会存在依法登记以外的实际物权人，导致物权主体识别上的困难，也“为作假提供可乘之机”[②]。

关于船舶物权变动的生效要件，存在合意生效说、交付生效说和登记生效说等观点。合意生效说的立基点是，认为《民法典》对于船舶等特殊动产的物权变动采用了意思表示变动模式，其物权变动“自当事人之间订立的物权变更合同生效时即发生效力，而不以登记和交付作为物权变动的生效要件。换言之，即使物权变动未经登记或交付，当事人之间仍产生法律效力”[③]。交付生效说是立足于法律应对船舶等具有重大价值的特殊动产予以特殊保护的实际需要，因为，“交付并非完全的公示方法”，而是“把交付作为动产物权的生效要件，将登记作为对抗（善意）第三人的要件”[④]。这可以使抽象的船舶物权变动的意思表示具体化，避免船舶出卖方尚未取得价款就丧失船舶所有权的窘境。而登记生效说，则针对船舶等特殊动产的多重买卖情况，提出物权登记的效力优先于交付[⑤]。因为，特殊动产的物权变动依《民法典》规定，在未经登记时不能对抗善意第三人，表明受让人取得的是不完全的物权，尚不具有物权的排他性。从而，当船舶等特殊动产涉及多重买卖，不同受让人之间出现交付与登记的冲突时，应当是完成登记船舶的受让人的物权效力优先于仅仅受领船舶的受让人的物权。显然，强调物权登记时生效，有利于船舶等特殊动产的交易安全。

二、船舶国籍和船旗

（一）船舶国籍

船舶国籍，是指船舶所有人按照某一国家的船舶登记规定在该国进行登记，取得国籍证书，并悬挂该国规定的旗帜而受该国管辖的法律隶属关系。

1. 海商法对于船舶适用船舶国籍制度的意义十分重要，具体表现为两个方面

（1）船舶国籍在国际法上是确认船舶航行权的法律依据。因为，按照国际公约的要求，海上航行的船舶只有取得某一国家的国籍，并悬挂该国旗帜的，才受船旗国法律的保护。否则，在海上航行的船舶会被认为是海盗船或带有国际公害的船只而被搜查或捕获，任何国家的口岸也都有权拒绝其靠港。如果是在战时，船舶国籍又是确定船舶国别的依据，用以决定是作为敌对国船只予以捕获，还是享受中立国保护。

（2）船舶国籍从国内法角度讲，是确定船舶在本国领海及内水享有安全航行权的依

---

① 尹田．物权法理论评析与思考．北京：中国人民大学出版社，2008：278.
② 荆浩博．浅析《物权法》的颁布对船舶物权及登记的影响．中国海事，2007（9）.
③ 黄松有．《中华人民共和国物权法》条文解释与适用．北京：人民法院出版社，2007：115.
④ 崔建远．再论动产物权变动的生效要件．法学家，2010（5）.
⑤ 程啸．论动产多重买卖中标的物所有权归属的确定标准．清华法学，2012（6）.

据，也是对其适用本国法的前提。

2. 取得船舶国籍的条件

根据《联合国海洋法公约》第91条的规定，各国基于主权自主原则，有权确定船舶取得本国国籍的条件。目前，各国海商法规定的给予船舶国籍的标准是不一样的。主要有三种标准：

（1）船舶所有权全部或部分归属于本国或本国的法人、公民。例如，英国、美国、日本、德国、瑞士、俄罗斯、罗马尼亚等国要求船舶所有权全部归属于本国人。法国、意大利、希腊、荷兰及北欧诸国则要求船舶所有权须1/2以上归属于本国人。

（2）船员的国籍全部或部分为本国国籍。例如，英国、巴西、智利、西班牙等国皆以此为条件。而美国、德国、意大利、荷兰、丹麦、瑞典等国则强调船长等高级船员必须是本国人。

（3）船舶所有人的住所或船舶建造地在本国。英国原有基本标准是船舶应在本国制造，现已废止。而美国为了保护本国造船业，则在船舶法中兼用这一标准。

其中，海商法理论对于要求本国船员占50%以上、本国资本占50%以上、船舶公司或主要营业所设在本国且多数管理人员应为本国人才能取得本国船舶国籍的，称为严格登记条件；低于这一标准的，则为不严格登记条件。

中国的现行立法规定取得中国国籍的船舶应当符合如下条件：

（1）在中国境内有住所或者主要营业所的中国公民的船舶。

（2）依据中国法律设立的主要营业所在中国境内的企业法人的船舶。但是，在该法人的注册资本中有外商出资的，中方出资人的出资额不得低于50%。

（二）船旗

船旗，是指船舶依其国籍所属国的法律规定而悬挂的旗帜。船旗的意义表现在：

1. 船旗是确定船舶国籍的根据

船舶依法经过登记，领取了国籍证书后，才有权悬挂该国旗帜航行于海上。可见，船旗是船舶国籍的标志。因此，船舶不能同时在两国进行登记，不得具有双重国籍，更不能悬挂两种或两种以上的国旗航行。悬挂两国国旗或视方便而换用旗帜的船舶，依国际公约规定，视为无国籍船舶，不受任何国家的法律保护。各国均可按海盗船或黑船予以处理，进行拦截或捕获。

2. 船旗是维护公海航行秩序和安全的法律依据

国际法将公海自由航行权赋予悬挂船旗的船舶，不悬挂船旗或悬挂两国船旗的船舶不享有公海自由航行权。为此，很多国家法律规定了船舶违反船旗悬挂制度的法律责任，包括罚款、没收船舶等。例如，根据我国《船舶登记条例》第49条的规定，假冒我国国籍，悬挂我国国旗航行的船舶，由船舶登记机关依法没收该船舶。

值得一提的是方便旗制度，它是指在适用船舶开放登记制度的国家，不论船舶与该国是否有联系，均予以登记，允许其悬挂该国国旗的情况。该制度始于20世纪20年代的美国，第二次世界大战后广泛流行。其中，以美国、希腊、日本和我国香港所占比重最大，成为最大的受益国或地区。

方便旗制度发展扩大的原因在于：（1）船旗国可以从中获取船舶登记费和税款，用于弥补财政收入的不足。例如，仅利比里亚每年就可从开放登记中获取1 000万美元以上的收入。（2）船东从中也是有利可图的。由于开放登记国家为了扩大登记范围，征收很低的登记费和税费，又不向船东征收所得税，因而船东可借此逃避本国的高额登记费和税费。（3）发展中国家可通过方便旗制度，使外国的方便旗船雇用本国船员，而输出劳动力，赚取外汇。因此，实行方便旗制度的国家多为发展中国家，诸如利比里亚、巴拿马、塞浦路斯、乌拉圭等。

同时，必须看到因适用方便旗制度所带来的弊端：

（1）方便旗船可以借助方便旗制度来逃避有关国家对于船舶进行的正常技术安全的检验和监督，其船舶的技术、设备水平大都不符合有关国际公约的要求，造成其海损事故发生的比例较高。

（2）方便旗制度不利于发展中国家发展本国的商船队，也影响到发达国家在业船员的就业需求，其结果是方便旗船船员的工资和福利待遇水平过低。

（3）方便旗制度为船东的违法经营和犯罪开了方便之门，对国际海运市场产生了负面影响。方便旗制度给不法之徒以可乘之机，给国际海运领域增加了安全隐患；同时，方便旗制度也为非法捕捞行为提供了便利，尤其是导致船舶管理不善，并缺乏必要的监管。因为船舶开放登记只登记船东名称，故常常出现名义船东或假船东，加之船东的财产不在船舶登记国，其船舶又很少停靠船旗国港口，因而多有违法经营和犯罪事件发生。

基于以上诸多问题，目前在国际上出现了限制和改造方便旗制度的趋势。根据国际运输工人联合会（ITF）认定的方便旗国有巴拿马、利比里亚、塞浦路斯、巴哈马等16个。另外，蒙古等国土不临海的内陆国家，为了换取外汇收入也开办方便旗登记业务。据统计，截止至2010年，全球有32个国家为开放式登记国①。这也说明改革方便旗制度任重道远。因此，各国应当完善船旗制度，增强稳定国际海运市场秩序的主动性和迫切感。

实例枚举

案例一　悬挂方便旗的沙立姆（SALEM）轮于1979年12月在科威特装载了19万吨原油开往意大利。12月27日，船东授意船长离开原定航线，驶往南非得尔本港，在当地卖掉了17万吨原油后，注满压舱水驶往塞内加尔沿海，将船炸沉。

案例二　2002年11月，运载了77 000吨原油的Prestige油轮（在巴拿马注册的方便旗船）在西班牙的加利西亚遭遇风暴，导致12个油罐中的1个爆裂，船长向西班牙救援队求助，希望让Prestige油轮入港避难。当地政府担心污染本地海岸而未同意。船长转而求助法国和葡萄牙，仍被拒绝。最终，该船船体被风暴截成两半，导致2 000万加仑的原油倾入大海，污染了西班牙和法国的几千里海岸，对当地生态、渔业、和旅游业造成灾难性后果。根据Pontevedra经济学家委员会的预测，该次仅清洁费就高达120亿

---

① 孙叶平．21世纪方便旗制度的新反思．中国海商法年刊，2010（2）．

美元，它在历史上损失额最高的十大事故中位列第三。

案例三　2007 年 3 月 18 日，美国海岸巡逻队在巴拿马的太平洋海岸逮捕了一艘悬挂巴拿马国旗的货轮 GATUN 号，在其货物集装箱内搜到了 19.4 吨准备运往美国的可卡因，这成为航运史上最大的毒品走私案。案件虽然告破，但引起人们更多的担忧：这些人利用方便旗船成功走私了多少次？还有多少方便旗船在参与毒品走私？方便旗船是否还被恐怖组织利用来运送核材料、炭疽病毒或者天花病毒？

案例四　1999 年，法国海警捕获一艘名为 Camouco 的巴拿马籍渔船，因其在克罗泽群岛附近非法捕捞小鳞犬牙南极鱼。后经巴拿马政府要求，国际海洋法庭将该渔船释放。随后，该渔船改名为 Arvisal，并改挂乌拉圭国旗。

2002 年 1 月，一艘澳大利亚籍考察船发现该渔船在南极洲东部的普里兹湾附近非法捕鱼，此时该渔船宣称其为毛里塔尼亚籍的 Kambott 号。2003 年 7 月，该渔船因为在法国专属经济区的凯尔盖朗岛附近非法捕捞小鳞犬牙南极鱼而再次被捕，当时，该渔船名为 Eternal，悬挂荷兰安的列斯旗。可见，该渔船利用方便旗国的开放登记制度，改头换面，多次实施非法捕捞。

知识链接

21 世纪方便旗制度的新反思①

进入 21 世纪后，方便旗船仍然在迅速发展，至今约占世界商船总吨位的 1/2。按照联合国贸易和发展会议（UNCTAD）的统计资料，拥有方便旗船的船东主要来自发达国家或地区，而采用开放登记的方便旗籍国家主要是不发达国家。国际运输工人联合会（ITF）认可的开放式登记国（方便旗登记国）截止到 2010 年为 32 个。

而且，方便旗制度的快速发展，暴露出诸多问题，如：（1）船舶技术条件相对较差，安全无保障；（2）船员工资不高，劳工权利没有保证；（3）船东身份不易确定，海运欺诈常有发生等传统弊端。其引发的海洋生态破坏和海上国际犯罪以及恐怖主义越来越为各国所关注。首先，方便旗制度与海洋污染的发生关系密切。由于方便旗籍国家的环境立法一般都较为宽松或者是空白，其登记的方便旗船发生的海洋油污事件尤其多。究其原因，方便旗籍国家普遍缺乏有效的船舶安全管理制度，注册标准很低，船舶安全检验宽松，且失事率很高的单壳油轮在登记船舶中的比重很大。其次，方便旗制度为非法捕捞提供了便利。近几十年以来海洋捕鱼量增长迅速，其中的非法捕捞比重较大，形成海洋资源的过度利用，影响到海洋生物资源的可持续利用。方便旗籍国家缺乏对非法捕捞的监管，特别是方便旗制度可以让非法捕捞渔船轻易地转变船籍，规避监管。最后，方便旗制度带来海上安全隐患。原因在于，方便旗籍国家不要求注册船舶必须明示所有权的归属，导致国际海事法规难以有效地规范方便旗船，使得走私、洗钱、贩毒等国际犯罪难以侦破。可以说，方便旗制度在客观上对国际犯罪和恐怖主义起到了助纣为虐的作用。

---

① 孙叶平．21 世纪方便旗制度的新反思．中国海商法年刊，2010（2）．

针对方便旗制度的众多弊端，各国逐渐重视建立应对措施。一方面是加强方便旗登记管理。1958年日内瓦《公海公约》和1986年联合国《船舶登记条件公约》均将学者为解决方便旗制度的弊端而提出的船旗国与船舶之间的“真正联系”原则写入公约条款，并规定了认定真正联系的三项标准。另一方面是设法吸引方便旗船回国登记，实现方便旗船回归之路。有些国家（挪威、丹麦、德国、韩国等）实行第二船籍登记制度（在不改变原有船籍登记制度的前提下，设立类似方便旗制度的船籍登记制度，适用于本国船东）。我国自2007年7月1日起，实施“特案免税登记政策”，对符合条件的中资外旗国际航线船舶的进口免征关税和增值税，鼓励回国登记，悬挂中国国旗航行。实践证明，单一优惠政策的效果有限（仅有44艘方便旗船回归，约占中资方便旗船总量的10%），只有通过船旗国、沿海国和港口国之间的合作与协调，真正完善船舶登记制度，才能够取得逐步减少方便旗船直至消灭方便旗制度的效果。

第三节 船舶所有权

一、船舶所有权的概念和适用意义

船舶所有权，是指船舶所有人依法对其船舶享有占有、使用、收益和处分的权利。这为我国《海商法》第7条所明文确认。

在国际海运市场上，船舶所有权人又被称为船东，当其依法取得船舶所有权后，得以独立地享有和行使该所有权，运用船舶从事国际海上运输活动。就我国目前的社会经济结构来说，船舶所有权人可以是国家、集体组织、个人、中外合资经营企业、中外合作经营企业、外资企业，尤其是公司法人等，其享有的船舶所有权，都依法受到法律保护。同时，船舶也可以由两个以上的法人或者个人共有。应当注意我国《海商法》对于国有船舶所有权的规定。因为，在我国的海运实践中，国家作为国有船舶的所有权人，将国有船舶授权给全民所有制企业经营管理，形成了国家所有权与船舶的经营管理权相分离的情况。为了妥善地处理这一法律关系，我国《海商法》第8条规定：“国家所有的船舶由国家授予具有法人资格的全民所有制企业经营管理的，本法有关船舶所有人的规定适用于该法人。”这意味着作为船舶经营人的全民所有制企业被视为国家授权其经营管理的国有船舶的所有人。这一规定是与有关的国际公约（比如1969年《国际油污损害民事责任公约》）的精神相一致的，也符合我国的实际情况。

船舶所有权的适用，在海运市场中具有重要意义。因为，海上运输经营活动是以船舶的使用为核心的，从而，船舶是海上运输的首要条件。相应的，船舶所有权是确定船舶归属的法律依据，据此使船舶的依附关系明确，能够充分实现船舶在海上运输中的功能，提高船舶经营的经济效益。同时，随着海上运输市场的发展，从事海上运输的企业日益增多，用于海上运输的船舶数以千计，尤其是，船舶的经营权经常与船舶所有人分离开来，而由船舶经营人独立运用船舶从事海运活动。因此，必须借助船舶所有权，才能正确认定船舶与海上运输参与者之间的法律关系，区分各自的权利和义务，依法追究当事人的法律责任，建立正常的海上运输秩序。此外，船舶所有权也是各个船籍所属国进行船舶管理、征收有关税费的法律前提。

二、船舶所有权的客体范围

不言而喻，船舶所有权是以特定的船舶为客体的。但是，对于这一客体的范围，则有不同的观点。

究其原因，船舶是由船体、船机、船舱、导航设备及海图、消防救生设备、锚链等属具所构成的合成物。对此，一种观点认为，它们有机的结合，成为船舶的组成部分，因此，船舶和属具是不可分离的，它们作为一个整体成为船舶所有权的客体。比如，美国法律即作此种规定。另一种观点则认为，船舶属具是独立存在的从物，具有独立的所有权，可以与船舶相互分离而另行处置，也可以随船舶所有权的转移而转移，但要按属具清单另行作价。我国《海商法》持前一种观点，将船舶属具作为船舶的一部分来认定，一并成为船舶所有权的客体（《海商法》第 3 条）。

三、船舶所有权的取得和消灭

（一）船舶所有权的取得

按照民法理论，船舶所有权的取得，依其具体原因，可以分为原始取得和继受取得。制造船舶、国家没收、捕获等，都是船舶所有权的原始取得方法。而船舶所有权的继受取得，则包括船舶的买卖、继承、赠与、委付等方式。通过这些方式转让船舶所有权时，应当采用要式法律行为。正如我国《海商法》第 9 条第 2 款规定的，“船舶所有权的转让，应当签订书面合同”。

不论是原始取得，还是继受取得，船舶所有权的取得均须经过船舶登记才有效。否则，按我国《海商法》第 9 条和第 10 条的规定，船舶所有权的取得，“未经登记的，不得对抗第三人”。比如，建造的船舶应当按我国《船舶登记条例》的规定，提交船舶建造合同和交接文件，在船舶登记机关办理船舶登记，取得船舶所有权。

与此相联系，船舶所有权的转移时间也是与船舶登记密切相关的。因为，我国《船舶登记条例》第 14 条规定船舶所有权的取得，是从登记完毕，取得船舶所有权登记证书时起生效的，这与我国《海商法》第 9 条和第 10 条的规定是一致的。它表明船舶所有权的转移，应当以船舶登记完毕时作为转移时间。未经登记而转移船舶所有权的，仅在转移船舶所有权的双方当事人之间有效，却不能对抗第三人，即不能向第三人主张权利（比如债权）或者在第三人主张权利时据此船舶所有权转让事实进行抗辩。

（二）船舶所有权的消灭

在海运实践中，导致船舶所有权消灭的原因是多种多样的。诸如船舶沉没、拆解或船舶在海难事故中实际全损或推定全损等，均属于船舶所有权的绝对消灭。而基于买卖、赠与、委付等行为转移船舶所有权的，则是该项所有权的相对消灭。与船舶所有权的取得相同，该权利的消灭也应当依法进行船舶登记才产生法律效力（《海商法》第9条）。

实例枚举

中国香港居民陈甲于1988年10月3日在香港购买了“M62379A”渔船，并在香港政府海事处办理了船舶过户登记，持有香港政府海事处签发的船舶执照。10月5日，陈甲以该渔船为抵押，向澳大利亚信用财务（香港）公司贷款20万元港币，并在香港政府海事处办理了船舶抵押登记手续。10月8日，陈甲与梁乙驾驶“M62379A”渔船到达台山某港，过了三日，陈甲与梁乙以13.5万元达成该渔船买卖协议，陈甲返回香港。10月31日，梁乙将该渔船转卖给颜丙等六渔民，梁乙收取了11.5万元现金，并向颜丙等开具收条，但未办理渔船所有权转移证明。

同年11月6日，陈甲在阳江发现了颜丙等人驾驶的“M62379A”渔船，指责对方偷盗其船舶。11月26日，颜丙以自己为船舶所有人在台山渔政站申请办理了《渔业船舶登记证书》，此后，颜丙等六渔民合伙经营该渔船。由于向颜丙等索取该渔船未果，陈甲于1989年5月26日以颜丙等六人为被告，以该渔船尚未注销原在香港的船舶登记为由向广州海事法院提起返还之诉。本案诉讼期间，该渔船在香港水域被香港警署扣留，经澳大利亚信用财务（香港）公司申请，香港最高法院予以拍卖，所得27万元港币抵偿陈甲欠该公司的贷款债务。鉴于此，陈甲向法院申请变更诉讼请求为赔偿其经济损失25万元港币。法院认为，颜丙等六人在没有注销“M62379A”渔船原有船舶登记，未取得渔船过户证明的情况下，与梁乙实施的该渔船买卖行为是无效的，则颜丙等六人不能依据该无效行为取得“M62379A”渔船的所有权。于是，判决支持了陈甲以其所有的船舶被颜丙等六人非法占有而要求颜丙等六人赔偿该渔船经营损失的请求。

通过本案，大家可以了解船舶所有权作为物权的具体类型，其取得和享有的依据是合法的登记，而船舶所有权的变更转移更要遵循法定程序，才能产生变更所有权归属的效果。

第四节　船舶抵押权

一、船舶抵押权的法律性质和特点

船舶抵押权，是指抵押权人对于抵押人提供的作为债务担保的船舶，在抵押人不履行债务时，可以依法拍卖，从卖得的价款中优先受偿的权利。

船舶抵押制度是从古代航海的冒险借贷发展而来的，最初是船舶所有人为航海贸易筹措资金而实施的一种贷款手段。因为，航海贸易需要大量资金，由于其风险太大，船舶所有人为了获取借款，就往往要将其营运的船舶作为抵押物，向债权人提供担保。这种做法为1874年12月10日制定的《法国海上抵押权法》（1885年7月10日修订）首次以法律形式确认后，又逐渐为各国立法和国际公约所采用。时至今日，海上运输随着航海和造船技术的进步，已不再是一种冒险事业，但是，由于船舶的大型化和现代化，其所需资金也日益增大，同时，现代化船舶价值的提高又为抵押创造了充分的物质保障，所以，船舶抵押制度一直长用不衰。我国《海商法》也专门规定了船舶抵押权。

船舶抵押，按照我国《民法典》的规定，是一种债的担保方法，属于一种从债。同时，船舶抵押权又是担保物权的具体形式。它具有一系列特点，从而区别于其他从债或担保物权以及一般财产的抵押权。这些特点包括：

（1）船舶抵押权仅以船舶为客体。不过，在设定船舶抵押权时，根据抵押人和抵押权人的约定，可以是包括属具在内的整个船舶，或者仅以船体、设备或属具作为抵押物。此外，对于因船舶在海难事故中毁损而产生的损害赔偿请求权、共同海损分担请求权、救助报酬请求权、保险赔偿请求权、受损船舶的残价，均可经双方约定，作为船舶抵押权的客体。

（2）船舶抵押权所涉及的船舶不转移占有。根据我国《民法典》的规定，抵押是在不转移抵押物占有的情况下设立的担保方法，而船舶抵押作为抵押的具体形式，适用时当然不转移船舶的占有。因为，船舶是抵押人（船舶所有人）从事海上运输活动的主要工具。为了不影响其正常的营运活动，保障其债务履行能力，在设定船舶抵押后，仍由抵押人占有，继续从事海上营运。当然，船舶抵押虽不以转移占有为成立要件，但是，基于保护抵押权人合法利益的需要，抵押权人如果发现船舶有某种危险或其价值减少而影响债务清偿，或者债务人到履行期却不履行债务时，有权诉请法院扣押船舶来实现其债权。

（3）船舶抵押权是以登记为必要条件的。如前所述，大多数国家的法律将船舶视为不动产予以处理。这表现在船舶抵押权制度中，就是要求抵押权人和抵押人在设定船舶抵押权时，应当向船舶登记机关办理抵押权登记。未经登记的船舶抵押权，不得对抗第三人。

二、船舶抵押权的设定、行使和消灭

（一）船舶抵押权的设定

1. 设定船舶抵押权的主体条件

船舶抵押权的设定，必须由抵押权人和抵押人在平等自愿基础上协商一致，而且，抵押权人和抵押人应当具有相应的主体资格。

根据各国法律规定和海上运输实践，抵押权人应当是被担保主债的债权人，通常是银行或其他贷款人。而抵押人则与抵押权人相对应，或者是被担保主债的债务人，或者是主债以外的第三人，但都必须是对于所抵押的船舶拥有处分权的。比如，我国《海商法》第12条第1款规定：船舶所有人或者船舶所有人授权的人可以设定船舶抵押权。此外，建造中的船舶可以设定船舶抵押权。这时，船舶抵押人为船舶建造人。此类船舶抵押设定的目的，在于通过抵押而使建造中的船舶取得出口船舶信贷，有利于船舶建造人的出口融资，发展造船业。

2. 设定船舶抵押权的形式条件

根据各国法律规定，设定船舶抵押权，必须采用书面形式，并且要在船舶登记机关进行抵押权登记。该设定船舶抵押权的形式条件亦为有关的国际公约所确认。例如，1926 年《关于统一船舶优先权及抵押权若干法律规定的国际公约》第 1 条开宗明义地规定，在一个缔约国设定的、经登记生效的船舶抵押权，应在其他缔约国受到尊重，并视为有效。

我国《海商法》吸收有关国际公约的精神，规定了设定船舶抵押权的形式条件：

首先，船舶抵押权的设定，应当签订书面合同（《海商法》第 12 条第 2 款）。这是船舶抵押权生效的法律条件。

其次，设定船舶抵押权，应当由抵押权人和抵押人共同向船舶登记机关办理抵押权登记（《海商法》第 13 条第 1 款）。依法律规定，船舶抵押权登记，包括以下主要项目：船舶抵押权人和抵押人的姓名或者名称、地址；被抵押船舶的名称、国籍、船舶所有权登记证书的颁发机关和证书号码；所担保的债权数额、利息率、受偿期限等。如果是针对建造中的船舶办理抵押权登记的，当事人还应当向船舶登记机关提交船舶建造合同。

3. 设定共有船舶抵押权的主观条件

共有船舶，是由两个以上的共有人共同享有同一个船舶所有权，因此，各个共有人的意志都影响到共有船舶抵押权能否设定。对此，我国《海商法》第 16 条作出明确规定，如果船舶共有人就共有船舶设定抵押权事宜，按其统一意志办理。如果船舶共有人的意见不一致时，则应当取得持有 2/3 以上份额的共有人的同意，共有船舶的抵押权始得设定。

船舶共有人就共有船舶设定的抵押权，不因船舶的共有权的分割而受影响。这意味着共有船舶抵押权依法设定后，即使该共有关系结束，上述船舶抵押权仍然有效。

（二）船舶抵押权的行使

在各国的法律实践中，船舶抵押权人行使其抵押权，一般是通过申请法院强制执行或进行诉讼来实现的，即通过法院对船舶的扣押、拍卖而从所得价款中优先受偿。

船舶抵押权的受偿顺序，必须依法律规定来确定。首先，按照我国《海商法》第 25 条第 1 款的规定，如果就同一船舶，同时存在船舶优先权、船舶留置权和船舶抵押权的，船舶抵押权的受偿顺位，排在前两种权利之后。其次，在同一船舶上设定了两个以上抵押权时，各个抵押权人接受清偿的顺序是按照抵押权登记的先后顺序来排列，以此为根据从船舶拍卖所得价款中依次受偿。对于在同一日登记的各个船舶抵押权，则按照同一顺序受偿（《海商法》第 19 条）。最后，船舶抵押权人基于该抵押权，较之无抵押的普通债权，处于优先受偿的地位。

学术前沿

船舶抵押权的实现[①]

近年来蓬勃发展的船舶融资在 2008 年国际金融危机之后形成的大量纠纷，导致船舶

① 翟寅生．新《民事诉讼法》视野下的船舶抵押权实现程序．中国海商法研究，2013（3）；许俊强，陈永灿．论实现船舶抵押权的非诉程序．中国海商法研究，2014（1）.

抵押纠纷激增。因此，2023年9月1日通过的、于2024年1月1日施行的《民事诉讼法》[①]仍然在“特别程序”一章中规定了“实现担保物权案件”的程序（第八节），这对于海事审判中处理船舶抵押纠纷案件意义重大。

不过，由于《民事诉讼法》的“担保物权实现程序”与《海事诉讼特别程序法》的船舶扣押与拍卖程序存在竞合，在海事审判领域引发了如何处理《民事诉讼法》与《海事诉讼特别程序法》的适用关系，或者说《民事诉讼法》的“担保物权实现程序”是否适用于船舶抵押权等船舶担保物权的争议。

持肯定态度者认为，海商法上的船舶抵押权、船舶优先权等属于担保物权的范围，可以适用“担保物权实现程序”的规定来实现，船舶抵押人是适格的担保物权实现案件的申请人。其中，有的学者具体阐述了如下理由：《民事诉讼法》和《海事诉讼特别程序法》是一般法与特别法的关系，《海事诉讼特别程序法》没有规定的，可以适用《民事诉讼法》。尽管《海事诉讼特别程序法》的“海事诉讼请求”中规定了船舶扣押与拍卖的规则，却并不影响船舶担保物权人依据《民事诉讼法》的规定，提起担保物权实现的申请。因为，《海事诉讼特别程序法》规定的“船舶扣押与拍卖”是海事请求诉讼的保全程序，而《民事诉讼法》的“担保物权实现程序”却是独立的非诉讼的特别程序。前者不能成为后者的“特别规定”。

同时，有学者依据《最高人民法院关于扣押与拍卖船舶适用法律若干问题的规定》〔法释（2015）6号〕第23条的精神，表明两点意见：一是船舶抵押权等船舶担保物权可以适用《民事诉讼法》的“担保物权实现程序”来提出申请；二是实现船舶担保物权的船舶拍卖与受偿的执行阶段，则根据《海事诉讼特别程序法》来处理。从而，确立了《民事诉讼法》与《海事诉讼特别程序法》前后衔接、相互结合的实现船舶担保物权的新程序模式。而持否定态度者提出，担保物权实现程序并不能适用于包括船舶抵押权在内的船舶担保物权的实现。理由在于，《民事诉讼法》的“担保物权实现程序”属于独立的非诉讼程序，与《海事诉讼特别程序法》的“船舶扣押与拍卖”程序是性质迥异的两种程序制度。彼此之间不存在一般法与特别法的关系，谈不上孰优先适用孰劣后适用。当事人可以选择适用，但不能一并适用。而且，在海事审判中，实现船舶抵押权的时，船舶经常附有船舶优先权，根据《海商法》的规定，船舶优先权的实现必须经过海事法院的扣押船舶，并通过法院拍卖船舶和债权登记、确权诉讼等程序来实现。

（三）船舶抵押权的消灭

从法律上说，导致船舶抵押权消灭的原因是比较多的。包括：（1）正常情况下，船舶抵押权随着被担保的主债的消灭而消灭。（2）船舶抵押权是以船舶为客体的，因此，被抵押船舶灭失的，该抵押权则随之消灭。但是，因船舶灭失得到的保险赔偿，船舶抵押权继续有效存在。（3）船舶抵押权会因抵押权人放弃而消灭。（4）船舶抵押权可因法

① 《中华人民共和国民事诉讼法》自1991年实施以来，为了适应中国经济与社会的发展要求，历经了2007年、2012年、2017年、2021年和2023年的五次修改。

院裁判而消灭。

三、船舶抵押关系当事人的权利义务

船舶抵押是存在于抵押权人和抵押人之间的民事法律关系。双方当事人在平等的法律地位上，依法享有权利和承担义务。

该权利义务的构成是以一般抵押权利义务为基础的，并由《海商法》针对海上运输活动的特殊性，根据船舶抵押的特点加以具体规定。

（一）查询权

随着国际海上运输活动的发展和激烈的竞争，从事海上营运所需的资金不断增加，并且，要求其周转速度越来越快。为此，船舶抵押的适用十分普遍。船舶所有人就同一船舶设定两个以上抵押权的情况就在所难免。因此，在设定一个船舶抵押权的时候，债权人（抵押权人）就有必要了解用于抵押的船舶是否已经设定过抵押权、已经设定的抵押权所担保的债权数额是多少、自己作为抵押权人处于第几顺位等情况，以便作出相应的决策。

查询权即是为了适应抵押权人的这一需要而产生的。我国《海商法》第 13 条第 3 款明确规定了抵押权人享有查询权——“船舶抵押权的登记状况，允许公众查询”，目的是保护抵押权人的合法权益。

（二）投保权

因设定抵押权后，船舶的占有并不转移，仍由抵押人用于营运，故为了防止该船舶在此期间因自然灾害或意外事故而受损或灭失，切实保护抵押权人的合法权益，我国《海商法》第 15 条确认了抵押人负有投保船舶保险的义务，而抵押权人享有投保的权利，即抵押人应当对被抵押船舶进行保险；未保险的，抵押权人有权对该船舶进行保险，保险费由抵押人负担。不过，抵押合同另有规定的除外。

（三）同意转让权及追索权

船舶抵押权作为一种担保物权，具有排除第三人的效力。首先，船舶抵押权设定后，未经抵押权人同意，抵押人不得将被抵押船舶转让给他人（《海商法》第 17 条）。

其次，船舶抵押权人可以通过行使追索权来保护自身合法权益。因为，船舶抵押权作为担保物权，具有追及效力，它不因船舶所有人的变更而受到影响。抵押人出于逃避债务的目的，将被抵押船舶转让给第三人时，船舶抵押权人可以行使追索权，向法院申请强制执行，获取优先受偿。

（四）优先受偿权

优先受偿是船舶抵押之担保效力的最终表现，它普遍存在于各个船舶抵押权中。因此，当被担保的主债已届履行期限而债务人不履行债务时，抵押权人有权依法拍卖被抵押的船舶，优先于其他普通债权人，从卖得的价款中接受清偿。

但是，如果就同一船舶设定有两个以上抵押权的，各个抵押权人享有的优先受偿权就不能平等地行使，而必须依照法律规定的原则，按各自抵押权登记时间的先后顺序接受清偿。拍卖被抵押船舶所得价款在偿付了前一顺位的抵押权人的债权后，才能将其所余部分向后一顺位的抵押权人进行清偿。

实例枚举

2008 年 2 月 25 日，A 国甲运输公司以其所属的 A 国国籍（船旗国）的“奥福星”轮作为抵押物，向 B 国乙信托公司借款 850 万美元。双方在设于 B 国 X 地的 A 国海事委员会办公室办理了抵押权登记。次年 10 月 10 日，甲运输公司、乙信托公司与 A 国丙海洋公司达成三方协议，将“奥福星”轮及其抵押债务一并转让给丙海洋公司，并相应地进行了抵押权变更登记。2010 年 10 月，“奥福星”轮停泊在中国上海，因该船拖欠船员工资，B 国丁船务公司向中国 C 海事法院申请扣押了“奥福星”轮。同年 12 月，乙信托公司亦向中国 C 海事法院提起诉讼，请求法院拍卖“奥福星”轮以清偿丙海洋公司尚未偿还的 650 万美元的借款。2011 年 1 月，C 海事法院将“奥福星”轮拍卖，所得价款 130 万美元。

C 海事法院经审理认为：甲运输公司、乙信托公司与丙海洋公司签订的转让债务和船舶抵押权的协议有效，船舶抵押权变更登记具有法律效力。根据 A 国的法律规定，本案涉及的船舶抵押权在船舶所担保的债权范围内形成对抵押船舶的优先受偿权。

经过 C 海事法院主持调解，乙信托公司（原告）、丙海洋公司（被告）及扣船申请人丁船务公司达成调解协议：拍卖“奥福星”轮所得价款，在扣除了扣船、卖船和诉讼费用后，余款先行清偿扣船申请人的船员工资 29.5 万美元，剩余的 88 万美元清偿乙信托公司（原告）的一部分欠款。

本案例体现了我国《海商法》的如下法律要点：（1）经抵押权人同意，船舶抵押权可随被抵押船舶的转移而转让，但应当依法办理变更登记（第 18 条、第 13 条）；（2）借贷关系的债务人到期未还款的，债权人得以行使抵押权，请求法院拍卖被抵押船舶（第 11 条）；（3）船舶抵押担保的债权的受偿顺序位于船舶优先权（包括船员工资的给付请求权）之后，但基于船舶抵押权的优先受偿权内容而优先于一般债权（第 11 条）；（4）处理船舶抵押权事宜，适用船旗国法律（第 271 条第 1 款）。

第五节　船舶优先权

一、船舶优先权的法律含义和名称的使用

目前，世界各国的立法以及国际公约对于船舶优先权尚没有公认的定义。我国《海商法》第 21 条规定：船舶优先权，是指海事请求人依照法律规定的范围，“向船舶所有人、光船承租人、船舶经营人提出海事请求，对产生该海事请求的船舶具有优先受偿的

权利”。

船舶优先权与船舶抵押权一样，产生于古代航海的冒险借贷，即以船舶作为担保物来贷款。这种借贷合同，可由船舶所有人在船舶起航前签订，也可由船长在航行途中订立。如果船舶安全抵达目的港，则后一借贷合同中的债权人的债权，较之同时存在的前一借贷合同的债权优先接受清偿。

直至近代，英美法系国家逐渐以立法形式确认了船舶优先权。目前，各海运国家的海商立法均规定了船舶优先权制度，其目的是以船舶自身的经济价值对其行为承担责任，充分实现船舶所有人的责任限制，保护船舶所有人的利益。

不过，各国海事立法对此制度所用的名称是不统一的。最早在英国法律中出现“Maritime Lien”一词，作为该法律制度的专门用语。在我国，这一术语被译成不同名称。其中，一类是“海上留置权”“船舶留置权”等，另一类则使用“船舶优先权”“船舶优先请求权”“优先受偿权”等名称。上述各种名称的使用，表明对这一法律制度的性质有不同观点。使用前一类名称时，强调的是留置权具有的担保物权性质。而后一类名称，则突出其优先债权的性质。我国《海商法》着眼于这一海事制度的实际内容，确定为“船舶优先权”，同时，又在该法第 25 条另行规定了船舶留置权，以使两者区别开来。

二、船舶优先权的特点

笔者认为，船舶优先权既不是单纯的担保物权，也并非债权，而是一种独立的优先权。这决定于该权利具有的法律特点。

（一）船舶优先权具有法定性

船舶优先权产生于海商法的规定，当事人之间不能对此进行约定。一旦在海上运输活动中出现法律规定的情况，船舶优先权便依法形成。从而，它不同于一般的债权，也区别于因当事人之间的约定才产生的船舶抵押权。

（二）船舶优先权具有对标的的依附性，但不具备占有性

根据各国海事立法以及有关国际公约的规定，船舶优先权的标的，一般是船舶（包括属具），也可以是与船舶紧密相连的发生优先权航次内未收取的或尚存留的运费或因运费损失所得的赔偿金、共同海损所得的赔偿金、因救助应得的救助报酬等。船舶优先权依附于这些标的，只要船舶存在，这一权利也就存在。即使船舶四处航行流动，其所有权几经转让，也不影响依附于该船舶的优先权的存在。因此，我国《海商法》第 26 条规定：“船舶优先权不因船舶所有权的转让而消灭。”除非由于出现法律规定的消灭事由，船舶优先权才失去效力。

船舶优先权虽始终依附于船舶，但是，享有该权利的权利人并不占有相应的船舶。船舶一直是由船舶所有人或经营人进行经营管理。至于通过法院扣押、拍卖船舶，则已是优先权人行使优先权所产生的法律后果，而不是该权利本身的属性。因此，船舶优先权区别于船舶留置权。正如我国《海商法》第 25 条第 2 款所规定的，船舶留置权是法律

赋予造船人、修船人基于造船合同或修船合同而占有船舶，并在船舶所有人不履行合同时所产生的担保物权，它仍具有占有性。

（三）船舶优先权具有从属性

船舶优先权是一项独立的权利，但不是孤立存在的，而是从属于另一种独立的权利——海事请求权。因为，船舶优先权本身并不直接体现海事请求权人与船舶所有人之间的债权债务内容，而只是依法将有关的海事请求权的行使顺序和受偿地位列在优先于其他债权的地位。海事请求权人还必须利用这一优先顺位来行使海事请求权，才能得到清偿。如果被从属的海事请求权转移给第三人，则该船舶优先权也要随之转移（《海商法》第 27 条）。显然，船舶优先权不同于作为担保物权的船舶留置权和船舶抵押权。

三、船舶优先权的适用范围和受偿顺序

（一）船舶优先权的适用范围

既然船舶优先权从属于海事请求权，且具有法定性，那么，其适用范围也就是海商法规定具有优先权的各项海事请求权。但是，其具体范围在各国立法和国际公约上不尽相同。

根据 1926 年《关于统一船舶优先权及抵押权若干法律规定的国际公约》的规定，下列债权具有优先权：

（1）应缴付的诉讼费用，为债权人的共同利益保存船舶、出卖船舶、分配所得款项而支付的费用，应向国家缴纳的税款、港口规费及其他属于同一性质的公益费用，引航费、船舶进入最后港口的看守费和维持费。

（2）船长、船员和其他服务于船舶的人员，因劳务合同而发生的债权。

（3）因救助报酬和该船在共同海损中的分摊额发生的债权。

（4）因船舶碰撞或其他航行事故的损害赔偿，因碰坏港口、码头、航道设施的损害赔偿，对旅客或船员人身伤害的赔偿，对所运货物、行李的损坏或灭失的损害赔偿。

（5）船长在船舶驶离船籍港后，于其职权范围内，为保存船舶或继续航行之需，签订合同或所为行为引起的债权。

而 1967 年 5 月《关于统一船舶优先权及抵押权若干法律规定的国际公约》所规定的优先权适用范围，较前述国际公约规定的范围有所缩小。它包括：

（1）船长、船员及其他服务于船舶人员的工资和因劳务合同而发生的债权。

（2）港口、河道及其他水道的费用和引航费。

（3）直接因船舶的营运而发生陆上或水上人身伤亡的请求权。

（4）直接因船舶的营运而使陆上或水上的财产灭失或损坏，对船舶所有人提出的请求。

（5）因救助、清除沉船、共同海损分摊所发生的请求。

我国《海商法》第 22 条参考上述国际公约的规定和国际海运市场的实际情况，规定下列各项海事请求权具有船舶优先权：

（1）船长、船员和在船上工作的其他在编人员根据劳动法律、行政法规或者劳动合同所产生的工资、其他劳动报酬、船员遣返费用和社会保险费用的给付请求。

（2）在船舶营运中发生的人身伤亡的赔偿请求。

（3）船舶吨税、引航费、港务费和其他港口规费的缴付请求。

（4）海难救助的救助款项的给付请求。

（5）船舶在营运中因侵权行为产生的财产赔偿请求。

但是，载运 2 000 吨以上的散装货油的船舶，持有有效的证书来证明已进行油污损害民事责任保险或者具有相应的财务保证的，对其造成的油污损害的赔偿请求除外。

（二）权利人的受偿顺序

享有船舶优先权的海事请求权人的受偿顺序有两层内容：一是船舶优先权与船舶留置权、船舶抵押权之间的受偿顺序，二是具有船舶优先权的各项海事请求权人之间的受偿顺序。我国《海商法》对此作出了明确的规定，力求与现行国际公约和国际海运习惯相统一。

第一，对于前者而言，船舶优先权的受偿顺序优先于船舶留置权和船舶抵押权，即船舶优先权先于船舶留置权受偿，船舶抵押权后于船舶留置权受偿（《海商法》第 25 条第 1 款）。明确这一受偿顺序，对于有关各方当事人是十分重要的。因为，世界各国均对船舶所有人适用海事赔偿责任限制，船舶所有人以船舶本身的价值偿付与该船有关的各项债权。从而，受偿顺序在先的债权就可以得到充分的偿付，而受偿顺序在后的债权则只能就偿付在先债权的剩余部分接受清偿，其结果可能是全部受偿，也可能是部分受偿，甚至可能得不到清偿。

但是，按照上述受偿顺序进行清偿之前，要先行扣除有关的费用，包括因行使船舶优先权产生的诉讼费用，保存、拍卖船舶和分配船舶价款产生的费用，以及为海事请求人的共同利益而支付的其他费用，应当从船舶拍卖所得价款中先行拨付（《海商法》第 24 条）。

第二，对于后一受偿顺序来说，海事立法规定范围内的各项海事请求权都具有船舶优先权，但是，在船舶所有人享受海事赔偿责任限制的前提下，这些海事请求权并不能同时得到全部偿付，而必须依照法律规定的顺序接受清偿。各国法律对此受偿顺序的规定是各具特色的。

我国《海商法》参考有关国际公约，根据中国国情，规定具有船舶优先权的五项海事请求权依照《海商法》第 22 条规定的先后顺序受偿，即船长、船员和在船上工作的其他在编人员的工资、其他劳动报酬、船员遣返费用和社会保险费用的给付请求最先接受清偿，次之为在船舶营运中发生的人身伤亡的赔偿请求，在此后受偿的船舶吨税、引航费、港务费和其他港口规费的缴付请求则优先于海难救助的救助款项的给付请求，而船舶在营运中因侵权行为产生的财产赔偿请求则处于最后受偿位置。

但是，如果海难救助的救助款项的给付请求，发生在其他各项海事请求之后的话，则应当先于其他各项海事请求来受偿。如果对于同一船舶，就海难救助的救助款项的给付有两个以上海事请求时，后发生的海事请求优先受偿。而就其他四项海事请求来说，如果在同一项中有两个以上海事请求的，不分先后，同时受偿；如果拍卖船舶所得价款不足以清偿时，则同一项中的各个海事请求按比例受偿。

知识链接

海事赔偿责任限制制度与船舶优先权的适用关系①

《1993 年船舶优先权和抵押权国际公约》第 15 条与我国《海商法》第 30 条的规定精神大体类似：船舶优先权的规定不得影响海事赔偿责任限制制度的适用。这表明，在没有适用海事赔偿责任限制制度的情况下，船舶优先权是独立实施的，即通过扣押船舶、拍卖船舶、按照船舶优先权的受偿顺序来分配拍卖船舶所得价款，直至对物程序结束。而在海事赔偿责任限制制度存在时，形成海事赔偿责任限制制度的限制性债权与船舶优先权制度下的限制性债权的并存状态，产生了两者行使上的冲突。

但是，根据上述立法精神，船舶优先权的行使不得影响海事赔偿责任限制制度的适用。理论上的解释是，海事赔偿责任限制制度属于对人的诉讼请求，而船舶优先权则属于对物的诉讼请求。两者并存的时候，对人的诉讼请求程序得以取代对物的诉讼请求程序来实现，也就是说，在此情况之下，船舶优先权制度被海事赔偿责任限制制度取代。如果船舶优先权所涉及的限制性债权（海事请求权）同时也是海事赔偿责任限制范围内的限制性债权（例如人身伤亡赔偿请求权）的话，该债权人就不得以船舶优先权为由向责任人（海事赔偿责任限制的权利主体）主张权利，而只能以海事赔偿责任限制范围的限制性债权的名义向责任人主张权利。海事赔偿责任限制制度的优先适用地位由此可见一斑。

四、船舶优先权的行使和消灭

（一）船舶优先权的行使

各国法律均规定，船舶优先权的权利人必须通过司法程序来行使。我国《海商法》第 28 条即规定："船舶优先权应当通过法院扣押产生优先权的船舶行使。"具体讲，优先权人应当向有管辖权的法院申请扣押船舶。船舶被扣押后，法院可以责成船舶所有人提供担保从而释放船舶，并最终予以裁判，用以实现优先权人的海事请求权。如果船舶所有人不提供担保，则法院将船舶予以拍卖，用所得价款按法定顺序向优先权人进行清偿。

当然，船舶优先权人通过法院行使该优先权的方式，因英美法系国家和大陆法系国家诉讼制度的差异而有所区别。在英美法系国家，基于"对物诉讼"制度的实行，船舶优先权人可以直接以产生优先权的船舶为被告提起诉讼，而不考虑该船舶归谁所有，由法院对船舶予以裁判，获得清偿。但是，在大陆法系国家，船舶优先权人不能对船舶起诉，而是应向法院申请扣押产生优先权的船舶，由法院依法拍卖来获取清偿。

（二）船舶优先权的消灭

船舶优先权虽然依附于船舶，并从属于海事请求权，但是，这一权利不会永久存在，

① 司玉琢．海事赔偿责任限制优先适用原则研究．中国海商法研究，2011（2）．

它会基于法定原因而消灭。

根据我国《海商法》第 26 条和第 29 条的规定，消灭船舶优先权的原因包括：

1. 因时效届满而消灭

为了督促权利人及时行使船舶优先权，尽早实现债权债务，稳定国际海运秩序，大多数国家的海商法和有关国际公约都对船舶优先权规定了时效，以此限定船舶优先权的适用期间。法定时效届满而权利人未行使具有优先权的海事请求权的，该船舶优先权即行消灭。我国《海商法》第 29 条第 1 款第 1 项规定：“具有船舶优先权的海事请求，自优先权产生之日起满一年不行使”，则船舶优先权消灭。可见，在我国，船舶优先权的时效期间为一年。而且，该一年时效期限“不得中止或者中断”（《海商法》第 29 条第 2 款），因此，该一年的时效期间是不变时效，应当属于除斥期间。

多数国家的法律也是这样规定的。只有英、美两国的规定有所不同。在这两个国家的海事立法中，除对海难救助、海上碰撞、海上货物运输合同适用固定的时效以外，其他海事活动中的时效则依据“怠慢”原则（doctrine of laches）来确定。相应的，在此范围内的船舶优先权是否丧失亦以此为根据，即如果船舶优先权人怠于行使该权利的，可能会导致其船舶优先权的消灭①。

应当明确的是，船舶优先权因时效届满而消灭后，具有该优先权的海事请求权并不随之消灭。相应的海事请求权在船舶优先权消灭后，只是失去了优先受偿的地位，而应与其他债权同等受偿。

2. 因法院强制出售船舶而消灭

如前所述，船舶优先权只能通过法院的司法程序来行使。因此，该船舶优先权一经权利人依法行使，就转入权利人优先接受清偿的过程。这时，船舶经法院强制出售（司法拍卖）后就与船舶优先权分离开了，成为一艘干干净净的船舶。权利人的船舶优先权消灭了，转化为该权利人从强制出售所得价款中获取清偿的权利。

可见，按照民法理论，船舶优先权因法院强制出售而消灭的，属于相对消灭。原因在于，涉及船舶优先权的当事船舶已经经法院依法拍卖，便失去了船舶优先权客体的法律地位，该当事船舶上的船舶优先权转移到代位物——司法拍卖所得价款之上，由其成为船舶优先权的客体。

3. 因船舶灭失而消灭

船舶优先权是以船舶为客体的，从而，该船舶灭失了，则相应的船舶优先权会因失去客体而消灭。不过，这里所说的“灭失”是指船舶物质实体的消失，而不包括船舶所有权的转移。而且，能够导致船舶优先权消灭的船舶，应当是我国《海商法》规定意义上的“海船”。

4. 因船舶所有权转让且公告期满而消灭

一般情况下，船舶优先权依附于产生优先权的船舶之上，不因船舶所有权的转让

---

① Cotemar S. A. De C. V. v. Beaufort，(2016) 190 F. Supp. 3d 577，2016 AMC 1402.

而消灭。但是，各国海事立法为了稳定海运市场的秩序，保护船舶买方的合法利益，往往规定了船舶买卖的公告制度，以法定的公告期限限制船舶优先权的效力。根据我国《海商法》第 26 条的规定，购买船舶的买方可以向法院申请公告，法院应受让人的申请予以公告。船舶优先权人自法院公告之日起满 60 日不行使船舶优先权的，则该权利随之消灭。

当然，也有学者认为《海商法》有关上述导致船舶优先权消灭之原因的规定不够周延，需要予以修改①。

实例枚举

2004 年 12 月 11 日，甲水上运输公司的“东运 518 号”船在乙港集装箱有限公司所属的港口附近沉没，船上装载的集装箱全部落海。事故发生后，A 海事局组织有关单位人员将全部沉箱打捞上岸。其间，乙港集装箱有限公司的正常经营遭受影响，5 个班轮取消了挂靠，致使乙港集装箱有限公司的利润减少约 130 万元，并为清理航道而向丙港口服务公司支付了沉箱扫海费 5 万元。此后，乙港集装箱有限公司对甲水上运输公司提起航道侵权损害赔偿诉讼，B 海事法院认定甲水上运输公司的船舶所载集装箱入海行为侵害了乙港集装箱有限公司的正常经营权，判令其赔偿乙港集装箱有限公司的利润损失 50 余万元以及扫海费 5 万元。不久，丁保险公司基于其与乙港集装箱有限公司订立的保险合同的约定，就其承保的利润损失，向乙港集装箱有限公司支付保险赔偿金 130 万元和扫海费 5 万元。

2005 年 4 月 10 日，B 海事法院裁定拍卖甲水上运输公司的“东运 518 号”船，并发布了公告。乙港集装箱有限公司在公告期限内向 B 海事法院申请登记上述甲水上运输公司侵权行为造成的 130 万元利润损失和 5 万元扫海费的债权，B 海事法院裁定准予登记。4 月 30 日，丁保险公司向 B 海事法院起诉称，鉴于乙港集装箱有限公司在 B 海事法院拍卖“东运 518 号”船的公告规定期限内进行了债权登记，其对因甲水上运输公司的航道侵权造成的利润损失等享有船舶优先权，故请求确认其代位求偿上述 130 万元利润损失和 5 万元扫海费亦具有船舶优先权。

B 海事法院认为，我国《海商法》第 22 条第 1 款第 5 项规定的“船舶在营运中因侵权行为产生的财产赔偿请求”中的“财产”并非所有的赔偿请求，应当限缩性解释，即限于侵权行为造成的有形财产灭失或损坏引起的海事赔偿请求，本案所涉及的侵权利润损失属于纯经济损失（因经营权受损而减少的经济利益），不属于有形财产的灭失或损坏，故不应确认丁保险公司对甲水上运输公司的上述债权具有船舶优先权。本案不仅有助于学习船舶优先权的法律特性，更有利于结合海商法司法实践，把握船舶优先权的认定和行使问题。

---

① 宋淑华，赵劲松．船舶优先权的消灭．中国海商法研究，2021（3）．

第六节　船舶留置权

一、船舶留置权的概念和特征

根据我国《海商法》第 25 条第 2 款的规定，船舶留置权，是指造船人、修船人在合同另一方未履行合同时，可以留置所占有的船舶，以保证造船费用或者修船费用得以偿还的权利。显然，《海商法》上述定义的船舶留置权是建立在我国民法的一般财产留置权制度之上的，即合同的一方当事人作为债权人依据相关合同的约定而占有对方财产的，当对方未按照合同履行给付义务并超过约定期限时，债权人有权依法留置该财产（动产），并以留置财产折价或者变卖该财产所得价款优先得到清偿的情况。只不过《海商法》将船舶留置权指向的留置物限定为船舶，成为适用留置权的具体类型。

实质上，《海商法》第 25 条第 2 款规定的船舶留置权，是我国《民法典》确立的五种担保方式中的财产留置的具体表现，也是《民法典》规定的三种担保物权中的留置权的组成部分。而就海商法领域来讲，上述第 25 条规定的船舶留置权是我国《海商法》参照 1993 年《船舶优先权和抵押权国际公约》第 7 条的规定而作出的条文表述，"通常被认为是狭义的船舶留置权，而并非船舶留置权的一般概念"①。原因在于，《海商法》的其他条文也规定了以船舶或者货物作为留置物的海事留置权②。可见，上述第 25 条规定船舶留置权仅仅是海商法领域的财产留置权的一部分。

因此，船舶留置权应当符合一般留置权的共有属性，也具有海商法领域的诸多特点。

1. 船舶留置权具有法定性

与其他各类约定适用的担保方式不同，船舶留置权作为留置担保的具体种类，其得以适用的依据是法律的规定，特别是《民法典》将留置权的适用范围确定为保管合同、运输合同、加工承揽合同等合同关系，而《海商法》第 25 条规定的船舶留置权主要适用于造船合同、修船合同，必然与海上运输合同密切相关，也就属于上述的法定适用范围之内。不论当事人是否有约定，只要具有《海商法》规定的条件，船舶留置权就当然产生而被加以适用，并形成法律认可的效力。

2. 船舶留置权的实现具有从属性

在此，船舶留置权的从属性所指并非是其从属于被担保的主债的地位，而是特指船舶留置权在实现上应当服从法院的司法行政行为并服从法院的司法介入。由于船舶留置权是适用于海事领域的担保物权，要想使其得到实现，取得预期的法律效果，就离不开

---

① 王胜东．《中华人民共和国物权法》对《中华人民共和国海商法》留置权制度的或然性影响．中国海商法年刊，2009（4）.

② 诸如，《海商法》第 161 条规定的承拖人对被拖物享有的留置权、第 188 条第 3 款规定的救助人多获救船舶和其他财产享有的留置权、第 87 条承运人对货物的留置权、第 141 条规定的出租人对船上属于承租人的货物和财产以及转租船舶的收入等享有的留置权等。

法院的司法作用。

从本质上讲，船舶留置权仍然是法律确认的一种私力救济手段[①]，但其适用效力不是绝对的，而是应当服从法院的司法权力。一方面，船舶留置权的行使应当服从于法院对船舶的司法扣押。当船舶留置权人依法留置船舶，同时，法院根据船舶优先权人的扣船申请而扣押该船舶的，船舶留置权人必须放弃其对该船舶的占有，也就是不得对该船舶行使留置权。当然，该留置权人可以债权人的身份，在船舶抵押权人和一般债权人的顺位之前从拍卖船舶所得价款中优先受偿。需要明确的是，船舶留置权人此时放弃船舶的占有是缘于法律的强制规定，并非其自愿为之，因此，在法院扣押船舶期间其依法享有的船舶留置权并没有消灭，只是暂不能行使而已。一旦该船舶脱离法院的扣押状态，船舶留置权人即行恢复对该船舶的占有，其船舶留置权随之得以行使。另一方面，船舶留置权的实现，往往需要法院的司法介入。考虑到《海商法》并未规定船舶留置权的实现方式，而根据《民法典》的规定，实现留置权无非是协商折价、拍卖或者变卖等三种，船舶留置权人可以从中选择。但是，在海运实践中，针对船舶普遍地还存在法定的船舶优先权，且其受偿顺位优先于船舶留置权。如果不经法院介入而让船舶留置权人与债务人直接协商以留置的船舶折价，便会损害船舶优先权人的权利，使得船舶优先权失去应有的作用。因此，通过法院的介入来拍卖船舶之后，依照法定顺序进行偿付才是公平合法地实现船舶留置权的必要选择。

3. 船舶留置权具有不可分性

船舶留置权涉及的留置物是船舶，它是一种复合体，属于法律上的不可分物。因此，船舶留置权的不可分性，不仅是指其担保范围是债权的全部，更是指船舶留置权的效力及于债权人所留置的全部留置财产，即船舶的整体。也就是说，留置权人是针对留置船舶的全部来行使留置权，而不是船舶的一部分。因此，只要是债权人的债权未能得到全部清偿，船舶留置权人为了获取清偿尚未得到清偿的债权部分，要实施的留置便是占有整艘船舶，而不可能是一艘船舶的某一部分，用以促使债务人履行债务。继而，其可以依法就整艘船舶予以折价、拍卖或者变卖，用所得价款优先充抵其未受清偿的债权部分。

4. 船舶留置权具有行使上的“二次效力”特性

所谓“二次效力”是指船舶留置权的行使表现为双重形式。第一次行使留置权是在债务人不履行债务的情况下，船舶留置权人留置船舶，剥夺债务人对留置船舶的使用权，以此形成对债务人的心理压力，从而促使债务人履行债务。这一留置船舶行为的作用，被称为船舶留置权的第一次行使效力。但是，如果债务人仍然不履行债务且超过一定期限，船舶留置权人得以启动船舶留置权的第二次行使，即债务人可以依法对留置船舶折价、拍卖或者变卖，从所得价款中优先受偿。这一将留置船舶变价与优先受偿的作用，被称为船舶留置权的第二次行使效力。

5. 船舶具有特定性

该特性的存在取决于《海商法》赋予船舶留置权的特定使命，成为船舶留置权不同

① 司玉琢．海商法大辞典．北京：人民交通出版社，1998：811.

于其他担保类型，并区别于一般留置权的标志。

船舶留置权的特定性，首先，表现在其依法适用于特定的权利主体范围。我国现行《海商法》关于船舶留置权的定义性规定，明确地将船舶留置权的权利主体限定为造船人和修船人，并以此与其他海事制度中的留置权相区别，并与船舶抵押权、船舶优先权并存于船舶制度中。因为，按照法律要求留置权必须以债权人已经合法占有债务人动产为前提的构成条件，在海事海商领域中，能够实际占有他人船舶的债权人并不限于造船人和修船人，但其他海事海商领域的债权人可以援引《海商法》的相关海事制度的规则或者依法行使船舶优先权来保护自身的债权利益，而现行《海商法》中却未对造船合同和修船合同加以规定，故有必要对造船人和修船人予以专门的法律保护。同时，由于按照《海商法》的规定，船舶留置权的受偿顺位先于船舶抵押权，因而将船舶留置权主体限制在特定范围内，用以减少船舶留置权的数量，有利于平衡和保护船舶抵押权人的债权利益。

其次，船舶留置权的特定性表现在留置物也被限制在特定范围内。我国《海商法》出于平衡船舶留置权人与船舶抵押权适用关系上的利益冲突的考虑，明确规定船舶留置权的留置物限于造船合同和修船合同项下的船舶，从而形成了船舶留置权之留置物的特定性。需要强调的是，作为船舶留置权之留置物，应当为船舶本身以及船舶属具（以每艘船舶的属具清单记载的、附属于该船舶的各种用具和器械）。只要船舶属具没有与相应的船舶发生分离，且仍然处于造船人或修船人的占有之下，就应当将其纳入船舶留置权之留置物的范围。

二、船舶留置权的效力

船舶留置权的效力，指的是船舶留置权的影响作用范围。

1. 船舶留置权对债务人的影响

虽然债务人就是该船舶的所有权人，但留置权人第一次行使留置权的表现，就是在保留债务人之船舶所有权的前提下，实际占有该船舶，并拒绝债务人的任何返还船舶的请求。这无异于剥夺了债务人对其船舶的占有权。而就适用效果来讲，其是对债务人行使其船舶所有权的进一步限制。因为，虽然债务人并不因船舶留置权的成立而丧失对船舶的所有权，但“债务人不仅自己不能对留置财产占有、使用和收益，而且，也不能将留置财产用于设定质权和出租”①，“从这个意义上来说，船舶留置权实际上是在特定的时期内对船舶所有权的一种全面的限制”②。不仅如此，由于留置的船舶的所有权属并未发生变更，因而留置权人为保管、维护留置船舶所支出的保管、保养等一切必要费用，均应当由债务人承担。

2. 船舶留置权对留置权人的影响

船舶留置权作为《海商法》确定适用于船舶制度的一种担保手段，必然会赋予船舶

---

① 王利明．民法．4版．北京：中国人民大学出版社，2008：338.

② 傅廷中．海商法论．北京：法律出版社，2007：61.

留置权人一定的权利以及相应的义务，用以体现船舶留置权的效力作用。其中，船舶留置权人有权占有留置船舶，可以在其债权未受到清偿之前持续占有留置船舶并拒绝返还要求，特别是有就留置船舶的价值而优先受偿的权利等，应当是船舶留置权的基本效力表现。

同时，作为船舶留置权的组成部分，船舶留置权人可以行使如下的相关权利：有权收取留置船舶产生的法定孳息、债务人支付的保管费用以及为了满足留置船舶安全之需要而有权适当地使用留置船舶等。当然，法律也要求船舶留置权人负有妥善保管留置船舶的义务和依法返还留置船舶的义务等。

三、船舶留置权的取得和消灭

（一）船舶留置权的取得

船舶留置权的取得，是指船舶留置权依法成立的过程，它具体表现为具备法定的成立条件。根据《海商法》和《民法典》的规定，这些成立条件，包括积极条件和消极条件。

1. 债权人已经合法占有债务人的船舶

根据《海商法》第 25 条的规定，造船人或者修船人依据造船合同或者修船合同而实际占有债务人的船舶。这是成立船舶留置权的首要条件。因为，只有造船人或者修船人占有债务人的船舶，才能够表明双方之间存在着适用船舶留置权所需要的法定的债权债务关系，并为造船人或者修船人占有对方的船舶提供合法依据。

2. 债权人占有的船舶与相应的债权属于同一个合同关系

这是财产留置权的法律结构上所存在的有别于其他担保方式的典型之处。由于海商法领域的船舶留置权专门适用于造船合同和修船合同，则造船人或者修船人依据合同而占有船舶是成立船舶留置的必要前提，从设立留置所需的限制牵连关系的角度讲，相应的造船合同或者修船合同（债权债务关系）应当与造船人或者修船人占有船舶之间存在必要的牵连性，属于同一个法律关系。

3. 债务人不履行到期债务

不同于抵押、质押等不以到期债务为条件的担保方式，船舶留置权的成立是以债务人不履行到期债务为条件的。这么规定的目的在于防止债权人滥用其权利。因为，在债权人处于占有债务人船舶的主动地位情势下，只有在债权已到履行期而仍未获得履行时，债权人留置其已经占有的船舶才是合情合理的，由此产生督促债务人履行债务的请求权才符合留置担保的宗旨。反之，如果允许债权人在债务未到履行期之前就留置所占有的船舶，对债务人而言就失去了期限利益，不仅有失公平，更有违留置担保的制度价值。

4. 不存在阻碍或者禁止适用船舶留置的法定或者约定的事由

这是船舶留置成立的消极条件，也是成立船舶留置权不可或缺的前提，即在适用船舶留置时，还必须考虑是否存在相关立法或者相关合同对于船舶留置的适用规定，又或者约定了禁止条件。如果有此类规定或者约定，就表明船舶留置不能成立。原因是，相关立法会出于落实公共政策的需要，针对一定的情况，作出“不得留置”相应动产的规定。即使是没有禁止财产留置的规定，法律也允许当事人在合同中约定不得留置一定的财产①。因此，如果当事人在造船合同或者修船合同中作出如此的约定，就成为限制或者禁止设立船舶留置权的消极条件。

（二）船舶留置权的消灭

船舶留置权的消灭，是指依法成立的船舶留置权因出现一定的法律事实而归于消失。

1. 船舶留置权因被担保的主债权的消灭而消灭

船舶留置权作为财产担保的具体类型，其适用目的当然是确保被担保之债权（例如造船费用或者修船费用）得到切实偿还。可见，被担保主债权的存在，是船舶留置权得以适用的必要前提，也正是其制度价值的所在。因此，船舶留置权依法设立之后，如果被担保的主债权因各种原因而消灭，相应的船舶留置权也就随之消灭②。

2. 船舶留置权因债权人接受替代性担保而消灭

既然适用船舶留置权的目的在于担保主债权从留置船舶的价值中取得清偿，则债务人提供相应的替代价值也就意味着担保的目的能够实现，使得债权人继续留置船舶失去了意义。因此，我国《民法典》第457条将债务人另行提供担保，并被债权人接受的事实，规定为财产留置权消灭的原因之一。

3. 船舶留置权因债权人丧失对船舶的占有而消灭

如前所述，船舶留置权成立的首要条件，是债权人占有船舶事实的存在，因此，船舶留置权人一旦丧失对船舶的占有，也就意味着船舶留置权成立的条件丧失，则船舶留置权理应随之消灭。鉴于此，我国《海商法》第25条特别将“造船人、修船人不再占有所造或者所修的船舶”列为船舶留置权消灭的原因。相关的国际公约也有类似的规定③。

当然，归纳海事实务导致债权人丧失对船舶占有的情形可有两种：一是债权人主动放弃对船舶的占有，二是因加害人的侵权行为而使债权人失去对船舶的占有。但不能一概简单地认定因债权人丧失船舶占有即行消灭船舶留置权。因为，前者是债权人自愿放弃的船舶占有，船舶留置权自然随之而归属消灭。而后者却是加害人对债权人占有船舶所取得的船舶留置权的不法侵害，也就不能形成消灭船舶留置权的结果。但可以借助法院的司法行为恢复船舶的占有来解决，即船舶留置权人依据《海事诉讼特别程序法》的规定④，向法院申请扣押有关船舶，从而恢复对船舶的占有，维持船舶留置权的效力。只有在债权人不能诉请恢复占有或者经过诉请恢复占有却不能重新取得占有的，船舶留置权才归于消灭⑤。

---

① 参见我国《民法典》第449条。

② 参见我国《民法典》第457条。

③ 参见：《1967年统一船舶优先权和抵押权某些规定的国际公约》第6条第2款；《1993年船舶优先权和抵押权国际公约》第7条第2款。

④ 参见《海事诉讼特别程序法》第21条和第23条的规定。

⑤ 梁慧星．中国物权法研究．北京：法律出版社，1998：1057.

四、船舶留置权的行使与实现

（一）船舶留置权的行使

船舶留置权的行使，是指船舶留置权人依法主张其留置权利的行为过程。之所以强调依法行使船舶留置权，是因为船舶留置权人行使船舶留置权，就是将其取得的主观性担保物权转化为客观的履行结果、完成这一担保法律关系的法律过程，合法实施是对其的必然要求。

船舶留置权人行使船舶留置权，应当具备如下条件：

1. 存在债权人持有占有船舶的事实

应当说，船舶留置权人占有船舶，既是船舶留置权得以成立的条件，也是船舶留置权人能够行使该权利的首要因素。道理是显而易见的，船舶留置权人只有实际占有船舶，才有可能对该船舶施加控制和影响，促使债务人考虑和实际履行债务。如果船舶留置权人失去对船舶的占有的话，这些担保效果便不可能存在，则船舶留置权也就失去了意义。

2. 债务人在债务履行期限内仍未履行债务

根据《民法典》第453条的规定："留置权人与债务人应当约定留置财产后的债务履行期限；没有约定或者约定不明确的，留置权人应当给债务人六十日以上履行债务的期限，但是鲜活易腐等不易保管的动产除外。"那么，债务人在上述的债务履行期限届满时仍然未向债权人履行债务的，就具备了船舶留置权人行使该权利的条件。

3. 不存在妨碍船舶留置权实现的情形

船舶留置权人行使船舶留置权，还应当排除妨碍实现船舶留置权的情形。如果存在违反公共秩序、善良风俗，或者违反双方的约定，又或者债权人有违反所承担义务的情形，船舶留置权人就不得行使船舶留置权。

（二）船舶留置权的实现

船舶留置权的实现，就是船舶留置权人行使该权利所产生的法律结果。它是船舶留置权关系得以完成的直接标志，也是《民法典》和《海商法》规定船舶留置权制度的价值所在。

不过，与船舶留置权的"二次效力"特点相适应，判断船舶留置权实现与否的标准也要有所不同。

1. 船舶留置权因第一次行使效力而实现

船舶留置权自权利人依法留置船舶开始而得以成立，但权利人要想行使该权利，还必须考虑行使条件是否具备。如前所述，只有债务人在约定或者法定的宽限期届满时，仍然未履行债务，而且债权人已经通知了债务人履行义务的，船舶留置权人才可行使船舶留置权。具体的权利实现方式，可以是债权人与债务人协商以留置船舶折价，或者选择依法拍卖留置船舶，或者选择变卖留置船舶。如果第三人对于上述过程没有异议，债权人就得以从所得价款中优先受偿来满足其债权，则船舶留置权因第一次行使效力而实现。

2. 船舶留置权因第二次行使效力而实现

如果第三人对于第一次行使存在异议，就需要法院介入船舶留置权的第二次行使。因为，第三人对于船舶留置权的第二次行使，需要依法向法院提出扣船或者提起船舶优先权诉讼，借助法院的司法介入权力完成针对该船舶的扣押或者司法裁判，实现涉案的各权利人的权利。这当然包括船舶留置权人的船舶留置权，从而，船舶留置权最终通过第二次行使效力而实现。

学术前沿

《民法典》对《海商法》的船舶留置权规定的影响①

学者们普遍认为，已经生效施行的《民法典》第447条、第448条和第449条（原《物权法》第230条、第231条和232条）有关财产留置权的规定形成了对此前颁行的《民法通则》和《担保法》之有关规定的突破，也必然对1993年7月1日起施行20余年的《海商法》关于船舶留置权规定的修改和完善产生重要的推动力。

有的学者就留置权制度分别比较了《民法典》与《海商法》中的相关规定，指出，应当适应我国海运市场的发展需要，修改和完善《海商法》的船舶留置权制度。

首先，是《海商法》需要建立统一的船舶留置权制度。因为，《民法典》第447条（原《物权法》第230条）定义的财产留置权的适用范围，已经由仅仅基于合同关系而产生的财产留置权扩大到基于不当得利之债、无因管理之债甚或基于侵权之债而产生。而根据《民法典》第448条（原《物权法》第231条）所做的补充，“企业之间留置的”动产，无须“与债权属于同一法律关系”，这表明企业在商事交往中的实际需要，认可了商事留置权的适用。不仅如此，《民法典》第449条（原《物权法》第232条）关于“法律规定或者当事人约定不得留置的动产，不得留置”的规定，将留置担保的适用范围扩大为“非法律禁止均可留置”，取代了《担保法》的“非法律允许不得留置”，充分体现了《民法典》维护社会主义市场经济秩序、发挥物的效用、保护债权人利益的价值取向。

而制定于20世纪90年代的《海商法》第25条规定的船舶留置权将其适用范围限定于造船合同和修船合同，至于其他海事领域中客观存在的以船舶为对象的财产留置，则被排除在该船舶留置权以外。显然，《海商法》定义的船舶留置权采纳了《1993年船舶优先权和抵押权国际公约》的规定精神，通常被认为是狭义的船舶留置权。因为，海运市场上，诸如海难救助、海上拖带、海上打捞等很多海事活动都存在着债权人合法占有债务人的船舶，并为促使债务人履行债务而依法有权留置该船舶的情况。所以说，《海商法》现行的船舶留置权的适用范围过于狭小，未能全面展现留置权应有的制度价值和法律功能，亟待根据当前和今后海运市场的发展走向，参照《民法典》规定的财产留置权

---

① 参见：关正义，孙光．船舶留置权法律制度的特殊性．中国海商法年刊，2009（3）；王金玉．船舶留置权在船舶担保物权中的优先顺序．中国海商法年刊，2009（3）；王胜东．《中华人民共和国物权法》对《中华人民共和国海商法》留置权制度的或然性影响．中国海商法年刊，2009（4）．

的新精神加以修改，涵盖海运市场上的各类以船舶为对象的留置权，建立统领整个海运市场的船舶留置权制度。

其次，《海商法》的船舶留置权所需的占有留置物不应以债务人享有船舶所有权为条件。从《民法典》第 311 条（原《物权法》第 106 条）有关法律确认善意受让人取得财产所有权的规定精神，可知《民法典》第 447 条（原《物权法》第 230 条）规定的债权人可以留置的“债务人的动产”，并非专指债务人享有所有权的动产。这不仅一改原《担保法》强调的债权人留置债务人的动产应当是债务人所有的要求，也对《海商法》之船舶留置权的成立条件的完善具有参考意义。

海运市场的实践经验告诉我们，成立船舶留置权时，过分强调被占有船舶应为债务人所有，其结果是对海运市场的正常运行和发展产生较大的负面影响。原因是，海运市场存在着大量的光船租赁、船舶委托经营等所有权与经营权分离的船舶经营模式。尤其是涉及方便旗船，几乎都是所有权人与经营人分离的状态。如果债权人留置船舶必须是债务人所有，这些船舶就会面临无人敢于签约接修或者接拖的境地。其负面影响还会波及海上运输、船舶抵押、船舶租赁、船舶保险等相关行业的经营和发展。因此，《海商法》规定船舶留置权，不应以债务人对船舶享有所有权为船舶留置权成立的条件。只要是债务人将船舶交付给债权人，债权人在债务人不履行到期债务时，就有权将其占有的船舶予以留置。至于债权人是否了解留置船舶的权属状态，不影响成立船舶留置权的牵连关系的存在。即使债权人知道债务人对动产无所有权，也不符合排除留置权的条件①。

最后，《海商法》需要重新排列各类船舶担保物权的受偿顺序。《民法典》第 456 条（原《物权法》第 239 条）针对同一动产并存留置权、抵押权和质押权的情况，明确确立了留置权的受偿顺位优先于抵押权和质押权，至于留置权与优先权并存时的效力关系，根据《民法典》规定，一般情况下，在同一物上既存在优先权又存在留置权的情况下，优先权先于留置权实现。海运市场上，涉及船舶的担保物权，起码有船舶优先权、船舶留置权和船舶抵押权等三大类，这使得它们相互之间的受偿关系更加复杂。因此，《海商法》有必要增加有关不同合同项下的各类船舶担保物权的受偿顺序的规定。而且，《民法典》是从一般意义上规定留置权与其他担保物权的受偿顺序，而《海商法》作为民商法的特别法，需要根据各种海事活动的具体情况，对船舶留置权做进一步的分类，细化彼此之间的受偿顺序，注重保证造船人和修船人的船舶留置权先于其他船舶留置权的受偿位置。

第七节　有关船舶担保权利的国际公约

各国海商法有关船舶担保物权规定的重大差异，势必导致适用过程中的法律冲突，试图通过船舶担保来保护自己债权的海事请求人行使和实现权利因此面临着法律困难。为了解决这一问题，国际海运界自 20 世纪初便着手制定有关船舶担保物权的国际公约，

① 曹士兵．中国担保诸问题的解决与展望．北京：中国法制出版社，2004：76.

用以统一船舶担保法律制度。其中，较为重要的国际公约有：

一、1926 年《关于统一船舶优先权及抵押权若干法律规定的国际公约》

1926 年 4 月 10 日，在比利时布鲁塞尔召开的第 4 届海洋法外交大会上通过了由国际海事委员会起草的《关于统一船舶优先权及抵押权若干法律规定的国际公约》，其主要内容包括：（1）确定了缔约国之间相互承认依据缔约国法律登记的船舶抵押权的效力；（2）规定了对于船舶、运费等得以适用船舶优先权的债权范围为五类；（3）明确了船舶优先权和船舶抵押权的受偿顺序；（4）确认了船舶优先权对于船舶的追及力和时效；（5）规定了船舶优先权对于非所有权人经营的船舶的适用等。

不过，该国际公约是以英国为代表的英美法系国家和以法国为代表的大陆法系国家妥协的产物。例如，对于船长在船籍港以外为保全船舶，完成航次之需所签订的合同或者所为行为引起的债权能否适用船舶优先权，法国持肯定态度，英国持否认态度，最后，该债权被列入了公约条款，但是，对其时效限定为 6 个月。所以，该公约虽然已生效，但其成员限于法国等二十多个国家或地区，而英国、美国、俄罗斯、德国、日本等主要航运大国均未参加，致使其对于统一船舶担保物权的影响力有限。

二、1967 年《关于统一船舶优先权及抵押权若干法律规定的国际公约》

由于上述 1926 年国际公约从制定开始就遭遇各种非议，而且未被大多数海运大国所接受，因而国际海事委员会响应国际海运界要求重新制定国际公约的呼声，于 1963 年开始起草新的船舶优先权和抵押权公约，并提交 1967 年布鲁塞尔第 12 届海洋法外交大会得以通过。

该公约作出如下主要的修改：（1）取消了 1926 年公约所列举的适用船舶优先权的第五类债权，即船长所签订合同或者所为行为产生的债权；（2）改变了 1926 年公约有关适用船舶优先权的各类债权的排列顺序；（3）增加了船舶再登记、法院强制拍卖等条款；等等。

该公约已于 1987 年 4 月生效，但是，其成员只有 5 个，故也未能达到统一船舶担保物权的目的。

三、1993 年《船舶优先权和船舶抵押权国际公约》

鉴于 1926 年公约和 1967 年公约对于统一船舶担保物权制度的作用不能令人满意，联合国贸易与发展会议和国际海事组织从 1986 年开始成立了有关船舶优先权和抵押权问题的政府间专家组，在 1926 年公约和 1967 年公约的基础上拟订了新的公约草案，1993 年提交联合国贸易与发展会议和国际海事组织在日内瓦召开的有关船舶优先权和抵押权公约的外交会议，并获得通过。

该公约包括 22 条。其中，前 16 条是有关船舶优先权和船舶抵押权的实质性条款，后6条则是程序性条款。就实质性条款而言，主要有以下内容：（1）适用船舶优先权的债权为五类，即船长、船员和其他在编人员的工资、遣返费用和社会保险费用；与船舶营运有关的人员伤亡费用；救助保险费用；港口规费和引航费；因船舶营运导致侵权行为涉及的索赔费用等。（2）船舶优先权的时效为1年，时效届满即行消灭，且不得中止或者中断。（3）船舶优先权依附于船舶，不受船舶所有权或者船舶登记变更的影响。（4）造船人、修船人对其占有的所建造或者所修理的船舶享有船舶留置权。（5）受偿顺序为船舶优先权处于第一位，船舶留置权处于第二位，船舶抵押权后于船舶留置权等。

1993年公约的出台，对于统一各国海商法的船舶担保物权制度具有重要的促进作用。例如，我国《海商法》有关各类船舶担保物权之间的受偿顺序、船舶留置权的规定均参考了1993年公约的内容。但遗憾的是，该公约至今尚未生效。这意味着通过制定国际公约统一船舶担保物权制度仍然任重道远。

知识链接

船级社的行为准则和法律责任①

船级社（classification society）为一种民间机构，其业务活动是接受船东的委托，对船舶的技术状态进行专门的技术检验，向符合相应技术规范的船舶颁发船舶入级证书；或者是接受某国政府的委托，按照有关国际海上安全公约，对船舶进行检验并签发相应的技术证书，用以证明船舶符合公约要求。前者是任意检验，属于民事法律关系范畴；后者是强制性检验。不论何种检验，船级社都应当独立进行检验和发证，具有公正性。船级社所签发的船舶技术证书是衡量船舶技术状态的重要标志，对于促进海上人命、船舶和其他财产的安全，具有不可替代的特殊作用。可以说，世界海运市场上的任何一艘海运船舶都必须经过船级社的技术检验，并持有其签发的相应的船舶技术证书。

目前，各主要海运国家都设有船级社，全球共有50家。其中，较为著名的有英国劳氏船级社、美国船级社、法国船级社、德国劳氏船级社、挪威船级社、日本船级社等。我国设有中国船级社。各国船级社组成国际船级社协会。

鉴于船级社在国际海运市场中的特殊地位和作用，人们对其行为以及责任进行了讨论，国际上已有如下的新闻见诸报端：由于船级社及其检验人员的过错，未能在检验中发现船舶存在的技术缺陷而签发了相关技术证书，而船舶在运营中因此技术缺陷导致其不适航，发生海损事故，造成船舶、货物等财产损害，或者旅客的人身伤亡等。对此，除了船东按照其与船级社的委托协议向船级社索赔以外，遭受损失的货主、旅客等第三人能否向船级社索赔成为实践中的问题。

对于船级社的行为准则和法律责任，目前尚无相应的国际公约，各海运国家的国内法对此亦缺乏完善的规定。我国现行的国务院1993年《船舶和海上设施检验条例》对于船级社的责任未作规定。因此，关于船级社的行为准则和法律责任成为海商法领域的热点问题。国际海事委员会率先于1992年成立船级社问题工作小组，起草了《船级社行为准则》和《样式合同条款》，于1997年6月提交在比利时约克-安特卫普召开的国际海事

① 摘编自：胡正良，单红军．船级社的行为准则和法律责任．中国海商法年刊，1998年卷．

委员会大会讨论，其中，《船级社行为准则》获得通过。虽然《船级社行为准则》是作为民间机构的国际海事委员会制定的标准规则，供船级社自愿采用，不具有强制效力，但其为船级社提供了从业过程中基本的行为标准。例如，船级社应当公布并维持系统的船舶入级规范和服务指南，并在具体行为中予以遵守；使用合格的检验人员，设立并维持适当的技术人员培训和资格标准；建立并维持符合国际船级社协会规定的“质量体系证书系统”的质量体系，或者，建立在ISO9000质量标准系列基础上的质量体系，并且，其行为应受该质量体系的约束；签发符合入级规范、国际规则或国家海事主管部门要求的检验证书和其他文件，并建立已发文件档案；定期公布入级船舶的主要登记情况。

至于船级社的法律责任，因普遍缺乏立法根据，只能从各国的海事审判中寻找答案：英美法系国家普遍持“赋予船级社免责权利是航运习惯”的传统观点。大陆法系国家与此相反，强调根据船级社主观过错与船舶导致的海事事故之间的联系确定船级社的法律责任。不过，认定船级社的责任，国际上倾向于让其承担直接损失。同时普遍提出，船级社的责任不宜超过其能够合理承担的范围，即对船级社的责任进行限制。但是，由于现行的船东责任限制公约不能适用于船级社，因而有必要对船级社的责任限制作出专门规定。对每一起索赔或每一起事故产生的责任，国际上有两种方案：第一，可按照其对提供的服务所收取的费用的相应倍数来计算；第二，可按照某一金额计算。

问题与思考

1. 如何理解海商法上船舶的含义和范围？
2. 船舶所有权的特点是什么？
3. 船舶抵押权与一般财产抵押权有什么区别？
4. 如何理解船舶优先权的法律属性？
5. 简述船舶优先权的适用范围和受偿顺序。

第四章
船　员

本章提示

在海事活动中，人和船舶是不可或缺的两大生产要素。其中，作为人这一要素重要组成部分的就是船员。海上运输的每一个环节的实现，均依赖于船员对于船舶的操作和管理行为。因此，船员制度成为海商法的必要组成部分。具体来讲，有的国家在海商法中规定船员制度规范船员的资格和活动；有的国家则制定专门的船员法调整船员制度。相应的，海商法理论亦重视船员制度的理论研究，船员的资格条件、范围和法律地位，船员的权利义务，船长的法律地位和职责构成了该制度的基本内容。这些问题也是学习本章应当掌握的重点内容。

关键术语

船员　船员的资格　船员劳动合同　返回原港请求权　船长　谨慎注意的义务　处置紧急情况的职责

第一节　船员的概念和法律地位

一、船员的概念

在国际海运界至今尚未对船员形成统一概念，各国海商立法的规定也不相同。概括来讲，“船员”一词存在着广义和狭义两种立法实例。一种立法例采取合并方式，即将船长和其他海员统称为船员，建立了广义的船员概念，船员是指受聘用或者雇用的包括船长在内的船上一切任职人员。例如，《日本船员法》规定：“船员是指在船上服务的船长、海员、船舶雇员及所有在船上的其他成员”（第 1 条），包括航海士、轮机长、轮机士、船舶通讯士、事务长、事务员、医师等。《德国商法典》规定：“船员，是指船长、船舶属员及所有在船上的其他成员”（第 481 条）。1965 年《国际便利海上运输公约》附件给出的船员定义是：“于一次航行中在船上为船舶工作或服务尽职的，在船员名单上列有其名字的任何实际应用的人员。”另一种立法例采取分别规定方式，将船长和船员分别予以规定，构成狭义的船员概念，即除船长以外的被聘用或者雇用，受船长指挥，且服务于船上的任职人员。英国《1970年商船航运法》、《希腊海事私法典》均在此意义上规定了船员的概念。1926年6月23日的《船员遣返公约》和《海员协议条款公约》亦规定：“船员，包括以任何资格受雇于船舶或从事任何船上工作，并参与船舶协议条款的任何人员，但船长、引航员、培训船上的学生、订有合同的学徒、海军人员以及担任政府永久职务的其他人员，均予除外。”

而海运实践中所说的海员，则通常是指海船上的船员。但是，海员有时还包括港口、码头上为海船装卸和提供服务的人员，以及随船的邮政信使、厨师、银行、小卖部的服务人员。这些人虽然在船上工作，但无海员证书，故不应包括在船员范围之内。1978年《海员培训、发证和值班标准国际公约》所规定的海员正是此内涵。至于日常生活中所说的“水手”一词，则仅指在船舶的甲板部工作的一部分海员。

我国《海商法》第31条采用广义的船员概念：“船员，是指包括船长在内的船上一切任职人员”。但是，其外延尚需要加以明确界定。而且，在海上运输实务中，船长和船员被作为两个概念予以使用。而我国《船员条例》[①] 将“船员”具体定义为：“依照本条例的规定取得船员适任证书的人员，包括船长、高级船员、普通船员”（第4条）。

船员是一个独立的行业，具有不同于陆路工作的特殊性。为此，立足于我国海商立法规定，船员应当具备下述条件：

1. 船员应当依法履行注册手续，并持有相应的船员资格证书（船员适任证书）

船员证书是法定的表明持证人具有相应从事船上工作的专业技能的资格证明文件，我国现行立法称其为船员适任证书。不论何人，必须根据有关国际公约或者海商法规定的时间和内容，经过相应的培训，并经过考试合格，获取了相应的船员证书，才具有了在船上任职于相应职位、从事相应工作的资格，从而可以成为船员。这是必备的前提条件。

2. 船员应当受聘或者受雇于船舶权利人

持有船员证书的人，必须与船舶权利人建立权利和义务关系，明确在船上的具体岗位，才能成为船员。在国际海运市场上，使用船员的方式分为聘用和雇用两种。而适应现代海运方式的多样化，使用船员的船舶权利人则可以是船舶所有人、船舶经营人，或者光船承租人。双方依法建立船员的聘用或者雇佣关系，表明船舶权利人认可了对方在船上的任职资格，使对方成为隶属于船舶权利人的职员或者雇员，具有船员的身份。可见，虽然持有船员证书，却未被船舶权利人聘用或者雇用的人，不是船员。

---

① 《船员条例》的全称是《中华人民共和国船员条例》，它于2007年4月14日由国务院第494号令公布，后经2013年7月18日、2013年12月7日、2014年7月29日、2017年3月1日、2019年3月2日和2020年3月27日6次修订。

3. 船员应当服务于船上

船员必须是依其被聘用的或者被雇用的职务在船舶上从事服务，因此，在船上任职和在船上工作是构成该条件的两个要素。为船舶提供服务，但不在船上工作的，如船舶修理人、船舶代理人等，不是船员。同样，虽然身在船上，但不在船上任职工作的，如旅客，也不是船员。

学术前沿

船员之劳动关系与劳务关系的辨析[①]

船员作为海上运输不可缺少的参与者，其在参与海运活动中必然要与特定的船员服务机构和船东之间形成并存的权利义务关系[②]。正确区分和认定涉及船员的法律关系的属性，是确认船员的法律地位、切实保护船员合法权益的前提条件。

由于自有船员、自由船员（包括外派船员）的法律地位的不同，船员劳动关系的确定成为一个复杂的问题，这并非仅是一个理论问题，也是海事审判中的实务问题。根据各地海事法院陆续发布的海事审判白皮书可以发现，受国际海运市场持续低迷的影响，船员劳务合同纠纷包括因船公司经营不善所导致的船员欠薪纠纷在航运实践和司法实践中不断涌现，呈现出增多的趋势。

尤其对于自由船员来讲，其与船员管理公司等船员服务机构和船舶所有人存在着双重劳动关系，明确各自的法律性质，才能够正确认定相对义务人各自的义务和责任。有研究者认为，应当区分劳动关系与劳务关系，一个劳动者只能形成一个劳动关系。在一个劳动者为两个雇主提供劳动的情况下，应确定该劳动者与其中一个雇主（用人单位）之间的劳动关系，适用劳动法予以调整。而劳动者与其他之间则只存在劳务（雇佣）关系，属于未受公法干预的普通雇佣关系，适用民法有关雇佣关系的规定予以调整。具体分析涉及自由船员的双重劳动关系，应当做如下的划分和界定：

（1）船员与船员管理机构之间是劳动关系。海运实践中，自由船员往往是通过船员管理公司或者船员服务机构（如船员代理公司或船员中介机构）而与船舶所有人之间建立联系的。不论船员管理机构以什么名义，也不论其与船员之间所确定权利义务关系的协议的名称为何，诸如“船员外派协议”“船员服务协议”“船员聘用合同”“船员劳务合同”“船员派遣合同”等名称，只要满足中国劳动法有关劳动合同的规定条件[③]，就应当认定船员与船员管理机构之间的关系为劳动关系，其中，船员管理机构是中国《劳动法》意义上的用人单位。

---

① 李大泽，于诗卉．船员劳动关系和劳务关系的理论解读．中国海商法研究，2014（1）．

② 如果是自有船员，其与特定的船公司或船员管理公司之间存在长期稳定的劳动合同关系；而自由船员不隶属于任何特定公司，其往往与船员管理公司或船员服务机构存在短期雇佣关系，接受船员管理公司或船员服务机构的指派到指定船舶上工作，与该船舶形成法律关系。

③ 依照劳动和社会保障部《关于确立劳动关系有关事项的通知》（劳社部发［2005］12号）的规定，成立劳动关系须满足三个条件：第一，用人单位和劳动者符合法律、法规规定的主体资格；第二，用人单位依法制定的各项劳动规章制度适用于劳动者一方，该劳动者受用人单位的劳动管理，从事用人单位安排的有报酬的劳动；第三，劳动者提供的劳动是用人单位业务的组成部分。

（2）船员与船舶所有人之间是劳务关系而非劳动关系。从共性上讲，劳动关系和劳务关系都是以雇佣关系为基础的，不过，被纳入劳动法（公法）调整范围，并体现国家对劳动者强制保护干预的雇佣关系，即为劳动关系。而不在劳动法（公法）干预范围内的雇佣关系部分，就是接受民法调整的普通雇佣关系，应当认定为劳务关系。鉴于自由船员存在双重劳动关系的实际情况，其已经与船员管理机构之间建立的是劳动关系的前提下，该劳动者与其他用工单位之间的雇佣关系，就应当认定为劳务关系，从而，与船员和船员管理机构之间的劳动关系相互区别。

（3）外派船员与外籍船舶所有人之间的雇佣关系不属于中国法之下的劳动关系，而应当根据相关的准据法来认定。船员在与船员管理机构建立劳动关系基础上，可以受船员管理机构的指派，到外籍船舶上工作。那么，如何认定船员与外籍船舶所有人之间法律关系的属性？需要强调的是，第一，外派船员与外籍船舶所有人之间的法律关系，不属于中国法下的劳动关系。因为外籍船舶所有人不具备中国法要求的用人单位的主体资格。第二，外派船员与外籍船舶所有人的法律关系，应当根据国际私法的有关规则指引所确立的准据法来认定——例如根据船旗国法确定为，劳动法调整的劳动关系或者适用雇佣法调整的雇佣关系。

（4）内派船员与中国籍船舶所有人之间的法律关系，属于劳务（雇佣）关系，受民法的调整。只有在船员管理机构能够证明其处于代理人地位的情况下，才能够认定内派船员与本国船舶所有人之间成立劳动关系。

二、船员的法律地位

关于船员在海商法上的法律地位，各国立法和海商法理论存在较大差异。首先，从立法角度讲，有些国家在海商法中专门规定船员制度，也有一些国家专门规定了船员法，如英国[①]、美国、日本、韩国等。其中，日本将船员法列入私法范围，而美国、韩国等则将有关船员的法律规范称为公法管理制度。

其次，在海商法理论界，有关船员的法律地位的争议焦点，集中于船员是否属于海商法律关系的独立主体。有的国家，如日本的海商法理论将船员看作海运企业的辅助人，不具有独立的主体地位；多数国家（地区），如英国、美国的海商法则确认船员是受雇于船舶权利人的雇员，具有独立的主体地位。根据我国《海商法》规定，船员通过与船舶权利人签订船员劳动合同而建立了相应的权利义务关系，成为独立的主体。这是我国《海商法》调整的船舶关系的重要组成部分。

最后，就采用狭义船员概念的海商法国家而言，船长的法律地位区别于船员。例如，按照英国海商法的规定，船长被视为船东的代表，可以代表船东与船员签订雇佣合同。

---

① 英国《1970年商船航运法》简称《商船法》，在海商法领域被称为“船员宪章”，规定了商船船员的固定劳务制度。

我国是世界公认的航运大国和船员大国，也是名副其实的船员大国。根据中国交通运输部的统计数据，我国目前的船员队伍规模名列世界第一，截至 2021 年底，中国在册船员共为 180 余万人，同比增长 5.2%。其中，国际航行船舶的船员 62 万余人，国内航行海船的船员 23 万余人，内河船舶的船员达到 95 万余人。而且，为适应航运市场发展需要，我国船员队伍规模还在不断扩大。同时，中国海运市场上为船员提供管理服务的船员服务机构也在稳步发展，截至 2014 年 3 月，我国的船员服务机构共计 829 家，其中，具备为中国籍的国际航运和国内航行的海船提供配员服务资质的甲级海船船员服务机构是 277 家；能够为中国籍的国内航行的海船提工配员服务的乙级海船船员服务机构是 487 家；而具备为外籍船舶或者中国港澳台地区海船提供配员服务资质的海员外派服务机构达到 192 家。因此，加强船员管理，提高船员素质，维护船员合法权益就成为我国海商立法的任务之一。正是在此意义上，国务院以《海商法》为基础，制定了《中华人民共和国船员条例》（2007 年 9 月 1 日生效施行）。该条例作为我国《海商法》第三章船员制度的细化性规定，对于保护船员合法权益具有重要意义。由于船员是一个风险性、艰苦性和流动性都很强的职业，我国海事法院每年会受理很多涉及船公司或个体船主拖欠船员工资的案件，海事执法机关每年要查获大量的假船员证，而许多的水上安全事故又往往与船员管理不完善相关。因此，《船员条例》的颁行应是我国海商立法完善的重要步骤。《船员条例》于 2020 年进行了修订。

实例枚举

王甲与乙海运有限公司于 2005 年 2 月 1 日签订了船员劳务合同，约定船员王甲受聘于乙海运有限公司的“春晓”轮担任轮机长职务。2005 年 5 月 25 日，“春晓”轮从中国 A 港出发，6 月 12 日抵达所罗门群岛 B 港受载原木，6 月 21 日装载完毕离港，返回中国 C 港。行驶途中的 7 月 5 日，船长得知王甲生病，即与船东联系。至 7 月 10 日，王甲感觉难受不适，船长安排抢救，7 月 11 日下午，王甲死亡。“春晓”轮抵达中国 C 港后，经对王甲检查后认定，死因疑似疟疾。此后，王甲的家属与乙海运有限公司达成协议，约定乙海运有限公司对于王甲的死亡有责任，在保险赔偿基础上支付 8 万元人民币。虽然乙海运公司向王甲支付了该 8 万元，但死者的家属始终未得到雇主责任保险的保险赔偿金，为此，死者的家属向 D 海事法院提起诉讼，要求乙海运有限公司赔偿死者的收入损失、丧葬费、死亡赔偿金、交通食宿费用、被抚养人生活费等共计人民币 170 余万元。

D 海事法院认为，死者王甲与乙海运有限公司存在船员劳务合同关系，乙海运有限公司作为雇主依法对雇员负有提供安全的工作场所、条件和劳动保护的保障义务，而雇员王甲在其工作岗位、工作期间突然死亡，属于工作中伤亡，乙海运有限公司须承担赔偿责任，故判定乙海运有限公司对船员王甲的死亡承担赔偿责任。

本案使大家了解到船员的法律地位：船员是以船员劳动合同为基础的独立的法律主体，其与船东之间形成了平等的劳动权利和义务关系。

第二节　有关船员利益保护的国际公约

作为海商法组成部分的船员制度涉及船员法律地位、资格、职责等，在各国海商法中的规定大同小异，但是，有关船员的职权和福利待遇差异较大。因此，统一规范船员制度，充分保护船员合法利益成为20世纪国际海运领域所需解决的重要问题之一。经过国际劳工组织的努力，出现了若干有关船员的国际公约，一个强调保护船员利益的国际法律规范体系已初步形成。

一、1926年《海员协议条款公约》

该条约由国际劳工局理事会于1926年6月24日提交国际劳工组织日内瓦第9届全体大会，并获得通过。自1928年4月4日生效至今，该公约已有52个成员，其宗旨在于调整因海员协议而产生的劳动雇佣关系，保障海员的合同权益。具体包括：

（一）适用范围

公约适用于在批准公约的任何会员国登记的一切航海船舶及船东、船长和海员，但不适用于军舰、非从事贸易的政府船舶、从事沿岸贸易的船舶、游乐艇、印度帆船和渔船；亦不适用于登记总吨位不满100总吨或不足300立方米的船舶，及从事国内运输的船舶或吨位低于在该公约通过时国内法律所规定吨位限制的船舶。

同时，根据该条约定义条款的规定，其所适用的“海员”范围，包括以任何资格受雇或在船上从事工作并参与海员协议条款的任何人员，但船长、引航员、培训船上的实习生、订有适当契约的学徒、海军人员以及担任永久职务的其他人员除外。而“船长”包括指挥并主持一艘船舶工作的任何人员，但引航员除外。

（二）协议条款的签订

海员协议条款由海员与船东或其代表签订，签订前应给予海员及其雇主以审查、了解协议条款的便利，海员应依照国家法律所规定的条件签订协议，协议条款不得违背国家法律或该公约的规定。

（三）协议内容

该公约规定，海员协议应明确载明双方权利义务，还应载明海员姓名、出生日期或年龄及出生地、订立协议的地点及日期、海员从事服务的船舶的名称、船员的人数（如为国家法律所规定时）、承担的航程（如能在订约时决定）、海员所担任的职务、海员上船服务的地点及日期（如属可能）、海员给养的标准（如国家法律无另外规定）、工资数额、带薪休假、协议终止及条件等。

（四）协议终止

对于不定期协议，任何一方均可在船舶装卸货物的任何港口声明终止，但预告期不得少于 24 小时，预告应以书面形式作出。

同时，下列情况属于自然终止原因：（1）双方同意；（2）海员死亡；（3）船舶灭失或完全不适航；（4）国家法律规定船东或船长须解雇海员的情况，或法律规定海员须要求立即解雇的情况。

在该公约通过时，当时的中国政府于 1936 年 2 月 12 日加入该公约；1984 年 6 月 11 日中华人民共和国外交部部长致函国际劳工局局长，承认当时中国政府对于该公约的批准加入，并正式对我国生效。

二、1926 年《海员遣返公约》及 1987 年《海员遣返公约（修正本）》

《海员遣返公约》是与《海员协议条款公约》同时通过的，1928 年 4 月 16 日生效，目前有 38 个缔约方。我国于 1984 年 6 月 11 日承认中国政府于 1936 年 2 月 12 日对该公约的批准加入。其内容实质上是国家间保护被解雇海员返回本国或者原港口权利的书面协议。

（一）适用范围

该公约适用于在批准公约的任何会员方登记的一切航海船舶及船舶所有人、船长和海员，但不包括军舰、政府公务船、渔船及不满 100 总吨和从事沿岸贸易等的船舶。

（二）海员的权利及主管机关的职责

凡海员在受雇期间或期满被送登岸者，应享有被送回本国（或地区）或受雇港口或船舶开航的港口的权利。上述权利应由国家法律予以规定，并规定遣返费由谁负担（遣返费包括交通、食宿和确定起程前的生活费）。

由于该公约规定的遣返权不适用于船长和学徒工，国际劳工组织又通过了 1926 年《遣返船长和学徒工建议书》，使船长和学徒工也获得了遣返权。

随着各国航运业的发展，国际劳工组织考虑到该公约与“建议书”应合并，遂于 1987 年 10 月 9 日对该公约进行了修订，称为 1987 年《海员遣返公约（修正本）》，其内容比 1926 年公约更为详尽明确。目前只有 3 个缔约方，我国未加入。

三、1958 年《海员证公约》

该公约于 1958 年 5 月 13 日由国际劳工组织第 41 届大会通过，1961 年 2 月 19 日生效，现已有 47 个缔约方。其内容是国家间有关海员证的签发和认可的书面协议。缔约方可以向在其领域内登记的海船上工作的，或在其领域内的海员职业介绍所登记并申请海员证的海员，颁发海员证。海员证应载有发证当局名称，发证日期及持证人姓名、年龄、国籍、体征等。海员证供持证人进出本国和缔约方上船工作、遣返及缔约方认可的其他目的之用。

四、1978 年《海员培训、发证和值班标准国际公约》

国际劳工组织曾于 1936 年 10 月 24 日第 21 届大会上通过了 1936 年《高级船员适任证书公约》，主要规定高级船员业务能力的最低要求，对于保障航行安全起到了一定的作用，但随着时间的推移和航海科技的进步，它已不能完全适应现代船舶安全航海的要求。因此，为保障海上人命与财产安全，保护海洋环境，国际海事组织于 1978 年 6 月 14 日至 7 月 7 日在伦敦的船员培训与发证会议上通过了 1978 年《海员培训、发证和值班标准国际公约》。其内容是国家间有关船员培训、发证和值班标准的书面协议，包括 17 项法律条款和 25 项技术条款。

（一）适用范围

公约适用于在有权悬挂缔约国国旗的海船上工作的所有海员，但军舰、渔船、构造简单的木船和非营业的游艇除外。

（二）缔约国的公约义务

公约规定缔约国承担义务颁布法律和采取一切必要的措施，使公约和附则得以充分和完全实施，保证船上海员是合格的并胜任其职责，以达到保障航海安全和保护海洋环境的目的。

（三）取得船员证书的条件

公约规定，船长、高级船员或一般船员的证书，应颁发给主管机关认为在服务、年龄、健康、训练、资格和考试各方面都符合要求的应试者。

而该公约的附则部分分别针对船长和其他各类船员岗位规定了值班所应当遵守的规则、发证和业务能力的法定最低要求等，成为适用该公约的强制性技术依据。目前，该公约已经取代了 1936 年《高级船员适任证书公约》，并为国际海运界所通用。

国际海事组织于 1991 年 5 月 22 日通过了 1978 年《海员培训、发证和值班标准国际公约修正案》，并于 1992 年 12 月 1 日生效。其主要修改之处是：为了与《国际海上人命安全公约》相配合，适应“全球海上遇险与安全系统”的需要，将“无线电报务员”和“话务员”改为“无线电人员”，适用于在全球海上遇险与安全系统中工作的船上无线电人员，并规定了对这类人员发证的强制性最低要求、最低附加知识和培训要求，以及继续精通业务和更新知识的强制性最低要求。此后，国际海事组织分别于 2010 年和 2014 年通过了该公约的修正案。

目前，公约及修正案共有 115 个缔约方，在我国交存核准书后，该公约于 1984 年 4 月 28 日对我国生效。对于公约修正案，我国已默示承认，均对我国生效。

但是，为了适应现代的船舶技术和航运管理的发展，国际海事组织正在对 1978 年

《海员培训、发证和值班标准国际公约》及其修正案进行全面的审查和修改，目的是全面提高船员的适任标准和建立安全有效的船舶运营体系。这意味着国际船员的培训和发证制度要迎来一个崭新的法律环境。

此外，与船员有关的国际公约还有：1920 年《船舶灭失或沉没失业赔偿公约》、1936 年《最低年龄（海上）公约》、1921 年《雇用未成年人的强制体格检查公约》、1936 年《工资、船上工作时间和配员公约》、1936 年《海员带薪休假公约》、1936 年《海员疾病保险公约》、1936 年《船东对海员疾病受伤或死亡应负责任公约》、1946 年《海上船员食品和膳食公约》、1946 年《海员体格检查公约》、1946 年《海员社会保障公约》、1946 年《海员养老金公约》、1946 年《船员在船上起居舱室公约》、1946 年《船舶司厨发证公约》等。

第三节 船员的资格及其取得

一、船员资格

船员资格，就是船员在船舶上能够担任相应职务而在相应岗位上从事工作的身份条件。通过船员资格，人们可以了解具体的船员所掌握的船上工作的专业技能和业务素质，而船舶的权利人可以根据实际需要决定是否聘用或者雇用对方以及对方在船舶上所担任的职务和工作岗位。

着眼于海上运输秩序的安全和稳定，各国政府在对船舶实施严格管理的同时，对于船员的资格也建立了全面的管理制度，设计了各类船员的分类体系和任职资格以及各类船员的配备定额。而在船员资格制度的具体适用上，不仅要求船员一方必须持有相应的船员证书，按照实际具备的任职资格应聘或者受雇、上岗工作；并且，船舶权利人一方负有配备胜任的和足额的船员的义务，这是船舶开航的前提条件。

我国《海商法》和《船员条例》中的有关规定构成了相应的船员资格管理制度。例如，我国《海上交通安全法》第 6 条即将“船舶应当按照标准定额配备足以保证船舶安全的合格船员”作为船舶权利人依法承担的一项义务。而作为船员资格管理制度的具体内容，我国《海商法》和《船员条例》按照船员的职务，将船员分为船长、高级船员和普通船员。其中，船长是指“依照本条例的规定取得船长任职资格，负责管理和指挥船舶的人员”（《船员条例》第 4 条第 2 款）。高级船员是指“依照本条例的规定取得相应任职资格的大副、二副、三副、轮机长、大管轮、二管轮、三管轮、通信人员以及其他在船舶上任职的高级技术或者管理人员”（《船员条例》第 4 条第 3 款）。普通船员则是指“除船长、高级船员以外的其他船员”（《船员条例》第 4 条第 4 款），包括：水手长、一水、二水、木匠、电工、机工、加油工、生火工、清洁工、事务长、医生、大厨、厨工、服务员等。

船员的配备则是船员资格管理制度的又一项重要内容。船员的配备，又称船员的定额，就是船舶权利人应当在船舶上安排的合格船员的数额，包含两部分内容：一是船舶应当配备的船员总定额，二是船舶必须保证持有相应船员证书的船员定额。

鉴于各国政治和经济制度的区别、具体船舶类型的不同和船舶技术标准的差异，目前尚没有统一的船员配备标准，各国通常根据船舶的类型、技术标准、船舶的用途和使用要求，确定相应的船员配备定额。我国有关的主管部门对于远洋和沿海船舶的船员配备，亦按照上述标准分别规定了各类船舶的最低定额。至于持证船员的配备定额，则由港务监督部门根据船舶种类、航行区域等情况具体确定。

实例枚举

2008年9月7日，甲船务有限公司所属“昌隆二号”客船与登记在乙海洋运输公司名下的“宏伟”轮于A地区海面相撞。为此，甲船务有限公司将乙海洋运输公司作为被告，向A海事法院提起诉讼。

A海事法院在审理中查明如下事实：造成两船碰撞的主要原因是“宏伟”轮未保持正规瞭望，未选择恰当时机穿越航道，更未能面对碰撞危险采取有效避让措施；次要原因是“昌隆二号”在航道内高速航行，又疏于瞭望。另查明：“宏伟”轮的船舶登记注册的所有人是乙海洋运输公司，但该船舶实际是丙贸易公司出资购买，并实际营运的，只因丙贸易公司没有从事航运的资质而将“宏伟”轮挂靠在乙海洋运输公司名下，其船长及船员承认未受过或者只受过数天的驾驶操作船舶的训练。

于是，A海事法院认定本案属于双方船舶互有过失的碰撞，“宏伟”轮应当承担70%的责任，“昌隆”客船应当负30%的责任。进一步讲，作为“宏伟”轮的实际所有人，丙贸易公司应当对“宏伟”轮的碰撞损害承担首要的责任。乙海洋运输公司作为登记的船舶所有人，对于丙贸易公司经营“宏伟”轮的过程中是否具有航运资质和经营能力以及船上所配备的船长和船员是否具备相应的资格等皆不管不问，表明其主观上存在相应的过错，故应当承担连带的赔偿责任。

就本案来讲，其价值在于加深大家对于船员资格之重要意义的认识，因为，船员是否具有法定资格关乎国际海运秩序的稳定，更与广大船员的性命与安全息息相关。

二、船员资格的取得

（一）船员注册制度

船员资格的取得，也就是依法获取船员资格的途径和方法。

船员资格的取得，首先涉及的是船员的国籍问题，各国法律对此多有规定。船员资格的取得，必须符合法律有关船员国籍的规定。根据我国《船员条例》第8条的规定，中国籍船舶上的船长应当由中国籍船员担任。同时，我国《海商法》第33条和《船员条例》第13条和第14条规定：从事国际航行的船舶的中国籍船员，必须持有中华人民共和国港务监督机构颁发的海员证和有关证书。根据《船员条例》第11条的规定，申请中国海员证的条件包括：（1）是中华人民共和国公民；（2）持有国际航行船舶适任证书或者有确定的船员出境任务；（3）无法律、行政法规规定禁止出境的情形。而《船员条例》

则借鉴国际通行做法，设立船员注册制度，即将在我国取得船员资格的途径，确定为依法经海事管理机构注册。

《船员条例》规定，船员适任证书为船员资格的证明文件。对符合规定条件并通过国家海事管理机构组织的船员任职考试的，海事管理机构应当发给相应的船员适任证书及船员服务簿。船员服务簿“应当载明船员的姓名、住所、联系人、联系方式、履职情况以及其他有关事项”。船员服务簿记载的事项发生变更的，应当向海事管理机构办理变更手续。

（二）申请船员注册的条件

1. 申请船员注册

根据《船员条例》第 5 条的规定，申请船员注册，应当具备的条件包括：

第一，应当符合法定的年龄限制。

船员职业的风险性、艰苦性决定了该职业并非任何一个人都能够从事的，而应当将其职业资格限制在一定的年龄段范围内。我国《船员条例》规定的船员职业年龄为“年满 18 周岁（在船实习、见习人员年满 16 周岁）且初次申请不超过 60 周岁”（第 5 条第 1 款第 1 项）。

第二，应当符合法定健康条件。

同样，为了适应船员工作的风险性、艰苦性的需要，船员应当是身体健康的，并且达到法律所规定的健康指标。故而，《船员条例》规定“符合船员任职岗位健康要求”为申请船员注册的又一条件（《船员条例》第 5 条第 1 款第 2 项）。

第三，应当通过船员基本安全培训。

除了年龄和身体健康条件以外，船员所担任船上工作岗位具有的专业技术性也是从事船员职业的必备素质。鉴于此，《船员条例》明确要求船员应当经过船员基本安全培训，并具备相应的船员任职资历，并且任职表现和安全记录良好（《船员条例》第 5 条第 1 款第 3 项），该项条件成为衡量船员技术素质的法律标准。

此外，申请适任证书的国际航行船舶船员，还应当通过船员专业外语考试。

2. 申请船员适任证书

如果是申请船员适任证书的，应当具备的条件包括：

第一，已经取得船员服务簿。

实践中，船员服务簿与船员适任证书是适用于我国船员职业的两种文件证书，具有各自不同的角色作用，又都是船员职业生涯中不可缺少的组成部分。其中，船员服务簿是记载船员个人基本信息、工作经历、培训记录、健康状况等重要信息的文件，反映和证明着船员的从业经历和专业经验，成为船员申请晋升、调换工作岗位或者参与特定项目的重要依据。船员服务簿是船员在船上工作的身份证明，是船员管理的基础性文件，是我国对中国籍船员实行的服务和监督管理制度。应当说，是取得船员资格的基本条件，也是成为高级船员而在高级岗位供职的前提。因此，根据我国《船员条例》的规定精神，取得船员服务簿是申请船员适任证书的重要依据。

而船员适任证书则是船员在船上工作的资格证明，用以证明持证船员具备在海上担任特定职务的能力和资格。按照我国《海船船员适任考试和发证规则》的要求，所有船员在船期间必须持有有效的适任证书。

第二，符合船员任职岗位健康要求。

因为船上的各个工作岗位的工作内容、劳动强度存在差异，对于船员的身体健康的要求也不尽相同，所以，《船员条例》要求申请船员适任证书的，应当具备符合相应任职岗位需要的健康条件。

第三，经过相应的船员适任培训、特殊培训。

船上的各个工作岗位的工作内容和技术要求均不一样，则申请船员适任证书的船员，应当经过相应的任职培训或者特殊技术培训。这就成为其必备条件之一，用以确保申请者能够胜任相应的工作岗位。

第四，具备相应的船员任职资历，并且任职表现和安全记录良好。

船员的任职资历和任职表现是用来衡量一个船员的工作经验和职业素质、职业道德的客观依据，从而，着眼于维持船上正常工作秩序的需要，《船员条例》要求申请船员适任证书的，应当具备相应的任职资历，并且其任职表现与安全记录均为良好。

而且，按照《海船船员适任考试和发证规则》第 17 条第 2 款的规定，对初次申请适任证书的船员，海事管理机构应当同时配发船员服务簿。

3. 申请海员证

根据《船员条例》的规定，中华人民共和国海员证是中国籍船员在境外执行任务时表明其中华人民共和国公民身份的证件（第 13 条）。可见，海员证是我国海商立法按照国际惯例所确认的用于证明在国外船舶上从事工作的中国籍船员身份的法律文件。

因此，如果中国籍船员是以海员身份出入国境，并在国外船舶上从事工作的话，应当向国家海事管理机构指定的机构申请中华人民共和国海员证。持有中华人民共和国海员证的船员，在其他国家、地区享有按照当地法律、有关国际公约以及我国与有关国家签订的海运或者航运协定规定的权利和通行便利。

申请海员证时，应当具备的法定条件包括：第一，申请者应当是中华人民共和国公民；第二，持有国际航行船舶船员适任证书或者有确定的船员出境任务；第三，无法律、行政法规规定禁止出境的情形。

（三）船员资格考试和适任证书的签发（或承认签证）

船员资格考试是各国普遍适用的取得船员资格的方法，而且，国际海事组织于 1978 年 6 月 7 日的伦敦国际会议上制定了 1978 年《海员培训、发证和值班标准国际公约》（1991 年制定了该公约的修正案）。我国于 1981 年批准加入该公约，并根据该公约的原则，结合我国的具体情况，于 2004 年 7 月 21 日颁布了《中华人民共和国海船船员适任考试、评估和发证规则》（2004 年 8 月 1 日生效），2022 年 4 月，交通运输部对于船员在船上能够在相应的岗位从事工作的必备前提的船员适任考试、评估和发证事宜作出了新的规定。根据中国海运事业发展的需要，我国于 2011 年 12 月 8 日发布了《海船船员适任考试和发证规则》（2012 年 3 月 1 日生效），用于规范我国海船船员的适任考试、评估和适任证书的签发工作。此后，又于2020年7月6日发布了新修订的《海船船员适任考试和发证规则》，于2020年11月1日生效实施，并经2022年4月14日修订，成为现行的建设和发展我国船员队伍的适用依据。

1. 船员适任考试

在我国，船员资格考试被称为“适任考试”，按照《海船船员适任考试和发证规则》的规定，适任考试包括理论考试和评估两部分。也就是说，出于保障海上人员生命和财产安全、保护海洋环境的需要，在海船上履行船员职责、从事船员工作的船员必须具有相应的职业资格。为此，有志于从事海船船员职业的人员，就必须参加为取得海船船员适任证书而进行的适任考试，经考试合格才能够获得相应的海船船员适任证书。

这是海船船员有合法资格在海船上任职，并上岗工作的必要前提条件，也是我国管理海船船员的重要内容。

2. 船员适任证书的签发（或承认签证）

我国《海船船员适任考试和发证规则》对于船员取得适任证书的条件和应当提交的材料，均做出规定。其第11条规定，取得适任证书，应当具备下列条件：（1）年满18周岁（在船实习、见习人员年满16周岁）且初次申请不超过60周岁；（2）符合船员任职岗位健康要求；（3）经过船员基本安全培训；（4）通过相应的适任考试。参加航行和轮机值班的船员还应当经过相应的船员适任培训、特殊培训，具备相应的船员任职资历，并且任职表现和安全记录良好。国际航行船舶的船员申请适任证书的，还应当通过船员专业外语考试。

至于取得适任证书应当提交的材料，则因是否参加航行和轮机值班而有所不同。不参加航行和轮机值班的海船船员申请适任证书的，应当提交如下材料：（1）海船船员适任证书申请表；（2）海船船员健康证明；（3）身份证件；（4）符合海事管理机构要求的照片；（5）基本安全培训合格证等。参加航行和轮机值班的海船船员初次申请适任证书的，不仅应当取得上述不参加航行和轮机值班的海船船员适任证书，还要求提交如下材料：（1）海船船员适任证书申请表；（2）海船船员健康证明；（3）身份证件；（4）符合海事管理机构要求的照片；（5）基本安全培训合格证；（6）专业技能适任培训合格证；（7）岗位适任培训证明或者航海教育毕业证书；（8）船员服务簿；（9）船上见习记录簿；（10）适任考试合格证明；（11）现持有的适任证书。

对于持有经修正的《1978年海员培训、发证和值班标准国际公约》（STCW公约）缔约国签发的外国船长和高级船员适任证书的船员在中国籍船舶上任职的，应当取得我国海事管理机构签发的外国船员适任证书的承认签证。这是我国海船船员管理制度的组成部分。

上述人员申请承认签证的，应当向我国海事管理机构提交：（1）所属缔约国签发的适任证书原件；（2）表明申请人符合STCW公约和所属缔约国有关船员管理规定的证明文件；以及（3）申请人的海船船员身份证件等资料。

其中，申请船长、大副、轮机长、大管轮等职务适任证书承认签证的申请人，还应当参加与申请职务相应的海上交通安全、环境保护等方面的培训，并经我国海事管理机构考试合格。

3. 船员适任证书的类别

我国《海船船员适任考试和发证规则》关于海船船员适任证书的类别划分更为科学严谨，其分别按照航区、船员职务等不同标准来确定适任证书的类别。

根据我国《海船船员适任考试和发证规则》第 6 条、第 7 条和第 8 条的规定，获得适任证书的海船船员，其适任的航区分为无限航区和沿海航区，但无线电操作人员的适任航区，则分为 A1、A2、A3 和 A4 海区。而按照船员职务，将持证人分为参加航行和轮机值班的船员与不参加航行和轮机值班的船员。

船长、大副、轮机长、大管轮无限航区适任证书分为 2 个等级；船长、大副、轮机长、大管轮沿海航区适任证书分为 3 个等级；不参加航行和轮机值班的船员适任证书不分等级。

实例枚举

某海事法院受理邢甲诉丙港务监督一案，其案情如下：邢甲在乙远洋公司所属的“长河”轮上担任轮机长，持有主管机关颁发的轮机长证书。2003 年 12 月，“长河”轮从欧洲返航驶往中国，到达南中国海海域时，发生了主机曲轴断裂事故。2004 年 9 月 5 日，邢甲所在乙远洋公司董事会作出《关于“长河”轮事故报告》，其中，确认邢甲作为该船的轮机长，对于主机曲轴断裂事故，负有机舱管理能力不足的责任，并作出撤销邢甲担任的“长河”轮轮机长职务，另行安排工作的决定。2004 年 9 月 30 日，丙港务监督发出《关于邢甲轮机长职务的处理决定》，基于同样的理由认定：“邢甲机舱管理能力不符合轮机长的要求，决定吊销其轮机长证书。”

邢甲不服上述吊销轮机长证书的处理决定，诉至海事法院，其认为：丙港务监督的处理决定违反客观事实和海事处理准则，请求法院予以撤销。海事法院在审理中查证，“长河”轮发生主机曲轴断裂事故后，为查清事故原因，委托了有关科研机构、商检机关、海运主管机关等对主机曲轴断裂进行分析，结论是该主机曲轴断裂是由于材料强度不足、韧性差和材料缺陷等原因引起的低应力高周次的疲劳断裂。鉴于此，海事法院认定：“长河”轮发生主机曲轴断裂纯属其本身质量问题，并非轮机长或工作人员的过失所致，不能得出邢甲的机舱管理能力不符合轮机长要求的结论。因此，丙港务监督作出吊销邢甲轮机长证书的决定违反了客观事实和关于海事调查和处理的一般规则。据此，海事法院判决撤销港务监督撤销邢甲的轮机长的决定。

借助本案例的内容，大家可以进一步理解船员资格的法律意义，并且，结合船员管理监督制度，掌握船员证书对于船员上岗的影响，对于船舶从事海上运输、建立稳定的国际海运市场秩序的重要价值。

第四节　船员劳动合同

一、船员劳动合同的概念和特征

船员劳动合同，是指船员与作为船方的船舶权利人（船舶所有权人、船舶经营人或者光船承租人）之间为建立劳动关系而达成的协议。

在国际海运市场上，船员劳动合同被称为船员雇佣合同。通常的做法是，船舶权利人在船员劳务市场上，与船员签订船员雇佣合同来雇用船员。而船员一方也可以通过海员工会或者船员劳务公司与船舶权利人签订船员雇佣合同。而 1926 年 6 月 24 日国际劳工组织第 9 次大会通过的《海员协议条款公约》，是用“海员协议”称呼船员劳动合同。我国政府于 1984 年 6 月 11 日批准了该公约，表明我国在国际范围内使用这一概念。尤其是，随着我国社会主义市场经济的发展，在我国海运业范围内，船员劳动合同的适用范围逐步扩大，在一定范围内取代了长期适用的聘任制（普通船员为直接聘任制，高级船员为考试委任制）。同时，随着船员劳务出租业务的发展，船员劳务出租合同也在实践中予以适用。可见，在我国海运市场上已形成了聘任制与合同制并存的状况。而随着 1995 年 1 月 1 日施行的《中华人民共和国劳动法》正式确立劳动合同制和《中华人民共和国劳动合同法》于 2008 年 1 月 1 日生效适用，劳动合同制成为我国船员职业领域固定劳动用工关系的唯一法律形式。因此，《船员条例》第 23 条明确规定：“船员用人单位应当依照有关劳动合同的法律、法规和中华人民共和国缔结或者加入的有关船员劳动与社会保障国际公约的规定，与船员订立劳动合同。”与此相对应，“船员工会组织应当加强对船员合法权益的保护，指导、帮助船员与船员用人单位订立劳动合同”（《船员条例》第 24 条）。

船员劳动合同具有如下特点：

（1）当事人资格的法定性。如前所述，船员资格取决于有关海商法或者国际公约的规定，这是船员劳动合同有效的前提条件，双方当事人签订船员劳动合同时必须予以遵守。即船员一方必须具备相应的船员资格，而作为船方的船舶权利人则应当按照法律规定的船员资格和配备定额的要求，与船员签订船员劳动合同。

（2）签订方式的代表性。船员劳动合同的签订不同于一般的劳动合同，经常由特定的代表人出面签订。对于船员一方而言，在国际上经常由海员工会或者船员劳务公司代表船员签订船员雇佣合同。在我国，目前则是由劳动服务机构代表船员签订船员劳动合同（或者船员租用合同）。至于船方（船舶权利人），则也可能以船长作为代表签订船员雇佣合同。

（3）当事人权利义务的专属性。基于船员劳动合同所建立的权利义务关系，除了具有一般劳动合同的有偿性、双务性以外，其特点在于当事人，尤其是船员一方享有的权利不得任意转让给第三人。

（4）合同内容的强制性。船员劳动合同的很多条款是依据有关法律规定制定的，具有强制适用的效力，并且，当事人签订的船员劳动合同依法应当接受主管机关的监管。当事人不得任意更改上述强制性条款。其目的就是保障船员一方的合法权益。

（5）合同形式的要式性。各国的有关法律普遍对于船员劳动合同（船员雇佣合同）的形式予以特别规定，一般是要求采取书面形式，并且，要接受政府主管机关的监管。

实例枚举

2003 年 1 月 1 日，甲远洋公司与乙轮船有限公司签订了劳务协议，双方约定：乙轮船有限公司从甲远洋公司雇请20名船员到其所属的“兴旺”轮工作，船员包干租金为21万美元；该“兴旺”轮的航区为东南亚航区以及停靠该航区港口（若航行去战区或传染病区的，由双方另行商定）；外派船员在该合同期间内属于乙轮船有限公司的雇员；乙轮船有限公司负责为外派船员投保包括船东责任险、人身意外险和行李财产险等商业保险。2003年1月10日，甲远洋公司与外派船员唐丙签订了《船员外派协议书》，将唐丙外派到乙轮船有限公司，担任“兴旺”轮大副一职。

同年5月20日，“兴旺”轮停靠巴布亚新几内亚港口，在大副唐丙监装木材过程中，由于装卸工人操作不熟练，吊装的木头滑落，撞击到唐丙的胸部。他随即被送进医院抢救，但不治死亡。此后，唐丙的亲属唐丁、王戊作为受害船员的遗属与作为船员外派机构的甲远洋公司和作为境外船东的乙轮船有限公司就善后事宜进行协商不成，于是，他们以赔偿权利人的身份向A海事法院提起诉讼。

借助本案，大家可以了解船员劳动合同在国际海运实践中的运用形式是多种多样的，在本案中就涉及前后相关联的两个合同关系：一个是船员唐丙与船员外派机构甲远洋公司签订的《船员外派合同》，另一个是船员外派机构甲远洋公司与境外船东乙轮船有限公司签订的《船员租用合同》（或称《劳务输出合同》）。它们共同形成了船员与船舶权利人之间的劳动雇佣关系。

二、船员劳动合同的内容

构成船员劳动合同内容的条款，应当由双方当事人协商确定，但是，不得违反有关法律的强制性规定。一般来讲，船员劳动合同（船员雇佣合同）必须列明以下内容：

（1）船员的姓名、出生日期、年龄、出生地；

（2）订立合同的地点和日期；

（3）船员从事服务的船舶的名称；

（4）航行的种类；

（5）船员担任的职务；

（6）船员的薪金（包括有关的津贴）；

（7）船员提供服务的期限；

（8）船员的生活标准；

（9）双方当事人的其他权利义务；

（10）合同的终止原因及其处理。

三、船员劳动合同的终止

很多国家的海商法或者船员法规定，船员劳动合同不论其是否适用于一个航程，是定期的还是不定期的，均可以基于以下原因而终止：

1. 当然终止

如果出现下列情况，船员劳动合同即告终止：第一，双方当事人协商一致；第二，合同期限届满；第三，船员一方退休或者死亡；第四，船舶已经沉没或者失踪；第五，船舶已经完全丧失航行能力等。

2. 当事人单方终止

第一，当存在船员不能胜任职务工作，或者在执行职务时有重大过失，或者因伤、病而不能履行职务，或者严重扰乱船上秩序的，船方（船舶权利人）可以单方面终止船员劳动合同。

第二，船员一方，如果出于主客观原因（例如，因伤、病而不能工作，劳动合同规定的工作条件与现实不符，有其他职位更高、收益更优厚的工作且可以介绍他人接替又不增加船方负担），认为有必要解除劳动合同的，可以提出辞职。但是，应当按规定时间提前通知对方（实践中，一般不少于 24 小时）。

船员劳动合同基于协商或者单方面终止，均应当在船员名单上登记。此外，船员一方有权要求船长出具有关其工作效能的证明文件。

我国《海商法》未规定船员劳动合同的终止原因，只是原则性地规定：船员的任用和劳动方面的权利、义务，本法没有规定的，适用有关法律、行政法规的规定（第 34 条）。

实例枚举

1998 年 5 月 10 日，青岛 A 劳务公司与深圳 B 船务公司签订了《聘用船员合同》，双方约定：由 A 劳务公司提供适合远洋航行工作要求的全部船员班子，所有船员应当具有合格的船员证书，工作船舶为 B 船务公司的“南星”轮。而 B 船务公司应当提供安全、适航的船舶，并从事合法经营。船员聘用期限为 1 年，年租金为 21 万美元，包括船员的基本工资、伙食费、管理费。其他应当向船员支付的费用，由 B 船务公司承担。船员租金自船员全部登船之日起计算，至船员下船返回青岛之日止。合同还约定，如果 B 船务公司单方面解除合同，则合同履行不足 6 个月的，B 船务公司向劳务公司赔偿 2 个月的船员工资，合同履行不足 9 个月的，B 船务公司向 A 劳务公司赔偿 1 个月的船员工资。

此后，A 劳务公司依约向 B 船务公司提供的全部适任的船员于 1998 年 7 月到“南星”轮工作。1998 年 12 月 30 日，B 船务公司致函 A 劳务公司，以“南星”轮船况较差，各保险公司不予承保而债台高筑为由，要求提前解除《聘用船员合同》。双方经过协商，达成补充协议，约定 B 船务公司补偿 A 劳务公司 1 个月的船员工资 14 000 美元；船员的工资、伙食费在全体船员返回国内第一个港。时止，由 B 船务公司支付；船员回国遣返费实行包干，由 B 船务公司向 A 劳务公司支付 8 000 美元。其间，“南星”轮已由 B 船务公司拍卖。此后，因 B 船务公司拖欠上述款项，A 劳务公司向海事法院提起诉讼。而 B 船务公司则辩称，本案的《聘用船员合同》属于因船舶不适航而自然终止，不存在拖欠船员工资问题。

根据上述案情，B 船务公司未能提供“南星”轮不适航的法律文件，不构成自然终止《船员劳动合同》的原因。因为，船况较差，保险公司不予承保，不能证明船舶不适航。而 B 船务公司将“南星”轮拍卖，导致本案的《聘用船员合同》的履行成为不可能，是解除该合同的直接原因，所以，应当按照船方单方面解除合同予以认定，船方——B船务公司应当承担相应的法律责任。从而，双方协商约定的补充协议作为双方意思表示一致的法律形式，应当成为认定本案责任的根据。B船务公司应向A劳务公司支付拖欠的补偿金和拖欠船员的工资、伙食费、遣返费等费用。

学术前沿

船员劳动关系与劳务关系[①]

在航运实践中，船员（包括隶属于船公司或船员管理公司的自有船员和不属于任何确定公司的自由船员）作为航运经济的必要因素，通常是受船员服务机构或船员管理公司的指派到船舶所有人的船舶上工作，为此，船员与船员服务机构之间签订劳动合同或劳务合同或其他名义的协议来确立管理和被管理关系，而船舶所有人与船员服务机构之间签订船舶配员协议来确立双方的权利和义务。在此工作模式下，船员面临两种法律关系，但实践中对其法律性质的认定存在着很大争议，并涉及船员权益的法律保护和法律救济的问题。

由于船员劳动关系具有不同于一般劳动关系的特殊性和复杂性，一般性劳动法律规范无法调整船员劳动关系的全部内容。于是，很多国家都将船员劳动关系从一般劳动关系中分离出来，纳入船员法的调整范围。像丹麦、挪威、日本、韩国等均有单行的船员法；美国没有单行的船员法，但其颁行的《琼斯法》《商船船员保护和救济法》以及普通法中有关不适航、供养和医疗等判例法构成美国当今船员法的主要表现形式，并因船员权利保护的不断延伸和扩张而演变为船员劳动保护法[②]。我国现行的国务院于2007年颁布的《船员条例》，因对船员劳动合同所做的规定不尽完善，难以取代《船员法》的制定和实施。

有的学者认为，考虑到自有船员、自由船员以及派遣到外籍船舶工作的外派船员的法律地位各不相同，相应的，应当区别情况确认各自劳动关系或者劳务关系的性质。劳动关系和劳务关系的基础都是雇佣关系，但：(1) 船员与船员服务机构之间的关系应当建立的是劳动关系，由劳动法予以调整，体现着国家对劳动者权益的保护；(2) 船员与中国船舶所有人之间应当建立劳务关系，应当接受民法的调整，其属于公权力调整干预以外的雇佣关系；(3) 船员与外籍船舶所有人之间应当建立的是雇佣关系，以相应的准据法为依据，往往适用船旗国法所指向的该国劳动法或者雇佣法。

第五节　船员的权利和义务

船员的权利和义务是船员劳动合同必不可少的核心内容，相应的，基于船员劳动合

① 李大泽，于诗卉．船员劳动关系和劳务关系的理论解读．中国海商法研究，2014 (1).

② 亢永超．美国船员法律制度研究．大连：大连海事大学出版社，2008.

同的双务性，船员的权利和义务也就是船舶权利人一方承担的义务和享有的权利。我国《船员条例》针对现实生活中存在的我国船员合法权益保护不够的情况，借鉴国际劳工组织和国际海事组织有关船员保护公约的规定，从“船员职业保障”的角度，对船员的合法权益作出了详细的规定。

一、船员的权利

（一）工资、津贴请求权

按照国际海运市场的惯例，船员有权利要求船方按照船员劳动合同约定的方式和数额，按时支付工资和津贴。按航程支付薪金，航程开始后延期的，应按比例增加金额，而航程时间缩短的，不得减薪。船员在为船方提供服务期间伤、病的，船方照付工资、津贴。船方在航程开始前，并非船员原因而辞退船员的，加发一定时间的薪金，而在开航后辞退船员的，亦增加一定时间的薪金。对此，《船员条例》不仅确定了船员享有工资请求权，而且，根据我国的实际情况，就船员用人单位向其雇用的船员支付工资的义务，作出原则性规定：船员用人单位应当根据船员职业的风险性、艰苦性、流动性等因素，向船员支付合理的工资，并按时足额发放给船员。任何单位和个人不得克扣船员的工资。船员用人单位应当向在劳动合同有效期内的待派船员，支付不低于船员用人单位所在地人民政府公布的最低工资（第 25 条）。

（二）生活保障请求权

在国际海运市场上，船员有权利要求船方提供生活保障，这是船员完成其工作所需要的物质前提。所谓生活保障，包括生活空间（居住舱室）、食品、淡水、医疗和其他必需品。具体而言，船方在船员受雇期间必须提供符合法定或者约定的居住舱室、餐室、卫生间、医务室、游艺室以及物料间和配餐室；提供保质保量的食品和淡水，配备必要的医疗设备和药品（有的国家视此为船舶适航与否的条件）。船上无治疗条件的，船方应就近将患病的船员送往陆地治疗，费用由船方负担。

基于相同的理由，我国《船员条例》第 22 条全面规定了船员用人单位向船员提供生活保障的义务：“船舶上船员生活和工作的场所，应当符合国家船舶检验规范中有关船员生活环境、作业安全和防护的要求。船员用人单位应当为船员提供必要的生活用品、防护用品、医疗用品，建立船员健康档案，并为船员定期进行健康检查，防治职业疾病。船员在船工作期间患病或者受伤的，船员用人单位应当及时给予救治；船员失踪或者死亡的，船员用人单位应当及时做好相应的善后工作。”

（三）残疾补助费、死亡抚恤金和丧葬费请求权

船员在受雇期间因执行职务患病、受伤而致残的，有权利要求船方按法定或者约定的比例，给付一定时间的残疾补助费。船员因执行职务患病、受伤而死亡的，死者的亲属或者继承人有权利要求船方给付死亡抚恤金和丧葬费。其中，丧葬费的数额一般为 3 个月的原薪金额。死者在船上服务超过 3 年的，按每一年增加一个月的金额计付。

（四）休假请求权

根据国际运输工人协会的规定，船员在船上的正常工作时间为星期一至星期五，每天工作 8 小时。星期六、星期日和公共假日为休息日。相应的，船员有权要求休息。船员在正常工作时间以外加班的，船方应当按法定比例（星期一至星期五为 1/135，其他为 1/75）给付加班费。船员在船上连续服务满一年者，有权要求享受休假（高级船员每年不少于 12 日，一般船员每年不少于 9 日），薪金照付。未休假者，船方按日给予补贴。

我国《船员条例》第 26 条对于船员享有的休假请求权也作出了具体的规定：一方面，船员在船工作时间应当符合国务院交通主管部门规定的标准，不得疲劳值班。另一方面，船员除享有国家法定节假日的假期外，还享有在船舶上每工作 2 个月不少于 5 日的年休假。而船员用人单位应当在船员年休假期间，向其支付不低于该船员在船工作期间平均工资的报酬。

（五）退休金请求权

各国关于船员的退休年龄规定不一，其中，多数国家规定年满 60 岁者，应当退休。相应的，按照《海员退休金公约》的规定，凡年满 60 岁，连续服务 10 年以上者，享受相当于退休时的工资、津贴 15 个月的退休金。自第 11 年起，每增加一年加给 1.5 个月的退休金。凡年满 55 岁，连续服务 10 年以上者，按照上述标准的 85%计付退休金。退休金应当一次性给付。

（六）获得保险的请求权

船员在航期间有权获得保险，从而要求船方为其支付所需的全部保险费。出险时，船员所得保险赔付金额不足以抵偿损失时，船员有权要求船方予以补足。考虑到我国社会保险和商业保险的发展情况，《船员条例》同样赋予船员要求获得保险的权利，作为其职业保障的组成部分，即“船员用人单位和船员应当按照国家有关规定参加工伤保险、医疗保险、养老保险、失业保险以及其他社会保险，并依法按时足额缴纳各项保险费用。”（第 21 条）此外，“船员用人单位应当为在驶往或者驶经战区、疫区或者运输有毒、有害物质的船舶上工作的船员，办理专门的人身、健康保险，并提供相应的防护措施”（第 21 条）。

（七）返回原港（遣返）请求权

根据 1926 年 6 月 24 日《海员遣返公约》的规定，船员在服务期间非因自己的过错而患病，或执行职务时受伤，或因船舶失事，或非因自己原因而被解雇，或者受雇期满时被送登岸者，船员有权要求船方将其送回本国或者其受雇的原港或者船舶开航的港口，并要求船方负担遣返的费用。遣返费包括交通费、途中食宿费等。船员在被遣返途中仍充任船员的，船方应当支付报酬。

我国《船员条例》针对船员职业的流动性，就船员遣返的原因、遣返地点的选择和遣返费用的承担等环节，作出了相应的规定。其中，船员在船工作期间要求遣返的原因，包括：第一，船员的劳动合同终止或者依法解除的；第二，船员不具备履行船上岗位职责能力的；第三，船舶灭失的；第四，未经船员同意，船舶驶往战区、疫区的；第五，由于破产、变卖船舶、改变船舶登记或者其他原因，船员用人单位、船舶所有人不能继续履行对船员的法定或者约定义务的。至于遣返地点，《船员条例》允许船员在其接受招用的地点或者上船任职的地点，船员的居住地、户籍所在地或者船籍登记国，船员与船员用人单位或者船舶所有人约定的地点等之中进行选择。而遣返费用则由船员用人单位支付。遣返费用包括船员乘坐交通工具的费用、旅途中合理的食宿及医疗费用和 30 公斤行李的运输费用。

（八）救助报酬请求权

船员在航程中，因施救遇险船舶、人命或者货物而采取紧急措施付出劳务的，有权申请救助报酬。

此外，有的国家还确认船员有获得安全保护的权利、罢工的权利、拒绝执行非职务范围内命令的权利等。

二、船员的义务

船员的义务，作为船员在船上共同工作应当履行的行为规则，即为船舶内部纪律，目的在于维持船上秩序，保证船舶安全。概括各国海商立法和海运实践，一般要求船员需要承担的义务主要包括：

（1）提供劳务的义务。船员应当按照船员劳动合同约定的职务和岗位，向船方提供相应的劳务，完成航海运输任务。

（2）忠实义务。船员应当忠于职守，服从上级船员基于职务下达的命令，在任时必须恪尽职守，不得怠工或者妨碍其他船员的工作。船员应当在船长指定的时间内上船，未经船长许可，不得擅自离船；获准离船的船员，应当在规定的开航时间内回船，迟延者应受惩戒。

（3）船员当班时要遵纪守法，不得酗酒、斗殴，不得扰乱船上秩序，不得任意使用救生设备及其他重要属具，不得任意使用船上食品和淡水；未经船长许可，不得使用船上电器。

（4）禁止私载，严禁夹带违禁品。未经船长许可，不得将非日用品带上船或者将船上物品带下船。

船员违反上述义务，船长有权予以惩戒。惩戒方法分为警告、经济制裁、禁止登陆，甚至解雇。

我国《船员条例》借鉴有关的国际公约和各国海商立法经验，在强调保护船员合法权益的同时，从“船员职责”的高度，规定了船员所应当承担的如下基本义务：第一，应当携带本条例规定的有效证件；第二，应当掌握船舶的适航状态和航线的通航保障情况，以及有关航区的气象、海况等必要的信息；第三，应当遵守船舶的管理制度和值班规定，按照水上交通安全和防治船舶污染的操作规则操纵、控制和管理船舶，如实填写有关船舶法定文书，不得隐匿、篡改或者销毁有关的船舶法定证书、文书等；第四，应当参加船舶应急训练、演习，按照船舶应急部署的要求，落实各项应急预防措施；第五，应当遵守船舶报告制度，发现或者发生险情、事故、保安事件或者影响航行安全的情况，应当及时报告；第六，应当在不严重危及自身安全的情况下，尽力救助遇险人员；第七，不得利用船舶私载旅客、货物，不得携带违禁物品。

实例枚举

1998 年 11 月 20 日，中国 A 海员对外服务公司与我国台湾地区 B 海运公司签订了《船员合同》。双方在该合同中约定：B 海运公司向中国 A 海员对外服务公司支付代理管理费，具体标准为二副、电机员、电报员等每月每人 150 美元，大厨每月每人 100 美元，B 海运公司自行选取的船员按每月每人 80 美元的标准支付管理费。同时，船员每天正常工作 8 小时。船员留船薪金由 B 海运公司按中国 A 海员对外服务公司的标准代发给船员本人，而伙食费、国外旅途交通费、住宿费等，自船员离开中国国境之日到返回中国国境之日止，由 B 海运公司按其规定支付给船员本人。本船员合同期限自船员离开中国国境之日起计算为 12 个月（在中国境内任何港口上船者，自上船之日起至在国内港口离船时止）。若合同期满时，船舶正在航行或因其他原因不能按时返抵 B 海运公司指定港口的，合同期限自动延长到抵达香港或者 B 海运公司指定的其他港口，船员方得离船。1999 年 1 月 10 日，B 海运公司在中国 A 海员对外服务公司的船员档案中，自行选取了张甲到本公司的“长风”轮任船长。当日，中国 A 海员对外服务公司又选派轮机长纪乙、大管轮王丙、大厨邱丁、机工刘戊登“长风”轮任职。上述五人在“长风”轮上提供服务至 9 月 10 日离船。B 海运公司既未向中国 A 海员对外服务公司支付代理管理费，也未向张甲支付工资。为此，张甲和中国 A 海员对外服务公司向海事法院申请扣押“长风”轮。海事法院依法扣押拍卖了“长风”轮，得价款 180 000 美元。

由于在本案中的船员劳动合同是通过海员劳务中介机构——中国 A 海员对外服务公司代为签订的，因而中国 A 海员对外服务公司与 B 海运公司之间存在委托代理关系，则 B 海运公司应当向中国 A 海员对外服务公司支付约定的代理管理费。而张甲按约到“长风”轮任职，提供了服务，其与 B 海运公司之间存在实际的船员劳动关系，船方 B 海运公司应当向张甲支付船员工资和有关费用。上述款项可以从拍卖“长风”轮所得价款中优先受偿。

第六节　船长的概念和法律职责

一、船长的概念

船长，是指受船方的聘用或者雇用，主管船上一切事务的人。按照 1978 年《海员培训、发证和值班标准国际公约》的定义，“船长是指挥一条船的人”。我国《海商法》从船长的职责角度概括了“船长”的指挥权，即“船长负责船舶的管理和驾驶”。

可见，船长是船员中的一种特殊职务，其法律地位不同于一般的船员和船方的其他雇员。在长期的海上运输历史中，船长在海上航行过程中的船舶上，兼具指挥官、司法者、公证人、代理人等多种身份，兼行公法和私法的双重职能。具体来讲，船长可以作为船东和货主的代表与他人签订有关的合同，如海难救助合同；船长有权就有关船舶、货物或者运输活动的纠纷，代为起诉或者应诉；船长有权出卖船上多余的用品，用以保证船舶的适航能力；船长有权实施共同海损行为等。

而在现代海运市场上，随着航海技术的发展和通信手段的进步，船长的权限趋于缩小，尤其是在一般的商务活动领域内，船东和货主不再授予船长代理权，而是由其设立在各主要港口的办事机构或者指定代理人从事商务活动。但是，在紧急情况下，船长仍然有权决定修理船舶，或者将货物转船、抛弃货物、签订救助合同等。

因此，各国海商法均确认船长为船舶上的最高行政长官和航海负责人，就船舶的运输活动、技术安全和行政管理负有全部责任。正如我国《船员条例》规定的，船长在其职权范围内发布的命令，船舶上所有人员必须执行。高级船员应当组织下属船员执行船长命令，督促下属船员履行职责（第 17 条）。相应的，对船长的任职资格亦提出严格条件，担任船长的人必须经过相应的考试，取得船长证书。

船长是船舶上不可缺少的角色。为此，我国《海商法》第 40 条规定，船长在航行中死亡或者因故不能执行职务时，应当由驾驶员中职务最高的人代理船长职务；在下一个港口开航前，船舶所有人应当指派新船长接任。

二、船长的职责和权限

船长基于上述的特殊法律地位，在船舶上担负着重要的职责。根据我国《海商法》和《船员条例》的规定，船长的职责包括：

（一）船长的职责

1. 负责管理和驾驶船舶的职责

船长作为船舶上的最高行政长官和航海负责人，其首要职责就是“负责船舶的管理和驾驶”（《海商法》第 35 条第 1 款），即指挥职责。这是实现船舶安全航行的重要保证。因此，在从事船舶的管理和驾驶活动中，船长是以指挥者和管理者的身份出现的，这既是船长的一种专责，也是一种专有的权力。具体表现在：

（1）船长负责管理和驾驶船舶，以便完成海上运输任务。为此，“船长在其职权范围内发布的命令，船员、旅客和其他在船人员都必须执行”（《海商法》第 35 条第 2 款）。

（2）船长应当保证船舶和船员在开航时处于适航、适任状态，按照规定保障船舶的最低安全配员，保证船舶的正常值班（《船员条例》第 18 条第 1 款第 32 项）。为此，船长应当在开航前主持召开航次会议，检查各方面的准备情况。诸如，船舶是否处于适航状态、航行所需各种用品（燃料、物料、淡水、食品等）和文件（运输单证、港口文件等）是否齐备、船员是否全部到船。

（3）船长在航行准备就绪后，应当指挥开航，非因不可抗力不得自行更改预定航线。

在船舶进港、出港、靠泊、离泊，通过交通密集区、危险航区等区域，或者遇有恶劣天气和海况，或者发生水上交通事故、船舶污染事故、船舶保安事件以及其他紧急情况时，船长应当在驾驶台值班，必要时应当直接指挥船舶。从船舶开始装货或旅客开始登船时起至货物卸载完毕或旅客全部下船时止，船长不得离船。船长必须严格执行值班制度。

（4）船长的职责与引航员引领的关系。“船长管理船舶和驾驶船舶的责任，不因引航员引领船舶而解除”（《海商法》第 39 条）。虽然引航员的责任是谨慎引领船舶，保证船舶的安全，船长、船员应当协助和配合引航员的引领，否则，引航员有权拒绝引航；但是，引航员对船舶并不享有独立的指挥权，不能取代船长管理和驾驶船舶的职责。不论是自愿引航，还是强制引航，船长对引航员的引航工作有权提出合理建议和要求，并且，在引航员的引航决定明显不当，危及船舶、在船货物或者人员安全时，船长基于船上最高指挥者的指挥权，有权作出最终决定而推翻引航员的决定。究其原因，是引航员引领船舶中的过失造成的海损事故，应当由船舶的所有人、经营人或者光船承租人负责。

2. 负责船舶安全和秩序的职责

针对船舶航行在公海以及各国水域的特殊性，法律赋予船长准司法职责，用以保证船舶的安全和正常秩序。具体表现在：

（1）“船长应当采取必要的措施，保护船舶和在船人员、文件、邮件、货物以及其他财产”（《海商法》第 35 条第 3 款）。为此，船长应当保证船舶和船员携带符合法定要求的证书、文书以及有关航行资料，并对本船船员进行日常训练和考核，在本船船员的船员服务簿内如实记载船员的履职情况。

（2）应当执行海事管理机构有关水上交通安全和防治船舶污染的指令，船舶发生水上交通事故或者污染事故的，向海事管理机构提交事故报告。

（3）“为保障在船人员和船舶的安全，船长有权对在船上进行违法、犯罪活动的人采取禁闭或者其他必要措施，并防止其隐匿、毁灭、伪造证据”（《海商法》第 36 条第 1 款）。

（4）船长在对上述违法犯罪行为人采取必要的强制措施后，“应当制作案情报告书，由船长和两名以上在船人员签字，连同人犯送交有关当局处理”（《海商法》第 36 条第 2 款）。显而易见，船长的准司法职责受到法律的严格限制。船长在有效阻止了违法犯罪行为后，无权对案件实施实质性处理，而是应当在具备条件时，将人犯连同证据移交有关当局处理。“有关当局”一般理解为船舶最初到达港的中华人民共和国公安机关或者中华人民共和国驻当地的使、领馆。

3. 出具证明文件的职责

基于船上最高行政长官的地位，船长有权就发生于船上的出生或者死亡事件出具证明文件，法律确认此文件的证明效力，被称为公证职责。“船长应当将船上发生的出生或者死亡事件记入航海日志，并在两名证人的参加下制作证明书。死亡证明书应当附有死者遗物清单。死者有遗嘱的，船长应当予以证明。死亡证明书和遗嘱由船长负责保管，并送交家属或者有关方面”（《海商法》第 37 条）。“有关方面”一般理解为船舶最初到达港的中国港监机构或者外国港口所在地的中国使、领馆。

4. 处置紧急情况的职责

船长在发生紧急情况时，为了维护船舶、在船人员、货物及其他财产的安全，有权采取应变措施以应对突发事件，这被称为应变职责。对此，《船员条例》第18条不仅要求船长应当制订船舶应急计划并保证其有效实施，而且，赋予船长在具体涉及对人、对物和对事三方面的处分权力。

（1）船舶在海上航行时，船长为保障船舶上人员和船舶的安全，可以依照法律的规定对在船上进行违法、犯罪活动的人采取禁闭或者其他必要措施。

（2）如果发现船上人员持有凶器、易燃易爆、剧毒等危险品，或者发现所载货物属于危险品，或装货港、卸货港、挂靠港或所经水域法律所禁止的，船长有权采取强制保管、丢弃、卸载等处置方法。

（3）当“船舶发生海上事故，危及在船人员和财产的安全时，船长应当组织船员和其他在船人员尽力施救”（《海商法》第38条第1款）。

（4）“在船舶的沉没、毁灭不可避免的情况下，船长可以作出弃船决定；但是，除紧急情况外，应当报经船舶所有人同意。弃船时，船长必须采取一切措施，首先组织旅客安全离船，然后安排船员离船，船长应当最后离船。在离船前，船长应当指挥船员尽力抢救航海日志、机舱日志、油类记录簿、无线电台日志、本航次使用过的海图和文件，以及贵重物品、邮件和现金”（《海商法》第38条）。

（5）船舶发生海上交通事故或者污染事故时，船长应当采取一切可能的措施，防止损害的扩大，并制作事故报告书，详细写明事故经过，而且，附有两名以上在船人员或者知情旅客的书面证明，报送最初到达港的中国港务监督机构或者外国港口所在地的中国使、领馆。事后仍需向船籍港的港监机构递交海损事故报告。

5. 代理签订合同的职责

基于海上运输的特点，各国海商法多赋予船长在特定情况下代表船方或者货方签订合同的权利。例如，代表船方签发提单、交付货物，为修理船舶或者补充给养而将船舶抵押等；尤其是当船舶或货物遭遇海难时，代表船货各方签订海难救助合同。因此，所谓代理签订合同的职责，指的是船长在法律所规定的代理权限内以船方或者货方的名义与第三人签订合同的职责，称为代理职责。

不过，在当今的海运市场上，船长的代理职责一般限于签发提单和签订救助合同，而且，直至1989年4月，在伦敦外交大会上通过的1989年《救助公约》首次明确了船长的该项代理权。我国《海商法》第175条第2款亦规定，遇险船舶的船长有权代表船舶所有人订立救助合同。遇险船舶的船长或者船舶所有人有权代表船上财产所有人订立救助合同。

实例枚举

韩国“岁月”号客轮沉没事件的启示

2014年4月16日，韩国载有476人的“岁月”号客轮计划从韩国的仁川出发，前往济州岛。当该客轮行驶到全罗南道珍岛郡屏风岛以北20公里海上时发生浸水事故，然后侧翻、倾覆，2个多小时就沉没。此次沉船事故造成304人遇难（包括失踪者），获救的172人中有142人受伤。

“岁月”号客轮1994年由日本长崎林兼造船厂所建造，所属船舶公司为韩国全海镇船务公司。该船为滚装客船，最多可容纳900人，可装载车辆，总吨位6 587吨，净吨数3 981吨，事发时，船上载有470余人，包括前往济州岛修学旅行的325名中学生、15名教师、30名船务人员，以及89名其他乘客，另有约180辆汽车和1 157吨货物。

韩国警察厅于2014年4月16日传唤了事发客轮的轮机长等9名船上乘务员，就沉船事件展开调查。经核实，沉船事故发生时，客轮的航行时速不到15公里，且航道中并没有暗礁。因此，调查以乘务员为对象，调查重点是船员们是否遵守安全规定、是否按照航道航行等。

调查初步显示，这艘客轮在事发之前突然以较快的速度改变航向，使得船上装载的未按照规定加以固定的车辆和货物一度移位倒塌滑向一边导致船体倾斜，并失去重心。加之，该船舵机失灵，致使船体失控而迅速沉没。根据获救乘客的回忆，事故发生时，船体发出巨大的撞击声响并摇晃，仅几秒钟就发生了倾斜，船上广播告知乘客危险，不要随便走动。但是，船体迅速下沉，突然向一侧翻倒，大部分乘客仍在舱内，无法及时逃出。调查中发现了一个细节，就是遇难者遗体大多手指骨折，表明这些遇难者面对其生命的最后时刻为求生而拼命地想逃离客轮。

根据调查，可以认定沉船事故的原因包括：(1) 该船航行中突然转向，离心力导致未按照规定固定的车辆和货物移位倒塌并滑向一边，是致使船体迅速倾斜沉没的直接原因。(2) 该船事发时所装载的货物重量是规定的最大载荷的3倍之多，故违反安全监管而严重超载也是一个重要因素，甚至人们对该船能够通过韩国船级社的安全检查提出了质疑。(3) 船长职业道德缺失，事发后不仅指挥不当，更是置广大乘客的生命于不顾，带领部分船员先行逃离客船，被公认为导致沉船事故发生和数百名乘客死亡的根本原因。

于是，韩国检方拘捕了“岁月”号所属船公司的CEO和包括船长在内的15名船员，并以杀人罪和渎职罪予以起诉。2014年6月10日，法院开庭审理此案。检方和警方联合调查本部对船长、一等航海师、二等航海师和轮机长等4人指控“杀人罪”，对其余1人指控“渎职罪”。其中，指控船长涉嫌（不作为）杀人、杀人未遂、因工作失误而致船舶沉没，违反《特定犯罪加重处罚法》、《海难救助法》和《船员法》。虽然船长只承认在沉船事件中存在“过错”，而不承认“过错”以外的刑事责任，但其最终获刑36年。

该沉船事故的最大启示：船长的职业操守和安全责任心直接关系船、货安全，特别是船上乘客的生命安全。因为，船长在船上代表着最高权力，他的海运知识水平和经验与判断力被认为是最高的，这也使其成为第一责任人。船长的职责要求船长有责任运用其专业知识严格按照规定程序作出实时情况下最有利的操作，尽可能地防止意外和损失的发生。

如果船长认为船舶有危险，可以及时组织乘客和船员撤离。船长一旦发出弃船指令，就应当按照应急手册的规定启动弃船程序。至于船长是否必须最后离船，虽然法无明文，但船长的最高权力和第一责任人的地位，当然就形成了船长最后撤离船舶的惯例。无论如何，法律不会允许船长没有尽到职责便放弃岗位而先行弃船保命的行为。不过，若船长已经尽到职责，并判断撤离乘客已经根本不可能，即使不是最后弃船也是不违反立法精神的。

显然，学习本案例能够帮助大家理解船长在船舶上的职责、权力和责任，并了解相关知识在海运实践中的运用情况。

（二）船长的权利和义务

船长实现上述职责的过程，表现为行使具体的权利，履行具体的义务。

船长的权利包括：

1. 代理权

船长是船方的任意代理人，但是，船长的代理权以法律规定的范围为限。不过，对于船长代理权的限制，不能成为船方对抗第三人的抗辩理由。

2. 决定航行权

对此，《船员条例》第 20 条作出全面的规定：船长有权"决定船舶的航次计划，对不具备船舶安全航行条件的，可以拒绝开航或者续航"（第 2 款第 1 项），"对船员用人单位或者船舶所有人下达的违法指令，或者可能危及有关人员、财产和船舶安全或者可能造成水域环境污染的指令，可以拒绝执行"（第 2 款第 2 项），"发现引航员的操纵指令可能对船舶航行安全构成威胁或者可能造成水域环境污染时，应当及时纠正、制止，必要时可以要求更换引航员"（第 2 款第 3 项）。

3. 处置货物的权利

为了船舶航行安全的需要，船长有处置船上货物的权利。例如，使用、抛弃船上货物。当然，船方应当就船长处置货物的行为，向货主承担赔偿责任。

4. 撤离或者弃船权利

"当船舶遇险并严重危及船舶上人员的生命安全时，船长可以决定撤离船舶"，"在船舶沉没、毁灭不可避免的情况下，船长可以决定弃船，但是，除紧急情况外，应当报经船舶所有人同意"（《船员条例》第 20 条第 2 款第 4 项和第 5 项）。

5. 处分船舶的权利

在必要的情况下，船长有权拍卖船舶或者以船舶设定抵押。

船长的义务包括：

1. 完成航行的义务

船长应当按照预定的航线驶往目的港，非因不可抗力或者海难救助不得改变航线。

2. 检查船舶适航能力的义务

在船舶开航之前，船长应当对船舶的适航能力进行全面检查。

3. 置备相关文件的义务

为了海上航行的需要，船长应当置备船舶属具目录、运输文件、船舶国籍证书、海员名册、航海日志、载货文件等法定文件。

4. 在船指挥的义务

除特殊情况以外，自旅客上船或者货物装船时起至旅客下船或者货物卸船时止，船长不得离开船舶。

5. 谨慎注意的义务

船长应当以善良管理人的注意程度执行其职务，保证船舶的安全和秩序。如果船长不能证明其在执行职务中未疏于谨慎注意，则船方应当向第三人承担损害赔偿责任。

6. 监督船员的义务

船长在海上航行过程中，有义务监督船员的工作和生活，防范船员可能实施的危害船舶、在船人员和财产安全的行为。

7. 海难救助的义务

船长在海上接到呼救信号或者发现海上遇险船舶或者人员时，在不严重危及本船、货物和旅客的前提下，应当尽力救助遇险人员。

知识链接

《2006 年海事劳工公约》对我国海运业的影响[①]

2006 年 2 月 23 日，在第 94 届国际劳工大会（海事会议）上，国际劳工组织以压倒性多数通过了全新的劳工标准——《2006 年海事劳工公约》。该公约综合并更新了国际劳工组织自 1920 年以来被批准的、现有的 68 个有关船员劳动的海事公约和建议书，正如国际劳工组织官员 Juan Somavia 先生评价的，它“是国际劳工组织在其全面劳动议程中的一个重要的战略性前进”，它“为能够达到在全世界范围内普遍适用和执行提供了现实的解决方法，它是来自超过 80 个国家的船员、船东和政府之间的谈判和妥协的产物”。

应当说，该公约的通过是国际航运业发展的客观需要。因为，近年来由于方便旗船的增加、船舶技术的进步和现实中不同语言的船员共同配乘同一船舶情况的不断增多，海运业的国际性日益增强，成为第一个真正意义上的全球性产业。但是，国际劳工组织的海事公约的批准率很低，根据国际船员和船东联合海事委员会的倡议，国际劳工组织决定制定一项能够被广泛接受的、统一适用于国际航运业的国际劳工标准。《2006 年海事劳工公约》便是此决定的法律成果。

《2006 年海事劳工公约》不仅明确规定了海员所享有的各项权利和义务，而且允许各国政府根据本国的工业需要而自主决定将哪些权利和义务赋予船员，以便于该公约在世界范围内的适用。同时，该公约规定了船员在船上工作的最低标准，以及船员雇用、工作和休息时间，住所、娱乐设施、食品和给养、健康保护、医疗、福利和社会保险的标准条件。这些标准将通过船舶的发证系统予以实施。为此，要求 500 总吨以上的国际航行船舶应携带“海事劳工证书”和“海事劳工符合声明”，载明船舶以持续实现公约的方式遵守符合公约的国内法。船旗国和港口国将借助检查证书的方式来保证公约的执行和遵守。此外，该公约适用于商船和渔船，但不包括内河、沿海和港作船。

① 王秀芬，高云嵩．《2006 年海事劳工公约》及其对海事社会的影响．中国海商法年刊，2006.

该公约的结构特点十分明显，可以分为三部分：一是正文条款，规定了基本权利和原则；二是规则部分，规定了主要的权利和义务；三是守则部分，其中，A部分称为标准，B部分称为导则，B部分在公约中是非强制性的。公约采取强制性规定与非强制性规定并存的结构，正是为了便于该公约尽快得到普遍批准，表明其坚持原则不动摇、方式手段可灵活、追求实施效果的立场。

《2006年海事劳工公约》因其包含了广泛的、涵盖现有海事劳工文件基本内容的全球标准，而成为实现国际海运业优质管理的“第四支柱”。其预期社会效果是：促进海员的维权意识，实现全球范围内船员行业取得体面的就业与社会条件，也便于执法部门的监督。2013年8月20日，该公约已经满足生效条件（合计占世界船舶总吨位33%的至少30个成员的批准书已经登记之日满12个月）而正式生效。截至2015年3月25日，该公约已有66个国家（或地区）批准。这些成员的商船总吨位占世界商船总吨位的80%以上。

由于我国作为船员提供大国，有着一支规模巨大的船员队伍，因而，该公约的生效对中国海运业产生多方面的影响，包括：(1) 如果批准该公约，就需要通过立法确定执法部门。而中国目前尚未确立关于船员劳动条件的执法部分。(2) 由于我国的海员工会是由原海员工会、公路运输工会和建设建材工会合并而成，还不能发挥海员工会的职能，故有必要在该公约体系下，充分代表海员利益，与船东协会进行协商谈判，签订集体合同，实现船员的劳工权利。(3) 我国目前的船员中介组织缺乏有效的法律规制，故应在该公约生效前对中介组织进行清理整顿，以符合公约的要求。总之，关注公约的进展情况，及时制定有效对策，是我国海运业及立法、执法部门面临的重大课题。

随着瑞典于2012年6月12日向国际劳工组织递交批准《2006年海事劳工公约》的法律文本，批准该公约的国家（或地区）达到28个。由于该公约规定的两个生效条件，其一是批准公约的国家（或地区）数达到30个；其二是批准公约的国家（或地区）船舶总吨位占到世界船舶总吨位数的33%。截至2012年6月，批准公约国家（或地区）的船舶总吨位已经超过世界船舶总吨位数的56%，第二个生效条件已经满足。最终，在国际社会共同努力下，该公约已经于2013年8月20日正式生效。该公约对船员的权利和成员的义务作出了全面和明确的规定，涉及“海员上船工作的最低要求”“就业条件”“起居舱室”“娱乐设施、食品和膳食服务”“健康保护、医疗、福利和社会保障”“遵守与执行”等五个方面，被称为全球海员的“权利法案”，又被视为继国际海事组织的《1974年国际海上人命安全公约》、《1973年国际防止船舶造成污染公约》与《1978年海员培训、发证和值班标准国际公约》之后国际航运立法的“第四大支柱”。中国作为世界重要的海员劳务输出国①，经第十二届全国人大常委会第十六次会议于2015年8月29日审议通过，正式批准该公约，但声明，在我国另行通知前，公约暂不适用于我国香港特别行政区和澳门特别行政区。如今，该公约已于2016年11月12日对中国生效。

目前，中国用于规范和保障船员的，主要是《船员条例》和《海员船上工作和生活

---

① 根据交通运输部海事局的统计，截至2014年底，全国共注册海船船员608 916人，其中，国内海船船员161 478人，国际海船船员447 438人。2014年，中国共外派海船船员132 530人次。

条件管理办法》，但是这些规定对《2006 年海事劳工公约》的国内适用的立法转化程度不高，法律位阶较低，在保障船员合法权益、提高船员劳动条件等方面有明显不足。这与中国船队规模居世界第 2 位的需求差距巨大。特别是中国作为船员提供国，根据交通运输管理部门的数据，截至 2022 年底，我国注册船员总数为 190 万余（其中，海船船员是 90 万人，内河船员 100 万人），还拥有约 90 万海员资格的船员队伍。因此，中国政府批准加入该公约，要求我国国内法为其适用提供必需的法律环境。

问题与思考

1. 如何理解船员的法律含义？
2. 如何理解船员的法律地位？
3. 船员的任职条件有哪些？如何取得船员资格？
4. 船员有哪些权利和义务？
5. 什么是船长？如何理解船长的法律地位？
6. 船长的职责有哪些？

第五章

海上货物运输合同

本章提示

海上货物运输法律制度是海商法的核心部分。海上货物运输在国际经济交往中，是居于首位的国际货物运输方式，船舶使用和船员作用的实现主要就体现在海上货物运输过程中。从而，海上货物运输法律制度毫无例外地成为各国海商法的基本法律制度。在学习海上货物运输法律制度时，应当注意以下要点问题：

(1) 将海上货物运输与国际贸易活动联系起来才能深刻理解海上货物运输法律制度的意义和作用。因为海上货物运输是服务于国际贸易，所以各国实行的国际贸易政策以及国际贸易活动的市场需要就在很大程度上影响着海上货物运输市场的发展变化及有关国家的海事立法。

(2) 注意海上货物运输与国内水上货物运输（沿海货物运输）的区别和联系，全面把握海上货物运输的诸多特点。

(3) 不仅要掌握我国《海商法》有关海上货物运输的法律规定，而且应当了解有关海上货物运输的国际公约，尤其是面对当前代表船方或货方不同利益的多个国际公约并存的局面，注意处理我国海商立法与相关国际公约的关系。

(4) 注意适用于传统的海上货物运输方式的立法内容与随着现代海上货物运输方式的多样化和复杂化而出现的海商立法的发展变化的关系。

值得一提的是，海上货物运输法律制度的内容较为复杂，包括海上货物运输合同的概念、特点、种类、当事人、海上货物运输合同的订立和解除、当事人的权利义务和责任等基础理论，提单是其中心内容。此外，航次租船合同和多式联运合同也是海上货物运输法律制度的组成部分。

关键术语

海上货物运输合同　承运人　实际承运人　承运人的损害赔偿责任　提单　指示提单　已装船提单　收货待运提单　清洁提单　不清洁提单　电子提单　航次租船合同　多式联运合同　《海牙规则》　《维斯比规则》　《汉堡规则》

第一节　海上货物运输合同概述

一、海上货物运输合同的概念

海上货物运输合同，是指承运人收取运费，负责将托运人托运的货物经海路由一港运至另一港的合同（《海商法》第41条）。当然，应将海上货物运输合同与水路货物运输合同区别开来。因为，按照我国运输市场长期以来的习惯，内河和沿海的货物运输合同称为水路货物运输合同，与海上货物运输合同相互独立，适用专门的水路货物法律规范予以调整。

在国际经济交往中，货物运输是不可缺少的组成部分，成为实现国际经济交往目的的必要环节。其中，海上货物运输是首要的国际运输方式。究其原因，一是在各种国际运输方式中海上货物运输的运送量最大，约占国际货物运输量的2/3，且海上货物运输的运费较其他运输方式而言更为低廉，可以适应大多数国际经济参与者的要求。二是国际贸易主要是从航海通商贸易发展而来的，许多有关国际贸易和国际运输的法律和惯例都产生于海上货物运输领域。因此，海上货物运输与国际经济活动具有密切的联系，有关调整海上货物运输的法律和惯例也作为调整其他国际货物运输方式的法律基础而被借鉴。

二、海上货物运输合同的特点

我国《民法典》将海上货物运输合同列入运输合同的范畴，使其成为专门适用于国际海上货物运输活动的独立合同种类。因此，它不仅具有一般运输合同共有的双务、有偿等法律性质，还存在如下法律特点：

（一）海上货物运输合同的风险性大于其他运输合同的风险性

作为运输合同的具体种类，海上货物运输合同的目的在于，通过海路将所承运的货物送达目的地。为此，承运人不仅要付出其劳务和费用，而且应当自行承担海上风险来履行运输义务。由于海上风险大于陆上风险，现有的科学技术又决定了从事海上运输的船舶抵御海上风险的能力是有限的，所以，海上货物运输合同的风险性大于陆上货物运输合同的风险性。

（二）海上货物运输合同具有国际性

海上货物运输是实现国际贸易活动的必要手段。因此，与国际贸易合同相适应，海上货物运输合同的当事人一般是不同国家或地区的自然人、法人或其他经济组织，合同的签订地和履行地会处于不同的国家或地区，从事海上货物运输的船舶经由国际航线航行于不同国家或地区的港口之间，故海上货物运输合同具有明显的国际性，不同于国内水路货物运输合同。

（三）海上货物运输合同的法律效力经常涉及第三人（收货人）

由于国际贸易是发生在不同国家或地区的自然人、法人或其他经济组织之间的商品交换关系，因而相应的海上货物运输合同的当事人不仅包括承运人和托运人，还必然涉及第三人——收货人。虽然收货人并未参加海上货物运输合同的签订，但是，自该合同生效之后，收货人即已成为合同的一方当事人，享有独立的权利（如提货权和索赔权），也应按照约定承担相应的义务（如合同约定运费到付时，则收货人应在提货时履行支付运费的义务）。此外，海上货物运输合同在履行过程中，还可能涉及收货人以外的提单持有人、海上保险人、结算银行等利害关系人。

（四）海上货物运输合同一般是要式合同，而且普遍采用格式合同

根据我国《海商法》第43条的规定精神，海上货物运输合同一般是书面形式，也可以采用口头形式，而航次租船合同应当是书面形式。在海上货物运输的实践中，当事人一般都采用书面形式订立海上货物运输合同。不仅如此，经营海上货物运输的船舶公司还普遍事先拟定海上货物运输合同的标准格式，供托运人使用。相应的，为了维护承托双方当事人的平等法律地位，国家对于海上货物运输活动予以较多干预。

实例枚举

甲国际贸易有限公司于2004年6月12日向乙国际航运有限公司办理货物托运手续，后者于6月19日向甲国际贸易有限公司签发了4005号已装船正本提单。提单记载：目的港S国X港，托运人是甲国际贸易有限公司，收货人是凭S国T银行指示，通知人是S国W公司。8月16日，甲国际贸易有限公司委托我国A银行向该批货物的买方S国W公司收取货款，并提供了相关单据，但并未收到单据项下的货款。鉴于此，甲国际贸易有限公司持正本提单多次要求提货，均未果，又数次查询该货物的下落，乙国际航运有限公司亦不予理睬。

于是，甲国际贸易有限公司向海事法院起诉，要求乙国际航运有限公司赔偿其货款损失32 500美元以及利息。理由是：提单上记载的收货人、通知人和提单持有人均没有收到被告乙国际航运有限公司有关该批货物到达目的港的通知，故被告应当承担造成正本提单持有人无法提货的责任。被告辩称：涉案货物的实际承运人是丙船务有限公司，其于6月21日将该批货物运抵S国X港，通知了提单记载的通知人W公司，并将该货物卸下，存在S国X港的保税仓库（对此，被告提交X港保税仓库出具的仓库费用明细表予以证明），原告不向X港主张提货权，却要求被告承担提货不着的责任，就必须举证证明被告无单放货的事实。

海事法院经审理查明如下事实：本案的被告作为无船承运人签发一式三份正本提单，其记载的托运人是本案原告，收货人是凭S国T银行指示，通知人是S国W公司。而丙船务有限公司作为实际承运人，其签发的海运提单上记载的托运人是本案的被告，收货人是S国W公司，通知人是S国W公司。运载该批货物的船舶于2004年6月21日到达S国X港，并将卸载的货物存放于X港的保税仓库。不过，本案原告未收到涉案货物的

货款，却持有无船承运人正本提单。海事法院认为：由于原告委托的A银行并未收到该批货物的货款，故应当认定原告自此收回了无船承运人正本提单。而被告在货物存放X港保税仓库的长时间内，未将无人提走货物的情况通知货物运输关系的托运人（本案原告），致使原告无法采取补救措施，未能提取涉案货物，可见，被告违反了无船承运人应尽的义务。鉴于原告提货不着，遭受了货款损失，被告应当承担赔偿责任。

笔者之所以在此选择此案例，是因为其参与者的多样性体现了海上货物运输合同关系构成的复杂性，并由此表现出海上货物运输合同的法律特征，有助于大家学习和理解海上货物运输合同制度。

三、海上货物运输合同种类

根据我国《海商法》的规定和海上货物运输的实践，海上货物运输合同主要包括班轮货物运输合同、航次租船合同、海上货物运输总合同和多式联运合同等种类。

（一）班轮货物运输合同

班轮货物运输合同是指承运人将属于不同托运人的小批量、多品种的货物装载于同一船舶，按其预先公布的船期表上规定的时间（船期）和航线，依规定的港口顺序来运送货物的运输合同。

班轮货物运输合同的特点尤为明显：（1）其船期和航线是预先规定的，可由货主根据需要选择合适的班轮予以托运。（2）其所承运的一般是零散的货物，故又称件杂货运输合同或者零担运输合同。（3）班轮运输合同一般都采用提单作为法律表现形式，故又称提单运输。当然，其他运输单证在班轮运输合同中的适用亦在不断增加。

（二）航次租船合同

航次租船合同是指船舶出租人向承租人提供船舶或者船舶的部分舱位，装运约定的货物，从一港运至另一港，而由承租人支付约定运费的海上货物运输合同。航次租船合同不同于班轮货物运输合同，其特点是适用于不定期船的货物运输，而且按照航程确定货物运输合同的有效期，具体表现在船舶出租人和承租人约定的特定航次，由船舶出租人将约定的货物在该航次中运至目的港，故又称航程租船合同或程租合同。根据适用的航次范围，航次租船合同又进一步分为单航次租船合同、往返航次租船合同、连续单航次租船合同和连续往返航次租船合同等多种类型。

（三）海上货物运输总合同

海上货物运输总合同是指承运人与托运人达成协议，由承运人在约定的时间内，将一定数量的货物，分批经由海路从一港运至另一港，而由托运人或收货人支付运费的货物运输合同。

海上货物运输总合同的特点是：（1）主要适用于大批量货物的运输，但却是分批量运输，故在海上货物运输总合同中只约定在一定时间内托运人交运货物的数量或批量，承运人提供的船舶吨位数、装货和卸货的港口、装卸期限、运价等主要内容。每批货物装船后，由承运人签发提单或者承运人和托运人双方签订该批货物的航次租船合同。（2）海上货物运输总合同可使承运人和托运人双方之间形成较为固定的货运关系。从而，在一定时间内承运人可以获取稳定的承运货源，而托运人又能满足自己对舱位的需求。

（四）多式联运合同

多式联运合同是指多式联运经营人以两种以上的不同运输方式（其中一种是海上运输方式），负责将货物从接收地运至目的地交付收货人，并收取全程运费的货物运输合同。

多式联运合同是伴随着集装箱运输的发展而兴起的新型货物运输合同。其特点是多式联运经营人以一个运输合同、一次托运过程、一次收费并承担全程责任但采用两种以上的运输方式完成同一批货物的运送。而且，海商法上的多式联运合同的履行必然包括一种海上运输方式。

四、海上货物运输合同的当事人

在现代海上货物运输活动中，海上货物运输合同的当事人包括承运人、实际承运人、托运人和收货人。

（一）承运人

承运人是指在海上货物运输中，由本人或者以其本人名义与托运人订立海上货物运输合同的人。具体来讲，承运人在班轮运输中可以是船舶的所有人、船舶经营人或者船舶承租人。而在航次租船运输中，承运人则可以是占有船舶并且签发提单的船舶所有人、船舶经营人或者光船承租人、定期承租人等。由于海上货物运输仍然是当今国际货物运输领域中的首要途径，故海上货物运输合同的承运人的货运经营活动对于货物的空间转移，切实实现国际贸易当事人参与经济交往的目的具有重要作用。

（二）实际承运人

实际承运人是指接受承运人的委托，从事相应货物的全部运输或者部分运输的人，包括接受转委托从事此项运输的其他人。

实际承运人不同于承运人。他未与托运人签订海上货物运输合同，而是接受承运人的委托，实际履行海上货物运输合同中的全部或者部分运输活动，从而，对其所经办的运输活动承担责任，亦享有相应的权利。

在海上货物运输实践中，实际承运人出现的主要原因是：（1）在直达运输中，因发生意外情况需要将货物中途转运，则承运人根据提单所载的自由条款的规定安排转运，其转运承运人即为实际承运人。（2）在租船运输中，经常是船舶承租人利用所租用的船舶从事海上货物运输而由其作为承运人与托运人签订海上货物运输合同，则该船舶的出租人成为实际承运人。（3）在海上联运或者转船提单项下，自约定的中转港承运货物的二程船以后的各个承运人则属于实际承运人。

知识链接

如何看待班轮货物运输中无船承运人的法律地位[①]

无船承运人的全名，是无船供操作的公共承运人（Non-vessel Operating Common Carrier，NVOCC），即没有船舶可供操作却能提供运输服务的承运人，简称无船承运人（Non-vessel Operator，NVO）。

无船承运人业务是集装箱船出现后才开始兴起的行业。概括海运业的发展历史，承运人作为海运合同的一方当事人，在《海牙规则》时期是指拥有船舶或取得船舶使用权的船东或承租人，到《汉堡规则》时期是指不限身份、与托运人签订运输合同或者签发证明合同的运输单证之人。20 世纪 60 年代开始运作的集装箱运输，使得船公司在不增加人力的情况下，自行拼箱来装满整船已有困难，需要依赖拼箱人的协助才能完成。这类拼箱人即是货物代理，简称货代。无船承运人就是货代[②]之中，以自己名义签发运输单证的人。无船承运人交整箱货物给船东，并与船东之间签一份主运输单证（主提单或主海运单或主电子运输记录等）。主单证的承运人是船东，无船承运人是托运人。然后，无船承运人再以自己为承运人，签发分提单或者其他分单证给真正的货方托运人，该分单证就是完成国际贸易结算的正式凭证。如今，无船承运人将零散货物拼箱，并向零散货主签发运输单证的承运关系，在集装箱船几乎全面取代其他船舶从事班轮货物运输的情况下，其签发的运输单证已经达到班轮运输全部签发运输单证的 95%以上，因而成为班轮货物运输的主要参与者。

《鹿特丹规则》在定义承运人时，将其按照工作内容分为履约方与海运履约方，已然把无船承运人纳入承运人的范畴，使承运人与海运履约方共同承担船舶适航的义务。可见，无船承运人因《鹿特丹规则》的规定而完全作为承运人正式成为海运合同的参与者。

（三）托运人

托运人是指本人或者委托他人以其本人名义或者委托他人代表本人与承运人订立海上货物运输合同或者将货物实际提交给承运人的人。

托运人是海上货物运输合同中与承运人相对应的另一当事人。在我国《海商法》中，托运人包括两类：一是与承运人签订海上货物运输合同的人，二是将货物实际提交给承运人的人。

（四）收货人

收货人是指有权提取货物的人。由于海上货物运输合同是服务于国际贸易合同的，

① 王肖卿．班轮运输中无船承运人的法律地位．中国海商法研究，2021（1）．

② 根据美国《1998 年航业修正法》，货物代理人（货代）包括不签发运输单证或仅代签船东名义单证的纯货运代理和以自己名义签发运输单证的无船承运人，把他们共同归类于海上运输中间人（该法的新概念）。

因而海上货物运输合同中的收货人在大多数情况下是托运人以外的独立的民事主体（国际贸易合同中的买方），一般表现为提货凭证的收货人一栏所记载的人。收货人并不参加海上货物运输合同的签订，但是，他是海上货物运输合同的当事人，享有一定的权利，承担相应的义务。

不言而喻，收货人在海运合同中的地位十分重要，他的存在关系到海运合同的切实履行——交付货物和接收货物。当然，收货人在海运合同中的地位也是十分特殊，他不是海运合同的签约方，却是享有收取货物的权利，成为参与货物交付不可缺少的角色。关键是看其是否享有提取货物的权利，这成为确认收货人的识别标准。我国《海商法》第 42 条第（四）项仅仅一般性地定义：收货人是“有权提取货物的人”，但未明确该项提取货物权利的依据。在现代海运实践中，收货人取得收取货物的权利的依据，因海运类型多元化而呈现多样化。如果运输单证为纸质提单，收货人就凭借合法取得并持有的纸质提单主张提货的权利；如果运输单证为海运单，收货人凭借海运单中收货人的记载和身份证明主张提货的权利；如果运输单证为电子提单，收货人凭借其合法控制的电子提单主张提货的权利。正因为如此，《鹿特丹规则》第 1 条将收货人定义为“根据运输合同或者根据运输单证或者电子运输记录有提货权的人”。

实例枚举

为了准确理解海上货物运输合同的当事人，仅举两例：

案例之一涉及的是承运人与实际承运人的区别。1995 年 12 月，德国美时公司与中国香港旭升公司签订了 300 吨铝箔买卖合同。此后，美时公司将上述货物在汉堡港交由中国远洋运输公司（以下简称中远公司）经营的“强河”轮承运，目的港为中国汕头港。中远公司的代理人向美时公司签发了提单。提单记载：托运人为美时公司，通知人为华声公司，收货人凭指示。1996 年 2 月，该批货物运至中国香港后，由招商局货柜航运有限公司从中国香港转运至汕头港，交给了宝吉材料公司。但是，因为未收回上述货物的正本提单，招商局货柜航运公司以承运人的身份向当地法院起诉，以宝吉材料公司无正本提单为由追回了上述货物中的 156 吨。此后，美时公司以全套正本提单提取了 156 吨货物。不久，美时公司以广州远洋运输公司（以下简称广远公司）和招商局货柜航运公司为被告向海事法院起诉，要求两被告承担承运人的货损赔偿责任。显然，认定本案的承运人是处理本案的前提。首先，本案所涉及的提单是中远公司的格式提单，由中远公司的代理人签发，故中远公司是本案的承运人当无异议。余下的问题是如何认定广远公司和招商局货柜航运公司的地位。招商局货柜航运公司是接受承运人中远公司的委托，从事本案所涉货物的部分运输的人，根据《海商法》第 42 条的规定，属于实际承运人。至于广远公司，经过查证，既不是“强河”轮的所有人，也不是经营人，故与本案无关。因此，中远公司和招商局货柜航运公司应当在本案中承担连带责任。

案例之二涉及收货人的认定。1994 年 9 月至 10 月，马士基香港有限公司（以下简称马士基公司）根据闽东金洋货运有限公司（以下简称金洋公司）提交的抬头为“金洋公司”的托运单，在深圳蛇口港分别安排了 6 个集装箱装载服装，并约定每个集装箱的运费为 4 400 美元。装船之后，马士基公司向金洋公司签发了 6 份提单，不过，马士基公司根据金洋公司的要求，将提单上的托运人记载为“宁德外贸公司”。上述货物运抵目的港后，因运费产生争议。马士基公司诉至法院，要求作为托运人的金洋公司支付 26 400 美元。而金洋公司则认为，提单上记载的托运人是宁德外贸公司，本公司只是该出口货物的陆路承运人，代为向马士基公司办理托运，其与马士基公司之间的关系仅仅是陆路承运人与海上承运人之间将承运的金洋公司的出口货物的“交接”，并非“托运”，从而，根据《海商法》第 42 条的规定，应当认定宁德外贸公司为托运人。

第二节 有关海上货物运输的国际公约

一、调整海上货物运输的国际公约的产生和发展

20 世纪之前，尚无调整海上货物运输的国际公约，一些国家通过制定国内法调整海上货物运输活动，1893 年美国的《哈特法》便是其代表。但是，随着各国海运市场的发展，承运人逐渐滥用“合同自由”原则，借助提单扩大其免责范围，至 19 世纪后期相关免责条款已达 70 余项。而少数国家的国内法已难以回应全球性要求消除承运人滥用“合同自由”原则的状况、规范提单、明确承运人最低责任的呼声。

因此，进入 20 世纪后，制定统一的国际海上货物运输合同公约被提上议事日程。于是，1921 年，国际法协会在荷兰海牙召开会议，草拟了名为“海牙规则”的文件。该文件几经修改，1924 年 8 月在比利时布鲁塞尔外交会议上获得通过，正式命名为《统一提单的若干法律规定的国际公约》，简称《海牙规则》。该公约 1931 年 6 月生效，是海上货物运输领域一个重要的国际公约，在世界上得到广泛的承认和接受，现有近 87 个缔约方。英国 1924 年将该公约转化为国内立法，成为其 1924 年《海上货物运输法》附件。此后，一些国家也纷纷仿效，或者直接将其转化为国内法，或者依据《海牙规则》的精神制定相应的国内法。我国虽然未加入该公约，但其有关承运人的责任和免责等内容，多为我国《海商法》第四章所吸收。

虽然《海牙规则》对于统一国际海上货物运输的法律具有重要作用，但是随着国际政治、经济形势的发展变化，尤其是集装箱运输作为航海、造船技术进步的产物于 20 世纪 50 年代中期出现促使海上运输方式发生了根本变革，《海牙规则》的内容已显陈旧，不能适应现代海运业的需要。同时，代表货主方利益的广大发展中国家对于以西方船运大国为主制定的《海牙规则》明显偏袒船方利益的倾向表现出强烈不满。修改《海牙规则》势在必行。因此，国际海事委员从 20 世纪 60 年代开始着手修改《海牙规则》，1963 年在维斯比草拟了修改《海牙规则》的议定书草案，后于 1968 年 2 月在比利时布鲁塞尔海洋法外交会议上被通过，全称为《修改统一提单的若干法律规定的国际公约的议定书》，简称《维斯比规则》或者《海牙-维斯比规则》。该规则已于 1977 年 6 月 30 日生效，但因很多国家持观望态度，只有 20 多个国家参加。有的国家虽没有参加或者退出该规则，但已将其转化为国内法，如英国。我国在制定《海商法》时亦将该规则作为参考依据。

因《维斯比规则》只对《海牙规则》若干明显不适应海运业发展需要的条款进行了非实质性修改和补充，并未触动作为《海牙规则》核心内容的承运人的责任制度，所以，广大发展中国家以及一些代表货主利益的发达国家（如美国、加拿大、法国、澳大利亚等）认为《维斯比规则》仍然过于维护船方利益，符合英国、北欧等船运国的要求，故要求全面修改《海牙规则》。在此情况下，联合国国际贸易法委员会设立专门机构，负责起草新的国际海上货物运输公约的工作，并于 1978 年 3 月 31 日在德国汉堡召开的有 78 个国家代表参加的联合国海上货物运输会议上通过了《联合国海上货物运输公约》，简称《汉堡规则》。该规则已于 1992 年 11 月 1 日生效。现有 34 个成员，其中大多是航运业不发达的发展中国家。

进入 21 世纪以后，国际海运市场在现代海运技术、管理制度和市场竞争的影响下不断发展，出现了新的调整需求。为适应这些变化，2008 年 12 月 11 日，联合国大会正式通过了《联合国全程或部分海上国际货物运输合同公约》，简称《鹿特丹规则》，截至 2018 年 1 月 28 日，共有 25 个成员签署了该规则，其中，西班牙、多哥、喀麦隆等国家批准了该规则。可见，目前的国际海运领域内并存着多个内容不一样、基本精神不同（或者代表船方利益，或者代表货方利益）的国际公约，而且前三个均已生效。而根据《鹿特丹规则》第 94 条规定的生效条件，需要 20 个成员批准加入后的 1 年生效，故《鹿特丹规则》至今未能生效。

二、《海牙规则》的主要内容

《海牙规则》共有 16 条，其主要内容包括承运人最低限度的义务、责任期间、责任免除、责任限额等。

（一）承运人最低限度的义务

根据《海牙规则》的规定，承运人的义务主要是管船义务和管货义务。包括：

（1）承运人有义务提供适航船舶。其适航标准表现为：1）船舶处于适合航行的状态；2）船员配备、船舶装备适当；3）货舱、冷藏舱和其他载货处所适宜安全地接受、运送和保管货物。

（2）承运人有合理管理货物的义务，即妥善和谨慎地装载、搬运、积载、运输、保管、照料和卸载所运货物。

（3）承运人不得不合理绕航的义务，即应当按照约定的或者习惯的或地理上的航线运送货物。

（4）承运人有义务应托运人要求，在接收或者装船后签发提单。

（二）承运人的责任期间

一般认为，根据《海牙规则》第 1 条第 5 项的规定，货物运输期间从货物装上船时起，至货物卸下船时止（称为“海牙期间”）。具体包括在使用吊杆装卸货物时，承运人的责任自货物挂上船舶吊杆的吊钩时起至货物在卸货港脱离吊钩时止，即“钩至钩”原则；在使用岸上吊具时，则自货物在装货港越过船舷时起，至在卸货港越过船舷时止，即“舷到舷”原则。至于承运人在码头仓库接管货物至装上船期间和货物卸船后到向收货人交付货物期间的责任承担，按《海牙规则》第7条的规定，按照承运人与托运人达成的协议（称为“装前卸后条款”）来确认。但该协议不得违反装货港或卸货港所属国有关强制性法律规定。

（三）责任免除

《海牙规则》确立了不完全过失责任制，并统一规定了承运人的免责范围，具体列举了17个免责事项，内容较为广泛。承运人对下列原因引起或造成的货物灭失或损坏不负责任：（1）航行或管理船舶的过失——船长、船员、引航员或承运人的受雇人在驾驶船舶或管理船舶中的行为、疏忽或不履行职责所造成的货物损失；（2）火灾，但由于承运人实际过失或私谋所造成的除外；（3）海难——海上或其他可航水域的风险、危险或意外事故；（4）天灾；（5）战争行为；（6）公敌行为——与船旗国为敌的国家的敌对行为；（7）政府管制——君主、当权者或者人民的扣留、拘禁或者依法扣押；（8）检疫限制；（9）货物托运人或货主、其代理人或代表的行为或不行为；（10）罢工——无论何种原因引起的局部或全面罢工、关闭、停工或劳动受限制；（11）暴动或骚乱；（12）救助或企图救助海上人命或财产；（13）货物的固有缺陷所造成货物的容积或重量损失；（14）包装不当；（15）标志不当或不清；（16）经谨慎处理仍未能发现的船舶的潜在缺陷；（17）承运人及其代理人、受雇人没有过失的其他原因——承运人或其代理人、受雇人没有实际过失或私谋的任何其他原因。

《海牙规则》上述17项免责，与我国《海商法》第51条所规定的12项免责在法律含义上并无实质意义上的区别。

（四）责任限额

《海牙规则》规定了承运人承担货损赔偿责任的最高限额，具体数额是每件或者每单位的货物为100英镑或其他等值的货币，超过的部分概不负责。但是，托运人在货物装运前已经申报了实际价值并在提单上注明的货物，不在此限。

（五）适用范围

《海牙规则》适用于任何缔约国所签发的一切提单，而不适用于租船合同。但是，如果是在船舶出租情况下签发的提单，且提单为非船舶承租人的第三人作为发货人或收货人所持有，则适用《海牙规则》。

三、《维斯比规则》对于《海牙规则》的修改和补充

《维斯比规则》共17条，它针对《海牙规则》所存在的缺陷，进行了修改和补充。

（一）提高了承运人对货物损害赔偿的限额

《海牙规则》规定承运人对于货损承担的赔偿限额为1924年的100英镑，这被普遍

认为过低，加之英镑贬值、汇率变化以及在实践中多以英镑纸币支付赔偿，致使货主得到的实际赔偿更低于《海牙规则》规定的限额价值，既不符合《海牙规则》的宗旨，也不利于保护货主的利益。因此，《维斯比规则》作了重要的修改。包括：

（1）将每件或者每单位的赔偿限额改为 10 000 金法郎，或货物毛重每千克 30 金法郎，以两者中较高的数额为准。这一修改不仅提高了承运人的赔偿限额，而且首创了双重限额制度（即双轨制），有利解决集装箱和轻泡货的赔偿限额的确定。

（2）专门规定了集装箱的责任限制的计算方法，即以集装箱、货盘或类似的装运工具集装货物时，如果提单中载明此类装运工具中所装货物的件数或单位数时，则承运人的责任限额按此件数或单位数予以确定。否则，就以每个集装箱、货盘或类似装运工具为一件或一个单位，不论其内实际所装货物的件数。

（3）补充规定了承运人丧失赔偿责任限制权利的条件，即如经证明，损害是由于承运人的故意或明知可能造成损失而轻率地作为或不作为所引起的货损，承运人不享有赔偿责任限制的权利。

需要指出，《维斯比规则》规定金法郎为承运人责任限额的计算单位，而金法郎是以黄金为定值标准①，但黄金价格会因市场变化而涨落，承运人的责任限额的实际价值因此不能保持稳定。为解决此问题，1979 年 12 月 31 日由 37 国代表在布鲁塞尔召开的外交会议上，通过了旨在修改承运人责任限制的计算单位的《修订〈海牙-维斯比规则〉的议定书》。该议定书将金法郎改为特别提款权（SDR）②。按 15 金法郎等于 1 特别提款权计算，则承运人的赔偿责任限额为每件或单位货物 666.67 特别提款权，或按货物毛重每千克 2 特别提款权，两者中以较高者为准。但是，国内法规定不能使用特别提款权的缔约方，仍可以金法郎为计算单位。该议定书已于 1984 年 4 月生效。

（二）明确规定了提单的最终证据效力

根据《海牙规则》的规定，提单是承运人收到其所载货物的初步证据。这意味着承运人有相反的证据来证明货物并未装船且自己无过失，则可不对提单持有人负责。《维斯比规则》为了弥补上述缺陷，明确规定："但是，当提单转让给善意的第三者时，与此相反的证据不予采用"。这表明提单转让给第三者后已成为证明承运人已将货物按提单记载的状况装船的最终证据。承运人不得以货物在签发清洁提单之前已存在的缺陷或包装不当为由对抗提单持有人。从而，该规则确立了"禁止反供"原则，有利于提单的流通转让，保护提单受让人和收货人的利益。

（三）扩大了责任限制的适用范围

具体有两点修改和补充：

---

① 《维斯比规则》规定 1 金法郎为纯度千分之九百的黄金 65.57 毫克。

② 特别提款权是国际货币基金组织于 1969 年创设的国际储备的货币单位，英文缩写为 SDR。这是一种账面资产和联合货币，但不能在市场上流通兑换。其构成是自 1981 年 1 月 1 日起，由世界上贸易出口额最高国家的五种货币（美元、德国马克、日元、法国法郎和英镑）按每 5 年调整一次的比例，故可使其保持相对稳定的价值。2015 年 12 月 1 日，国际货币基金组织宣布，人民币加入特别提款权（SDR）货币篮子。决议于 2016 年 10 月 1 日生效，自此国际货币基金组织在其官方外汇储备数据库中单独列出人民币资产，以反映 IMF 成员人民币计价储备的持有情况。

（1）扩大了责任限制的主体范围。按照《海牙规则》的规定，托运人向承运人的受雇人或代理人提起货损赔偿诉讼的，该受雇人或代理人不享有责任限制的权利，而《维斯比规则》将其修改为该受雇人或代理人有权按《海牙规则》规定援引承运人的各项抗辩和责任限制。从而，将海运实践中已多被适用的“喜马拉雅条款”[①]予以法律化。

（2）扩大了责任限制的适用范围。由于在海运实践中，货主为了规避承运人在货物运输合同纠纷中援引《海牙规则》的责任限制，而以侵权行为为由提起索赔。针对这种双重请求权的漏洞，《维斯比规则》规定承运人的抗辩和责任限制适用于运输合同所涉及的货物损失的任何诉讼，不论是以合同为根据，还是以侵权行为为根据。

（四）扩大了公约的适用范围

对于公约的适用范围，《维斯比规则》在《海牙规则》的基础上进行了扩大，提单从一个缔约国签发或货物从一个缔约国起运以及明确规定受《海牙规则》或接受该公约法律效力的任何一个国家的国内法约束的提单，均适用《维斯比规则》。

四、《汉堡规则》——货主国与船运国的博弈成果

《汉堡规则》共34条，其内容明显代表了货主的经济利益，一般认为它对于《海牙规则》进行了彻底的修改，其核心是扩大了承运人的责任，在承运人与托运人之间建立了较为合理的权利和义务关系。

（一）确立了完全过失责任制

《汉堡规则》废弃了《海牙规则》中的不完全过失责任制，取消了其所规定的17项免责事项，代之以完全过失责任制，实质上是使《海牙规则》所规定的承运人对于船长和船员在驾驶和管理船舶方面的过失和疏忽造成的货损的免责归于无效。除非承运人能证明承运人已为避免事故的发生及其后果采取了一切可能的措施，否则便由承运人承担货损赔偿责任。可见，《汉堡规则》的完全过失责任制是与承运人的推定过失和承运人的举证责任相结合的。

（二）延长了承运人的责任期间

与《海牙规则》规定承运人的责任期间从货物装上船至卸下船的“钩至钩”或“舷至舷”规则不同，《汉堡规则》将该责任期间延长为承运人（包括其受雇人或代理人）自装货港收受货物时起，至其在卸货港交付货物时止，即在装货港、运输途中和卸货港，货物处于承运人掌管之下的全部期间。

---

① 1953年英国Alder诉Dickson一案中，乘客Alder乘坐“喜马拉雅”号客轮，因舷梯未放好而摔伤。因承运人依据船标上所印免责条款而免责，Alder以侵权行为为由诉该船水手长Dickson。法院判定水手长作为承运人的受雇人无权援引上述免责规定而应承担全部赔偿责任。此后承运人纷纷在提单或船票上规定承运人的受雇人或代理人可以援引承运人的免责条款或享受责任限制，称为“喜马拉雅条款”。

（三）进一步提高了责任限额

按照《汉堡规则》的规定，承运人对于货物的灭失或损坏承担赔偿责任的限额为每件或每一其他单位的货物为835特别提款权，或按货物毛重计算每千克2.5特别提款权，两者以高者为准。承运人延迟交付货物的赔偿责任，则以所延迟交付的货物应付运费的2.5倍为限，但不得超过合同规定的应付运费的总额。

（四）增加了活动物与舱面货的规定

为了适应国际海运市场的发展需要，《汉堡规则》一改《海牙规则》的做法，不再将活动物与舱面货排除在货物之外，而是明确规定承运人依照其与托运人达成的协议或符合特定的贸易惯例以及相关法规要求的，才有权在舱面上装货，否则，承运人应对因此造成的损失负赔偿责任。

（五）规定了实际承运人的含义并明确了承运人与实际承运人的关系

《汉堡规则》以法律形式确立了实际承运人的概念，并且明确了承运人与实际承运人的关系，即承运人对实际承运人或其受雇人、代理人的行为负责。在承运人和实际承运人均需负责任的情况下，则承担连带责任，同时，其相互之间享有权利。

（六）扩大了公约的适用范围

《汉堡规则》进一步扩大了其适用范围，即适用于两个不同国家之间所有的海上货物运输合同。并且，海上货物运输合同中规定的装货港或卸货港位于某一缔约国之内；或备选的卸货港之一为实际卸货港并位于某一缔约国内；或提单及证明海上货物运输合同的其他单证在某一缔约国签发；或提单及其他单证规定海上货物运输合同受该规则或采纳该规则的国内法的约束。

五、颇具先进性的《鹿特丹规则》

联合国大会于2008年12月11日正式通过了《联合国全程或部分海上国际货物运输合同公约》，并于2009年9月23日举行签字仪式。大会遵循海事运输公约的传统习惯，根据签字仪式举行地点将其称为《鹿特丹规则》。

与1924年《海牙规则》、1968年《维斯比规则》和1978年《汉堡规则》相比，《鹿特丹规则》具有的诸多特点明显地体现出其具有先进性，使得海上货物运输合同制度的核心内容适应了现代国际海运市场的发展需要。

这种先进性可以归纳为四个方面：

（1）平衡性。这是指《鹿特丹规则》进一步平衡了船货双方在海上货物运输合同关系中的利益冲突，构建了全新的承运人责任制度。众所周知，船方与货方作为海上货物运输合同的当事人存在利益冲突是必然的，平衡和维持船货双方的利益就成为有关调整海上货物运输公约的核心内容。1924年的《海牙规则》适应当时的国际海运市场的需要而设计和确立的不完全过失责任制度，在当今的国际海运市场上因过于偏袒承运人而有失船货双方利益平衡，《鹿特丹规则》正是顺应新的利益平衡的需要，通过重新构建承运人的完全过失责任原则，并重新分配举证责任，在新的利益平衡基础上确立了船货双方的权利和义务，既加重了承运人的责任，也使其承担的举证责任较之《汉堡规则》下的有所缓解，并强化了托运人的义务。

（2）创新性。与现有的三个有关国际货物运输的国际公约相比，《鹿特丹规则》有诸多创新性的规定内容，这不仅表现在其重新构建承运人责任制度，全面调整了承托双方的权利与义务以及将适用范围扩展至“门到门”，也在于其增加了新的规定。例如，有关电子运输记录的使用和效力的规则；将承运人承担的船舶适航义务从“开航前和开航之时”扩展到“开航前、开航当时和海上航行中”，即要求船舶全程适航；将承运人的赔偿责任限额予以提高，成为迄今有关国际海上货物运输公约中最高的；一改现有国际海运公约限制公共承运人合同自由权利的原则，将合同自由原则引入该公约，允许当事人在批量合同中约定增加或者减少彼此的权利、义务和赔偿责任；等等。

（3）综合性。从其规定内容和适用范围角度看，《鹿特丹规则》不同于已经生效的《海牙规则》、《维斯比规则》和《汉堡规则》，它并非真正意义上的国际海运公约。这一综合性可以表现在两个方面：一是其内容庞杂，突破了现有三个公约的范围，引入了履约方及海运履约方，批量合同，电子运输记录，控制权和控制方，单证托运人，承运人的识别，有关货物交付的规则，对不可转让运输单证的区分，权利转让，对管辖、裁判及判决的承认和执行的规定等十个方面的新的概念、规则和制度，对其中所涉及的航运法与贸易法之间的“接口”事宜进行了较好的协调处理。二是其适用范围扩大到了包含海运的“门到门”运输，确立了“海运＋其他”的模式。这意味着该公约不仅适用于海上运输区段，而且适用于包括海运前后由承运人根据同一运输合同承担的以其他运输方式进行运输的区段。显然，该公约具有统一国际货物多式联运的立法作用。

（4）适应性，即该公约适应着时代的发展变化。随着全球经济一体化进程的加速，国际贸易和国际货物运输均得到空前的发展，世界上的主要经济大国都是贸易与航运并重发展的，这表明一国政府逐渐由单纯代表货主利益或者船东利益向兼顾船货双方利益发展。《鹿特丹规则》适应上述变化，以真正统一国际海上货物运输法律制度为己任，力图取代现有的建立在船货双方利益博弈基础上的三个国际公约。该公约的诸多内容均体现了此一适应性，仅举例如下：第一，适应国际海运市场的变化，强化了托运人的义务。当今海上运输涉及的货物种类日趋复杂、运输方式发生了重大变化，尤其是集装箱运输的出现，使得承运人对托运人提供信息和协助履行的要求更为强烈。因此该公约不仅增强了托运人的交付运输的义务，更是新增了托运人与承运人在提供信息和指示方面的合作义务。第二，为适应国际海运活动与国际贸易之间的密切衔接，通过设立货物控制权来保护交易安全。作为国际海上货物运输立法的突破，《鹿特丹规则》首次出现了货物控制权，这有利于保护国际贸易的卖方在买方不支付货款时及时处理货物，解决了国际海运实践中的实际问题。

知识链接

我国为什么现在不加入《鹿特丹规则》

中国作为一个海运大国，理应需要在国际海运市场上获得法律保障的环境。《鹿特丹规则》于 2018 年 1 月 28 日举行签署仪式以来，我国政府的态度是不签署、不参加。这决定于国家主权、海运行业的核心利益和我国法律的自身逻辑等诸多因素，主要理由如下：

（1）《鹿特丹规则》取消了“航海过失”免责和“火灾过失”免责，改变了承运人的赔偿责任基础、要求船舶全程适航、大幅度提高了赔偿责任限额、扩大了承运人赔偿范围、延长了责任期间等，打破了现行的船货双方利益平衡机制，会给我国航运企业增加难以承受的责任与风险。

（2）《鹿特丹规则》关于控制权、权利转让规定，使得控制方享有的权利和承运人承担的义务严重不对等；关于货物交付制度的规定，使承运人承担寻找被通知人的过多过重义务；等等。这些都将加重航运企业的负担，并容易诱发海事欺诈，使航运企业遭受重大损失。

（3）《鹿特丹规则》允许批量合同条款背离公约而享有合同自由权，表面上平等自由，但由于船货双方背离公约的权利和义务不对等，在实务上将主要有利于居于市场垄断地位的欧美大承运人和大货主（货主联盟等）通过批量合同自由规定，滥用优势地位。

（4）《鹿特丹规则》过分扩大了海运公约的适用范围，并排除了国内法的适用，会造成法律适用的混乱，冲击我国现有的运输法律体系，产生该规则与其他法律之间的多种法律制度并存的复杂局面，使承运人和有关方难以预期自己行为的法律后果。

（5）《鹿特丹规则》赋予货方过大的管辖选择权，降低了协议管辖权的优先效力。同时，该规则赋予货方很大的仲裁地点选择权，排除了仲裁协议中仲裁地点的优先效力，与我国法律相冲突，也不符合目前的司法实践和航运惯例。

碍于我国航运发展所处的阶段，经评估，针对上述不利影响，在寻找到恰当解决方案之前，中国不急于签署或参加该规则。

第三节　海上货物运输合同的订立和解除

一、海上货物运输合同的订立

海上货物运输合同实质上是存在于船货双方之间的一种海事法律关系，产生于船货双方当事人订立海上货物运输合同的法律行为。对于海上货物运输合同的订立程序，我国《海商法》未予以直接规定，而根据我国《民法典》的规定，海上货物运输合同作为运输合同的具体类型，当然要遵守《民法典》规定的合同订立程序，即双方当事人在平等、自愿、诚实信用的原则基础上，经过要约和承诺两个步骤。不过，海上货物运输合同的具体订立程序和方式因海上货物运输合同的不同种类而存在差异。

班轮货物运输合同的订立方式有其自身的特点，具体操作是从事班轮运输的船舶公司，通过其经营机构或代理机构事先公布船期表，将其班轮营运的航线、途经、港口、抵离各港的时间等公之于众。此行为依照我国《民法典》第 473 条的规定属于要约邀请。而货物托运人及其代理人根据船舶公司公布的船期表，向船舶公司或其代理人提出货物运输的申请，填具订舱单，写明所需运输货物的名称、数量、装卸港、装船期限等情况，被称为“订舱”，就是订立海上货物运输合同的要约。针对托运人的上述要约（订舱），船舶公司根据订舱的内容以及船期表上船舶航线、船期、舱位、停靠港等情况，决定是否接受托运申请。如果接受托运申请，船舶公司就作为承运人在订舱单上填具船名并签章而接受订舱，构成订立班轮货物运输合同的承诺，相应的班轮货物运输合同即告成立。

航次租船合同的订立则往往是由出租人和承租人直接洽谈，或者委托船舶经纪人与对方磋商租船事宜。在实务中，为了便于谈判，简化签约过程，很多船舶公司、大货主以及代表船东或货主利益的船运组织、货主组织拟订了相应的租船合同格式，称为租船合同范本。双方当事人在协商订约时，在协议选用的租船合同范本的基础上，根据实际需要，通过订立附加条款对租船合同范本的条款进行修改和补充。附加条款与格式条款内容相抵触时，则应以附加条款为准。

各国根据其具体国情规定海上货物运输合同的订立形式，一般都要求采用书面形式。我国《海商法》第 43 条就规定：承运人或者托运人可以要求书面确认海上货物运输合同的成立。但是，航次租船合同应当书面订立。电报、电传和传真具有书面效力。这涉及三个要点：（1）除了航次租船合同以外的其他海上货物运输合同的形式可以是口头或书面。但一方当事人要求书面确认的海上货物运输合同则必须以书面予以确认才成立。（2）航次租船合同必须采用书面形式。（3）电报、电传和传真等具有书面形式的效力。

依照我国《合同法》第 44 条规定，海上货物运输合同依法成立的，自成立时生效。

作为民事合同的一种，海上货物运输合同的有效条件当然要符合《民法典》的统一规定，还必须与《海商法》中的特殊规定相一致。可见，并非所有的海上货物运输合同成立后都能够生效。其具体表现为《海商法》第 44 条的两种情况：其一是海上货物运输合同和作为合同凭证的提单或者其他运输单证中的条款，违反《海商法》有关海上货物运输合同规定的无效。当然，此类无效条款不影响该海上货物运输合同中其他条款的效力。其二是将货物的保险利益转让给承运人的条款或者类似条款无效，以免损害海上货物运输合同以外的第三人（海上保险人）的合法权益。

二、海上货物运输合同的解除

依法生效的海上货物运输合同关系会基于相应原因而终止，对此，我国《民法典》第 557 条第 2 款明文规定了合同解除属于导致合同权利义务终止的原因，它同样适用于海上货物运输合同。

按我国《民法典》的规定，海上货物运输合同的解除，是指在合同履行期限届满之前，依据法律或者当事人的意志提前终止合同的效力。其法律后果原则上溯及订立合同之时，即合同解除后，尚未履行的，终止履行；已经履行的，根据履行情况和合同性质，当事人可以要求恢复原状、采取其他补救措施，并有权要求赔偿损失。

不过，基于海上货物运输的特点，引起海上货物运输合同解除的原因主要是《海商法》第四章第六节规定的几种情况，在适用中应当注意各自的法律条件和后果。

（一）开航前的合同解除

1. 开航前的任意解除

船舶在装货港开航前，托运人可以要求解除合同。但是，除合同另有约定外，托运人应当向承运人支付约定运费的一半；货物已经装船的，并应当负担装货、卸货和其他与此有关的费用（《海商法》第 89 条）。

可见，这一解除原因是因托运人要求而适用的，并且，除合同另有约定外，要求解除合同的托运人应当承担相应的运费和费用。

2. 开航前因不可抗力而解除

船舶在装货港开航前，因不可抗力或者其他不能归责于承运人和托运人的原因致使合同不能履行的，双方均可以解除合同，并互相不负赔偿责任。除合同另有约定外，运费已经支付的，承运人应当将运费退还给托运人；货物已经装船的，托运人应当承担装卸费用；已经签发提单的，托运人应当将提单退还承运人（《海商法》第 90 条）。

海上货物运输合同因此而解除的条件是：（1）解除的原因是不可抗力或者其他不能归责于承运人和托运人的原因，且其致使合同不能履行；（2）承运人和托运人都有权要求解除合同，且互相不承担赔偿责任；（3）除合同另有约定外，承运人退还运费，托运人承担装卸费。

（二）开航后的合同解除

因不抗力或者其他不能归责于承运人和托运人的原因致使船舶不能在合同约定的目的港卸货的，除合同另有约定外，船长有权将货物在目的港邻近的安全港或者地点卸载，视为已经履行合同。船长决定将货物卸载的，应当及时通知托运人或者收货人，并考虑托运人或者收货人的利益（《海商法》第 91 条）。

显然，该规定是针对海上货物运输中的特殊风险而允许承运人提前终止海上货物运输合同的效力。但是，其适用条件包括：（1）因不可抗力或者其他不能归责于承运人和托运人的原因而引起；（2）出现了上述原因导致船舶不能在合同约定的目的港卸货的事实后果；（3）除合同另有约定外，船长的权利是将货物在目的港附近的安全港口或者地点卸载，但卸货港或地点的选择应考虑托运人或者收货人的利益。海上货物运输合同因此而解除的法律后果是视为已经履行合同。

（三）其他法定原因的合同解除

除了《海商法》的上述规定以外，海上货物运输合同还可因我国《民法典》规定的其他原因而解除。其中，海上货物运输实践中最具意义的是“当事人一方迟延履行债务或者有其他违约行为致使不能实现合同目的”（《民法典》第 563 条第 5 项）。例如，因承运人未谨慎使用船舶而造成船舶全损使履约成为不可能，或者船舶虽未全损但是会因修理延误时间而致使合同目的不能实现的，托运人有权要求解除合同，并要求赔偿损失。当然，海上货物运输合同因此解除必须是违约行为程度严重导致合同目的不能实现。

第四节 海上货物运输合同当事人的权利、义务和责任

一、承运人的基本权利和义务

目前，多数海运国家的海商法都采用《海牙规则》，故对于承运人的权利和义务的立法规定基本上趋于统一。我国《海商法》面对有关海上货物运输的三个国际公约同时生效的客观情况，以《维斯比规则》为基础，并参考了《汉堡规则》的精神，全面规定了承运人的权利和义务，以适应我国海上运输的实际需要和国际立法的发展趋势。承运人作为海上货物运输合同的一方当事人，据此享有一定的权利，也承担相应的义务。

（一）承运人在海上货物运输合同中的基本权利

1. 有权要求托运人按海上货物运输合同的约定，交付托运货物

出于其履行运输职责的需要，承运人基于其具有的海上运输专业知识，有权要求托运人按照约定的时间和方式，向其交付托运货物。而且，为了保证海上货运正常秩序，承运人有权要求托运人按照有关安全运输的技术规范对其交付的货物进行包装。

2. 有权按海上货物运输合同的规定向托运人收取运费及其他应由托运人支付的合理费用

由于承运人是运用船舶从事海上商业性运输的专业企业，获取运费是其进行海上运输的最终目的。从而，基于海上货物运输合同的有偿性，承运人有权要求托运人按照约定的数额、方式和时间，交付运费。

至于其他费用，诸如杂费、滞期费、亏舱费等，只要是为托运人支付的运输费用，托运人就应当予以偿付，则承运人有权依法律规定或合同约定向托运人索取。

3. 在托运人不按合同约定交付运费和承运人为货物垫付的其他必要费用，又没有提供适当担保的情况下，有权留置所承运的货物（《海商法》第 87 条）

不过，承运人在对货物行使留置权时，应注意的条件是：（1）运费已经预付，且提单上写明“运费预付”的，货物所有权自运费预付时起已转移归收货人，则承运人无权予以留置。（2）承运人应在“合理的限度内留置其货物”（《海商法》第 87 条），即留置货物的价值应与所欠运杂费大体相近。（3）货物留置地的法律允许对于留置货物进行拍卖。

那么，在承运人依法留置货物的情况下，“自船舶抵达卸货港的次日起满六十日无人提取的，承运人可以申请法院裁定拍卖；货物易腐烂变质或者货物的保管费用可能超过其价值的，可以申请提前拍卖”（《海商法》第 88 条第 1 款）。至于“拍卖所得价款，用于清偿保管、拍卖货物的费用和运费以及应当向承运人支付的其他有关费用；不足的金

额，承运人有权向托运人追偿；剩余的金额，退还托运人；无法退还，自拍卖之日起满一年又无人领取的，上缴国库”（《海商法》第 88 条第 2 款）。

4. 有权要求托运人或收货人在目的港，凭正本提单及时提取货物

与其承担的交货义务相对应，承运人有权根据约定要求托运人或者收货人在目的港凭正本提单及时提取货物，以使承运人及时解除义务负担。

5. 依照法律或海上货物运输合同的规定，享有免除赔偿责任和责任限制的权利

承运人对所承运货物的灭失、损毁或迟延交付而给托运人或收货人造成的损失应承担赔偿责任。但是，因海上货物运输的特殊性，有关国际公约或海商法就承运人的货损赔偿责任适用特殊规则——法定的免责范围和限额赔偿。因此，承运人在法定范围内享有免除货损赔偿责任和限制赔偿责任的权利。

（二）承运人在海上货物运输合同中的义务

在海商法上，承运人基于海上货物运输合同所承担的义务，长期以来通称为承运人的责任，表明法律对承运人在海上货物运输合同中的地位和作用的重视。一般情况下，根据有关国际公约和大多数国家海商法的规定，承运人承担着如下义务：

1. 提供适航船舶的义务

根据《海牙规则》第 3 条第 1 款规定：承运人在开航前或开航当时，应当谨慎处理，以便（1）使船舶具有适航性；（2）妥善配备船员、设备和船舶供应品；（3）使货舱、冷藏舱和其他载货部位适于并能安全地收受、载运和保管货物。

我国《海商法》第 47 条亦采用了《海牙规则》的此项规定，确认了承运人承担提供适航船舶的义务，习惯上称为适航义务。

适航性是一个古老的概念。按照英国普通法的规定，其内容就是船舶必须在设计、结构和设备等方面能够经受得起航程中的一般风险，并具有法定机关出具的适航证书。《海牙规则》继而增加了两项内容：（1）要为船舶配备合格的船长和船员，装备船舶航行时所需各种设备（如导航器材、海图、无线电等齐全）并能够正常使用和充足的燃料、淡水、仪器等供应品；（2）使各类货舱和载货处所具有适货条件，从而保证船舶拥有适于航行的营运能力。否则，因船舶不适航而造成货物损失的，承运人应当承担赔偿责任。

按照有关国际公约和各国海商法的规定，承运人承担的提供适航船舶义务存在于船舶开航前和开航时，而不是在整个航程过程中的各个阶段。其原因是海上风险大且变化莫测，船舶可能会在航行中遭遇各种意外事故而变得不适航。当然，着眼于维持正常海上运输秩序，要求船舶在开航前和开航时适航，是最低的条件。

所谓开航前适航，是指船舶在装货时适合于接受货物并能经受装货阶段的一般风险。而所谓开航时适航，则是要求船舶在开航之时，必须适于航行并能经受航程中可能遭遇的一般风险。符合上述要求的船舶即为适航，承运人就履行了此项义务。

2. 管理货物的义务

这一义务是要求“承运人应当妥善地、谨慎地装载、搬移、积载、运输、保管、照料和卸载所运货物”（《海商法》第 48 条），又称“管货义务”。

安全地运送货物，是海上货物运输合同各方当事人所追求的目的。为此，承运人自接收货物时起，就对托运人所交付的货物依法予以占有和管理。从而，除法律规定的免责以外，承运人应当承担管理货物并保证其安全的责任。根据《海牙规则》第3条第2款的规定，承运人管理货物的责任存在于从装载到卸载的全部运输过程中，即承运人在装载、搬移、积载、运输、保管、照料和卸载的环节中均应妥善地、谨慎地管理货物。因其过错造成货物损坏的，承运人应当负赔偿责任，在管理货物范围内不适用过失免责。

3. 按规定航线航行的义务

我国《海商法》第49条第1款规定："承运人应当按照约定的或者习惯的或者地理上的航线将货物运往卸货港。"要求承运人承担这一义务，是有关国际公约和各国法律的通例。

在海运实践中，班轮运输的承运人都在其船期公告中公布船期和沿途停靠的港口。这是托运人决定是否将货物交付承运人运送的依据之一，也是承运人向托运人所做的许诺。因此，承运人在装货完毕后，若无特殊原因的，应当按公布的船期准时开航。并且，要以合理的速度，按照约定的或者习惯的或者地理上的航线航行，并在预定的港口停靠，向收货人交货，不得无故绕航，也不得无故延迟开航时间。否则，承运人应对因船舶误期或绕航造成的损失，承担赔偿责任。除非承运人能够提出证据证明该损失在不绕航情况下也会发生的，才能免除责任。

同时，有关的国际公约和各国海商法都允许正当的、合理的绕航，不视其为违反海上货物运输合同，承运人对此造成的损失概不负责。正如我国《海商法》第49条第2款规定的，船舶在海上为救助或者企图救助人命或者财产而发生的绕航或者其他合理绕航，不属于违反按规定航线航行义务的行为。

4. 按托运人的要求签发提单，并在目的港向提单指定的收货人凭提单交付货物的义务

在此项义务中，货物的交付是核心内容。这也是履行海上货物运输合同的一个重要环节，并在承运人与收货人之间产生了相应的权利义务关系。与承运人交付货物的义务相对应，收货人有权凭提单向承运人提取货物，而且有权要求承运人按提单的记载交付相应的货物。因此，收货人应当是提单的合法持有人。同时，从海商法上讲，收货人也应当及时在船边或承运人指定的码头仓库提取货物。这对于收货人而言，又是一项义务。

货物交付的具体要求是承运人应按合同约定的时间，在合同约定的目的港或依法卸载的地点按提单的记载向收货人交付货物。其中，承运人所交付的货物是否符合提单的记载以及状况是否良好就成为衡量承运人是否履约的重要标志。对此，我国《海商法》第四章第五节分别就不同情况作出了具体的规定。

在货物发生灭失或损坏时，依我国《海商法》第81条的规定，如果是明显的灭失或损坏，收货人应在承运人向其交付货物时，将货物灭失或损坏的情况书面通知承运人。如果是非显而易见的货物灭失或损坏，收货人应在货物交付的次日起连续7日内，集装箱货物交付的次日起连续15日内（《海商法》第81条第2款）将货物灭失或损坏的情况书面通知承运人。若收货人未提交此类书面通知，则"此项交付视为承运人已经按照运输单证的记载交付以及货物状况良好的初步证据”（《海商法》第81条第1款）。不过，在货物交付时，收货人已经会同承运人对货物进行联合检查或者检验的，则无须就所查明的灭失或者损坏的情况提交书面通知（《海商法》第81条第3款）。此外，收货人在目的港提取货物前或者承运人在目的港交付货物前，均可以要求检验机构对货物状况进行检验；要求检验的一方应当支付检验费用，但是有权向造成货物损失的责任方追偿（《海商法》第83条）。而且，承运人和收货人对上述检验，应当相互提供合理的便利条件（《海商法》第84条）。

如果货物是由实际承运人交付的，根据我国《海商法》第85条的规定，收货人向实际承运人提交书面通知亦适用上述法律规定。而且，收货人向承运人和实际承运人提交的书面通知具有同等效力。

对承运人迟延交付货物造成的经济损失，收货人应自承运人向收货人交付货物的次日起连续60日内，向承运人提交书面通知。否则，承运人在此时间内未收到收货人的此类书面通知的，依《海商法》第82条规定，不负赔偿责任。

上述的货物灭失或损坏或迟延交付的通知，收货人向承运人本人或其船长及其他受雇人或代理人、实际承运人提交均可。

此外，与收货人及时收受货物的义务相联系，如果在卸货港无人提取货物或者迟延、拒绝提取货物的，船长可以将货物卸在仓库或者其他适当场所，由此产生的费用和风险由收货人承担。

实例枚举

承运人在海上货物运输合同中所承担的上述权利和义务，可以通过以下案例加深理解。

1996年4月，中国香港友航公司在中国南京港通过其代理人中国外轮代理公司接受了五矿贸易有限公司（简称五矿公司）托运的1 990吨钢板，计172捆（CIF价307美元，共计610 930美元）。装载于其经营的“郁金香”轮后，由中国外轮代理公司签发了抬头为友航公司的已装船清洁提单。该提单正面记载：发货人为五矿公司，收货人由发货人指示，通知方为荣达钢铁有限公司（简称荣达公司），装货港为中国南京港，卸货港为马来西亚槟城。“郁金香”轮于1996年4月21日起航后，先后驶抵马来西亚的巴西古丹港和巴生港卸货。因在二港卸载过程中遭遇阴雨天气而间断停卸达30天。6月8日，该轮驶抵槟城，全部货物于6月10日卸载完毕。但是，收货人荣达公司在凭提单提取货物时，发现钢板被严重腐蚀，经荣达公司及其委托的检验人、五矿公司代表和友航公司代表及其委托的检验人共同检验，查明造成钢板被腐蚀的原因系在钢板之上配载的磷矿粉和氯化铵的遗留物长时间附着在钢板上，腐蚀面积为25%～70%。此后，经公开竞买收回货款65 805美元。于是，收货人荣达公司以友航公司为被告，诉至海事法院，要求赔偿货款及其利息损失、运费、仓储费、检验费等。在此案中，承运人友航公司将具有腐蚀性的化学物质与其他货物混装，造成货损，属于配载不当，违反了《海商法》第48条规定的管理货物的义务，应当承担货损责任。

二、承运人的货物损害赔偿责任

有关国际公约和各国海商法都十分重视承运人所承担的货物损害赔偿责任。一般情况下，除了法律另有规定外，承运人对货物在海上运输过程中发生的货物灭失、损坏或迟延交付的损失，应当负责赔偿。现根据我国《海商法》的有关规定分述如下：

（一）货物损害赔偿责任的范围

根据我国《海商法》的规定，货物损害赔偿责任包括货物的灭失、损坏和迟延交付等。

货物的灭失表现为货物的短少或全部不复存在，而货物的损坏则是指货物的残缺或价值的改变等。由于货物的灭失及损坏，都影响到货主的经济利益，故承运人基于其在海上货物运输合同中所负的安全运送的义务，应当承担相应的赔偿责任。但是，并非一切货物的灭失、损坏，均由承运人负责赔偿。

例如，根据我国《海商法》第 52 条和第 53 条的规定，因运输活动物的固有的特殊风险造成活动物灭失或者损害的，承运人不负赔偿责任。但是，承运人应当证明业已履行托运人关于运输活动物的特别要求，并证明根据实际情况，灭失或者损害是由于此种固有的特殊风险造成的。同样，承运人在舱面上装载货物的，应当同托运人达成协议或者符合航运惯例，或者符合有关法律、行政法规的规定。故承运人依此规定将货物装载在舱面上的，对由于此种装载的特殊风险造成的货物灭失或者损坏，不负赔偿责任。但是，承运人在没有与托运人达成协议或者违反协议内容，或者违反航运惯例，或有关法律、行政法规的规定，将货物装载在舱面上，致使货物灭失或损坏的，应当负赔偿责任。

迟延交付，具体是指货物未能在明确约定的时间内，在约定的卸货港交付（《海商法》第 50 条第 1 款）。根据我国《海商法》的规定，承运人对于货物因迟延交付而灭失或损坏的，或者货物即使没有灭失或损坏但因迟延交付而遭受经济损失的，除依法规定不负赔偿责任的情形外，应当负赔偿责任。

（二）货物损害赔偿责任的主观条件和责任承担者的范围

我国《海商法》吸收了有关国际公约的精神，对承运人的货物损害赔偿责任规定了不完全过失责任制，即由于承运人的过错，致使货物灭失或者损坏，或者因迟延交付而灭失或者损坏，或者虽货物没有灭失或损坏但遭受了经济损失的，承运人要负赔偿责任。但是，《海商法》规定不负赔偿责任的情形的，则不承担赔偿责任。

如果货物的灭失、损坏或者迟延交付是由于承运人或者承运人的受雇人、代理人的不能免除赔偿责任的原因和其他原因共同造成的，承运人仅在其不能免除赔偿责任的范围内承担赔偿责任；而对其他原因造成的货物的灭失、损坏或者迟延交付，则不负赔偿责任。当然，承运人对其他原因造成的灭失、损坏或者迟延交付，应当负举证责任——证明其他原因的存在以及其他原因与货物灭失、损坏、迟延交付的后果之间存在的必然联系（《海商法》第 54 条）。

货物损害的赔偿责任，首先是法律要求海上货物运输合同的承运人承担的法律义务。从而，承运人对货物的灭失或损坏，对其受雇人或者代理人在受雇或者受委托的范围之内造成货物灭失、损坏或者迟延交付的行为承担赔偿责任。同时，根据我国《海商法》第 61 条的规定，这一责任也适用于实际承运人。如果承运人与实际承运人都负有赔偿责任，应当在此项责任范围内负连带责任（《海商法》第 63 条）。

当然，承运人将货物运输的全部或者部分委托给实际承运人履行的，承运人仍然应当对全部运输负责，即承运人对实际承运人承担的运输行为或者实际承运人的受雇人、代理人在受雇或者受委托的范围内的行为负责。不过，法律允许海上货物运输合同明确约定实际承运人履行部分运输过程中，货物在指定的实际承运人掌管期间发生的灭失、损坏或者迟延交付的，承运人不负赔偿责任（《海商法》第 60 条）。

（三）承运人的免责权利

如前所述，《海牙规则》和《维斯比规则》从保护船方利益的角度出发，赋予了承运人免责权利。从而，承运人对其规定的 17 项原因造成的货物损害，不承担赔偿责任。我国《海商法》吸收了上述国际公约的法律精神，并根据我国的海上货物运输实践和国际海运市场的需要，同样确立了承运人的免责权利，并规定了 12 项免责原因作为该免责权利的适用范围。

按照我国《海商法》第 51 条的规定，承运人对于在责任期间货物发生的灭失或者损坏是由于下列原因之一造成的，不负赔偿责任：

（1）船长、船员、引航员或者承运人的其他受雇人在驾驶船舶或者管理船舶中的过失引起的货物的灭失和损害。这一免责原因在海运实践中被称为“管船过失免责条款”。但是，承运人要援用这一免责条款来免责时，必须举证证明其已经履行了适航义务和管货义务，证明其雇用的船长、船员是合格的。因此，一般情况下，承运人在船舶起航之前的货物灭失或损害，即使是出于船长、船员过失的，也难以免除赔偿责任。究其原因，是承运人没有谨慎处理使船舶适航。

（2）火灾造成的货物损害。不过，以此作为免责原因时，必须是出于原因不明的火灾或船员的过失。“由于承运人本人的过失所造成的除外”，它包括承运人的法人代表或其业务人员的过失引起的火灾，不能免除承运人所应承担的货物损害赔偿责任。

（3）天灾，海上或者其他可航水域的危险或者意外事故造成的货物灭失或者损坏。

（4）战争或者武装冲突造成的货物灭失或者损坏。

（5）政府或者主管部门的行为、检疫限制或者司法扣押造成的货物灭失或者损坏。但是，因民事原因（比如债权人向法院申请扣押债务人的船舶）而造成船内货物损害的，承运人不能以此作为免责原因而免除赔偿责任。

（6）罢工、停工或者劳动受到限制而造成的货物灭失或者损坏。

（7）在海上救助或者企图救助人命或者财产而造成的货物灭失或者损坏。

（8）托运人、货物所有人或者他们的代理人的行为所导致的货物灭失或者损坏。

（9）货物的自然特性或者固有缺陷造成的货物灭失或者损坏。

（10）货物包装不良或者标志欠缺、不清等造成的货物灭失或者损坏。因为，妥善包装是托运人承担的责任，故由于货物的包装不良或者标志欠缺、不清造成其灭失或损坏的，承运人不负赔偿责任。但是，根据我国《海商法》第66条的规定，承运人签发清洁提单的，则不能援用该免责条款来进行抗辩，而应先行向收货人承担赔偿责任，然后，再依法向托运人追偿。

（11）经谨慎处理仍未发现的船舶潜在缺陷，造成的货物灭失或者损坏。

（12）非由于承运人或者承运人的受雇人、代理人的过失造成的其他原因引起的货物损害。承运人依法行使免责权利时，应当注意履行《海商法》所规定的提供适航船舶义务和管货义务等各项义务。只有在这个前提条件下，承运人才可以享受免责条款。而且，承运人应当负举证责任，证明上述免责原因的存在，才能免除赔偿责任。但是，对火灾发生的原因则无须举证即可免责。

至于承运人承担责任的责任期间，根据《海商法》第46条的规定，按装运方式的不同而有所区别。对集装箱装运的货物的责任期间，是从装货港接收货物时起至卸货港交付货物时止，货物处于承运人掌管之下的全部期间。而对非集装箱装运的货物的责任期间，则是从货物装上船时起至卸下船时止，货物处于承运人掌管之下的全部期间。当然，上述法定责任期间，不影响承运人就非集装箱装运的货物在装船之前和卸船之后的责任承担，与有关当事人达成协议。

学术前沿

对无单放货的责任性质及解决机制的不同见解①

所谓无单放货，全称是无正本提单交付货物，指的是在与国际贸易相关的海上货物运输中，应当凭正本提单交付货物的承运人或者其代理人，将货物交付给正本提单持有人以外的提货人的行为。客观地讲，这是一直困扰国际海上货物运输的主要问题之一，也是我国航运实践中普遍存在的问题，并成为海商法理论界长期争论的热点问题。

从立法层面说，我国《海商法》第71条关于提单的定义性规定已经确认，凭正本提单交付货物是承运人的一项法定义务。承运人违反该义务而无单放货的，应当承担相应的法律责任。然而，无单放货在海运实务中的发生率始终居高不下，尤其是近十年来在世界航运市场经历艰难的环境下，无单放货更是呈现日益增加的趋势。据粗略统计，无单放货在散杂货运输中约占30%，集装箱运输中约占50%，散装液体货物特别是油类运输中约占70%②。对于无单放货问题，《海牙规则》和《汉堡规则》均未给出结论性规定，而是留待各国的国内法加以解决。出于为处理大量无单放货案件提供统一的法律标准、弥补《海商法》的规定欠缺可操作性的不足的考虑，最高人民法院于2009年3月5日起施行的《关于审理无正本提单交付货物案件适用法律若干问题的规定》意义重大。

---

① 王钧．解读"无单放货"最新司法解释．中国海商法年刊，2009（1-2）；刘寿杰．解读《最高人民法院关于审理无正本提单交付货物案件适用法律若干问题的规定》．中国海商法年刊，2009（3）；徐孝先．论无正本提单放货的责任属性及权利救济．中国海商法年刊，2010（3）；李笑黎．《鹿特丹规则》下无单放货解决机制：从凭保函放货到凭指示放货．中国海商法年刊，2011（1）．

② 刘寿杰．解读《最高人民法院关于审理无正本提单交付货物案件适用法律若干问题的规定》．中国海商法年刊，2009（3）．

解读该司法解释第3条关于承运人无正本提单放货的规定，认定其责任性质为违约责任与侵权责任竞合，提单持有人有权选择违约之诉或者侵权之诉，允许其择因行诉。对此一规定，学术界的看法并不一致。有的学者持肯定态度，指出无正本提单交付货物的行为发生在承运人履行海上货物运输过程中的货物交付环节，损害了提单持有人的权利，构成请求权竞合。当然，考虑到提单持有人往往是收货人，根据合同相对性，收货人并非海上货物运输合同的当事人，但是，依据《海商法》第78条第1款的规定，实质上是确立了承运人与收货人或者提单持有人之间的债的关系，应为法定之债，不同于海上货物运输合同之债。从而，承运人无正本提单放货的，即违反了该合同之债，形成违约责任。同时，由于收货人持有正本提单，则基于提单之物权凭证的职能而使其享有货物的物权，承运人无单放货致使收货人未能获取货物，也就是侵害了收货人的提单物权而构成侵权责任。需要强调，提单持有人行使上述无单放货的诉权，应当是按照《海商法》的有关规定。有的学者甚至还从比较中英有关无单放货的法律入手，论证该司法解释认定无单放货的责任为违约责任与侵权责任的竞合，是与英国法关于错交货的责任性质的认定一致的①。

不过，也有学者对于该司法解释的上述认定提出否定意见，认为将无单放货的责任确认为违约责任与侵权责任竞合是无事实依据的，主张承运人无单放货只构成违约责任，而不能构成对提单持有人物权的侵害。理由是，收货人在海上货物运输合同中的第三方地位，使得该合同项下隐藏着另一个合同，即依附于海上货物运输合同的“涉他合同”。该“涉他合同”是因证明承运人与托运人之间的海上货物运输合同而签发的提单而产生，但收货人要想取得提单合同项下的权利，就必须付款赎单，并持有提单。与此相对应，承运人和作为卖方的托运人处于依法交货的义务方的地位，从而，承运人有义务在卸货港依法向持有正本提单的收货人交付货物，并代托运人履行向收货人（买方）交付货物的义务。可见，承运人向无正本提单的第三人交付货物而导致持有正本提单的收货人虽有正本提单却无货可收的境地，构成违约当无疑义。但是，根据提单并非物权凭证，而仅仅是提货权利证明的立场，承运人无单放货所损害的只是收货人依据提单所享有的提货权，却不能构成对其本不享有的物权的侵害。这也与该司法解释遵循的“弱化提单在运输合同履行中货物交付环节的物权功能，强调提单在运输合同履行中承运人应当凭正本提单交付货物的单证功能”的指导思想相吻合。

不仅如此，对于处理承运人无单放货的方法，也存在不同的法律机制。上述的司法解释是采取择因行诉的方法来处理无单放货纠纷，赋予提单持有人针对违约责任与侵权责任竞合状态，从中选择按照违约提起违约之诉或者提起侵权之诉的权利。而《鹿特丹规则》从平衡运输领域的各方参与者利益的角度出发，创新性地规定凭指示放货作为无单放货的解决机制，取代现实中已经在短线运输和石油运输中普遍适用的凭保函放货解决方法。根据该公约第47条第2款规定，凭指示放货的具体步骤是：（1）提单中明确约定，承运人可以在收货人不提交运输单证的前提下向其交付货物。（2）货物到港后，若承运人经合理努力无法确定收货人，或者持单人接到通知而未在法定期限内主张提货，

① 刘洋．无正本提单交付货物的中英法律解读．中国海商法年刊，2010（2）．

承运人可以请求托运人就货物交付给出指示，若经合理努力无法确定托运人，承运人可以请求单证托运人进行指示。(3) 托运人或者单证托运人作为指示人发出指示，承运人据此交付货物，以便解除其在运输合同项下的交货义务。但承运人可以要求指示人担保，保证赔偿其因执行指示人指示所遭受的损失。(4) 不知交货事项的善意持单人在上述交货后，取得运输合同项下的提货权、货损货差索赔权等权利，承运人应对其承担交货不能的赔偿责任，除非能够证明该持单人"并非善意"。(5) 指示人补偿承运人因凭指示交货所遭受的上述损失。

（四）承运人的赔偿限额

所谓赔偿限额，就是指承运人对货物的灭失和损坏，承担赔偿责任时，依法予以赔偿的最大限额。

为了适应海上运输风险大的特点，保护承运人的合法权益，有关海上货物运输的三个国际公约均规定了承运人的货物损害赔偿限额，各国海商法亦作了具体规定。但是，其赔偿限额和计算单位的标准并不统一。

1. 赔偿单位

对承运人责任限制中的赔偿单位，《海牙规则》使用"每件货物"或"每一单位"或"每一运费单位"。而《汉堡规则》改变了《海牙规则》过分任意性的做法，使用"每件货物"或"每一装运单位"，以适应集装箱运输的需要。

我国《海商法》借鉴了《汉堡规则》的精神，规定承运人责任限制的赔偿单位，是"按照货物件数或者其他货运单位数计算"。在此，"其他货运单位"指的是货物装船时的装运单位，并非"运费单位"。如果货物是用集装箱、货盘或者类似装运器具集装，提单载明货物件数或者其他货运单位的，则以此作为计算赔偿限额的依据。但是，提单中未载明的，则将每一装运器具视为一件或者一个单位（《海商法》第56条第2款）。

2. 赔偿限额的货币单位

通常，承运人承担赔偿责任，是按灭失货物的实际价值或受损货物的受损前后的实际价值差额来进行赔偿的。但是，有关国际公约和各国海商法又都规定了承运人的赔偿限额，用以限制承运人的赔偿数额。

《海牙规则》将此赔偿限额规定为每件货物或每一单位的赔偿责任以100英镑（金本位计算的英镑）或者与其等值的其他货币（不以英镑作为货币单位的国家，可将100英镑换算为本国货币）为限。后因英镑纸币贬值，英国海事法律协会在1950年通过的一项"黄金条款"中将此限额提高为200英镑。不过，20世纪50年代以后，针对英镑仍不断贬值的情况，1968年的《维斯比规则》对此限额予以修改。按其规定，承运人对于未申报价值的货物的赔偿限额为每件或每一单位10 000金法郎（含纯度为千分之九百的黄金65.57毫克的单位），或毛重每千克30金法郎，按两者之中的高者计算。

但是，由于各西方发达国家在20世纪70年代后先后实行浮动汇率，黄金官价已不复存在，用货币的含金量确定货币价值的办法难以适用。因此，《汉堡规则》采用国际货币基金组织的特别提款权（SDR）作为单位来确定承运人对于货损的赔偿限额，即承运人对于货物灭失或损坏的赔偿责任，以每件货物或每一装运单位不超过 835 计算单位（特别提款权）或毛重每千克不超过 2.5 计算单位为限，以其较高者为准。

我国《海商法》吸收了《汉堡规则》的合理性方法，以国际货币基金组织的特别提款权作为货币单位，规定承运人对货物的灭失或者损坏的赔偿限额，按照货物件数或者其他货运单位数计算，每件或者每个其他货运单位为 666.67 计算单位，或者按照货物毛重计算，每千克为 2 计算单位，以二者中赔偿限额较高的为准。但是，托运人在货物装运前已经申报其性质和价值，并在提单中载明的，或者承运人与托运人已经另行约定高于本条规定的赔偿限额的除外（《海商法》第 56 条第 1 款）。

3. 赔偿限额的适用

法律规定的承运人的上述赔偿限额，适用于货物的灭失或者损坏。而对货物因迟延交付造成经济损失的赔偿限额，则为所迟延交付的货物的运费数额（《海商法》第 57 条）。但是，货物的灭失或者损坏和迟延交付同时发生的，承运人的赔偿责任限额则应当适用上述的货物灭失或者损坏的限额。

应当注意，赔偿责任限制是海商法赋予承运人的一项权利。因此，这项权利也会依法丧失。对此，《海牙规则》仅仅是规定贵重货物托运时申报了其价值、性质的，承运人依货价计收运费，则对其灭失或损坏就不享受责任限制。《维斯比规则》和《汉堡规则》根据客观需要，将承运人的故意行为列为责任限制权利丧失的法定原因。例如《汉堡规则》规定，如证明货物的灭失、损坏或迟延交付是出于承运人有意的行为或不行为，或者明知可能发生这种灭失、损坏或迟延交付而毫不在意的，就丧失责任限制的权利。

我国《海商法》亦将承运人的这种主观过错作为丧失责任限制权利的法定事由，即“经证明，货物的灭失、损坏或者迟延交付是由于承运人的故意或者明知可能造成损失而轻率地作为或者不作为造成的”，承运人不得援用该法有关限制赔偿责任的规定。这一责任限制权利丧失的事由，同样适用于承运人的受雇人、代理人（《海商法》第 59 条）。

三、托运人的基本权利、义务和责任

托运人的基本权利和义务是与海上货物运输合同承运人的权利义务相互对应的。现分述如下：

（一）托运人的基本权利

（1）托运人有权利要求承运人依法提供适航船舶。

（2）托运人有权利要求承运人履行管理货物的义务，妥善地、谨慎地装载、搬移、积载、运输、保管、照料和卸载所运货物。

（3）托运人有权利要求承运人按规定航线航行。除法律允许的正当的、合理的绕航以外，不得绕航。

（4）托运人有权利要求承运人签发提单，并依据提单在目的港交付货物。

（5）托运人有权利依法追究承运人所应当承担的货物损害赔偿责任，要求承运人依法进行赔偿。

（二）托运人的基本义务（在海商法上被称为托运人的责任）

1. 提供约定货物的义务

托运人应当把约定的托运货物，按时运送到承运人指定的地点，并交付给承运人，以便装船。为此，托运人应当按照货物的品种、规格进行妥善包装，使其适宜于运输。同时，应当把货物的品名、标志、号码、件数、重量、装货港和目的港名称以及收货人名称填写清楚。为此，托运人应向承运人保证货物装船时所提供的货物的品名、标志、包装或者件数、重量或者体积的正确性（《海商法》第 66 条第 1 款）。如果由于包装不良或者托运人申报的上述资料不正确而造成承运人损失的，托运人应当对承运人负赔偿责任。当然，承运人依法享有的这一受偿权利，并不影响其根据海上货物运输合同对托运人以外的人所承担的责任。也就是说，如果因托运人提供的货物记载事项不正确而在目的港发生货损货差的，承运人应当先行向收货人赔付，然后，就其损失向托运人索赔，而不能以托运人的过失对抗收货人。除非提单上有相应的规定。

托运人提供约定货物的义务，还包括应当及时向港口、海关、检疫、检验和其他主管机关办理货物运输所需要的各项手续，并将已办理各项手续的单证送交承运人。如果因办理各项手续的有关单证送交不及时、不完备或者不正确，使承运人的利益受到损害的，托运人应负赔偿责任（《海商法》第 67 条）。

当托运人托运危险货物（易燃、易爆或其他危险品）时，托运人应当依照有关海上危险货物运输的规定，妥善包装，作出危险品标志和标签，并将其正式名称和性质以及应当采取的预防危害措施书面通知承运人（《海商法》第 68 条第 1 款）。因托运人未通知或者通知有误的，承运人可以在任何时间、任何地点，根据情况需要将此类货物卸下、销毁或者使之不能为害，而不负赔偿责任。而托运人对承运人因运输此类货物所受到的损害，应当负赔偿责任。

承运人知道危险货物的性质并且已同意装运的，承运人仍然有权在该项货物对于船舶、人员或者其他货物构成实际危险时，将该货物卸下、销毁或者使之不能为害，而不负赔偿责任。但是，这一损失应当由各利益方作为共同海损进行分摊。

2. 支付运费的义务

运费是海上货物运输合同作为有偿合同的直接体现。因此，支付运费是托运人承担的一项主要义务。

在海上货物运输实践中，运费的支付办法可以是预付运费、到付运费或比例运费，双方当事人可以在海上货物运输合同中具体约定，则托运人应当按照约定向承运人支付运费（《海商法》第 69 条第 1 款）。

预付运费，一般是在装货港装货时或船舶开航前由托运人支付给承运人。实践中也存在船舶开航后再予支付的。按照海上运输惯例和海上运输合同的规定，凡已预付的运费，不论货物灭失与否，概不退还。

到付运费，是指在目的港交货时，由收货人支付运费。正如我国《海商法》第 69 条第 2 款规定的："托运人与承运人可以约定运费由收货人支付；但是，此项约定应当在运输单证中载明。"按此方式付运费的，如果货运没有运送到目的港，承运人无权收取运费。而货物已运送到目的港的，不论是否损坏，收货人均应照付全部运费，不得拒付或减付运费。否则，承运人有权留置货物。

比例运费，就是指按货物运送的实际里程与全程之间的比例计付运费的方法。这一般适用于放弃原定航程或运输中途遇难的情况，并经双方当事人协商同意。

3. 对承运人财产损失的赔偿责任

根据我国《海商法》第 70 条的规定，因托运人或其受雇人、代理人的过失造成承运人、实际承运人的损失或船舶损坏的，托运人应当承担赔偿责任。当然，非托运人或其受雇人、代理人的过失造成的除外。

实例枚举

甲机械有限公司于 2007 年 1 月 9 日，将其卖给 A 国 X 公司的一批电动绞盘（总价值 9 800 美元）交付给乙货运有限公司，由其自我国 S 港运送至目的港 A 国的 K 港。2 月 20 日，乙货运有限公司在 K 港卸货时发现浸湿，经检验员检验，货物水损原因是海上航行中压舱水倒灌船舱。

因向承运人提出索赔遭到拒绝，甲机械有限公司向海事法院提起诉讼，要求承运人乙货运有限公司赔偿货物损失和为货物水损检验支出的水损检验费用。理由是：(1) 检验报告确认导致货物水损的原因是船舶中途停靠 W 港时进行卸货，并为继续航行而由船员打压舱水过程中，水流入装载该货物的货舱，而进水的直接原因是航行途中，船员打开货舱的出入孔盖进行检验却没有盖住，致使压舱水流入货舱，表明船舶在 W 港航段的开航前和开航时不适航。(2) 本案的货损是由于船员操作压舱水过程中因疏忽而未事先检查确认货舱盖的安全情况，属于其照料货物的过失，构成管货责任，应当赔偿货物损失。被告辩称：船员操作压舱水是出于驾驶船舶的需要，由此造成的货物损失应当纳入管船过失。根据《海商法》第 51 条第 1 款第 1 项的规定，承运人对于其船员"在驾驶船舶或者管理船舶中的过失"，是不负赔偿责任的。

海事法院经过审理，认为：《海商法》第 47 条所规定的承运人的船舶适航义务，适用于起运地和航行途中的每次开始的航次。根据本案的承运人在中途停靠 W 港进行卸货作业和船舶检验的事实，其在 W 港的航次开航前和开航时，同样应当承担保持船舶适航的义务。而本案的货物水损恰恰发生在航行途中停靠 W 港时，船员因疏忽忘记关闭货舱致使压舱水流入货舱，也就是说，发生在该航次的开航前和开航时，故涉案货损的直接原因是船舶不适航，承运人应当对此承担赔偿责任。但船员操作压舱水是出于船舶航行中调整压载系统的需要，属于管理船舶的行为，故原告以该行为属于管货责任为由，要求承运人承担赔偿责任，不予支持。

阅读本案例，有助于大家具体理解承运人承担货物损害赔偿责任的适用范围，正确把握《海商法》有关承运人货损责任的承担与免除的标准和认定界限的适用。

第五节　提单与海运单

一、提单的概念和作用

对提单的概念，《海牙规则》和《维斯比规则》均未予以规定，而《汉堡规则》则将提单在长期实践中形成并被世界各国普遍接受的三个作用概括为提单的概念①。我国《海商法》吸收了《汉堡规则》的规定，将提单定义为是指用以证明海上货物运输合同和货物已经由承运人接收或者装船，以及承运人保证据以交付货物的单证。提单中载明的向记名人交付货物，或者按照指示人的指示交付货物，或者向提单持有人交付货物的条款，构成承运人据以交付货物的保证（《海商法》第71条）。

提单是在欧洲早期的国际航海通商贸易从“船货合一”向“船货分离”的过程中产生的。在国际航海通商贸易出现之初，没有专门从事海上运输的职业船东。船东往往就是货主，其海上运输目的是进行海外商品交易，属于自运自销活动，无须使用提单。但随着国际贸易和航运事业的发展，海上运输逐渐从国际贸易中分离开来，成为独立行业。相应的，船东和货主彼此分离，形成了“承运人”与“托运人”的社会分工。从而，基于船东与货主各自的利益，使得货物的交付和接管成为重要的问题。这为提单的产生创造了条件，货主把货物交给承运人装船之后，要求提供一份证明承运人收到货物的单证，该单证就是最初的提单。随着提单不断发展，逐渐地有商人或者船东为了保护自己，便在提单的背面记载运输合同的条款，例如船东依据提单上记载的免责条款来减轻自己的赔款责任。所以，提单不仅是收货凭证，又成为运输合同的证明。

进入17世纪以后，国际贸易中货物的物权转移日益迅速，导致付款方式的变革，即从现货现金交易转变为“单证买卖”。而海上运输货物的在途时间过长不能适应这一国际贸易方式的改变。为了顺应客观需求，法律赋予了提单物权凭证的功能②。这意味着提单与相关货物之间形成了分离，提单本身已具有了有价证券的属性，处分提单也就是处分货物。因此，即使货物还在运输途中，国际贸易的当事人转让提单，也就意味着转让了在目的港的提货权。可见，国际贸易的发展促进了提单的发展。

从提单的上述概念，可知提单具有如下作用：

（一）提单是海上货物运输合同的证明

现代海运中所使用的提单一般都记载了海上货物运输合同的条款，故各方当事人应当予以遵守。提单本身并不是海上货物运输合同。因为，提单是承运人在接收货物之后签发的，而在此之前，承运人与托运人已经在订舱之时就有关海上货物运输的条件达成

---

① 《汉堡规则》第1条规定：“提单是一种用以证明海上货物运输合同和货物由承运人接管或装船，以及承运人据以保证交付货物的单证。单证中关于货物应交付指定收货人或按指示交付或交付给提单持有人的规定，即构成这一保证。”

② 1794年，在利克巴罗诉梅森一案中，英国法院首次承认提单是物权凭证。

了运输合同。但提单可以证明当事人之间的权利义务关系。在海运实践中，海上货物运输合同的条款就表现为提单的条款。除非承运人与托运人另有约定，应以提单记载为准。但是，提单条款与运输合同内容相抵触时，则以后者为据。

为了维护提单的可流通性，保护善意的提单受让人的利益，根据我国《海商法》第78条的规定，承运人同收货人、提单持有人之间的权利、义务关系，依据提单的规定确定。这意味着承运人与托运人在提单所记载的内容以外达成的协议，不对提单善意受让人（包括收货人在内的第三人）产生约束力。

（二）提单是承运人接管货物或者已将货物装船的收据

承运人签发提单，表明其已接管了提单项下所记载的货物，并基于海上货物运输合同而占有掌管了该货物（或在承运人指定的仓库或地点接收，或者已将货物装船完毕）。因此，提单具有货物收据的作用。不过，依据我国《海商法》第77条的规定，对托运人来讲，承运人签发的未作批注的提单是承运人已经按照提单所载状况收到货物或者货物已经装船的初步证据——如果承运人实际收到的货物的状况与提单记载不符的，可以向托运人提出反证予以证明。但是，对接受提单转让的善意第三人（包括收货人或提单持有人）来讲，提单则是承运人按其记载收到货物的最终证据——即使承运人收到货物确与提单的记载不符是由于托运人申报错误所致，承运人亦不得以此对抗该善意第三人，而只能就货物的灭失或损坏，在向该第三人予以赔偿之后，再向托运人追偿。

（三）提单是承运人保证据以交付货物的凭证

承运人在卸货港向收货人交付货物是其在海上货物运输合同中承担的一项基本义务。但是，承运人在履行该义务时是以其签发的提单为根据的，故提货人在请求提货时必须向承运人提交提单。由于提单中载明的向记名人交付货物，或者按照指示人的指示交付货物，或者向提单持有人交付货物的条款，构成承运人据以交付货物的保证（《海商法》第71条）。承运人应当向出示记名提单的记名提货人，或出示指示提单的被指示人，或出示无记名提单的提单持有人交付货物。否则，承运人拒不向上述提货人交付货物或者未凭提单而交付货物（无单放货）依法应向根据提单享有提货权的人承担违约责任，赔偿因此造成的损失。

（四）提单是货物的物权凭证

作为现代国际贸易中“单证买卖”的重要内容，提单本身代表着货物。谁持有提单，也就在法律上拥有相应货物的所有权。因此，提单基于物权凭证的作用可以被用于结汇、流通和抵押。提单持有人即使不直接占有货物，也可以通过背书或交付等方式转让提单。这种转让意味着货物所有权的转移。

对于提单的物权凭证作用，理论上存在不同观点。

一种认为提单具有绝对的物权凭证作用。拥有提单就无条件地拥有货物所有权，即使货物不处于承运人占有之下，提单持有人亦可向实际占有人主张对货物的所有权。

另一种认为提单的物权凭证作用是有限制的，即提单的物权凭证作用只及于在运途中的货物，提单持有人应当在货物抵达目的港的一定时间内，对货物享有物权；过期不提货的，即视为无主，承运人依法对不能交付的货物行使处分权。

还有观点认为提单不具有物权凭证作用，其仅是作为运输合同的证明和接收货物及据以交付货物的凭证。我国《海商法》有关提单的规定未涉及这一作用。

二、提单的分类

根据不同的标准，提单可以分成如下种类：

（一）记名提单、指示提单和不记名提单

这是根据提单正面收货人的记载情况划分的提单种类。

1. 记名提单

记名提单是指由托运人在提单下面的收货人一栏内填写特定收货人的提单。对于记名提单，只有提单上明确记载的收货人才有权提取货物，而承运人也只能将货物交付给提单上记载的收货人。

记名提单不具有流通性，一般不能转让。我国《海商法》第 79 条亦明文规定：“记名提单：不得转让”。可见，记名提单能够避免转让中的风险，但因缺少可流通性，而在国际贸易中较少使用，一般只用于运输贵重物品、展览品或个人物品等。

2. 指示提单

指示提单是指提单下面的收货人一栏内写明“凭某人指示”或者“凭指示”字样的提单。前者又称“记名指示提单”，一般包括托运人指示、收货人指示、进口方银行指示等，承运人应按记名的指示人的指示交付货物。后者又称不记名指示提单，一般视为凭托运人的指示。

指示提单是一种可转让提单。通常是由指示人以背书方式确定收货人，并发生提单的转让。具体的背书方式分为记名背书和空白背书。前者是由指示人（背书人）在提单背面写明被背书人，承运人依此背书将货物交付给被背书人或按其进一步的指示交货。后者是由指示人在提单背面不写明被背书人，而只签署自己姓名的背书。经空白背书的指示提单的效力与不记名提单相同，承运人应将货物交给出示提单的人。如果指示人不作任何背书，则视为指示人保留对货物的所有权，提货权亦归属其本人。指示提单的可转让性使其在国际贸易中被广泛地适用，故我国《海商法》第 79 条规定：“指示提单：经过记名背书或者空白背书转让”。

3. 不记名提单

不记名提单是指提单正面的收货人一栏没有填写具体的收货人或指示人，一般只注明“持有人”或交与“持有人”字样的提单。对于不记名提单，承运人是见单交货，即只向提单持有人交货。不记名提单无须背书即可转让（《海商法》第 79 条第 3 项）。但因其流通性较强，使国际贸易的双方当事人承担较大的风险，故在实践中极少采用。

（二）已装船提单和收货待运提单

这是根据在签发提单时，货物是否装船所划分的提单种类。

1. 已装船提单

已装船提单是指承运人在货物装船后签发给托运人的提单。这种提单除载明一般事项外，还必须注明装船日期和船舶名称。承运人签发了已装船提单，意味着其确认提单项下的货物已经装上提单所注明的船舶。由于已装船提单对于收货人及时收到货物有所保障，因而国际贸易活动中的买方一般都要求卖方提供已装船提单。许多国际贸易惯例，诸如国际商会《国际贸易术语解释通则》和《跟单信用证统一惯例》等均将提供已装船提单列入交易条件。在海运实践中，除了集装箱货物运输以外，大多采用已装船提单。

2. 收货待运提单

收货待运提单是指承运人在接收了货物但尚未装船时，应托运人的要求而签发的提单，又称备运提单或待运提单。由于货物尚未装船，故收货待运提单上不填写船舶名称和装船日期。承运人签发此类提单，只表明货物已由其掌管。

收货待运提单产生于19世纪的末期，晚于已装船提单。因其可以不必等到货物装船后签发，可尽早通过转让提单而融资，故受托运人欢迎。但因其增加了收货人及时收取货物的风险，故国际贸易中的买方一般不愿意接受此类提单。随着集装箱运输的迅速发展，适应货物交接方式在海上货运中的变化，承运人须在内陆收货站接收货物。所以，只能签发收货待运提单，导致此类提单的使用日益增多。不过，国际贸易的跟单信用证上通常还是要求卖方提供已装船提单。从而，在海运实践中的处理方法是，托运人在货物装船完毕之后，将其持有的收货待运提单退还给承运人，以换取已装船提单，或者由承运人在收货待运提单上加注承运船舶的船名和装船日期，加注后的收货待运提单视为已装船提单（《海商法》第74条）。

（三）清洁提单和不清洁提单

这是根据提单有无货物状况的批注所划分的提单种类。

1. 清洁提单

清洁提单是指承运人签发的对货物外表状况未加批注的提单。承运人未在提单上批注货物表面状况的，视为货物的表面状况良好（《海商法》第76条）。签发此类提单，表明承运人确认已经按提单记载的货物的品名、标志、包数或件数、重量或体积接收了货物，接收的货物外观状况良好——承运人凭目力所能观察到的货物的状况，但它并不排除货物存在内在瑕疵及其他目力所不及的缺陷。承运人就其签发的清洁提单向收货人负责，即对于货物在卸货港发现的残损短少，应承担赔偿责任，不得以签发清洁提单之前货物即已存在包装不良为由推脱责任。

清洁提单在国际贸易中非常重要。因为，买方要收到完好无损的货物，就首先应要求卖方提供证明货物在装船时外观状况良好的清洁提单。而卖方提供清洁提单是其向银行结汇的条件。此外，提单的转让也往往要求是清洁提单。

2. 不清洁提单

不清洁提单是指承运人在其上加有货物外观状况不良批注的提单。承运人知道或者有合理的根据怀疑提单记载的货物的品名、标志、包数或者件数、重量或者体积与实际接收的货物不符，在签发已装船提单的情况下怀疑与已装船的货物不符，或者没有适当的方法核对提单记载的，可以在提单上批注，说明不符之处、怀疑的根据或者说明无法核对（《海商法》第75条），诸如“内装货物外露”“包装箱损坏”“破包”“渗漏”“污损”“锈损”等形容货物外观状况的批注。但是，并非所有加批注的提单都属于不清洁提单。在海运实践中，凡笼统批注外包装而未指出具体不良状况的批注，如旧箱、旧桶等；或强调货物性质引起的风险，如“易腐烂货物”；或载有承运人对于货物的内容、数量、质量、技术规格等不知的“不知条款”的提单，不构成不清洁提单。承运人签发不清洁提单，表明货物是在外观状况不良的情况下被承运人接收或装船。承运人基于其签发的此类提单，在目的港交货时，对货物的损害，只要不超出批注的范围，就可以减轻或免除承运人的责任。

在提单上加批注，是承运人的一种自我保护手段。但是，不清洁提单对托运人很不利。因为，不清洁提单不便转让，而且银行结汇时拒收不清洁提单。所以，国际贸易中的买方一般不愿接受不清洁提单。为此，托运人可以通过更换包装使货物处于外观状况良好，或向承运人出具保函来承诺由托运人承担由于外观状况不良引起的损失的责任等方法向承运人换取清洁提单。

（四）直达提单、海上联运提单和多式联运提单

这是根据运输方式所划分的提单种类。

1. 直达提单

直达提单是指承运人签发的货物自装货港装船后不经转船而直接运至卸货港的提单。此类提单上只填写装货港和卸货港的名称、无转船批注。即使是提单上列有承运人有权转装他船的“自由转船条款”，亦属直达提单。在海运实践中，如果信用证规定不准转船时，托运人必须持有直达提单才能向银行结汇。

2. 海上联运提单

海上联运提单是指承运人签发的规定货物从装货港装船启运后，中途转船交由其他承运人接运至目的港的提单。签发此种提单的承运人通常是一程船的承运人，称其为联运承运人。接运货物的（二程船）承运人则称为接运承运人或实际承运人。相应的，联运承运人与接运承运人之间的关系适用我国《海商法》的有关规定。一般情况下，联运承运人组织安排全程运输，并自接收货物时起至目的港向收货人交付货物时止，对全程运输负责。当货物发生损害时，受害人既可以向联运承运人索赔也可以要求接运承运人予以赔偿，而不论货物损害是否发生在其承运的运输区段。在向受害人赔付之后，联运承运人与接运承运人之间再予以追偿。当然，联运提单上亦可规定联运承运人只对其承运的运输区段负责的“分段多责条款”。

3. 多式联运提单

多式联运提单是指多式联运承运人（经营人）签发的，规定将货物从接收地，经包括海上运输在内的两种以上的不同运输方式，运至目的地的提单。此种提单多用于国际集装箱货物运输。

（五）全式提单和简式提单

这是根据提单所列内容的繁简情况所划分的提单种类。

1. 全式提单

全式提单是指既有正面记载事项，又在背面列明承运人、托运人和收货人权利义务条款的提单。海运实践普遍使用的是全式提单。

2. 简式提单

简式提单是相对于全式提单而言的，具体指仅有正面记载事项而背面没有当事人权利义务条款的提单。这种提单通常在正面印有"简式"字样，以示与全式提单相区别，此种提单上往往还规定以承运人的全式提单为准等内容。简式提单为美国等国家的船舶公司所采用，目的在于简化提单。

（六）倒签提单和预借提单

这是在海运实践中存在的两种特殊的提单。

1. 倒签提单

倒签提单是指承运人在货物装船后，应托运人的要求以早于货物实际装船的日期作为签发日期的提单。在海运市场上，提单签发日期应为提单项下的货物装船完毕的日期，货物装船日期晚于信用证规定日期的，会导致银行拒绝结汇。从而，为了符合信用证规定的装船日期，顺利结汇，托运人便要求承运人签发倒签提单。但是，签发此种提单既不合法又会使承运人承担很大的责任风险，因为，很多国家的法律认定倒签提单是一种欺诈（甚至构成诈骗）行为，即使托运人为此向承运人出具保函，该保函也不对收货人产生约束力，承运人依法仍要承担责任。何况提单倒签时间过长，又会涉及承运人延误运输的责任。

2. 预借提单

预借提单是指承运人在其接管的货物装船之前或者尚未装船完毕之前，应托运人的要求而签发的已装船提单。签发这种提单，往往是在信用证规定的装船日期和交单结汇日期即将届满时，应托运人的要求而签发的，具有预先借用的作用。但是，此种提单是不合法的，可能构成承运人和托运人的恶意通谋。而且，承运人承担着货物在装船前灭失、损坏或退关情况下丧失免责和责任限制权利的风险。

（七）电子提单和传统提单

电子提单是指通过电子数据交换系统传送的有关海上货物运输合同的数据。与传统的提单相比较，电子提单不是纸本的航运单证，而是按一定规则组成的一系列电子数据。其传送方式不是传统的通信方式，而是通过电子网络输送。

电子提单是当代电子计算机技术和电子通信技术的产物。它随着现代海运市场，尤其是集装箱运输方式的发展对于提高提单流转速度的需要应运而生。因为，电子提单通过计算机网络的电子数据交换系统输送可以瞬间实现，可以避免传统提单主要靠航空邮寄办法送达而晚于船舶到达而引起的纠纷。同时，电子提单是按电子密码输送的，可以提高提单的安全性，防止海运单证欺诈的发生。但是，电子提单的输送依赖承运人及其代理人、托运人、收货人及其银行之间建立计算机网络系统。这妨碍了电子提单的普及。目前除了美国等少数国家已建立起相应的计算机网络（如蔡斯贸易交易所）外，其他国家尚未形成此类计算机网络，故全面实现海运市场从"有纸贸易"向"无纸贸易"的变革尚需时日。

由于电子提单在应用过程中带来了一些法律问题，国际海事委员会在1990年6月在巴黎召开的第34届大会上，通过了《国际海事委员会电子提单规则》，规定了如下法律问题：

1. 运输合同的条款与条件

不同于传统提单，电子提单在输送过程会提及特定的运输合同条款与条件，它被视为运输合同的组成部分。

2. 电子提单的法律适用

适用于传统提单的国际公约和国内法亦适用于电子提单。

3. 货物支配权及其转让

根据该规则的规定，货物支配权包括向承运人请求提货；指定收货人或替换收货人；根据运输合同的条款和条件向承运人发出指示，如请求在货物抵达目的港之前交付货物等。货物支配权首先归属于托运人，自托运人从银行结汇后转移给银行，并在收货人向银行付款后，转归收货人。拥有货物支配权的人可以通过转让该权利实现货物所有权的转移。可见，该规定使电子提单保留了传统提单的流通功能。

4. 电子提单的形式

根据该规则的规定，承运人、托运人及其他有关方面，应将电子计算机储存器中储存的，并可在电子计算机屏幕上用人类语言显示，或已由电子计算机打印出来的电子数据，视为书面形式。电子数据与书写的提单效力等同。

实例枚举

海上货物运输合同的当事人使用上述各类提单，应当符合海商法和有关国际贸易的法律规定以及海上运输的习惯。为此，仅举一例。1996年9月，厦门贸易股份有限公司（以下简称厦门贸易公司）将其卖给香港富乐门针织有限公司（以下简称富乐门公司）的价值69 000美元的服装，通过海丰船务公司（以下简称海丰公司）装载于"开元"轮。根据厦门贸易公司的要求，厦门集装箱海运公司签发了收货人为"凭香港浙江兴业银行指示"的提单一式三份。该提单抬头为福建省轮船总公司，并载明托运人为厦门贸易公司，通知人为富乐门公司。“开元”轮起航后，富乐门公司以安排下一航程运输为由，要求厦门汽车公司将一份正本提单寄交于它。同年10月10日，富乐门公司凭此份未经开证行香港浙江兴业银行背书的正本提单，从海丰公司处提取了上述货物，致使厦门贸易公司被香港浙江兴业银行以单证不全为由拒绝付款，遂生纠纷。经法院查证，“开元”轮原为福建省轮船总公司下属的福建省厦门轮船公司所有，后变更所有权人为厦门集装箱海运公司，而厦门轮船公司使用的是福建省轮船总公司的提单。本案中所签发的提单系厦门轮船公司出借给海丰公司的，而海丰公司则是厦门集装箱海运公司的船务代理人。分析本案的案情，可以看到承运人为厦门集装箱海运公司，它签发了指示提单。但是，其代理人没有遵守指示提单的规则，凭未经提货指示人香港浙江兴业银行背书的提单放货，侵犯了提单收货人的提货权，应当由厦门集装箱海运公司承担主要责任。不过，厦门贸易公司作为海上货物运输的托运人和国际贸易中的卖方以及信用证的权利人，违背信用证的要求，将一份未经指示人背书的无效提单寄给提单通知人富乐门公司，不仅不能更改提单的性质，而且应当对于本案的结果承担次要责任。

三、提单的内容和签发

（一）提单的内容

海上运输中使用的提单通常是由各船舶公司自行制作的，虽没有统一标准，但在内容和形式上大同小异。一般来讲，提单的正面是需要记载的基本事项，背面则是运输合同的条款。为了保证提单的使用，维护收货人或提单持有人的利益，有关提单的国际公约和各国国内法亦对提单所应记载的事项有所规定。

1. 提单正面的记载事项

根据我国《海商法》第73条的规定，提单正面应当记载以下各项内容：

（1）货物的品名、标志、包数或者件数、重量或者体积，以及运输危险货物时对危险性质的说明；

（2）承运人的名称和主营业所；

（3）船舶名称；

（4）托运人的名称；

（5）收货人的名称；

（6）装货港和在装货港接收货物的日期；

（7）卸货港；

（8）多式联运提单增列接收货物地点和交付货物地点；

（9）提单的签发日期、地点和份数；

（10）运费的支付；

（11）承运人或者其代表的签字。

提单的性质不因缺少上述规定的一项或几项内容而受到影响。但是，提单缺少的内容必须是不改变其用以证明海上货物运输合同和货物已经由承运人接收或者装船，以及承运人保证据以交付货物的作用。

此外，在海运实践中，提单一般还应当记载货物的外观状况。承运人或代其签发提单的人知道或者有合理的根据怀疑提单记载的货物的品名、标志、包装或者件数、重量或者体积与实际接收的货物不符，在签发已装船提单的情况下怀疑与已装船的货物不符，或者没有适当的方法核对提单记载的，可以在提单上批注，说明不符之处、怀疑的根据或者说明无法核对。承运人或者代其签发提单的人未在提单上批注货物表面状况的，视为货物的表面状况良好。

2. 提单背面的条款

在不违反所适用的国际公约或国内法的前提下，提单背面的条款就是承运人和托运人所签订的货物运输合同内容的证明，是确定各方当事人的权利和义务的依据。虽然各船舶公司所制作的提单的背面条款不尽相同，但主要是涉及承运人和托运人双方权利和义务，以及具体业务的处理和费用负担等内容。一般都包括以下主要条款：

（1）管辖权条款。该条款规定与提单有关争议由何国法院管辖。

（2）法律适用条款。该条款规定提单及与提单有关争议受某一国际公约或某国内法的约束。

（3）承运人责任条款。该条款规定承运人在货物运送过程中所应承担的责任及免责事项。

（4）承运人的责任期间条款。该条款规定承运人所承担的货物运输责任的开始和终止时间。

（5）运费及其他费用条款。该条款通常规定运费及其他费用的支付方法。

（6）装货、卸货和交货条款。该条款规定托运人在装货港提供货物、接收货物和卸货港提取货物的义务及违约责任。

（7）赔偿责任限额条款。该条款规定承运人对货物灭失和损坏承担赔偿责任的限额。但在法律适用条款规定适用国际公约或国内法的，则应依法确定。

（8）舱面货、活动物条款。该条款规定运送舱面货、活动物的收受、装载、运输、保管、卸载中各方当事人的权利和义务。由于《海牙规则》将舱面货、活动物排斥于货物之外，故提单中常有此条款。

（9）转船条款。该条款通常规定承运人可以将货物交由他人船舶运送。对此条款，很多国家的法院常以其降低了承运人责任为由认定为无效条款。

（10）共同海损条款。该条款规定发生共同海损时的理算地和适用的理算规则。

（11）新杰森条款[①]。该条款规定当船舶因船长、船员或引航员的过失发生事故而采取救助措施时，即使救助船和被救助船同属一个船舶公司，被救助船仍须支付救助报酬。该救助报酬作为共同海损费用，由受益各方分摊。有的提单将新杰森条款与共同海损条款合并为一个条款。

---

① 1910 年美国联邦最高法院在“杰森”一案中裁定提单中规定共同海损疏忽条款（规定承运人提供适航船舶，则因其雇用人员的过失导致的共同海损，货主应当分摊）为有效，故称此类条款为“杰森条款”。1936 年，各船舶公司纷纷对提单上的此类条款加以修改和补充，称为“新杰森条款”。

（12）互有过失碰撞条款。该条款是承运人针对美国法律有关双方互有过失导致的船舶碰撞在财产损害赔偿方面的特殊规定而在提单中规定的赔偿方法，又称美国碰撞条款。其内容是本船因他船疏忽以及该船雇用人员在驾驶或管理船舶中的疏忽或不履行职责而与他船碰撞，则本船货主应就他船亦即非载货船舶或其所有人所受一切损害或所负一切责任，给予本船承运人赔偿。由于美国对于两船碰撞所致货物损害实行连带责任制，故提单中规定此条款是为了与美国的相关法律规定相一致，防止在美国发生碰撞事故时对自己不利。

（13）地区条款。该条款规定运往美国或从美国运出的货物，其提单应遵守 1936 年的《美国海上货物运输法》。其实质意义在于适用该法规定的承运人的赔偿责任限额——每件货物或每一习惯运费单位不超过 500 美元。但托运人在货物装船前已申报货物的性质和价值，并在提单上注明的除外。

知识链接

提单的首要条款、地区条款和法律选择条款的识别①

海运提单背面所记载的合同条款中涉及法律选择问题的条款有三个，即首要条款、地区条款和法律选择条款。相应的，如何识别和界定这三个条款的内容，进而准确地适用这三个条款，成为海运实务和海事审判需要解决的重要课题，也是理论界和实务界存有争议的问题。

对于上述条款的识别方法，学界普遍的看法是，识别的主要依据绝不是条款的名称，而是当事人的真实意思表示，即按照意思表示原则，通过提单条款的措辞，并结合交易的具体情况，判断当事人的真实意思是追求为提单选择准据法，还是要将外国法并入提单而转化为提单的合同内容。

（1）首要条款的识别。一般认为，提单的首要条款是规定本提单应受某一国际公约或者某一国内法约束之内容的一个特殊条款②。举一首要条款范例："本提单应依据 1924 年 8 月 25 日《海牙规则》的规定而生效。该法应被认为已载入提单，而提单中所载任何内容都不应被理解为承运人对该公约所规定的权利或豁免的放弃，或任何责任与义务的增加。"不过，对于提单的首要条款的性质，仍存在分歧。一些学者认为，首要条款是法律选择条款，是当事人选择提单所应适用的准据法的条款。理由是，当事人在首要条款中确定提单所受支配的某一国际公约或者某一国内法规定的当事人的权利和义务，不应当将其等同于其他普通条款，以免贬损首要条款的特有效力和权威性，何况在我国法律体系中，我国政府缔结的公约效力高于国内法，我国政府未缔结的公约虽然没有强制适

① 秦瑞亭．提单法律选择条款探微．中国海商法研究，2013（3）；刘栋．论提单中的首要条款//关正义．海事审判实务研究．大连：大连海事大学出版社，2006．

② 根据资料显示，提单的首要条款的产生是船货双方利益斗争的结果，出于维护美国货主利益的需要，1893 年美国国会通过的《哈特法》首次对英美普通法的契约自由原则进行限制，规定诸多承运人无法协议排除的责任，并将该法适用于进出美国港口的所有货物运输。但因英国法院时常为保护本国船方利益而拒绝适用该法，美国的托运人便要求承运人在提单中写明接受美国《哈特法》支配，最终形成了提单背面记载本提单适用美国《哈特法》的条款，即为最早的首要条款。1924 年《海牙规则》通过后，为了防止承运人利用合同规避该公约，英美等缔约国以国内法规定提单必须载明受制于《海牙规则》，使得提单的首要条款开始在海运实践中普及。

用力，但当事人可以将其作为法律在合同中选择适用，成为合同的准据法，而不存在将公约规定内容“并入”的必要。另有一些学者则认为，提单的首要条款有别于法律选择条款，分析它所体现出的当事人的本意，不是单纯选择提单所适用的准据法，而是将所选定某一国际公约或某一国立法之中关于合同各方权利、义务以及责任的规定作为本合同约定权利、义务以及责任的标准依据，可以说首要条款的作用是将选定的国际公约或立法内容转化为合同条款的一部分，作为合同当事人之权利、义务以及责任的认定标准，正是在此意义上，称首要条款为并入条款。概括英国、美国、法国、德国和斯堪的纳维亚国家等大多数国家法院的司法实践，均认为提单的首要条款是实体法意义上的并入条款①。

(2) 地区条款的识别。提单的地区条款，是指双方当事人为了适应某一特定地区的强制性法律规定，而在提单拟定的运往或运出该国港口的提单运输适用该国法律的条款。由于美国法律对进出或经由美国港口的海上运输货物有特别的强制性规定，海运实践中的许多班轮运输公司的提单都载有凡货物进出美国港口，提单时应受美国《1936年海上货物运输法》支配的条款，即为著名的美国地区条款。可见，地区条款是对特殊条件下选择法律适用的特别约定。

(3) 法律选择条款的识别。与首要条款、地区条款均涉及提单履行标准的作用不同，提单的法律选择条款属于冲突法领域的法律概念，是当事人选择处理提单纠纷时所应适用的法律，即选择提单运输合同的准据法。可见，法律选择条款所选定的法律是用来认定提单条款效力的法律依据。相比较而言，法律选择条款形式上是提单背面的一个条款，实质上应当是提单当事人为解决法律冲突而达成的独立的法律选择协议，是提单合同的“从合同”。

当然，也有学者指出，有时根据当事人的真实意思表示，也可能看到首要条款或者地区条款表现出选择确定提单准据法，作为事先预见交易行为法律后果的意图，对此就应当认定其为法律选择条款。因此，在上述三个条款均为法律选择条款又并存的状态下，便产生相互适用效力的法律冲突。有学者提出，应当认定首要条款优先于法律选择条款，地区条款优先于首要条款。

（二）提单的签发

提单只有经过签发人的签字才产生效力，并随之对承运人具有法律约束力。对此，我国《海商法》第72条第1款明文规定：“货物由承运人接收或者装船后，应托运人的要求，承运人应当签发提单”。可见，签发提单是承运人的一项义务。

除了承运人是当然的提单签发人，提单还可以由承运人授权的人签发。提单由载货船舶的船长签发的，视为代表承运人签发（《海商法》第72条第2款）。可见，提单签发人包括承运人、承运人的代理人和船长。其中，承运人的代理人签发提单的，必须得到承运人的授权，并且要以承运人的名义签发，否则，不对承运人产生法律效力。而船长

① SELVIGE. The paramount clause. The American Journal of Comparative Law，1961 (3).

签发提单则无须承运人的特别授权，这已为各国海商法所普遍承认，如果承运人不让船长签发提单的，应事先向船长作出指示。

提单的签发地点通常是货物的装船港，有时则是船舶公司的所在地。一般情况下，提单签发人是根据大副收据或其他收货凭证，经核对与提单记载的内容无误后签发提单的。如果大副收据上对货物外观状况有批注的，则应如实转批到提单上。

提单的签发日期是承运人接管货物或者货物装船时间的证明，它影响到国际货物买卖合同的履行和托运人的信用证结汇。因此，提单签发人应当在承运人接管或装船后，并且付清预付运费时，应托运人的要求签发提单，并在提单的装船日栏目填写货物装船日期，不得无故拖延提单的签发时间。

提单的签发份数按托运人的要求而定，并且有正本提单和副本提单之分。正本提单可以流通转让，通常是一式三份，一份用于结汇，一份作为提货凭证，另一份备用，防止提单在结汇后的传送过程中被盗、遗失而使收货人无法在卸货港提取货物。正本提单上注明全套正本提单的份数。收货人凭一份正本提单在目的港提取货物后，承运人的交货责任即行终止，其他各份正本提单皆失去效力。但是，承运人在提单载明的目的港以外的地点交货的，应当要求收货人凭全套正本提单提货，以免有人在此之后再以正本提单在目的港要求提货。

副本提单的份数视需要而定，其上都注有“副本”“不能流通”等字样，且无背面条款。副本提单不具有正本提单的法律效力，不能用以提货，它只是作为补充文件，通常用于船舶公司统计营运情况、供卸货港代理人安排泊位以及船长掌握所运货物情况等。

实例枚举

甲国际有限公司与乙国际海运有限公司于 2005 年 4 月 25 日建立了海上货物运输合同关系，前者将其出售给 A 国 T 公司的厨房器皿交给后者承运，后者向前者签发了以 T 公司为收货人的 7001 号清洁正本提单，并交付给前者。5 月 3 日，甲国际有限公司收到买方 T 公司的电子邮件，称其已经接到货物，但因抽查的货物有破损而拒绝支付货款。5 月15 日，甲国际有限公司给 T 公司发传真，要求对方将全部货物退回。经多次发文催促后，才收到 T 公司的答复：已经完成清关手续，并售出部分货物。

鉴于此，甲国际有限公司向仲裁庭提出申请，要求被申请人乙国际海运有限公司赔偿所承运货物总价值的 70%的损失 9 000 美元。其理由是：申请人所持有的 7001 号清洁正本提单仍然有效，由于提单具有物权凭证的作用，其证明提单持有人有权要求承运人向其交付货物，并拥有占有和处分货物的权利。但被申请人采取“无单放货”行为，损害了申请人的权益，已经违反了双方之间海上货物运输合同关系的约定。被申请人辩称：甲国际有限公司虽然提出退运要求，但因其未能与提单收货人 T 公司就退运事宜达成协议，而被申请人也未收到 T 公司确认同意退运的表示，故退运工作无法启动。

仲裁庭认为：被申请人乙国际海运有限公司向申请人甲国际有限公司签发了提单，证明双方之间存在海上货物运输合同关系，被申请人应当凭正本提单交付货物。本案中的正本提单仍然保留在申请人手中，而提单项下的货物却已经被收货人提走，则被申请人应当承担无单放货给申请人造成的损失。

本案例充分体现了提单所具有的合同证明和物权凭证作用，可以让大家深入理解提单在国际海运合同关系中的地位和作用。

四、海运单

（一）海运单的定义

何谓海运单，英国1992年《海上货物运输法》第1条第3款规定为：不是提单的任何单证，但它是一种包含或证明海上货物运输合同的货物收据，而且，载明了承运人根据该项运输合同向其交付货物的人。而《瑞典海商法》第308条则规定海运单是证明海上运输合同或者承运人已经接收货物，并含有承运人向单证上所载明的收货人交付货物的保证的单证。我国《海商法》对海运单未作出规定，而理论界大多认为：海运单是指证明国际海上货物运输合同和货物由承运人接管或装船，以及承运人保证将货物交给指定的收货人的一种不可转让的单证。

海运单产生于20世纪70年代。航运技术和港口设施的发展，尤其是集装箱运输在全球海运市场的普及，提高了船舶运输速度和装卸效率，缩短了海运货物在途运输的时间，以至于随船货物已经到达目的港，而收货人尚未收到提单，因此不能及时换取提货单提取货物。承运人又迫于各方面的压力，经常在没有提单的情况下接受其担保而“无单放货”，由此出现了大量的纠纷。海运单自此应运而生。

因为，海运单的生命力在于其非物权凭证职能而缺乏流通性，则收货人在目的港提货时无须出示海运单，而只要证明其收货人的身份，承运人就可以向其交付货物。显然，海运单较之于提单，具有迅速交货的优势。正是基于此优势，海运单近年来在国际海运领域的适用持续增加，尤其是在欧洲与北美、欧洲大陆与北欧航线上的货物运输更是如此[①]。当然，目前海运单的实际适用大多限于不涉及货款支付结算的国际海上货物运输，诸如无船承运人将货物交于海运承运人运输，个人物品运输或者样品运输，涉及收货人是托运人的国外代理人、子公司或联营公司、国际贸易双方的记账交易等类型的国际货物运输。

（二）海运单的法律性质和功能

1. 海运单的法律性质

从法律性质上讲，海运单是承运人基于海上货物运输合同和接收货物的事实而向托运人签发的货物收据。承运人借助海运单向托运人保证将货物在目的港交付给托运人指定的收货人。而收货人在提取货物时不需出示海运单，只要证明自己是海运单上载明的或托运人指定的收货人即可，也就是说，持有海运单的人不一定是拥有提货权利的收货人。因此，海运单只不过是用于记载一定的法律事实——承运人收取货物的单纯的货物凭证，而不是代表物权的有价证券。

① 赵德铭．国际海事法学．北京：北京大学出版社，1999：332.

2. 海运单的法律功能

可见，在国际海运实务中所使用的海运单，其形式与提单并无大异。海运单的正面记载着托运人和收货人的名称、通知方的地址、船名、装卸港口，以及货物的标志、品类、数量等，并且，通常注明"不可转让"（non-negotiable）的字样。而其背面则记载各方当事人的权利和义务条款或者列出"参照条款"，即写明适用某国际公约或某标准运输条款，例如，中国远洋运输（集团）总公司用于集装箱运输的海运单，就写明适用《国际海事委员会海运单统一规则》（由 1990 年 6 月国际海事委员会在巴黎召开的第 34 届大会通过）。

可见，海运单与提单相比较，存在如下的法律特点：第一，海运单不具有物权凭证的职能；第二，海运单是不可转让的，具有非流通性。因此，决定了海运单具有两方面的法律功能。

首先，海运单是海上货物运输合同的证明。与提单一样，海运单能够成为海上货物运输合同的证明文件，也就是说，用于证明海上货物运输合同的，不仅仅是提单，还包括海运单。正如英国航运总会海运单所写明的："本海运单所证明的合同，应受适用于本海运单规定的航次，以及自签发之日起实施承运人标准运输条件的各项免责、责任限制、条件和权利的制约"①。从而，当事人运用海运单固定海上货物运输合同时，则应当接受其上所记载的合同条款或者其"参照条款"所涉及的条款的约束。

其次，海运单是承运人接收货物的凭据。在国际海运实务中，海运单是承运人或者其代理人接管货物或者货物装船之后，应托运人的要求而签发的，因此，收货人依据海运单，就可以向承运人提取货物。但是，海运单不是物权凭证，则收货人提货时，即使不能出示海运单，只要能够证明其特定身份，承运人也同样应向其交付货物。这也意味着海运单是不可转让的，相应的，海运单遗失或被盗、被骗时，也不会影响到收货人提货；不良之徒即使持有海运单，也因其不是收货人而仍然无法提取货物。可见，海运单能够有效地防止海运欺诈行为。

（三）海运单的法律适用

海运单适用的首要问题涉及建立于提单基础之上的《海牙规则》《维斯比规则》或者相应的国内海商立法是否适用于海运单。对此，存在两种截然相反的看法。第一种认为不能适用于海运单。因为，《海牙规则》第 1 条所规定的运输合同仅指提单或者类似的物权凭证，而海运单既不是提单，也不是物权凭证。第二种认为《海牙规则》应当适用于海运单。理由是海运单虽然是不可流通的货物收据，但其所涉及的货物运输属于普通的商业性货物运输，也没有订立特别协议的必要。因此，不能满足《海牙规则》第 6 条排除适用的三个条件：一是签发不可流通的货物收据，并注明"不可流通"字样；二是不涉及普通商业性货物运输；三是货物的性质或状况表明有订立特别协议的需要②。对此，《国际海事委员会海运单统一规则》第 4 条明确规定，海运单项下的运输合同应当受强制

---

① 傅廷中．海商法论．北京：法律出版社，2007：198.

② 司玉琢，等．海商法详论．大连：大连海事大学出版社，1995：164.

适用于提单或类似的物权凭证所包含的运输合同的国际公约或国内法的约束。从而，确认了《海牙规则》《维斯比规则》或相应的国内海商立法对海运单的适用。

其次是收货人的地位和权利问题。在签发提单的情况下，货物所有权是随着托运人向收货人交付提单，而与提单一并转移给收货人，据此，收货人向承运人主张提货以及货物灭失或损毁时的索赔。但是，在签发海运单的情况下，海运单只是双方海上运输合同的初步证据，这就涉及收货人能否仅凭海运单向承运人主张权利的问题。为解决这一问题，《国际海事委员会海运单统一规则》确立了代理规则，规定："托运人订立运输合同，不仅代表其自己，同时作为收货人的代理人也代表收货人，并且向承运人保证其有此权限"（第 3 条），从而为收货人的地位以及收货人向承运人主张权利提供了法律依据。

再次是海运单项下货物的支配与交付问题。签订海上货物运输合同的目标是完成货物的空间转移，因此，交付货物就是该运输合同履行的关键所在。在适用海运单的情况下，托运人作为海上货物运输合同的一方当事人，是唯一有权就货物的交付向承运人发出指令的。正是在此意义上，《国际海事委员会海运单统一规则》第 6 条规定：除非海运单所适用的法律另有规定，托运人"有权在货物运抵目的地后，收货人请求提取货物之前的任何时候，改变收货人的名称"，但是，托运人应当以书面或者其他承运人能够接受的方式，将变更事宜通知承运人，并就因此而给承运人造成的额外费用予以偿付。与此相对应，承运人的一项义务就是向海运单指定的收货人交货。《国际海事委员会海运单统一规则》第 7 条规定："承运人凭收货人出示适当身份证明交付货物"。而对于承运人的错误交货，如果承运人能够证明，其已经合理谨慎地确认声称收货人的人即为事实的当事人，则对错误交货不承担责任。至于确认收货人出示的身份证明是否适当，国际海运市场的通行做法是，收货人在"到货通知单"上签章，用以表明该通知单已经送达给海运单所列明的收货人，收货人提货时应当将该通知单交还给承运人。

不过，海运单的缺陷也较为明显，就是海运单运输的收货人的利益得不到充分保障。原因是，海运单对托运人而言，意味着其在交出货物给收货人之前的货物所有权归其享有，因而，托运人在货物到达目的港被收货人提取之前，可以随时变更收货人，使得收货人随时都有提货不着的风险。对此，收货人可以在海运单上加入自我保护条款，用以防止托运人滥用变更收货人的修改权所带来的提货不着的风险。

最后，海运单项下的收货人也无法有效地制约承运人。即使货物在交运之前受损而承运人已经签发清洁提单，或者在承运人责任期间内发生的货损和灭失的，收货人都无法像提单运输那样从承运人处获取赔偿。因此，可以借鉴《国际海事委员会海运单统一规则》的做法，在海运单中引入"非合同当事人条款"（ANTI-PRIVITY 条款），写明：托运人不单自己接受海运单规定的运输条件，也代表收货人接受这些运输条件，托运人还需要保证收货人有权执行这些运输条件。这使得收货人得以就上述的货损向承运人提起诉讼，改变现有的无法制约承运人的被动地位。

实例枚举

1996 年 5 月，A 外贸公司与韩国 B 商社签订了针织面料买卖合同。同年 8 月，韩国 B 商社作为托运人将上述货物交于韩国 C 海运公司从韩国 X 地运输到中国 Y 地。C 海运公司接货后向韩国B商社签发了海运单，海运单上的收货人填写为A外贸公司，并约定："本海运单并非所运货物的物权凭证"，"如果托运人要求对载明的收货人进行变更，须以书面形式通知承运人或其代理人，海运单约定适用《国际海事委员会海运单统一规则》"。

8月10日，承运人将抵达中国Y地的上述货物，置于D物流公司的所属货场，A外贸公司在收到韩国B商社的海运单影印件和电话通知后，于8月15日来到C海运公司的代理人处提取货物。但B商社在此期间，又要求C海运公司变更收货人，于是，C海运公司通知D物流公司不予放货。8月20日，A外贸公司持提货单到货场要求提货，遭到D物流公司的拒绝。

为此，A外贸公司以D物流公司侵害其合法权益为由，诉至法院，要求D物流公司停止侵权，向其放货并赔偿损失。D物流公司辩称：A外贸公司所持提货单不是用正本提单换取的，而是凭海运单传真件和电话通知来换取的，根据《海商法》的规定，海运单属于提单以外的运输单证，不具有物权凭证的作用，也没有流通性，它只是证明货物运输中的承运人与托运人之间的权利义务关系。本案中的托运人按照《国际海事委员会海运单统一规则》的规定，已经在收货人A外贸公司提货前变更了收货人，并用书面形式通知了C海运公司。因此，D物流公司不放货给A外贸公司，是按照托运人的指令行事，没有过错。法院支持了D物流公司的意见，驳回了A外贸公司的诉求。

本案让大家充分理解了海运单的法律特征，也看到了其存在的缺陷，可以客观全面地将其与提单加以区分比较。

知识链接

回顾1990年《国际海事委员会海运单统一规则》的拟订与出台[①]

1990年6月，在巴黎举行的第34届国际海事委员会大会上，《国际海事委员会海运单统一规则》以全票获得通过。这标志着因"在不需要可转让单据的情况下，签发提单的做法不应受到鼓励"的议题而引发的于1983年国际海事委员会威尼斯会议的制定海运单统一规则的活动取得了圆满的结果。

回顾《国际海事委员会海运单统一规则》的制定过程，1986年，国际海事委员会根据其从25个成员方得到的调查反馈信息而草拟了一份预备性报告，表明几乎所有的成员都赞成使用海运单，普遍的理由是，采用海运单可以消除提单项下的货物先于提单到达目的港时而造成的交货延误。同时，海运单有助于减少海运欺诈。

此后，国际海事委员会经过不断修改，先后拟订出三稿草案，终于提交给第34届国际海事委员会大会讨论。经过与会代表的逐条讨论修改，最后以举手表决方式，获得全票通过。其原因正如国际海事委员会主席在开幕式上强调指出的：由于海上运输速度的提高，收货人往往无法在船舶抵达目的港之前收到提单，有鉴于此，在采用海运单代替那些无须再转让的提单来迎合现代化海运业的严格要求问题上，需要国际海事委员会集中力量专门解决。

① 孟于群．《国际海事委员会海运单统一规则》综述．中国海商法年刊，1990.

由于各国的法律制度存在差异，如果将该规则采用国际公约的形式，则很难说服所有将载明特定收货人的提单作为物权凭证的国家改变其法律制度；故而，作为一种为大家所能接受的方法，大会确认《国际海事委员会海运单统一规则》是一个民间规则，适用自愿原则，即只有在当事人在海上货物运输合同中约定自愿采用时，才对各方具有法律约束力。

至于海运单的条款应当复杂还是简单，专家提出海运单条款应简单。因为，海运单不是物权凭证，不具有提单的内涵和作用，它仅仅是一张收货凭据和提货通知，不具有向银行担保付款的价值，所以无须过于复杂的条款。不过，波罗的海船东公会则提出，租船合同项下的海运单的内容可以简单，但班轮运输条件下的海运单的条款则应当详细，原因是班轮运输无其他的条款规定来约束当事人。

第六节　航次租船合同

一、航次租船合同的概念和特征

航次租船合同，是指船舶出租人向承租人提供船舶或者船舶的部分舱位，装运约定的货物，从一港运至另一港，由承租人支付约定运费的合同（《海商法》第 92 条）。其中，提供船舶或者舱位的一方是出租人，支付运费的一方是承租人。

航次租船合同作为海上货物运输合同的一种，存在不同于其他海上货物运输合同，尤其是班轮货物运输合同的特点：

（1）出租人在约定的航程期间，将船舶（全部舱位）或部分舱位的使用权转移给承租人。即使承租人的货物未装满时，出租人也不得装载第三人的货物。当然，在出租部分舱位的情况下，出租人可以就该出租范围以外的舱位承载第三人的货物。

（2）航次租船合同适用于不定期的货物运输，而且大多是运送大宗货物，如粮食、矿砂、石油等。因此，具体运送货物的名称、种类、数量以及航线、装卸港口、运送时间等都是根据承租人的要求，由双方在合同中协商约定。

（3）出租人负责船舶的营运管理并承担相关的费用。在航次租船合同的履行过程中，提供船舶或部分舱位的出租人无论是提供自有船舶，还是转租其租用的他人船舶，均是通过其雇用的船长、船员来占有和控制该船舶。因此，应由出租人负责船舶的航行和营运管理，以便把承租人交运的货物安全运至卸货港。与此相关联，有关船舶营运管理的费用，如燃料费、港口费、船舶维修费、船员的工资和给养、船舶保险、检验费用等，由出租人承担。但是货物装卸费和垫舱物料费可由双方当事人另行约定承担方法。因此，我国《海商法》将航次租船合同定位于与班轮运输合同相同的法律地位，而区别于其他船舶租用合同。

（4）出租人应对运送货物负责。航次租船合同的出租人不仅负责船舶的营运管理，而且要依据航次租船合同的规定负责货物的安全运输。也就是说出租人要像提单运输一样，谨慎处理使船舶处于适航状态，并且要谨慎地履行管理货物的义务。

（5）航次租船合同通常使用标准合同格式。根据我国《海商法》第 43 条的规定，航次租船合同应当采用书面形式订立。电报、电传和传真具有书面效力。在海运实务中，承租人发出的“订租确认书”即视为航次租船合同的书面确认文件。目前，在海运市场上适用的航次租船合同多为格式合同，诸如统一杂货租船合同（简称金康合同）、巴尔的摩 C 式合同、澳大利亚谷物租船合同、油轮航次租船合同等被经常被使用。

（6）航次租船合同在法律适用上强调“合同自由”原则。与班轮运输合同不同，目前尚无有关航次租船合同的国际公约，英美法系和大陆法系各国亦不对航次租船合同适用强制性规范，从而，出租人和承租人可以充分依据“合同自由”原则订立航次租船合同条款。我国《海商法》第四章第七节专门规定了航次租船合同，但为与国际海运市场的通常做法保持一致，依《海商法》第 94 条规定，除了第 47 条有关提供适航船舶和第 49 条有关按规定航线航行两项义务的规定强制适用于航次租船合同的承租人以外，其他有关海上货物运输合同当事人之间的权利、义务的规定，仅在航次租船合同没有约定或者没有不同约定时，才适用于航次租船合同的出租人和承租人。

二、航次租船合同的主要内容

实例枚举

甲航运有限公司与乙商务公司于 2005 年 8 月 18 日签订“订租确认书”，约定甲航运有限公司将其由第三人（船东）处租进的“阳光”轮以航次租船方式出租给乙商务公司，用于承运 9 000 吨散装鱼粉，滞期费/速遣费为 2 500 元/天；此航次的装货港是 A 国 X 港，卸货港是我国 Y 港。

根据“订租确认书”的约定，“阳光”轮的船长于 2005 年 8 月 25 日发出宣载通知，宣布本航次的货物装载量是 9 000 吨。在“阳光”轮抵达装货港后，向发货人递交了“装卸准备就绪通知书”。装货工作自 9 月 1 日开始，9 月 8 日结束，根据水尺检验的结果，实际装载货物为 8 575 吨，船长按照水尺检验的数量签发了以第三人丙有限公司为收货人的提单。9 月 18 日，“阳光”轮到达卸货港，并于 9 月 25 日卸货完毕。

此后，甲航运有限公司向仲裁庭申请仲裁，要求被申请人乙商务公司支付装货港产生的滞期费和亏舱费共计 7 250 美元，以及卸货港产生的滞期费 1 640 美元。具体理由是：申请人以涉案运输中的二船东身份，与被申请人之间确立了航次租船合同关系，因此，有权主张滞期费和亏舱费。被申请人辩称：对方没有证据证明其在涉案运输中的真实身份，因此无权取得滞期费和亏舱费。

仲裁庭认为：根据双方在“订租确认书”中约定的航次租船合同的内容和被申请人已经向申请人支付了部分滞期费和亏舱费的事实等，可以证明申请人作为涉案航次租船合同当事人的主体身份，故其要求被申请人承担滞期费和亏舱费的请求，应予以支持。扣除被申请人已支付的 6 500 美元，其还应当支付剩余的 2 390 美元。

本案例所涉及的“订租确认书”及其履行过程基本反映了航次租船活动的全貌，有助于大家理解航次租船合同特有的条款内容，并掌握航次租船合同的法律特征。

我国《海商法》第93条规定："航次租船合同的内容，主要包括出租人和承租人的名称、船名、船籍、载货重量、容积、货名、装货港和目的港、受载期限、装卸期限、运费、滞期费、速遣费以及其他有关事项。"根据上述法律规定，结合海运实务中普遍适用的航次租船格式合同，如"金康合同格式"，一般应包括以下主要条款：

（一）出租人和承租人条款

航次租船合同的出租人一般是船舶所有人，也可以是定期租船合同的承租人或者光船租赁合同的承租人以二船东的身份作出租人。而其承租人则一般是货主，或是货运代理人为运送其从货主处揽取的货物以自己的名义与出租人签订航次租船合同。不论是何种身份的出租人和承租人，均应在合同中写明其全称。

（二）船舶说明条款

其内容就是出租人如实陈述船舶的有关情况，目的是使相应的船舶特定化。它是承租人决定是否租用船舶和衡量是否履约的重要依据。为此，出租人必须保证其陈述内容的正确。否则，出租人对其与事实不符的错误陈述依法应承担法律责任。

船舶说明条款通常包括：（1）船舶名称。合同列明的船舶名称意味着双方当事人确定了租用船舶，则未经承租人同意，出租人不得以其他船舶替代。（2）船舶国籍。船籍在战时影响到船舶的安全，在和平时期影响到法律适用等一系列问题，故出租人应保证所租船舶的国籍与合同的规定相一致。（3）载重量和容积。这些是涉及船舶载运能力的重要指标，出租人应保证船舶的实际载重量和容积与合同约定的相符。

（三）预备航次条款

预备航次是指出租船舶从装货港的前一港口（有时是前一合同规定的卸货港）为装货而驶往装货港的一段航程。预备航次是合同规定的船舶出租航次的一部分，则合同中有关出租人的权利和义务适用于预备航次。作为履行航次租船合同的组成部分，出租人根据合同约定有义务在开始预备航次的日期或以合理的速度或地点完成前一合同后，立即驶往装货港或船舶所能安全抵达并始终保持浮泊的邻近地点。

预备航次条款涉及两项重要内容，即受载期限和解约日。

1. 受载期限条款

出租船舶到达约定的装货港，并做好装货准备的日期叫受载期限。由于船舶在营运中会因各种因素影响船期，故受载期限通常规定为一段时间，如5月1日至5月10日。受载期限是出租人按期提供船舶的时间标准，出租船舶只要在规定期限内到达装货港即可，也是承租人可以接受船舶的最早装货日期和备妥货物准备装船的时间。如果出租船舶未能在约定的受载期限内到达装货港并做好装货准备，出租人应向承租人承担延误提供船舶的违约责任。如果承租人未在受载期限内备妥货物准备装船，亦应向出租人承担延迟装船的责任。

2. 解约日条款

解约日是承租人有权解除航次租船合同的日期。通常，解约日条款将受载期限的最后一天规定为解约日，有的规定为受载期限届满后的某一天。只要船舶未能在解约日之前到达装货港并做好装货准备，承租人就有权解除合同。

（四）货物条款

该条款涉及装船货物的种类、数量和提供货物的时间。双方当事人应当明确规定：（1）所运送货物的名称、种类、类别、包装和数量。承租人必须如实陈述有关货物的上述情况，如系危险品则必须说明其性能，如系可供选运的货物则应说明货物类别及选运数量。承运人应当提供约定的货物。（2）载货数量。航次租船合同一般规定承租人应提供满舱满载货物，但也允许溢短装幅度，如规定为5%。承租人提供的货物装满船舶舱为满舱，而承租人提供的货物数量达到船舶的货物载重能力（货物装船后使船舶的吃水线达到允许的最大限度）为满载。相应的，出租人在货物装船前以书面形式将船舶载货量通知承租人，称为宣载。承租人提供的货物应达到出租人宣载的数量，如果承租人提供的货物达不到出租人宣载的数量并超过约定的溢短装幅度，应向出租人支付不足部分的亏舱费。如果船舶的实际载货重量达不到出租人宣载的数量，则应向承租人赔偿短装损失。（3）承租人提供货物的时间。一般要求船舶按合同规定到达装货港时，承租人应备妥货物，如果船舶到达装货港而承租人不能提供货物装船，承租人除其可免责的原因以外应承担违约责任。

（五）装卸条款

该条款涉及装卸港和装卸泊位、装卸费用和装卸时间。（1）装卸港和装卸泊位一般是由承租人指定并在合同中明确规定。合同中也可以几个港口作为承租人选择的范围，承租人则应按合同规定的期限将其选定的装货港或卸货港通知出租人，称为宣港。承租人未按时宣港导致船舶等待其宣港的，承租人应承担延误责任。同时，承租人还应保证其指定的装卸港和装卸泊位是安全的，即在海运技术和政治上都不存在危险。（2）装卸费用。该费用的负担是由出租人、承租人双方协商确定的，而且往往与相关国际贸易合同中的价格条件相衔接。（3）装卸时间是指出租人做好装卸货物的准备使船舶适于装卸后，允许承租人完成货物装卸作业的时间。装卸时间的规定方式可以采用按工作月、连续工作日、晴天工作日等固定方式，也可以采用按习惯尽快装卸的不固定方式。在合同规定的装卸时间内，出租人负有使船舶等待装卸的义务。此外，装卸时间又与滞期费和速遣费密切相连。

（六）滞期费和速遣费条款

该条款是航次租船合同与班轮运输合同相区别的标志性条款。其中，滞期费是指承租人因非出租人负责的原因未能在合同规定的装卸时间内完成货物装卸作业的，应就自装卸时间届满时起到实际货物装卸完毕时止的滞期时间，向出租人支付的货币金额，用以赔偿出租人因船舶滞期产生的船期损失。而速遣费则是指承租人在合同规定的装卸时间届满之前完成货物装卸作业而使船舶减少了在港停留时间的，由出租人向承租人支付的货币金额。当然，航次租船合同的装货、卸货期限及其计算办法，超过装货、卸货期限后的滞期费和提前完成装货、卸货的速遣费，由双方约定（《海商法》第 98 条）。

（七）运费条款

航次租船合同的运费条款规定的运费计算方式，可以按载货吨数计算，也可是整船包干运费。适用前一种方式应当明确是按装入量还是卸出量，然后乘以相应的运费费率。采用后一种方式，则意味着承租人有权使用船舶的全部舱位。同时，该条款还应对支付方法予以明确，或者是预付运费，或者是到付运费。

（八）绕航条款

该条款又称自由绕航条款。一般规定船长有权为任何目的以任何顺序挂靠任何港口，有权在任何情况下拖带或救助他船，也可为拯救人命或财产而绕航。

（九）出租人责任条款

航次租船合同的出租人责任条款往往规定，出租人对货物的灭失、损坏和延迟交付承担责任，但是，仅仅限于由于积载不当或者疏忽，或者由于出租人及其经理人未谨慎处理致使船舶不适航，或者由于出租人及其经理人不履行职责所造成货物灭失、损坏或延迟交付。除此以外，包括因船长、船员在管理货物中的过失造成货物灭失、损坏的，出租人均可免责。实践中，承租人往往要求取消此条款，另附加首要条款，规定出租人对货物的责任及其免责适用《海牙规则》或相应的国内法。

（十）承租人责任终止条款

该条款通常是应承租人的要求而订立的，因其内容包括承租人责任的终止和出租人对货物享有留置权两部分，故又称“留置权和责任终止条款”。其具体规定承租人在货已装船并支付了预付运费、亏舱费和装货港的船舶滞期费后，其履行合同的责任即行终止。但是，出租人为了获得应收运费、亏舱费、滞期费和共同海损分摊等费用，对货物享有留置权。

（十一）法律适用和仲裁条款

该条款将解决合同纠纷的途径和确定准据法一并加以规定。通常规定通过仲裁解决合同纠纷，并且明确规定仲裁地点、仲裁机构等，同时规定了解决合同纠纷所适用的法律。

三、航次租船合同项下签发的提单

航次租船合同的出租人在装货港将货物接管或装船后，承租人要求签发提单的，出租人或其船长、代理人有义务予以签发，该提单称为航次租船合同项下的提单。

航次租船合同项下的提单的持有人可能有不同的身份，相应的，该提单的作用是不一样的。

（1）提单持有人是承租人。在此情况下，提单仅是出租人收到货物的收据和据以交付货物的凭证。而出租人与承租人之间的权利义务关系则以航次租船合同为准。

（2）提单持有人不是承租人，可能表现为承租人作为 CIF 或 CFR 价格条件下的卖方，要求出租人签发的买方为收货人的提单，也可能是承租人作为 FOB 或 FCA 价格条件下的买方将货物转让给第三人而要求出租人签发以受让人为收货人的提单。显然，在此情况下，航次租船合同的法律约束力不及于非承租人的提单持有人。与此相对应，提单签发的不同名义决定了出租人的不同法律地位。如果提单是以出租人或其船长、代理人名义签发的，则出租人处于承运人的地位。如果提单未以出租人或其船长、代理人名义签发，但出租人是船舶所有人或光船承租人的，则其属于实际承运人。如果提单未以出租人名义签发，出租人又非船舶所有人或光船承租人的，则承租人不对提单持有人承担承运人或实际承运人的责任。因此，我国《海商法》明文规定，“对按照航次租船合同运输的货物签发的提单，提单持有人不是承租人的，承运人与该提单持有人之间的权利、义务关系适用提单的约定”（第 95 条），而不受航次租船合同的约束。

海运实践中，出租人为了保护自己的利益，使其基于提单享有的权利和承担的义务与航次租船合同下的内容相一致，通常在提单中能够援引租船合同的条款，即要求承租人签发的提单写入“并入条款”。据此，将租船合同并入提单之中，使得出租人在提单持有人索赔时得以适用租船合同条款的约定。我国《海商法》亦承认此类条款的效力，即“提单中载明适用航次租船合同条款的，适用该航次租船合同的条款”（第 95 条），这意味着并非承租人的提单持有人在“并入条款”有效的前提下，亦应受航次租船合同的约束。不过，由于提单持有人并非与出租人签订租船合同的当事人，则出租人能否以提单中的“并入条款”将租船合同的条款并入提单之中来约束提单持有人，就一直是各国海商法领域的争议问题，我国理论界同样对此分歧较大。

知识链接

《鹿特丹规则》对于提单并入租船合同仲裁条款的态度[①]

一般情况下，提单并入条款的规定内容包括仲裁内容，构成提单并入的仲裁条款，它的意义重大，具有排斥法院管辖的程序效果。因此，理论界对于提单并入租船合同的仲裁条款的定性问题，存在的观点之一就是仲裁条款性质说[②]：认为提单并入租船合同的仲裁条款的价值在于处理程序性事宜，在实务上认定提单并入条款所涉及仲裁条款是否并入租船合同时，确定该仲裁条款并入提单效力的准据法与确定一般仲裁的准据法没有区别，应当适用相关冲突规范指引的仲裁条款准据法。但是，按照冲突规范所确定的准据法会涉及不同国家的国内法。因此，如何避免法律冲突，准确援引准据法来认定提单并入租船合同仲裁条款就十分重要。

应当说，提单并入租船合同仲裁条款问题是各国代表在《鹿特丹规则》制定过程中

① 张珠围．提单并入条款的定性与准据法确定．中国海商法研究，2018（2）．

② 石小娟．国际商事仲裁协议的司法审查：对并入提单中的仲裁条款的司法审查．天津市政法管理干部学院学报，2005（4）．

争议较大的议题，一种意见是主张尽最大限度在公约中适用仲裁自由原则；另一种意见认为，尽管当事人可以利用仲裁但不应将其用作规避公约所列管辖地规定的手段。《鹿特丹规则》对这一问题的态度是最终选择了较为折中的方案：它没有直接对提单并入租船合同的条款做出具体的规定，而是将该问题的判断和认定留给了各国国内法加以规定。同时，该公约第76条第2款就租船合同中仲裁条款对提单持有人的约束力以及仲裁地问题作出了规定，其中，关于仲裁地的规定，是为了防止承运人利用仲裁地来规避该公约有关"诉讼管辖权"规定的举措。按照该公约的规定，提单持有人向承运人进行索赔的，除了可以在协议约定的地点提起仲裁，还可以在下列任一地点所在国家提起仲裁：承运人住所地、运输合同约定的收货地、运输合同约定的交货地、货物的最初装船港，或者货物的最终卸船港等被学者称为的"法定仲裁地"①。至于在提单并入租船合同仲裁条款的情形下，提单持有人是否可以选择"法定仲裁地"而非仲裁条款约定的仲裁地的问题，该公约针对租船提单项下的提单持有人与承运人之间的仲裁地规定了两种不同情形，一是双方根据提单记载的仲裁条款进行仲裁的，提单持有人可以选择提单约定的仲裁地或选择"法定仲裁地"；二是双方以明确记载当事人和日期而纳入租船合同的仲裁协议条款的，仲裁地的选择就不受"法定仲裁地"的限制，而应执行租船合同有关仲裁地的约定。

四、航次租船合同当事人的权利、义务和责任

（一）出租人的权利、义务和责任

1. 保证船舶适航和不得不合理绕航的义务

根据我国《海商法》第94条的规定，该法第47条规定的船舶适航义务和第49条规定的按规定航线航行义务不仅适用于班轮运输承运人，还应当适用于航次租船合同的出租人。

2. 提供约定船舶的义务

出租人按照合同的约定提供船舶是实现航次租船合同订约目的的前提。出租人违反此义务的，应向承租人承担法律责任。具体来说，要求出租人应当提供约定的船舶；经承租人同意的，出租人可以更换船舶。但是，出租人提供的船舶或者更换的船舶不符合合同约定的，承租人有权拒绝或者解除合同。同时，因出租人过失未提供约定的船舶致使承租人遭受损失的，出租人应当负赔偿责任（《海商法》第96条）。

3. 按期提供船舶的义务

出租人应按合同约定的期限提供船舶，这是航次租船合同得以履行的必然要求。所谓按期提供船舶，是指出租人在约定的受载期限内将船舶驶达约定的装货港并做好装货准备。如果出租人在约定的受载期限内未能提供船舶，依我国《海商法》第97条的规定，承租人有权解除合同。但是，即使出租人或船长明知船舶不能在解约日之前到达装

① 徐仲建．鹿特丹规则"法定仲裁地"规定研究．中国海商法研究，2014（1）．

货港口或地点的，只要承租人未提出解除合同，船舶仍应驶往装货港。如果出租人将船舶延误情况和船舶预期抵达装货港的日期通知承租人的，承租人应当自收到通知时起48小时内，将是否解除合同的决定通知出租人。同时，因出租人过失延误提供船舶致使承租人遭受损失的，出租人应负赔偿责任。

4. 在约定的卸货港卸货的义务

我国《海商法》第101条规定：出租人应当在合同约定的卸货港卸货。合同订有承租人选择卸货港条款的，在承租人未按照合同约定及时通知确定的卸货港时，船长可以从约定的选卸港中自行选定一港卸货。承租人未按照合同约定及时通知确定的卸货港，致使出租人遭受损失的，应当负赔偿责任。出租人未按照合同约定，擅自选定港口卸货致使承租人遭受损失的，应当负赔偿责任。

（二）承租人的权利、义务和责任

1. 支付滞期费的义务和请求给付速遣费的权利

如前所述，为了避免给出租人造成船期损失，航次租船合同均订有滞期费和速遣费条款。据此，承租人基于其装卸货物的时间是否超过约定的装卸期限来确定是承担支付滞期费的义务，还是享有请求给付速遣费的权利。如果承租人未能在装卸期限内完成货物的装卸作业，则有义务向出租人支付双方约定的滞期费。反之，如果承租人在合同规定的装卸期限届满之前完成装卸作业的，则承租人有权要求出租人给付约定的速遣费。

2. 提供约定货物的义务

出于保证海上运输安全的考虑，承租人有义务提供约定的货物装船运输；经出租人同意，承租人可以更换货物，但是，如果更换的货物致使出租人遭受损失的，承租人应当负赔偿责任（《海商法》第100条）。

3. 转租的权利

承租人出于特定的运输需要与出租人签订航次租船合同而租用船舶。但是，此后的情况变化会导致承租人不再需要已租用的船舶。对此，我国《海商法》第99条确认了承租人享有转租的权利，即“承租人可以将其租用的船舶转租；转租后，原合同约定的权利和义务不受影响”。也就是说，原航次租船合同仍对出租人和原承租人具有法律约束力，而原承租人与转租承租人之间则另行由双方当事人约定权利和义务。

实例枚举

深圳中远运输有限公司（以下简称中远公司）与苏东边贸商品经营公司（以下简称苏东公司）于1994年7月15日签订了航次租船合同。该合同约定，苏东公司承租中远公司的“南江”轮，自乌克兰尼古拉耶夫港装运钢材10 000吨至中国上海港，受载期为1994年7月25日至7月30日，所租船舶抵达装运港后，自受载期内的日期起算10日内无货的，出租方有权解除合同，承租方按应付运费总数的80%支付赔偿金。7月23日，“南江”轮驶抵尼古拉耶夫港，并向苏东公司递交了“装货准备就绪通知书”。至8月8

日，因苏东公司未能按期开出购货信用证而不能向出租方提供合同约定的装载货物。8月9日，中远公司书面通知苏东公司："自7月30日起至今，船舶等待装载已经10日，现仍无货可装，我公司依约解除租船合同，由此产生的损失由你公司负责。"8月10日，"南江"轮驶离尼古拉耶夫港。此后，中远公司起诉至海事法院，要求苏东公司赔付空驶费、滞留损失费等。显然，本案中的苏东公司未能在航次租船合同约定的受载期内提供船载货物，构成违约。中远公司以约定的受载期的最后一天作为解约日期的起算点当属合理，自此超过了约定的10日解约期符合合同约定。苏东公司应当赔付约定的空驶费，但是，滞留费则不属于本案的合同责任。

第七节　多式联运合同

一、多式联运合同的概念和特征

多式联运合同，在《海商法》上是指多式联运经营人以两种以上的不同运输方式，其中一种是海上运输方式，负责将货物从接收地运至目的地交付收货人，并收取全程运费的合同（《海商法》第102条）。

多式联运合同自20世纪50年代产生至今，其适用范围随着集装箱运输的发展而日益扩大。究其原因，集装箱货物运输方式在运输过程中不需移动箱内货物，就可以迅速地从一种运输工具直接换装到另一种运输工具上，具有装卸效益高、车船周转快、货损货差少、运费成本低、劳动强度小等优点。其特点包括：

（一）多式联运合同以多式联运经营人为承运人

所谓多式联运经营人是指本人或者委托他人以本人名义与托运人订立多式联运合同的人（《海商法》第102条第2款）。可见，多式联运合同是在多式联运经营人与托运人之间建立的合同关系，并由多式联运经营人依据该合同履行或者组织履行全程的货物运输。在实践中，多式联运经营人可以是船舶公司，也可以是本身不拥有船舶而经营多式联运业务的无船承运人。

（二）多式联运合同是通过若干个区段承运人的运输行为实现的一个多式联运合同关系

多式联运合同规定了多式联运经营人与托运人之间的权利、义务和责任。相应的，在多式联运经营人与托运人之间存在着一个运输合同，并由此出现一份多式联运单据，适用一次托运过程、一次收费，并由多式联运经营人对全程运输负责。但是，该运输合同关系是通过若干个区段承运人分别适用两种以上不同运输方式（其中一种必须是海上运输方式）实施连贯运输活动来实现的。

（三）多式联运合同是涉及不同国家的国际货物运输合同

海商法上的多式联运合同是跨越国界的国际货物运输合同，即货物的接收地和目的地处于不同的国家，承运人是将货物从一国运至另一国交付给收货人。从而，根据我国《海商法》第 2 条的规定，排除了我国港口之间的海上货物运输，这与有关国际公约的规定相一致。

（四）多式联运合同的运输责任较其他海上货物运输合同的复杂

多式联运合同的运输责任的复杂性主要涉及责任划分和责任制度的适用。从责任划分角度说，既有多式联运经营人应向收货人就全程运输承担责任，又有多式联运经营人与各区段的承运人之间的责任划分。从责任制度角度讲，由于多式联运合同项下的货物交接已由传统的钩至钩、港至港扩展到仓至仓、门至门，故涉及海上运输、铁路运输、公路运输、航空运输以及内河运输等不同的运输方式，它们各自采取不同的运输责任制度，因而，适用于传统的提单运输的不完全过失责任制度是难以统一的。

（五）多式联运合同使用的货运单据有别于其他海上货物运输合同

多式联运合同使用的是一份全程多式联运单据，而当第一种运输方式是海运时，该多式联运单据多为多式联运提单。多式联运单据是由多式联运经营人在接管货物时签发给托运人的。其作用与提单功能相同，用以证明多式联运合同以及作为多式联运经营人接管货物和在目的地交付货物的凭证。但是，多式联运单据有可流通和不可流通两种。多式联运提单对于托运人而言是承运人接管该单据所载货物的初步证据。但当该单据转让给善意第三人时，就成为绝对证据。

实例枚举

2003 年 11 月 18 日，甲有限责任公司作为买方与乙贸易公司签订了进口 3 套冷水机组的贸易合同，交货方式为 FOB 丙国西海岸，目的地为我国 B 地。2003 年 12 月 20 日，甲有限责任公司将上述货物交由丁海运公司以国际多式联运方式从丙国 X 港经我国 Y 港运送至 B 地。丁海运公司为此签发了指示提单，发货人是乙贸易公司，收货人是甲有限责任公司。同时，甲有限责任公司为该货物的运输向戊保险公司投保了一切险，保险责任期间为“仓至仓条款”。该货物到达我国 Y 港后，丁海运公司于 2004 年 1 月 15 日，与己中外运公司约定，丁海运公司支付陆路直通运费、短驳运费等共计 9 500 元，将提单下的货物交由己中外运公司经陆路运输至我国 B 地。1 月 22 日，装载该货物的 3 个集装箱到达目的地后，收货人发现 2 个集装箱破损，货物严重损坏。于是，收货人依据货物运输保险合同向戊保险公司索赔，戊保险公司赔付后取得代位求偿权，并向丁海运公司进行追偿。经双方协商，丁海运公司向戊保险公司赔偿了 21 万元。之后，丁海运公司依据该货物在我国 Y 港卸船时的理货单有关“集装箱和货物完好”的记载和集装箱发放/设备交接单（出场联和进场联）对比显示的“集装箱出堆场完好，运达目的地破损”，向海事法院起诉，要求己中外运公司就其陆路运输中的过错导致的货损承担责任，赔偿 21

万元损失及利息。

海事法院经审理，认为：原告丁海运公司作为涉案的国际多式联运的全程承运人（多式联运经营人），与被告己中外运公司之间订立的国际多式联运项下的陆路运输合同有效成立，己中外运公司应如约履行运输义务。涉案的2个集装箱的损坏发生在我国Y港至B地的陆路运输区段，己中外运公司应对该货物在其责任期间内的损失承担赔偿责任。丁海运公司作为国际多式联运的全程承运人对戊保险公司承担赔偿责任后，有权就其形成的损失向作为陆路运输区段的承运人——己中外运公司进行追偿。

本案例可以让大家具体了解多式联运合同在国际海运市场的实际适用情况，并深入了解多式联运合同的法律特性。

二、有关多式联运合同的国际公约

（一）《联合国国际货物多式联运公约》

针对多式联运中多种运输方式并存，责任制度不统一的状况，需要建立专门的多式联运责任制度。为此，1980年5月在日内瓦召开的由84个联合国贸易和发展会议成员参加的国际多式联运会议上通过了《国际货物多式联运公约》。但因其至今未能满足30个国家参加的生效条件而未生效。

1. 公约的适用范围

该公约适用于两个国家之间的货物多式联运合同，但合同中规定的多式联运经营人接管货物或交付货物的地点必须位于缔约国境内。

2. 多式联运经营人的赔偿责任

作为其核心内容，该公约对于多式联运合同实行统一责任制度，即多式联运经营人对于货物自接管之时起至交付之时止的责任期间内的全程运输（包括各区段承运人的行为）承担责任。同时，与《汉堡规则》一样，其确立了多式联运经营人的推定过失责任原则，即多式联运经营人对于发生在其责任期间内的货物的灭失、损坏或延迟交付，除了能够证明其本人、受雇人或代理人为避免事故的发生及其后果已采取一切合理要求的措施以外，推定其本人、受雇人或代理人有过失而应承担赔偿责任。至于多式联运经营人的赔偿责任限制则视多式联运的方式而适用不同标准。如果多式联运中包含海运或内河运输时，赔偿限额为每件或每一运输单位920计算单位（特别提款权），或按货物毛重每千克2.75计算单位，以较高者为准。如果多式联运不包括海运或内河运输，则赔偿限额按货物毛重每千克为8.33计算单位（相当于《欧洲国际公路货物运输公约》规定的责任限额）。但适用于发生货损的运输区段的国际公约或国内法规定的赔偿限额高于上述限额的，则优先适用相关的国际公约或国内法。

3. 索赔与诉讼时效

收货人应在收到货物的次一工作日，将索赔要求书面通知多式联运经营人，否则，视为多式联运经营人的货物交付为货单相符的初步证据。而货损不明显时，收货人应在货物交付后 6 日内提交书面索赔通知。对于迟延交付货物造成损害的索赔，应在收到货物后 60 日内提交书面通知。多式联运合同纠纷的诉讼时效为 2 年。

（二）《多式联运单证统一规则》

为了解决多式联运带来的法律问题，在尚无有关多式联运的公约之前，国际商会于 1973 年制定了《多式联运单证统一规则》，并于 1975 年进行了修订。该规则作为一个民间规则，不具有强制性，仅供当事人自愿采用。但在《联合国国际货物多式联运公约》尚未生效的今天，该规则经常为多式联运合同当事人协议适用，对于多式联运活动的国际统一具有重要作用。

其中心内容是多式联运经营人的责任制度，即将多式联运经营人的赔偿责任确定为网状责任制。如果确知货物的灭失和损坏发生的运输区段，联运经营人的责任按该运输区段所应适用的国际公约或国内法予以处理。而在不能确知货物的灭失和损坏发生的运输区段时，则多式联运经营人的赔偿责任按完全过错责任原则予以确定，并且，其最高赔偿限额为货物毛重每千克 30 金法郎。至于迟延交货的赔偿责任，多式联运经营人只有在确知发生迟延的运输区段时不予以承担，但是适用于该区段的国际公约或国内法另有规定的除外。按该规则的规定，多式联运经营人的责任从接管货物时起至交付货物时止。收货人应在收货之前或当时，将索赔要求书面通知多式联运经营人。货物灭失或损害不明显的，则应在 7 日内提交书面通知，否则，交货被视为单货相符的初步证据。有关货物灭失、损坏或迟延交付而向多式联运经营人提起索赔的诉讼时效期间为 9 个月。

三、我国《海商法》规定的多式联运经营人的责任制度

随着我国社会主义市场经济的迅速发展，与国际经济的“接轨”范围日益广泛。从而，海上运输成为实现国际贸易的货物进出口的主要手段，而多式联运亦主要依赖海上运输。为了适应这一法律调整的客观需要，我国《海商法》专节规定了多式联运合同，尤其是确立了多式联运经营人的责任制度。

（一）多式联运经营人的责任形式

在国际海运市场上，多式联运经营人的责任形式主要有责任分担制、网状责任制和统一责任制等。

1. 责任分担制

责任分担制是指多式联运经营人和各区段承运人均对自己完成的运输负责。而各区段所适用的责任原则，则按适用于该区段的国际公约或国内法来确定。

2. 网状责任制

网状责任制是指多式联运经营人对全程运输负责，而各区段承运人仅对自己完成的运输区段负责。多式联运经营人承担的赔偿责任和责任限额，取决于发生货损的运输区

段按运输方式所应适用的国际公约或国内法的规定。收货人既可向多式联运经营人索赔，也可向货损发生区段的区段承运人索赔。多式联运经营人在向收货人承担了赔偿责任之后，可依据与区段承运人签订的运输合同，向货损发生区段的区段承运人追偿。

3. 统一责任制

统一责任制是指多式联运经营人对全程运输负责，而各区段承运人对自己完成的运输区段负责。但不论货损发生在哪一区段，也不论涉及何种运输方式以及谁承担责任，均适用统一的责任制度和责任限额。

对于多式联运经营人的责任方式，我国《海商法》采取了网状责任制的方式，该法第104、105和106条均有明文规定，即多式联运经营人负责履行或者组织履行多式联运合同，并对全程运输负责。多式联运经营人与参加多式联运的各区段承运人，可就多式联运合同的各区段运输，另行签订合同约定相互之间的责任。但是，该项合同的约定不得影响多式联运经营人对全程运输所承担的责任。货物的灭失或者损坏发生于多式联运的某一运输区段时，多式联运经营人的赔偿责任和责任限额适用调整该区段运输方式的有关法律规定。货物的灭失或者损坏发生的运输区段不能确定的，多式联运经营人则应当依照我国《海商法》第四章中关于承运人的赔偿责任和责任限额的规定承担赔偿责任。但是，我国《海商法》对多式联运经营人的迟延交货责任未加以规定。

（二）多式联运经营人的责任期间

根据我国《海商法》第103条的规定，多式联运经营人对多式联运货物承担责任的责任期间，自接管货物时起至交付货物时止。也就是说多式联运经营人或其组织参加多式联运的各区段承运人自托运人的仓库、堆场或多式联运经营人指定的仓库、堆场接收货物时起，到收货人的仓库、堆场交付货物时止的掌管货物期间。

实例枚举

1995年10月，匈牙利费罗公司从中国温州进出口公司购买了价值68 000美元的童装5 000件。此后，中国温州进出口公司以托运人的身份将该批童装装于一标准集装箱中，交由中国香港天富乐船务公司所属的“汇泉”轮铅封承运，并签发了全程多式联运提单（清洁记名提单），提单上载明：装货港中国香港，卸货港布达佩斯，收货人费罗公司。1995年12月20日，该批货物抵达中国香港，天富乐船务公司将其转交中国香港天星公司所属“恒发”轮承运，天星公司签发了二程提单。提单上载明：装货港中国香港，目的港斯洛文尼亚科波尔港，最终目的港布达佩斯，托运人天富乐船务公司，收货人为天富乐船务公司签发的正本提单和本份正本提单的持有人。1996年1月25日，装载该批货物的集装箱运达科波尔港后，天星公司将其交给雷蒂诺铁路运输公司，该铁路运输公司出具了运单。运单上载明的集装箱号、铅封号和集装箱货物与前述提单上的相同。2月1日，该批货物经陆路运至费罗公司选定的布达佩斯堆场。2月5日，费罗公司凭前述正本提单提取了装载货物的集装箱。但是，当费罗公司打开集装箱时发现箱内空空如也。经与天星公司交涉，天星公司承认在铁路运输过程中货物被盗。那么，根据我国《海商法》的规定，本案中的天富乐船务公司作为全程联运承运人应当对全程运输负责，就费罗公司因货物灭失遭受的损失承担赔偿责任，而天星公司作为二程承运人应当对于发生在其承运期间的货物灭失负连带责任。

知识链接

国际海上货运领域统一法律规则的必要性①

20 世纪初国际海事委员会的首要任务之一是统一海上货物运输法律，其成果集中体现为 1924 年《海牙规则》和 1968 年《维斯比规则》。不过，在国际社会广泛接受这些规则的同时，1978 年《汉堡规则》的颁布，使得国际海上货运市场的法律调整形成了“三足鼎立”的局面。

此后，一些国家对其海商立法进行修改，在一定程度上吸收了《海牙规则》和《维斯比规则》所没有的，但为《汉堡规则》规定的内容。其结果是加大了海上货运法律规则的差异。其典型代表如：中国《海商法》、斯堪的纳维亚《海上货物运输法》和美国《海上货物运输法修整草案》等。

显然，照此发展势必导致 20 世纪 80 年代前实现的统一海上货物运输法的结果被分化，对此的关注促使国际海事委员会开展新的统一海上货物运输法领域的工作。于是，1990 年国际海事委员会巴黎第 34 届国际会议产生的一项涉及《维斯比规则》若干问题的报告，几经修改，又被提交给 1997 年国际海事委员会约克-安特卫普世纪会议深入讨论，形成立法委员会的最终报告，成为该领域立法的基础，并列入政府间国际组织未来的议事日程。

开展这项工作是基于一些政府认识到对目前国际海上货物运输法律制度修改被证明是必要的，国际社会应重新审视责任原则以适应现代海上运输领域的发展。但是，在现存的法律制度另行增加一个新的制度，又与统一国际海上货物运输法律制度的初衷背道而驰。

同时，联合国贸易法委员会在电子商务领域，为了能够将商业活动转化为电子方式，在其拟订的报告中提出不仅有必要统一责任问题，而且应统一整个运输法。

应当说，国际海事委员会协调有关的国际组织，并领导和组织统一海上货物运输法的工作，已经在一些重大问题上取得一致性，但是，仍有一些至关重要的问题需要深入研究，诸如：(1) 适用范围；(2) 强制性与非强制性法律规则（应赋予成员方一定的灵活空间，并应施加法律强制手段）；(3) 利益的平衡（在货主与船东之间，货物保险方与责任保险方——船东保赔协会之间）等。我国会在今后的圆桌会议上继续对诸项准则和条款进行完善改进，聆听世界各地运输团体和贸易产业的看法。

问题与思考

1. 海上货物运输合同的概念是什么？

① ALEXANDERVON Z. 国际海上运输领域统一法律的必要性以及对 CMI 和 UNCITRAL 的挑战 . 郭雪莹，张可心，于阳，译 . 中国海商法年刊，2000 年卷.

2. 海上货物运输合同有哪些种类？各自有何特点？

3. 提单有哪些作用？

4. 班轮运输的当事人有哪些权利和义务？

5. 比较《海牙规则》《维斯比规则》《汉堡规则》的特点以及它们对我国《海商法》的影响。

6. 航次租船合同与班次运输合同有什么异同？

7. 多式联运合同承运人如何承担货运责任？

第六章

海上旅客运输合同

本章提示

海上旅客运输是与海上货物运输一并发展起来的，是海上运输活动的重要组成部分。虽然，在运输手段极为发达的今天，海上旅客运输的发展规模和法律调整水平较之海上货物运输处于相对落后的境地，但它仍在海上运输市场中占有一席之地。特别是在诸如岛国、沿海国家等局部地区，受地理条件和经济条件的限制，海上旅客运输是其主要的运输方式。而且，海上旅客运输也是与其他各项海事法律制度相关联的，海上旅客运输活动有序稳定的发展，关系到各项海事法律制度规范功能的正常发挥。因此，各国海商立法和相关的国际公约亦十分重视对海上旅客运输的法律调整。我国《海商法》专章规定了海上旅客运输合同。依据该章的具体规定，海上旅客运输合同的订立、解除以及当事人的权利、义务和责任成为海上旅客运输法律制度的主要内容，此外，应当注意其水域适用范围方面的特殊规定。

关键术语

海上旅客运输合同　旅客　行李　自带行李　托运行李　《雅典公约》　客票

第一节　海上旅客运输合同的概念和特点

一、海上旅客运输合同的概念

海上旅客运输合同是指承运人以适合运送旅客的船舶（客船）① 经海路将旅客及其行李从一港运送至另一港，由旅客支付票款的合同。

① 在海上运输中所谓的“客船”专指载客在 12 人以上并领有有关客船证书的船舶。

承运人和旅客是此类合同的主体。我国《海商法》第108条规定，承运人是指本人或者委托他人以本人名义与旅客订立海上旅客运输合同的人；旅客是指根据海上旅客运输合同运送的人，此外，经承运人同意，根据海上货物运输合同，随船护送货物的人，视为旅客。

运送旅客及其行李的行为是此类合同的标的。根据我国《海商法》第108条，行李是指根据海上旅客运输合同由承运人载运的任何物品和车辆，但不包括活动物和根据租船合同、提单或主要涉及货物运输的其他合同而运输的物件或车辆。行李包括自带行李和非自带行李，其中自带行李是指旅客自行携带、保管或者放置在客舱中的行李。旅客自带行李以外的其他行李为非自带行李。区别行李与自带行李的概念，目的在于区别承运人对两者所承担的责任。

海上运输包括海上货物运输和海上旅客运输，海上旅客运输相对于海上货物运输而言发展较晚。19世纪前，海上旅客运输多以搭载的形式出现，专营旅客运输者较为少见，后来由于各国间经济、文化和社会交往的发展以及航海技术的提高，海上旅客运输业才得以逐步兴起。但因航空事业的发展，第二次世界大战以后，海上旅客运输业务日趋减少，在国际旅客运输中的重要性大为降低。目前，海上旅客运输主要存在于一些相近的沿海国家或地区之间，在一些经济不发达地区仍然具有一定的作用。海上旅客运输，按其航行区域，可分为国际海上旅客运输和国内海上旅客运输。前者指起运港和目的港分别位于不同国家的海上旅客运输，后者则指起运港和目的港均处于一国领域内的海上旅客运输。我国《海商法》第五章关于海上旅客运输合同的规定，既适用于国际海上旅客运输合同，也适用于国内海上旅客运输合同，但不适用于内河旅客运输合同。同时，我国港口之间海上旅客运输，除了适用《海商法》的有关规定外，还适用我国交通部1995年12月12日颁发的《水路旅客运输规则》（1997年修正）。至于我国港口间海上旅客运输赔偿责任则应遵行《中华人民共和国港口间海上旅客运输赔偿责任限额规定》（1993年11月20日国务院批准，1993年12月17日交通部令第6号发布）。

知识链接

中国邮轮产业、邮轮合同和邮轮旅客保护①

一、中国邮轮产业

邮轮产业，是由邮轮建造、邮轮租赁、邮轮旅游、邮轮港口服务等构成的庞大产业链，属于资金、人才、技术密集型的高门槛产业，市场集中度高，经济体量巨大。据国际邮轮协会（CLIA）的统计数据显示，其旗下邮轮提供了近90万个工作机会，对全球经济的影响规模达到1 170亿美元。中国的邮轮产业起步很晚，但发展迅猛。它从2006年仅有一艘900个舱位的邮轮试运营，到2014年已达8艘邮轮共计1.8万个舱位的规模，成为仅次于美国的全球发展最快的邮轮旅游市场②。因此，中国不仅有提供客源的巨

① 马炎秋，余娅楠．美国邮轮旅客保护立法动态研究．中国海商法研究，2014（1）；向力．中国邮轮产业发展的国际法空间；郭萍．对邮轮合同法律性质的探究及思考．中国海商法研究，2016（1）.

② 中交协邮轮游艇分会公布数据：中国成仅次于美国全球发展最快邮轮市场，http：//www.ccyia.com/news/xingyexinwen/2015/1028/2624.html，2015－10－28.

大潜力，也是亚洲夏季邮轮航线的重要起始港与目的地以及冬季邮轮航线的重要停靠点，还是全球环游世界航线的必经之地。而且，中国政府已经逐步确立邮轮产业为重点发展领域，并逐步出台了有关的邮轮产业发展政策，这标志着中国必然成为全球邮轮旅游服务的竞争之地。但是，中国有关邮轮产业和邮轮旅游的立法和研究尚处于萌芽状态。

二、邮轮合同

“邮轮”一词，源于1837年英国铁行渣华公司（P&O Nedlloyd）创办的海上客运兼邮件运输的船舶。随着航空等其他运输方式的发展和竞争，航运公司发现招揽更多的旅客乘坐商船可以增加利润，于是专门用于载客的邮轮应运而生。邮轮的功能开始从运输邮件的运输工具转向集休息、游玩、购物、娱乐、会务等设施，向乘客提供综合性休闲娱乐旅游服务的“浮动型度假村”。

作为邮轮乘客之合同凭证的邮轮客票，不同于海上旅客持有的用来证明合同关系的传统旅客客票，通常是以小册子形式发放，其记载内容涉及邮轮旅游的诸多事项。可见，邮轮客票手册包含了邮轮合同的主要内容，不过，当前各国法律和相关的国际公约对于邮轮客票尚无法律定义。

邮轮客票合同，以提供综合性海上运输和海上旅游服务行为为合同标的，不同于《海商法》第110条规定的海上旅客运输合同，也与旅游合同存在诸多区别。有的学者称其为类型混合合同，兼有海上旅客运输和海上旅游的双重属性。单一的《海商法》、《合同法》和《旅游法》都不能独立地对其进行调整，需要进一步研究对其法律调整的体系构建。

三、邮轮旅客保护

法律调整邮轮合同的首要问题，当属邮轮旅客保护问题。为了尽快改变我国有关邮轮合同法律调整的空白状态，借鉴美国的立法经验就是必要的。美国作为世界邮轮旅游最大客源地，其邮轮法律制度比较完善。

美国作为国际海事组织和《国际海上人命安全公约》的缔约国，其颁布的《美国法典》和《联邦法典》规定的船舶建造标准和港口安全标准与国际标准一致。此外，美国还于2010年出台了《邮轮安全与安保法案》，它对于邮轮的安全管理、保护邮轮旅客安全具有重大作用。

在民事法律方面，美国立法通过推行邮轮承运人责任制度与完善邮轮旅客权利保护制度来维护邮轮旅客的合法权益。而美国国会讨论的《邮轮旅客保护法案》和《邮轮旅客信任法案》更把立法保护的重点置于邮轮旅客身上。

上述的美国保护邮轮旅客的法律工作，对于我国建立邮轮旅游立法体系具有重要的借鉴价值。

二、海上旅客运输合同的分类

（一）租船客运合同与搭载客运合同

海上旅客运输与海上货物运输一样，均设有租船运输与搭载运输。其中，租船客运合同多用于团体运送，即包船运送旅客，它一般分为全部租船与部分租船两种。普通旅客运输多采用搭载客运合同，又称为个别旅客运输合同。

（二）国内旅客运输合同与国际旅客运输合同

海上旅客运输合同规定的起运港和目的港均为一国国内港口时，即为国内旅客运输合同；若合同规定的起运港和目的港属不同国家港口，则称为国际旅客运输合同。我国《海商法》涉及的海上旅客运输合同，包括国内旅客运输合同和国际旅客运输合同。

（三）海上旅客运输合同与海上旅客联运合同

与海上货物运输一样，海上旅客运输也有单船运输与多船联运之分。在单船运输合同下，由单个承运人负责旅客运送并承担有关责任；在旅客联运合同下，各联运承运人相互间除负责本段运输外，对旅客须就整个运输过程所发生的损害负连带责任。

三、海上旅客运输合同的特点

（一）海上旅客运输合同的运送对象是旅客及其行李

旅客本身既是合同的一方当事人（合同的主体），又是合同履行的对象，旅客随同其乘坐的船舶一起完成运送过程。

（二）旅客的行李也是海上旅客运输合同的运送对象

旅客自带行李与旅客之间存在着随行性，即旅客的自带行李以旅客乘坐承运客船为条件，自带行李随同旅客同行一并装上承运客船；而托运行李则大多随同一客船运送，也可能异船运送。由此可见，海上旅客运输合同的运送对象不同于以货物为运送对象的海上货物运输合同。

（三）用于海上旅客运输的船舶必须是符合相应法律要求的客船

作为履行海上旅客运输合同工具的船舶必须是适合客运的船舶，其在安全航行能力和稳定性，消防、救生、休息、娱乐、医疗、卫生等设施，必需品的供应，船员的配备等方面必须符合国内法和国际公约对旅客运输的要求，故客船对安全性的要求较之用于运送货物的货船更为严格，且必须持有客船安全证书。

（四）海上旅客运输合同是一种非要式合同

合同的订立不一定要以书面形式完成。旅客运输合同的客票为订立合同的证明。客票本身不是海上旅客运输合同，但具有证明承运人与旅客之间已订立海上旅客运输合同的作用。

（五）海上旅客运输合同为双务合同、有偿合同和诺成合同

承运人与旅客作为海上旅客运输合同的双方当事人均享有权利并承担相应的义务。

同时，作为一种商业经营行为，承运人签订海上旅客运输合同的目的在于收取运费，而旅客则以交付运费为代价，换取承运人将其安全运送至目的港。此外，海上旅客运输合同自承运人向旅客交付客票时成立。

实例枚举

某客运船舶从海口开往广州，在该船航行途中，一名赵姓旅客上厕所时摔倒在甲板上，导致其腿骨折断。该赵姓旅客为向承运人索取赔偿而诉至海事法院。海事法院审理中查证，该客运船舶的厕所设施齐备，符合安全使用的标准。而且，该船舶在事发时正常航行，未遭受任何外来撞击，只有正常的轻微摇晃。该旅客摔倒受伤，是由于其自身晕船所致。海事法院认为，海上旅客运输过程中出现旅客晕船现象十分普遍，这是由海上航行和旅客的生理特点所决定的，对于本案中的赵姓旅客因晕船而摔伤，承运人没有主观过错，不应当承担赔偿责任。

学习本案例之后，大家可以进一步理解海上旅客运输合同作为服务于旅客出行的海上运输合同类型，具有不同于海上货物运输合同的诸多特点。

学术前沿

关于邮轮合同性质的认识①

当前，邮轮旅游脱胎于传统的海上旅客运输，并且处于方兴未艾的发展趋势之下。但因邮轮旅游所涉主要的经营模式和服务内容不同于传统海上旅客运输，使其兼有旅游合同和海上旅客运输合同的内容，而我国现行立法的规定中并不存在邮轮合同，这导致学术界在对邮轮合同性质的认定上存在争议。主要有两种代表性观点：

一、区分合同说②

针对中国目前邮轮旅游主要是出境旅游，大多采取包销模式，即旅行社先向邮轮公司以“包舱”或“切舱”方式签订“邮轮船票包销合同”来购买船票，然后再与旅客签订邮轮合同，将船票和其他旅游产品包价出售的情况。有学者认为：基于邮轮船票包销模式而建立的上述合同关系构成旅行社、邮轮公司和旅客之间的三方法律关系，并非一体性的邮轮合同，分别对应着旅行社与邮轮公司之间的邮轮船舶包销合同、旅行社与旅客之间邮轮旅游合同、邮轮公司与旅客之间的由船票证明存在的海上旅客运输合同等三个基础合同。其中，旅行社和邮轮公司在各自的合同中分别处于邮轮旅游经营者的法律地位。

二、混合合同说③

有的学者提出，包销模式所建立的邮轮合同，应当是一个混合合同，它具有混合性。该观点否认在邮轮公司与旅客之间的邮轮合同以外，还存在一个海上旅客运输合同。所持主要理由是，邮轮合同包含上述旅游与运输，这两种标的趋于同质化并合二为一，旅客

---

① 吴煦，孔德兵．邮轮公司对旅客人身伤亡的赔偿责任限制．中国海商法研究，2021（3）．

② 孙思琪，金怡雯．邮轮旅游邮轮公司法律地位之认定．世界海运，2018（4）．

③ 陈琦．邮轮旅游法律规制的理论困境与制度因应．大连海事大学学报（社会科学版），2018（6）．

不能与旅行社和邮轮公司就同一合同标的分别订立两个不同的合同。

应当确信，随着我国邮轮旅游产业的发展，邮轮合同理论的研究必然会逐渐深入，对其法律性质的讨论也将更为科学合理。

第二节 有关海上旅客运输的国际公约

一、《雅典公约》的产生

因各国关于国际海上旅客运输的法律规定存在着严重的法律冲突，加之，奉行契约自由的海运大国的法律允许承运人在海上旅客运输合同中大量适用有利于承运人的免责条款，不利于旅客人身和财产安全的保障，故而，自20世纪50年代以来，出现了有关统一各国海上旅客运输法律的国际公约的制定活动，先后在有关的国际会议上通过了《统一海上旅客运输若干法律规定的国际公约》（1957年10月10日）、《统一海上旅客运输若干规则的国际公约》（1961年4月）和《统一海上旅客行李运输的国际公约》（1967年5月27日）等，但因上述三个国际公约对旅客人身赔偿责任的限额过低，故均未生效。为此国际海事委员会又于1969年拟定了一个公约草案，以此为基础，国际海事组织（原联合国政府间海事协商组织）于1974年12月2日至13日在雅典召开的国际会议上通过了《海上旅客及其行李运输雅典公约》（简称《雅典公约》）。自《雅典公约》经美国、英国、利比里亚、西班牙、波兰等十余个国家参加，于1987年4月28日生效至今，其对于调整国际海上旅客及其行李运输起着核心作用，对各国有关海上旅客运输的立法也产生了重要影响。有些国家将《雅典公约》的内容直接转化为国内法，有些国家则将《雅典公约》的原则和基本规则结合到本国法中，我国《海商法》有关海上旅客运输的规定亦吸收了《雅典公约》中大部分实体法规范，诸如承运人的责任与免责，旅客贵重物品灭失或损坏，承运人的受雇人、代理人、实际承运人的法律地位等规定均与《雅典公约》相同。而且，1994年3月5日，第八届全国人民代表大会常务委员会第六次会议通过了我国加入《雅典公约》及其1976年议定书①的决定，这标志着我国调整国际海上旅客运输的法律制度与国际市场相接轨。

二、《雅典公约》的主要内容

（一）承运人的责任及责任限制

公约规定，在运输期间因承运人或其受雇人员、代理人的过失引起的事故造成旅客人身伤亡和行李灭失损坏的，承运人应承担赔偿责任。

---

① 《雅典公约》于1987年4月28日生效后，前后经过1976年议定书、1990年议定书和2002年议定书的三次修改。其中，1976年议定书的基本内容是用特别提款权取代《雅典公约》使用的金法郎作为货币单位。

关于责任限制，该公约规定：（1）承运人对每次运输中，每名旅客的伤亡所承担的赔偿责任不超过 700 000 金法郎（1976 年议定书改为 46 667 特别提款权）。各缔约国可以在其国内法中规定更高的责任限额。（2）承运人对每次运输中旅客自带行李的灭失、损坏的赔偿责任，每位旅客不超过 12 500 金法郎（1976 年议定书改为 833 特别提款权）。（3）承运人对每次运输中的车辆（包括车内行李）的灭失、损坏的赔偿责任，每辆车不超过 50 000 金法郎（1976 年议定书改为 3 333 特别提款权）。（4）承运人对每次运输中其他行李的灭失、损坏的赔偿责任，每位旅客不超过 18 000 金法郎（1976 年议定书改为 1 200 特别提款权）。（5）承运人可与旅客商定免赔款，但该商定的免赔款对每辆车不超过 1 750 金法郎，对其他行李，每位旅客不超过 200 金法郎（1976 年议定书分别改为 117 特别提款权和 13 特别提款权）。

（二）承运人的免责

公约规定，经承运人证明旅客人身伤亡或其行李的灭失、损坏是因旅客的过失或疏忽造成的，接受诉讼的法院可依法院地法免除承运人的全部或部分责任。此外，承运人对于货币、可流通证券、黄金、银器、珠宝、装饰品、艺术品或其他贵重物品的灭失、损坏不负责任。但是，双方同意将该贵重物品交由承运人保管的除外。

（三）公约的适用范围

该公约适用于悬挂缔约国国旗或在缔约国登记的海船，或运输合同在缔约国订立，或合同约定的起运港或目的港位于缔约国。

（四）司法管辖权

公约规定，对争议的诉讼，原告有权选择下列范围内的法院之一提起诉讼：（1）位于缔约国的任何一个法院；（2）被告永久居住地或主要营业所所在地法院；（3）合同规定的起运港或目的港所在地法院；（4）原告原籍地或永久居住地所在国法院，但被告须在该国有营业所并受其管辖；（5）运输合同订立地所属国法院，但被告须在该国有营业所并受其管辖。

（五）诉讼时效

公约规定，旅客伤亡或行李灭失、损坏的赔偿之诉，其诉讼时效期间为 2 年，但可通过承运人书面声明或在诉因发生后通过双方书面协议予以延长。

三、1990 年议定书对《雅典公约》的修改

1987 年 3 月 6 日发生在比利时泽布吕赫港外的英国汤森·托普森公司所属的“自由企业先驱”号渡轮倾覆案，致使近 200 人丧生。该案使英国率先在其国内法中将人命伤亡的赔偿限额提高到 152.5 万金法郎，此举在北欧等国获得响应，形成了要求提高责任限额的压力。为此，国际海事组织于 1990 年 3 月召开伦敦外交会议，通过了《雅典公

约》1990 年议定书，大幅度提高了承运人的责任限额，包括：每名旅客每次运输175 000特别提款权，对旅客自带行李、其他行李和车辆分别为 1 800、2 700 和 10 000 特别提款权。此外，对旅客自带行李以外的其他行李和车辆的免赔额也分别提高为 135 和 3 000 特别提款权。然而，该议定书尚未生效。

第三节　海上旅客运输合同的构成

一、海上旅客运输合同的当事人

海上旅客运输合同的双方当事人是承运人和旅客。作为民商合同的具体种类，海上旅客运输合同的双方当事人是基于平等的法律地位，通过双方意思表示一致而签订海上旅客运输合同，即旅客一方提出搭载或者包租客船的申请，承运人接受此申请，双方达成协议，从而建立了海上旅客运输合同关系。

其中，承运人是指本人或者委托他人以本人名义与旅客订立海上旅客运输合同的人（《海商法》第 108 条第 1 款）。同时，海上旅客运输合同也存在着实际承运人，即接受承运人委托，从事旅客运送或者部分运送的人，包括接受转委托从事此项运送的其他人（《海商法》第 108 条第 2 款）。在海上旅客运输实务中，承运人可以是船运公司，或无船承运人。

旅客则是与承运人相对应的另一方当事人。作为双方民事法律行为，旅客订立海上旅客运输合同的意思表示是此类合同得以建立不可缺少的构成条件。同时，旅客又是接受运输服务的人，即“根据海上旅客运输合同运送的人”（《海商法》第 108 条第 3 款）。而且，不论是单独搭载客船的旅客，还是团体包租客船的旅客，均表现为自然人。此外，经承运人同意，根据海上货物运输合同，随船护送货物的人，视为旅客（《海商法》第 108 条第 3 款），其享有的权利和承担的义务，与一般的旅客相同。成年旅客按规定免费携带的未成年人，亦属于旅客。

学术前沿

关于认定邮轮公司和旅行社在国际邮轮船票包销模式下法律地位的学说①

所谓邮轮船舶保险模式，是指旅行社以“包舱”或“切舱”的方式，向邮轮公司购买邮轮的某一航次的全部或部分船票，再将所购船票与其他旅游产品包价出售给游客的活动。由于外国邮轮公司在我国旅游市场上没有经营中国出境旅游的资质，旅行社和邮轮公司创设出独特的邮轮船票包销模式，目前已经为绝大多数邮轮船票的销售所采取，并成为当前中国邮轮旅游的主要经营模式。该模式引发了一系列法律问题，尤其是其所涉及的旅行社、邮轮公司和游客三方法律关系，焦点在于如何认定邮轮公司和旅行社的

---

① 陈易，何丽新．论邮轮船票包销模式下旅行社的法律地位．中国海商法研究，2019（4）；郭萍．对邮轮合同法律性质的探究及思考．中国海商法研究，2016（1）．

法律地位。对此问题的理解，因对邮轮合同性质持“区分说”或者“混合说”之分歧而出现不同的观点。

这种观点分歧缘于在邮轮船票包销模式所并存的旅行社与邮轮公司之间签订的“邮轮船票包销合同”和旅行社与游客之间签订的“包价邮轮旅游合同”。持“区分说”的学者主张，在邮轮船票包销模式下，承运人应当是邮轮公司而非旅行社。不论旅行社采取“包舱”“切舱”，还是订购散客舱，均不能使旅行社成为承运人。因为，旅行社与游客签订的“邮轮旅游合同”中并不包含海上旅客运输的内容，故“区分说”又称为“旅行社非承运人说”。

持“混合说”的学者的看法则截然相反，其观点建立在混合合同基础上，即旅行社与游客之间的邮轮旅游合同兼具旅游合同与运输合同的内容。相应地，“混合说”提出应当将旅行社定性为承运人，但旅行社并不实际提供邮轮运输服务，而是委托给邮轮公司提供此服务。这使得旅行社在邮轮旅游合同项下的角色类似于我国《国际海运条例》规定的国际海上货物运输的无船承运人，而邮轮公司则相当于实际承运人。

可以预见，邮轮船票包销在中国邮轮旅游市场未来的一段时间内仍将处于主要地位，因此，明确旅行社作为参与者，在邮船船票包销的法律地位就十分重要，对于该项国际邮轮旅游市场的稳定意义重大。当然，大家应当立足于中国邮轮旅游的国情需要，对旅行社法律地位加以研究，予以科学定位，为邮轮旅游市场在中国的发展提供科学的法理依据。

二、海上旅客运输合同的客体和运送对象

作为海上旅客运输合同的双方当事人，承运人和旅客所共同追求的客体是承运人依约实施的运输行为，即按照船期表公布的或者约定的时间起航，将旅客安全地运送至目的港的行为。承运人和旅客各自行使权利和履行义务的目的，均在于该行为。

而海上旅客运输合同的运送对象则是旅客及其行李。首先，旅客在海上旅客运输合同中，既是一方当事人，又是承运人实施运送行为的运送对象。从而，海上旅客运输合同的履行过程，也就是旅客接受承运人依约提供的运输服务的过程，满足其为了从事经济活动或者社会交往所需要的空间转移要求。其次，所谓“行李”，是指根据海上旅客运输合同由承运人载运的任何物品和车辆，但是活动物除外（《海商法》第 108 条第 4 款）。在海上旅客运输合同中，运送旅客和运送行李具有内在联系——随行性，即行李随旅客搭乘或者包租的船舶一同运送，而且，行李包括托运行李和自带行李。其中，托运行李是旅客凭客票向承运人办理行李托运手续，在运送期间随船而行，由承运人保管的行李。至于自带行李则是指旅客自行携带、保管或者放置在客舱中的行李。但旅客携带的活动物不属于行李，不适用《海商法》有关海上旅客运输合同的规定。

实例枚举

1999 年 4 月 20 日，地处烟台的 A 大学分校为赴天津参加本校的校庆活动，与 B 旅行社签订了海上旅客运输合同，与 B 旅行社预订于 4 月 30 日运送 240 位学生、6 辆大客

车、从事庆典活动所需的锣鼓乐器和演马戏的猫、狗、羊、猴子等小动物演员以及学生们自带的服装，B旅行社签发了客票。次日，B旅行社将其承接的该旅客运送义务委托给C船运公司。4月28日，因“五一”黄金周造成客票紧张，C船运公司又将该项运送业务的1/3转委托给D轮船公司。

如果着眼于海上旅客运输合同的法律构成分析此实例，A大学分校与B旅行社签订预定客船舱位的海上旅客运输合同，从而，A大学分校是旅客方的代表，B旅行社属于无船承运人（又被称为“契约承运人”）。C船运公司则为实际承运人（又被称为“执行承运人”），而D轮船公司也属于实际承运人。运送对象包括240位旅客和属于托运行李的6辆大客车和锣鼓乐器。学生自带的服装则是自带行李。而作为小演员的猫、狗、羊、猴子等动物不属于行李。

第四节　海上旅客运输合同的订立和解除

一、海上旅客运输合同的订立

海上旅客运输合同的订立，因班轮运输和租船运输的不同运输方式而有所区别。

（一）班轮旅客运输合同的订立

班轮旅客运输合同的订立，一般采取口头形式。客票和行李票则是该合同成立的凭证。承运人公布船期表、公示航线、开航时间、票价，构成要约邀请；旅客或者其代理人向承运人或者其代理人提出购票申请，支付票款，即为要约；承运人或者其代理人向旅客发售客票，即为承诺；自旅客取得客票之时起，班轮旅客运输合同成立。如果旅客需要办理行李托运，还应当在开船之前或者开船之时凭客票填写行李票，交付运费（要约）；承运人核实行李，签发行李票，即为旅客行李运输合同成立。而班轮旅客运输合同的生效时间则为旅客凭客票登船之时。

（二）租船旅客运输合同的订立

租船旅客运输合同的订立，可以是口头形式或者书面形式。通常是由旅客的代表与承运人双方就租船事宜，包括订舱、运费、开航时间、目的港等条件协商达成协议，自双方签字或者承运人签发客票之时，租船旅客运输合同成立。

二、客票

（一）客票的法律作用

客票是承运人签发给旅客的，用以证明海上旅客运输合同已经成立和旅客已经支付票款的书面文件。它具有多重法律作用：

1. 客票是海上旅客运输合同成立的书面凭证

正如我国《海商法》第 110 条规定的，旅客客票是海上旅客运输合同成立的凭证。这意味着客票的持有和出示具有证明海上旅客运输合同成立的作用，但是，客票并不是海上旅客运输合同本身。旅客基于客票而行使权利，因此，客票被丢失或者被旅客擅自涂改，便产生无票乘船或者无效客票的结果。

2. 客票是旅客已经支付运费的证明文件

承运人或者其代理人往往是在旅客支付了票价款（运费）之后签发客票，为此，客票具有证明旅客已经支付票价款的作用。

3. 客票是旅客乘船和提取行李的法律根据

旅客根据客票上所记载的内容，包括船舶名称、航班、舱位等级、舱位和开航时间等，乘坐船舶。旅客在提取托运行李时必须出示行李票，从而，客票的又一作用就是旅客乘船和提取行李的法律根据。

4. 客票是旅客向承运人索赔的依据

旅客在乘船期间发生人身伤亡或者行李损失的，客票便成为向承运人提出索赔的依据，同时，客票也是承运人进行赔付的依据。

5. 客票在一定条件下具有有价证券的作用

客票，尤其是无记名客票代表着相应的票款价值，依法可以转让，因此具有有价证券的作用。不过，客票作为有价证券的作用存在于船舶开航之前，而在船舶开航以后，则客票的有价证券作用随之消失。

（二）客票的分类和记载事项

客票的分类是与海上旅客运输合同的分类相适应的，分为国内客票和国际客票。而用在我国沿海和内河水域旅客运输的则称为船票，分为全价票和半价票。此外，根据客票上是否记载旅客姓名，客票可分为记名客票和不记名客票。国际客票一般属于记名客票，而各国在沿海旅客运输中多采用不记名客票。

客票通常记载的事项包括：（1）承运人的名称和地址；（2）船名；（3）航次；（4）出发港；（5）目的港；（6）票价（包含保险费）；（7）客舱等级等。

而国际客票除了记载上述事项以外，还要载明：（1）旅客的姓名和地址；（2）船舶抵达目的港的日期；（3）海上客运条件；（4）合同适用的法律等。

三、海上旅客运输合同的解除

海上旅客运输合同有效成立之后，可以因出现法定原因而解除，不过，各国海商法所规定的法定解除原因各不相同。我国《海商法》对于海上旅客运输合同的解除原因未作具体规定。

（一）海上旅客运输合同因法定原因而解除

1. 在船舶开航前，出现下述法定原因的，承运人或者旅客有权解除合同，承运人应当退还票价款：

（1）船舶因军事行动有被捕获或者被劫夺的危险；

（2）始发港或者目的港被宣布封锁；

（3）船舶因与承运人或者旅客无关的原因而被政府扣押；

（4）船舶被征用或者灭失。

2. 在船舶开航后，船舶因不可抗力而不能驶抵目的港的，承运人应当将旅客送至预定的中途港或者就近港口或者始发港，并退还全程票价减除旅客所乘区段的票价差额。旅客所乘里程超过原定里程的，不补付超过部分的票款。

（二）海上旅客运输合同因旅客的原因而解除

（1）旅客在船舶开航前死亡，或者经医生证明旅客患病不能登船的，旅客或者其代理人、亲属有权要求解除合同，并要求退还票款。

（2）承运人无故不开航或者因承运人的原因致使旅客未能登船的，旅客有权要求解除合同，并要求退还票款，而且，有权要求承运人赔偿因此所受的损失。

（3）旅客在船舶开航前，以承担一定的票价（退票费）为条件而任意解除合同，如《日本商法典》第 781 条规定为票价的 1/2；在船舶开航后，以承担全部票价款为条件而解除合同。

（4）旅客在开航后患病，经医生证明不能继续乘船的，有权解除合同，并要求承运人退还未完航程部分的运费。

（5）承运人在船舶开航后，不按客票或者租船合同的约定将旅客送至目的港的，旅客有权解除合同，并要求承运人赔偿损失。

四、海上旅客运输合同的无效条款

海上旅客运输合同属于格式合同条款，导致旅客与承运人双方处于实质上的不平等地位。各国海商法和有关的国际公约着眼于维护旅客方的合法权益，防止承运方滥用“合同自由”原则，对海上旅客运输合同中过分维护承运人利益而对旅客不公平的条款采取了否认态度，强制认定其无效。而且，不公平条款的无效，并不影响合同其他条款的效力。我国《海商法》第 126 条亦对海上旅客运输合同中不公平的免责条款的无效明确规定了强制性规范。海上旅客运输合同含有下列内容之一的条款无效：（1）免除承运人对旅客应当承担的法定责任；（2）降低本章（海上旅客运输合同）规定的承运人责任限额；（3）对本章规定的举证责任作出相反的约定；（4）限制旅客提出赔偿请求的权利。前款规定的合同条款的无效，不影响合同其他条款的效力。

其中，第 1 项所说的“法定责任”是指我国《海商法》及其有关的法律法规所规定的承运人的赔偿责任不得约定免除，如约定在委托实际承运人运送旅客情况下，免除承运人对全程运送的责任即为无效条款。

第 2 项也适用于《海商法》第 118 条有关承运人及其受雇人、代理人丧失赔偿责任限制权利的规定。

第 3 项主要涉及法定的承运人及其受雇人、代理人所负的举证责任不得约定免除。

第 4 项的具体表现较多，诸如，约定承运人和实际承运人不负连带责任；约定旅客提交行李灭失、损坏书面通知的时间短于法定时间；约定旅客有关行李灭失、损坏的书面通知为最终证据，旅客不得再提反证等，均属于无效条款。

实例枚举

某旅游团一行四十余人乘坐甲海运公司的“光明”轮从青岛前往广州，领队在途中发现所有团员都有不同程度的呕吐、腹泻等现象，随团医生初步判断是食物中毒。医生先是怀疑因团员们食用了船上供应的食物所致，但是，经过检验，船上提供的食物符合卫生标准，且船上的其他旅客也食用了同样的食物，并无中毒现象。事后经过调查，确认该旅游团的团员之所以发生食物中毒，是由于在乘船之前在投宿的一个旅馆用餐所致，故本案中的海上旅客运输合同的承运人没有过错，无须承担法律责任。

本案例充分体现了海上旅客运输合同具有的相对性。该运输合同的法律效力只及于双方当事人，即承运人的义务和责任只对相对应的旅客发生法律效力，而不能要求承运人就第三人的过错行为承担责任，为其“买单”。

第五节　海上旅客运输合同当事人的权利和义务

海上旅客运输合同有关当事人权利和义务的规定，是合同的核心内容，表现为承运人和旅客各自的权利和义务。

一、承运人的主要权利和义务

（一）承运人的主要权利

在海上旅客运输合同中，承运人享有以下主要权利：

1. 收取票款的权利

基于海上旅客运输合同的双务性，作为承运人运送旅客及其行李的对价条件，承运人有权按照客票和行李票上载明的数额向旅客收取票价。相应的，根据我国《海商法》第 112 条的规定，对无票乘船、越级乘船或者超程乘船的旅客，承运人有权要求旅客按照规定补足票款，并可以按照规定加收票款；旅客拒不交付的，船长有权在适当地点令其离船，承运人有权向其追偿票款。

2. 留置权

旅客未支付或者未付足票款或者行李费的，承运人有权对旅客托运的行李行使留置权。

3. 按时开航权

船长有权在旅客于始发港或者中途停靠港不按时登船时按时开航或者续航，并不退还票款。

4. 维持船舶上秩序和安全的权利

根据我国《海商法》第 113 条的规定，承运人及其船长为了船舶的正常航行，有权维持船舶上的秩序和安全，有权检查旅客是否随身携带或者在行李中夹带违禁品和危险品。承运人及其船长有权在任何时间、任何地点将旅客违法随身携带或者在行李中夹带的违禁品、危险品卸下、销毁或者使之不能为害，或者送交有关部门，而且不负赔偿责任。同时，承运人及其船长有权制止旅客在船上实施违法犯罪行为，必要时采取禁闭或者其他有效措施防止违法犯罪行为的发生。

5. 免责的权利和享受责任限制的权利

承运人对旅客的人身伤亡或者行李的灭失、损害在法定范围内享有免责的权利。例如，对旅客的货币、金银、珠宝、有价证券或者其他贵重物品的灭失、损坏，承运人有权援引我国《海商法》第 116 条的规定，不负赔偿责任。但是，旅客根据其与承运人的约定，将上述物品交由承运人保管的，承运人则应当依法负赔偿责任。

6. 承运人依法享有赔偿责任最高限额的权利

国际海上旅客运输合同的承运人，有权在按照我国《海商法》第 117 条和第 210 条规定的赔偿限额内承担责任。而国内海上旅客运输合同的承运人则有权在我国原交通部发布的《中华人民共和国港口间海上旅客运输赔偿责任限额规定》的赔偿限额内承担责任。

但是，承运人享受责任限制的权利在出现法定情况时依法丧失，即经证明，旅客的人身伤亡或者行李的灭失、损坏，是由于承运人的故意或者明知可能造成损害而轻率地作为或者不作为造成的，承运人不得享有责任限制的权利（《海商法》第 118 条第 1 款）。同样，经证明，旅客的人身伤亡或者行李的灭失、损坏，是由于承运人的受雇人、代理人的故意或者明知可能造成损害而轻率地作为或者不作为造成的，承运人的受雇人、代理人不得享有责任限制的权利（《海商法》第 118 条第 2 款）。

（二）承运人的主要义务

与其享有的权利相对应，承运人在海上旅客运输合同中承担着如下义务：

1. 提供适航船舶并保持船舶的适航状态的义务

为了保证旅客的安全，完成运送任务，承运人有义务提供适合旅客运送的船舶，并使其在开航前和开航时及整个航行期间处于适航的状态。而且，作为运送旅客所需船舶适航的组成部分，承运人应当适当配备船员、装备船舶和提供供应品。

2. 提供适当的舱位和服务的义务

承运人在旅客登船后，必须向旅客提供与其客票等级相符的舱位，以便旅客搭乘。并且，承运人应当按照客票或者租船合同的要求，向旅客提供相应的运送服务。

3. 按时开航，合理尽速，直达目的港的义务

承运人应当按照客票载明的或者租船合同约定的时间开航。在航行过程中，承运人应当合理尽速地直航至目的港，不应有不合理的绕航，除非为了救助或者企图救助海上人命或者其他合理情况（如为保证船舶和旅客安全而躲避海上风险，或者政府当局命令船舶变更航线，或者旅客患重病而需上岸治疗等），承运人或船长才能变更航线。否则，承运人应当对于旅客因此遭受的损失予以赔偿。

4. 为旅客提供生活必需品的义务

在船舶航行期间，承运人应当向旅客提供生活必需品。如果客票的票价款已经包含膳食费的，则承运人应向旅客提供相应的膳食；如果客票的票价款未包含膳食费的，则承运人应当向旅客提供有偿的膳食。

5. 免费运送旅客携带的儿童和一定的行李的义务

承运人应当按照客票或者租船合同的约定，免费为旅客运送其携带的儿童和一定数量的行李，并对旅客的托运行李负有妥善保管的义务。

6. 将旅客及其行李安全运送至目的港的义务

将旅客及其行李安全运送至目的港是当事人订立海上旅客运输合同的目的，也是承运人收取票价款的对价条件，从而构成承运人的根本义务。除非在开航后，船舶因不可抗力而不能驶抵目的港时，承运人才能免除此项义务。即使如此，承运人也应当在就近的港口停靠或者将旅客运送回始发港或者另派船舶续航。

二、旅客的主要权利和义务

（一）旅客的主要权利

与承运人的义务相对应，旅客在海上旅客运输合同中享有如下的权利：

1. 凭客票乘船并安全到达目的港的权利

旅客有权凭客票乘坐相应的船舶，使用与客票相一致的舱位，获取与客票相一致的服务，尤其是，拥有安全到达目的港的权利。

2. 享受规定的免费和优待的权利

旅客有权利享受规定的免费和优待，诸如，免费携带儿童乘船，免费携带一定数量的行李，以优惠价格托运一定行李等。

3. 提取行李的权利

对交由承运人保管的财物或者托运的行李，旅客有权在船舶抵达目的港时向承运人提取。

4. 损害赔偿请求权

旅客要求承运人予以赔偿的权利，表现在两个方面：一是因承运人无故不按时开航或者无故改变目的港或者不合理地绕航，造成旅客损失的，旅客有权要求承运人予以赔偿；二是因承运人或者其受雇人、代理人在运送期间的过错，导致旅客人身伤亡或者行李灭失、损坏的，旅客有权要求承运人予以赔偿。

（二）旅客的主要义务

1. 支付票款的义务

作为享受海上运送服务的对价条件，旅客按照规定支付票价款就是其承担的首要义务，具体包括客票票款和托运行李的托运费。

2. 不得随身携带或者在行李中夹带违禁品或危险品的义务

旅客不得随身携带或者在行李中夹带违禁品（如毒品）或者易燃、易爆、有毒、有腐蚀性、有放射性以及有可能危及船上人身和财产安全的危险品（《海商法》第113条）。因此，旅客在接受承运人的检查时，应如实陈述所携带或者托运的行李的情况。

3. 遵守客运规则，服从船长的指挥和管理

旅客在船期间，应当遵守客运规则，服从船长的指挥和管理，不得妨碍、阻止船员的工作，用以维持船上的正常秩序和安全。

4. 及时向承运人发出行李灭失或者损坏的通知义务

旅客为了行使行李灭失或者损坏的赔偿请求权，应先行在法定时间内，向承运人履行行李灭失或者损坏的通知义务，即自带行李发生明显损坏的，旅客应当在离船前或者离船时提交书面通知；其他行李发生明显损坏的，旅客应当在行李交还前或者交还时提交书面通知；旅客因行李的损坏不明显而在离船时或者交还行李时难以发现的，或者行李灭失的，旅客应当在离船或者行李交还或者应当交还之日起15日内提交书面通知。旅客未在法定时间内提交书面通知的，视为完整无损地收到行李，除非能够提出反证证明。

实例枚举

1997年8月，冀甲携带价值6 000元的3包衣服，乘坐A船运公司的“海虹”号客船，自广州前往海口。冀甲上船时，其所携带的3包衣服经码头B客运站过磅为60千克，B客运站收取了行李运费20元，并出具了行李运费单。冀甲上船后，将3包衣服放置在船方指定的位置。次日上午，“海虹”号抵达海口。冀甲下船时凭行李运费单向“海虹”号的客运主任要求提取3包衣服，客运主任看过行李运费单后，让冀甲到海口客运站领取行李。但是，当冀甲在海口客运站出示行李运费单要求领取行李时，得到的答复是，该3包衣服属于自带行李，应当到船上领取。待冀甲回到船上时，其3包衣服已不复存在。冀甲与船方就3包衣服灭失责任的承担产生了分歧。

显然，认定本案3包衣服灭失责任的归属，其前提是确定对于该3包衣服的保管义务的承担。从海上旅客运输合同角度讲，行李分为自带行李和托运行李，前者的看管责任由旅客自行承担，包括随身携带和付费自行看管的行李。而托运行李则由承运人负保管责任。因此，本案涉及的3包衣服，其物主冀甲未办理托运手续，船方未签发托运行李票，码头B客运站出具的行李运费单不能替代托运行李票，所以，应当按照旅客自带行李认定。由于冀甲误将客运站出具的行李运费单视为船方签发的托运行李票，而将本应自行看管和在船上自行提走的行李错当作托运行李处置，故应当对于行李的灭失承担主要过错责任。而承运人的受雇人员（客运主任）在工作中存在失误，对于冀甲出示的行李运费单审验不严，并误将旅客的自带行李当作托运行李处理，加之，承运人将旅客自带行李集中起来统一管理，均对造成行李性质的误解和行李灭失有一定的作用，故承运人应当承担一定的责任。

第六节　承运人的赔偿责任

承运人的赔偿责任就是指对运送期间造成的人身伤亡或行李灭失、损坏的，承运人依法予以赔偿的法律责任。

一、赔偿责任的责任主体

因受雇人、代理人在受雇或委托范围内的过失造成的损失亦应当由承运人负责，同时，实际承运人也是该赔偿责任的责任主体。根据我国《海商法》第 109 条对有关承运人责任的规定，适用于实际承运人；有关承运人的受雇人、代理人责任的规定，适用于实际承运人的受雇人、代理人。

由于承运人与实际承运人对赔偿责任的承担不仅涉及双方的利益而且关系着对旅客利益的保护，因而我国《海商法》明确规定了两者之间的责任关系：承运人将旅客运送或者部分运送委托给实际承运人履行的，仍然应当按照本章规定，对全程运送负责。实际承运人履行运送的，承运人应当对实际承运人的行为或者实际承运人的受雇人、代理人在受雇或者受委托的范围内的行为负责（《海商法》第 121 条）。承运人与实际承运人均负有赔偿责任的，应当在此项责任限度内负连带责任（《海商法》第 123 条）。就旅客的人身伤亡或者行李的灭失、损坏，分别向承运人、实际承运人以及他们的受雇人、代理人提出赔偿请求，赔偿总额不得超过《海商法》规定的承运人的赔偿限额（《海商法》第 124 条），当然，依法丧失赔偿责任限额之权利的除外。向旅客承担了赔偿责任的一方，就超过其责任份额的责任部分，有权向另一方追偿。海商法上述有关两者责任关系的规定，不影响承运人和实际承运人之间相互追偿（《海商法》第 125 条）。

二、认定赔偿责任的归责原则

关于承运人在海上旅客运输合同中的赔偿责任，各国海商法和有关的国际公约普遍实行完全过错责任原则，并且在一定范围内实行推定过错。我国《海商法》亦采取了同样的归责原则。

根据《海商法》第 114 条第 1 款的规定，在法定的旅客及其行李的运送期间，因承运人或者承运人的受雇人、代理人在受雇或者受委托的范围内过失引起事故，造成旅客人身伤亡或者行李灭失、损坏的，承运人应当负赔偿责任，由此确立了完全过失责任原则，而且，没有过失免责的规定。显然，此处不同于海上货物运输合同承运人的货损赔偿责任所实行的不完全过失责任原则。

当然，在完全过失责任原则适用的过程中，请求人对承运人或者承运人的受雇人、代理人的过失，应当负举证责任（《海商法》第 114 条第 2 款）；但是，在适用推定过失的范围内，请求人不负举证责任。主要表现为两点：

一是旅客的人身伤亡或者自带行李的灭失、损坏，是由于船舶的沉没、碰撞、搁浅、爆炸、火灾所引起或者是由于船舶的缺陷所引起的，应当视承运人或者承运人的受雇人、代理人有过错，除非承运人或者承运人的受雇人、代理人提出反证证明其无过失（《海商法》第 114 条第 3 款）。

二是旅客自带行李以外的其他行李的灭失或者损坏，不论由于何种事故所引起，应当视承运人或者承运人的受雇人、代理人有过失，除非承运人或者承运人的受雇人、代理人提出反证证明其无过失（《海商法》第 114 条第 4 款）。

可见，完全过失责任原则和法定范围内的推定过失责任的适用加重了承运人在海上旅客运输合同中的赔偿责任，目的是督促承运人恪尽职守，切实保障旅客的人身和财产安全。

三、赔偿责任的责任期间

根据我国《海商法》第 111 条的规定，承运人在海上旅客运输合同中承担赔偿责任的责任期间就是海上旅客运输的运送期间。具体分为两种情况：

一是旅客及其自带行李的责任期间，自旅客登船时起至旅客离船时止。如果客票含接送费用的，责任期间还包括承运人经水路将旅客从岸上接到船上和从船上送到岸上的时间，但是不包括旅客在港站内、码头上或者在港口其他设施内的时间。

二是旅客自带行李以外的其他行李的责任期间，自旅客将行李交付承运人或者承运人的受雇人、代理人时起至承运人或者承运人的受雇人、代理人交还旅客时止。

四、赔偿责任的免除和减轻

基于完全过失责任原则，承运人承担赔偿责任的主观条件是存在过失。因此，当旅客的人身伤亡和行李损失不是由于承运人的过失所致时，应当免除承运人的赔偿责任；当旅客的人身伤亡和行李损失是旅客和承运人双方的共同过失造成的，应当减轻承运人的赔偿责任。

其法律根据在于我国《海商法》第 115 条：经承运人证明，旅客的人身伤亡或者行李的灭失、损坏是由于旅客本人的故意造成的，或者旅客的人身伤亡是由于旅客本人健康状况造成的，承运人不负赔偿责任。经承运人证明，旅客的人身伤亡或者行李的灭失、损坏，是由于旅客本人的过失造成的，可以免除承运人的赔偿责任。经承运人证明，旅客的人身伤亡或者行李的灭失、损坏，是由于旅客和承运人的共同过失造成的，可以相应减轻承运人的赔偿责任。

不过，承运人要适用该条的规定，免除或者减轻赔偿责任的条件是，承运人必须负举证责任。

五、赔偿责任的限额

承运人在海上旅客运输合同中承担的赔偿责任限于法律规定的赔偿限额之内，而对于超出该赔偿限额之外的部分，承运人不承担赔偿责任。至于承运人在每次海上旅客运输中的赔偿责任限额，则应当按照我国《海商法》第 117 条的具体规定执行：（1）旅客人身伤亡的，每名旅客不超过 46 666 计算单位；（2）旅客自带行李灭失或者损坏的，每名旅客不超过 833 计算单位；（3）旅客车辆包括该车辆所载行李灭失或者损坏的，每一车辆不超过 3 333 计算单位；（4）本款第 2、3 项以外的旅客其他行李灭失或者损坏的，每名旅客不超过 1 200 计算单位。

当然，承运人和旅客可以约定，承运人对旅客车辆和旅客车辆以外的其他行李损失的免赔额。但是，对每一车辆损失的免赔额不得超过 117 计算单位，对每名旅客的车辆以外的其他行李损失的免赔额不得超过 13 计算单位。在计算每一车辆或者每名旅客的车辆以外的其他行李的损失赔偿数额时，应当扣除约定的承运人免赔额。不过，承运人和旅客可以书面约定高于法定的赔偿责任限额（《海商法》第 117 条第 2 款和第 3 款）。

而中华人民共和国港口间的国内海上旅客运输合同中承运人的赔偿责任，则应当适用我国原交通部发布的《中华人民共和国港口间海上旅客运输赔偿责任限额规定》所规定的标准承担赔偿责任。具体标准是：

第一，旅客人身伤亡的，每名旅客 4 万元人民币；

第二，旅客自带行李灭失或者损坏的，每名旅客不超过 800 元人民币；

第三，旅客车辆包括该车辆所载行李的灭失或者损坏的，每一车辆不超过 3 200 元人民币；

第四，旅客其他行李的灭失或者损坏，每千克不超过 20 元人民币；

第五，承运人按上述规定承担赔偿责任的总赔偿限额为 4 万元人民币乘以船舶证书规定的载客定额，但最高不超过 2 100 万元人民币。

实例枚举

2000 年 5 月 20 日傍晚，从大连驶往上海的某船运公司的“彩光”轮，正在驶出中途停靠港烟台。突然，驾驶船舶的二副发现因操作失误导致船舶偏离了航道，误入了海带养殖场，将要与场内工作的渔船相撞。为了躲避对面的渔船，二副采取了紧急避碰措施。虽然避免了两船相碰，但是由于避碰措施过大，致使“彩光”轮剧烈摇摆，使得毫无防备的旅客们纷纷跌倒，多人受伤，许多行李也掉到甲板上。经过核实，有五位旅客需要住院治疗。其中，两位是从床铺上跌下时造成骨折，另两位在甲板上散步的旅客因跌倒造成严重外伤，再有甲旅客是在擅自进入挂牌明示“旅客止步”的驾驶区域时，摔倒在驾驶区域内受伤。另有四位旅客提出了行李灭失或者损坏的报告，其中，乙和丙两位旅客损失的是自行携带的高档瓷器（价值分别为人民币 1 000 元和 1 200 元），丁旅客损坏的是笔记本电脑（修理费用为600元），戊旅客报告丢失了钱包。

根据上述案情，因承运人的受雇人（二副）驾驶船舶的过失引起了事故，造成旅客人身伤害和行李损坏，依据我国《海商法》的规定，承运人应当承担赔偿责任。但是，对于上述人身伤害和行李损坏，并非一概由承运人承担赔偿责任。具体而言，在五位伤者中，擅自进入驾驶区域摔伤者，对于损害结果的发生亦有过错，与承运人构成共同过错，依据《海商法》第115条的规定，可以减轻承运人的赔偿责任。而对于其他四位旅客的伤害，承运人则应当承担全部赔偿责任，但是，以每位旅客4万元人民币为限。至于四位旅客的行李损坏结果，承运人应当赔偿丁的笔记本电脑的600元损失。对乙与丙的损失分别按照法定的每名旅客800元人民币的标准予以赔偿。而承运人对于丢失钱包的旅客，则依法不承担赔偿责任。

知识链接

评述2002年《雅典公约》的议定书[①]

2002年10月21日至11月1日在伦敦召开的国际海事组织（IMO）第13次外交大会，通过了被定名为《2002年海上旅客及其行李运输雅典公约》（简称2002年《雅典公约》）的议定书，其对1974年《雅典公约》进行了全面修改。主要表现在四个方面：

1. 关于承运人赔偿责任

2002年《雅典公约》有关承运人赔偿责任的规定可以归纳为五项，在一定程度上改变了1974年《雅典公约》规定的单一过错责任：

（1）旅客人身伤亡引起的损失，是因战争、敌对、内战、起义或特殊的、不可避免的、不可抗拒的自然现象导致的，或者完全是因第三方旨在造成该事故的故意作为与不作为导致的，承运人不承担责任。

（2）旅客人身伤亡引起的损失，是因非航运事故造成的，承运人不承担过错责任。

（3）旅客人身伤亡引起的25万SDR以内的损失，是因航运事故造成的，承运人承担严格责任。但是，该损失是由于该旅客的过失或疏忽造成的，则按受案法院地的法律规定，全部或部分免除承运人的责任。

（4）旅客人身伤亡引起的25万SDR以上的损失，是因航运事故造成的，承运人承担过错责任。

（5）旅客行李灭失或损坏，承运人承担过错责任。

显然，2002年《雅典公约》确定承运人赔偿责任适用严格责任和过错责任的双重标准：一是以赔偿数额（25万SDR）为标准，以下者适用严格责任，以上者适用过错责任；二是以造成损害的事故是否为航运事故为标准，分别适用严格责任或过错责任。

对此，中国的意见是继续适用1974年《雅典公约》的全部过错责任。

2. 关于赔偿责任限额

2002年《雅典公约》的改变之一是规定了双层责任限额体系，即在原有的责任限额

---

① 傅国民，叶红军．《2002年海上旅客及其行李运输雅典公约》介绍．中国海商法年刊，2002.

内增设一层。具体是，旅客人身伤亡并非承运人过错造成的，承运人根据严格责任需承担的赔偿责任限制在第一层（25 万 SDR）责任限额内，旅客人身伤亡是因承运人过错造成的，则其赔偿责任不受第一层责任限额的限制；任何情况下，承运人对于旅客人身伤亡的赔偿责任都不应超过第二层责任限额（40 万 SDR）。当然，双层责任限额的适用范围，限于航运事故引起的旅客人身伤亡损害情况。其改变之二是赔偿责任限额的普遍提高，即在大幅度提高旅客人身损害赔偿限额的同时，也提高了旅客行李损失的赔偿限额。其中，自带行李的赔偿限额（1 800 SDR）提高到 2 250 SDR，车辆及物品的赔偿限额（10 000 SDR）提高到 12 700 SDR，其他行李的赔偿限额（2 700 SDR）提高到 3 375 SDR。

对此，中国不赞成大幅度提高赔偿限额，因 2002 年《雅典公约》大幅度提高赔偿限额，中国难以参加。

3. 关于举证责任

2002 年《雅典公约》以航运事故作为确定适用严格责任或过错责任的标准，规定了不同的举证规则：(1) 因航运事故造成旅客人身伤亡损失的免责，由承运人负举证责任；(2) 因非航运事故造成的旅客人身伤亡损失，由旅客负举证责任；(3) 因航运事故造成旅客自带行李损失的免责，由承运人负举证责任；(4) 因非航运事故造成旅客自带行李损失的，由旅客负举证责任；(5) 旅客自带行李以外的行李的损失的免责，由承运人负举证责任。

4. 关于强制保险

就 2002 年《雅典公约》第 4 条有关“shall maintain insurance or other financial security”的规定，一般翻译为“必须进行保险或取得其他财务保证”，而 2002 年《雅典公约》最终将该条规定的名称定为“强制保险”，实际上，该条并没有强制客运经营人必须投保，而是要求其或者进行保险或者取得财务保证。

2002 年《雅典公约》最终确定保险的险种是责任险。对此，各国存在不同的见解。加拿大、韩国、日本、德国、丹麦、巴西、法国、西班牙、中国及国际保赔集团等主张采用承运人责任保险，而挪威、荷兰、芬兰、瑞典、澳大利亚等国家则希望保留旅客意外事故保险。

问题与思考

1. 阐述海上旅客运输合同的概念和特点。
2. 海上旅客运输合同当事人的权利、义务有哪些？
3. 如何订立海上旅客运输合同？
4. 如何理解我国法律有关海上旅客运输合同承运人的赔偿责任的规定？

第七章
船舶租用合同

本章提示

随着国际经济的发展，国际贸易参与者需要灵活多样的船舶营运方式，同时海上运输市场竞争的不断激烈，也促使船运公司不断改变经营方法，增加船运服务手段。船舶租用合同正是在此客观形势下产生和发展起来的新型船舶经营方式，如今其适用范围日益广泛，已成为海事立法中的独立法律制度。船舶租用合同适应着国际海运市场上不定期运送货物的客户的需要，采取了财产租赁合同的法律结构，通过当事人在约定的租期内转让船舶使用权给承租人的方法来提高船舶的利用率，并获取租金收入。因此，着眼于船舶租用合同与一般海上货物运输合同的区别是理解船舶租用制度的法律特点和经济效用的首要环节。其次，要注意船舶租用法律制度在法律适用上的特殊性。迄今为止，尚无有关船舶租用合同的国际公约，各国海事立法对于船舶租用合同的规定基本上属于任意性规范，故目前在国际海运市场上，标准格式的船舶租用合同是当事人普遍选择适用的签约方式。因此，定期租船合同和光船租赁合同的标准格式种类及其一般的条款内容就是该法律制度的主要内容。

所以，各类船舶租用合同的概念和法律性质，当事人的权利和义务以及船舶租用合同各项条款的主要内容就是学习本章的要点。

关键术语

船舶租用合同　定期租船合同　船舶说明条款　解约条款　航行区域条款　安全港口条款　停租条款　撤船权　光船租赁合同　船舶租购条款　运载合法货物的义务

第一节　船舶租用合同的概念和法律特性

一、船舶租用合同的概念和法律地位

船舶租用合同，是指船舶出租人向承租人提供约定的配备或者不配备船员的船舶，由承租人在约定的租期内按照约定的用途使用，并向出租人支付租金的合同。

船舶租用业务是海商法领域一项独立的法律制度，与海上运输法律制度既有区别，又有联系。因为，承租人租赁船舶可以用于海上运输活动，也可以用于海上运输以外的其他业务。如果承租人租船的目的在于经营海上运输业务，则船舶租赁关系就与海上运输关系相连接，船舶租用关系成为建立海上运输关系的前提并服务于海上运输关系；如果承租人租船是为了进行其他业务，则船舶租用关系的租赁性质尤为明显。

在海商法实务中，船舶租用合同存在着定期租船合同和光船租赁合同的分类。

二、船舶租用合同的法律特性

从民商法角度讲，海商法上的船舶租用合同是租赁合同的具体类型之一。它在具备租赁合同的一般法律属性的前提下，又有自身的法律特点。且不论定期租船合同与光船租赁合同的区别，其在共性角度都具有如下特点：

（一）船舶租用合同基本内容是转移船舶的使用权给承租人

船舶租用合同所转移的是标的物——出租船舶的使用权和收益权。因为，出租人和承租人双方订立船舶租用合同的目的是满足承租人在一定时期内，获得使用出租船舶的权利，并取得使用收益。至于承租人如何使用出租船舶，则不为出租人所关心，只要符合船舶租用合同约定的用途。从而，船舶租用合同的标的物只能是海商法意义上的船舶；出租人则必须能够将船舶的使用权和收益权转移给承租人，船舶所有人、船舶经营人，甚至是船舶承租人，都可以成为出租人。

（二）船舶租用合同强调“合同自由”原则，普遍采取标准格式合同

在国际海运市场上，船舶租用合同的适用强调“合同自由”原则，即充分尊重当事人的独立意志。经过双方当事人协商一致，约定的船舶租用合同的各项条款就成为双方履约的依据。为了便于船舶租用合同的签订，出现了许多标准格式化的船舶租用合同，诸如，中国租船公司拟订的“定期租船合同”（SINOTIME 1980）、波罗的海国际航运公会拟订的“统一定期租船合同”（BALTIME）和“光船租赁合同”（BARECON“A”）、美国纽约土特产交易所拟订的“定期租船合同”（NYPE）等，供当事人在签订船舶租用合同时选择适用。通常做法是，双方当事人本人或通过各自的经纪人或代理人在选定标准格式合同的基础上，对格式合同所列条款，按照双方当事人的真实意思进行修改和补

充，最终形成对双方当事人具有约束力的船舶租用合同。

（三）有关船舶租用合同的法律规范的适用具有任意性

目前，在国际领域内，尚无关于船舶租用合同的国际公约，英美法系国家的海商立法对于船舶租用合同不予规定，当事人完全按照“合同自由”原则签订船舶租用合同。大陆法系国家亦多对船舶租用合同适用非强制性规定。与国际公约和各国海商立法相一致，我国《海商法》专章有关船舶租用合同的规定亦属于任意性规范，“仅在船舶租用合同没有约定或者没有不同约定时适用”（《海商法》第127条）。不过，关于船舶租用合同的形式，“包括定期租船合同和光船租赁合同，均应当书面订立”（《海商法》第128条）。

实例枚举

2003年6月16日，“天顺”轮与“山峰”轮在我国广东近海航行过程中，因两船均基于过失而违反避碰规则发生碰撞。该碰撞事故造成“天顺”轮沉没，“山峰”轮严重受损。此案件后被诉至A海事法院。

A海事法院审理中查明：当事船“山峰”轮属于甲国际海运有限公司所有，其持有该船舶所有权的登记注册证书，但是，在发生此次船舶碰撞事故之前的2003年1月10日，“山峰”轮已经被光船租赁给乙海运有限公司，不过，双方虽然签订了《光船租赁协议》，但该光船租赁关系没有在船舶登记机关办理光船租赁登记手续。鉴于此事实的存在，对于如何认定“山峰”轮之碰撞责任的承担问题，有两种截然相反的意见：一种观点认为，有关“山峰”轮的光船租赁因未办理登记而不得对抗第三人，但乙海运有限公司实际作为承租人已然行使和履行了光船租赁的权利义务，因此其对光船租赁期间的碰撞理应承担责任。同时，甲国际海运有限公司作为“山峰”轮的所有人，在该船没有办理光船租赁登记手续而不具有对抗第三人的效力的情况下，仍然应当承担碰撞责任，故上述两公司应当承担连带责任。另一种观点认为，光船租赁登记的对抗力涉及的是光船承租权，而本案中的碰撞责任属于义务的范畴，不存在登记与对抗，因此，按照船舶碰撞替代责任原则，乙海运有限公司作为光船承租人，只要符合碰撞责任的构成条件，就应当依法成为责任主体而承担责任。上述两种观点均立足于光船租赁是独立法律关系的立场。

通过本案，大家可以理解船舶租用关系相对于船舶所有权关系的独立性和光船承租人的法律地位。

第二节　定期租船合同

一、定期租船合同的概念和特点

定期租船合同，是指船舶出租人向承租人提供约定的由出租人配备船员的船舶，由承租人在约定的期间内按照约定的用途使用，并支付租金的合同（《海商法》第129条）。海运实践中，其被简称为期租合同。

关于定期租船合同的法律性质，在海商法理论上存在着不同观点。有的认为，它属于财产租赁合同[①]；有的认为，它具有财产租赁和运输合同的双重属性[②]；有的认为，它具有财产租赁和劳务合同的双重属性[③]；也有的提出定期租船合同在用于货物运输的情况下，是海上货物运输合同[④]。笔者认为将船舶租用合同定位为财产租赁合同更能体现其法律本质。因为，从民法理论上讲，财产租赁合同的本质在于实现承租人追求从租赁物获取使用收益的目的。为此，认定财产租赁合同的关键是承租人能否按照自己的意志使用租赁物，并从中获得收益，而不能拘泥于承租人是否直接占有租赁物。尤其在海上运输领域，驾驶船舶进行海上航运具有专门的职业技术性。基于此，承租人才会选择定期租船合同方式，要求出租人运用其掌握的海上运输业务知识，在出租船舶上配备船员，并负责管理船舶航行和内部事务。但是，出租船舶的使用和营运，则应服从承租人的指令，服务于承租人的获益目的。这一船舶的占有和使用方式恰恰表现出定期租船合同的特点。而出租人配备于出租船舶上的船员及其向承租人提供的航运服务，是其履行定期租船义务的组成部分，不应与定期租船合同相分离。所以说，定期租船合同是单纯的财产租赁合同。

定期租船合同的如下特点，区别于航次租船合同和光船租赁合同：

（1）出租人提供配备船员的船舶。这是定期租船合同与光船租赁合同的主要区别。基于出租人负责配备船员和提供船舶，船舶的航行及其内部事务由出租人负责管理，船员的工资、船舶的维修保养费用、船舶保险费、船舶的备件和补给等费用亦由出租人承担。

（2）承租人在合同约定的租期内取得整艘出租船舶舱位的使用权。为此，承租人控制着船舶，负责安排船舶的调配、营运和收益使用，并承担全部的船舶营运费用（包括燃油费、港口使用费、货物装卸费等）。这是定期租船合同的承租人与航次租船合同的承租人的区别点之一。后者是出租人不仅提供全船舱位或部分舱位给承租人，并承担着除另有约定的装卸费、垫舱物料费以外的一切费用。

（3）承租人按照合同约定用途使用船舶。除了承租人使用船舶不得违反合同约定的承运货物范围和航行区域的限制以外，出租人基于定期租船合同的相对性仅对承租人行使权利和履行义务，不得阻碍承租人对于船舶的调配和营运，也不得干预承租人与第三人之间的经济活动。这区别于航次租船合同。因为，航次租船合同的出租人处于承运人的法律地位，应当对约定的海上运输活动负责，包括处置与第三人有关的事务，例如向收货人交货。

（4）承租人根据合同约定的租期长短计付租金。这使得定期租船合同区别于按航次收取运费的航次租船合同。不论是否使用了出租船舶，承租人都必须依约向出租人支付租金。这显然不同于航次租船合同中出租人收取的运费以及双方当事人所支付的涉及期限利益的滞期费、速遣费和空驶费。

---

① 司玉琢，等．海商法详论．大连：大连海事大学出版社，1995：252.

② 张湘兰，等．海商法论．武汉：武汉大学出版社，1996：148.

③ 於世成，等．海商法．北京：法律出版社，1997：187.

④ 同①.

实例枚举

2003年5月28日，甲矿产进出口公司作为收货人将其装载无线移动通信设备的2个集装箱装载于作为期租出租人的乙国际海运公司所属的“心泉”轮，从A地运往B地，丙航运有限公司作为期租人的下家舱位承租人，以承运人的身份向甲矿产进出口公司签发了两套正本提单。5月31日，“心泉”轮行至C海域时，D海关依法登船检查，发现包括甲矿产进出口公司货物在内的6个集装箱没有载货舱单，遂按涉嫌走私予以暂扣。后因船长不能提供合法证明构成无随船舱单运输国家限制进口货物的走私行为，D海关作出没收在扣货物的决定。

货主不服上述处罚决定，向有管辖权的一审、二审法院起诉和上诉，均被驳回。此后，甲矿产进出口公司向E海事法院起诉，要求作为合同承运人的丙航运有限公司和作为实际承运人的乙国际海运公司连带赔偿其被扣货物损失300万元。E海事法院判定丙航运有限公司承担赔偿责任。2006年12月，丙航运有限公司履行了上述判决的赔偿责任之后，向E海事法院提起追偿之诉，要求乙国际海运公司和相关承租人对丙航运有限公司的损失承担赔偿责任。

E海事法院认为，丙航运有限公司在期租合同项下作为从期租人转租舱位而经营集装箱班轮航线的承租人，同时，又作为运输合同的承运人，应当承担包括制作其所承揽货物的舱单等船舶营运事项，该事项不属于出租人驾驶船舶、管理货物的义务范围，故乙国际海运公司作为出租人对于其不知情的运输经营行为不应承担赔偿责任。

学习本案例的意义在于，帮助大家进一步理解定期租船合同的法律性质，能够将其与航次租船合同和光船租赁合同加以区分。

二、定期租船合同的主要内容

关于定期租船合同的内容，我国《海商法》第130条规定：主要包括出租人和承租人的名称、船名、船籍、船级、吨位、容积、船速、燃料消耗、航区、用途、租船期间、交船和还船的时间和地点以及条件、租金及其支付，以及其他有关事项。鉴于有关定期租船合同的规定属于任意性规范，其效力让位于当事人协商约定的定期租船合同条款。实践中，当事人通常在定期租船合同中约定如下条款：

（一）出租人和承租人条款

该条款用于确定定期租船合同的双方当事人，故应当按照出租人和承租人的法定名称予以填写。而且，当事人在签约时应当注意对方的确切身份，尤其是出租人，是船舶的所有人，还是以二船东身份签约的船舶经营人或者另一船舶租用合同的承租人，以降低履约的风险性。

（二）船舶说明条款

船舶说明条款是指出租人在定期租船合同中对于出租船舶的有关情况所作的陈述。

它是出租人和承租人决定是否签订定期租船合同的重要依据，也是衡量出租人履行交船义务的法律标准。出租人必须保证其说明的内容的真实性和准确性，避免出现说明的内容与船舶实际状况不符的误述而承担法律责任。

船舶说明主要包括船名、船籍、船级、船舶的吨位和容积、船速和燃油消耗量等。其中，前四项的说明内容与航次租船合同相同，而船速和燃油消耗量则是定期租船合同不同于航次租船合同的一项重要说明。

1. 船名

船名是将出租船舶特定化的标志，因此，定期租船合同应当写明出租船舶的船名，出租人提供的船舶应当是合同中列明船名的船舶。除非定期租船合同订有“替代船条款”的，出租人可以用他船代替，但是用于代替的船舶也要与原约定的船舶状态相近。

2. 船籍

船舶的国籍关系到船舶的海上航行权和航行区域，是承租人较为关心的缔约条件之一。因此，出租人和承租人约定出租船舶的船籍。

3. 船级

船级是船舶技术状态的代表，体现着船舶的构造、机器设备及其安装的水平，相应的，成为确定船舶运载能力的技术依据。为此，定期租船合同的双方当事人应当针对承运人的租船需求，约定出租船舶所应当具有的船级。

4. 船舶的吨位和容积

船舶的吨位和容积均是国际上通用的船舶统计单位。前者是用于表示船舶大小和运输能力，后者则是表示船舶建造规模的总吨位。定期租船合同的双方当事人同样要根据承租人的租船需求，约定出租船舶的吨位和容积。

5. 船速和燃油消耗量

船速和燃油消耗量，是一项极具特性的说明内容，究其原因，在于定期租船合同的特有内容。定期租船合同的承租人是按照船舶租用时间计算和支付租金，故船速直接影响着承租人的船舶利用效益。同时，定期租船合同的承租人所承担的出租船舶的营运费用包含着燃料费用，因此出租船舶的燃料消耗量直接关系到承租人的承租成本。所以，双方当事人应当在定期租船合同中明确约定出租船舶的船速和燃油消耗量。

（三）交船条款和解约条款

所谓交船，就是指船舶出租人按照合同的约定，将出租船舶交给承租人使用和支配。应当说定期租船合同的履行开始于交船，而交船条款则是确认当事人交船事宜的依据。

解约条款则与交船条款相联系，具体约定解约日期，承租人对于出租人未能在交船期限内按约定条件交付出租船舶的，取得合同解除权，该条款即规定了行使合同解除权的条件和方式。在海运实践中，出租人明知出租船舶不能在解约日（交船期最后一天）到达交船港的，其仍然应当将出租船舶驶往交船港，由承租人在出租船舶到港后决定是否解约。因此，为了避免因解约而承受船舶空驶的风险，有的定期租船合同还订有“质询条款”，即在此情况下，出租人向承租人提出询问时，承租人应当在一定的期限内就是否解除合同作出明确的答复。

一般来讲，定期租船合同的交船条款涉及交船时间、交船地点和交船时的船舶状态等内容。

1. 交船时间

通常，定期租船合同的双方当事人在合同中约定一段时间作为交船期限。同时，以该交船期的最后一天或者交船期届满之后的某一天作为解约日。如果出租人未按合同约定的时间交付船舶，承租人有权解除定期租船合同。

2. 交船地点

交船地点是交船条款不可缺少的内容。实践中，当事人约定某一个具体的港口，甚至是港口内的某一具体泊位为交船地点；也有的合同约定港口内的某一地点为交船地点，如船舶到达引航站或者引航员的登船地点。

3. 交船时的船舶状态

除了交船时间和交船地点以外，当事人往往还在交船条款中约定出租人交付船舶时船舶所应当具备的状态，诸如，出租船舶在交付时应当适航、应当符合约定的用途、应当适于接受货物。同时，在此条款中，通常还约定出租船舶在交付时应当剩余的燃料数量，由承租人按当时当地的价格购买。

（四）租期条款

租期，就是租船期间，是承租人租用船舶的时间期限。双方当事人根据需要和可能，在合同中约定租期。租期的计算单位可以是日、月或者年，通常是日历月，或者30日为一个月。适应海上运输的灵活性特点，租期的规定方法较为灵活，可以是一个固定的时间过程，也可以是规定一个（不得低于的）最短时间或者（不得超过的）最长时间。而且，出于海上运输的实务需要，与固定的租期相对应，一般还约定宽限期，以便解决租期届满之日与承租人使用船舶的最后航次的结束之日不相吻合的问题。在英美国家，法院或者仲裁机关对于未规定宽限期的定期租船合同，亦认可默认的宽限期。

（五）货物条款

货物条款是定期租船合同中的重要内容，因为，当事人需要在合同中明确规定出租船舶的用途。如果出租船舶用于运输货物，则应当约定所运输货物的范围，一般方法是规定出租船舶只能从事合法贸易，运输合法货物，即符合装货港、卸货港和中途停靠港所在地法律、船旗国法律或者合同约定适用的法律。同时，货物条款还可以列明不得运输或者不适合出租船舶运输的货物，诸如活动物、危险品等。实务中，为了界定船舶装运货物的范围，一般是在定期租船合同中列明可以装运的货物名称和不准装运的货物名称。

（六）航行区域和安全港口条款

定期租船合同一般都规定航行区域和安全港口条款。其中，航行区域就是列明承租人在租期内可以指示出租船舶航行经营的区域。定期租船合同通常都对承租船舶的航行区域加以限制，其范围的大小可视情况和需要，由双方当事人协商约定。例如，规定承租人不得指示船舶前往战区、冰冻区、传染病流行区或者与船旗国处于敌对状态的国家或地区。如果承租人指示出租船舶前往限制区域的，需经过出租人的同意，或者规定承租人支付保险费，为出租船舶前往限制区域而增加的额外风险投保相应的船舶保险。

而安全港口则是指承租人在定期租船合同中保证其指示出租船舶所停靠的港口或者泊位是安全的①。所谓安全港口的标准就是出租船舶在驶入、停泊、驶离港口或者泊位的过程中不会遭受损害。很多国家的海商立法将港口安全视为承租人承担的一项默示保证义务。当然，安全港口涉及地理上的安全和政治上的安全等诸多因素。地理上的安全港口表现为港口和航道的水深、气象条件、助航设备、系泊设备等能够保证船舶安全地驶入、停靠、驶离并保持浮泊状态。政治上的安全港口就是船舶在承租人指示的港口停靠不会遭受战争、敌对行动、恐怖活动、捕获、扣押、没收等风险。

（七）当事人应提供的事项和费用承担条款

基于定期租船合同特有的经营方式，出租人和承租人应当根据定期租船业务的一般惯例，约定各自所应提供的事项和承担的费用。通常，出租人承担出租船舶本身及其管理的供应品和有关费用。而承租人则负责与船舶营运有关的供应品和费用，诸如船舶航行所需的燃料、淡水，装卸货物所需的垫舱物料和防移板，承担货物装卸费用、港口规费、代理费、船员加班费等。出租人和承租人在交船、还船港，应当按照当时当地的价格购买船上所存留的燃油。

（八）租金与撤船条款

租金是承租人在定期租船合同中为使用出租船舶所支付的对价。所以，双方当事人应当在合同中约定租金的数额、货币种类、支付方式、支付时间和地点等。该租金的数额是根据出租船舶的载货能力（载重吨位），按照每吨每月（日历月或 30 日/月）的租金率或每船每月的租金率计算。承租人应当全额支付每期租金，不得擅自扣减。但是，合同可以约定在租金支付日之前出现停租的，承租人可以从租金中扣减其为出租人垫付的款项。

承租人支付租金的方式，一般是现金方式，包括现钞或者支票、汇票、银行支付单等与现钞类似的方式。不论何种方式，均应满足两个条件：一是承租人一旦支付便不能撤回，二是出租人能够立即无条件地使用该款项。

为了督促承租人切实执行租金条款，定期租船合同往往规定，承租人没有按时全额支付租金的，不论承租人是否有过错，出租人都有权撤船。但是，出租人应当在合同规定的时间内或者在承租人于合同规定的警告期满仍不付租金时或在发出撤船通知后行使

---

① 关于安全港口的保证，国际上有两种观点。一种认为承租人保证指定安全港口的义务是绝对的和连续的。不论承租人是否预见到所指定的港口不安全，只要事实上不安全，承租人就应当负责。另一种认为承租人保证指定安全港口的义务是相对的，只要承租人在指定港口时预见到该港口是安全的即可，此后，该港口因故而不安全的，除承租人有可能另行指定其他安全港口以外，承租人不对其指定行为负责任。

撤船权。否则，构成弃权。

有的定期租船合同还订有抵御市场波动条款，规定承租人未按时支付租金的，出租人应当书面通知承租人在若干个银行工作日内补足。到期未补足的，出租人始得行使撤船权。其目的是防止出租人在海运市场租金价格上涨时另行出租船舶，借银行业务员的疏忽导致租金未按时支付到位之机，以承租人未按时付租金为借口，用撤船权终止合同。

（九）停租条款

停租条款就是当事人在定期租船合同中约定，承租人在租期内，非因自己的原因而无法有效使用出租船舶，有权停止支付租金。关于停租的原因，一般约定：（1）船员或船用物料不足造成的时间损失。其中，船员不足，诸如出租船舶上船员的数量配备不足，船员因生病、检疫、酗酒过度等不能正常工作，船员不履行职务或罢工；物料不足，诸如出租人没有添加足以维持船机正常运转所需燃料、润滑油、淡水，货物积载所需的垫舱物料、隔舱物料不足。（2）船舶故障或损坏以及船舶被扣押所造成的时间损失。包括船体、船机或设备本身缺陷、故障、损坏等需要驶往避难港进行修理而延误的时间，船舶被扣押则是指非因承租人及其所运货物的原因造成的。（3）因海损事故造成的时间损失。诸如，船舶发生碰撞、搁浅、触礁等海损事故或非货物内在缺陷的原因使船、货遭受海损事故而延误时间。（4）船舶入干坞，是指非因承租人的原因而使船舶进入干坞进行检查、修理或油漆船底，以维持船舶的有效性能。

定期租船合同通常规定，出现上述情况，并妨碍船舶按照合同从事营运的，不论出租人是否有过错，承租人均可停租，除非是因承租人的原因所致的上述情况。停租期间为自上述原因致损失开始之时起，至船舶恢复有效营运状态时止。不过，承租人在停租期间应当提供燃料，并支付引航费、港口费等应付费用。若承租人能够证明停租是出于出租人的违约原因，则可以向出租人追偿上述费用。

（十）转租条款

定期租船合同中的转租条款，就是约定承租人可以根据需要将所租船舶转租给第三人。转租时，原承租人是以第二出租人的身份与第三人另行签订一个新的租船合同，该新的租船合同不影响原租船合同的效力，原承租人仍然向出租人承担履行原租船合同的责任。尤其是转租合同中出租人的权利和义务应当与原租船合同的出租人的权利和义务相一致。转租合同与原租船合同相抵触或超出其规定的，不影响出租人按照原租船合同承担履行责任。

（十一）还船条款

还船条款就是约定承租人按照合同规定的时间和地点，将出租船舶交还给出租人。定期租船合同的还船条款内容涉及还船的时间、地点和还船时的船舶状态。

1. 还船的时间

按照租赁合同的原理，承租人应当在定期租船合同的租期届满时将船舶交还给出租人。但是，海上航运的特点，决定了承租人难以控制航次的确切时间，从而经常出现出租船舶的最后航次结束时间与租船合同的租期届满时间不一致的情况。因此，当事人可以按照合同或者法律有关提前还船或延期还船的规定处理。

2. 还船的地点

还船的地点，通常是双方当事人约定的几个港口或者一个区域，由承租人从中选择具体的还船地点。出于双方当事人各自利益的考虑，出租人为了便于接受或者修理船舶而力求缩小还船范围，而承租人则着眼于最后航次有较大的选择性而希望扩大还船的区域范围。不过，一旦在合同中约定了还船地点，承租人就必须予以遵守。

3. 还船时的船舶状态

对于出租船舶在承租人还船时的状态，定期租船合同通常约定：除自然耗损外，船舶在还船时应当具有出租人交船时的良好状态。具体衡量良好状态的依据，通常是将还船验船报告与交船验船报告相比较。承租人还船时的船舶良好状态包括船体结构、船机、设备等处于有效的状态以及货舱清洁。对租期内使用出租船舶的损坏，承租人应当先予以修理，然后还船。而出租船舶的自然损耗则是船舶的正常折旧，并且，认定自然损耗应与船舶在租期内的用途相联系。

（十二）出租人的责任与免责条款

在定期租船合同中，关于出租人的责任条款，往往强调出租人提供适航船舶的责任。同时约定，若出租船舶在租期内丧失适航性的，出租人应负责采取合理措施恢复其适航性。此外，该条款经常就承租人负责的货物装卸、积载、平舱等事宜，约定由船长负责监督。这意味着船长（出租人）应对承租人雇用的装卸工人从事的装卸作业予以监督，并且负责。

关于出租人的免责，当事人在实务中，通常在合同首部拟订一项总括性的首要条款，约定出租人的一切权利、责任和免责，依据双方选择的《海牙规则》或其他国际公约或某国的国内法来确定。当然，该首要条款的作用，仅是确定出租人承担合同义务的程度，并不改变双方当事人之间的义务分配。

（十三）使用与赔偿条款

此条款涉及的是承租人与出租船舶的船长之间的关系。其中，所谓“使用”就是当事人约定承租人有权就出租船舶的营运向船长发出指示。这意味着在定期租船合同的租期内船长应按照承租人的指示从事营运活动，诸如承租人指示船舶驶往的港口、装运货物的种类和数量等，船长有义务按照承租人的指示签发提单。在执行承租人的指示上，船长如同承租人的受雇人或代理人。但是，船长发出指示应服从相应的默示限制——承租人不得就船舶安全和船舶内部管理事宜发出指示，不得要求船长从事违法性行为。例如，不顾船舶的稳定性而指示大量装载舱面货；为了在解约日前到达卸货港而要求船舶超速航行；要求船长非法绕航、倒签提单等。

而所谓“赔偿”就是在合同中约定船长因执行承租人的指示而使出租船舶遭受损害或导致出租人遭受经济损失（包括依法应向第三人承担的赔偿责任），由承租人向出租人予以赔偿。

中国租船公司的定期租船合同格式处理此条款的特点是，将承租人作为承运人的货运责任全部转移到出租人名下，使得期租合同中出租人和承租人之间对于货物运输责任的关系，等同于作为承运人的承租人与收货人之间的关系。

此外，定期租船合同还经常订有互有过失碰撞条款、新杰森条款、救助报酬条款、共同海损条款、战争条款、法律适用条款、仲裁条款等合同条款。

实例枚举

甲轮船有限公司与乙船务有限公司于2006年2月20日签订了“明珠”轮期租合同，约定：甲轮船有限公司作为船东，将其所有的“明珠”轮租给乙船务有限公司，租期为112个月±30天，租金为8 400美元/天，不足一天按照比例支付，租金为每15天预付一期。

2006年3月10日，甲轮船有限公司按照约定将“明珠”轮交付给乙船务有限公司使用，对方也按约开始支付租金。但是，因市场行情变化和自己经营不善，乙船务有限公司于2007年8月15日发函给甲轮船有限公司，表示其将不再继续履行该期租合同，要求退还船舶。自此，乙船务有限公司亦没有继续交付租金。而甲轮船有限公司在对方违约的情况下，为了减少损失，另行寻找新的租家，签订了新的期租合同。但该公司由此遭受因停租造成的租金损失74万元。

于是，甲轮船有限公司向仲裁庭提出申请，要求被申请人乙船务有限公司赔偿因其违约而给申请人造成的上述租金损失。被申请人辩称：（1）申请人交付其使用的“明珠”轮长期不适航，不适于约定的用途——集装箱运输。该船在租期内主机经常出现故障，达不到合同约定的船速、缺乏必要的备件等，造成该船的船期经常拖班，被申请人不仅由此遭受经济损失，更无法实现订立期租合同的目的。（2）申请人为“明珠”轮配备的船长、船员在航次中不执行被申请人的指令，违反了诚信原则。因此，被申请人解除期租合同的原因是申请人多方面违约，而申请人无权索赔所谓的租金损失。

仲裁庭认为：（1）关于申请人是否履行适航义务。根据《海商法》第132条规定，出租人的适航义务具有时间上的相对性，强调交付船舶之时“谨慎处理”，本案的申请人提供的“明珠”轮有经船舶检验机构签发的船舶适航证书，并通过了海事主管部门的船舶安全检查，故应当认定出租人在交船时履行了谨慎处理使船舶适航的义务。（2）关于船舶是否适于约定用途。本案期租合同约定“集装箱运输”和“努力保证准班”，但不应视为“班轮运输”，也不应认为出租人承担“准班”义务，只要出租人提供的“明珠”轮是用来装运集装箱的，就符合合同的约定。况且，“明珠”轮出现故障不属于“不适于约定用途”，不具备解除合同的理由。（3）关于申请人提出索赔的租金损失。申请人有法定的减少损失义务，其停航24天时间较长，其中的16天为合理时间，损失应为134 400元，对此予以支持，其余为寻找新租家的佣金损失，应由申请人自行承担。

本案例让大家了解到期租合同的条款内容，特别是在海运实务中认定当事人履行期租合同义务的复杂性对于衡量标准的影响等。

三、定期租船合同当事人的权利和义务

定期租船合同当事人的权利和义务是合同条款内容的具体化。而且，基于定期租船合同的双务性，出租人和承租人各自的权利和义务相互对应。应当注意，认定当事人履约的标准应是当事人签订的定期租船合同的条款，只有在合同没有约定或者没有不同规定时，才适用我国《海商法》的有关规定。

（一）出租人的权利和义务

1. 按照合同规定的时间和地点交付约定船舶的义务

定期租船合同的履行开始于出租船舶的交付，所以，按照合同约定的时间和地点向承租人交付船舶，就成为出租人承担的首要义务。即“出租人应当按照合同约定的时间交付船舶”（《海商法》第 131 条第 1 款）。出租人在交船时，应将出租船舶置于合同订明的交船地点或港口，并处于安全浮泊的状态，可供承租人控制和使用。否则，不构成交船义务的履行。因此，“因出租人过失延误提供船舶致使承租人遭受损失的，出租人应当负赔偿责任”（《海商法》第 131 条第 3 款）。

不过，由于海上航运的特点，出租人对于交船前的最后航次的结束日难以准确把握。为此，出租人因最后航次未能在合同约定的时间交付船舶的，根据合同的约定，只要出租人对于最后航次的安排是合理的，则出租人不属于违约。当然，出租人合理预见到会发生交船延误的，应及时通知承租人。

2. 提供适航而且与合同约定相符的船舶及正确无误的船舶资料的义务

承租人提供的船舶关系到承租人签约目的的实现，因此，出租人必须按照合同的约定提供船舶。具体包括：

第一，出租人应提供适航船舶，为此，出租人交付船舶时，应当做到谨慎处理，使船舶适航（《海商法》第 132 条第 1 款）。

第二，出租人提供的船舶应当符合合同的约定标准，即所提供的船舶本身及其有关的船舶资料与合同约定的船名、船舶国籍、船级、船舶的吨位和容积、船速、燃油消耗量等相一致。否则，出租人应当承担误述引起的损害赔偿责任，并可能导致合同的解除。而且，船舶的实际船速低于合同约定的船速，或船舶的燃油消耗量高于合同约定的，承租人有权向出租人提起“船速索赔”或“燃油消耗索赔”。

第三，出租人提供的船舶“应当适于约定的用途”，配备充分合格的船员。

3. 在合同期间内提供事项、承担费用的义务

出租人在定期租船合同的租期内，应当按照合同的约定履行所应提供事项、承担费用的义务。具体包括：

第一，出租人应在合同租期内使船舶保持适航状态。“船舶在租期内不符合约定的适航状态或者其他状态，出租人应当采取可能采取的合理措施，使之尽快恢复”（《海商法》第 133 条第 1 款）。

第二，出租人应在租期内为船长和船员提供伙食、给养，支付船长和船员的工资，提供船舶甲板和机舱的备用品并支付费用，承担船舶的折旧费、检验费、修理费、保险费及其日常开支。

第三，要求船长服从承租人发出的有关船舶营运的指示。如果船长没有执行承租人的正确指示，则构成违约，出租人应负赔偿责任。但是，对承租人发出的与船舶营运无关的或不合理不正当的指示，出租人及其船长有权拒绝执行。如果船长根据出租人的指示签发提单，而且提单上出租人承担的责任①超过租船合同约定的责任，出租人有权要求承租人补偿超过部分的损失。

4. 收取租金的权利和撤船权

收取租金是出租人签订和履行定期租船合同的对价条件，故收取租金的权利就成为其基本权利。出租人有权要求承租人按照合同约定的货币种类、数额、方式、时间、地点交付租金。

承租人未按照合同约定支付租金的，出租人有权解除合同，并有权要求赔偿因此遭受的损失（《海商法》第 140 条）。而该解除合同的权利就是撤船权，出租人行使撤船权撤回船舶的，无须征得承租人的同意，也不论承租人是否有过失。但是，出租人应按合同约定向承租人发出撤船通知。如果约定了警告期的，出租人行使撤船权的条件，是警告期满而承租人仍不履行支付租金义务。出租人应在具备撤船条件后的合理时间内行使撤船权，否则将丧失撤船权。

5. 船舶所有权转让权

出租人有权利在租期内转让船舶所有权给第三人。因为，船舶的使用权在租期内转移给承租人，而出租人仍然保有处分权。不过，因船舶所有权的转让有可能改变船舶的国籍或者船员，出租人应及时通知承租人。甚至，可以在合同中约定船舶所有权转让，须经承租人同意，承租人在不影响其利益的前提下，应同意出租人转让船舶所有权。需要强调的是，基于“买卖不破除租赁”的民商法原则，船舶所有人转让已经租出的船舶所有权，定期租船合同约定的当事人的权利和义务不受影响，但是应当及时通知承租人。船舶所有权转让后，原租船合同由受让人和承租人继续履行（《海商法》第 138 条）。

6. 留置权

定期租船合同中，一般订有出租人的留置权条款，即承租人未向出租人交付租金或者合同约定的其他款项的，出租人对船上属于承租人的货物和财产以及转租船舶的收入有留置权（《海商法》第 141 条）。显然，出租人行使留置权的对象限于承租人所有的货物、财产和转租船舶的收入。如果船舶运送的是第三人的货物，则出租人的留置权不能及于该货物，而可以留置属于承租人的燃料和物料。出租人留置承租人的转租运费或者转租租金的，可以要求转租承租人将转租合同项下的转租运费或转租租金直接向其支付。

---

① 出租船舶的船长根据承租人指示签发的提单，可能是出租人的提单，则出租人处于承运人的地位而承担货运责任；也可能是承租人的提单，不过，因出租人的船舶在提单中被列为承运船舶，则出租人被视为实际承运人而承担货运责任。

（二）承租人的义务和权利

1. 按照合同约定向出租人支付租金的义务

与出租人收取租金的权利相对应，承租人应按照合同约定的货币种类、数额、付款方式、时间、地点向承租人支付租金。承租人支付租金时，不得擅自从所付租金中进行扣除。即使出现了向出租人的索赔事由，承租人也不能以扣除租金的方法抵销其对于出租人的索赔权。因为支付租金与索赔权是两个彼此独立的法律关系。

2. 在合同约定的航行区域内从事营运的义务

承租人运用船舶进行营运是其签订定期租船合同的目的所在，不过承租人的营运权利必须受合同约定的航行区域的限制，即承租人应保证在合同约定的航行区域内，使用船舶在安全的港口或地点之间从事海上营运。正如我国《海商法》第134条规定的：承租人应当保证船舶在约定航区内的安全港口或者地点之间从事约定的海上运输；承租人违反前款规定的，出租人有权解除合同，并有权要求赔偿因此遭受的损失。

3. 保证运送合法货物的义务

承租人应当保证船舶用于运输约定的合法的货物。承租人将船舶用于运输活动物或者危险货物的，应当事先征得出租人的同意（《海商法》第135条）。由于承租人运输的货物是否合法，以及运输活动物和危险货物，关系到出租人的船舶和船员的安全，因而保证运输合法货物就成为定期租船合同中普遍存在的保证条款。承租人按照合同条款列明的范围，运输可以装运的货物。承租人指示装运不合法货物的被视为违约，船长有权拒绝装运此类货物。如果承租人违反合同约定，装运不合法货物，并由此给出租人造成损失的，承租人应当承担赔偿责任。

4. 负责装卸货物的义务

定期租船合同通常规定，承租人应当在船长的监督下负责船舶的装货、积载、平舱、卸货等工作，并承担有关费用。因为，装卸工人是承租人雇用的，对于装卸工作引起的船舶或货物的损失，承租人应予以负责。不过，承租人负责的货物装卸工作，限于装货港和卸货港。船舶在航行途中为修理船舶而在避难港所需的装卸、重整、搬移货物的工作，则属于船舶的管理事务，应由出租人负责。至于船长的监督，一般理解为是船长的权利，并未改变承租人的装卸责任。为此，很多定期租船合同的当事人将有关条款修改为"船长的监督与责任"，把本属于承租人的责任转移给了出租人，或者在合同中约定出租人按照《海牙规则》对货物承担运输责任。

为了明确货物装卸责任在承租人与出租人之间的分担，国际互保协会于1970年拟订了一个《协会内部协议》（Inter-Club Agreement，ICA），确定了出租人和承租人的责任分担为：（1）因船舶不适航引起的货损责任，由出租人负责；（2）因装卸操作不当引起的货损，由承租人负责；（3）货物短少的责任，双方各自承担一半；（4）定期租船合同的"出租人责任与免责条款"有关船长的监督权利，增加了"责任"内容的，则因操作不当引起的货损，双方各自承担一半。

5. 承担与船舶营运有关的物料和费用的义务

为了实现承租人的船舶使用权和营运权，定期租船合同都规定承租人负责与船舶的使用和营运有关的物料与费用，包括：提供包括厨房在内所需的燃煤、燃油、淡水，用于装货和卸货的索具以及按照港口习惯用于系泊的索具和锚链；支付与船舶营运有关的港口费用、码头费用、引航费、代理费、检验费、检疫费、装载费、平舱费、积载费、过磅和理货费用；等等。

6. 还船义务

按照租赁合同的法律原理，承租人负有在租期届满时，将出租船舶交还给出租人的义务。我国《海商法》第142条要求，承租人向出租人交还船舶时，该船舶应当具有与出租人交船时相同的良好状态，但是船舶本身的自然磨损除外。船舶未能保持与交船时相同的良好状态的，承租人应当负责修复或者给予赔偿。

作为承租人履行还船义务的具体标准，一般情况下，承租人应当向出租人发出还船通知，将确切的或预期的还船日期告知出租人，以便出租人做出接船安排。此后，承租人应当在合同约定的地点还船。需要强调的是，船舶在交还给出租人时应当具有与出租人交船时相同的良好状态。

由于船舶的最后航次难于与租期届满之日一致，因而实务中经常出现延期还船或提前还船的情况。根据各国处理定期租船合同的司法实践，如果承租人安排最后航次是合理的，构成合法的最后航次，则该航次结束时间超过租期的，不视为承租人违约，租期延续至承租人在该航次终止后还船之时。我国《海商法》亦采取同样的立法精神，规定：经合理计算，完成最后航次的日期约为合同约定的还船日期，但可能超过合同约定的还船日期的，承租人有权超期用船以完成该航次。超期期间，承租人应按照合同约定的租金率支付租金；市场的租金率高于合同约定的租金率的，承租人应当按照市场租金率支付租金（《海商法》第143条）。承租人要求提前还船的，根据各国的司法实践，构成承租人违约，出租人可以拒绝承租人的还船要求而继续要求履行合同，也可以接受承租人的还船要求并请求损害赔偿。

7. 停租权

承租人对于非其原因造成的未能使用船舶的期间有停止支付租金的权利，显然，该项权利的适用可以保护承租人签约目的的实现。因为，承租人在定期租船合同中追求的是使用船舶进行营运，而不能使用船舶也就意味着承租人遭受到租用时间上的损失，所以承租人停付租金便是必然的。对此，我国《海商法》第133条第2款规定："船舶不符合约定的适航状态或者其他状态而不能正常营运连续满二十四小时的，对因此而损失的营运时间，承租人不付租金，但是上述状态是由承租人造成的除外。"

不过，承租人行使停租权的前提，应是船舶存在不适航的原因已经造成承租人不能正常营运的事实结果。而且，导致船舶不适航的原因应是合同约定的事项。反之，即使存在停租事项但未影响正常营运（例如出租人于船舶在港内装货期间检修主机故障），或非合同约定的原因（例如因天气原因被迫驶入避难港），或是承租人的原因（例如承租人指示船舶驶往浅水港口导致海损事故）等等，承租人也不得行使停租权。

实例枚举

海盗羁押不构成租船合同下的停租[①]

面对当今日益猖獗的海盗对国际航运安全的威胁，在履行期租合同中，定期租船舶遭遇海盗劫持造成的时间损失，由何方承担？租方能否主张停租？2010 年 6 月，英国高等法院对 The “Cosco Bulk Carrier v. Team-Up Owning” 案作出判决，认为：如果海盗羁押仅仅是限制船舶和船员的行动自由，而没有造成物理上的损害，则船舶不能停租。

案情：涉案船舶“M/V Saldanha”系巴拿马籍散货船。2009 年 1 月 30 日，租船人 Cosco Bulk Carrier Co. Ltd 指令该船从印尼装运煤炭，运往斯洛文尼亚的科佩尔。2009 年 2 月 22 日，该船在亚丁湾过境时被索马里海盗劫持。海盗强迫船长将该船驶到索马里小镇 Eyl 附近水域，直至 4 月 25 日才被海盗释放。5 月 2 日，该船到达被劫时的等效位置。租船人拒绝支付从 2 月 22 日至 5 月 2 日的租金，而船东 Team-Up Owning Co. Ltd 要求租船人支付租金、燃油费、额外的战争风险津贴以及船员战争风险奖金等。租船人反诉称：因为船舶及人员未能适当配置以至于不能抵抗海盗的袭击，故船舶不适航。

双方将该争议案件诉诸英国伦敦国际仲裁院。仲裁庭一致认为：租船人不能依据 NYPE 46 第 15 条主张船舶停租，裁决租船人不能依据 NYPE 46 第 39 条以及战争风险和保险条款拒付租金。

租船人就仲裁庭的第一项认定——船舶不能依据租约停租，上诉到英国高等法院商事法庭。本案所涉及的 NYPE 46 第 15 条“停租条款”规定：“由于人员不足或不履行职责，包括船长及/或船员的罢工；船舶用具不足；火灾；船体、机器及设备的故障或损坏；搁浅；船或货的海损事故引起的延滞；入坞检验或油漆船底；或者其他原因使得船舶不能全面工作，造成时间损失，租金停付。”显然，本案争议涉及三个焦点：(1) 海盗羁押引起的延滞是否构成海损事故；(2) 人员不足是否属于不履行职责；(3) 海盗羁押是否属于 NYPE 46 第 15 条所列停租原因的“其他原因”。

法庭认为：首先，海盗羁押不构成海损事故。理由：一是“海损事故”一词的内涵具有的确定性，仅指引起损害的事故；二是“海损事故”应当是双方当事人均非故意，但海盗劫持显然是精心策划的，根本不算事故；三是“海损事故”要求必须对船舶或货物造成物理上的损坏，因此，“海损事故”不能等同于 1906 年《海上保险法》中的“海上风险”。其次，“人员不足”是指数量的不足，不能扩展到船员故意拒绝工作。船员因疏忽而没有采取预防海盗的措施，不应包括在“不履行职责”的范围内。最后，能够概括 NYPE 46 第 15 条列举的原因事项的种属，应为“船或船员的内在原因”，而“海盗羁押”当然不是“船或船员的内在原因”，不应当被包括在“其他原因”之内。最终，法庭解释上述“停租条款”时指出，除非另有约定，否则谁能更方便地控制某项风险，谁就应当承担该风险。租船人在营运范围内，决定船舶航行路线，管理船长、船员并向其发出指令，他所处的地位使其能够规避和控制海盗羁押的风险，则他应当承担海盗羁押的风险。因此，法庭驳回了租船人的停租诉讼请求。

---

① 张丽英，杜康平．海盗羁押不构成停租．中国海商法年刊，2011 (1).

本案可以帮助大家了解国际上处理租船合同等海事纠纷过程中，分析判断合同条款的习惯和具体操作方法。

8. 转租权

承租人有权将租用的船舶以航次租船或者定期租船的方式转租给第三人。在国际租船市场上，船舶转租业务相当普遍。基于承租人行使转租权，在同一艘船舶上可以同时存在多个船舶租用关系，即存在于出租人与原承租人之间的定期租船关系和存在于作为出租人的原承租人与作为承租人的第三人之间的定期租船关系或者航次租船关系，两者是相互独立的。所以，承租人可以将租用的船舶转租，但是应当将转租的情况及时通知出租人。租用的船舶转租后，原租船合同约定的权利和义务不受影响（《海商法》第137条）。就是说，出租人和原承租人应当受原定期租船合同的约束，而转租船舶合同则对于作为出租人的原承租人和作为承租人的第三人具有法律约束力。不过，转租船舶合同中有关船舶营运的条款，诸如船舶的租用期限、运输合法货物的范围、航行区域等，则必须与原租船合同相一致。

9. 对于船舶的留置权

定期租船合同经常约定：承租人有权因出租人未退还超额支付的租金或因出租人违约造成损失，而对船舶行使留置权。同时，为了保护出租人对船舶享有的所有权利益，定期租船合同又通常会约定：承租人应向出租人保证，不因其拖欠船舶营运所需的物料和费用而导致他人针对船舶行使留置权。

实例枚举

中国内地A运贸公司与香港B船务公司于1998年1月10日签订了一份定期租船合同。该合同约定的主要内容是：香港B船务公司租用A运贸公司所属的“珠江一号”轮，租期8个月，从船舶交付之日起算；租船期间所需的劳务费、燃油费、港口使用费等由承租人负担；租金按月计付，每月19万元港币，承租人在合同签订后两日内交付2万元定金，在首月租金内扣除，15日内交付首月租金；如果承租人在租期期满前还船，承租人应当按照约定租金的75%计付从承租人还船之日起至约定租期届满之日止的实际天数的租金；承租人同意出租人在“珠江一号”轮的船舶证书办理完毕之前，调派同类型的“珠江二号”轮替代“珠江一号”轮。

签约次日，香港B船务公司向A运贸公司交付了2万元定金。同时，通知A运贸公司将“珠江二号”轮于1月15日开到香港装货。此后，“珠江二号”轮按时驶抵香港待装。但是，直到1月20日，香港B船务公司电告A运贸公司货源落空。于是，“珠江二号”轮因无货可装而于1月22日返回珠江港待命。2月11日，香港B船务公司书面通知A运贸公司解除定期租船合同。由于多次向香港B船务公司催交租金和其他费用均未获得结果，A运贸公司诉至海事法院，要求香港B船务公司给付所欠租金和其他费用。

本案充分反映出定期租船合同所遵循的“合同自由”原则。出租人和承租人均应当按照合同约定的内容行使各自的权利，履行各自的义务，合同条款即是衡量当事人是否正确行使权利、切实履行义务的依据。因此，本案中的A运贸公司作为出租人提供“珠江二号”轮符合当事人约定的替代船条款。而导致“珠江二号”轮无货可装的责任在于作为承租人的香港B船务公司。与此相对应，自“珠江二号”轮根据香港B船务公司指示的时间驶抵香港之日开始，合同约定船舶已经交付。香港B船务公司应当承担给付租金的义务，按照合同约定的计算方法，计付租金。

第三节　光船租赁合同

一、光船租赁合同的概念和特点

光船租赁合同，简称光租合同，是指船舶出租人向承租人提供不配备船员的船舶，在约定的期间内由承租人占有、使用和营运，并向出租人支付租金的合同。

近年来，在国际航运市场上以光船租赁方式经营的海上运输业务呈现上升趋势，它已成为许多发展中国家的海运企业，甚至发达国家的中小航运公司乐于采用的经营手段。因为，光船租赁方式对于承租人而言，一是以较低的租金取得经营船舶的权利，可以弥补建造或购买船舶的资金困难；二是所需的经营成本低于定期租船和航次租船；三是光船租赁的船舶可以办理临时国籍证书，能够获得沿海航行权，从而增强承揽货物的竞争力。而对出租人来讲，光船租赁方式，既可以将其过剩的船舶运力转移给承租人，规避市场经营的风险，又能够避免因船员工资的上涨而增加船舶营运的成本，并以租金方式取得船舶营运收入。为此，在国际海运市场上出现了光船租赁合同的标准格式。其中，被广泛适用的是波罗的海航运公会1974年拟订的标准光船租赁合同，租约合同代号为“贝尔康89”（BARECON），它分为A、B两种格式。该标准光船租赁合同的内容包含格式、具体条款和通过抵押融资的新造船舶的租购条款三部分。

光船租赁合同具有如下法律特点：

（1）光船租赁合同的出租人在合同约定的租期内，只向承租人提供适航船舶和相应的船舶证书，不承担其他义务。与此对应，承租人负责船舶的营运，包括在租期内直接控制船舶、自行配备船员、负责船舶的维修和保养、承担船舶营运中所发生的风险和责任，并负担船舶的一切费用开支（包括为船舶投保船舶保险和责任保险）。

（2）光船租赁合同的出租人转移出租船舶的占有权、使用权和收益权给承租人，而出租人则基于船舶所有权人的地位保留处分权。为此，承租人应当在租期届满时，将出租船舶按出租人交船时的状态返还给出租人。

（3）光船租赁合同所涉及的承租权具有物权的属性，表现在承租人在租期内享有的承租权受法律保护，出租人和第三人不得非法干涉。而且，基于“买卖不破租赁”的原则，该承租权不受出租人转让船舶所有权给第三人的影响。

（4）光船租赁合同所涉及的光船租赁权的设立、转移和消灭应当办理登记。包括中国籍船舶以光船条件出租给本国企业的，双方当事人应当到船籍港办理光船租赁登记；中国企业以光船条件从境外租进外国籍船舶的，承租人应到出租人选择的船舶登记港办理光船租赁登记和临时船舶国籍证书；中国籍船舶以光船条件出租境外的，出租人应到船籍港办理光船租赁登记和船舶国籍的中止或注销。未经登记的，出租人不得以光船租赁合同对抗第三人。

可见，光船租赁合同具有明显的财产租赁合同的特性，因其标的物限于船舶，故属于海商法的调整范围。同时，民商法有关财产租赁合同的法律规范也对其具有适用效力。

二、光船租赁合同的主要内容

关于光船租赁合同的内容，我国《海商法》第 145 条规定，主要包括出租人和承租人的名称、船名、船籍、船级、吨位、容积、航区、用途、租船期间、交船和还船的时间和地点以及条件、船舶检验、船舶的保养维修、租金及其支付、船舶保险、合同解除的时间和条件，以及其他有关事项。该条规定与国际租船市场上普遍适用的光船租赁的标准格式合同的条款大体相同。其中，有些条款是与定期租船合同相同的，有些条款则具有自身的特色。

（一）交船条款

光船租赁合同当事人通常规定，出租人应当在约定的时间和地点，按照承租人选定的泊位交付出租船舶给承租人。为此，合同要列明双方当事人约定的交船日期和交船港口，而交船的泊位则由承租人指定。同时，合同规定了出租人交付的船舶所应具备的状态以及约定的用途，以及承租人对于船壳、船舶机器和船舶设备的潜在缺陷承担责任的期限。

作为交船条款的组成部分，光船租赁合同还规定出租人应事先将预期的交船时间通知承租人。而且，与约定的交船时间相对应，光船租赁合同还规定了承租人的解约日。

（二）船舶的使用与保养条款

在光船租赁合同的租期内，船舶处于承租人的占有、使用和营运之下。这是承租人签约目的所在。为此，光船租赁合同明确规定承租人在租期内有权按合同约定，为自己的目的使用船舶以及船上的一切设备和用品。同时，合同亦规定承租人应当负责船舶的保养和维修，负责配备船员，供应伙食，提供燃料，负责船舶的航行与管理。而且，根据合同约定，承租人应在规定的航行区域内，使用船舶从事合法贸易，运输合法货物。相应的，合同往往还列明不得运输的货物，诸如核物质、放射性物质等。

（三）船舶的检查条款

为了弥补在租期内无法控制船舶的不足，保护出租人的合法权益，光船租赁合同通常约定出租人有权在任何时候由其亲自或者授权验船师对于船舶进行检查，用以确定承租人是否对船舶进行了适当的保养和维修。

（四）租金条款

作为承租人获取出租船舶使用权和营运权的对价条件，向出租人支付租金成为光船租赁合同的组成部分。光船租赁合同一般均规定承租人向出租人支付租金的货币种类、数额、支付方式、支付的时间和地点等。相应的，还应当规定停付租金的原因和条件以及预付租金的退还事宜。

（五）船舶抵押条款

出于保护承租人合法权益的需要，光船租赁合同往往规定出租人应当保证出租船舶上无抵押权。而且，在未得到承租人同意之前，出租人在光船租赁合同的租期内不得对出租船舶设定抵押。

（六）船舶保险条款

在光船租赁期间，对于出租船舶可能遭受的海上风险和战争、政治风险，由何方向保险公司投保和保险费的承担，由双方当事人协商确定。实践中，大多约定由承租人按照出租人同意的保险方式向保险公司投保以及所应投保的船舶价值，并且，由承租人承担保险费。同时，合同还会约定承租人不履行投保义务的，出租人享有撤船的权利。

（七）合同的转让与转租条款

从保护出租人利益角度出发，光船租赁合同通常约定，承租人在光船租赁期间转让合同中的权利和义务给第三人，或以光船租赁方式将出租船舶转租给第三人的，必须事先征得出租人的同意。合同还会约定，承租人违反该条款的，出租人有撤回船舶并提出索赔要求的权利。

（八）保护出租人和承租人权益条款

由于光船租赁合同确立的船舶所有权与船舶营运权分离的法律关系，涉及出租人和承租人各自独立的经济权益，因而双方当事人在签订光船租赁合同时，通常要求出租人或承租人在行使其权利的过程中，应兼顾对方的利益，用以保护相对人的合法权益。

因此，合同中往往约定由于承租人占有、使用和营运船舶而对出租船舶产生第三人的留置权、优先权或船舶被扣押，或是对出租人的索赔请求等，承租人应向出租人承担赔偿责任或者采取合理措施（例如交纳保证金）以使船舶获释。同时，合同中还会约定因出租人与第三人之间有关船舶所有权的争议或者债务纠纷致使船舶被扣押的，出租人应采取合理措施（例如提供其他担保）以使船舶获释。

（九）船舶租购条款

船舶租购条款就是双方当事人在光船租赁合同中规定，承租人在约定的期间届满时以向出租人支付租购费用为条件，从出租人处取得出租船舶所有权的条款。之所以在光船租赁合同中适用船舶租购条款，是因为这有利于承租人将一次支付的大额买船资金改变为分期分次支付租金的方式，通过先租后买的途径，既实现了购买船舶的目的，又解决了一时的资金困难。可见，订有船舶租购条款的光船租赁合同成为一种特殊的船舶融资形式，同时兼有船舶买卖合同的性质。

船舶租购条款一般涉及以下内容：

1. 船舶所有权及其风险的转移

船舶租购条款一般规定，在合同租期届满之时，只要承租人切实履行各项义务的，则当其向出租人支付最后一期租金时，船舶的所有权转移归承租人。对此，我国《海商法》第154条明确规定："订有租购条款的光船租赁合同，承租人按照合同约定向出租人付清租购费时，船舶所有权即归于承租人。"当然，船舶所有权转移归承租人时，依附于船舶之上的一切风险也一并转移。不过，出租人因违约而撤船的，承租人已交付的租金却不能转化为购船价款。

2. 船舶无债务负担的保证

着眼于保护承租人作为买方的合法权益，船舶租购条款往往要求出租人应向承租人作出承诺，保证转移所有权给买方的船舶之上"无任何负担"及"其他性质的债务"。所谓"负担"是指船舶抵押权、船舶优先权等。而"其他性质的债务"，则是可能被第三人对于船舶提出索赔或要求扣押船舶而形成的债务。只有无上述各种债务依附于船舶之上的，才能确保承租人取得船舶所有权之后免受第三人的追索。当然，因承租人的行为而产生的债务或出租人在转移船舶所有权之前业已告知承租人的船舶抵押权不在此列。

3. 船舶的交接

由于出租人已然依据光船租赁合同交船条款的约定，将船舶交付给承租人，因而，在双方当事人依照船舶租购条款转移船舶所有权时，所需要履行的交接内容，仅是交付船舶证书和办理有关法律手续。相应的，船舶租购条款应约定，在承租人交付最后一期租金时，出租人应向承租人交付全部船舶证书、船舶文件和船舶图纸，并且，将已经办理船舶注销登记的证明文件提供给承租人。

实例枚举

甲运输有限公司与乙海运有限公司于2005年4月19日签订了"宏大"轮光船租赁合同，约定：甲运输有限公司将"宏大"轮交付给乙海运有限公司使用。甲运输有限公司于2006年5月28日向仲裁庭提出申请，因被申请人乙海运有限公司在租期内存在违约行为而要求终止"宏大"轮光船租赁合同，从被申请人处撤回"宏大"轮。

申请人认为：(1) 被申请人在船舶的维修保养方面存在违约。申请人在交付"宏大"轮给被申请人后，派员对该船进行例行检查，发现该船存在主机换向结构有严重故障、副机电机工况差、陀螺罗经工作不稳定等诸多问题，并记载于"访船摘要"中。这些事关船舶安全航行的问题，均属于必修项目，但被申请人未在合理时间内进行修理，表明其未履行船舶的维修保养义务。(2) 被申请人拒不办理光船租赁登记。被申请人接收"宏大"轮之后，一直拒不办理光船租赁登记，这意味着申请人签订该合同的目的不能实现。(3) 被申请人未能按期履行交付租金的义务。双方在合同中约定，每个月的第一天用现金支付租金，如果拖欠租金超过7个工作日，船东有权撤回船舶。但自申请人于2006年4月2日以收回船舶证书的行为撤船后，被申请人一直没有交纳租金。

被申请人辩称：(1) 对方所提出的船舶存在的安全问题，或者是符合技术管理要求，或者是在正常使用下就可以改善的，并以其提交的某海事司法鉴定中心的《司法鉴定书》的专家意见来证明其对“宏大”轮的维修保养是良好的。(2) 办理光船租赁登记是双方的义务，并非被申请人单方面能够完成的，且光船租赁登记不是合同的主要义务，也不影响光租合同的效力。(3) 有关迟付租金一事，申请人从未提出异议，也未表达过撤船的意思，只能认为对方放弃了据此撤船的权利。

仲裁庭认为：(1) 关于被申请人是否履行保养维修义务。鉴于《光船租赁合同》的约定中强调“必须修理”而经催告仍不在合理期限内履行的，构成撤船理由，但申请人对于其提出的各项安全问题，均未能提供证据来证明“必须修理”，故不予支持。(2) 关于光船租赁登记问题。在《光船租赁合同》并未将没办理光租登记作为撤船理由的情况下，只有在不办理光租登记会导致合同目的不能实现时，申请人才有权撤船，但本案并没有此类情况出现，故对申请人以没办理光租登记为由要求撤船的，不予支持。(3) 关于被申请人拖欠租金问题。本案中确实存在被申请人未按合同的约定时间交付租金的事实，被申请人未能提供证据证明申请人同意其迟延交付租金和放弃以其拖欠租金而要求撤船的权利，故对于申请人据此要求撤船的请求，应予支持。

通过本案，大家可以深入理解光船租赁合同的法律特点，了解光租合同特有的条款内容以及司法实践中认定当事人履行的标准。

三、光船租赁合同当事人的义务和权利

（一）出租人的义务和权利

1. 交船义务

在光船租赁合同中，出租人的主要义务就是将出租船舶交付给承租人。出租人应当在合同约定的港口或者地点，按照合同约定的时间，向承租人交付船舶以及船舶证书。交船时，出租人应当做到谨慎处理，使船舶适航。交付的船舶应当适于合同约定的用途（《海商法》第 146 条）。可见，出租人履行交船义务的标准是交付船舶的时间、地点、适航状态和用途应与合同的约定相一致。而且，出租人在交船时，应当一并交付各种有效的船舶证书，包括船舶国籍证书、船级证书、船舶吨位证书、船舶载重线证书、船舶构造安全证书、航海日志、轮机日志、油类记录簿等。

作为认定出租人是否依约履行交船义务的凭据，出租人和承租人在交船时，应当各自指定验船师对船舶进行检验，确定船舶的状态，其所产生的费用和时间损失由出租人承担。一般认为，光船租赁合同的出租人按照合同有关规定交付了船舶，即视为出租人履行了合同的全部义务。此后，承租人不得向出租人提出任何索赔。不过，出租人应在合同约定的责任期限内，对于船舶的船壳、机器和设备的潜在缺陷及其引起的费用承担责任。根据我国《海商法》规定，出租人违反上述交船义务的，承租人享有解除合同并要求出租人赔偿因此遭受损失的权利。

交船时，双方当事人应对船舶的各种设备、备用品、器具和船上消耗物料，列出清

单。而对交船之时船舶上所余的燃油、润滑油、油漆、淡水、食品等消耗物品，由承租人按交船之时的当地市场价格予以购买。

2. 不得任意在船舶上设定抵押的义务

该项义务又称为无担保物权保证，即出租人向承租人所作出的有关出租船舶上无担保物权的一种承诺。因为，光船租赁合同是财产租赁合同的具体类型，在光船租赁期间，船舶的所有权和营运权相互发生了分离。而船舶抵押权不仅限制了出租人的船舶所有权，也限制了承租人享有的具有用益物权性质的船舶营运权（承租权），甚至影响到光船租赁合同中船舶租购条款的执行。因此，出租人应根据合同的规定，在订立光船租赁合同时，就出租船舶上是否设立了抵押权的情况如实向承租人予以说明。如果已经设立了抵押权，出租人应将抵押合同的内容告知承租人。承租人予以接受的，则不影响光船租赁合同的订立。但是，出租人应保证在光船租赁期间独立向抵押权人履行船舶抵押合同义务。而承租人亦应当在实施光船租赁合同过程中，遵守抵押合同中有关船舶营运、保养、维修和保险的规定。

基于同样的理由，出租人在光船租赁合同生效之后，不得任意在出租船舶上设定抵押权，即未经承租人事先书面同意，出租人不得在光船租赁期间对船舶设定抵押权。出租人违反前述规定，致使承租人遭受损失的，应当负赔偿责任（《海商法》第 151 条）。

3. 收取租金的权利和撤船权

出租人有权要求承租人按照合同规定的时间和地点、货币种类和支付方式，向其交付租金。如果承租人未按合同的约定全额支付每期租金，出租人得以行使撤船权，撤回出租船舶，并且有权依据合同向承租人提出索赔要求。当然，出租人必须按照合同约定的条件行使撤船权。例如，必须是在承租人连续超过支付租金时间的约定期间，出租人始得撤船。

4. 在租期期间检查船舶的权利

与承租人负有的保养维修船舶的义务相对应，出租人享有在租期期间随时检查船舶的权利。通过检查，了解船舶的实际状况，确认承租人是否履行了保养、维修船舶的义务以及对于发生在租期内的船舶损坏，承租人是否进行了必要的修理。为此，出租人也有权检查船舶的航海日志，要求承租人提供发生于船舶上的海损事故的资料。如果承租人没有履行其所承担的义务，出租人有权撤船，并要求损害赔偿。

（二）承租人的义务和权利

1. 支付租金和提供担保的义务

根据我国《海商法》第 152 条的规定，承租人应当按照合同约定支付租金。承租人未按照合同约定的时间支付租金连续超过 7 日的，出租人有权解除合同，并有权要求赔偿因此遭受的损失。

相应的，我国《海商法》第 152 条第 2 款进一步规定，船舶发生灭失或失踪的，承租人有权自船舶灭失或得知其最后消息之日起停止支付租金。停付租金时，对于承租人已经预付的租金，出租人应当按照合同约定的比例退还给承租人。

实务中，出租人经常要求承租人提供一定金额的银行担保函，用以保证承租人切实履行支付租金的义务以及其他合同义务。在此情况下，承租人应按照合同的约定向出租人交付银行担保函。

2. 在约定的航行区域内运载合法货物的义务

承租人在使用船舶的过程中，有义务在合同约定的航行区域内运载合法货物。其内容涉及两个方面：一是使用船舶的空间范围，承租人应当保证船舶在约定航区内的安全港口或者地点之间从事约定的海上运输。承租人违反前款规定的，出租人有权解除合同，并有权要求赔偿因此遭受的损失（《海商法》第 134 条）。二是使用船舶的内容范围，承租人应当保证船舶用于运输约定的合法的货物。承租人违反此规定致使出租人遭受损失的，应当负赔偿责任（《海商法》第 135 条）。可见，承租人承担的该项义务与定期租船合同的承租人相同。但是，因光船租赁合同中的船舶航行和营运以及船员的配备，均由承租人负责，故承租人承担的保证船舶在约定的航行区域内运输合法货物，并且停靠安全港口的义务是绝对性的。

3. 负责船舶保养和营运的义务

因自出租人依约交付船舶给承租人始至承租人交还船舶给出租人止，出租船舶为承租人所使用和控制，由承租人安排营运内容，故我国《海商法》第 147 条规定：在光船租赁期间，承租人负责船舶的保养、维修。

承租人在租期内应对船舶进行正常的保养，保持船舶（包括船机、锅炉、属具和备件）的良好状态，使其保持交船时的船级以及各种所需的船舶证书，用以维持船舶的有效营运水平。船舶在使用过程中发生损坏的，承租人应进行必要的修理。如果船上的设备或用品发生损坏或报废的，承租人应负责修理或更换，但不得因此降低船舶的价值。否则，出租人有权撤船，并得以向承租人索赔。

在租期内未经出租人同意，承租人不得对船舶的结构、机器、设备进行改造。然而，鉴于光船租赁合同的租期一般较长，根据船级社对船级的要求或强制性规范要求而需要对船舶进行改造的，承租人应与出租人协商所需费用的分担。

4. 负责船舶保险的义务

为了转移船舶在光船租赁期间可能遭受的各种海上风险，光船租赁合同经常规定承租人负有投保船舶保险的义务。我国《海商法》第 148 条亦规定：在光船租赁期间，承租人应当按照合同约定的船舶价值，以出租人同意的保险方式为船舶进行保险，并负担保险费用。承租人没有按照合同的约定向保险公司投保的，出租人可以通知承租人在一定时间内予以纠正，按约定补投船舶保险。承租人不履行投保义务的，出租人有权撤回船舶，并向承租人提出索赔。

在实务中，如果出租船舶在光船租赁期间，因遭受船舶保险合同承保范围内的意外风险而导致实际全损或推定全损，保险人赔付的保险款项应当交付给出租人，再由出租人和承租人双方按照各自遭受的利益损失程度予以分配。

5. 不得在船舶上设定留置权的义务

着眼于出租人和承租人的平等法律地位和公平的利益关系，光船租赁合同的承租人在其占有、使用和营运船舶的过程中，不得使出租人的合法利益受到影响，甚至遭受损失。在实务中，有可能使出租人的利益受到影响或遭受损失的情况，经常表现为因承租人拖欠船员工资，或拖欠第三人的各种营运款项，或因侵权行为致第三人的财产损失或人身伤亡的赔偿请求等导致船舶上产生留置权、优先权或被扣押，对此，承租人应当负责采取合理措施消除因此给出租人利益带来的影响或赔偿损失。承租人履行此项义务的根据，首先是光船租赁合同的规定，如果合同未规定，则应适用我国《海商法》第149条第1款的规定，"在光船租赁期间，因承租人对船舶占有、使用和营运的原因使出租人的利益受到影响或者遭受损失的，承租人应当负责消除影响或者赔偿损失"。

6. 不得任意转让合同权益的义务

在光船租赁合同关系中，承租人处于直接占有、使用船舶，自行配备船员进行营运的地位，而船舶的所有权则归属于出租人。因此，承租人应当遵守光船租赁合同中的"转让和转租"条款的约束，在光船租赁期间，未经出租人书面同意，承租人不得转让合同的权利和义务或者以光船租赁的方式将船舶进行转租（《海商法》第150条）。

实例枚举

1997年10月20日，A农业社与B船运社签订了船舶租用合同。双方约定，A农业社租用B船运社所属的"渤海七号"船从事海上货物运输营运业务，租期一年；租金每月2 000元人民币，每月10日之前支付；B船运社于10月15日在S港交付"渤海七号"船，并负责该船的船舶保险，而A农业社则负责船舶的维修、配备船员和营运；由于"渤海七号"船须经修理才能从事海上运输，A农业社自行修理，而头两个月的租金按照合同约定数额的半数计付；如果"渤海七号"发生灭失，A农业社应当赔偿8万元人民币。此后，A农业社按时接收了"渤海七号"船，经过修理，配备了11名船员后，投入了海上货物运输营运。1998年7月15日，A农业社用该船运输货物，在航行过程中，因油路故障而抛锚于海上，恰逢暴雨交加，导致"渤海七号"船舱进水沉没，船货全损。经港监机构调查，认定事故原因为船舶不适航，其表现之一是船上所配备的11名船员，只有船长一人持有适任证书；表现之二是船体存在安全缺陷，难以经受长时间的海上风浪的冲击。由于双方不能就赔偿问题达成协议，B船运社向海事法院提起诉讼，要求A农业社按照船舶租用合同的约定承担赔偿责任。

正确处理本案的首要环节，在于确定本案中船舶租用合同的法律性质。根据船舶租用合同的理论分析本案，作为出租人的B船运社的义务限于提供船舶和船舶保险，而A农业社作为承租人在合同中的义务包括负责配备船员和维修船舶，本案所涉及的船舶租用合同属于光船租赁合同。因此，应当将双方当事人在合同条款中的约定内容和船舶租用合同理论作为处理本案的根据。

知识链接

借船舶租用合同实施海事欺诈的预防[1]

海事欺诈就是欺诈者利用海上运输的特殊性使被欺诈者产生错误判断而实施特定行为的欺诈行为。由于现代海上运输涉及的船舶和货物的价值动辄数百万或上千万美元，因而海事欺诈给被欺诈者造成的损失便触目惊心。据联合国贸易和发展委员会的统计资料，每年因国际海事欺诈所形成的贸易损失达130亿美元。因此，如何防止海事欺诈成为国际贸易领域和国际海运界十分重视的课题。

探索海事欺诈发生的原因时，可以发现租船人利用船舶租用合同实施欺诈在各种海事欺诈原因中名列前茅。例如，1975年，日本一家船公司A将三艘海船出租给另一家船公司B，B公司实际上是一家皮包公司。B公司又将租来的三艘海船分别以程租方式出租给他人，在收取了100多万美元的程租运费后，B公司溜之大吉。结果A公司不仅分文未得，而且必须自行承担船员工资和营运费用，用其出租的三艘海船将程租合同履行完毕。

船舶租用合同项下出现海事欺诈的概率较高，与船舶租用合同强调“合同自由”原则不无关系。由于船舶租用合同强调“合同自由”，其合同内容完全取决于当事人协商一致的意愿，海商法律规范的适用则退居次席。这一点成为进行海事欺诈的不法之徒的突破口。他们利用船舶租用合同条款骗取对方的信任，谋取不义之财。所以，国际海事局在其修订的《防止国际贸易欺诈指南》中将租船合同欺诈列为6种国际贸易欺诈类型之一，并在预防措施中建议船舶租用合同的参与人应当约定严格明确的租用标准，制定保护条款，尤其要注意调查确认对方的信誉。为此，船东可以通过国际海事局、国际海事组织、波罗的海合作社等组织机构查询相关资料，调查租船人的财务状况，拒绝在定期租船合同中约定赋予租船人签发提单之权利的条款；船长应当保证提单是船东签发或者是船东授权的代理人签发；船长应当保证交付货物时，必须要求提货人出示适当的背书原件，使用副本提单的，则应当与正本提单核对无误。

问题与思考

1. 简述船舶租用合同的概念和特点。
2. 什么是定期租船合同？
3. 什么是光船租赁合同？
4. 比较定期租船合同和光船租赁合同的异同之处。
5. 定期租船合同与航次租船合同有哪些区别？
6. 定期租船合同的主要条款有哪些？
7. 定期租船合同的出租人和承租人有哪些权利和义务？
8. 光船租赁合同的主要条款有哪些？
9. 什么是租购条款？

---

① 孙丁杰．海事欺诈．北京：中信出版社，1993.

第八章

海上拖航合同

本章提示

海上拖航作为一种海上作业，是随着机动船舶的广泛适用而产生的，尤其是近几十年来，大型载货驳船、石油钻井平台和其他大型石油生产设备越来越多地投入海上运输和海上石油开发的过程之中。相应的，拖航作业日益频繁，专业性拖航公司纷纷出现，而其作业范围已从早期用于港口内为大船靠离码头、移泊、掉头以及为无动力船舶或失去动力的船舶提供协助性的拖带服务，发展为在国际国内范围为大型船舶、无自航能力的载货驳船、大型石油生产设备、超大或超长的可浮物体以及海难救助提供经营性海上拖航业务。我国从20世纪70年代后期开始建立中国拖轮公司等专业性或兼营性拖轮公司。目前，将调整海上拖航的法律规范作为独立法律制度列入海商立法的尚为数不多，大多以各专业拖轮公司拟制的海上拖航合同为调整根据。制定于20世纪90年代的《海商法》，根据调整国际海运市场的客观需要，专章规定了海上拖航合同，成为调整海上拖航活动的基本依据。

学习本章时，应当掌握海上拖航合同的法律性质、海上拖航合同的订立和解除、当事人的权利和义务等问题。

关键术语

海上拖航合同　日租型海上拖航合同　承包型海上拖航合同　被拖物　提供适航适拖之拖船的义务　海上拖航合同的损害赔偿责任

第一节　海上拖航合同的概念和法律性质

一、海上拖航的概念

海上拖航，又称海上拖带，是指承拖人利用拖船具有的动力和设备将另一无自航能力的船舶或可浮物体经海路从一地拖至另一地而完成被拖船舶或物体空间转移的海上作业活动。

海上拖航是海商法所调整的一种独立的海上作业。从它因动力拖航而于 19 世纪出现在海事领域至今一百多年的历史中，已经由当初在内河、港区内，协助完成大型船舶驶离或停靠码头、移泊、掉头等操作，或拖带无动力的趸船、浮吊、浮坞等水上财产，扩展为在沿海、远洋范围内对于各种无自航能力的载货驳船、大型水上设备、可浮物体，或在航行中失去自航能力或遭遇海难事故的船舶提供的专业性服务。

海上拖航的方法，可以分为拖拉（拖船在前，被拖船或物在后的拖航）、顶推（被拖船或物在前，拖船在后的拖带）和傍拖（拖船与被拖船或物并联固定的拖带）。

二、海上拖航合同的概念和法律特性

根据我国《海商法》第 155 条第 1 款的规定，海上拖航合同，是指承拖方用拖轮将被拖物经海路从一地拖至另一地，而由被拖方支付拖航费的合同。

海上拖航合同作为独立的海商合同，具有如下的法律特征：

（一）海上拖航合同以承拖方和被拖方为当事人

海上拖航合同的当事人是承拖方和被拖方，各自享有权利和承担义务。其中，承拖方就是用自己所有或租用的拖船，为被拖方提供专业性的海上拖航服务，并向被拖方收取拖航费的一方。在海上拖航实务中，承拖方作为海上拖航合同当事人的资格条件，除了应经主管机关批准经营海上拖航业务外，还必须具有相应的拖航能力和拖航设备。因此，一般是专门经营海上拖航业务的海上拖航公司或兼营海上拖航业务的打捞救助公司，与他人签订海上拖航合同而成为承拖方。如我国的中国拖轮公司和中国海洋工程服务有限公司。

而被拖方则是因其有海上拖航需要而接受拖航方提供的海上拖航服务，并向拖航方支付拖航费的一方。一般情况下，被拖方应当是被拖物的所有人或利害关系人。

（二）海上拖航合同的拖航对象是被拖物

海上拖航合同双方当事人的权利和义务所共同指向的拖航对象是被拖物。通常，无法用货船载运又无自航能力的驳船、海上石油钻井平台、钻井设备、排筏、油囊、浮吊、浮动码头、浮动船坞，或丧失自航能力或遭遇海难事故的各种船舶，或其他海上浮动物体等都可以成为海上拖航合同的拖航对象。经双方当事人协商达成协议后，承拖方针对约定的被拖物实施相应的拖带服务，完成将被拖物从一地拖带至约定的另一地的行为，实现被拖方要求的被拖物的空间转移。

（三）海上拖航合同是诺成、双务、有偿性合同

海上拖航合同只要经过双方当事人协商，就主要条款达成一致，即告成立。至于海上拖航合同的形式，无须采取特定的形式和履行特定的法律手续。虽然有的国家的海商

法规定，签订海上拖航合同应当采取书面形式，但是，基于海商法调整海上拖航合同法律规范适用的任意性，其并不改变海上拖航合同的诺成性质。而就海上拖航合同的内容来讲，包含着拖航方和被拖方各自的权利和义务，并互为条件，构成双务合同。其中，核心内容是承拖方以适合相应拖带业务的拖船完成拖带服务而由被拖方向承拖方支付拖航费，表明海上拖航合同作为承拖方从事经营性拖航业务的法律形式，属于有偿性合同。

（四）调整海上拖航合同的首要根据是合同条款

由于海上拖航业务是一项新兴的海商活动，故海上拖航法律制度比较落后。从世界范围角度讲，尚不存在有关海上拖航的国际公约，而多数国家的海商立法中也没有海上拖航的规定，即使是法国、德国、日本等少数国家的海商法中规定了有关海上拖航的法律规范，也较为分散，未形成完整的法律规范体系。我国《海商法》专章（第七章）规定了海上拖航合同制度，但是，这些法律条文属于任意性规范，只有在海上拖航合同未规定或未作相反规定的情况下才予以适用。因此，目前调整海上拖航合同的主要根据是双方当事人约定的合同条款。为此，许多民间航运组织或从事海上拖航业务的专业性拖航公司和兼营海上拖航业务的打捞救助公司都拟制了海上拖航标准合同。此类标准合同一旦为双方当事人选定，便对双方具有约束力。

三、海上拖航合同的分类

海上拖航合同按照不同的标准可以有如下分类：

（一）按照拖航的作业区域，分为港区拖航合同、沿海拖航合同和国际海上拖航合同

1. 港区拖航合同

港区拖航是指承拖方运用拖船在某一港口区域内为他船进出港口、靠离码头、移泊或其他操作而提供的拖航服务。因港区拖航作业多是协助性的，由他船负责指挥，风险低于其他区域的拖航作业，故很多国家对于港区拖航合同用其他法律进行调整，而不适用海商法。我国《海商法》第 155 条第 2 款有关海上拖航合同的规定，不适用于在港区内对船舶提供的拖航服务。

2. 沿海拖航合同

沿海拖航合同是指起拖地和目的地均在一国境内的海上拖航合同。有些国家的法律规定，沿海拖航业务只能由本国的拖船经营。根据我国《海商法》第 4 条的规定，中华人民共和国港口之间的海上拖航，由悬挂中华人民共和国国旗的船舶经营。但是，法律、行政法规另有规定的除外。非经国务院交通主管部门批准，外国籍船舶不得经营中华人民共和国港口之间的沿海拖航业务。

3. 国际海上拖航合同

国际海上拖航合同是指起拖地和目的地位于不同国家的海上拖航合同。我国习惯上称为远洋海上拖航合同。

（二）按照拖航费的计收方式，分为日租型海上拖航合同和承包型海上拖航合同

1. 日租型海上拖航合同

日租型海上拖航合同是指根据约定，在拖船租用期间按照日租金率计收拖航费的海上拖航合同。

2. 承包型海上拖航合同

承包型海上拖航合同是指根据双方当事人约定的固定金额，向被拖方收取拖航费的海上拖航合同。不过，有些海上拖航合同同时也规定了租用拖船的日租金率，作为因被拖方的原因导致延误起拖或者延误解拖以及拖航过程中的时间延误时，承拖方计收损失赔偿金的标准。

四、海上拖航合同的法律性质

实例枚举

甲远东船务公司于 2005 年 12 月因需要拖带 F500 浮吊，与乙海上救助打捞局签订了拖航合同，约定：拖带方乙海上救助打捞局派遣“惠救 202”“惠救 203”拖船，拖带物是 F500 浮吊，起拖地为 A 市，目的地是 B 地 X 港、C 地 S 港，起拖期限为 2006 年 1 月 15 日至 18 日，被拖方应在此期限内做好被拖物自起拖地起航的准备，拖航承包费为 45 600 美元。

2006 年 1 月 14 日晚 21 点，乙海上救助打捞局派遣的“惠救 202”“惠救 203”拖船抵达起拖地，并将拖带物 F500 浮吊起拖驶离起拖地。1 月 17 日，甲远东船务公司通知乙海上救助打捞局将拖带物拖至 C 地 S 港，并建议在 C 地 S 港 1 锚地解拖交船。1 月 20 日，乙海上救助打捞局的拖船将 F500 浮吊拖至 C 地 S 港 1 锚地解拖，要求甲远东船务公司支付拖航费。同日，甲远东船务公司要求将 F500 浮吊拖往 C 地 S 港 8 锚地抛锚解拖，理由是 8 锚地同属 C 地 S 港的海关、边防、港监、检疫部门联检的锚地。乙海上救助打捞局却通知对方，拖航合同已经履行完毕，如需将拖带物拖往 C 地 S 港 8 锚地的话，要重新委托和报价。由此形成纠纷。

本案有助于大家理解和掌握海上拖航合同的法律性质，其明显是有别于海上运输和海难救助等法律制度的、适应国际海运市场的发展需要而兴起的独立存在和适用的法律制度。

理解海上拖航合同的法律性质，关键是确认其属于独立的合同类型，还是依附于海上运输而属于海上运输合同关系。概括各国的海商立法和海商法理论，在 20 世纪 60 年代之前，均将海上拖航关系视为海上运输合同关系而适用海上运输合同的法律规定。究其原因，是在于当时的海上拖航还主要用于港区内和沿海范围，尚未形成独立的海上作业活动。如今，与日益发达的海上拖航实践相适应，海商法理论一般都认为海上拖航合同是自成一体的合同类型，既独立于海上运输合同，也不同于海难拖航救助合同。

（一）海上拖航合同独立于海上运输合同

海上拖航合同与海上运输合同存在诸多明显区别：（1）合同目的不同。海上拖航合同是由承拖方提供拖船的动力和设备，使被拖船舶或其他被拖物取得航速或提高航速，而将其拖至约定的目的地。海上运输合同则是由承运人提供适航船舶和运货舱位，将承运货物安全运送至目的港交付给收货人。即使采取拖航方式实施的海上运输合同，其目的亦在于承运人通过船舶拖带方式，完成安全运送货物至目的港。为此，承运人应当提供相应的运输工具（包括具有动力的拖船和具有适拖性、适航性的被拖船舶），而用于装载货物的被拖船舶可以是承运人的自有驳船，也可以是租用或由其经营的第三人的驳船。（2）合同标的物不同。海上拖航合同的标的物是被拖物，但不涉及被拖物上装载的货物。而且，被拖物不是装载于拖船之上，而是由特定的索具或装置将其与拖船连接并置于水上。海上运输合同的标的物则是承运的货物。而且，承运货物必须装载于船舶之上或货舱之内。（3）合同工作内容不同。在海上拖航合同关系中，承拖人的义务是提供拖航所需的拖力，对于被拖物及其所装载货物的装卸、搬移、积载、运输、照料、保管均不在其义务之内。而被拖物的适拖性和被拖物的适货性（如果被拖物装载货物的话）则由被拖方负责。海上运输合同的承运人所承担的义务则不仅提供运输所需的运力，还要负责货物的装卸、搬移、运输、照料、保管等事项。此外，在以拖航方式实施的海上运输中，拖船和装载货物的被拖船均属于承运人所提供的运输工具，从而，拖船的适航性和被拖驳船的适拖性、适航性均由承运人负责。（4）合同当事人的法律责任不同。海上拖航合同的承拖方只要对被拖物采取了通常合理的技术管理，即使被拖物抵达目的地时遭受损坏，除被拖方能够举证证明被拖物的损坏是承拖方未采取通常合理的技术管理的过失导致的以外，承拖方也不负赔偿责任。而海上货物运输合同的承运人则依据《海商法》有关海上货物运输的强制性法律规范承担货损赔偿责任，即除了《海商法》规定的免责事项外，承运人对于货物在其运输期间的毁损、灭失承担赔偿责任。

可见，在采取拖航方式完成海上运输的情况下，海上拖航合同与海上运输合同之间存在着一定的联系。表现在：（1）如果拖船所有人（经营人）用自己的拖船拖带自己拥有的或经营的驳船（拖船和被拖驳船属于同一个权利人），并运输他人货物，则拖船的权利人与驳船上所载货物的所有人之间是海上货物运输合同关系。正如我国《海商法》第164条规定的：拖轮所有人拖带其所有的或者经营的驳船载运货物，经海路由一港运至另一港的，视为海上货物运输，海运实务中称此类海上货物运输合同为拖驳运输合同。（2）如果拖船所有人（经营人）用自己的拖船拖带他人拥有的或经营的驳船（拖船与被拖驳船分别属于不同的所有人或不同的经营人），并载有他人货物时，拖船所有人（经营人）与驳船所有人（经营人）之间的关系为海上拖航合同关系，而驳船所有人与驳船所载货物所有人之间的关系属于海上货物运输合同关系。

（二）海上拖航合同不同于海难拖航救助合同

在海难救助过程中，救助人经常采取拖带手段对遇险的船舶或其他物体实施救助，这必然涉及海难拖航救助合同。但是，应区别海上拖航合同与海难拖航救助合同：（1）两者目的不同。海上拖航合同的目的就是拖带，即通过承拖方提供拖力，完成被拖物的空间转移，从而拖带是海上拖航合同的唯一工作内容。而海难拖航救助合同的目的则在于救助，即救助方以拖带的方式实施救助，使得处于危险状态的船舶或其他物体脱离危险境地。可见，拖带在海难拖航救助合同中只是一种实现救助目的的手段。(2) 两者标的物不同。海上拖航合同的标的物是被拖物，而且，被拖物在起拖时处于正常的状态，具有适拖性，只需施加拖力便可实现拖航目的。而海难拖航救助合同的标的物则是处于危险状态下的船舶或其他物体。它们需要救助方采取包括拖带在内的各种有效的救助方法才能摆脱危险。(3) 两者报酬依据不同。海上拖航合同的报酬为拖航费，是由双方当事人在签订海上拖航合同时，根据被拖物的体积、种类、拖带距离、拖带区域等，按照相应的费率，协商约定的。被拖方应当依据合同的约定金额向拖航方予以支付。而海难拖航救助合同的救助报酬，通常则是在对于救助标的物实施以后，按照“无效果，无报酬”的原则确定的，被救助方依法向救助方支付。

当然，海上拖航合同与海难拖航救助合同在特定条件下可以相互发生转化。诸如，在履行海上拖航合同的过程中，因不可归责于承拖方的原因使被拖物处于危险之中，承拖方实施了超出合同义务以外的救助，构成海难救助，承拖方有权要求给付救助报酬；同样，在实施海难救助的过程中，救助标的物脱离了危险之后，需要救助方继续提供拖带才能到达目的地的，则转化为一般的海上拖航。

学术前沿

关于海上拖航合同之法律性质的深入研究与争鸣①

归纳中国海商法学界近20年来研究成果，不难发现，学界对于海上拖航合同法律性质的观点趋于相同，即认定海上拖航合同为独立的合同类型，进而将其与海上运输合同、海上救助合同等区别开来而自成体系。

但是，关于海上拖航合同法律性质的研究大多局限于此，鲜有进一步运用民商事合同理论深入对海上拖航合同加以类型化分析。不过，也有学者提出，仅仅认识到海上拖航合同的独立性是有局限性的，可说是“意犹未尽”。于是，越来越多的学者加入了深入研究海上拖航合同法律性质、展开学术争鸣的行列。

其中，有学者运用合同法理论分析海上拖航合同后，将其纳入承揽合同的范畴②。其定性的主要依据是，海上拖航合同是以承拖人完成一定的工作成果——拖航任务作为实现报酬请求权的前提条件，并非不问结果地提供劳务，具有承揽合同的法律性质。然而，也有学者对此予以质疑，理由是承拖人在海上拖航合同中并不具有承揽人的法律地位。因为，通常情况下，完成拖航任务并不被认为是承拖人的主要合同义务，也就不应成为承拖人请求拖航报酬的前提条件。即使未完成拖航作业的，也并非当然剥夺承拖人的报酬请求权。尤其是在海上拖航合同普遍的、由专业拖航企业事先拟定的格式条款中设计的免责条款，使其法律性质与承揽合同有着本质区别，诸如《波罗的海和国际海事协会

---

① 李伟，王沛．指挥权原则：海上拖航合同法律性质的判断标准．中国海商法年刊，2011（1）．

② 徐曦哲．合同法对海上拖航合同适用之研究．大连：大连海事大学出版社，2005．

海上拖航合同（承包）》第18条第2款（b）项、《中国海事仲裁委员会拖航合同》第18条第2款（b）项的约定，均表明即使未完成拖航任务，承拖人也仍然有权获取报酬，故而，与承揽合同的性质相悖。不止于此，该学者借鉴域外国家在海上拖航领域选择适用的“指挥权原则”（详见本章第三节之“知识链接”），并据此提出由于指挥权的归属不同，海上拖航合同的性质亦不同。若指挥权由拖方行使，海上拖航合同具有劳务雇佣合同的性质；若指挥权归属于承拖方，海上拖航合同则表现出劳务服务合同的性质。

笔者的看法是，考虑到海事活动，特别是海上拖航业务明显地有别于陆路商事活动，无须硬性地运用合同法的有名合同理论对海上拖航合同的法律性质对号入座，而应当根据海上拖航活动的实际情况，确认其为独立的新型服务合同即可。

第二节　海上拖航合同的订立和解除

一、海上拖航合同的订立

基于海上拖航合同的诺成性，承拖方和被拖方就有关海上拖航事宜的主要条款达成协议的，海上拖航合同即告成立。因很多国家（尤其是英美法系各国）的海商立法对于海上拖航合同的形式未适用强制性规范，当事人可以协商确定其所采用的形式。实务中，作为承拖方的专营或者兼营海上拖航业务的海运公司为了简化合同的谈判和起草过程，通常都会提供书面的海上拖航合同标准格式，例如，中国海洋工程服务有限公司的海上拖航合同格式（合同代号“CHINATOW”），日本航运交易所的海上拖航合同格式（合同代号“NIPPONTOW”），国际救助同盟、欧洲拖轮船东协会和波罗的海国际航运公会三家联合推荐的国际远洋拖航（日租）合同格式（合同代号“TOWHIRE”）等，使书面形式成为签订海上拖航合同的普遍形式。

根据我国《海商法》第156条规定，海上拖航合同应当书面订立。实践中，海上拖航合同的书面形式，可以是书面合同，也可以是电报、电传、传真、信函等文件。海上拖航合同自双方当事人在书面合同文本或文件上签字或签署确认书时成立。

海上拖航合同因当事人具体拖航事宜的不同，具体适用的标准合同格式不同，相应的合同条款不尽相同。但是，从共性角度讲，海上拖航合同的条款，一般包括承拖方和被拖方的名称和住所、拖轮和被拖物的名称和尺寸、拖轮的马力、拖轮的适航和适拖条件、被拖物的适拖条件、起拖地和目的地、起拖日期、责任与免除、拖航费及其支付、合同的解除、仲裁、法律适用等。

二、海上拖航合同的解除

海上拖航合同一旦有效成立，便对双方当事人具有法律约束力。各方均应当依约行使权利和履行义务，不得擅自解除合同。不过，海上拖航作为一种独立的海上作业，其面临的风险大于海上运输。因此，在遭遇当事人不可抗拒的意外风险，致使合同无法履行或不能继续履行时，就需要解除海上拖航合同。为此，各国海商立法或者海上拖航合同均赋予了当事人解除合同的权利。概括海上拖航合同的实践，解除海上拖航合同的原因包括两类：

（一）因一方当事人违约而解除合同

一般情况下，双方当事人只有按照海上拖航合同的约定行使权利、履行义务，才是实现合同目的的保证。因此，海上拖航合同通常都将一方当事人违约使合同不能履行或不能继续履行的情况规定为另一方解约的事由。例如，因承拖方未能在合同约定的解约日之前，在约定的地点提供约定的拖船用于海上拖航的，或未将拖船做好适航、适拖准备，势必影响到海上拖航目的实现的，被拖方有权在解约日届满时解除合同。反之，因被拖方未能在合同规定的解约日之前，在约定的地点，将被拖物做好被拖准备而具备适拖性的，承拖方有权在解约日届满时解除合同。

当一方当事人因对方违约而行使解约权时，因此而遭受的损失，除了法律或合同规定免责以外，违约方应承担赔偿责任。

（二）因法律规定的原因而解除合同

根据各国海商法的规定，在海上拖航合同履行之前或履行过程中，因出现自然灾害、战争、军事行动、罢工、暴动、有关政府禁止航行或征用船舶等不可归责于双方当事人的不可抗力，导致合同不能履行或不能继续履行时，双方当事人均有权解除合同。

我国《海商法》针对海上拖航实务，分别就起拖前解除和起拖后解除两种情况加以规定：起拖前，因不可抗力或者其他不能归责于双方的原因致使合同不能履行的，双方均可以解除合同，并互相不负赔偿责任。除合同另有约定外，拖航费已经支付的，承拖方应当退还给被拖方（第 158 条）。而起拖后，因不可抗力或者其他不能归责于双方的原因致使合同不能继续履行的，双方均可以解除合同，并互相不负赔偿责任（第 159 条）。

应注意上述法定解约权适用时：（1）法定解约原因，必须是与双方的主观意志无关的客观情况，可以归责于当事人的原因不属于法定的解约原因。（2）法定解约原因对于海上拖航合同的影响是根本性的，即上述法定原因的出现造成合同不能履行或不能继续履行。这意味着，如果上述法定原因的出现仅仅是影响到合同履行的进度，而未导致合同不能履行或不能继续履行，则任何一方当事人都没有合同解除权。

实例枚举

1998 年 5 月 29 日，甲船务有限公司所属的“胜风”轮因辅机故障导致丧失动力而泊在 A 港，该公司派出其员工赵乙到 A 港处理修船事宜。因需将“胜风”轮拖往 B 地进行修理，赵乙向丙海上救助打捞局的经办人杨丁询问拖航事宜，经过协商，赵乙和杨丁分别以各自所在单位的名义签订了拖航合同，约定：拖航费 168 000 元，起拖时支付 10 万元，到达目的港时支付所余 68 000 元，被拖方承担本拖航合同内所发生的一切费用。赵乙和杨丁均在该合同上签了名，但皆没有加盖单位公章。

6月8日，甲船务有限公司将10万元拖航费汇入丙海上救助打捞局的账户。次日，丙海上救助打捞局派出“黎明”号拖轮承拖着“胜风”轮，并在“胜风”轮船长的配合下，将该船舶从A港内锚地拖往B地。18日，两船抵达B地锚地后，交由B地造船厂的拖轮拖到该厂的船坞。丙海上救助打捞局为此垫付了拖航辅助费2 500元。但就该拖航辅助费和所剩68 000元拖航费，甲船务有限公司则拖欠未付。

于是，丙海上救助打捞局向海事法院提起诉讼，要求被告甲船务有限公司支付拖欠的拖航费和为其垫付的拖航辅助费以及利息。被告辩称：本案所涉及的拖航合同约定的168 000元拖航费过高，显失公平，被告是在与B地造船厂约定了修船事宜，并约定了船坞期而又没有其他拖轮可供选择的情况下，为减少船坞期损失，不得已接受了原告的拖航费报价；加之，合同上签字的赵乙并非被告的法人代表，其未经授权而与他人签订的拖航合同应当属于无效合同。

海事法院经过审理，认为：被告的员工赵乙与原告签订的拖航合同并没有违背被告要把“胜风”轮拖至B地的真实意愿，且该合同签订后，被告亦按照其约定实施了交付10万元拖航费的部分履行行为，表明被告已经同意赵乙代表其与原告签订拖航合同的行为，因此，应当认定该合同对于被告具有法律约束力。至于被告所提该合同的拖航费条款显失公平的主张，因其没有证据，故不能成立。

学习本案例，有助于大家理解拖航合同订立的基本法律理念，掌握认定拖航合同法律效力的标准和条件。

第三节　海上拖航合同当事人的权利和义务

海上拖航合同的内容主要表现为当事人的权利和义务，而且海上拖航合同的双务性决定了双方各自的权利和义务互为条件。当然，海上拖航合同当事人的具体权利和义务取决于合同的约定，在合同没有约定或者没有相反约定的，才适用我国《海商法》的规定。

一、承拖方的义务和权利

承拖方在海上拖航合同中的核心工作是提供拖船的拖力，完成合同约定的海上拖航作业，将被拖物拖至约定的目的地，故其享有的权利和承担的义务均围绕着该工作需要。

（一）提供约定的适航、适拖之拖船的义务

该义务是海上拖航合同得以履行的首要义务，其内容包括：

(1) 承拖方应按照合同的规定，提供约定的拖船。通常，双方当事人在签订合同时，必然根据拖航的实际需要，确定实施拖航所需要拖船的马力和尺寸等技术标准，具体落实到登记为特定名称的拖船。因此，承拖方履约时必须提供合同约定的拖船。只有在合

同订有"替代船条款"时，承拖方才有权以条件相同的其他拖船替代合同约定的拖船。

（2）承拖方提供的拖船应具有适航性和适拖性，这是衡量承拖方是否履行提供拖船义务的基本条件。所谓拖船的"适航性"和"适拖性"，包括：第一，承拖方必须使拖船本身处于适航状态，即拖船的船体结构强度符合相应技术要求，拖船的机器设备（主机、辅机、电气设备、航海资料、航海仪器、通信设备、系泊设备等）必须齐全且处于良好的技术状态。第二，承拖方必须妥善配备船员，即拖船的船员配备必须足额且各个船员必须持有与其任职岗位相符的有效的船员资格证书。在某些国家，拖船的船员还应具有法定的海上拖航资历和经验。同时，承拖方还应当为拖船配备足够的供应品。第三，承拖方必须使拖船的拖力和拖带设备适合拖带，即拖船应具有不低于合同约定的足够抵御拖航中可以预见的各种风险而进行海上拖航作业的拖力。同时，承拖方提供的拖船应当根据被拖物的特性和海上拖航作业的需要，配备能够安全拖带被拖物的拖带设备（诸如拖缆机、拖缆、拖钩等），而且，这些拖带设备必须符合有关检验机构的检验要求，具有合格证书。第四，该义务的存续时间是从起拖前至起拖时止。其中，拖船在起拖前的适航、适拖状态的标志，是经有关主管机构对拖船进行检验后，并颁发检验合格证书或同意拖船从事海上拖航作业而予以办理签证手续。而拖船在起拖时的适航、适拖状态则表现为承拖方应在起拖之时采取正确的拖带和系缆方式连接拖船与被拖物。可见，拖船的适航性和适拖性就是拖船既有一般船舶从事海上营运所需的适航性，又具备特定海上拖航所需的拖航能力和拖航设备。

我国《海商法》第 157 条第 1 款即明确规定了此项义务：承拖方在起拖前和起拖当时，应当谨慎处理，使拖轮处于适航、适拖状态，妥善配备船员，配置拖航索具和配备供应品以及该航次必备的其他装置、设备。显然，提供约定的适航、适拖的拖船是一项法定义务。即使海上拖航合同未约定，承拖方也必须依法承担。其中，所谓"谨慎处理"要求的是承拖方应尽到专业经营者所应有的注意程度，表现在起拖之前，使拖船获得从事海上拖航的检验合格证书或签证；在起拖之时，除了被拖方提供的以外，还应严格检查拖带索具（长度、强度），检查系缆方式和拖带方法是否正确，被拖物上是否正确放置拖航标志等。

（二）在约定的起拖日期起拖的义务

起拖日期是经双方当事人协商后，在海上拖航合同中明确约定的，因此承拖方应按照约定的起拖日期起拖。实务中的一般做法是，根据海上拖航合同的规定，承拖方的拖船船长应当在合同约定的起拖日期之前的 24 小时以前向被拖方或其代理人递交"准备就绪通知书"，告知被拖方按照约定地点交付准备就绪的被拖物，以便按时起拖。如果由于承拖方的原因未能在合同约定的起拖日期前做好起拖准备，或迟延起拖，或因拖船不适航、不适拖而无法起拖的，承拖方应依约承担法律责任。为此，被拖方有权解除合同或要求替换拖船，并要求按照约定赔偿损失。当然，由于非承拖方的原因致使被拖物未能在约定的起拖日期起拖的，承拖方亦有权解除合同，无须执行拖航义务，并且有权要求被拖方按照约定的拖航费率，赔偿拖船自驶离驻在港至起拖港直至返回原驻在港的损失。

（三）负责指挥拖航作业的义务

按照拖航作业的习惯，除了拖船在港区内协助船舶靠离码头或其他作业外，海上拖航作业一般是由承拖方负责指挥拖航作业，包括负责拖船与被拖物之间的接拖和解拖以及拖带航行过程中的安全。因此，如果在拖航过程中，拖船与被拖物发生脱离的，承拖方的拖船应现场守护，并采取合理的救援手段对被拖物实施救助。对于属于合同规定的海上拖航服务范围内的救助，承拖方不得要求被拖方给付救助报酬。

（四）合理尽速，正当航行，按约定时间完成拖航作业的义务

承拖方在履行拖航义务的过程中，应以合理正常的航行速度在约定的时间内，按照约定的航线或通常习惯的航线或地理上的航线完成海上拖航作业，将被拖物拖至约定的目的地。因此，如果出于承拖方的原因造成人为的延误或不合理的绕航，承拖方应承担责任。但是，因救助或企图救助海上人命或财产、为拖航安全而进入避风港躲避台风或拖船船长认为被拖物不适于拖带等合理情况导致的合理绕航或合理延误的除外，而且，合理延误造成的时间损失和增加的费用，承拖方有权要求被拖方支付补偿或予以承担。

（五）交付被拖物的义务

一般情况下，承拖方应按照合同约定的地点，将被拖物交付给被拖方。为此，承拖方应在将被拖物拖至目的地之前，向被拖方或其代理人告知预计到达的时间，或在被拖物到达目的地之后，向被拖方或其代理人发出交付通知，按照合同约定的条件交付被拖物。而在特殊情况下，因不可抗力或者其他不能归责于双方的原因致使被拖物不能拖至目的地的，除合同另有约定外，承拖方可以在目的地的邻近地点或者拖轮船长选定的安全的港口或者锚泊地，将被拖物移交给被拖方或者其代理人，视为已经履行合同（《海商法》第 160 条）。

（六）承担拖船营运费用的义务

双方当事人各自所承担的费用，应经过彼此协商一致后，在海上拖航合同中予以明确约定。通常，承拖方作为海上拖航业务的经营者应当承担与海上拖航作业有关的各项费用，诸如，拖船船员的工资、伙食费用、拖船的燃料费、保险费、引航费、代理费、税费、港口规费、运河通行费等与拖船营运有关的费用。

（七）收取拖航费的权利

作为承拖方从事海上拖航经营活动的法律形式，海上拖航合同必然确认其首要的权利为收取拖航费。该权利是承拖方完成拖航服务的对价条件。承拖方有权要求被拖方按照约定的金额、货币种类、支付方式向其支付拖航费。即使是因不可抗力或其他不能归责于双方的原因致使被拖物不能拖至目的地，承拖方在目的地的邻近地点或拖船船长选定的安全港口或锚泊地移交被拖物给被拖方或其代理人的，依我国《海商法》第 160 条规定，也视为承拖方已经履行了合同义务，故有权向被拖方收取合同约定的全部拖航费。

（八）留置权

鉴于承拖方为了履行海上拖航义务而占有被拖物的事实，如果被拖方未按照约定支付拖航费和其他合理费用，承拖方对被拖物有留置权（《海商法》第 161 条）。不过，承拖方行使留置权的前提条件是：（1）承拖方已经完成合同约定的海上拖航作业；（2）被拖方未按照合同的约定向承拖方支付拖航费和其他合理费用而构成违约行为；（3）承拖方仍然占有或实际控制着被拖物，若承拖方丧失了对于被拖物的占有或实际控制，也就失去了对被拖物的留置权。

（九）免责权

当承拖方在履行海上拖航合同义务的过程中，对被拖方造成的损失符合约定或法定的免责事由时，承拖方依据合同或法律的规定，享有免除赔偿责任的权利。例如，我国《海商法》第 162 条第 2 款的规定便属于法定的免责事由，它仅在海上拖航合同没有约定或者没有不同约定时适用（《海商法》第 162 条第 3 款）。

实例枚举

2003 年 10 月 5 日，甲船务有限公司与乙航道运输公司签订了租船合同，前者租用后者的“航驳 501 号”，将丙起重设备有限公司所有的起重设备自 A 港运至 B 港。为此，甲船务有限公司于 2003 年 10 月 15 日与丁海上拖运公司签订了拖航合同，约定：由丁海上拖运公司用“海拖 18 号”自 A 港拖带“航驳 501 号”装载上述的起重设备至 B 港。

11 月 5 日，“海拖 18 号”自 A 港拖带着“航驳 501 号”装载着起重设备起拖驶往 B 港。航行中遭遇大风，“海拖 18 号”的左主机发生故障，致使拖轮右偏而无法控制，不得已松拖缆弃驳，使得被拖船“航驳 501 号”以及其所装载的起重设备处于漂浮失控状态。呼救后，由戊打捞局的救助船救助成功，将“航驳 501 号”拖至 C 港，甲船务有限公司为此支付了 265 万元救助费用。

因双方未能就拖航合同中止履行后的处理达成协议，甲船务有限公司按照拖航合同仲裁条款的约定，提交仲裁。申请人诉称：（1）本案的被申请人在得知气象台已经预报拖带航程中将有冷空气带来的大风（蒲氏 6 级以上大风）大浪的情况下，冒险航行，使“海拖 18 号”轮处于不适航状态。（2）被申请人在知晓天气条件不利于航行的情况下，贸然开航，致使“海拖 18 号”在超过拖航检验报告允许的风力（蒲氏 6 级）中航行了 30 余小时，造成“海拖 18 号”的主机发生故障，使得被拖船（货）处于危险之中，显然未尽谨慎之责，违反了拖航合同约定的安全责任义务。被申请人辩称：（1）涉案航次的“海拖 18 号”在起拖前和起拖时，被申请人已经谨慎处理，使其处于《海商法》规定的适航、适拖状态，这可以为“海拖 18 号”持有的拖航适航证书所证明。（2）被申请人在接到对方所提的天气预报情况下，拖轮船长根据天气和航线情况，综合判断，决定航行是适当的，已尽到谨慎之责。至于航行中遭遇恶劣天气是无法预见的，被申请人对此没有过失。

仲裁庭认为：（1）本案涉及的“海拖 18 号”在起拖前和起拖时的适航证书齐全、合法有效，初步证明被申请人已经谨慎处理，使得“海拖 18 号”在起拖前和起拖时处于适航、适拖状态。(2) 关于被申请人是否存在过失。作为一个合理谨慎、具有良好船艺的船长，应当收听途经各海域的天气预报，但是，“海拖 18 号”的船长仅收听了 A 地的天气预报，而未收听拖带途经的 B 地的天气预报，表明其就天气情况所作的判断不符合《拖航检验报告》的相关要求。尤其是根据航海日志的记载，“海拖 18 号”在风力超过《拖航检验报告》要求的情况下，未采取适当措施，继续冒险航行 30 余小时，导致松缆弃驳，最终使得被拖船（物）处于危险状态，被申请人对此明显具有过失。当然，申请人同意拖轮与驳船接驳的行为，并不能免除被申请人承担的负责安全义务。因此，被申请人应当承担相应的法律责任。

本案有助于大家理解拖航合同所涉及的承拖方和被拖方各自承担的义务，以及认定当事人履行义务的标准等。

二、被拖方的义务和权利

与承拖方的义务和权利相对应，被拖方的义务和权利包括：

（一）提供约定的适拖之被拖物的义务

与承拖方承担的提供约定的适航、适拖之拖船的义务相对应，被拖方履行提供约定的适拖之被拖物的义务，是海上拖航合同得以实施的前提，也是被拖方的首项义务。根据此义务的要求，被拖方应在合同约定的时间和地点，向承拖方交付处于适拖状态的被拖物。一般情况下，海上拖航合同都将被拖物适拖规定为明示保证条款，要求被拖方承诺保证被拖物在起拖前和起拖时处于适拖状态。我国《海商法》第 157 条第 2 款亦对此明确规定：“被拖方在起拖前和起拖当时，应当做好被拖物的拖航准备，谨慎处理，使被拖物处于适拖状态，并向承拖方如实说明被拖物的情况，提供有关检验机构签发的被拖物适合拖航的证书和有关文件”。

可见，被拖方履行此项义务涉及以下内容：(1) 被拖方应提供约定的被拖物。因为，双方当事人在签订海上拖航合同时，已经根据被拖方的需要，将被拖物予以特定化，同时，针对被拖物的具体情况，约定了相应海上拖航的技术条件，将拖船的拖力和拖带设备予以特定化。所以，被拖方不能任意更改约定的被拖物。(2) 被拖方在起拖前和起拖之时，应做好拖航准备，使被拖物处于适拖状态，其要求是：第一，被拖物的结构必须结实、坚固，适合进行安全拖带，且能够经受预定拖带航程的一般海上风险。若存在影响被拖物结构强度的缺陷，被拖方应当实施必要的修理。第二，根据被拖物的实际情况，需要配备船员或其他人员（如传缆手）控制和照管的，被拖方应当配备足额称职、有经验的船员或其他人员，并配备所需的供应品。第三，应当根据拖航的技术要求，在被拖物上准备相应的拖带设备（如钢缆、锚具等）和处于正常工作状态的操舵装置，并按照国际海上避碰规则的要求，在被拖物上安装航行灯具和标志。第四，如果被拖物装有货物，被拖方应当合理积载，以保证被拖物的适拖性。第五，被拖方应根据约定或法律规定，接受具有法定资格的保险人或船级社（的验船师）对被拖物进行检验，获取被拖物的适拖证书。（3）被拖方应如实向承拖方说明被拖物的情况，不得有所隐瞒。（4）被拖方应向承拖方提供有关检验机构（保险人或船级社的验船师）签发的被拖物适合拖航的证书或者有关文件。（5）被拖方履行此义务应采取“谨慎处理”的态度，即被拖方作为善良管理人所应持有的注意程度，进行拖航准备工作，处理被拖物的适航、适拖事宜。

（二）在约定的时间和地点交付被拖物

按照海上拖航合同的规定，被拖方应在合同约定的起拖时间内，在约定的地点将准备就绪的处于适航、适拖状态的被拖物交付承拖方。被拖方未能在合同约定的时间内做好拖航准备的，或未交付被拖物的，承拖方有权要求被拖方按照合同规定支付滞期费。合同订有解约期的，承拖方有权按照约定的条件解除合同。如果被拖方所交付的被拖物不适拖，则承拖方有权拒绝拖航，并且得以解除合同，要求赔偿损失。

（三）服从拖船船长指挥的义务

起拖后，承拖方及其受雇人员（包括配备在被拖物上的船员或其他人员）在拖航的过程中，应当按照相应的海上拖航合同的明确约定服从拖船船长的指挥，采取合理的措施配合拖船的航行，并应随时将被拖物的情况告知拖船船长。

知识链接

域外法上适用于海上拖航领域的“指挥权原则”

所谓指挥权原则，就是指海上拖航中的实际控制和指挥拖航作业的控制权的归属问题。它不仅关系到海上拖航的双方当事人的权利和义务的划分，也与确认海上拖航合同之法律性质密切相关。

“指挥权原则”被普通法系国家广泛接受，这些国家的法院在处理海上拖航案件时，往往根据合同条款的明确约定和事实上实际控制和指挥拖航作业的具体情况来判定指挥权的归属。

如果由被拖方行使拖航作业的指挥权，则承拖方应当依据被拖方的指示行事，双方当事人之间形成雇佣身份的合同关系。在此条件下，被拖方应当对拖航作业中产生的灭失或者损害承担主要的法律责任和更大的举证义务。反之，如果由承拖方掌控和指挥拖航作业的操作过程，表明承拖方是依据自己的意志来向被拖方提供拖航服务，双方之间存在的是服务关系。因此，承拖方就需要承担更多的法律义务和举证义务。

需要强调的是，“指挥权原则”在英美法上只是一个事实问题，海上拖航合同的约定、拖航的事实、拖航惯例等都成为法院判定案件的依据。但是，普通法系中并未明文规定指挥权，也不涉及海上拖航合同定性的法律适用，而是依法官的自由裁量权来查明案件事实和进行裁判。

不同于普通法系国家的是，多数的大陆法系国家采取成文法形式，对海上拖航的指挥权问题加以规定。仅以大陆法系的代表者法国为例，其 1969 年 1 月 3 日第 69—68 号特别法的第 26 条至第 29 条规定，海上拖航在港口内的，在被拖船船长的指挥下进行；在公海上的拖航作业是在拖船船长的控制下实施的。上述两种情形，当事人可以通过明示的书面约定来授权对方船长行使指挥权，但指挥方应当对拖航引起的各种损害承担责任，除非能够证明损害系对方的过错所致。

上述域外国家的立法和司法经验对于我国《海商法》的完善具有借鉴意义。虽然，我国《海商法》专章规定了海上拖航合同，确认其具有独立性，但是，该法自1993年适用至今，有关海上拖航合同的规定部分的滞后性日渐明显，亟待加以修改完善。将“指挥权原则”引入《海商法》的海上拖航合同部分就十分必要，同时，立法规定上应当允许海上拖航合同当事人明确约定授权对方行使指挥权，并赋予“约定条款”优先于法定的“指挥权原则”的效力。

（四）保证港口安全的义务

由于海上拖航是服务于被拖方的需要，故在实务中，起拖港、中途港和目的港一般是由被拖方确定，从而被拖方应保证其所确定的这些港口的安全性。所谓“港口的安全”，是指被拖方确定的港口在地理条件和政治条件上的安全。前者是指在被拖方确定的上述港口，拖船和被拖物不论在任何潮汐情况下，均可以安全进出和浮泊。后者则指被拖方确定的港口不会发生战争、武装冲突、罢工、扣押等影响正常拖航的情况。如果由于被拖方确定的港口不安全而造成承拖方损失的，被拖方应当承担赔偿责任。

（五）支付拖航费和其他费用的义务

被拖方应承担拖航费和其他费用。被拖方应按照合同规定的金额、货币种类以及付款的时间、地点和方式向承拖方支付拖航费。同时，被拖方应按照合同约定支付的其他费用则是指与被拖物有关的一切费用，包括因被拖物而发生的港口费用、引航费、代理费、税费、运河通行费、检验费、保险费等费用以及配备在被拖物之上人员的工资和供应品、设备的费用。如果被拖方未能按照约定交付拖航费，被拖方应承担违约责任。如果因被拖方的原因而造成起拖延误、目的港解拖延误和中途港的时间损失等，被拖方应按照合同规定给付滞期费或赔偿金。当然，因不可抗力或其他不可归责于被拖方的原因致使承拖方未能完成海上拖航任务的，被拖方仍然要就已经实施的拖航里程给付拖航费。

（六）及时接受被拖物的义务

海上拖航合同通常规定，被拖方应当在被拖物到达目的地后的一定时间内接受被拖物。因此，被拖方或其代理人在海上拖航目的地接到承拖方发出的“准备交付被拖物通知”后，必须在合同规定的时间内，及时接受被拖物。当承拖方因不可抗力或其他不能归责于其的原因致使被拖物不能拖至约定的目的地而在目的地的邻近地点或选定的安全港口或锚泊地点交付被拖物的，被拖方亦应按约履行及时接受被拖物的义务。如果被拖方未能在约定的时间内接受被拖物，被拖方应按照约定向承拖方支付滞期费，直至拖船解拖时为止。不过，由于天气或其他可以免责的原因导致未能及时接受被拖物的，被拖方无须承担滞期费。

（七）拖航请求权

被拖方签订海上拖航合同的目的，就是通过承拖方提供的拖航服务，实现被拖物的空间转移，而拖航请求权正是该签约目的的法律表现，也是合同的中心内容。因此，被拖方有权要求承拖方按照约定的拖航条件，提供拖航服务，完成拖航作业，在约定的目的地交付被拖物。如果承拖方未能按照约定提供拖航服务（如提供的拖船不适拖），或因承拖方的原因而未完成拖航作业的，被拖方有权拒付拖航费，并要求承拖方承担违约责任。

第四节 海上拖航合同的损害赔偿责任

所谓海上拖航合同的损害赔偿责任是指当事人对海上拖航实施中造成的损害依据合同或法律应当承担的法律责任。在当事人履行海上拖航合同的过程中，时常会由于各种原因，包括不可抗力、海上自然灾害或当事人过错而造成人身伤亡和财产损失，势必涉及损害赔偿责任。这些人身伤亡和财产损失可能是发生在承拖方与被拖方之间，也可能及第三人。相应的，海上拖航合同的损害赔偿责任，不外乎承拖方与被拖方之间的损害赔偿责任和承拖方与被拖方对第三人的损害赔偿责任。

一、承拖方与被拖方之间的损害赔偿责任

从合同法理论角度讲，承拖方和被拖方作为海上拖航合同的双方当事人，相互之间自然应依法承担损害赔偿责任，故承拖方与被拖方之间的损害赔偿责任属于违约责任。在海商立法角度上，多数国家的海商法对此未予以规定，少数国家的海商法虽有规定（如我国《海商法》），但基于其任意性法律规范的性质，也只能在合同没有约定或没有相反规定时，才予以适用。因此，在实务中，承拖方与被拖方之间的损害赔偿责任的承担，往往由海上拖航合同的标准格式条款加以约定。其中，很多海上拖航标准合同基于“支配与控制”原则[①]约定无论何种原因造成的损失，均由被拖方承担赔偿责任，例如中国拖轮公司的海上拖航（日租型）标准合同；也有的标准合同将承拖方对被拖方的损害赔偿责任，比照国际货物运输合同承运人的责任予以约定，适用不完全过失责任。

由此可见，各国海商法和各种海上拖航标准合同在确定承拖方与被拖方之间的损害赔偿责任的归属上，适用不同的原则。其中，诸如英国海商法及其联合王国拖航合同标准条件、我国台湾地区“海商法”采用指挥原则[②]，而如苏联海商法则兼用指挥原则与过

---

① “支配与控制”原则是英国海商法领域中的一项古老的法律规则，即“拖轮听任被拖船的支配与控制”。因为，早期的拖航作业限于港区内，由被拖船舶的船长指挥拖轮提供拖航服务，对于拖轮具有支配权和控制权。承拖方基于雇佣合同关系而服从于被拖方的指挥，因此发生拖轮或者被拖船舶损失的责任时，当然是由被拖方作为雇主予以承担，故又称指挥原则。

② 所谓“指挥原则”就是指挥拖航作业的一方承担损害赔偿责任。但是，指挥一方负有免责的举证责任，即如能证明其本人及其雇员对于损害的发生没有过错的，免除责任。

失原则。

我国《海商法》采用过失原则，所谓“过失原则”是以当事人对于损害发生的过错作为确定损害赔偿责任归属的依据。根据我国《海商法》第162条规定，“在海上拖航过程中，承拖方或者被拖方遭受的损失，由一方的过失造成的，有过失的一方应当负赔偿责任；由双方过失造成的，各方按照过失程度的比例负赔偿责任”。同时，承拖方依据该条款又负有免责的举证责任：“经承拖方证明，被拖方的损失是由于下列原因之一造成的，承拖方不负赔偿责任：（一）拖轮船长、船员、引航员或者承拖方的其他受雇人、代理人在驾驶拖轮或者管理拖轮中的过失；（二）拖轮在海上救助或者企图救助人命或者财产时的过失。”

显然，我国《海商法》在确定承拖方与被拖方之间的损害赔偿责任时，既适用“过失原则”，又在法定范围内免除承拖方的过失责任，所以实质上是不完全过失责任原则。

二、承拖方与被拖方对第三人的损害赔偿责任

关于海上拖航合同当事人对第三人的损害赔偿责任，各国海商法和各拖航公司、民间组织拟订的标准合同大多接受了英国海商法的“拖轮与被拖船（物）是一条船”的原则①，认定为侵权责任，适用侵权责任制度的法律规则。其理由是，在海上拖航过程中，拖船或被拖物造成第三人损害的，如与第三人的船舶碰撞而致第三人船舶损坏的，第三人难以区分是承拖方还是被拖方的过失，将承拖方与被拖方视为一体而共同向第三人承担连带的侵权责任。当然，该外部的连带责任并不排除在承拖方与被拖方内部，按照过失程度划分各自的责任。所以，我国《海商法》第163条规定：“在海上拖航过程中，由于承拖方或者被拖方的过失，造成第三人人身伤亡或者财产损失的，承拖方和被拖方对第三人负连带赔偿责任。除合同另有约定外，一方连带支付的赔偿超过其应当承担的比例的，对另一方有追偿权。”

从司法实践角度讲，适用该条中应当注意的要点是：（1）承拖方与被拖方对于第三人承担损害赔偿责任，适用过失责任原则。而且，即使是由于拖船船长、船员、引航员、或承拖方的其他受雇人、代理人在驾驶或管理拖船中的过失，或拖船在救助或企图救助海上人命和财产时的过失造成第三人损害的，也不得援用《海商法》第162条来免责。（2）承拖方和被拖方在海上拖航合同中的约定，对于第三人不产生适用的效力。例如，合同约定对于第三人的损害，由被拖方承担全部责任，并不妨碍第三人向承拖方行使赔偿请求权。（3）承拖方和被拖方对外向第三人承担损害赔偿责任之后，其内部按照致第三人损害的过失程度分担赔偿责任，即一方过失造成的第三人损害的，有过失的一方承担赔偿责任；双方共同过失造成的第三人损害的，双方按过失比例分摊赔偿责任；一方对外支付的赔偿金额超过其应当承担的比例的，对另一方有权追偿。不过，如果合同关于双方分担赔偿责任的约定与法律规定相抵触时，适用合同的约定。

---

① “拖轮与被拖船（物）是一条船”原则，形成于英国早期处理海上拖航纠纷的判例，法官将拖轮和被拖船（物）在法律上视为一体，确认为海上拖航合同双方当事人共同对第三人承担的侵权责任，并非合同责任。

实例枚举

1998年6月11日，A远洋运输集团与B拖船公司签订了海上拖航协议。协议约定，B拖船公司派出“永倡”号拖轮，将A远洋运输集团所属的“安江”号和“安海”号从S港拖带到T锚地，起拖日期为1998年6月20日至30日。拖带费用为12万美元，签约时交付20%，起拖时交付20%，到达目的地时交付60%。不论被拖物因何种原因灭失或者损坏，拖带费用均应当照约支付。同时，该合同划分了双方当事人的责任范围，因承拖方及其工作人员的违约或者过失造成拖轮或者拖轮上的财产损失及其产生的责任，由承拖方承担；因被拖方及其工作人员违约或者过失造成被拖物的损失及其产生的责任，由被拖方承担。

同年6月28日，“永倡”号拖轮驶抵S港后，即以一前一后的拖带方式拖带着“安江”号和“安海”号驶向T锚地。但是，“安江”号和“安海”号上均没有配备随船人员。7月1日10时15分，“永倡”号的当班船员发现后拖的“安海”号船体左倾。“永倡”号拖轮边观察边继续拖带。7月2日8时30分，“安海”号已严重左倾。“永倡”号船长立即通知A远洋运输集团。A远洋运输集团请求C海上打捞公司派船前往救助，然而，因“安海”号左倾过于严重，已无法予以扶正。于是，“永倡”号拖轮在C打捞公司的救助船舶的帮助下，将“安海”号拖离航道，10个小时后“安海”号沉没。1998年11月5日，A远洋运输集团向海事法院提起诉讼，要求B拖船公司承担赔偿责任。

通过本案，可以具体理解海上拖航合同的适用效力高于《海商法》有关海上拖航合同的法律规范。因为，虽然我国《海商法》第162条明文规定了承拖方或者被拖方在海上拖航过程中遭受的损失，按照当事人的过失确定赔偿责任的承担，但是，本案所涉及的海上拖航协议已经专门规定了损失责任的归属，所以，在处理本案时应当依据该合同条款的约定，而不是适用《海商法》的规定。

知识链接

认定港口经营人在第三方物流纠纷案件中的法律地位时的法律适用[①]

在我国海事审判领域中，有关处理第三方物流纠纷案件的法律适用存在分歧成为一个新的法律问题，其中的焦点集中在港口经营人法律地位的认定上。因此，同样是涉及港口经营人损害赔偿纠纷案件，有的法院指出，应当适用我国《海商法》，认定港口经营人是承运人的受雇人，依据《海商法》承运人责任限制的规定而享受责任限制[②]；有的法院指出，应当适用我国《民法典》（有关运输合同、委托合同、仓储合同、加工合同的规定），认定港口经营人是与海上运输合同无关的独立责任主体，不得享有责任限制的权利，而应当按照其所造成的实际损失予以赔偿[③]。此外，也有意见认为，应当依据《海商

① 张敏．司法视角下物流行业适用统一研究．中国海商法研究，2015（3）.

② 大连海事法院（1999）大海法商初字第446号民事判决书.

③ 广州海事法院（2003）广海法海初字第171号民事判决书；上海海事法院（2002）沪海法海初字第34号民事判决书.

法》认定港口经营人是实际承运人的角色[①]。

上述争议因新出台的《鹿特丹规则》赋予港口经营人海运履约人的身份和责任而暂时平息，但产生争议的根本原因并未消除——港口物流立法缺失导致司法审判者没有将承运人和港口经营人置于物流法律的范畴之内予以考量。物流是我国经济生活的一个新兴行业，物流活动涉及铁路、公路、航空、水路等多种运输业务以及包装、仓储、装卸等行业。在没有物流立法对其作出综合性规定的情况下，势必需要司法审判者在上述相关立法中进行选择适用，由此产生法律适用的冲突和分歧，存在理论认识上的争论也就不足为奇。为解决此问题，弥合司法审判者的认识分歧，统一司法裁判标准的最高境界，自然是要制定我国的物流立法，并提高法官们对物流立法的正确理解和科学适用。即使是按照《鹿特丹规则》的规定精神，按照海运履约人的身份来认定港口经营人的地位，确认其所应承担的责任，也需要有正确的理论基础来统一认识。

物流法作为一个新兴领域的立法范畴，其制度价值在于规范调整我国的物流活动，实现物流行业所追求的物资流通的高效、准确、安全和经济等目的。应当说，我国物流行业的发展规律决定着物流法的特点：一是法律规范的跨度大，涵盖了公法性规范和私法性规范。二是规范内容的多元化，由于物流活动涉及的参与主体多重，法律关系重叠，责任制度复杂，决定着物流法律规范是多元化的，这使原先分散于各个物流环节的各自为政的法律规范整合为完整的、连贯的法律规范体系。其中，涉及海事领域的物流立法，就需要将《海商法》的特别法律规范与一般法的民商法律规范予以整合，建立科学的适用体系。三是法律体系的开放性，即构成物流法体系的法律规范，不仅包括国内法、民间惯例和行业规范，也必然涉及国际法、国际惯例。

问题与思考

1. 阐述海上拖航合同的概念和特点。
2. 如何理解海上拖航合同的法律性质？
3. 海上拖航合同有哪些种类？
4. 海上拖航合同与救助拖航合同有哪些区别？
5. 海上拖航合同的承拖方和被拖方有哪些权利和义务？
6. 如何认定海上拖航合同的承拖方与被拖方相互之间的损害赔偿责任？

① 司玉琢，李志文．中国海商法基本理论专题研究．北京：北京大学出版社，2009：56－59；傅廷中．论港口经营人在国际贸易运输中的法律地位．清华法学，2008（5）．

第九章
船舶碰撞

本章提示

船舶碰撞是海上航行中常见的一种海上侵权行为，由此引起海上损害的民事赔偿责任，并涉及一系列的海事法律问题。即使在船舶导航设备和航运技术十分发达的今天，船舶碰撞也是不可避免的，而且，随着海上航行船舶及其所载货物的价值不断提高，船舶碰撞对财产、人员造成的损失以及环境损害的后果日趋严重。因此，有关船舶碰撞的立法历来受到各国政府的重视。不论是大陆法系国家，还是英美法系国家，无不运用成文法调整船舶碰撞关系，从船舶操作技术、船舶行政管理、赔偿责任等方面予以规制。而且，为了统一船舶碰撞法律制度，相继出现了若干有关船舶碰撞的国际公约。在我国《海商法》公布之前，处理船舶碰撞的依据是一系列行政法规。其间，我国也参加了有关的国际公约。我国《海商法》的施行则标志着船舶碰撞关系已纳入我国《海商法》的调控范围。为此，在海商法理论上，就需要对船舶碰撞的概念、构成要件、分类标准、赔偿责任的认定、赔偿的原则和范围等问题予以研究，以利于完善我国《海商法》上的船舶碰撞法律制度。

学习本章的重点是，掌握船舶碰撞的概念、构成要件、赔偿责任的认定、赔偿责任的范围等内容。

关键术语

船舶碰撞　直接船舶碰撞　间接船舶碰撞　过失船舶碰撞　非过失船舶碰撞　单方过失船舶碰撞　双方互有过失船舶碰撞　船舶碰撞损害赔偿责任　恢复原状原则　赔偿实际损失原则　扩大的不合理损失不予赔偿原则

第一节 船舶碰撞的法律含义

一、船舶碰撞的概念和构成要件

（一）船舶碰撞的传统概念

关于船舶碰撞的概念，因各国海商法和国际公约的法律调整机制和立法目的的区别以及不同的历史发展阶段，出现了不同的规定。但是，大都着眼于船舶碰撞的物理状态、适用的船舶范围和水域范围等方面进行表述。

概括而言，船舶碰撞的概念存在广义和狭义之分。广义的船舶碰撞在各国立法和国际公约以及海商法学者的定义中不尽相同，其中，具有代表性的是1910年《统一船舶碰撞若干法律规定的国际公约》的定义。根据该公约第1条，船舶碰撞的基本含义是指船舶之间在任何水域中发生实际接触而造成一方或者多方损害的海上事故。由此可见，广义船舶碰撞的构成条件如下：

1. 碰撞必须发生在船舶与船舶之间

船舶碰撞只能发生在船舶与船舶之间，此处所说的船舶包括海船与海船、海船与内河船舶，而且，不论是否在航，包括沉船在内，统称为当事船，从而，排除了船舶与非船舶之间发生的碰撞。例如，船舶与水中的渔网、渔具、码头、灯塔、灯船、桥梁、防洪堤、栈桥或其他水上、水下的固定物或设施或建筑物之间的碰撞不属于船舶碰撞。

2. 碰撞必须是船舶与船舶之间发生了实际接触

船舶碰撞必须是发生了实际接触，即两船或者多船的某个部位同时占据了同一空间而产生力学上的作用与反作用对抗的物理状态，包括一船与他船的锚链（作为船舶组成部分的船舶属具）。由此表明船舶碰撞限于直接碰撞，而排除了间接碰撞。所以，如果船舶之间没有实际接触，即使造成了损害后果，也不构成船舶碰撞，例如，浪损[①]就属于间接碰撞。

3. 船舶之间的碰撞可以发生在任何水域

适用船舶碰撞的水域称为碰撞水域，而构成广义船舶碰撞概念的碰撞水域的范围十分广泛，凡发生在海上、与海相通的水域和不与海相通的内水水域，包括港口等，不论是否允许公众航行的水域，均属于船舶碰撞。

4. 船舶碰撞必须造成损害后果

船舶之间的碰撞只有造成损害后果的，才构成船舶碰撞。具体表现是船舶之间的碰撞造成有关船舶或船上人身伤亡或财产损坏。这是海商法调整船舶碰撞关系、解决船舶碰撞损害赔偿责任之目的的必然要求。因此，如果船舶之间发生了碰撞而没有造成损害

① 浪损是指某船超速航行掀起的浪涌致使他船遭受损害的事故，属于间接碰撞。

后果的，船舶碰撞的损害赔偿责任无从产生，当然也就不属于船舶碰撞。

而狭义的船舶碰撞在各国海商法和国际公约中的规定亦不相同，通常是指海商法意义上的船舶之间在海上或与海相通水域发生实际接触而造成一方或多方损害的海上事故。将狭义的船舶碰撞概念与广义的船舶碰撞概念相比较，其区别在于适用的船舶范围和碰撞水域范围。其中，（1）狭义的船舶碰撞适用的船舶范围小于广义的船舶碰撞，限于海商法意义上的船舶，即海商法意义的船舶之间或海商法意义的船舶与内河船舶之间发生碰撞。（2）狭义的船舶碰撞适用的碰撞水域范围小于广义的船舶碰撞，即限于海上和与海相通水域内的船舶碰撞。

（二）船舶碰撞的新概念

上述船舶碰撞概念在海商法领域内已经适用了一百多年。如今，它与国际海运市场的发展和船舶碰撞的多样性情况已不相适应。为此，为完善海商法律体系的具体内容，出现了船舶碰撞的新概念。其代表者是国际海事委员会于 1987 年拟订的《船舶碰撞损害赔偿国际公约（草案）》（又称《里斯本规则（草案）》）。其第 1 条对于船舶碰撞规定了两个定义：其一，“船舶碰撞系指船舶间，即使没有实际接触，发生的造成灭失或者损害的任何事故”。其二，“船舶碰撞系指一船或几船的过失造成两船或者多船间的相互作用引起的灭失或者损害，而不论船舶间是否发生接触”。同时，该公约（草案）给出船舶的定义：“船舶系指碰撞中所涉及的不论是否可航的任何船只、船艇、机器、井架或平台”。

根据该公约（草案）的上述定义，船舶碰撞构成条件发生了如下改变：

1. 船舶碰撞适用的船舶外延得以扩大

按照该公约（草案）的船舶概念，船舶碰撞适用的范围不限于海船，还包括了内河船舶，而且，没有排除军事船舶和政府公务船舶，尤其是扩大到不可航行的机器、井架、平台等非船舶相互之间或与船舶之间的碰撞。

2. 船舶之间无须实际接触

根据公约（草案）的定义一，构成船舶碰撞的船舶之间无须实际接触，只要造成了损害事实即可，由此将船舶碰撞扩大到浪损等间接碰撞。

3. 船舶碰撞须有当事船的过失

根据公约（草案）的定义二，船舶碰撞增加了当事船的单方或双方“过失”条件。从而，排除了因不可抗力或意外事故导致的船舶之间的碰撞。在此意义上，又缩小了船舶碰撞的适用范围。

应当说，该公约（草案）提出的船舶碰撞新概念，可以适应现代国际海运市场的发展变化。不过，从公约（草案）的内容看，船舶碰撞的新概念仅用于其规定范围内的损害赔偿原则和计算方法，而不适用于船舶碰撞责任的认定，所以，即使在公约（草案）生效的情况下，该新概念也难以取代传统的船舶碰撞概念，而是补充现行的有关国际公约和国际惯例。

（三）我国《海商法》的船舶碰撞概念

我国《海商法》涉及船舶碰撞概念的条款是第 3 条、第 165 条和第 170 条。其中，

第165条规定了船舶碰撞的基本概念：是指船舶在海上或者与海相通的可航水域发生接触造成损害的事故。前款所称船舶，包括与本法第3条所指船舶碰撞的任何其他非用于军事的或者政府公务的船艇。同时，该法第170条规定：船舶因操纵不当或者不遵守航行规章，虽然实际上没有同其他船舶发生碰撞，但是使其他船舶以及船上的人员、货物或者其他财产遭受损失的，适用本章的规定。

显然，我国《海商法》规定的船舶碰撞概念在总体上接近于传统的狭义的船舶碰撞概念，但是，又吸收了上述公约（草案）的先进经验而具有自身的特点。其构成条件包括：

1. 船舶碰撞应当发生在船舶之间

在我国《海商法》中，船舶碰撞限于发生于船舶之间的碰撞。从而，在适用该条件时，首先，应排除船舶与非船舶之间的碰撞。因此，船舶与各种水上或水下的建筑物（码头、桥梁、灯塔、防波堤、非可航的钻井平台等）、固定物体（渔具、灯船等）和设施（水下管道等）之间的碰撞，则不属于船舶碰撞，而应按一般民事法律规范追究赔偿责任。其次，船舶碰撞范围内的船舶包括我国《海商法》第3条规定的海船（海船和其他移动式装置）之间的碰撞、海船与非海商法意义的船艇①之间的碰撞被排除了：一是军事船舶（军队现役在编的舰艇和无偿运输军需品的船舶）、政府公务船舶（政府部门用于执行公务的港监船、卫生检疫船、边防船、海关缉私船、港口消防船等）与其他船舶的碰撞；二是20总吨以下小型船艇之间的碰撞；三是内河船舶之间的碰撞。

2. 船舶碰撞以船舶之间实际接触致损为原则，以非实际接触致损为补充

按照我国《海商法》的定义，船舶碰撞，原则上以船舶之间实际接触为条件。但是，在《海商法》特别规定的范围内，船舶之间虽然没有发生实际接触而因当事船的过失造成他船损失的，也属于船舶碰撞。可见，我国《海商法》的船舶碰撞包括直接碰撞和间接碰撞，不过间接碰撞的适用以“船舶因操纵不当或者不遵守航行规章”为限。

3. 船舶碰撞必须发生在海上或与海相通的可航水域

适用我国《海商法》的船舶碰撞应当是发生在海上或与海相通的可航水域（依我国《海商法》是指可供20总吨以上海船航行的通海水域）。因此，发生于不与海相通或与海相通却不可航行的水域内的船舶碰撞，均不属于海商法上的船舶碰撞。

4. 直接碰撞不以过失为条件，而间接碰撞则强调当事船的过失条件

根据我国《海商法》规定的船舶碰撞定义，直接碰撞不以当事船的过失为构成要件；而间接碰撞则必须以当事船的过失为条件，并且当事船的过失与他船遭受的损害之间存在着因果关系，才构成船舶碰撞。

5. 船舶碰撞应造成损害后果

不论是直接碰撞，还是间接碰撞，也不管是自然原因，还是人为行为，均应当是由于碰撞而产生损害后果的，才构成船舶碰撞，即碰撞原因与损害后果之间存在直接因果

① 非海商法意义的船艇，包括内河船舶、我国《海上交通安全法》第50条规定的20总吨以下的各种排水和非排水船艇、筏、水上飞机、潜水器和移动式平台等。

关系。该损害后果包括船舶的损害，船上人员、货物或其他财产的损害等。

学术前沿

关于船舶碰撞概念的不同看法①

从哲学角度讲，概念是反映对象特有属性的思维形式。船舶碰撞的概念就是海商法领域的重要概念之一，它"是船舶碰撞法律中，首先必须解决的问题"②。明确船舶碰撞的概念，对于统一法律适用，正确解决纠纷，维护司法权威，具有重要意义。

我国《海商法》第165条明确定义了船舶碰撞的概念："是指船舶在海上或者与海相通的可航水域发生接触造成损害的事故。"同时，人们还往往引用该法第170条"船舶因操作不当或者不遵守航行规章，虽然实际上没有同其他船舶发生碰撞，但是使其他船舶以及船上的人员、货物或者其他财产遭受损失的，适用本章（第八章）的规定"，认定我国《海商法》规定的船舶碰撞的具体种类，即船舶间没有接触的间接碰撞与船舶间发生的直接碰撞并存于我国船舶碰撞领域。

但是，也有学者反对，指出船舶之间发生接触是构成船舶碰撞的必备条件，因此，船舶碰撞不应当存在直接碰撞与间接碰撞的分类。至于《海商法》第170条的规定只是准用规则，不能因此将所谓的船舶间接碰撞纳入船舶碰撞的范围。

由此形成了司法实践和学术理论上延宕至今的直接碰撞与间接碰撞的争论，甚至导致了对同种事故的不同裁判。

反对将《海商法》第170条规定的所谓间接碰撞纳入第165条定义的船舶碰撞的观点，其主要理由是《海商法》第165条有关船舶碰撞的定义，其内涵和外延应当是具有确定性和权威性的法律表述，判断的关键在于船舶之间的"碰撞"实质与"损害"结果之间存在的因果关系。而第170条规定的情况则由于不存在船舶之间的"接触"，虽有损害却充其量只能是非接触性事故，不具备船舶碰撞的实质，但根据《海商法》第170条的准用规则，可以适用船舶碰撞规则来予以处理。

从司法实践角度看，最高人民法院分别于1995年、2001年和2008年发布了《关于审理船舶碰撞和触碰案件财产损害赔偿的规定》、《关于海事法院受理案件范围的若干规定》和《关于审理船舶碰撞纠纷案件若干问题的规定》。相比较而言，有的学者认为，前两个《规定》承认了直接碰撞和间接碰撞。但分析第三个《规定》，有的学者就指出，能够明显地感觉到其放弃间接碰撞的立场，分别按照《海商法》第165条和第170条的立法本意来规定船舶碰撞与适用第165条处理的非接触性损害事故。因此，对于船舶碰撞概念的内涵和外延的研究尚待进一步深入。

二、船舶碰撞的种类

海商法理论根据船舶碰撞方式和船舶碰撞的起因，对船舶碰撞进行如下分类。

① 姚云飞．中国船舶碰撞之法律概念研究．中国海商法研究，2012（2）．

② 司玉琢．船舶碰撞法律概念研究．中国海商法协会通讯，2004（60）．

（一）直接碰撞和间接碰撞

按照船舶碰撞的方式，即船舶是否实际接触，将船舶碰撞分为直接碰撞和间接碰撞。

直接碰撞，是由于某种原因使各艘船舶相互之间发生实际接触，即各船的某个组成部分同时占据同一空间而产生力学上的作用与反作用对抗，最终导致一船或者多船损害的海上事故。直接碰撞是海运实践中最常见的船舶碰撞，是各国海商法的船舶碰撞法律制度和有关船舶碰撞的国际公约的主要调整对象。

间接碰撞，是船舶之间没有实际接触，但由于某种原因而造成船舶损害的海上事故。间接碰撞的多数情况是浪损。一般来讲，间接碰撞只有在海商法或有关船舶碰撞国际公约明文规定的情况下，才属于船舶碰撞，适用船舶碰撞的法律规定予以处理。

（二）过错碰撞和非过错碰撞

按照船舶碰撞的起因，将船舶碰撞分为过错碰撞和非过错碰撞。

过错碰撞，是指因一方或各方当事船的过错造成的船舶碰撞。过错碰撞又可以根据当事船的故意或过失而进一步分为故意碰撞和过失碰撞。

所谓故意碰撞，是当事船基于故意的主观心态（明知其行为会造成船舶损害结果而追求或者放任该结果发生）所导致的船舶碰撞。因故意行为引起的船舶碰撞，实践中只发生在存在敌意的船舶之间。故意碰撞造成的损害后果，由过错方承担全部赔偿责任，甚至是刑事责任。因故意碰撞的出现较为罕见，各国海商法和有关船舶碰撞的国际公约较少涉及。

所谓过失碰撞，是当事船因应当预见到引发船舶碰撞的可能性而因疏忽大意未能预见到或已经预见到该后果而过于自信能够避免所造成的船舶碰撞。过失碰撞是最常见的船舶碰撞，也是海商法船舶碰撞制度的主要调整对象。过失碰撞又包含单方过失责任碰撞和互有过失责任碰撞。按照国际海运市场的通行做法，单方过失行为引起的船舶碰撞，由过失方承担全部赔偿责任；而各方当事船均有过失引起的互有过失责任碰撞，原则上由各方按照过失比例负赔偿责任。

非过错碰撞，是指因不可抗力或其他不可归责于当事船的过错，即当事船均无过错情况下导致的船舶碰撞。又称为各方无过失船舶碰撞。在海商法上，根据具体的原因，又分为因不可抗力造成的船舶碰撞、意外事故造成的船舶碰撞和无法查明原因（不明过失）的船舶碰撞。

实例枚举

2005年5月10日，登记在A国甲航运公司名下的“麦瑞斯”轮于14点25分驶出长江口，引航员离船。23点45分，该轮的二副和值班水手上驾驶台接班时，该轮航速20节，能见距离约为3海里，雷达、助航仪处于正常工作状态，甚高频16频道守听。11日2点30分，因受薄雾影响，能见距离减为1海里，值班二副没有按照夜航要求叫船长上驾驶台，也没有采取减速、施放雾号等措施。

此时，“麦瑞斯”轮的二副在雷达上发现了属于乙海运公司的“明阳”号（装载着生铁）由对面驶来，两船相距 9 海里。“麦瑞斯”轮的值班人员遂用甚高频 16 频道呼叫对方，但对方一直没有应答。当两船相距 1.5 海里时，“麦瑞斯”轮通过甚高频与“明阳”轮取得了联系，“明阳”轮值班人员在通话中要求“麦瑞斯”轮保向保速，“麦瑞斯”轮遂保向保速。两船相距 1 海里时，“麦瑞斯”轮采取左转直至左满舵。3 点 20 分，两船发生碰撞，“麦瑞斯”轮的船首部位撞击“明阳”轮的左舷驾驶台。碰撞发生后，“麦瑞斯”轮船首 1 号舱进水，4 小时后发生数次爆炸致其船首损坏严重，而“明阳”轮则随即沉没。

本次碰撞事故造成的损失包括：“明阳”轮全损价值 310 万美元，探摸费用损失 220 万美元，燃油损失 320 万美元，清污费用 60 万美元等；而“麦瑞斯”轮被救捞局拖进船厂进行修理支付了修理费 406 余万美元和救助费用 450 万美元，港口使用费 500 万美元，清污费用 60 万美元，船舶营运损失 600 余万美元等。

本案诉至 B 海事法院，海事法院经审理后，认为构成双方互有过失的船舶碰撞损害赔偿纠纷。“麦瑞斯”轮应对本次碰撞事故承担 60%的责任，“明阳”轮则应承担 40%的责任。

本案可以帮助大家进一步理解船舶碰撞的构成和分类适用情况。

第二节　有关船舶碰撞的国际公约

为了用统一的法律原则处理船舶碰撞法律问题，国际社会着眼于维护海上安全秩序、促进海运业正常发展，就统一船舶碰撞规则进行了大量工作，制定了四个有关船舶碰撞的国际公约，即 1910 年《统一船舶碰撞若干法律规定的国际公约》（简称 1910 年《碰撞公约》）、1972 年《国际海上避碰规则》、1952 年《统一船舶碰撞中民事管辖权方面若干规定的国际公约》和 1952 年《统一船舶碰撞或其他航行事故中刑事管辖权方面若干规定的国际公约》。上述四个国际公约分别从不同的角度规范了船舶碰撞行为，形成了调整船舶碰撞的国际法律规范体系。

一、1910 年《碰撞公约》

1910 年《碰撞公约》自 1913 年 3 月 1 日起生效，是有关船舶碰撞最重要的国际公约。该公约得到世界许多国家的承认和接受，因而在很大程度上统一了各国法律有关船舶碰撞的法律规定。我国也于 1994 年加入了该公约，而《海商法》关于船舶碰撞的规定大都参照该公约制定。该公约的主要内容包括：

（一）适用范围

公约第 1 条明确规定，在海船之间或海船与内河船舶之间发生碰撞，使船舶或船上财物、人员人身遭受损害所引起的赔偿，不论碰撞发生在任何水域，应按本公约的规定处理。公约第 11 条规定，本公约不适用于军事舰艇或专门用于公务的政府船舶。此外，公约第 12 条还规定，如果在某一案件中，有关的船舶都属于缔约国，或者在本国法律所规定的任何其他情况下，本公约的规定适用于全体利害关系人。但是：(1) 对属于非缔约国的利害关系人，每一个缔约国可以在互惠条件下适用本公约的规定；(2) 如果全体利害关系人和受理案件的法院属于同一个国家，应该适用国内法，而不适用本公约。

（二）确认船舶碰撞责任原则

公约的重要意义在于它根据实际情况划分了船舶碰撞的责任界限。就意外或不可抗力，或原因不明，或单方过失造成船舶碰撞的问题，由于世界各海运国家的法律与实践基本上是统一的，因此公约确认了这些业已建立的原则。具体而言，如果碰撞的发生是由于意外或不可抗力造成，或碰撞的原因不明，损害应由受害者自行承担（第 2 条）；如果碰撞是由于一艘船舶的过失所引起，损害赔偿的责任应由这艘有过失的船舶承担（第 3 条）。

公约的突破在于规定了两艘以上船舶犯有过失，每一艘船舶应按照各自的过失程度分担责任。但是，如果根据情况不可能确定各船所犯过失的程度，或者看来过失程度相等，其责任应平均分担。具体规定是：船舶或在船上的货物或者船员、旅客和其他船上人员的财物所遭受的损害，由有过失的船舶按上述比例负担。即使造成第三者的损害，一艘船舶也不负超过其过失程度的责任（第 4 条第 2 款）。但是，上述规定不适用于人身伤亡。因为，对于人身伤亡的损害，有过失的船舶对第三者的责任属于连带责任。

1910 年《碰撞公约》的重要贡献在于其在下列两个问题上促成了国际范围内的统一：(1) 按过失的比例确定碰撞责任，废除了平分过失原则；(2) 关于赔偿责任的认定，适用实际过失原则和事实推定过失原则，废除了一切法律推定过失原则。

（三）诉讼时效

公约第 7 条第 1 款规定，船舶碰撞损害赔偿的请求权时效为 2 年，由事故发生之日起计算。因人身伤亡的损害赔偿，支付了全部赔偿金额的船舶向其他过失船请求分担赔偿的诉讼，必须自给付了全部赔偿金额之日起 1 年内提出。上述时效期间可能终止或中断的事由，由审理该案件的法院所在地法决定。公约第 7 条第 4 款还规定，如果在上述时效期间不可能在原告的住所或主要营业地所在国家的领水内扣留被告船舶，各缔约国可按本国法律规定，延长时效期间。

（四）碰撞的救助责任

公约第 8 条规定，碰撞事故发生后，各船船长在不致对本船及其船员和旅客造成严重危险的情况下，必须救助其他船舶及其船员和旅客。船长还必须尽可能把他的船名、船籍港、出发港和目的港通知他船。同时，公约还规定，如果船长违反上述规定，船舶所有人一般不负责任。

二、1972 年《国际海上避碰规则》

海上避碰规则是防止船舶碰撞、保障海上交通安全的重要航行规则。海上避碰规则起初只是对航海实践经验尤其是船舶碰撞教训进行总结而形成的习惯。有文字可考的资料中，最早规定海上避碰规则的是《罗得海法》。后来，这些习惯被各国接受而成为国内法。英国作为世界上主要航海国家之一，对海上避碰规则的发展作出了重大贡献。1338 年，英国出版的《海军黑皮书》规定了船舶碰撞责任。1776 年，英国海军大臣出版了一本海军信号书，提出了新的让路规则。1840 年，负责灯塔等事务的机构颁布了《汽船航行规则》，归纳了当时被普遍接受的船舶避碰的具体做法。1848 年英国海军部对船舶灯号作出规定。1863 年英国商订的海上避碰规则生效。该规则是有史以来最全面的海上避碰规则，其条款仍是现行海上避碰规则的核心内容。1880 年英国公布的代表 17 个海运国家意见的新规则生效。其后，英国又对该规则进行了修改。

随着国际航运的发展，为保证国际海上航行安全，国际上迫切需要统一海上避碰规则。为此，国际社会以英国 19 世纪中后期海上避碰规则为基础，制定了 1889 年国际海上避碰规则草案。1910 年，在对草案作了少量修改后，国际海事会议决定其立即生效。1910 年避碰规则经过 1948 年、1960 年和 1972 年的修订，最终形成 1972 年《国际海上避碰规则》，并于 1977 年 7 月 15 日生效。1972 年避碰规则与以往不同，其法律理念重在帮助驾驶员进行避碰而非使法院能判定责任。因此，它将需要强调和引起海员注意的问题和要求列为专门条款并置于优先地位，而将号灯和与海员无直接关系的技术细节置于规则后面或作为附录。虽然各航海国家对海上避碰的研究重点已经逐渐转移到船舶定线制（分道航行制）和船舶交通管理系统及自动避碰系统上，但是，这都不能取代避碰规则，而只能扩张避碰规则，使其内容更为丰富。

1972 年《国际海上避碰规则》主要确立了海上航行的船舶所应遵守的五项规则：（1）保持正规瞭望；（2）使用安全航速；（3）给他船让路；（4）正确显示号灯和号型；（5）正确使用声号和灯号。该规则适用于在公海和连接于公海而可供海船航行的一切水域中的任何船舶，即用作或者能够用作水上运输工具的各类水上船筏，包括非排水船舶和水上飞机。

1972 年《国际海上避碰规则》统一了船舶避碰的技术规范，减少了船舶碰撞事故的发生，成为确定船舶碰撞过失的主要法律依据，已获国际社会广泛接受。我国政府于 1980 年正式接受该规则，但做了如下保留：“属于中华人民共和国的非机动船舶不受海上避碰规则的约束。”

三、1952 年《统一船舶碰撞中民事管辖权方面若干规定的国际公约》

该公约于 1952 年 5 月 10 日在布鲁塞尔第 9 届海洋法外交会议上通过。它是大陆法和普通管辖制度相互妥协的产物。不过，由于加入该公约的国家和地区较少，因而该公约未能达到其预期目标。我国尚未加入该公约。公约的适用范围限于海船与海船或海船与内河船舶发生碰撞的案件。对于军用船舶或由国家所有或为国家使用的船舶发生碰撞的管辖权问题，公约交由各国国内法解决。公约适用于直接或间接碰撞案件的管辖。

该公约统一了船舶碰撞案件的司法管辖权，即关于海船与海船或海船与内河船舶发生碰撞的案件，只能向下列法院提起诉讼：（1）被告经常居住地或营业所在地法院；（2）扣船地法院，或提供担保地法院；（3）碰撞发生于港口或内河水域内时，则在碰撞发生地法院。公约还规定，原告不得在未撤销原有诉讼前，就同一事实对同一被告在另一管辖区域内提起诉讼。但是，在任何情况下都不得妨碍当事人向其已经协议选定的法院，就碰撞案件提起诉讼或将该案提请仲裁的权利。

为弥补 1910 年《碰撞公约》和 1952 年《统一船舶碰撞中民事管辖权方面若干规定的国际公约》的不足，并统一船舶碰撞中的民事管辖权、法律适用以及判决的承认与执行问题，国际海事委员会于 1977 年通过了《统一船舶碰撞中有关民事管辖权、法律适用和判决的承认与执行方面若干规定的国际公约（草案）》。该公约草案至今尚未生效，但其中的基本原则已为多数国家所接受，应当引起重视。

四、1952 年《统一船舶碰撞或其他航行事故中刑事管辖权方面若干规定的国际公约》

该公约与上述民事管辖权公约同时通过，其主要内容有：（1）船舶在公海上发生碰撞或其他航行事故，以致船长或船上其他船员涉及刑事诉讼或纪律处分的案件，只能交由当事船的船旗国司法机关或行政机关处理，除船旗国有关当局外，任何其他国家的有关当局无权扣押当事船，即使是为了调查。（2）一国有权对在其领海内因船舶碰撞或其他航海事故而发生的刑事案件采取措施，或对其本国人在他国船上的违法行为提出控告。（3）公约不适用于在港口或内河水域内发生的碰撞或其他航行事故。

第三节　船舶碰撞的损害赔偿责任

船舶碰撞是海商法范围内一种常见的侵权行为，必然引起船舶碰撞所致损害的赔偿责任。基于海上航行活动和船舶本身的特殊性，船舶碰撞有别于一般的民事侵权行为，属于特殊的民事侵权行为，船舶碰撞损害赔偿责任当然也不同于一般的民事侵权赔偿责任。它首先适用海商法的船舶碰撞法律制度和有关船舶碰撞的国际公约的规定。但是，鉴于在海商立法范围内的侵权立法滞后于合同立法的状况，关于船舶碰撞的归责原则和船舶碰撞损害赔偿责任的计算等尚未形成统一的规则。

一、船舶碰撞损害赔偿责任的归责原则

船舶碰撞损害赔偿责任的归责原则就是确认船舶碰撞损害赔偿责任归属的法律原则。船舶碰撞损害赔偿责任作为民事责任的组成部分，同样建立在过错责任原则的基础上。

但是，由于绝大部分的船舶碰撞的发生与当事船的过失相连，故意碰撞较为少见，所以，过失责任原则就成为船舶碰撞损害赔偿责任的唯一归责原则。

在船舶碰撞制度中，作为归责原则的过失责任，其法律含义是指因当事船的过失引起船舶碰撞造成的损害，有过失的当事船承担赔偿责任。这意味着认定船舶碰撞损害赔偿责任归属，其主观方面的唯一条件就是当事船存在过失。因为，海上航行受到各种自然环境、船舶技术以及人为因素、社会因素、政治因素的影响，除了当事船的过失可以引起船舶碰撞以外，人力不可抗拒的自然灾害、意外事故，甚至无法查明的原因等，均可能导致船舶碰撞的发生。要求当事船一律承担赔偿责任，既不现实，也不公平，因此在确认船舶碰撞赔偿责任时，应排除“严格责任原则”①，而适用“过失责任原则”。

适用于船舶碰撞制度的过失责任所说的“过失”，是指当事船在发生船舶碰撞过程中的心理状态，即具有通常的航海技术，并承担谨慎注意义务的航海行为人（包括船舶的权利人及其受雇人员）在管理、驾驶和操纵船舶的过程中，因疏忽大意或过于自信而引起船舶碰撞。其表现为各种违反海商法律规范的作为或不作为。诸如，船舶权利人未能保证船舶适航或船员配置不当（未履行管船责任）、船员操作不当、船员不遵守航行规则等所造成的船舶碰撞损害后果。同时，作为船舶碰撞损害赔偿责任适用对象的损害后果应当是由过失方的过失所引起，即过失与损害后果之间存在因果关系。可见，运用“过失责任原则”确认船舶碰撞损害赔偿责任强调的是客观标准、客观事实和行为人的过失心态与损害后果之间的因果关系，从而，排除了“推定过失原则”② 的适用。1910 年《碰撞公约》第 6 条明确规定“关于碰撞责任方面的过失问题的一切法律推定，均应废除”。

而且，船舶碰撞制度确立“过失责任”为归责原则不同于海上货物运输制度中的“不完全过失责任原则”。概括目前各国的海商法和有关船舶碰撞的国际公约，在确认船舶碰撞损害赔偿责任的范围内，均未规定当事船免除责任的事项。尤其是因船舶权利人的受雇人员，如船长、船员、引航员在驾驶、操纵船舶和管理船舶上的过失造成的船舶碰撞，不能成为当事人的免责理由。究其原因，船舶碰撞大多是由于船长、船员的过失而造成的，若允许当事人以此免责，显然有失公平，不利于维持正常的海上航行秩序，保护受害方的合法权益。

学术前沿

重塑比例过失原则是发展中国船舶碰撞制度的实际步骤③

自 1910 年《统一船舶碰撞若干法律规定的国际公约》（简称 1910 年《碰撞公约》）确立海上船舶碰撞赔偿责任适用的比例过失原则，至今已经 100 多年。我国《海商法》

---

① 严格责任原则，又称严格赔偿责任，指行为人对于其行为造成的损害后果，不论有无过错，均应当承担赔偿责任。该责任属于无过错责任的范畴，当事人可以援引法定的免责事由予以抗辩，但是，不得以尽到合理注意作为抗辩理由。

② 推定过失原则，就是行为人对于其行为造成的损害后果，不能证明自己没有过失的，法律推定其有过失。它是过错责任原则的特殊表现形式。

③ 赵劲松，张鹏飞．重塑比例过失原则：《最高人民法院关于审理船舶碰撞纠纷案件若干问题的规定》评述．中国海商法年刊，2011 (1).

在吸收 1910 年《碰撞公约》规定的基础上形成了第八章的法律规则。但是，由于 1910 年《碰撞公约》不涉及海事赔偿责任限制以及管辖、举证责任和诉讼证据等法律问题，尤其是未包含沿海运输，导致我国沿海运输是否适用比例过失原则问题一直未能得到解决。

最高人民法院于 2008 年 4 月 28 日通过的《关于审理船舶碰撞纠纷案件若干问题的规定》（以下简称《规定》）的重要内容之一，就是重新明确了比例过失原则，为审理船舶碰撞案件中认定碰撞双方承担赔偿责任提供了直接的依据。应当说，《规定》的出台不仅重新确立了比例过失原则在我国船舶碰撞制度中的地位，也有助于澄清和解决我国《海商法》因吸收 1910 年《碰撞公约》而与其他法律制度之间发生的矛盾和误解，对于完善和发展中国船舶碰撞制度意义重大。

当然，具体适用《规定》时，还需要正确把握和妥善处理如下问题：

(1)《规定》的适用范围。

《规定》第 1 条第 1 款开宗明义："本规定所称船舶碰撞，是指海商法第一百六十五条所指的船舶碰撞，不包括内河船舶之间的碰撞。"而我国《海商法》第 165 条定义的船舶碰撞，要求碰撞中至少一船必须是《海商法》第 3 条定义的船舶①。这不同于最高人民法院《关于适用〈中华人民共和国海事诉讼特别程序法〉若干问题的解释》有关《海事诉讼特别程序法》"第六条规定的海船指适合航行于海上或者通海水域的船舶"的规定。显然，后者没有排除登记为内河船舶的船艇。但问题并未止于此，就是登记为内河船舶的船舶之间的碰撞能否适用《海商法》和《规定》呢？答案是否定的。因为，我国现行法律并无"内河船舶"的概念，只是依据行政法规进行船舶登记时，分别登记为海船和内河船舶，这不应成为法律意义上的海船和内河船舶。进一步分析登记为"内河船舶"的情况，其中一部分依法可航行于内河 A 级航区水域（例如，长江中可以航行到横沙岛以内水域；珠江中可以航行到香港、澳门）应当是海域，而非内河水域。因此，这些"内河船舶"符合《海商法》第 3 条的船舶内涵，属于《海商法》意义的海船，不为内河船舶。船舶碰撞涉及这些船舶的，应当纳入《规定》的适用范围。

(2) 比例过失原则在各类船舶碰撞纠纷案件中的适用标准。

《规定》针对各类船舶碰撞情况确定了所应适用的准据法。

一是在审理船舶碰撞纠纷案件中，准据法是《海商法》第八章，特别是其确立的比例过失原则。因此，《规定》的明显变化是，规定在国内沿海和内河运单运输中发生的双方有责的船舶碰撞，货物所有人只能依照《海商法》确立的比例过失原则，分别向碰撞双方船舶请求清偿，而不得再依内河运单下的严格责任制向承运人或者实际承运人请求全额赔偿。

二是船舶触碰纠纷案件适用的比例过失原则。根据《规定》第 3 条第 1 款的规定，如果触碰是由于船舶碰撞引起的，则受害人依据《海商法》第八章确立的比例过失原则向碰撞船舶各方请求赔偿。例如，A 船与 B 船发生碰撞，引发 C 船与码头发生触碰，码头方应当按照《海商法》第八章确立的比例过失原则，分别向 A 船和 B 船主张赔偿责任。

---

① 赵劲松．《海商法》中的船舶．海事司法论坛，2001 (1)．

三是船舶碰撞导致船上人员（包括船员和船员以外其他人）的人身伤害，根据《规定》第5条确认，此类人身伤害属于《海商法》第169条第3款规定的第三人的人身伤害，受害人只能依照比例过失原则向碰撞船舶主张连带责任，使得该船员的雇佣船舶的船东可以依据上述《海商法》规定，向其他有过失的船舶追偿。

四是违约之诉下适用的比例过失原则。根据《规定》第6条的规定，碰撞船舶互有过失造成船载货物损失的，船载货物的权利人有权选择对承运货物本船提起违约赔偿之诉，或者对碰撞船舶的一方或双方提起侵权之诉。考虑到各方之间的公平，合同的承运人在违约赔偿之诉中得以依据《规定》确立的比例过失原则，按照承运船舶的碰撞责任比例向货物权利人行使抗辩权，目的是使其能够按照责任比例向实际承运人行使追偿权。

二、船舶碰撞损害赔偿责任的构成要件

船舶碰撞损害赔偿责任的成立必须具备相应的构成要件，包括行为人之行为的违法性、行为人的主观过失、船舶碰撞的损害后果、过失行为与损害后果之间的因果关系。只有同时具备这四个条件，才构成船舶碰撞损害赔偿责任。而且，上述条件在适用中还应符合海商法的特殊要求。

（一）行为人之行为的违法性

构成船舶碰撞损害赔偿责任的首要条件是行为人实施的违法行为。从法理上讲，船舶碰撞损害赔偿责任作为法律责任的具体种类，目的是制裁违法行为，所以只有违法行为的存在，才可能涉及损害赔偿责任。不过，在船舶碰撞制度中，行为的违法性表现在从事海上航行活动的专业人员实施的作为或不作为的行为违反了海商法赋予的义务和海上航行规则（避碰规则）等技术规范。例如，船舶权利人违反保证船舶适航义务，对船舶设施配置有缺陷、船员配备不当、号灯射程不符合要求等，或船员违反避碰规则，在航行中超速行驶、在夜间行驶中不开桅灯、雾中航行不施放雾号等。

（二）行为人的主观过失

基于船舶碰撞制度的“过失责任”规则，船舶碰撞损害赔偿责任的成立必须以当事人存在过失为条件。在此，“过失”的法律含义采用了民法的解释，即指行为人应当预见到其行为可能产生损害但由于疏忽大意而没有预见到，或已经预见到该后果却自信能够避免而致使损害发生的情况。不过，船舶碰撞中采取客观标准确认当事人是否有“过失”，即航海行为人（包括船舶权利人及其受雇人员）在管理、驾驶和操纵船舶的过程中，基于其具有的通常的航海技术和谨慎注意义务应预见到却因为疏忽大意而没有预见到其行为的损害后果，或因自信能够避免其行为的损害后果而致使该损害后果发生，便构成了船舶碰撞的“过失”。这意味着行为人对于船舶碰撞的发生，在主观上存在有违海商法律规范的过错，当然应承担法律责任。因为，按照“通常的航海技术和谨慎注意义务”的标准，一般的航海行为人应当预见到、能够预见到其行为结果，但是，航海行为

人没有预见到相应的损害后果或未能避免损害后果发生即为有“过失”。例如，船舶权利人在应当和能够的前提下，却未能提供适航船舶或未能保持船舶适航的良好状态。通常，船舶碰撞的“过失”就是管船过失和驾船过失。

应当注意，在船舶碰撞中，确定当事人是否有过失，大多数国家和有关的国际公约排除“法律推定规则”① 的适用，而普遍采用“事实推定规则”，即用某一业已查明的事实推断当事船有过失的假定事实，或推断出过失与损害后果之间的因果关系。

（三）船舶碰撞的损害后果

船舶碰撞损害赔偿责任是民事侵权责任的组成部分，其功能是通过经济补偿弥补被害方的损失，所以船舶碰撞所造成的损害后果当然是构成损害赔偿责任的前提条件。具体包括当事船舶的损害、船上人员人身和财产的损害等。例如，在船舶碰撞中导致被撞船舶搁浅受损、船上所载部分货物的湿损和漂散灭失、船上船员的伤亡。但是，船舶碰撞的损害不包括陆上的财产损失和人身伤亡。

（四）过失行为与损害后果之间的因果关系

过失行为与损害后果之间的因果关系作为船舶碰撞赔偿责任是不可或缺的要件。因为，该因果关系体现了船舶碰撞事故的内在联系，也是适用“过失责任”的必然结果。理解该构成条件的要点有二：其一是强调违法行为与损害后果之间的直接因果关系，即违法行为与损害后果之间存在的内在必然联系，也即违法行为必然引起损害后果的发生。其二是强调行为人的违法过失与违法行为之间的必然联系。因为，行为人在船舶碰撞中实施的违法行为是其主观上的违法过失所支配的。换言之，行为人基于其未履行海商法规定的义务或违反航行规则的主观心态，才能够实施相应的违法行为。例如，船长在主观上轻信其航海技术的心态的作用下，在狭窄航道上违反避碰规则高速行驶的行为，导致船舶进入逆向航道而与对面正常行驶的船舶相撞。

三、船舶碰撞损害赔偿责任的承担

各国海商法和有关船舶碰撞的国际公约按照船舶碰撞发生的原因，将船舶碰撞损害赔偿责任的承担归纳为两类。

（一）有过失船舶碰撞损害赔偿责任的承担

有过失船舶碰撞是指由于当事船的过失导致的船舶碰撞。按照“过失责任”规则，这类船舶碰撞造成的损害，应当由过失方承担损害赔偿责任。当然，具体到单方过失导致的船舶碰撞和互有过失导致的船舶碰撞中，其损害赔偿责任的承担各有不同。

---

① 法律推定规则，曾经被英国广泛用于确认当事船是否有过失，美国则至今仍然予以适用。其含义是指如果证明一船违反法定航行规则，除非该船能够证明在当时情况下背离航行规则是必要的，或者违反航行规则在当时情况下不可能导致船舶碰撞损害的发生，则法律推定违反航行规则的船舶有造成船舶碰撞损害的过失。

1. 单方过失导致的船舶碰撞

单方过失导致的船舶碰撞，是指由于一方当事船的过失导致的船舶碰撞。船舶发生碰撞，是由于一船的过失造成的，由有过失的船舶负赔偿责任（《海商法》第168条）。例如，在航船舶与锚泊船舶发生碰撞，如果不能证明锚泊船舶有过失，就应当认定在航船舶单方过失而承担损害赔偿责任。

2. 互有过失导致的船舶碰撞

互有过失导致的船舶碰撞，是指因各方当事船的过失导致的船舶碰撞。对互有过失导致的船舶碰撞造成的损害，各国海商法和有关船舶碰撞的国际公约一般规定按照各方的过失比例或过失程度分担损害赔偿责任；若各方的过失相当或不能确定各方过失比例的，应平均分担责任。我国《海商法》以同样的精神处理互有过失船舶碰撞的损害赔偿责任承担问题："船舶发生碰撞，碰撞的船舶互有过失的，各船按照过失程度的比例负赔偿责任；过失程度相当或者过失程度的比例无法判定的，平均负赔偿责任"（《海商法》第169条第1款）。在此，各船分担的损害赔偿责任，涉及碰撞造成的船舶损害、船上货物损失和船上其他财产的损失等。

如果互有过失的船舶碰撞造成了第三人的财产损失和人身伤亡，根据我国《海商法》的规定，船舶碰撞中互有过失的各船对因此造成第三人的财产损失承担按份债务责任，即按照各方在船舶碰撞中的过失比例确定的责任比例承担相应的损害赔偿责任，"各船的赔偿责任均不超过其应当承担的比例"（《海商法》第169条第2款）；对因此造成第三人的人身伤亡，互有过失的各船则应当承担连带赔偿责任，即均应根据受害人的请求，对于全部人身伤亡损害结果承担全部的赔偿责任。如果一船连带支付的赔偿超过了其依法应承担的责任比例，有权向其他有过失的船舶追偿（《海商法》第169条第3款）。

（二）无过失船舶碰撞损害赔偿责任的承担

无过失的船舶碰撞是指客观原因导致的、与当事船的主观意志无关的船舶碰撞。按照"过失责任"的要求，这类船舶碰撞并不具备成立损害赔偿责任的条件。所以，因无过失船舶碰撞造成的损害，应由各方当事船自行承担。正如我国《海商法》第167条规定的，船舶发生碰撞，是由于不可抗力或者其他不能归责于任何一方的原因或者无法查明的原因造成的，碰撞各方互相不负赔偿责任。

1. 因不可抗力导致的船舶碰撞

作为导致船舶碰撞的不可抗力，是指当事人无法预见、无法避免且无法克服的客观情况。诸如，台风、海啸等自然灾害，或战争、军事行动、罢工等社会现象。在此类船舶碰撞中，各方当事船发挥了良好的航海技术，尽到了谨慎注意义务，而无违反海商法义务和航行规则的过失和行为。所以，因此造成的损失，受害各方自行承担。

2. 因不能归责于任何一方的原因导致的船舶碰撞

不能归责于任何一方的原因，通常是指意外事故。其表现是船舶权利人提供了适航船舶并且船长和船员在驾驶船舶过程中亦发挥了良好的技术，履行了谨慎义务，但因意外事故导致船舶碰撞。实践中，因船舶舵机失灵、电力系统故障、船舶材料的潜在缺陷引起的机械故障是发生最多的意外事故。由此造成的船舶碰撞损害也应由受害方自行承担。

3. 因无法查明的原因导致的船舶碰撞

在极少数的船舶碰撞中，各方当事人均不能证明引起船舶碰撞的具体原因，也无法证明船舶碰撞与当事船之间存在直接因果关系，主管机构的调查和有关专家的鉴定亦无法确定的，就属于此类情况。从而，各方只能自担损害后果。

实例枚举

2001 年，海事法院受理了一起船舶碰撞案件。原告“闽渔 816”船的船主 A 诉称：其所属的该渔船在渔场作业后返航，某日下午 3 点 30 分，被告 C 驾驶其所有的“闽渔 989”船在能见度很差的情况下，未采取安全航行措施，且操作失误，致使其“闽渔 989”船猛烈碰撞并插入“闽渔 816”船左舷偏后部。碰撞发生后，“闽渔 989”船面对“闽渔 816”船进水下沉、船长受伤严重的情况，却将船退出，并逃离事故现场。“闽渔 816”船幸得其他船只救护才得以返港。此一碰撞事故造成“闽渔 816”船修理船舶的经济损失 11 万元，停航损失 6 万元，鱼货损失 10 万元，原告要求被告予以赔偿。被告 C 辩称：其所属“闽渔 989”船出港捕鱼途中，雾气浓重，能见度不佳，于当日下午 3 点 30 分时在未发现任何灯光、目标的情况下，船身突然遭到猛烈碰撞，致使自己渔船的船艏撞上“闽渔 816”船的左舷。随后，两船迅速脱离，对方船舶瞬间消失在雾中，自己多方寻找无果，遂续航。由于“闽渔 816”船违反《国际海上避碰规则》和《海上交通安全法》，导致碰撞发生，故其应对该事故承担全部责任，赔偿其船体维修费 5 万元、船员工资损失 8 000 元。

海事法院经过审理，认定原告与被告的两船在能见度不佳、无雷达导航的情况下，疏忽瞭望，且未保持安全航速，均违反了《国际海上避碰规则》的有关规定。不仅如此，被告所属的“闽渔 989”船在事故发生后擅离事故现场；该船的船员除了船长持有四等船长适任证书外，其余均未有适任证书；原告所属“闽渔 816”船的所有船员均未持有适任证书等。上述各项都违反了《国际海上避碰规则》和《海上交通安全法》。因此，判决被告的“闽渔 989”船承担 60%的法律责任，原告的“闽渔 816”船承担 40%的法律责任。

本案例对于大家掌握和理解船舶碰撞的法律属性具有实践意义，并有助于从实务角度理解处理船舶碰撞的复杂性。

第四节　船舶碰撞损害赔偿责任的适用

一、船舶碰撞损害赔偿责任的适用原则

船舶碰撞损害赔偿责任的适用原则是对船舶碰撞损害赔偿责任的适用具有指导作用

的法律规则。在国际海上运输市场上，经过长期实践逐步形成若干项船舶碰撞损害赔偿责任的适用原则。我国《海商法》未明确规定船舶碰撞损害赔偿责任的适用原则，不过，由于船舶碰撞损害赔偿责任属于民事侵权责任的具体种类，在处理船舶碰撞案件的司法实践中，用民法中与国际通用原则相近的有关原则来指导船舶碰撞损害赔偿责任的适用，并附之以海商法律规范的规定。

（一）恢复原状原则

恢复原状原则是各国民法处理民事赔偿案件时普遍认可的法律原则，也被引入海商法领域，成为船舶碰撞损害赔偿责任适用的原则之一。所谓“恢复原状”，按照各国船舶碰撞制度的一般解释，就是“碰撞损害赔偿应使索赔方尽量接近索赔事故发生之前的状况”。其法律内涵不限于民法意义上物质形态的恢复，而往往体现为对受害方的金钱补偿。长期以来，各国在处理船舶碰撞案件时均以此作为衡量受害方追偿权范围的标准，因为其可以实现法律的公正性，能够制裁过失方的法律过错，保护受害方的合法利益，故被英美法称为“完全赔偿权”。

虽然我国《海商法》的“船舶碰撞”一章未明文规定恢复原状原则，但根据我国《民法典》第 179 条将恢复原状列为民事责任人承担民事责任的方式之一，以及我国最高人民法院 1995 年 8 月 18 日发布的《关于审理船舶碰撞和触碰案件财产损害赔偿的规定》[①] 第 2 条关于“赔偿应尽量达到恢复原状，不能恢复原状的折价赔偿”的规定，表明恢复原状是我国有关立法确认的处理船舶碰撞损害赔偿责任的一项基本原则。当然，应注意运用该原则处理船舶碰撞案件时的两个问题：一是该恢复原状的含义不同于民法中恢复原状的含义，是指碰撞责任方通过货币赔偿或修复受损财产，使受害方受到损害的财产的经济价值和状况尽可能恢复到未受损害时的应有状态；二是恢复原状仅适用于船舶碰撞造成的财产损害，而不适用于船舶碰撞造成的人身伤亡。

（二）赔偿实际损失原则

船舶碰撞作为海上侵权行为，必然要造成受害方的损失。该损失便成为追究损害赔偿责任的客观根据。所以，赔偿实际损失原则是追究船舶碰撞损害赔偿责任的又一原则。实际损失，按照各国船舶碰撞法律制度的一般解释，是指受害方有权追偿的船舶碰撞直接造成的损害后果[②]。

我国最高人民法院在《关于审理船舶碰撞和触碰案件财产损害赔偿的规定》第 1 条第 1 款确立了此原则，并明确了受害方有权索赔的损失范围包括请求赔偿因船舶碰撞所造成的财产损失，船舶碰撞后相继发生的有关费用和损失，为避免或者减少损害而发生

---

① 船舶触碰，是指船舶与水上或者水下的固定设施或者障碍物（包括沉船）发生接触并造成损害的海上事故。船舶触碰与船舶碰撞极为相似，但是，又存在诸多区别。比如，其加害船舶的范围大于船舶碰撞，其触碰对象为无动力且静止的设施或者障碍物。与很多国家一样，我国司法实践将船舶触碰作为独立的海上侵权行为予以处理。

② 在海商法理论上，对于赔偿实际损失的解释不尽相同。有的认为，实际损失仅指直接损失（司玉琢，等．海商法详论．大连：大连海事大学出版社，1995：305）。有的认为实际损失包括直接损失和间接损失（张湘兰，等．海商法论．武汉：武汉大学出版社，1996：190）。

的合理费用和损失，以及预期可得利益的损失等。由此可见，上述实际损失包括船舶碰撞造成的直接后果和延续后果。

不过，理解该原则的要点是：上述损失应当是船舶碰撞的直接后果，即损失与船舶碰撞之间存在着直接因果关系，包括直接碰撞和间接碰撞所造成的损失后果。此直接因果关系表现之一是因发生船舶碰撞直接造成的损失后果，如船舶碰撞造成的船货损失；表现之二是因船舶碰撞而相继发生的损失后果，如在船舶碰撞发生后，为救助、拖航、打捞而产生的费用损失，修理期间的营运损失等；表现之三是当事人在船舶碰撞时可以合理预见的损失，如因船舶碰撞导致的航次租船合同解除而造成的运费损失。

（三）扩大的不合理损失不予赔偿原则

依法追究船舶碰撞过失方的损害赔偿责任的目的，是保护受害方的合法利益，维持海上航行的安全和秩序。但从公平角度讲，船舶碰撞中无过失的受害方在船舶碰撞造成损失发生的过程中，在其力所能及的情况下也应当采取必要、合理的措施进行抢救，以减少损害结果。如果受害方未采取合理措施减少损失，甚至故意扩大损失，由此扩大的不合理的损失，受害方无权请求赔偿。因此，在各国的海事司法实践中，有必要确认受害方负有减少损害的责任，与过失方的损害赔偿责任相对应，形成了“受损方尽力减少损失的原则”。从受害方行使赔偿请求权的角度讲，称其为“扩大的不合理损失不予赔偿原则”[①]，正如我国最高人民法院发布的《关于审理船舶碰撞和触碰案件财产损害赔偿的规定》第 1 条第 2 款规定的“因请求权人的过错造成的损失或者使损失扩大的部分，不予赔偿”。例如：在船舶碰撞后，本可以采取措施避免被撞船舶沉没而未采取措施致使船舶沉没；制造假单证用以扩大损失；等等。

“扩大的不合理损失不予赔偿原则”适用的要点包括：其一，衡量是否属于“受害方尽力减少的损害”或是否属于“扩大的不合理损失”的法律标准，应是“受害方是否谨慎采取合理措施减少损失”，即对一个谨慎的船舶权利人及其受雇人员而言，当船舶碰撞发生后，其船舶遭受损害时为了避免或减少损害是否应该采取同样的措施。其二，受害方采取合理措施，取得了避免或者减少过失方的行为造成的损失的客观效果。其三，受害方为采取合理措施而支出的合理费用应列入赔偿范围。

实例枚举

2004 年 7 月 10 日晚，甲海运公司所属的“观海”轮锚泊于我国 A 港锚地，船上锚灯、照明灯皆正常显示，并有两名值班水手在驾驶台瞭望。大约 18 时 10 分，X 国海洋工程有限公司所属的“明星”轮开进 A 港区，在当时雾天情况下，该船虽然有轮机长和水手两人在船艏瞭望，并开启雷达，但显示器模糊不清。于是，“明星”轮慢速航行，进入锚地时，因发现前方的“观海”轮，遂修正航向，随后停船。但是，18 时 30 分，上述两船的船艏发生碰撞。碰撞事故发生之后，A 港港务监督对事故进行调查，A 港船检

① 有的学者提出“扩大的不合理损失不予赔偿”不构成独立的原则，理由是受害方尽力减少损失的责任并非独立存在的法律责任，而是与过失方的损害赔偿责任紧密相关，因此产生的扩大的不合理损失不予赔偿是对“赔偿实际损失原则”的补充（韦经建．海商法（修订版）．长春：吉林人民出版社，1996：365）。

局对两船的损坏情况也进行了检查。

不久，“观海”轮的船舶所有人甲海运公司向海事法院提起诉讼，要求“明星”轮的船舶所有人乙海洋工程有限公司承担此次碰撞的全部赔偿责任，包括：船舶修理费 65 万元，营运损失 125 万元，船员工资损失 10 万元，船期损失 38 万元等。乙海洋工程有限公司辩称：“观海”轮应承担此次碰撞的 50％责任。因为，该船在事发时甲板无巡视人员，未使用雷达进行瞭望，在浓雾情况下未在事故发生前鸣放避碰声号等。

海事法院经过审理，确认“明星”轮承担本次碰撞事故 90％的责任，“观海”轮承担 10％的责任。具体的赔偿范围涉及：修船费用、船舶损失（包括船舶修理期间的船舶燃油、物料、淡水及船员供应品、工资等项维持费用等）、其他合理费用损失（包括未依约履行租船合同而实际合理支付的赔偿性违约金，以及为碰撞索赔而支付的合理的交通、通信、差旅等费用）。应当说，船舶碰撞责任的认定以及责任方所应当赔偿的损失范围的确认，是船舶碰撞制度适用中所需解决的实际问题，本案例对此具有重要的借鉴意义。

二、船舶碰撞损害赔偿责任的赔偿范围和计算标准

船舶碰撞损害赔偿责任是以船舶碰撞造成的损失为对象的。因而，因船舶碰撞导致的财产损失和人身伤亡引起的经济损失就是该责任的赔偿范围，包括船舶本身的损失、船上所载货物和其他财产的损失、船上人员的人身伤亡等。

（一）船舶损失的赔偿范围

船舶损失的赔偿范围涉及船舶的全部损失和部分损失。

（1）船舶全部损失的赔偿范围包括：第一，船舶的价值损失。这一般是依据船舶碰撞地类似船舶的市场价值计算；船舶碰撞地无类似船舶市场价值的，则以船舶的船籍港类似船舶的市场价格为据；没有市场价格的，以原船的造价或购置价，扣除折旧（折旧率按 4％～10％）计算。船舶因碰撞而发生推定全损[①]的，其赔偿范围与残骸的残值归属直接相关。赔付时船舶的残值属于索赔方的，则赔偿数额应是按照上述方法计算的船舶价值减去残值；赔付时船舶残值因出售而属于第三人的，赔偿数额应是船舶价值减去索赔方扣除出售费用后所得售价。第二，船期损失。这是指船舶因碰撞而全损，导致受害方在找到替代船舶之前丧失船舶营运权（班轮营运、航租营运或期租营运）所遭受的损失。如果是渔船则应以该渔船前三年的同期鱼汛的平均净收益计算其鱼汛损失，但计算该船期损失应当以找到替代船舶所需的合理时间为限，实践中最长不超过 3 个月（对于渔船应扣除休渔期）。第三，船上其他财产的损失。由于船舶价值不包含船上的其他财产，故在确定赔偿范围时，应将船上其他财产单独列支，包括碰撞发生时船上所载的燃料、物料、备件、供应品。如果是渔船，还应包括船上的捕捞设备、网具、渔具等。第

① 推定全损，是指船舶因碰撞事故的发生导致实际全损已经不可避免，或者为了避免发生实际全损所需支出的恢复、修理、救助及其他有关费用中的一项或者数项之和已经超过船舶本身价值的情况。

四，船员工资、遣返费用和其他合理费用。凡是由船舶权利人已经支付的工资、垫付的遣返费用等，应当列入赔偿范围。第五，合理的救助费用。船舶因碰撞而实际全损的，通常不产生救助报酬，但救助人救助的是对环境构成污染危险的船舶或船上货物或其他财产的，则产生与该特别补偿请求权对应的救助款项；船舶因碰撞而推定全损的，则针对船舶残骸的获救价值形成救助报酬请求权，沉船的勘查、打捞和清除费用以及沉船标志设置费用请求权，均应列入赔偿范围。第六，利息损失。

（2）船舶部分损失的赔偿范围包括：第一，合理的修理费用和附带费用。船舶因碰撞造成部分损失的首先内容就是为修理船舶而支出的修理费（包括临时修理费①和永久修理费）和附带的辅助费用（为进行修理而产生的进坞费、清舱除气费、油污水排放处理费、港口使用费、引航费、检验费以及修船期间的住坞费、码头费等）、维持费用（船舶和船员在修船期间日常消耗的燃料、物料、淡水、供应品等费用和支付的船员工资）等。但是，限于就近修理和修理本次船舶碰撞的受损部位。第二，合理的船期损失。船舶因部分损害而在修船期间遭受的营运损失。船期损失以船舶碰撞前后各两个航次的平均净收益为据计算，渔船则以该渔船前三年同期鱼汛平均净收益计算。而计算期间应是船舶实际修复所需的合理期间。渔船的船期损失为一个鱼汛期或渔船实际修复所需的合理时间扣除休渔期。第三，其他的合理费用。这是因船舶碰撞而产生的拖航费用、救助款项、共同海损分摊等费用。

（二）船上货物和其他财产的赔偿范围

因船舶碰撞造成的船上货物和其他财产的损失属于赔偿的范围，包括：第一，货物或其他财产灭失或损害导致的价值损失。对碰撞灭失的货物或其他财产，应按照其实际价值（货物装船时的价值加运费加已付保险费）；对损害的货物或财产，则以其实际价值减去残值后的金额或修复所需费用为赔偿数额。但是，列入船舶碰撞赔偿范围的，必须是他船所载运的货物，而不包括本船所载运的货物。第二，货物迟延交付的损失，应按照迟延交付货物的实际价值加预期利润与到岸时的市场价格的差价计算。但是，预期利润不得高于货物实际价值的10%。第三，渔船捕捞的鱼货损失，应以实际损失的鱼货价值（参照碰撞发生时当地的市场价格扣除费用）计算。第四，渔船的捕捞设备、网具、渔具损失，应按照捕捞设备、网具、渔具的原购价格或原造价格扣除折旧和残值，再乘以损失的数量。而网具、渔具的数量，则以本次出海实施捕捞作业所需量扣除所存量的差额，但是限于渔政部门许可的数量范围内。第五，旅客的行李、物品的损失以及请求权人作为承运人而依约为旅客保管的物品的损失，应按照海商法有关海上旅客运输合同的旅客行李、物品灭失、损坏的赔偿规定确定的数额，列入船舶碰撞的赔偿范围。但是，必须以他船旅客的行李、物品为限。第六，船员的个人生活必需品，应按照受损财产的实际价值列入赔偿范围。第七，对上述财产进行救助、打捞和清除产生的费用，属于赔偿范围。

---

① 临时修理费，是指船舶因碰撞受损后，经临时修理可以继续营运的，船舶权利人有责任进行临时修理，或者船舶无法在停靠港或避难港进行永久恢复性修理而实施临时修理，所支出的修理费用。

上述船舶损失、船上货物和其他财产损失的赔偿内容在实际适用时，应当注意：过失方是根据其过失，对被害方的上述财产损失承担损害赔偿责任。尤其是在各方互有过失的情况下，各方均应按以本船在船舶碰撞中的过失大小所确定的比例，赔偿对方的船舶、货物和其他财产的损失。

（三）船上人员人身伤亡的赔偿范围

因船舶碰撞造成的船上人员人身伤亡，包括致本船在船人员伤亡，或致他方当事船在船人员伤亡，或致第三方船舶上的人员伤亡。这些人员的人身伤亡属于侵权行为[①]导致的损害后果，按照民法的人身损害赔偿责任理论，其赔偿形式只能表现为经济补偿，补偿的范围包括受害人的身体损害和精神损害。但我国《海商法》未对船舶碰撞造成的人身伤亡的赔偿范围予以规定。根据我国《民法典》第 995 条和最高人民法院 1991 年 11 月 8 日通过的《关于审理涉外海上人身伤亡损害赔偿的具体规定（试行）》的规定，其具体的赔偿范围分成伤残赔偿和死亡赔偿两大类。

（1）船舶碰撞造成船上人员人身伤残的赔偿范围包括：第一，收入损失。这是根据伤残者因船舶碰撞而受伤致残之前的实际收入水平计算的。有固定工资收入的，依据工资收入计算；无固定工资收入的，比照同岗位、同工种、同职务的人员工资标准计算，或按其所在地区正常年度内的收入计算。受伤者收入损失的计算期间自受伤之日起到伤愈之日止，而致残的收入损失的计算期间自确定致残之日起到 70 岁止。因受伤或致残而丧失劳动能力的，按收入损失全额赔偿；因受伤或致残而丧失部分劳动能力的，按受伤或致残前后的实际收入的差额进行赔偿。第二，医疗护理费。包括挂号费、检查诊断费、治疗费、医药费、住院费等；护理费包括住院期间必须陪护所支出的合理费用、出院后不能自理而雇请护理人的费用等。第三，安抚费。这是对因船舶碰撞而受伤、致残者的精神损失给予的经济补偿。安抚费应根据当事人的伤势轻重、伤痛情况、残疾程度，并考虑其年龄、职业等因素确定数额后，一次性支付。第四，其他必要费用。诸如，运送伤残人员所需的交通费、食宿费，伤愈前的营养费、补救性治疗费（整容、安装义眼等），残疾用具费（假肢、残疾车等），陪住亲属的误工费等。

（2）船舶碰撞造成船上人员死亡的赔偿范围包括：第一，收入损失。根据死者生前的综合收入水平计算。其计算公式为：（年收入－年个人生活费）×死亡时起至退休的年数＋退休收入×10。其中，死者的个人生活费应占其年收入的 25％～30％。第二，医疗护理费。这与伤残者的项目内容相同。第三，安抚费。这是对死者遗属的精神损失所给予的经济补偿。第四，丧葬费。包括运尸、火化、骨灰盒以及骨灰存放所需费用等，但以死者生前 6 个月的收入总额为限。第五，其他必要费用。诸如，寻找尸体、遗属所需的交通费、食宿费、误工费等合理费用。

上述船舶碰撞造成人身伤亡的赔偿内容在实践中适用时应注意：

---

① 因船舶碰撞致人身伤亡行为的法律性质，存在三种观点：一是认为属于侵权行为。二是认为属于违约行为，因为船员与船方之间存在雇佣关系，船上旅客与船方存在海上旅客运输合同关系。三是属于混合行为。总体上是侵权行为，又具有违约行为的特殊属性（张湘兰，等．海商法论．武汉：武汉大学出版社，1996：234）。

（1）船舶碰撞造成人身伤亡损害赔偿的请求权人应是伤残者本人或死者的遗属。伤亡者所在单位可以支持伤残者或死者遗属向法院起诉，但其并非请求权人。船舶碰撞过失方作为侵权人支付的赔偿金额，应直接赔付给伤残者本人或死者遗属，伤亡者所在单位仅能从赔偿费中获得其垫付的费用，而无权获得赔偿费。

（2）对船舶碰撞造成的人身伤亡的损害赔偿，有过失的各方船舶均应承担连带赔偿责任。因此，船舶碰撞的伤残者或死者的遗属有权向任何一方提出全部的赔偿请求。被告予以全额赔付后，依法按照其过失比例，向其他过失方行使追偿权。

（3）船舶碰撞造成人身伤亡损害赔偿的请求权人在行使权利时，应服从有关国家国内法的限制性规定。例如，根据我国《关于审理涉外海上人身伤亡损害赔偿的具体规定（试行）》，我国法院处理船舶碰撞造成人身伤亡损害赔偿案件时，应当在法规规定的赔偿限额范围内予以赔偿，即按照涉外海上人身伤亡损害赔偿限额，在每人 80 万元人民币的标准范围内，追究过失方的赔偿责任。

三、船舶碰撞案件的管辖权

船舶碰撞案件的管辖权，是指对具体的船舶碰撞案件，何国何地的何级法院有审理的权力，也就是某法院受理船舶碰撞案件的权限范围。包括船舶碰撞的民事管辖权和刑事管辖权。对此，各国法律规定的区别较大。

（一）外国法有关船舶碰撞案件管辖权的规定

基于船舶碰撞案件具有的涉外因素，各国法律通常根据船舶碰撞案件与法院管辖权之间的联系确定船舶碰撞案件管辖权的归属，相应的，形成了确定船舶碰撞案件管辖权的地域（领土）原则、协议（选择）原则和专属（独占）原则。

英美法系国家以“管辖权的基础是实际控制”的法理为基础确定船舶碰撞案件管辖权，对地域管辖作出扩大的解释。因此，除了以被告住所地确定法院对船舶碰撞案件的管辖权以外，更为强调的是，不论船舶的国籍和悬挂的船旗，也不管船舶碰撞发生的水域，只要被告船舶处于英国或美国领域内，即使被告在其国内没有住所或营业地的，本国法院亦有管辖权。受理法院可以按照“对物诉讼”程序，通过扣船方式行使管辖权。

大陆法系国家着眼于避免管辖权冲突，按照被告住所地、侵权行为地、船籍港所在地，确定法院对于船舶碰撞案件的管辖权。同时，也允许船舶碰撞当事人通过协议，选择法院或仲裁机构审理船舶碰撞案件。

（二）国际公约有关船舶碰撞案件管辖权的规定

为了减少船舶碰撞案件管辖权冲突，出现了统一管辖权的国际公约。如 1952 年 5 月 10 日在布鲁塞尔的第 9 届海洋法外交会议上制定的《统一船舶碰撞中民事管辖权方面若干规定的国际公约》和《统一船舶碰撞或其他航行事故中刑事管辖权方面若干规定的国际公约》。1977 年，国际海事委员会又在里约热内卢拟订了《统一船舶碰撞中有关民事管辖权、法律适用和判决的承认与执行方面若干规定的国际公约（草案）》。

1952 年《统一船舶碰撞中民事管辖权方面若干规定的国际公约》规定：（1）对船舶碰撞案件有管辖权的法院包括：第一，被告经常居住地或营业地法院；第二，扣押过失船或属于被告的其他船舶地法院，或为扣船提供担保地的法院；第三，船舶碰撞发生于港口或内河水域的，碰撞发生地法院。在上述各法院中，由原告选择确定起诉法院。公约确认原告对管辖法院的选择权。（2）该公约还承认船舶碰撞的双方当事人协商确定船舶碰撞案件的管辖法院，或提交仲裁机构处理船舶碰撞案件。

而 1952 年《统一船舶碰撞或其他航行事故中刑事管辖权方面若干规定的国际公约》则按照船旗国管辖原则规定：（1）船舶碰撞的刑事案件，只能向当事船舶所悬挂船旗国家的司法机关提出控告。（2）该公约不适用于在港区范围内或者内河水域发生的船舶碰撞事故。（3）该公约承认缔约方在签署、批准或加入公约时，保留其在领海内对刑事案件采取措施、提出诉讼的权利。

上述《统一船舶碰撞中民事管辖权方面若干规定的国际公约》已有五十多个缔约方，《统一船舶碰撞或其他航行事故中刑事管辖权方面若干规定的国际公约》已有六十多个缔约方，但由于没有得到美国、日本等主要海运国家的认可，故各国处理船舶碰撞案件的民事管辖权和刑事管辖权的问题，仍主要以国内法为依据。

（三）我国《海商法》有关船舶碰撞案件管辖权的规定

我国《海商法》参照有关国际公约和国际惯例，结合我国海运市场的实践，规定了船舶碰撞案件的管辖权。其第 273 条针对船舶碰撞案件的不同情况，分别规定了用以确定管辖权和适用法律的准据法。

（1）船舶碰撞的损害赔偿，适用侵权行为地法律。

（2）船舶在公海上发生碰撞的损害赔偿，适用受理案件的法院所在国法律。

（3）同一国籍的船舶，不论碰撞发生于何地，碰撞船舶之间的损害赔偿适用船旗国法律。

同时，根据《海商法》第 268 条的规定，中华人民共和国缔结或者参加的国际条约同本法有不同规定的，适用国际条约的规定；但是，中华人民共和国声明保留的条款除外。中华人民共和国法律和中华人民共和国缔结或者参加的国际条约没有规定的，可以适用国际惯例。

若按照上述规定确认适用我国法律的，就船舶碰撞案件的管辖权而言，涉及我国的《民事诉讼法》和最高人民法院《关于涉外海事诉讼管辖的具体规定》。根据我国《民事诉讼法》第 30 条的规定，因船舶碰撞或者其他海事损害事故请求损害赔偿提起的诉讼，由碰撞发生地、碰撞船舶最先到达地、加害船舶被扣留地或者被告住所地人民法院管辖。进一步讲，（1）船舶碰撞或者其他海损事故发生在我国港口、内水、领海以及我国管辖的其他海域的；（2）船舶碰撞或者其他海损事故虽然发生在我国管辖海域以外，但受害船舶或者加害船舶的最初到达港为我国港口、加害船舶或者属于加害船舶所有人的其他船舶在我国港口被扣留、受害船舶或者加害船舶的船籍港为我国港口的；（3）船舶碰撞或者其他海损事故造成中国公民伤亡或者财产损害的，我国相应的海事法院均有管辖权。

实例枚举

1995年2月12日，中国S港港区水域风力3级，有雾。A轮船公司所属的“光华”轮拖带着“运-7”号驳船沿主航道驶入中国S港。行进中，“光华”轮船长发现B国船务公司的“诺亚”轮迎面从右前方驶来，两轮相距2 000米。“光华”轮一面鸣放笛声，一面继续以9节的航速行驶。而“诺亚”轮则是从引水锚地起锚出港，沿主航道左侧航行，其右侧有足够的水域供来船航行通过。当“诺亚”轮船长发现迎面的“光华”轮拖带“运-7”号驳船进港时，开始向左转避让，并鸣放笛号。因见对面的“光华”轮右舵避让，“诺亚”轮先是半速前进和左满舵，继而全速倒车并正舵。结果让过了“光华”轮，其船艏部却与被拖驳船的左舷相撞。碰撞使“运-7”号驳船左舷严重受损，送中国S港船舶修造厂进行海损修理，A轮船公司因此遭受的损失包括驳船修理费用和船员工资共计7万元人民币。

A轮船公司先是向海事法院申请扣押了“诺亚”轮，后又提起诉讼。海事法院经过审理，确认“诺亚”轮在不了解S港航道状况，又不聘请引水员引航的情况下，贸然靠近主航道左侧行船。而在与“光华”轮对遇时，先是加速向左转向，后又中速前进，并左满舵。以上行为均违反了1972年《国际海上避碰规则》的规定。故“诺亚”轮的错误行为是导致船舶碰撞的主要原因。而“光华”轮在能见度不良的情况下，与“诺亚”轮对遇时，以9节的高速行驶，并且缺乏认真的观察和判断，具有相应的过失，也违反了1972年《国际海上避碰规则》，应当对船舶碰撞承担次要责任。

通过海事法院的上述分析裁判，可知该案的船舶碰撞属于典型的双方互有过失的船舶碰撞，从而，可以具体理解船舶碰撞的法律表现。

知识链接

1972年《国际海上避碰规则》2001年修正案增加的地效船条款对海商法的影响[①]

1972年《国际海上避碰规则》的实施不仅可以减少或免除船舶之间的碰撞行为，还为碰撞事故发生后双方划分民事责任提供了法律依据，有利于国际海运市场的发展。同时，该规则自1977年生效以来，经过1981年、1989年、1993年和2001年多次修改而日趋完善。尤其是2001年修正案增加的地效船条款，对于海商法产生的影响不可小觑。

根据该修正案的规定，“‘地效船’系指多式船艇，其主要操作方式是利用表面效应贴近水面飞行”。其中，“表面效应”是指飞行器在贴近水面、冰面和平坦地面飞行时，机翼升力增大，同时，机翼的诱导阻力则因气流流过的条件改变而减少的空气动力特性。目前，各国研究的表面效应飞行器都是先以地效船的形式出现在水面上。地效船有低速排水航行、特别低空飞行和升高空飞行三种操作方式，其主要操作方式便是利用表面效应贴近水面作特超低空飞行。

2001年修正案有关地效船的规定对于海商法的影响，首先是将地效船纳入船舶的范

① 黄志清，丁新华，邱云明．《1972年国际海上避碰规则》2001年修正案有关地效船条款探讨．中国海商法年刊，2005年卷．

畴，扩展了海商法所规范调整的船舶的外延，即“船舶”是指用作或者能够用作水上运输工具的各类水上船筏，包括排水船舶、地效船和水上飞机（规则第3条第1款）。地效船是一种介于飞机和船艇之间的运输工具，既有别于飞机，又不同于船艇。由于地效船被公认为21世纪最重要的新型水上交通运输工具，故而，2001年修正案将地效船纳入“船舶”之中，弥补了法律的空白，能够满足国际海运市场的发展需要。

其次是丰富了处理船舶碰撞的法律规则，即明确地效船与其他船舶相遇时的法律责任。赋予地效船航行过程中负有自始至终的“宽裕地避让所有其他船舶并避免妨碍它们的航行”（规则第18条第6款）的责任，目的是针对地效船具有优越的操作性能，运用法律约束力迫使其及早采取行动，留出足够的水域，供他船安全通过，以避免形成碰撞。

问题与思考

1. 什么是船舶碰撞？
2. 构成船舶碰撞的条件有哪些？
3. 如何区分直接碰撞与间接碰撞？
4. 什么是船舶碰撞赔偿责任？
5. 单方过失船舶碰撞的赔偿责任如何承担？
6. 双方互有过失船舶碰撞的赔偿责任如何承担？
7. 认定船舶碰撞赔偿责任的法律原则有哪些？
8. 如何理解恢复原状原则的适用意义？
9. 如何理解赔偿实际损失原则的适用意义？
10. 如何理解扩大的不合理损失不予赔偿原则的适用意义？
11. 如何确认船舶碰撞赔偿责任的范围？
12. 如何计算船舶碰撞损害赔偿责任？

第十章

海难救助

本章提示

海难救助是海上运输中一项古老的，也是海商法特有的法律制度。由于海上风险极大，海难事故始终与航海和各种海上作业并存，因而在浩瀚无际的大海上，遇难船舶获取他人的救助尤为重要。因此，为了维护海上航行的安全，减少遇难船舶和人员的损失，很早以来就在海上运输领域中适用着对有救助效果的救助者给予救助报酬的海难救助制度，这决定于海上风险的特殊性，这是陆地上的任何救助行为所不具备的。从中世纪起，海难救助制度首先在欧洲各国普遍为成文法所确认，赋予海难救助人海难救助报酬请求权，以达到鼓励海上救助行为、减少海难损失的目的。时至今日，海难救助制度已是各国海商立法的必要组成部分，并且，出现了若干有关海难救助的国际公约，目的在于鼓励人们冒险救助海上遇难人员和财产，尽可能减少海难损失，并协调救助人与被救助人之间的利益关系，维护航行安全和海上人命财产的安全。我国《海商法》借鉴了各国海商法的立法经验，并吸收有关国际公约的精神，制定了较为完善、科学的海难救助制度。

学习本章时，应当掌握海难救助的构成要件，海难救助合同及其当事人的权利义务，海难救助款项、特别补偿的含义和适用范围等重要内容。

关键术语

海难救助　合同救助　强制救助　海难救助合同　“无效果，无报酬”合同　义务救助　海难救助报酬　海难救助特别补偿

第一节 海难救助概述

一、海难救助的概念

海难救助，又称海上救助，是指在海上或者与海相通的可航水域，对遇险的船舶和其他财产进行救助的行为。我国《海商法》第 171 条即在此意义上规定了海难救助的含义。

而广义的海难救助，则包括对遇险的海上财产和海上人命的救助。不过，对海上财产的救助，形成救助报酬请求权，而救助海上人命的，则不产生救助报酬。只有在救助船舶和其他财产的同时又救助人命，人命救助人才有权分享救助报酬。因此，各国海商法规定的海难救助制度所涉及的仅是财产救助，至于人命救助则由专门的国际公约①予以调整。

海难救助作为海商法特有的一项制度，其发展历程极为久远。古代的航海贸易是一种冒险活动，面对着各种海上灾害和盛行的海盗，运送货物的船舶在海上遭遇海难时，难以依靠自身的能力脱离危险。于是，《罗得海法》中便有了关于救助遇险船舶和财产的救助人有权获得一定比例的被救助物作为所支出费用之补偿的规定，用以鼓励海难救助。但是，真正法律意义上的海难救助制度，则形成于中世纪的欧洲各国。当时的海事习惯法已规定应将被救船舶和财产分成三份，救助人取得一份，这被公认为海难救助制度的萌芽。而法国国王路易十四于 1681 年颁布的《海事条例》则开始以国家法律规范的形式，规范和调整海难救助活动，并被《法国商法典》予以完善。此后，西欧和北欧各国纷纷效仿，将海难救助和救助报酬制度列入其商法典之中。当然，早期的海难救助大多属于救助人自愿提供的“纯粹救助”，并非因救助合同而产生的救助义务。

19 世纪后期，由于蒸汽船舶、导航技术和电报通信等在航海领域的运用，在海运市场范围内，出现了专业化的海上救助公司，用救助合同固定救助人与被救助人之间的权利和义务，并逐步确立了“无效果，无报酬”原则，为海难救助制度注入了新的内容。同时，一些著名的海上救助公司或民间组织所制定的标准救助合同格式，在海难救助中被推广使用。伴随着各国海商法的海难救助制度的完善，因各国海难救助制度的差异而产生的法律冲突日渐增多。于是，自 20 世纪初期以来，相继出现了有关海难救助的国际公约，使海难救助制度在国际范围内趋于统一。

二、海难救助的法律性质

认识海难救助的法律性质，关键在于如何认识救助人所实施的海难救助行为的法律属性。海商法领域内的海难救助行为属于民商法意义上的私法行为，这是没有疑义的。

---

① 如国际海事组织制定通过的 1974 年《国际海上人命安全公约》、1979 年《国际海上搜寻救助公约》等。

但是，对于它应归属于哪一种私法行为，则存在不同观点。概括来讲，主要有无因管理说、特殊事件说、准合同说、不当得利说，有的学者还提出并存说[①]。其中，无因管理说被广泛接受。笔者认为，就海难救助的实际情况而言，存在自愿救助和基于合同实施的救助。两者有严格区别，难以用统一标准归纳海难救助的法律属性。因此，有必要以海难救助的实施为根据，分别认定其法律性质。如果是自愿救助的，其法律性质应属于无因管理。如果是合同救助，其法律性质则属于服务合同行为。至于请求和给付救助报酬所依据的“无效果，无报酬”原则，对于自愿救助而言，是法定的鼓励条件，构成无因管理行为所生债权的权利内容；而在合同救助范围内，则是作为救助合同约定的报酬给付条件，并不存在射幸的色彩。

因此，基于上述无因管理行为或服务合同行为，在救助人和被救助人之间构成了相应的无因管理所生之债或服务合同所生之债。其中，救助人处于债权人的地位，依据有关法律规定或救助合同的约定，享有救助款项给付请求权。如果是一个救助人进行救助的，则单独享有该请求权。如果是多个救助人共同实施救助行为的，则共同分享该请求权。被救助人相应地具有债务人身份，承担着根据法律规定或救助合同约定的给付条件，向救助人支付相应的救助款项的义务。应当强调的是，根据有关国际公约和多数国家海商法的规定，救助人在海难救助关系中享有的救助款项请求权属于非限制性债权，相应的，被救助人所承担的救助款项给付义务，不适用赔偿责任限制。

实例枚举

2000年10月，某造船厂与某航运公司签订了海上拖航合同，约定由该航运公司派船将该造船厂的万吨级“鲁”号废钢船拖至某造船厂。11月1日，某航运公司派出“拖10号”拖轮在双方均未对“鲁”号船进行拖航检验的情况下开始对其进行拖带。该拖带经过的水域有6至7级大风并伴有8至9级阵风，2日晨6时许，“拖10号”用于拖带“鲁”号船的四根缆绳突然一齐崩断，致使“鲁”号船处于失控随风漂流的危险状态，尤其是“鲁”号轮上的7名留守人员更是面临危险。为此，某航运公司向某救捞局积极呼救，某救捞局得知消息后，立即指派“救8号”轮前往现场施救。“救8号”轮赶到现场后，在被救助方同意下积极施救。虽然两次带缆成功，但皆因“鲁”号船不适拖而断缆失控，还造成“救8号”轮因断缆缠绕其船机导致操作失灵，船体损伤后被迫撤离险区进行守护。“鲁”号船随即搁浅在当事海域，因该船尚有被救助方不知的约200吨存油泄漏，造成附近海域严重污染。

因这一海损事故，某造船厂以某航运公司违反拖航合同为由向海事法院提起诉讼，要求对方赔偿205万元损失。某航运公司辩称，双方的拖航合同自“救8号”轮赶到现场施救之时起即已解除，而且，“鲁”号轮搁浅的原因是其不适航，与某航运公司无关。同时，某救捞局亦向海事法院起诉，要求某航运公司支付其应得的救助报酬及“救8号”

---

① 如韦经建提出：在“无效果，无报酬”救助场合，救助行为属于射幸合同；在纯救助场合，属于无因管理行为；在雇佣救助场合，属于服务合同（韦经建．海商法．长春：吉林出版社，1996：299）。贾林青提出：在实际费用救助场合，海难救助属于无因管理；在“无效果，无报酬”场合，属于射幸合同（贾林青．海商法．北京：中国人民大学出版社，2000：186）。

轮的船体损失修理费。某航运公司则辩称，“救 8 号”轮在此事故之中的行为是拖带性质，不是救助性质。因为，其要求某救捞局前来的意图并非寻求救助，而是“协助保驾”。

海事法院经过审理，认定“鲁”号轮失控情况发生后，其明显处于触礁、倾覆的危险之中，“救 8 号”轮面对该紧急状态所实施的以使“鲁”号轮及其船上人员脱离危险为目的的行为，属于典型的救助行为；而且，是基于某航运公司与某救捞局之间的口头协议而建立的救助关系，故应当确认为合同救助。至于救助方某救捞局是否应就“鲁”号轮的搁浅漏油损害结果承担责任，海事法院认为，某救捞局在当时的危险情况下采取的救助行为达到了我国《海商法》第 177 条要求的“以应有的谨慎进行救助”的标准，其仍然没有救助成功，根本原因是救助物不适拖。首先，被拖带的“鲁”号轮没有拖带检验证书，船内又有大量存油形成重大隐患。其次，“鲁”号轮上没有适合拖带的缆桩和系缆孔，且船艏呈锯齿形锋利断面，违反海船拖带的技术要求。最后，船上留守人员不懂拖带业务，致使“救 8 号”轮实施救助中的两次拖带均以失败告终。因此，某救捞局不应对此次海难救助的失败承担法律责任。

复杂的国际海运活动决定着对海难救助行为与海上拖航行为的认定经常会出现不同看法，因此，学习本案例有助于大家准确理解和识别海难救助的本质，并能够区分海难救助与其他相关的法律行为。

三、海难救助的种类

在海难救助的实践中，海难救助的实施根据不尽相同，救助方式也多种多样。因此，各国海商立法和法学理论对海难救助进行了进一步的分类。具体包括：

（一）自愿救助、合同救助、强制救助和义务救助

这是以海难救助的实施根据为标准，对海难救助进行的分类。

（1）自愿救助，是指救助人在既无法定救助义务，又无约定救助义务的情况下，自愿对于遇险船舶和财产实施的救助。又称纯粹救助，或相对于合同救助而言称为非合同救助。

自愿救助的典型特点是，救助人不承担法定的救助义务和合同约定的义务，而是基于自愿实施救助行为。当然，自愿救助也适用“无效果，无报酬”的原则，即自愿救助海上财产产生了效果的，有权要求被救助人给付救助报酬。

与此相适应，构成自愿救助的特殊条件之一，是被救助人未明确行使“禁止救助权”[①]，即被救船舶的船长、被救船舶和其他财产的所有人不拒绝接受救助。特殊条件之二，是救助人没有救助职责。诸如，船长、船员基于雇佣合同负有保护船货安全的职责，引航员负有帮助其所引航船舶脱离危险的职责。从而，只有在上述职责以外的救助，才

① 禁止救助权，指遇险船舶的船长、船舶所有人、其他财产的所有人有权拒绝救助人前来救助，救助人在被救助人明确和合理拒绝时，仍然进行救助的，无权要求救助报酬。有关救助的国际公约和多数国家的海商法均对此有所规定。

构成自愿救助。例如，船员基于船长的弃船命令而离船后，又上船救助的；引航员在引航中救助他船的，均属于自愿救助。

（2）合同救助，是指救助人根据其与被救助人签订的救助合同所规定的救助义务而实施的救助。

合同救助的特点是，救助人按照其与被救助人签订的救助合同承担着约定的救助义务而实施救助行为。合同救助是最为普遍的救助类型。其中，大多数救助合同采取“无效果，无报酬”原则，以产生救助效果作为支付救助报酬的条件。只有少数救助合同属于“实际费用救助合同”，被救助人依约定向救助人支付救助报酬。

应当说，自愿救助和合同救助是海商法的海难救助范畴内的基本类型。除此以外，按照实施根据，还存在着强制救助和义务救助。

（3）强制救助，是指沿海国家政府对于发生在该国管辖水域（港口、内水、领海、专属经济区）内的具有重大危害的海难事件，依据有关法律而采取强制性措施实施的救助行为。强制救助是沿海国家主权的体现。因此，不论遇险船舶的船长、所有权人或其他财产的所有权人是否同意，政府依法得以实施。可见，强制救助属于行政法律行为。不过，实施强制救助的救助人同样有权要求被救助人给付救助款项，并且不以救助效果的产生为条件，即国家有关主管机关从事或者控制的救助作业，救助方有权享受本章规定的关于救助作业的权利和补偿（《海商法》第 192 条）。

（4）义务救助，是指依据有关法律的强制性规定，负有救助义务的人员基于其所承担的法定救助义务而实施的救助行为。在海运实践中，义务救助主要体现于海上人命救助。例如，根据我国《海商法》第 174 条的规定，“船长在不严重危及本船和船上人员安全的情况下，有义务尽力救助海上人命”。显然，在严格意义上，义务救助不属于各国海商法的海难救助制度的范畴，而应是其他法律制度另行予以规范和调整的救助行为。因此，在义务救助范畴内，负有法定救助义务的救助人对于其救助的海上人命，没有海难救助报酬请求权。

（二）救助和救捞

这是按照遇险财产在实施海难救助时是否为其所有权人占有所作的划分。

救助，是指在遇险船舶或其他财产尚处于其所有人或使用人及其雇用人员占有的状态下，救助人实施的救助行为。

救捞，是指在遇险船舶或其他财产脱离了其所有人或使用人及其雇用人员占有而自行漂流或者行将沉没的情况下，救助人对其实施的救助行为。

将海难救助分为救助和救捞，是大陆法系国家海商法的规定形式，而英美法系国家的海难救助制度则没有此一分类。

（三）拖航救助、搁浅救助、抢险救助、守护救助、灭火救助和打捞救助

这是按照海难救助作业的内容所作的划分。

（1）拖航救助，是指救助人以海上拖航的方式，将遇险的船舶或者其他可漂浮物体拖至安全地点的海难救助。应将拖航救助与单纯的海上拖航行为予以区别。

（2）搁浅救助，是指救助人采取有意搁浅或脱浅的方式，使被救助财产脱离危险。前者如有意将遇险船舶冲上浅滩，后者如开挖航槽，或卸载、转运遇险船舶所载货物，而使船舶浮起。

（3）抢险救助，是指救助人在获得求救信息后，对遭遇紧急危险的船舶或者其他财产实施的紧急救助行为。

（4）守护救助，是指以守护在遇险船舶或其他财产附近的方式进行的救助。一者可以提供通信、跟随航行等帮助，二者可以在险情恶化时采取进一步的救助措施。

（5）灭火救助，是指救助人采取各种必要的灭火措施（诸如灌水、凿沉船舶等）或协助扑灭起火船舶或者其他财产上的火灾。

（6）打捞救助，是指救助人以水面或者水下打捞的方式对沉船及其所载货物、物品等实施的海难救助。

知识链接

回顾中国救助打捞事业大半个世纪的创立发展历程

海难救助制度在中国已经有70余年的历程，我国交通运输部所属的救捞系统作为唯一的国家专业救助打捞力量，担负着我国沿海水域海上人命救生、船舶财产救助、沉船沉物打捞清障、海上消防、海上溢油的应急清除和其他海上交通运输以及海洋资源开发活动的安全保障任务；同时，按国家赋予的使命，它又代表国家履行有关国际公约、双边海运协定等确立的国际义务，为维护我国海上交通安全、保护国家和人民的生命财产、履行国际海上安全义务作出了重要贡献。

自1951年8月24日中国人民打捞公司在上海成立至今的70余年中，中国救助打捞事业与共和国同步成长，其间，中国的救捞队伍从小到大、由弱到强，经历了艰苦创业、加快发展和全面建设三个阶段，成为当今世界上屈指可数的专业化救助打捞力量。

这支队伍创建之初仅有120名职工和一艘125千瓦的“盘山”小拖轮及十几只小平驳，如今拥有认证潜水员超过2.37万人，包括一批大功率救助拖船和多功能、大吨位打捞工程作业船舶在内的各类救助打捞船舶209艘，建造了救助码头和救捞系统的电台和通信设施的专业化、现代化打捞队伍，形成了以北京为中心，烟台、上海、广州为基地的全国性海上救助网络，为保障海上航行安全，促进交通运输业发展贡献力量。

1963年，救捞队与海军组成海上作业编队，对首航日本失事沉没的我国第一艘万吨级远洋货轮“跃进”号失事原因展开探摸调查。

然而，1973年10月，希腊籍货轮“波罗的海克列夫”号在台湾海峡遭强台风遇险沉没的事件暴露出我国海上救助力量，尤其是救助装备方面存在的严重问题，引起了中央的关注，提出必须尽快改变我国海上救助打捞业的落后状况。自沉船事件后的短短几年间，救助打捞机构迅速健全，救助力量得到加强，救助队伍发展壮大。1973年，国务院、中央军委联合发文，成立全国海上安全指挥部。1974年，烟台、广州两个救捞局相继组建，上海救捞局进一步健全发展，随即增设了一批救助站点；1978年，作为国家专业救助主管部门的交通部海难救助打捞局建立，此后，加强了基础设施建设，强化了值班待命制，全国已基本形成以北京为中心，以烟台、上海、广州为基地并有沿海诸多救助站点的海上救助网络。

这期间，国家为救捞系统添置了一批大功率救助拖船和多功能、大吨位打捞工程作业船舶，建造了救助码头，救捞系统的电台和通信建设也得以改善。自1977年起，救捞系统与海军历时4年合作打捞了第二次世界大战期间被美军击沉的“阿波丸”号，极大地促进了我国深海打捞和潜水技术的发展。

改革开放以来，中国海洋经济和航运事业有了飞速的发展。我国作为海洋大国越来越多地参与并执行联合国及其他国际组织制定的有关海洋事务方面的国际公约，履行国际义务，维护海上安全。自1979年起，我国先后加入了1979年《国际海上搜寻救助公约》、1989年《救助公约》。救捞系统先后加入了“国际救生艇联盟”和“国际救助联合会”，成为国际救助打捞行业的一支重要力量。

随着国家和地区交流与合作的加强，我国救捞系统的国际影响日益扩大。在保证救助的前提下，救捞系统充分发挥救捞专业人员的技术特长和救捞设备的优势，积极开展多种经营活动，努力创造效益，为保证救助提供经费支持，先后开展了拖航运输、水工工程、海洋石油工程服务等业务，并由国内发展到国外。目前，拖航业务已经发展到五大洲40多个国家和地区。上海救捞局远洋拖轮“德大”轮曾战胜重重困难，历时200天，航程35 000海里，成功拖运15万吨级浮船坞，并创造了我国远洋拖航史上经过巴拿马运河、绕过好望角、实现环球拖航的三个“第一次”的奇迹，在航运界赢得了赞誉。

进入20世纪80年代以后，我国加大了对救捞行业的投入，新建和扩建了一批救助站点。目前，交通运输部救捞系统已建立了烟台、上海、广州三个救捞局，并在沿海设立了秦皇岛、天津、荣成、温州、福州、厦门、汕头、深圳、湛江、北海、三亚等诸多救助站，台风季节和春运期间还在连云港、宁波、海口等地增设救助值班点，初步建立了我国沿海的海上救助网络。如今，救捞系统职工队伍已由原来的120人发展到拥有认证潜水员超过2.37万人，包括工程潜水员11 108人，管理和保障潜水员4 205人，船舶污染防治与清除潜水员1 707人，公共安全与应急救援潜水员4 206人，并已建成具有空中、水面和水下救助打捞能力的“三位一体”的现代化海空立体救助网络。截至2024年2月，中国救助打捞事业不仅拥有以满载排水量近2万吨的庞然大物——“南海救103”轮为中国救助新旗舰的各类救助打捞船舶209艘，还装备了船载救助直升机等，标志着中国海上救助打捞队伍适应着“一带一路”发展需要，从近海打捞向深海救助迈进。随着我国综合救助能力的不断提高，中国的救捞队伍已成为世界上重要的专业救捞力量之一，救捞系统不仅承担了我国海域内的救捞任务，而且救捞作业已扩展到远洋，从而为维护国家和人民的生命财产安全，维护社会的稳定，维护国家的形象，作出了重要贡献。

今天的救捞事业不仅成为当代我国航运事业支持保障系统的重要组成部分，而且已成为我国经济建设的一支重要力量。随着我国综合国力的不断增强，救捞事业也必将得到进一步发展。

第二节 有关海难救助的国际公约

海难救助制度发展到20世纪以后，不仅强调鼓励海难救助行为，而且出现了统一海难救助制度的趋势。国际海事委员会作为具体的实施者，从20世纪初便着手进行救助公约的制定工作。几经努力，终于建立了以1910年《统一海上援助与救助的若干法律规定的公约》（简称1910年《救助公约》）和1989年《救助公约》为主体的国际救助法律规范体系。

一、1910年《救助公约》及其主要内容

虽然海上救助原则早已为世界各国海商法所确认，但是由于具体规定不尽相同，经常在处理海难救助事故时发生争议。而于1910年通过的《救助公约》不仅体现了海上救助的传统原则，而且在国际上统一了各国有关海上救助的法律和实践，确立了较为科学的海难救助制度的框架结构，从而，在国际上获得了广泛的承认和接受，对于统一海难救助法律制度起到了重要作用。到目前为止，其成员共有93个，包括很少加入国际公约的美国。我国未加入该公约，但我国是按照该公约的精神和原则来处理救助问题的。中国海事仲裁委员会制定的救助合同格式也参考了该公约的规定。该公约主要体现了如下原则：

（1）以人道主义救助人命原则。公约规定，对于海上遭受危险的人，即使是敌人，只要对其船舶、船员和旅客不构成严重危险，每个船长均须施救。救助人命者对被救助人不得请求报酬，但国内法另有规定者除外。

（2）“无效果，无报酬”原则。公约规定，救助无效果者无权要求任何报酬，救助行为有效果者有权获得公平的报酬。在任何情况下，报酬不得超过被救助财产的价值。

（3）救助合同的公平原则。公约规定，在危险期间，并在危险威胁下订立的任何救助合同，经当事人一方请求，如果法院认为合同条款不公平，可以认定合同无效，或变更合同。在任何情况下，如合同存有欺诈或隐瞒，或所付的报酬与救助效果相比，显然过多或过少，经关系人请求，法院可以认定合同无效，或变更该合同。

（4）救助报酬确定的原则。根据公约的规定，救助报酬金额由当事人协议确定。协议不成，由法院确定。确定救助报酬时，应考虑救助效果、被救助财产的价值等因素。

1910年《救助公约》不适用于军用船舶或专门用于公务的政府船舶。这给公约的适用带来了不便。于是，国际海事委员会于1967年通过了修正公约的议定书，将公约适用范围扩大至军舰或属于国家或其各部门所有、经营、租用的任何其他船舶，不论这些船舶是提供救助，还是接受救助。

二、1989年《救助公约》及其主要内容

1910年《救助公约》生效以来，在国际海上救助实践中起着重要作用。但是，其无偿救助人命原则不利于鼓励救助人从事救助，因而被国际公约、法律和判例法所修正，使人命救助者在多数情况下都能获得报酬。尤其是，“无效果，无报酬”原则同样适用于对油轮的救助，打击了救助人救助遇险油轮和防止海洋污染的积极性。因此，国际社会强烈要求修正现行救助制度，即广为采用的劳氏救助合同格式和1910年《救助公约》。而产生1989年《救助公约》的直接原因是发生于英吉利海峡的“阿莫柯·卡地兹”案。

1978年3月16日，利比里亚籍油轮“阿莫柯·卡地兹”号因舵机失灵而搁浅在法国西海岸的布列塔尼。当时，“太平洋”号拖轮为实施救助而要求签订劳氏救助合同，遭到“阿莫柯·卡地兹”号轮船长的拒绝，待船东同意时已错过救助时机，导致救助无效果，结果油轮所载运的23万吨原油溢出，严重污染了法国沿海水域。因此，国际社会强烈要求修改救助制度。于是，国际海事委员会在1910年《救助公约》基础上起草新的公约草案，其中最为重要的修改是增加了“特别补偿”的规定。最终，国际海事组织召开的1989年外交大会通过了新的《救助公约》。该公约已于1996年7月14日起正式生效。我国于1995年申请加入了该公约。公约将促进国际救助法律的统一，更有利于国际海洋环境保护。

该公约最重要的目的是修改原公约关于救助作业的规定，以便更好地保护海洋环境和鼓励救助人对遇险油轮和其他海上财产的救助。与1910年《救助公约》相比，1989年《救助公约》对船舶、财产的概念和公约的适用范围等作了较大变动，并增设了许多新条款，其中包括最引人注目的特别补偿条款。归纳起来，1989年《救助公约》在以下诸方面对1910年《救助公约》作了较大修改和补充：

（1）扩大了公约的适用范围。1）救助案件范围扩大。“本公约适用于在公约成员国提起的有关公约所辖事项的诉讼或仲裁”。其范围不限于救助船舶或被救助船舶属于缔约国所有的救助。2）救助水域范围扩大，即适用水域为“可航水域或任何其他水域”。这里的“任何其他水域”是指不与海相通的内陆水域。可见，其已不限于海和与海相通的水域。其所称救助也不再限于海上救助。3）救助标的范围扩大。依公约规定，“船舶是指任何船只、艇筏或任何能够航行的构造物”。可见，作为救助标的的船舶不受形状、吨位和用途的限制，从而不限于海船或内河船舶。1989年《救助公约》规定的作为救助标的的财产，不限于船上财产，还包括任何其他海上财产。

（2）增设了特别补偿条款。1989年《救助公约》对遇险油轮和其他污染环境的船舶或货物的救助实行“无效果，有报酬”的原则。特别补偿适用于以下情况：1）救助人如果救助了危及环境的船舶或货物，获得的救助报酬低于救助人所花费用时，救助人有权获得由船舶所有人支付的相当于其他费用的特别补偿，即使救助不成功，或效果不明显，且未能防止或减少环境污染。2）救助人的救助作业如果防止或减少了环境污染，船舶所有人向救助人支付的特别补偿可增加至救助费用的130%。3）法院或仲裁机构如果认为公平合理，并考虑第13条第1款中所列的有关因素，还可将特别补偿增加至费用的

200%。上述特别补偿既适用于油轮，也适用于任何对环境构成污染损害的船舶或货物。因此，危险和有毒货物、船上燃料等均属于适用的范围。

第三节 海难救助的构成要件

由于海上航运可能遭遇的风险错综复杂，救助人实施救助行为的方式和救助内容多种多样，而有关国际公约和各国海商法所规定的海难救助制度亦明确了适用范围，从而判定一项救助行为是否构成海商法的海难救助制度内的海难救助，便应以法定的构成要件为根据。这些要件包括：

一、应当存在救助对象

救助对象是海难救助行为所针对的客观对象，即标的物。显然，只有存在救助对象，救助人对其实施海难救助行为才具有法律意义，才能实现海难救助制度的适用目的。理解该条件涉及以下要点：

（一）救助对象的范围符合法律规定

构成海难救助的救助对象，必须是法律规定范围内的，即被有关的国际公约和海商法承认为救助对象。对此，不同国家、不同时期的海商立法所规定的具体范围并不相同。在传统海商法的海难救助制度中，救助对象限于船舶和货物。而根据现代各国海商法的规定，海难救助对象则包括船舶、船舶属具、货物、客货运费、海上设施装备、其他有价值的物品等各种海上财产。但是，军用船舶和用于政府公务的船舶，一般都不属于海难救助的救助对象。至于海上人命，有的国家将其纳入救助对象，如美国海事判例法；有的国家则将其排除在海难救助制度的救助对象之外。

根据我国《海商法》第 171 条规定，海难救助对象包括船舶和其他财产。其中，所谓“船舶”，是指我国《海商法》第 3 条规定的 20 总吨以上的海船、其他海上移动式装置和与其发生救助关系的任何其他非用于军事的或政府公务的船艇。因此，作为海难救助对象的船舶应符合下列要求：（1）不包括军事船舶和用于政府公务的船舶；（2）排除了非我国《海商法》意义的船舶之间发生救助关系所涉及的船舶；（3）排除了海上已经就位的从事海底矿物资源的勘探、开发或者生产的固定式、浮动式平台和移动式近海钻井装置（《海商法》第 173 条）。而所谓“财产”，则是指非永久地和非有意地依附于岸线的任何财产，包括有风险的运费（《海商法》第 172 条第 2 款），即临时的和并非按照岸线建设的设计要求而依附在岸线上的任何财产。诸如，船舶及其属具、物料、所载货物、水上飞机、排筏、浮船坞、浮筒、灯船、渔具以及坠落于海上的飞机、卫星、车辆等，均属于救助对象。而码头、固定船坞、栈桥、水下的电缆或者管道等则不属于救助对象。

作为海难救助对象的“财产”还涉及“有风险的运费”，一般指到付运费，而船舶租用合同项下的租金，通常认为，只有在合同明文列入海难救助对象，并在进行救助时出租人承担风险的，才属于救助对象。此外，根据我国《海商法》第171条、第174条和第185条规定精神，海上人命不属于海难救助制度的救助对象。

（二）救助对象应当处于海上危险之中

救助对象处于危险之中，救助人实施救助行为才有必要，所以说，救助对象处于危险之中是构成海难救助的法律前提。但是，运用时应当注意：

(1) 救助对象所涉及的海上危险必须是客观真实的和不可避免的，而并非主观臆断的海上危险，也不是尚未发生或已经发生的海上危险。实践中，常见的海上危险主要是：台风、火灾、船舶碰撞、船舶搁浅、船舶触礁破损、船舶机械故障等。

(2) 该海上危险对于船货或其他财产的威胁，达到了需要外来救助的程度。海上航运随时会遭遇各种危险，但很多危险依靠船舶本身的设备条件和船长、船员的技术与经验就可以战胜，而不需要他人的救助。只有这种威胁达到一定的严重程度，没有外来救助便不能脱离危险才构成海难救助的前提。当然，构成海难救助的危险，并没有法定的程度要求，判断的关键在于救助人采取的救助措施是否与避免客观危险的需要存在合理的联系。实践中的判断标准是，作为一个合格的船长，根据现实情况合理地断定船货或其他财产已经丧失了自行脱离危险的能力，需要外来的救助。

(3) 构成海难救助的海上危险，不考虑危险事故发生的原因。不管是自然灾害、意外事故、救助对象的潜在缺陷等导致的危险事故，还是船长、船员或其他受雇人员的过失或故意造成的危险事故，均不影响海难救助的成立。

实例枚举

2001年4月15日，甲砂石场所属的“A－21号”驳船在长江口内江面上作业的过程中，因操作不当而倾覆，反扣在江面上（经事后确认，该驳船的首舱、前舱、中舱和尾舱各舱板上的舱口，除中舱的舱板处于舱盖覆盖状态外，其余均是敞开状态）。事故发生后，甲砂石场在施救——派出两艘驳船左右相帮，并以各自船身为桩，用缆绳固定事故船“A－21号”驳船——的同时，向乙工程局寻求救助。双方约定了救助方案：乙工程局派船“330号”帮忙将“A－21号”驳船翻过扶正，甲砂石场按一个台班500元支付报酬。其间，“A－21号”驳船的船长特别说明该事故船的所有舱口均已关闭。

随后，乙工程局派出“330号”船舶前往事发地，由双方负责人共同指挥实施约定的救助方案，当“330号”船的吊杆将倾覆的“A－21号”驳船拉成90度时，该事故船因舱口大量进水而不断下沉，伴有大量气泡上浮，并在水流作用下，导致实施救助的“330号”船舶一并向大海方向漂移。一小时后，事故船沉没于江水中。事后，甲砂石场借助第三方将该事故船打捞出水，其为此支付了打捞费46 000元，船舶修理费30 000元。

于是，甲砂石场向海事法院起诉，要求乙工程局赔偿因“330号”船舶在救助过程中的过失造成的被救助的“A－21号”驳船沉没而扩大的损失76 000元。被告乙工程局辩称：救助方案是双方商定的，导致救助失败的原因是对方误称事故船的舱口全部关闭，因此对方应对其自身过失引起的损失自行承担责任。

海事法院经过审理，认为本案原、被告约定的船舶救助合同有效。双方对处于危险状态中的原告所有的“A－21号”驳船共同实施的行为属于共同救助行为，其中，乙工程局的行为构成海难救助。虽然，该救助属于内河救助，但根据《海商法》第171条的规定，应当纳入其适用范围，并适用“无效果，无报酬”制度规则。本案所涉及的船舶救助失败，是由于事故船的诸舱口敞开所致，是原告的过失造成的。但因双方在救助合同中未就救助的风险责任承担予以约定，故按照公平原则和《海商法》的规定精神，被告乙工程局对事故船救助无效而无权要求对方支付约定的救助报酬，而原告甲砂石场对其过失导致的事故船沉没造成的损失自行承担后果，被告乙工程局不承担赔偿责任。

借助本案，大家可以具体了解海难救助的构成要件以及《海商法》规定的海难救助制度的适用范围。

二、应当存在救助主体

救助主体，是指实施海上救助行为的行为人。众所周知，海难救助行为必须是救助主体在其主观意志的支配下，根据救助的实际需要予以实施。因此，救助主体是构成海难救助的必然条件。

（一）救助主体必须是独立的第三人

实践中，海难救助可能是根据遇险船舶的船长，或货物、其他财产的所有人的请求由他人进行救助，也可能是过往船舶自愿实施救助。可见，海难救助得以建立的客观基础是遇险船舶在外力的作用下，脱离危险状态，而该外力是救助人实施的救助行为。因此，海难救助的救助行为必须是具有独立地位的第三人有意识的活动。而所谓具有独立地位的第三人，通常解释为非遇险的船舶、货物或其他财产的所有权人、承租权人或经营权人。只有此类与遇险的船舶、货物或其他财产的所有权、承租权、经营权无关的人员，才具备海难救助制度要求的独立性，属于独立的第三人。

不过，有关国际公约和各国海商立法根据海难救助的实际情况，将这种独立性扩大适用于属于同一所有人的“姐妹船”，即对于遇险船舶，属于同一所有人的其他船舶实施救助行为的，依法认定具有独立性，按照第三人的身份，享有救助报酬请求权。我国《海商法》第191条正是在此意义上规定：同一船舶所有人的船舶之间进行的救助，救助方获得救助款项的权利适用该法第九章的规定。

（二）救助主体的资格条件是不负救助义务

救助行为必须是救助人在非履行义务的前提下实施的，才构成海难救助。这是国际公约和各国海商法公认的法律条件。如果是对被救助人或被救助财产负有法定的或合同约定的救助义务而实施救助的，则不具备救助人的资格，因而也就不构成海难救助。例如，船舶碰撞的当事船舶的船长，依据我国《海商法》第166条的规定对相碰船舶和船上人员负有法定的施救义务，引航员基于雇佣合同对所引航的船舶负有安全引航的合同义务，拖船的所有人或船长基于海上拖航合同对被拖物负有安全拖带的义务。因此，在上述的义务范围之内实施的抢救行为，不属于海难救助。

应当强调的是，海难救助制度要求的救助主体资格条件，强调的是救助主体不负有海商法上的义务。而根据其他法律承担救助义务的国家机关、公司企业和个人，均可以成为海商法中的救助主体。

三、由救助人自愿实施的救助行为

（一）救助人不承担法定的或救助合同以外约定的救助义务而自愿实施

该条件意味着海难救助适用自愿原则，它的适用着眼于救助人和被救助人双方。对于救助人来讲，必须是救助人自愿实施的救助行为。其法律表现是，救助人并非因为负有义务而进行救助，其不予以救助亦不承担法律责任。需要提出的是，构成海难救助的条件之一的、救助人实施救助行为所需的自愿，是指救助人在海难事故发生之前不负有法定或合同约定的义务。而在海难事故发生之后，救助人即使与被救助人签订救助合同，亦是其在明知有救助的必要而自愿与被救助人临时约定救助事宜的，同样属于救助人自愿的范围。

与此相对应，被救助人应是自愿接受对方提供的救助行为。这表现在被救助人不仅有权请求他人进行救助，而且还有禁止救助的权利。我国《海商法》第 186 条第 2 项对此作出明文规定："不顾遇险的船舶的船长、船舶所有人或者其他财产所有人明确的和合理的拒绝，仍然进行救助的"，无权获得救助款项。可见，根据该规定，在被救助人以明示的方式明确和合理地表示拒绝救助时，救助人即使取得救助效果，也不构成海难救助。

（二）救助行为应发生在法定水域内

有关国际公约和各国海商法大多规定了构成海难救助的水域范围。其中一种立法形式是规定在任何水域发生的救助行为均构成海难救助，例如 1989 年《救助公约》。另一种立法形式是将海难救助的水域范围界定为特定水域。

按照我国《海商法》第 171 条规定的海难救助定义，发生在海上或与海相通的可航水域（供 20 总吨以上船舶可以航行的江河、海峡、海湾、港口）内的救助行为构成海难救助。而在上述水域以外的水域或陆地上对遇险的船舶和其他财产实施的救助不构成海难救助。例如，在造船厂或修理厂对发生火灾的船舶进行救助。但借助其他途径向海上或与海相通水域内遇险的船舶或其他财产实施的救助行为亦构成海难救助。例如，在岸上向起火船舶喷水灭火，或从空中用直升机灭火或吊卸遇险货物或者人员。

四、救助行为原则上产生了救助效果

长期以来，"无效果，无报酬"已成为各国海难救助制度普遍接受的法律规则。所谓"效果"，是指救助人实施的救助行为使得遇险船舶、货物或其他财产脱离危险，免于全部或部分遇难而得以保全。不仅如此，有些国家的海商法在认定效果时，除了直接效果以外，还包括间接效果和无形效果。例如，英国海商法便将间接效果和无形效果看作是救助作业的“有效服务”。而“报酬”是指救助人要求被救助人给付的救助报酬。所以，救助人的救助行为应当有上述效果，才构成以海难救助所生成救助报酬的请求和给付为内容的债权债务关系。在此意义上，救助行为有效果，是海难救助的构成条件。

但是，适应着海难救助实践的发展，海难救助法律制度对于部分海难救助的成立，不以救助效果为条件。例如，根据我国《海商法》第179条的规定，我国的海难救助制度在原则上坚持“无效果，无报酬”的同时，对具有环境污染危险的救助对象，或其他法律规定的，或救助合同另有约定的海难救助，排除了救助效果条件，只要救助人实施了救助行为，即使没有效果，也构成海难救助，有权向被救助人请求给付特别补偿金。可见，作为救助行为的对应条件是以特别补偿金替代了救助报酬。

实例枚举

1999年4月22日，A船运公司所属的“天鹰”号货船在中国X港停靠装货的过程中意外失火，X港公安局消防大队接到火警报告，立即派出所有的消防车和消防船前往救火。同时，X港股份有限公司总调度室也通知下属的B港务服务公司派出两艘拖消两用船到现场参与救火。经过两个小时的扑救，“天鹰”号货船的大火被扑灭，船舶和船上已装货物的获救价值为5 400万元人民币。

B港务服务公司因向A船运公司要求给付救助报酬未果而向海事法院提起诉讼，要求A船运公司支付救助报酬250万元人民币。而A船运公司则认为，根据X港务局和X港公安局颁发的X港消防应急指南，B港务服务公司所属的拖消两用船被列入X港消防体系之内。因此，B港务服务公司派船参与救火，属于履行消防法规定的消防义务，故不得依据《海商法》要求给付救助报酬。经海事法院查证，B港务服务公司是专门从事港口拖驳拖带、水上过驳、船舶维修、船舶供应等作业的企业法人。

可见，本案的焦点在于B港务服务公司参与救火的行为是否构成海商法上的海难救助。虽然B港务服务公司所属的拖消两用船被列入X港的消防体系之中，但是，B港务服务公司作为独立的企业法人不是行政法范围内的行政义务人，并不承担消防法上的消防义务。因此，B港务服务公司对于“天鹰”号货船实施的救火行为构成海难救助，A船运公司应当支付救助报酬。

第四节　海难救助合同

一、海难救助合同的种类和形式

（一）海难救助合同的种类

海难救助合同，是指救助人与被救助人之间在海难救助开始前或进行中达成的、以救助人实施救助行为和被救助人给付救助报酬或特别补偿为内容的协议。

在现代海运实践中，海难救助合同是海难救助范围内普遍适用的法律形式。即使是单方提供自愿救助的，在进行过程中也经常转化为合同救助。甚至在英美法系国家的司法实践中，对非合同的自愿救助，一般也是按照合同救助予以处理，理由是根据被救助人接受救助的事实，救助人与被救助人之间存在着默示的合同关系。

归纳海难救助所适用的合同，可以分为两种，即实际费用合同和“无效果，无报酬”合同。

1. 实际费用合同

实际费用合同，是指根据救助作业实际支出的费用数额和时间计付救助款项的救助合同，又称雇佣救助合同。其特点在于：第一，以救助人提供一定的救助作业劳务为标的。救助人按照约定提供了救助作业即可，不考虑是否有效果，故具有雇佣合同的性质。第二，救助款项是按照救助人在救助作业中实际支付的费用予以确定的，根据若干可确定的因素（诸如救助人提供的人力、物力和时间等），约定为固定的金额。被救助人采取“日租”或“一揽子”方式计付。不论有无救助效果，均不影响救助人收取约定的救助款项的权利。第三，救助作业的指挥权属于被救助人行使，救助中的风险和责任亦由被救助人承担。

因此，有的学者认为，实际费用合同应当属于海上服务业务，而不应列为海难救助的范围①。

2. “无效果，无报酬”合同

“无效果，无报酬”合同，是指按照“无效果，无报酬”原则，约定当事人权利和义务的救助合同。其特点在于：第一，以救助人的救助行为产生的成果为标的。救助人不仅要提供救助行为，而且必须取得救助效果。第二，以“无效果，无报酬”为计付救助报酬的根据。因此，救助合同不约定救助报酬，而是在救助行为实施完毕后，根据救助效果的大小计付救助报酬，具体数额由双方协商确定。第三，救助作业的指挥由救助人负责，相应的，救助作业的风险和责任也归属于救助人。因此，有的学者认为，“无效果，无报酬”合同应当属于承揽合同②。

（二）海难救助合同的形式

由于海难救助合同赖以适用的签约原则和适用对象是一致的，所以各国在海难救助中使用的合同文本，虽然存在着具体差异，但在总体内容上基本相同。为了缩短签约过程，提高在危急场合签约的效率，很多专业救助公司和民间组织设计制作了海难救助合同的标准格式，供当事人签约时选择适用。尤其是“无效果，无报酬”合同适用标准格式已经成为海运市场的惯例，而且在此类合同格式上，均印有“No Cure，No Pay”的字样。其中，最为著名的当推“英式救助标准合同格式”。

---

① 司玉琢，等．海商法详论．大连：大连海事大学出版社，1995：316.

② 贾林青．海商法．北京：中国人民大学出版社，2000：192；张湘兰，等．海商法论．武汉：武汉大学出版社，1996：255.

二、海难救助合同的订立和变更

（一）海难救助合同的订立

由于海难救助往往发生在危急情况下，被救助人和救助人无法就海难救助合同进行充分的磋商，因而有关国际公约和各国海商法对海难救助合同的订立问题，较少适用强制性规定。

（1）海难救助合同的订立形式，包括书面形式、口头形式，或书面和口头并存的混合形式，只要能够证明双方当事人真实明确的意思表示一致，不存在遇险船舶的船长、所有人或其他财产的所有人明确的和合理的拒绝，法律均予以认可。实践中，书面的海难救助合同，通常是救助人提供的标准合同格式。

（2）海难救助合同的成立时间，根据实际情况，可以是救助开始之前，也可以是在救助进行当中，或救助完毕之后，只要双方达成协议，救助合同即告成立，对双方当事人具有法律约束力。所以，我国《海商法》第 175 条第 1 款规定：救助方与被救助方就海难救助达成协议，救助合同成立。

（3）关于海难救助合同订立人的资格，有关国际公约和各国海商法针对海难救助的特点，一般明确规定了被救助方的订立人资格，而救助人的资格则没有限制。例如，我国《海商法》第 175 条第 2 款规定：遇险船舶的船长有权代表船舶所有人订立救助合同。遇险船舶的船长或者船舶所有人有权代表船上财产所有人订立救助合同。根据该法律规定，遇险船舶或财产的所有权人有权订立救助合同是毋庸置疑的，但由于海难救助大多事出紧急，而财产的所有权人并不在现场，因而为了及时进行救助，保护船货各方的共同利益，法律将救助合同的订立权赋予遇险船舶船长。船长有权代表船舶所有人或船上财产的所有人订立救助合同，无须船舶所有人或船上财产所有人的事先授权或事后追认。在此，所有人包括船舶经营人和光船承租人。被代表的船舶所有人或船上财产所有人不得以本人未授权或不予追认为由对抗救助人。至于如何确认救助人的资格，基于船长的地位、职权和进行救助的紧迫性，为了维护海上航行的安全秩序，救助船舶的船长完全有资格代表船舶所有人与被救助人签订救助合同。所以，实践中，海难救助合同的签订人，大多是救助船舶的船长与被救助船舶的船长。不过，船长在签订海难救助合同时，也应当尽可能地考虑被代表人的利益。

（二）海难救助合同的变更

海难救助合同一经成立，即产生法律效力，对救助人和被救助人双方均具有法律约束力。任何一方都不得擅自变更或解除。但是，出于海难救助作业内容和后果以及费用支出的不确定性，有关国际公约和各国海商法为了协调双方当事人的关系，维护相互之间的公平利益，对海难救助合同的变更和无效加以直接的规定。例如，1910 年《救助公约》规定，经一方证明，因有欺诈、隐瞒而订立的救助合同，或救助报酬与救助服务相比过于悬殊，或法院认为有不公平条款的，法院可以认定救助合同无效或予以变更。1989 年《救助公约》也有相似的规定。同样，英美法系各国的海商法中，因欺诈、胁迫订立的救助合同当事人有权予以解除，法院也可予以变更或认定无效。而大陆法系国家的海商立法，则规定在危险中订立的救助合同无效。

我国《海商法》仅在第 176 条规定，法院或仲裁机构可以判决或裁决变更救助合同，而对救助合同的解除和无效则未予规定，表明我国《海商法》只确认救助合同的变更。原因在于海难救助具有紧迫性和及时性，这决定了救助行为不容延缓，故规定救助合同的解除和无效没有实际意义。当然，按照我国《海商法》规定，可以导致救助合同变更的原因是：(1) 合同在不正当的或危险情况的影响下订立，合同条款显失公平；(2) 根据合同支付的救助款项明显地过高于或过低于实际提供的救助服务。

三、海难救助合同当事人的权利和义务

海难救助合同的条款主要表现为救助人和被救助人的权利和义务。此外，海商法也往往明文规定当事人的权利和义务，作为调整非合同救助关系的根据。

（一）救助人的义务

根据我国《海商法》第 177 条规定，并结合救助合同的普遍约定，救助人在救助作业中，对被救助人负有下列义务：

1. 谨慎救助的义务

谨慎救助，是指救助人在救助作业过程中以应有的谨慎，采取在当时情况下一切可以采取的合理的措施进行救助。

实践中，衡量救助人是否谨慎救助的标准，在于救助人在救助过程中，是否发挥了通常的技术；同时，救助人采取的救助措施是否为救助之时的情况所允许的合理措施，能否达到尽量挽救和减少遇险财产的损失、避免造成第三人损失的目标。若因救助人的过失导致救助作业成为不必要，或因救助措施不合理而增大救助难度，或增加了损失，被救助人有权减少或不付救助报酬。

2. 防止或者减少环境污染的义务

基于同样的谨慎要求，救助人还应当在救助过程中，防止或减少被救船舶或其他财产造成环境污染。对此项义务的履行标准必须是以“应有的谨慎”。所谓“应有的谨慎”，是指救助人根据当时的危险现状采取合理措施时尽到了应当具有的防止或减少环境污染的注意，即为了防止或减少环境污染，救助人尽到了相应的注意义务。不过，笔者认为，救助人应有的注意程度要视具体情况而定。如果是专业的救助人员，应当是一个合格的专业救助人员基于其具有的专业救助知识所应尽到的注意；而对于非专业的救助人来讲，应当是一个正常社会成员基于其具有的社会经验所应尽到的注意。

3. 寻求他人援助的义务

在进行救助过程中，救助人认为自己难以单独完成救助任务，需要增加救助人时，应当主动寻找其他救助人参加或协助救助。而在救助人无力完成救助任务时，则应主动将相应的救助作业移交给其他救助人。

4. 接受被救助方合理的增加其他救助人要求的义务

在进行救助过程中，被救助人根据实际情形，判定需要增加救助人而提出合理的增加救助人要求时，救助人应实事求是地接受该请求，并配合其他救助人进行救助作业。但是，如果被救助人的要求不合理，即使被救助人自行增加了其他救助人，原救助人的救助报酬也不受影响。

5. 在安全地点如实移交获救财产的义务

在救助完毕后，救助人应当将获救财产运送至救助合同约定的或双方在救助后商定的安全地点，在没有约定或商定地点时，救助人可以将上述财产运至其认为安全的地点，并在安全地点将获救财产如实地移交给被救助人或其指定的接收人，不得隐匿、转移而据为己有。

（二）被救助人的义务

与救助人的权利和义务相对应，被救助人也负有以下各项义务：

1. 与救助方通力合作的义务

在救助进行过程中，被救助人应采取一切可能的合理措施，积极、主动、尽力地协助救助人进行救助作业。具体表现在：第一，如实告知遇险财产的种类、内容、数量、所处位置等与救助有关的情况；第二，在力所能及的范围内，提供人力、物力，允许救助人无偿使用被救助船舶或其他财产上的设备和材料等；第三，应当服从救助人的救助指挥权，听从救助人的调度和安排。

2. 防止和减少环境污染的义务

被救助人在主动配合救助人进行救助时，同样应当以“应有的谨慎”，即作为合格的船长、船员基于其具有的航海运输知识而应尽到的注意，防止和减少环境污染损害。

3. 及时接受获救财产的义务

在救助完成后，被救助人在接到救助人发出的移交财产通知后，应在通知的地点及时接受救助人移交的获救财产。如果被救助人无理拒绝接受救助人移交的获救财产的，救助人仍然得以要求被救助人给付救助报酬，并有权要求被救助人对无理拒绝接受移交期间保管获救财产的费用给予经济补偿。

4. 根据救助方的要求，提供担保的义务

被救助人应根据救助人的要求，向其提供满意的担保，用以确保救助人能够取得应得的救助报酬。所谓“满意的担保”，即指被救助人用于担保的金额不得低于其经合理预计所应承担的救助款项金额，至于担保的内容和条件应符合有关国际公约或国内法的规定而具有担保的法律效力。而且，为了使被救助人能够及时地向救助人提供担保，法律规定了该义务的履行方式。例如，根据我国《海商法》第 188 条第 1 款和第 2 款的规定，被救助方在救助作业结束后，应当根据救助方的要求，对救助款项提供满意的担保。实践中，为此提供担保的通常是获救船舶的所有人。因此，在不影响前款规定义务履行的情况下，获救船舶的船舶所有人应当在获救的货物交还前，尽力让货物的所有人对其应当承担的救助款项提供满意的担保。

对于被救助人拒不履行担保义务的，我国《海商法》第190条规定，对于获救满90日的船舶和其他财产，如果被救助方不支付救助款项也不提供满意的担保，救助方可以申请法院裁定强制拍卖；对于无法保管、不易保管或保管费用可能超过其价值的获救的船舶和其他财产，可以申请提前拍卖。拍卖所得价款，在扣除保管和拍卖过程中的一切费用后，依照本法规定支付救助款项；剩余的金额，退还被救助方；无法退还，自拍卖之日起满1年又无人认领的，上缴国库；不足的金额，救助方有权向被救助方追偿。

此外，在未根据救助人的要求对获救的船舶或者其他财产提供满意的担保以前，未经救助方同意，不得将获救的船舶和其他财产从救助作业完成后最初到达的港口或者地点移走。我国《海商法》第188条第3款作出的上述规定，意味着救助人在被救助人履行法定的担保义务之前，拥有类似于留置权的权利。

5. 支付救助款项的义务

在救助完成后，救助人应当根据法律规定或救助合同的约定，与被救助人协商确定应给付的救助报酬或特别补偿金数额。协商不成时，可以向法院起诉或申请仲裁。

被救助人有义务向救助人支付救助款项。如果被救助人不履行该义务，救助人有权向法院起诉或向仲裁机构提出仲裁申请，受理救助款项给付请求的法院或者仲裁机构，根据具体情况，在合理的条件下，可以裁定或者裁决被救助方向救助方先行支付适当的金额。而在被救助方根据仲裁裁定或法院裁决先行支付金额后，其依法提供的担保金额应当予以相应的扣减（《海商法》第189条）。

实例枚举

甲海运公司所有的“天时”轮于2004年12月2日，自我国A港装载470个集装箱的货物，驶往B港。当该船驶离港口而途经引水锚地时，与X国籍的“宝石”轮碰撞，致使船体遭受严重损害，货舱大量进水。为了船、货的共同安全，“天时”轮采取措施抢滩搁浅。此后，“天时”轮的船东安排进行自救，卸下船上的燃油和柴油，并将大部分装载在甲板上的集装箱货物卸下。

同时，船东向乙打捞局要求进行救助，为此，双方于12月8日签订了“无效果，无报酬”的标准救助合同。此后，乙打捞局按照甲海运公司制定的救助方案对“天时”轮和货物进行施救，其先后向事发现场派遣了四艘船舶参加救助，一方面派潜水员下水探摸，掌握“天时”轮受损情况；另一方面，由参加救助船舶打开“天时”轮没在水中的舱盖，吊卸舱中的集装箱，并运往就近的A港码头，同时，安排4台水泵进行抽水作业，以便舱中的集装箱露出水面便于吊卸。

由于“天时”轮的倾斜度不断增大，救助方制定了起浮方案，并为此派遣船舶拖带6个500吨浮筒前往现场。至此，卸货、安置浮筒、抽水等项救助工作一并进行，最终，乙打捞局将起浮成功的“天时”轮拖带进A港附近的船厂，交给了船东，双方签署了交船确认书。不过，双方在协商救助报酬的过程中，仅就船舶和集装箱部分的救助报酬达成统一，但就货物部分的救助报酬存在分歧。于是，乙打捞局根据双方所签标准救助合同中有关“该合同第J条款应改为本合同受中国法律管辖，按中国海事仲裁委员会的仲裁规则在北京仲裁”的约定，提出仲裁申请，要求被申请人支付本案的货物救助报酬410万元。被申请人认可申请人对货物实施的救助效果，但认为对方应当提供有关救助报酬的证明材料，且被申请人对货物有自救部分，并非全部为申请人所救，而获救价值与申请人所称数额存在差距。

仲裁庭认为：本案涉及的海难救助成功并有效果，被申请人应当向救助方履行支付救助报酬的义务。根据《海商法》第180条的规定，确认救助报酬应当考虑法定的各方面因素，但救助报酬不得超过船舶和其他财产的获救价值。其中，就双方争议的货物获救价值，认定被申请人自救120个集装箱，余下的450个集装箱为申请人所救，并据此确认获救货物的救助报酬。

通过本案例，大家可以了解救助人与被救助人在海难救助合同中各自的权利和义务，并掌握这些权利和义务的实施情况。

第五节 海难救助款项

根据我国《海商法》第172条第3款规定，救助款项是指被救助方依据我国《海商法》的规定，应当向救助方支付的任何救助报酬、酬金或补偿。

一、海难救助报酬的含义和适用条件

海难救助报酬，是指救助人基于其对于遇险船舶或其他财产进行救助，并取得效果时，有权要求被救助人给付的款项。

海难救助报酬是救助人实施救助行为，并取得效果的回报。显然，海难救助报酬的成立条件就是海难救助的构成条件，尤其是强调以海难救助取得的效果为前提。如果救助人实施的救助行为没有取得救助效果，除法律另有规定或救助合同另有约定外，不构成海难救助，因此，救助人没有海难救助报酬请求权，不能获得海难救助报酬。

海难救助报酬是海难救助制度的基本构成内容，它在海难救助中被普遍适用，是“无效果，无报酬”原则的具体表现。

学术前沿

关于船舶救助报酬性质的不同观点①

海难救助制度的性质很难通过民法的基本原理进行解释，其中所涉及的船舶救助报酬因关涉法律适用的选择，对其定性又成为先决条件，理论上存在多种观点也便不足为奇。

学说一：许多学者认为，船舶救助报酬是基于救助人的救助行为而产生的一种债。

① 陈永灿．船舶救助报酬的法律性质．中国海商法年刊，2010（1）．

理由是，海难救助实际上属于在救助人与被救助人之间基于救助行为而形成表意或者非表意的债之关系。从而，救助人作为债权人有权要求处于债务人地位的被救助人向其支付船舶救助报酬。可见，此观点是建立在传统民法的债权理论基础上的，可以称为债说。

学说二：有学者提出，船舶救助报酬是附属于船舶之上的附属利益。此学说甚至出现于一些国家的海商法和相关的国际公约中，例如1926年《统一船舶优先权和抵押权若干法律规定的国际公约》第4条。该学说是海商法领域的主要学说，可以称为附属利益说。

学说三：有学者认为，船舶救助报酬实质上是船舶所有人利用船舶实施海难救助所获得的一种（意外）收益，属于法定孳息。这种学说主要是在论述船舶抵押权之标的时提出的①，将获取船舶救助报酬作为权利人利用船舶与第三人发生法律关系而取得收益的具体种类，可以称为法定孳息说。

还有学者提出，船舶救助报酬性质的认定应当与享有主体的多样性相对应：它对于救助船舶所有人而言，应是使用船舶（使用船舶以及船上设备等救助成本）的使用收益；对于救助船舶上的船长和船员而言，属于其参与成功救助所付出劳动而获得的对价——劳动报酬。如果船舶是在定期租船合同期间参与海难救助的，承租人依法有权获得的船舶救助报酬，其实质是对其租金损失的补偿。该学说从获得船舶救助报酬的主体入手，分类型确认船舶救助报酬的多种性质并存，可以称为混合说。

二、海难救助报酬的确定

（一）确定海难救助报酬的原则

适用海难救助报酬制度的主要问题是救助报酬的确定和分配。在海难救助制度长期发展的过程中，逐渐形成了确定海难救助报酬的法律原则，并为有关国际公约和各国海商法所确认。

1. 鼓励救助的原则

鼓励救助是海难救助制度的基本原则，同样用于指导海难救助报酬的确定。由于救助人在进行海难救助的过程中，面对着错综复杂的海上风险，有可能要付出巨大的物质牺牲和费用支出，甚至导致救助失败。在此意义上讲，海难救助本身是一种风险性极大的海上活动。因此，要调动海上航运的参与者勇于进行海难救助，维持海上航运的安全秩序，就不仅要在道义上弘扬人道主义，而且应在经济上给予支持，由被救助人给付救助报酬就是重要的支持手段。因此，确定救助报酬应当体现对救助作业的鼓励，用以肯定救助人的救助行为。

2. 救助报酬不得超过获救财产的价值原则

基于民商法的公平原则，在确定救助报酬时，既要达到鼓励救助的目的，又必须维

① 李海．船舶物权之研究．北京：法律出版社，2002：124.

护被救助人的合法利益。因为，救助报酬过高，会导致遇险人为了选择救助人而拒绝及时的救助机会，也会加重其经济负担。所以，法律趋向于以获救财产价值为限度确定救助报酬的原则。该原则既可以与“无效果，无报酬”原则相配合，又符合维护被救助人的利益的要求。我国《海商法》第180条第2款便明文规定此原则：“救助报酬不得超过船舶和其他财产的获救价值。”

3. 救助人有过失而相应减免救助报酬的原则

救助人在救助过程中有过失，意味着救助人违反了谨慎救助的义务，从而救助人应当承担相应的法律后果。其表现就是相应地减免救助报酬。我国《海商法》第187条是该原则的直接体现：由于救助方的过失致使救助作业成为必需或者更加困难的，或者救助方有欺诈或者其他不诚实行为的，应当取消或者减少向救助方支付的救助款项。

（二）确定海难救助报酬的因素

确定救助报酬时，在遵守上述法律原则的前提下，还须结合有关因素予以考虑。为此，有关国际公约和各国海商法规定了确定救助报酬应当予以考虑的因素。我国《海商法》第180条即明文规定了确定救助报酬时，应当考虑的十项因素：

1. 船舶和其他财产的获救价值

根据我国《海商法》第181条规定，所谓“船舶和其他财产的获救价值”，是指船舶和其他财产获救后的估计价值或者实际出卖的收入金额，扣除有关税款和海关、检疫、检验费用以及进行卸载、保管、估价、出卖而产生费用后的价值。其中，“估计价值”，通常是救助作业完成后，获救船舶和其他财产在最初到达地，由当地政府授权或认可的机构或估价师公估的价格。而所谓“实际出卖的收入”，则是指在最初到达地公开竞价拍卖所得的收入。

但是，船员获救的私人物品和旅客获救的自带行李的价值不属于作为确定救助报酬根据的获救财产的价值。

2. 救助方在防止或减少环境污染损害方面的技能和努力

此项因素仅在救助人对构成环境污染危险的船舶和船上财产进行救助时予以考虑。而且，只强调技能和努力，而不考虑效果。

3. 救助方的救助成效

此项因素在适用中，就一般海难救助而言，考虑的是救助对象的获救结果。而就构成环境污染危险的救助对象而言，则应考虑防止或减少环境污染损害的效果。

4. 危险的性质和程度

该项因素的适用，涉及救助人在进行救助过程中所面临的风险，其与救助报酬成正比关系。

5. 救助人在救助船舶、其他财产和人命方面的技能和努力

救助船舶和其他财产，是救助人的自愿行为，而救助人在救助中的技能和努力，往往与救助效果关系密切，因此应在确定救助报酬时予以考虑。同时，虽然救助人命与救助报酬没有直接关系，但是救助人命是一种法定义务，因此也影响着救助报酬的确定。

6. 救助方所用的时间、支出的费用和遭受的损失

出于海上风险和救助效果的不确定性，海难救助无异于一种风险投资。因此，救助人在救助过程中所用的时间、支出的费用和遭受的危险，直接关系到救助报酬，其应是确定救助报酬的考虑因素。

7. 救助方或救助设备所冒的责任风险和其他风险

此项因素所涉及的是救助方在实施救助过程中，可能对第三人造成损害而承担法律责任的风险。它的出现等于救助人投入的救助成本，所以应在确定救助报酬时予以考虑。

8. 救助方提供救助服务的及时性

及时救助可以提高救助的成功率和效果，因此，为了鼓励救助人及时进行救助，将救助的及时性作为确定救助报酬的因素之一。

9. 用于救助作业的船舶和其他设备的可用性和使用情况

用于救助作业的船舶和其他设备的可用性和使用情况，影响到海难救助的效果，也是衡量救助人是否履行谨慎救助义务的标志，所以，以此作为确定救助报酬的因素十分必要。

10. 救助设备的备用状况、效能和设备的价值

救助设备的备用状况、效能和设备的价值，意味着救助人实施救助行为过程中投入的成本，所以应当成为影响救助报酬的因素。

（三）海难救助报酬的分配和承担

1. 海难救助报酬的分配

海难救助人依据法律或救助合同享有救助报酬请求权，而成为海难救助关系中的债权人。

第一，施救船舶的船长、船员，作为救助作业的实际实施者，在取得救助效果后，取得救助报酬请求权。

第二，引航员、救生员、消防员等，在其引航职责以外实施救助，并获得效果的，取得救助报酬请求权。

第三，船上旅客，当其所乘船舶遇险时，在自救行为以外，自愿留船参与救助，并获得效果的，取得救助报酬请求权。

第四，遇险船舶的船员，在其船员职责以外，实施救助，获得效果的，取得救助报酬请求权。

第五，施救船舶的所有人、经营人、光船承租人等，对其船舶实施的有效果的救助，取得救助报酬请求权。

参加同一救助作业的各个救助人的救助报酬，应由各方协商确定；协商不成的，可以提请受理争议的法院或仲裁机构予以判决或裁决。尤其是，在救助作业中救助人命的救助人不得请求救助报酬，但是有权从救助船舶或其他财产、防止或减少环境污染损害的救助人获得的救助款项中，获得合理的份额。

2. 海难救助报酬的承担

海难救助报酬的承担者，即海难救助关系中的债务人，是被救船舶或其他财产的所有人。而海上人命的被救助者，则不承担给付救助报酬的义务。各个承担者以各自的获救财产的价值为限承担给付责任。同时，各个承担者按照各自的获救财产的价值在全部获救财产价值中所占的比例承担相应的给付责任（《海商法》第 183 条）。

学术前沿

军舰实施海难救助的报酬请求权的认识①

随着我国海军参与各种海难救助的增多，军舰请求海难报酬的问题日渐突出。但立法的缺失造成实践中的问题处理无法可依，这不利于军舰积极参与职责以外的海难救助，不利于维护我国在涉外海难救助中的合法权益，更影响到我国海难救助制度的建设和发展。

纵观海商法的发展，军舰实施海难救助的报酬请求权在国际立法层面上，经历了从一概排除到适当确认的过程。诸如，1910 年《救助公约》等传统的国际救助公约都没有直接规定军舰的救助报酬请求权，并将军舰排除在公约适用范围之外。然而，出于鼓励海上救助行为的目的，1967 年修订的 1910 年《关于统一海难救助若干法律规则的公约》议定书改变了原有规定，承认政府公务船舶和军用船舶纳入公约适用范围。至于 1989 年《救助公约》第 4 条虽然一般意义上排除对军舰的适用，但该条第 2 款又允许缔约方决定其军舰适用本公约，但条件是"应将此事通知秘书长，并说明此种适用的条款和条件"，表明该公约的立法精神肯定军舰可以成为海难救助主体的态度。

而各国国内法对此规定不尽相同，主要表现为大陆法系国家的限制态度和英美法系国家的广义原则。前者如德国、俄罗斯、日本、希腊等大陆法系国家的海商法均持限制态度，即将军舰排除在海商法的适用范围之外。而英国、美国等英美法系国家则将军舰纳入海难救助的船舶范围之内，并享有救助报酬请求权。例如，英国的《1894 年商船法》《1947 年皇室程序法》明文确认在获取救助报酬上，军舰与商船享有同等的权利。又如《美国法典》（The United States Code，USC）和美国《商法典航运卷》以及判例均承认军舰享有的报酬请求权。

我国《海商法》涉及军舰与海难救助的规定，包括总则的第 3 条和第九章的第 171 条、第 172 条第 1 项。但因上述规定的不严谨，适用上存在不同理解。一种观点认为，军舰既不能成为救助方，也不能成为被救助方，故不得依据《海商法》获得救助报酬。理由是，《海商法》总则第 3 条与第 172 条第 1 项均将"用于军事的或者政府公务的船舶"排除在外，使得军舰不能成为《海商法》之海难救助的救助船或者被救助船，不能获取救助报酬。另一种观点认为，军舰可以成为救助方，但不能成为被救助方，能够依据《海商法》获取救助报酬。理由之一是：

《海商法》第九章的适用效力优先于总则。因为，《海商法》第 171 条有关对遇险的

① 卢卫彬，陈珺．军舰实施海难救助中的报酬请求权探析．中国海商法研究，2015（2）．

船舶和其他财产进行救助的规定意味着海难救助的船舶范围较之《海商法》总则第3条规定的船舶有所扩大，“可知《海商法》并未排除军舰和公务船作为救助人，它们只是不包括在被救助人之列，即军事的或者政府公务的船艇在作为救助人时是可以适用救助法的船舶，但作为被救助人时则是不能适用救助法的船舶”①。理由之二是：国际公约的规定优先于国内法的适用。相比较而言，我国已经加入的1989年《救助公约》序言中明确表述，其规定的救助标的是指，对“处于危险中的船舶和其他财产”的救助，表明该公约规定的“船舶”范围大于我国《海商法》。一般情况下，国内法与国际公约产生冲突时，除了我国加入时声明保留的条款以外，应当遵守公约的规定，故海难救助的船舶范围应当适用该公约的规定，从而，实施救助的救助人当然包括了军舰。

当然，有的学者提出，由于军舰作为国际主权代表，属于国家财产，因此其从事的活动并非海商法调整的海上商事活动，不受海商法的约束。但是，军舰实施的海难救助具有明显的特殊性，既有政府行为，也有商业行为，更有纯救助行为，既需要适用公法规则，也会涉及私法调整内容。因此，对于军舰实施的海难救助不能一概而论，而应当针对具体情况，分为两类：一类是军舰职责范围内的救助，另一类是军舰职责范围之外的救助。如果是军舰职责范围内的救助，是军舰代表国家实施的公法行为，也是履行我国批准或加入的1974年《国际海上人命安全公约》、1979年《国际搜救公约》等国际公约规定的海军进行海难救助的义务，其经费由国家提供，不应再收取救助费用。如果是军舰职责范围以外实施的海难救助，则属于民事行为，军舰作为救助的参与者与相对方处于平等的法律地位，按照《海商法》的规定享有救助报酬请求权。这已经成为各国立法和海难救助实践的通行做法。

三、海难救助特别补偿的含义和适用条件

海难救助特别补偿是指救助人对于构成环境污染危险的船舶或船上财产进行救助，不论是否获得成功效果，依法律规定有权从船舶所有人处取得的款项。

特别补偿是现代海难救助制度的发展结果，目的是鼓励救助人从事或参与防止或减少环境污染的救助。但是，海难救助的特别补偿是对普遍适用于海难救助的“无效果，无报酬”原则的补充，因为，特别补偿专门用于防止和减少环境污染损害的救助，而且特别补偿的给付，不以取得救助效果为条件。此外，不同于可以列入共同海损而由船方、货方或其保险人分摊的救助报酬，特别补偿不能列入共同海损，通常是由被救助船舶的船舶所有人单独承担（如果船舶所有人参加了船东保赔协会，则最终由保赔协会承担）。当然，这并不影响其向负有责任的其他被救助人行使追偿权。

特别补偿最先出现在1989年《救助公约》中，并被越来越多的国家所接受。我国《海商法》着眼于保护海洋环境，吸收了该国际公约的精神，确立了相同的特别补偿制度。

① 司玉琢，吴煦．论商船和军舰碰撞中商船方的责任限制权利．大连海事大学学报（社会科学版），2007（5）．

适用特别补偿的条件有别于救助报酬的适用条件：第一，救助对象限于构成环境污染危险的船舶或船上财产。第二，救助人专门就构成环境污染危险的救助对象，自愿实施救助行为。第三，救助人在救助过程中没有任何过失。第四，因救助人对构成环境污染危险的救助对象进行救助未取得效果而不能取得救助报酬；或救助人因其救助行为取得了效果而获得救助报酬，但是所得救助报酬的金额小于依法应当取得的特别补偿金额。

按照我国《海商法》第 182 条第 5 款规定，因救助方的过失未能防止或减少环境污染的，可以全部或部分地剥夺救助方获得特别补偿的权利。例如，由于救助人的过失而导致救助作业更加困难，救助人存在欺诈或其他不诚实行为。

四、特别补偿的确定

（一）确定特别补偿的根据

由于特别补偿明显区别于救助报酬，相应的，确定特别补偿的标准也与之不同，因而当事人或受理给付请求的法院或仲裁机构，应当根据国际公约和国内法的规定确定特别补偿。

根据我国《海商法》第 182 条规定，确定特别补偿是以"救助费用"为限。实践中，该救助费用一般包括三项合理费用，即救助人在救助作业中直接支付的合理费用，实际使用救助设备的合理费用（如实际使用设备的折旧、购置或者租用和修理费用等）和投入救助人员的合理费用。

同时，确定特别补偿还应当考虑我国《海商法》第 180 条第 1 款规定的三项因素：救助方提供救助服务的及时性，用于救助作业的船舶和其他设备的可用性和使用情况，救助设备的备用情况、效能和设备的价值等。

（二）特别补偿的支付

必须在依法确定的特别补偿超过救助方依法能够获得的救助报酬时，才得以向救助方支付特别补偿，即被救助船舶的所有人作为债务人支付特别补偿的金额，是全部特别补偿超过救助人已获得的救助报酬的差额部分。

救助人对构成环境污染危险的救助对象进行救助获得效果的，船舶所有人向救助人支付的特别补偿可以另行增加到救助费用的 30%。受理争议的法院或仲裁机构，在认为适当，并考虑到救助方提供救助服务的及时性，用于救助作业的船舶和其他设备的可用性和使用情况，救助设备的备用情况、效能和设备的价值等因素时，可以判决或裁定进一步增加特别补偿的数额，但是不得超过救助费用的 100%。

实例枚举

1996 年 5 月 19 日 20 时，中国 A 海上救助打捞局接到 B 海上货运公司请求救助的电传，得知 B 海上货运公司所属的"利雅"号货船在海上遭遇海难。

为此，中国 A 海上救助打捞局派出"永安"号救助船赶往遇难现场，经询问，发现"利雅"号机舱和货舱均已进水，船体严重倾斜，18 名船员被困在船上。但是，由于风浪过大，无法靠近“利雅”号，“永安”号只得在旁守护。次日凌晨3时，中国A海上救助打捞局再次接到B海上货运公司的电传，告知同意采取“无效果，无报酬”的救助原则进行救助。于是，中国A海上救助打捞局要求“永安”号尽一切所能救助遇难船舶，同时，又派出其他救助船只予以支援。“永安”号先行用救生艇经过反复努力，才将18名船员救出，然后，在其他救助船只的助拖下，将“利雅”号拖至S港，并在近旁抛锚看护。整个救助过程历时12天，中国A海上救助打捞局先后派出4艘救助船只，投入救助人员44名。然而，在中国A海上救助打捞局通知B海上货运公司救助成功，要求其支付救助报酬时，却得不到回音。

1996年6月10日，中国A海上救助打捞局向海事法院申请扣押“利雅”号货轮和船上所载货物。此后，因B海上货运公司和货主未提供担保，中国A海上救助打捞局又向海事法院申请强制拍卖所扣押的船舶和货物，经拍卖获得价款48万美元。6月30日，中国A海上救助打捞局以船主B海上货运公司和货主C贸易公司和D实业公司为被告，向海事法院提起诉讼，要求三被告支付救助报酬。海事法院经过审理，确认拍卖所得48万美元，扣除各项费用后，实际获救价值为38.4万美元。同时，海事法院依据我国《海商法》第180条第1款规定的确定救助报酬的十项因素，认定此次海难救助的救助报酬应为60.2万美元。

结合海商法的海难救助制度的法律理论分析本案，其所涉及的海难救助合同属于“无效果，无报酬”合同。中国A海上救助打捞局对于“利雅”号货轮实施的海难救助取得了救助效果，被救助方应当向救助方支付救助报酬。但是，由于海事法院依法认定的救助报酬应为60.2万美元，大于船舶和其他财产的获救价值，所以被救助方给付的救助报酬应当以获救的船舶和其他财产的价值为限。

知识链接

略论海上救助特别补偿制度的新发展①

“无效果，无报酬”原则作为一种独特的激励机制，是国际海上救助法律制度的核心内容，在海上救助实践中占据着统治地位。20世纪，国际海上救助发生了重大改变，“无效果，无报酬”原则因此而被特别补偿制度修改。

当然，由1989年《救助公约》（第14条）正式确立的特别补偿制度仍是一个年轻的国际海事法律制度。它作为对“无效果，无报酬”原则的补充，在实际运用过程中也暴露出诸多问题，国际社会始终没有停止完善该制度的努力。

客观地讲，特别补偿制度的全部意义，在于颠覆了“无效果，无报酬”原则在被救助人与救助人之间确立的平衡关系，用以确保救助人在特殊的海事救助中，虽然其救助无效果或在只有少量财产获救的情况下，仍能取得报酬。1989年公约以后的实践证明了特别补偿制度的最大缺陷是明显倾向于保护救助人的利益，而对被救助人利益的考虑不足。因此，如何限制救助人取得过高的补偿，以免被救助人失去接受救助的动力，就成

① 摘编自：张博．论海上特别补偿制度的新发展：兼论我国海上救助特别补偿制度的完善．中国海商法年刊，2004年卷.

为建立国际海难救助制度的新的激励机制的现实问题。

其首要原因是1989年《救助公约》在特别补偿制度设计上存在明显的不足：一是没有明确特别补偿应当考虑的全部因素，仅仅提出一个含混的“公平费率”的概念；二是没有规定计算特别补偿的起止时间。从而，特别补偿制度的不确定性，在一定程度上损害了其作为激励机制的功能。

应当说，1992年“Nagasaki Spirit”号船案对特别补偿制度的影响意义重大。英国上诉院最终支持了上诉仲裁员R. Stone的裁决，认为“公平费率”不包含利润，计算特别补偿的起止时间自威胁产生之时起，至救助作业结束为止。由于判例法和劳氏救助合同标准格式约定伦敦仲裁，“Nagasaki Spirit”号船案在相当广泛的范围内成为1989年《救助公约》所确立的特别补偿制度的必要补充。

同时，1989年《救助公约》之后出现的三个实际问题，导致船东互保协会特别补偿条款的适用性问题：一是特别补偿的计算方式非常复杂；二是尽管有“Nagasaki Spirit”号船案确立的标准，但计算特别补偿的起止时间仍然不够明确；三是救助人取得被救助人的担保困难重重。这些问题在船东互保协会特别补偿条款中得到了解决。第一，船东互保协会特别补偿条款的酬金（特别补偿）包括对使用船舶、人员、设备的补偿，实际支出的费用和奖金三部分。而船东互保协会特别补偿条款的附录则将所有费率（计算方式）固定下来，并由专门委员会进行审核修改，从而极大地简化了特别补偿的计算。第二，计算特别补偿的起止时间由当事人双方共同决定。如果救助人书面通知被救助人援引该条款的话，计算特别补偿的开始时间为该通知到达被救助人的时间，而自救助人撤销或被救助人终止该条款时结束。第三，被救助人应当在收到救助人书面通知援引该条款之后2个工作日内提供300万美元的担保。否则，救助人可以撤销该条款，使双方的法律关系恢复到签订该条款之前的状态。

显而易见，船东互保协会特别补偿条款的意义，在于确立了特别补偿的计算规则，推动整个特别补偿制度走向完善，使其逐步演变成一个相对较为成熟和完善的国际海上救助激励机制。

问题与思考

1. 什么是海难救助？
2. 海难救助的成立要件有哪些？
3. 海难救助的种类有哪些？
4. 什么是海难救助合同？
5. 如何签订海难救助合同？
6. “无效果，无报酬”合同的特点是什么？
7. 海难救助合同的当事人有哪些权利和义务？
8. 什么是救助报酬？如何确定救助报酬？
9. 什么是特别补偿？如何确定特别补偿？

第十一章
共同海损

本章提示

共同海损是海商法特有的法律制度，同时，它又以历史悠久而著称。早在公元前9世纪古希腊的法律中即已有记载。应当看到共同海损制度沿用至今，在国际海运市场上历久不衰的原因在于：海上风险难以避免，如果让船方或货方单独承受船舶或货物因海损事故造成的全部后果，则失之公平，也不利于当事人为船货共同利益与海损事故进行斗争。因此，根据民商法的公平原则，着眼于船货双方的共同利益，凡在海损事故中因共同海损行为而受益的各方利害关系人，应当公平地分担损失后果。正如《十二铜表法》上所刻写的："一方为大家牺牲的财产，应由大家来补偿"。可见，共同海损的法理基础建立在为避免共同危险导致的损失，由受益各方共同分担。当然，在学习共同海损制度时，应注意该法律制度的诸多特点。首先，区分共同海损与单独海损是正确把握共同海损理论和运用共同海损规则所需解决的首要问题。其次，虽然各国国内法均规定了共同海损制度，但是在国际范围内尚无关于共同海损的国际公约。相应的，有关共同海损的国际惯例对于处理共同海损事宜具有重要意义。其中，被广泛适用的《约克-安特卫普特规则》是最具影响力的国际惯例。最后，基于船舶的多样性和高技术含量性、货物的复杂性，作为确定各受益方分摊根据的共同海损理算规则较为复杂，这也是共同海损适用中不可忽视的实际问题。

学习本章的重点在于，掌握共同海损的法律概念和法律性质，共同海损的成立要件，共同海损的损失和费用各自的法律含义和内容范围，并了解共同海损理算的含义、理算方法和理算步骤。

关键术语

共同海损　共同海损的损失　共同海损的费用　共同海损理算　共同海损理算人　共同海损分摊价值　共同海损分摊金额　共同海损的宣布　共同海损的时限

第一节　共同海损的概念和法律性质

一、共同海损的概念

共同海损，是指载货船舶在海上运输过程中遭受自然灾害、意外事故或其他特殊情况等，导致船舶、在运货物和其他财产面临共同危险，为了船货等财产的共同安全、免受或减少损害而有意地采取合理的避险措施所造成的特殊牺牲和支出的特殊费用，由各受益方按比例分摊的法律制度。

共同海损是海商法领域内一项最古老而又最具特色的法律制度。它是由初期的海上航运习惯演变而来的法律制度，并不断得到充实和完善。根据古罗马法的记载，《罗得海法》确认了存在于东部地中海罗得岛地区的“为减轻载货而抛弃货物，应由全体分摊”的航运习惯。12 世纪的海事习惯法将共同海损制度予以完善。例如，当时流行于大西洋沿岸的《奥列隆海法》规定了共同海损的适用内容：（1）船长在危急情况下有权抛弃货物，损失由受益各方分摊；（2）船长为了抢救船和货而砍断桅杆或者锚链，损失由受益方分摊；（3）因船舶遇难而抛弃货物，获救的船舶和船上财产，除了船员饮水不可缺少的一个银杯外，都应当参加分摊。但是，这些有关共同海损的海运习惯法仅停留于其内容的罗列，还未形成完整的共同海损制度。

16 世纪以后，随着资本主义萌芽在欧洲各国的出现，海上运输业得到较大发展，调整海商活动的法律制度亦不断完善。其中，关于处理共同海损的规则，因班轮运输方式的出现，而作为附加条款被载入提单中，其内容是赋予船长在出现危险时采取抛货措施的权利。与此相关联，欧洲各国的海商立法中的共同海损制度也日益充实，其标志就是共同海损法律概念的产生。据考证，1684 年的《路易十四法典》中首次提出了类似于现代共同海损制度中的“单独海损”和“共同海损”的法律用语“particular average”和“common average”。而 1721 年荷兰的《鹿特丹规则》不仅第一次确立了现代海商法的共同海损概念“general average”，而且以法律条款表述了共同海损的定义：为了保护船舶和货物而主动采取措施所造成的损害构成共同海损，由船货各方分摊。

随着 18 世纪后半叶资本主义机器大工业的发展，蒸汽机船舶取代木帆船使得海上运输业发生了根本性变化。相应的，共同海损制度作为公平保护船货各方权利的法律制度也为各国的海商法所普遍接受。在海运实务中，几乎所有与海上运输有关的合同，诸如海运提单、船舶租用合同、拖航合同、海上保险合同等都订有共同海损条款。同时，由于现代共同海损关系涉及的技术问题日益专业化，共同海损的分摊比例和分摊金额的确定更为复杂，因而在国际海运界出现了独立的共同海损理算行业，专门从事共同海损理算工作。

当然，各国海商法对于共同海损的定义并不一致。主要有三种代表性的解释：一是英国和日本等国家以共同安全为基础对共同海损作出的内涵较窄的定义解释，认为共同海损行为的目的在于解除船舶和货物遭受的共同危险，共同海损行为终止于共同危险解除之时。二是美国和法国等国家强调共同利益，将共同海损的内涵扩大至获得安全后继续完成航程之时，认为从船舶装货、开航时起，至卸货港为止，为了船舶和货物的共同利益和安全，有意作出的损失和支付的费用称为共同海损。三是折中定义，著名的《约克-安特卫普规则》是其代表。该规则在字母规则部分吸收了英国法的定义精神，规定"只有在为了共同安全，使同一航程中的财产脱离危险，有意而合理地作出特殊牺牲或者支付特殊费用时，才构成共同海损行为"；而在数字规则部分则引入美国的定义精神，将为了共同安全和共同利益而造成的损失和支出的费用均列为共同海损，计算至航程结束之时。可见，所谓折中定义是上述两种定义精神的结合。

我国《海商法》专章规定了共同海损制度。其中，第193条第1款和第194条参考了《约克-安特卫普规则》的折中方法规定了共同海损的定义，"共同海损，是指在同一海上航程中，船舶、货物和其他财产遭遇共同危险，为了共同安全，有意地合理地采取措施所直接造成的特殊牺牲、支付的特殊费用"。同时，第194条则作为共同海损概念的补充，将为了确保发生意外的船舶安全完成本航程而支出的费用和损失列入共同海损的范围。

实例枚举

英、美两国对于过失引起的共同海损采取不承认的态度，并透过判例来加以表现，以下是两个典型案例。

案例一 美国法院对于过失引起共同海损的态度在《海牙规则》制定前后经历了40余年的发展过程，甚至影响到了国际航运界。首先是1897年Irrawaddy船一案的判决。1895年9月，该船满载货物驶往纽约，虽然从开航时起一直处于适航状态，但途中因船长的航海过失而搁浅在新泽西海岸，船长和救助人为使船舶浮起而抛弃部分货物。此后，船方要求货方分摊共同海损遭拒而诉至法院。上诉法院认定《哈特法》规定了船东免责事项，但并未赋予船东可以要求货方分摊共同海损的权利，因而，对过失引起的共同海损，采取了不承认的态度。于是，美国的船东为了改变其在共同海损分摊中的不利地位，在提单背面加入了共同海损疏忽条款（General Average Negligence Clause），规定"由于承运人雇佣人员驾驶或者管理船舶的过失导致的共同海损，货主应参加分摊"。1901年，美国法院审理Yucutan轮的共同海损案，对于因船员过失导致的共同海损，船方能否要求货方参加分摊，判决结果是否定的，理由是：《哈特法》不允许此种做法。此后，1912年美国巡回法院审理Jason上诉案时，就船方与货方签署的"共同海损疏忽条款"裁判有效，这就是有名的"杰森条款"（Jason Clause）。但根据理算师在共同海损理算书中认可的救助人的救助报酬请求以及船货各方所遭受的牺牲和支付的特殊费用，依据《哈特法》第三节规定，法院判决支持货方提出的，其无须分摊船方的损失，而船方应当分摊货方因船舶搁浅行为给其直接造成的货物损失[①]的诉求，表明法院认定了船方因过失造成的共同海损不得要求货方分摊。1933年后"杰森条款"又被发展成为"新杰森条款"（New Jason Clause），主要是将共同海损的费用分摊范围扩大到同一公司的"姊妹船"之间的救助费用。1936年，美国进一步把"新杰森条款"写入《美国海上货物运输法》。

---

① 1904年7月30日，满载杂货的Jason轮因船员在航行途中的航海过失导致该船搁浅古巴南部海岸，船长、船员、救助人等抛弃了2 024袋白糖，才使该船浮起。

案例二　1960 年，Age 船装载木柴前往伦敦的途中，因压载舱破损流失 5 吨压舱水，破坏了船舶稳定性，船舶向一侧倾斜，船长不得不故意搁浅。此后，船方宣布共同海损，货方以船舶不适航为由拒绝分摊损失。该案拖了 8 年之久后，英国法院判决：开航时船舶就已经出现倾斜，船长未能注意到，也未能采取措施，属于承运人在开航时未谨慎处理使船舶适航，因此，船舶搁浅不构成共同海损，货方无须分摊损失。这一判例确立了船东不能免责的过失引起的损失，不属于共同海损的，货方无须分摊的原则。

由此可见，美、英两国对船方过失引起的共同海损均采取不承认的态度，并将其排除在分摊之外。美、英两国作为判例法国家的代表，这些判例仍然会被它们的法院加以适用。

二、共同海损的法律性质

如何理解共同海损的法律性质，涉及共同海损的法律属性和共同海损与单独海损的法律区别问题。

（一）共同海损的法律属性

关于共同海损的法律属性，一般认为它是基于共同海损行为的实施而在各方受益人之间产生的一种债的关系，即在共同海损中，直接承受损失结果的当事人作为债权人而享有要求其他受益人按照所应分摊的部分给付分摊金额；其他受益人则作为债务人，负有按照各自的分摊比例给付分摊金额的义务。但是，对于共同海损所生之债赖以产生的法律根据，则有较大的分歧。主要观点包括：

（1）契约说。英美法学家提出共同海损所生之债是基于货主与船东之间存在的契约关系。英美法上契约的含义较为广泛，不仅当事人之间明确达成协议构成契约，而且当事人实施一定行为也可以成立契约。因此，货主将货物交给承运人便意味着成立了一种契约，约定在船舶和货物遭遇共同危险时，各方承担为共同安全所受到的共同损失。

（2）代理说。美国和日本有的学者认为船长处于船东和货主的代理人的地位，享有在遭遇共同危险时，为共同安全予以处置的权利。

（3）无因管理说。认为共同海损是船长在船货遭受共同危险时，为减少船货的共同损失，维护船货各方的共同利益而临危所作出的处分行为，故应属于无因管理行为。

（4）不当得利说。法国学者提出共同海损对于受益人而言，是基于他人的财产损失所换取的自己财产利益的保全，应当将其列入不当得利的范畴。

（5）衡平说。有的英美学者认为共同海损是建立在衡平原则之上。因为，共同海损的各方利害关系人在发生共同危险时，为了共同安全而以小的财产损失换取大家共同的利益；所以，受益各方应当本着公平原则分担共同海损行为的损失和牺牲。我国《海商法》以民商法的公平原则为基础规定的共同海损制度便借鉴了衡平说观点。

（二）共同海损与单独海损的法律区别

由于共同海损和单独海损都是在海上运输范围内因海上危险造成船货部分损失的事

件，而且实践中又容易交叉并存，因而应将两者加以区别，以便理解共同海损的法律性质。

所谓单独海损，是指因自然灾害、意外事故或者船舶驾驶人员的过失而直接造成的船舶或货物的损失。

相比较而言，共同海损和单独海损存在下述法律区别：

（1）两者发生的原因不同。其中，单独海损是自然灾害、意外事故或船舶驾驶人员的过失等直接造成；而共同海损则是因为船货遭遇共同危险，为了共同的安全而由船长有意采取合理措施导致的损失。

（2）两者的处理依据不同。处理单独海损的依据是当事人之间签订的海事合同（如提单、船舶租用合同、拖航合同等）或有关的国际公约和国内法（如《海牙规则》或者《雅典规则》）以及有关国家的国内海商立法；而各国海商法和有关共同海损的国际惯例则是处理共同海损的依据。

（3）两者的处理结果不同。相比之下，单独海损的损失是由受害人自行承担；如果是因某一方不可免责的过失造成的单独海损，则由过失方承担赔偿损失的责任。而共同海损的损失，则应由各受益方按照各自受益比例分担。

实例枚举

甲船务公司的“金光”轮向乙保险公司投保了船舶一切险，保险期限自 2001 年 4 月 1 日至 2002 年 3 月 31 日。“金光”轮从 A 国 B 港空载驶往我国 C 港受载途中，于 2001 年 7 月 15 日发生机损事故，主机自动停车致使船舶失去航行能力，船长请求丙海事救助打捞局派出拖轮将该轮拖至 D 港，并申请拖轮监护。7 月 22 日，“金光”轮被拖轮拖进乙保险公司指定的船厂修理。船舶修竣时，甲船务公司与货主联系欲往 C 港履行原定航次，但被拒绝。于是，甲船务公司在 9 月 25 日，与他人签订了新的海运合同，由“金光”轮载货开往 X 国。

此次机损事故造成如下经济损失：救助费 14 万元，修理费 30 万元，备件款 1 万元，船舶柴油费 5 000 元，润滑油 2 吨、1 万元，新上润滑油费用 8 万元，监修工人工资 1 800 元，差旅费 2 500 元，港口费 3 500 元等。甲船务公司向乙保险公司提出赔付申请，但乙保险公司对于其中的大多数项目予以拒赔。为此，甲船务公司向 E 海事法院起诉。

在诉讼中，甲船务公司认为，上述各项损失属于共同海损和救助费用，乙保险公司应当予以赔偿。乙保险公司则辩称，上述各项费用中，救助费、修理费属于保险责任，已经赔付，其余各项没有法律根据，应予驳回。因为，润滑油本就是甲船务公司的财产，不属于保险责任。“金光”轮在此次事故中是空载航行，无其他利益方，故该船的机损应为单独海损，不存在共同海损成立的基础。该船在 D 港放弃原定航次，另行装载第三人的货物驶往 X 国，表明该航次自“金光”轮抵达 D 港之时就已经结束，其后发生的费用，不得作为共同海损要求保险赔偿。

E 海事法院审理后，认为：（1）“金光”轮在空载航行中发生机损事故，并驶入 D 港修理产生的有关费用，甲船务公司要求列入共同海损，符合本案所涉船舶保险条款有关

“被保险船舶空载航行并无其他分摊利益方时，共损理算按《北京理算规则》[①] 办理”的内容，即共损成立，由此产生的上述费用，列入共同海损应予支持。(2) 润滑油是船舶航行的必备油料，属于船舶保险条款约定的保险标的，亦应当纳入赔偿的范围。(3)“金光”轮自9月25日放弃原定航次，另行与第三人签订合同，应当认定自此时起，甲船务公司的原航次已经结束，此后发生的费用属于单独海损，不应纳入本案的保险赔偿范围。

借助本案例，大家能够加深对于共同海损的法律性质的理解，并可以准确辨别和区分共同海损与单独海损。

第二节　有关共同海损的国际惯例

在国际海运市场上，用于共同海损的理算规则通常是由民间组织协调制定的。其中，最为著名的当推《约克-安特卫普规则》。19世纪中期，鉴于各国适用于共同海损理算的理算规则不同，会导致同一共同海损事故在不同国家的处理结果过于悬殊的情况。为了改变这一混乱局面，国际航运界、保险界、共同海损理算界强烈要求制定统一的共同海损理算规则。《约克-安特卫普规则》正是在此背景下产生的。

1860年，由英国社会科学促进会发起，欧洲各主要海运国家的航运、贸易、保险和理算各界代表在英国的格拉斯哥举行会议（称为格拉斯哥会议），综合各国有关共同海损立法和理算规则的共同点，形成了包含11条内容的“格拉斯哥决议”。继而，又于1864年和1877年，分别在英国的约克城和比利时的安特卫普城召开会议，讨论修改“格拉斯哥决议”，增加了第12条，并定名为《约克-安特卫普规则》。但是，由于以英国劳合社为代表的消极派反对，《约克-安特卫普规则》未获通过。不过，会议要求各国将该规则列入货物运输提单、船舶租约和海上保险单中。会后，很多国家航运界将1877年《约克-安特卫普规则》的条款订入了货物运输提单和船舶租约。保险人也同意在海上保险单中使用“共同海损条款”。可见，《约克-安特卫普规则》是通过海运活动的当事人自愿协议的方式获得生命力，得以在国际海运市场上推广适用。

此后，《约克-安特卫普规则》在适用过程中，经过1890年、1924年、1950年、1974年、1990年、1994年、2004年和2016年的多次修改，内容不断完善，以适应海运实践中进行共同海损理算的需要。其中，第一次修改的1890年《约克-安特卫普规则》将条文增至18条，而且接受了以法国为代表的共同利益派的主张，首次使用了“安全完成航程”的字样，相应地规定，在发生海难事故后，为了安全完成航程而在避难港进行修理所支付的卸货费、存储费、重装费和船员工资、给养等列入共同海损。

第二次修改的1924年《约克-安特卫普规则》是瑞典的斯德哥尔摩的国际法协会第33届大会上通过的，此次修改后，规则的条文增加为30条，并分为按英文字母排列的

① 本案发生以及诉至法院处理时适用《北京理算规则》，但是，中国贸促会根据最新海运实践和理算实务的变化，于2019年启动了《北京理算规则》修订工作，修订后的新版《中国国际贸易促进委员会共同海损理算规则》于2022年9月1日起正式实施，原《北京理算规则》同时废止。

字母规则和按罗马数字排列的数字规则两部分。其规则内容体现了共同安全派与共同利益派的折中结果，即字母规则规定的共同海损行为着眼于共同安全，而数字规则规定的共同海损项目则反映了共同利益。

第三次修改的 1950 年《约克-安特卫普规则》始自 1947 年在比利时安特卫普召开的国际海事委员会大会，由此至今，《约克-安特卫普规则》的修改工作由该委员会负责。1950 年《约克-安特卫普规则》的修改源于 1924 年规则没有明确规定字母规则和数字规则的适用关系，导致各法院多次出现“错判”，特别是 1928 年英国法院对“马基斯”（MAKIS）轮案[①]的判决，引起伦敦海事、保险界极大震惊。1950 年《约克-安特卫普规则》的重大修改在于规则开头处增加了两个解释条款，明确规定数字规则的适用优先于字母规则，从而解决了原规则对于两部分条款适用关系规定不明确的问题。值得一提的是，第二次世界大战后海运业有较大发展的美国，改变了此前有保留的接受态度而完全接受了 1950 年《约克-安特卫普规则》，促进了该规则的适用。

第四次修改的 1974 年《约克-安特卫普规则》的目的，则在于适应因国际海运业发展而要求简化共同海损理算手续的需要，重点简化了两项共同海损的损失内容——火烤和烟熏造成的损失不得列入共同海损。同时，根据共同安全派的建议，为了安全完成航程而在避难港修理船舶的范围限制在本航次发生的海难事故。此次修改是 1974 年 4 月在德国汉堡的国际海事委员会第 30 届年会上讨论的，有 30 个国家的 400 多名代表参加，我国也首次派代表以观察员身份参加会议。

1994 年 10 月在澳大利亚悉尼召开的国际海事委员会第 35 届会议完成的 1994 年《约克-安特卫普规则》是对 1974 年《约克-安特卫普规则》的完善。其主要修改之处包括：（1）增加了首要规则——“牺牲或者费用，除合理作出或支付者外，不得受到补偿”，从而弥补了数字规则的不足，并使其与字母规则相衔接。（2）原则性地规定了船舶拖带或者顶推其他船舶过程中得以列入共同海损的牺牲和费用的范围。（3）规定了处理环境污染损害或者清除污染物的费用列入共同海损的界限。（4）规定了船载货物因船舶遭遇海难事故而转运时参与共同海损补偿和分摊的权利和义务。

2004 年 6 月，国际海事委员会在加拿大温哥华第 38 届大会上对 1994 年《约克-安特卫普规则》再次进行修改，形成 2004 年《约克-安特卫普规则》。此次修改主要表现在：（1）修改规则六，将大部分救助报酬排除在共同海损以外。（2）修改规则十一，船舶在避难港停留期间的船员工资和给养不得纳入共同海损。（3）修改规则十四，临时修理费用纳入共同海损，并减除船方的节省。（4）修改规则二十，共同海损费用不给予手续费。（5）修改规则二十一，采用浮动年利率计算利息。（6）增加索赔共同海损分摊请求权的

① “马基斯”轮在法国波尔多港装卸时前桅断裂，损及船舶。为保证船舶安全出海航行，要在开航前进行修理，船东支付了修理费，还额外支付了船员工资、伙食费和装卸费。修理完毕后，驶往英国卡的夫港。但由于航行中推进器被海底残损物缠住，改驶法国瑟堡港修理，又支付了各项费用。本案的租约和保险单都写明共同海损按 1924 年《约克-安特卫普规则》理算。双方对两次修理费不属于共同海损费用无异议，但对如何按 1924 年规则来划分认定港口费用、船舶和货物，双方却存在分歧。法院最终判决：字母规则和数字规则应作为一个整体考虑适用。由于该轮在波港修理期间未处于危险之中，按字母规则 A 规定，不应列为共同海损来补偿。该船驶往瑟堡港则是为解除危险，故在瑟堡港支付的费用可列为共同海损。

时效规定。显然，修改后的新规则扩大了船方的赔偿额而减少了货方的共同海损分摊，从而有可能在船方与货方及其保险人之间发生保险费负担的变化，由此导致海上货运合同、保险合同条款的修改，而保险法和海商法也需要进行相应的修改。不过，针对 2004 年规则明显不利于船东利益又难于理解而被很少选择使用的情况，国际海事委员会在国际保赔协会集团、国际共损理算机构、各国海商法协会、国际航运协会、波罗的海国际航运公会和国际海上保险联盟共同参与下，出台了较完善的 2016 年规则版本，最终在 2016 年 5 月美国纽约的国际海事委员会第 42 届大会上获得通过。2016 年规则将 2004 年规则中存在的最具争议的问题予以解决，特别是将 2004 年规则排除在外的救助报酬重新纳入共同海损。

综观《约克-安特卫普规则》的历史，由于该规则是共同安全派和共同利益派妥协的产物，兼顾了船方和货方在共同海损中的利益，并在总结各国共同海损理算的经验中，不断地得到修改和完善，将国际海运实践的新变化和新要求落实到理算规则之中，因而其为越来越多的国家和海上航运的参与者所接受，并在共同海损理算时选择适用，使其经历了 100 多年仍然为首选指数最高的共同海损理算规则。尤其是 1994 年规则被使用最多。2016 年规则的出台，也有望对全球共同海损理算产生重大影响。

第三节　共同海损的成立

一、共同海损的构成条件

认定共同海损，必须具备法定的构成条件。根据我国《海商法》第 193 条第 1 款的规定，其构成条件包括：

（一）共同海损的前提是船舶、货物和其他财产在同一海上航程中遭遇共同危险

船舶及其上装载的货物或者其他财产，在同一航程中同时遭遇海上危险，如果不采取避险措施，则船舶、货物或者其他财产就有灭失或损害的可能。理解该条件涉及两层意思：

（1）必须是船舶、货物或者其他财产在同一航程中所共同面临的危险。为此，必须存在船舶与货物、其他财产因分别属于不同所有权人而形成的彼此对应的利益关系。但是，在同一海上航行过程中，这些对应的利益又因同处于大海之上而构成共同的安全利益。只有当这一共同的安全利益遭遇到共同的危险，一方受损，则各方俱损的时候，才会出现以保护共同的安全利益为目的的共同海损。如果仅是对一方构成的危险，如船东按照航次租船合同驶往装货港的空驶船舶遭遇的危险导致的损失、单纯为了一方的利益而产生的损失、为救助他船而抛弃本船货物的损失等，不属于共同危险，不产生共同海损。

（2）必须是客观真实的实际危险，即客观上必须存在着已经或足以造成船货损失的实际危险。实务中，实际危险包括已经发生的、紧迫的和逼近的危险，故并非是已经发

生的危险，但其必须是不可避免的。例如，船舶因主机故障而失去动力，如不修复，则一旦天气有变，则船舶有倾覆的危险，属于实际危险。衡量实际危险的法律标准应当是客观标准，凡有经验的合格船员都能够认为不及时采取措施，势必导致船货灭失或者损害。因此，基于主观推断的危险或错误判断而采取措施导致的损失不属于共同海损。例如，船长错误判断船舱起火而采取封舱注水等措施造成的损失，不构成共同海损。

（二）共同海损的避险措施应当是有意的、合理的和有效的

该条件的要点是：

（1）共同海损的避险措施目的是保障船货的共同安全，通过采取措施，达到避免或减少共同危险可能造成的船货损失的目的。因此，仅仅是为了解除一方的危险而采取的措施，如为了避免冷藏货物的损害而修理冷冻机械系统故障支出的费用，不属于共同海损。

（2）共同海损的避险措施，原则上是船长指挥进行的，但是在特殊情况下，例如船长不在船上，则其他在岗值班人员也有权采取避险措施。

（3）共同海损的避险措施是有意采取的，即船长或其他负责驾驶或管理船舶的船员主观上明知采取避险措施会造成船舶或货物损失，但是为了避免船舶和货物遭受更大的损失，而主动采取的措施。例如，为了避免船舶和货物的沉没而故意搁浅，或抛弃部分货物或船用物料。

（4）共同海损的避险措施必须是合理的。所谓“合理”是指根据采取避险措施时的实际情况，所采取的措施对于排除或减小危险险情是必要的，且不超过实际需要，符合全体利害关系人的共同利益。衡量是否合理的标准是客观的，即合理的措施是指任何一个具有良好船艺和经验的船长或船员在同样情况下，本着以最小的牺牲换取船货共同安全的原则所选择的措施。其表现为：第一，在可以采取的多种措施中、选择对于解除危险最为有效和节约的措施。例如，选择避难港，不应舍近求远。第二，以达到避险效果为限度。例如，为了避险而抛货的，抛弃廉价货而保留贵重货。第三，合理标准是相对的，应根据实际情况、措施方案的可行性以及效果而综合考虑。不合理措施造成的损失，不构成共同海损。但是，共同海损中包含了不合理成分的，并不否认共同海损的成立，不过应将不合理的部分排除于共同海损分摊以外。

（5）共同海损的避险措施必须是有效果的。共同海损避险措施的有效，是指通过船长或其他船员采取措施，使得船舶和货物所面临的共同危险得以解除或缓解而保全了船舶或货物。这是共同海损的目的所在。因为，共同海损的分摊是以获救财产的价值为基础的，只有存在获救的财产，才有受益利益和分摊共同海损的财产来源。当然，有效果并非要求船舶和货物全部获救。部分财产获救也是有效果，同样构成共同海损。如果有意采取了合理措施后，船舶和货物仍然全部损失的，不构成共同海损。

（三）共同海损的损失必须是共同海损避险措施直接造成的特殊损失

该条件作为共同海损的构成要件，一方面，要求有意采取的合理避险措施直接造成的损失后果，属于共同海损，而因自然灾害、意外事故或船员的过失行为造成的损失，

不属于共同海损。例如，船载货物由于船员为了灭火而造成的污损，属于共同海损。但是，若是意外原因或船方的过失导致的污损后果，则不属于共同海损。另一方面，要求共同海损的损失应当是特殊损失，即超出正常范围以外的财产损失和费用支出，构成共同海损。而船方基于其职责和义务所应采取的措施导致的损失和费用支出，则不属于共同海损。例如，船舶因遭遇海难事故而驶入避难港修理所发生的港口费用、燃料费、物料费等费用，如果该港口不是本航次的预定停靠港，则属于共同海损；反之，则不属于共同海损。应当注意，共同海损的损失虽然是特殊损失，但它只要是采取避险措施直接的、合理的、必然的后果，海运市场的国际惯例便承认这种结果为共同海损，而不论船长在采取避险措施时是否预见到。

以上三个条件是共同海损成立的必备条件，缺一不可。

实例枚举

共同海损

A船务有限公司的“安陆”轮2010年7月11日由X国仁川空载起航，前往青岛受载途中发生机损事故，主机自动停机，导致该船失去航行能力，请轮驳公司派拖轮拖救至大连港锚地，并守护至7月16日14时。其间，拖船送修理工上“安陆”轮工作。7月17日，“安陆”轮由拖船拖带进B船厂修理。该船修竣时，A船务有限公司为去青岛履行原定航次联系货主遭到拒绝。其后，A船务有限公司于9月28日与他人签订新的海运合同，9月29日，“安陆”轮进行第三次试航，10月2日停靠大连港装货，4日完货，10月5日修船厂将主机调速连杆送上船安装完毕，该船于当日开行驶离大连港。

因本次机损事故，A船务有限公司支出救助费14万元、拖船费60 000元、修理费303 440元、备件款38万元、赶修费33 000元、修船工人伙食费12 000元、截至10月5日的船舶消耗柴油19吨折合21 000元、润滑油1 000吨折合7 500元、淡水850吨折合2 500元、85天的船员工资和给养折合250 000元、港口费3 400元等。

如果按照《北京理算规则》分析的话，“安陆”轮虽然空载航行，但发生机损事故后被拖带进入避难港大连港后产生的有关费用，应当列入共同海损，其中包括：该船在避难港大连港修理期间，截至9月28日的船员工资、给养费用、拖船费、船舶燃料费、淡水费、港口费等。至于9月28日之后发生费用的认定，因《北京理算规则》没有关于“中途港放弃原定航次即为终止该航次”的规定，按照类似原则，可以参照1974年《约克-安特卫普规则》第11条“放弃原定航次之日为止”的规定，认定A船务有限公司自9月28日放弃原定航次之日以后发生的费用属于单独海损，包括9月29日试航的拖船费。

本案例帮助大家实际了解判断和认定共同海损与单独海损的实务情况，体会两者的本质区别，有利于掌握共同海损的构成条件，同时，也能够由此把握共同海损理算规则在处理共同海损认定过程中的适用情况。

二、共同海损与承运人的过失

虽然共同海损的损失是船长或其他船员采取避险措施的必然结果，但很多共同海损是承运人的过失行为所引起的，因此承运人的过失关系着共同海损的成立。对此，虽然存在着理论上的争议①，但是国际海运市场的法律实践基本一致，并且，因承运人的过失有可免责与不可免责之分，而形成不同的法律结果。

（一）承运人可免责的过失与共同海损

承运人可免责的过失表现在海上货物运输合同中，是指承运人有承担赔偿责任的主观过失，但是根据有关国际公约、国内法、海上货物运输合同的规定而免除承运人的赔偿责任。例如，《海牙规则》规定因船长、船员或其他受雇人驾驶船舶或管理货物而产生的“管船责任”和“管货责任”便属于承运人的免责过失。同样，在共同海损制度中，各国海商立法和司法实践基本上都认可承运人可免责的过失不影响共同海损的成立。因此，因承运人可免责的过失引起共同海损的，各受益方仍然应当按比例分摊。正如我国《海商法》第 197 条规定的：引起共同海损特殊牺牲、特殊费用的事故，可能是由航程中一方的过失造成的，不影响该方要求分摊共同海损的权利。

美国在 1910 年以前，法院倾向于保护货主利益，限制承运人滥用免责条款。如 1897 年，美国法院处理伊洛瓦迪一案的判决依据《哈特法》② 认定，承运人对于船长、船员驾驶船舶的过失可以免责，然而，不得要求货主分摊共同海损的损失。此案引起的反响是，承运人纷纷在提单中订入共同海损疏忽条款，即“如果承运人已提供了适航船舶，由于其雇佣人员的航海过失或者管船过失导致的共同海损，货主应当参加分摊”。1910 年美国最高法院在裁定“杰森”上诉案时，确认了共同海损疏忽条款的效力，并将其命名为“杰森条款”。自美国 1936 年《海上货物运输法》生效后，各船运公司为了适应该法的规定，对于“杰森条款”进行修改补充，形成了“新杰森条款”。其增加的内容是：“当船舶因船长、船员或者引航员的过失发生事故而需要海难救助时，即使救助船与被救助船同属一个船公司，被救助船仍然要支付救助报酬。该救助报酬可以列入共同海损费用，由受益方分摊”。

---

① 承运人的过失对成立共同海损的影响，理论上存在两种观点：一种认为共同海损是独立于海上运输合同的特殊法律制度。它的成立强调共同海损牺牲和费用的存在，而不以引起共同海损的原因为根据。因此，不论承运人是否有过失、是否履行了海上运输合同的义务，均不影响共同海损的成立。《约克-安特卫普规则》和我国《海商法》持此观点。另一种观点则提出，认定共同海损，其原因与结果之间的因果关系是必然的前提，因此，承运人是否履行了海上运输合同的义务就关系到共同海损的成立。如果是因承运人的过失引起共同危险的，则不成立共同海损。《北京理算规则》持此观点。

② 《哈特法》是美国政府于 1893 年制定的有关美国港口之间或者进出美国港口的海上货物运输的法律。该法的立法重点是保护货主的利益，以适应美国当时海运能力有限，而依赖英国等海运大国的船舶运输进出口的现实。自美国 1936 年《海上货物运输法》生效后，《哈特法》仅适用于承运人在海上运输货物装船前和卸船后的权利、义务和责任以及免责。

（二）承运人不可免责的过失与共同海损

承运人不可免责的过失，是指承运人的过失行为根据有关国际公约、或有关国内法、或海上货物运输合同的规定不属于免责范围之内，承运人不能免除赔偿责任，如承运人提供的船舶不适航、不合理绕航等。如果是承运人不可免责的过失行为引起的共同海损，一般的海运实务和多数国家的司法态度是，将共同海损的分摊请求权与承运人所应承担的赔偿责任予以对应处理，即承运人不可免责的过失并不妨碍共同海损的成立，承运人得以要求受益方分摊共同海损的牺牲和费用。但是，非过失方有权以承运人负有不可免责之责任为由予以抗辩而拒绝参加分摊。《约克-安特卫普规则》规则D和我国《海商法》第197条的规定，均体现了这一精神。实践中，有不可免责过失的承运人一般都会要求受益方分摊共同海损的损失，目的是一旦受益人拒绝分摊，承运人可以向船东保赔协会要求赔偿。

实例枚举

X船公司所属的“洋江”轮于2000年4月15日满载着货主的货物在长江A地水道航行，由于船上的2号电机发生故障致使船舶突然停电，结果该船的舵机失灵，整个船舶无法控制，船舶在巨大惯性的作用下快速向江面左岸冲去，距岸边的石坝不足300米，此时船长下令抛下右锚以减缓船舶的冲力。最终，“洋江”轮以缓慢速度冲到岸边。即使如此处置，事后经过检查，仍然造成锚链断掉10节、右锚丢失的结果。

此后，X船公司就“洋江”轮的锚、链损失提出应当按照共同海损处理，由此引发该损失是否构成共同海损的争议。法院审理本案后，认为上述锚链损失符合共同海损的构成条件：(1)“洋江”轮航行中突然停电致使船舶失去控制，并高速撞向石坝，其后果必然是船毁货损的共同危险。(2)抛锚措施是船长有意实施的，具有合理性，是为了保证船货安全的更大利益而不得不采取的。(3)该事故中造成的断链丢锚应当是特殊的牺牲，因为，锚、链作为控制船舶的辅助工具，在一般情况下的使用不会造成断链丢锚。(4)此次抛锚措施取得了明显效果，有效地避免了船货共损后果。

可以说，本案例具体体现了共同海损的构成条件。

知识链接

“新杰森条款”突显各国对过失引起共同海损的态度分歧[①]

以美英为代表的普通法系国家对于过失引起的共同海损持不承认的态度，但是，德国、日本、希腊、韩国、荷兰、俄罗斯等大陆法系国家的海商法均对过失引起的共同海损采取认可态度，并实行“先分摊后追偿”的原则，强调受益各方应当参与该共同海损的分摊，而且，参与分摊后，不妨碍向过失方进行追偿，体现了共同海损制度的公平合理的精神实质。

---

① 傅廷中．海商法法论．北京：法律出版社，2007：第10章；林均鑫．论我国《海商法》对过失引起共损的规定//关正义．海事审判实务研究．大连：大连海事大学出版社，2006.

我国《海商法》的共同海损一章完全吸收了1974年《约克-安特卫普规则》的内容，具体表现在《海商法》第197条规定："引起共同海损特殊牺牲、特殊费用的事故，可能是由航程中一方的过失造成的，不影响该方要求分摊共同海损的权利；但是，非过失方或者过失方可以就此项过失提出赔偿请求或者进行抗辩。"而1974年《约克-安特卫普规则》规则D首先强调的是：共同海损的分摊权不受影响，即使引起牺牲或者费用的事故可能是由于航海中一方过失所造成的，共同海损分摊也不受影响。两者相互比较，立法的基本精神和文字内容一样，尤其是确认了过失引起的共同海损，应当纳入各方的分摊。

而且，在理解上述规定时，需要强调如下要点：

(1) 其中的"过失"是属概念，包含着可免责的过失和不可免责的过失，未进一步分类。这意味着所有的过失引起的共同海损分摊不受影响，当然都应当纳入共同海损的理算和分摊。

(2) 条文中的"可能"表明，航程中的共同海损确定是由于过失引起的，但可能是由船方、货方或者其他方的过失引起的，不论是任何一方的过失都不影响共同海损的分摊。不过，也有学者认为，"可能"的含义，应当是指先确定各方都没有过失的情况下进行共同海损理算，但在确定分摊时，确定某一方有不可免责过失的，则非过失方得以拒绝参加共同海损的分摊①。

(3) 所谓"分摊不受影响"，就是指不影响各受益方的分摊，非过失的受益方参与分摊是一种义务，对过失方是一种权利；而过失方财产受益的，依法也要分摊，这是过失方的义务，对其他分摊方就是一种权利。这便是该规定所强调的过失引起的共同海损的分摊权不受影响之含义。

另外，根据我国《海商法》第193条和1974年《约克-安特卫普规则》规则A、C的规定，共同海损的构成并不以过失为条件，原因在于，对于发生共同海损的原因采取了不问的态度。只要符合法定条件，共同海损就应当成立，各受益方就应当依据《海商法》予以分摊。因此，我们应当注意和了解美英等国对于过失引发共同海损的态度立场，但不能用美英等国的规定来替代我国《海商法》的规定。

第四节　共同海损的损失和费用

共同海损的直接后果就是因共同海损措施的实施所造成的损失结果，按照其具体内容，可以归纳为两大类别，即共同海损的损失和共同海损的费用。

一、共同海损的损失

共同海损的损失，是指由于共同海损行为直接导致的船舶、货物或其他财产等物质

① 傅廷中．海商法法论．北京：法律出版社，2007：377；韦经建．海商法．长春：吉林大学出版社，1996：380.

形态的灭失或损坏，也就是直接的物质损失，又称作共同海损的牺牲。其典型表现包括：

（一）船舶损失

在此，船舶损失是指由于共同海损措施的实施而直接造成的船舶或船用物料的特殊损失。通常有六种情况：

1. 扑灭船上火灾造成的船舶损失

不论是由于自然原因（如雷电袭击）、意外事故，还是船员的过失，只要船上发生火灾，为了解除船货的共同危险而采取灭火措施造成的船舶损失。诸如，喷水、灌水、封舱、喷射灭火剂、凿船、搁浅等，致使船舶或船机、船上设备的损失属于共同海损的损失。但是，由于烟熏或因火引起热烤造成的船舶损坏除外。

2. 切除船舶残存部分引起船舶的进一步损失和费用

对因海难事故而被折断或实际上已经毁损的船舶残留部分，如船桅、栏杆、舷墙等，此类残存部分留在原处，有可能威胁到船舶的航行安全，为了解除这种威胁而切除该残存部分，由此造成船舶的进一步损坏（如船体的损坏）属于共同海损。但是，切除的残存物本身，即使尚有使用价值的，也不属于共同海损。

3. 有意搁浅造成的船舶损失

只要是以航行的共同安全为目的，船长故意将船舶搁浅所造成的船舶损失，不论是否势必搁浅，均属于共同海损。

4. 因起浮船舶造成的船舶机器和锅炉的损坏

在船舶搁浅并有危险的情况下，只要能够证明是为了共同安全设法起浮，而有意使船舶机器、锅炉冒受损坏的危险（如因强行起浮而使机器、锅炉超负荷工作）造成的损坏，属于共同海损。但是，船舶在浮动状态下，因使用推进机器和锅炉所造成的损坏，不属于共同海损。

5. 因用作燃料而损失的船用材料和物料

在船货遭受共同危险时，为了共同安全的需要，而将船用材料和物料作为燃料使用，该损失属于共同海损。但是，因此获得补偿的，应扣除为原定航程本应消耗的燃料费用。此外，若是因船上燃料配备不足造成上述损失，则其不仅不属于共同海损，还要承担船舶不适航的责任。

6. 为在避难港修理船舶而卸载、储存、重装、搬移造成的损失

当船舶因共同海损事故而受损，为恢复船舶的续航能力而在避难港进行修理时，需要卸载、储存、重装、搬移货物、船上的燃料、物料，在此过程中造成的船舶或燃料、物料的损失，属于共同海损。

（二）货物损失

列入共同海损的货物损失，是指由于采取共同海损措施而导致的船载货物的灭失或损害。通常有三种情况：

1. 抛弃货物的损失

抛弃货物是早期帆船时代最重要的共同海损避险措施。但是，在现代航海技术条件下，抛弃货物只是在采取其他措施仍然不能实现船货共同安全，或采取其他措施的损失大于抛弃货物的损失时，才被予以适用。例如，在船舶搁浅而不能起浮又无法卸货时才抛弃货物。

在海运实务中，船货遭遇共同危险时，船长为了船货的共同安全，有权决定抛弃部分或全部货物，或为了共同安全而往舱内注水或开舱、打洞导致船舱进水而造成货物湿损的，以及随水漂散的散装货物，该类损失均属于共同海损。至于被抛弃的甲板货物，只有符合航运习惯的（如运送木材按照航运习惯而装载于甲板上），才属于共同海损。但是，因烟熏或火烤造成的货物损坏，不属于共同海损。

2. 因其他避险措施造成的货物损失

如果为减载搁浅船舶，或切除船舶残损部分，或为修理船舶而需要卸载、驳载货物，以及在避难港或在卸载、驳载以及货物的储存、搬运、重装、搬移等过程中造成的货物损失，均属于共同海损。

3. 当作燃料使用而损失的货物

在船货遭遇共同危险时，为了共同安全而将船载货物当作燃料使用的，该损失属于共同海损。但是，造成将货物作为燃料使用的原因，是配备燃料不足导致船舶不适航的，则应当由承运人自行承担赔偿责任，并负船舶不适航的责任。

（三）运费损失

作为共同海损的运费损失，是指由于货物在采取共同海损措施时遭受损失，而引起船方丧失的到付运费或自担风险的运费。

因为，到付运费和承运人自担风险的运费，船方获得该运费的条件是货物安全抵达目的港；反之，货物不能到达目的港的，则船方不得获取运费。如果货物不能到达目的港的原因，是共同海损行为导致货物灭失，或船舶受损而不能抵达目的港，只要该受损货物被列入共同海损而得到补偿，则船方损失的运费也应属于共同海损。

二、共同海损的费用

共同海损的费用，是指因采取共同海损避险措施而支出的额外费用，又称特别费用。它不涉及船舶或货物等物质损失，通常包括发生在避难港的额外费用、代替费用和救助费用。

（一）发生在避难港的额外费用

在船舶因共同海损行为而遭受损坏时，为了船货的共同安全或恢复船舶的续航能力而驶入就近的避难港或适当的港口避难或修理，在该港口停留期间发生的额外费用，属于共同海损。具体包括：

（1）驶入和驶离避难港的港口费用、引航费、拖轮费、检验费。

（2）船舶所消耗的燃料费用、物料费用。

（3）驶往和驶离以及在避难港停留期间所发生的船员工资、伙食费。

（4）为了在避难港修理船舶而卸载、储存、重装、搬移船上货物或燃料、物料、其他财产所造成的损失和支付的费用。

（5）修理因共同海损造成的受损船舶而支付的修理费用，也属于共同海损。其中，永久性修理费用，按照“以旧换新”的原则进行扣减；而支付的临时性修理费用，则不作“以旧换新”的扣减。当然，国际上处理共同海损时，大多将船舶修理费用列入共同海损的费用。而根据我国《海商法》第 198 条规定，船舶修理费用则属于共同海损的损失。

（二）代替费用

所谓代替费用，是指出于节省本应列入共同海损的费用而采取替代性的临时措施所支付的较小费用。正如我国《海商法》第 195 条规定的：“为代替可以列入共同海损的特殊费用而支付的额外费用，可以作为代替费用列入共同海损；但是，列入共同海损的代替费用的金额，不得超过被代替的共同海损的特殊费用”。

可见，列入共同海损费用范围的代替费用应具备的条件是：（1）支付该费用的目的是节省共同海损的费用，因此，将本身并不属于共同海损的额外费用转变为共同海损费用；（2）代替费用的金额必须小于被代替的费用。

实践中，属于此类代替费用的额外费用包括：（1）为了节省发生在避难港的额外费用，雇用拖轮将受损船货拖带至目的港所支出的拖带费；（2）为了节省卸载、储存、重装、搬移货物支出的费用，用他船转运货物所支付的转运费用；（3）为了缩短在避难港修船的时间，减少船员工资、给养费、燃料费、物料费等各种费用支出，要求修理单位加班加点所支付的工人加班费。

（三）救助费用

由于船货遭遇共同危险而由第三方对遇险船货实施救助，为此向救助方支付的救助费用，属于共同海损的费用，即“航程中各有关方所支付的救助费用，不论救助是否根据合同进行，都应当列入共同海损，但是，以使在同一航程中的财产脱离危险而进行的救助为限”（《约克-安特卫普规则》数字规则第 6 条）。同时，根据该理算规则的规定，作为共同海损的救助报酬，包括按照 1989 年《救助公约》规定所考虑的救助人在防止或减轻环境损害中的技艺和努力而付给救助人的任何救助报酬。但是，根据该国际公约的规定，船舶所有人付给救助人的特别补偿不得列入共同海损。

（四）其他杂项费用

当事人为处理共同海损事件所支出的各种有关费用，关系到共同海损各方的共同利益，故属于共同海损。主要包括：船货的共同海损保险费、船货的共同海损损失检验费、垫付共同海损费用的利息和手续费、共同海损理算费等。

实例枚举

某一货轮装载着椰干和木薯淀粉从印尼经南非好望角运往鹿特丹和汉堡两港，该船5个舱位中均是底部装载汉堡港的货物，上部装载鹿特丹港的货物。当该船还在南半球航行时，二号舱货物发生自燃起火，船长立即采取注入二氧化碳灭火剂和封舱措施，并将船驶往好望角避难。此后连续10天注入灭火剂，舱内温度逐渐下降，直至检验师登船检验确认可以安全续航时，该船方继续航行。

当该船即将驶抵鹿特丹港时，二号舱温度回升，火灾重起，危及船货安全，遂又注入灭火剂将火扑灭。该船抵达鹿特丹港后，船长决定继续封闭二号舱，该舱内装载的鹿特丹港的货物亦不卸载，而只卸下了其他4个舱内装载的鹿特丹港的货物。然后，该船继续驶往汉堡港。到达汉堡港进行卸载过程中，二号舱启封后，流入的空气重新引起燃烧，只得灌水灭火，舱内货物亦被淹没。

在处理事故后果过程中，对于为灭火而被水淹没货物的损失，如何认定共同海损的分摊范围出现争议。一种意见是所有在启运港装上该船的货物都参与分摊；另一种意见是参与分摊的货物应当限于灌水灭火时存留在二号舱内的货物部分。最终，法院按第二种意见予以裁判处理。

显而易见，本案对于理解共同海损的损失和费用、对于认定分摊范围具有借鉴意义。

第五节　共同海损的理算

一、共同海损理算的概述

（一）共同海损理算的概念

共同海损理算，是指由具备法定资格的海损理算人，对共同海损的损失和费用、各受益方的分摊价值和分摊数额，按照理算规则进行审核和计算的工作。

共同海损的内容较为复杂，因此，在共同海损发生后，共同海损是否成立、共同海损包括哪些损失和费用、这些损失和费用应由哪些受益人分摊和如何分摊等问题，均需要由专业人员进行调查、审核、计算后，才能够得出科学的结论。由此构成共同海损特有的工作内容。

（二）共同海损理算人

针对复杂多样的共同海损情况，海损理算就具有极强的专业性和技术性，只有具备相应专业资格的机构和人员才能胜任此工作。此类专业机构大多称为海损理算事务所，而专业人员则是理算师，两者统称为共同海损理算人。自19世纪，英国人斯蒂文森和威廉·理查德开创海损理算业务至今，世界范围内共有近百家海损理算机构，负责各类共同海损的理算工作。其中，影响最大的是英国共同海损理算机构。共同海损理算人属于民间组织，一般情况下，共同海损理算人是根据共同海损当事人的委托，接受共同海损理算业务的。实践中，这些共同海损理算机构在从事海损理算业务时，大多使用海损理算师协会的名义。

我国的海损理算机构主要是1969年成立的中国国际贸易促进委员会下设的海损理算处，负责海上货物运输合同所规定的共同海损理算工作。

（三）共同海损理算的根据

为了规范共同海损理算工作，各海运国家的海商立法均规定了共同海损法律制度。例如，我国《海商法》第十章专门就对共同海损作出了专章规定。不过，在各国的共同海损理算实践中，作为共同海损理算的主要根据则是共同海损理算规则。所谓共同海损理算规则，是指由民间组织协商制定的指导共同海损理算人进行共同海损理算的规范体系。而且，经过长期的总结，逐步形成了具有普遍适用意义的共同海损理算规则。著名的《约克-安特卫普规则》作为其代表者，已被国际海运界公认为规范共同海损理算的国际惯例。

我国《海商法》第203条明确规定了确定共同海损理算根据的法律原则。（1）共同海损理算，首先以当事人在合同中约定的理算规则为根据。（2）合同未约定所适用的理算规则的，则以我国《海商法》第十章的法律规定为共同海损理算的根据。（3）合同既没有约定，《海商法》也没有规定的，根据我国《海商法》第268条第2款的规定，可以适用有关国际惯例，如《约克-安特卫普规则》。显然，我国《海商法》的规定属于非强制性规范。

二、共同海损的理算方法

共同海损理算所要解决的是共同海损包含的损失和费用范围、各方受益人所应当分摊的价值和金额，这涉及共同海损损失金额、分摊价值和分摊金额的审核和计算，确定相应的数额。

（一）共同海损损失金额的确定

共同海损损失，是指共同海损行为造成的财产损失和所支付的各种费用总和。共同海损损失金额，则是该财产损失和费用的货币金额。由于该损失金额为应当由各受益方予以赔偿的数额，故又被称为共同海损赔偿额。实践中，可以获得赔偿的，一般限于船舶、货物和运费三个方面的损失和费用，因此确定共同海损损失金额便包括此三项内容。我国《海商法》第198条规定了确定船舶、货物和运费的共同海损牺牲的金额的方法。

1. 船舶的共同海损损失金额的确定

船舶的共同海损损失的金额涉及船舶修理和船舶全损两种情况。

首先，船舶修理的共同海损损失的金额，如果船舶已经修理，应根据其修理情况，按照实际支付的修理费，减除合理的以旧换新的扣减额计算；船舶尚未修理的，按照损失造成的合理贬值计算，但是不得超过估计的修理费。

其中，所谓以旧换新的扣减，是指船舶在进行永久性修理的时候，因使用新材料替换旧材料导致船舶的价值超过了船舶恢复原状的价值，则在确定船舶损失的金额时应当从修理费中按一定的比例予以扣减。对此，我国《海商法》未规定具体的扣减标准。《约克-安特卫普规则》数字规则第 13 条规定，船龄不超过 15 年的，不作以旧换新的扣减，船龄 15 年以上的船舶则扣减 1/3 的修理费。是否扣减，应以自船舶建成之年的 12 月 31 日起计算至共同海损行为之日止的船龄确定。但是，船舶的绝缘设备、救生艇及类似的船艇、通信、航海器材和设备、机器以及锅炉等，则按照其使用年限计算扣减额。修理期间发生的船员伙食费、物料费以及修理船舶锚和锚链的费用等，不作扣减。列入共同海损的临时修理费不作以旧换新的扣减。

其次，船舶全损的共同海损损失的金额，包括实际全损和推定全损（修理费用超过修复后的船舶价值），应按照该船舶在完好状态下的估计价值，减除不属于共同海损损坏的估计的修理费和该船舶受损后的价值的余额计算共同海损损失的金额。

2. 货物的共同海损损失金额的确定

货物的共同海损损失金额的确定方法不同于船舶，是指货物本身在海损事故发生之时由于共同海损措施直接导致的损失金额。货物灭失的，应当按照货物在装船时的价值加上保险费再加上运费，减除由于灭失无须支付的运费计算。货物受到损害，而且在就损害程度达成协议前售出的，应按照货物在装船时的价值加上保险费再加上运费，与出售货物净得价款（出售货物的价款减去出售费用）的差额计算。一般情况下，根据《约克-安特卫普规则》数字规则第 16 条的规定，计算货物所受损失应当以卸货时的价值为基础，此价值按照送交收货人的商业发票确定。没有商业发票的，则根据装运价值确定。至于货物在卸货时的价值，则包括货价加上保险费再加上运费，但不由货方承担的运费除外。

3. 运费的共同海损损失金额的确定

运费的共同海损损失金额，是指由于货物的损失导致承运人不能收取的运费金额。同时，由于货物损失，承运人还免除了相应的营运费用的支出。因此，运费的共同海损损失金额，应当按照货物遭受损失造成的运费的损失金额，减除为取得这笔运费本应支付，但是由于损失而无须支付的营运费用计算。

4. 共同海损费用金额的确定

因共同海损而支出的各项特殊费用，包括救助报酬，进入避难港的额外停留期间支付的港口费用，船员工资，给养费用，船舶所消耗的燃料和物料费用，为修理船舶而卸载、储存、重装、搬移货物所支出的费用，其他替代可以列入共同海损的特殊费用而支付的额外费用，垫付的手续费、共同海损理算费用等，应按照实际金额计算。

应当注意，在计算船舶、货物、运费的损失和各项特殊费用的共同海损损失金额时，应当扣除各自的单独海损部分。

（二）共同海损分摊价值的确定

共同海损分摊价值，是指共同海损的各方因共同海损避险措施的实施而分别受益的财产价值和因共同海损损失的财产而可以获得补偿的财产金额的总和。从受益人角度讲，共同海损分摊价值是各方受益人承担分摊义务的对象，是其分担全部共同海损损失后果的法律范围。共同海损的分摊以获救财产的价值为基础。因此，凡是由于共同海损而受益的财产，都必须列入共同海损的分摊价值，参与分摊他人在共同海损中遭受的财产损失。同时，即使在共同海损中遭受损失的财产，其中可以从其他各受益方得到补偿的财产价值部分，也属于共同海损的分摊价值。确定共同海损分摊价值的基本原则，是各受益方以抵达目的港或者航程终止时获救财产的实际净值为基础，根据共同海损理算人的专业审核和计算，由“受益方按照各自的分摊价值的比例分摊”。进一步讲，船舶、货物和运费的共同海损分摊价值，分别依照下列规定确定（《海商法》第 199 条）。

1. 船舶共同海损分摊价值的确定

船舶共同海损分摊价值，是指可以参加共同海损分摊的船舶价值。对此，我国《海商法》第 199 条第 2 款第 1 项规定了两种计算方法：一是按照船舶在航程终止时的完好价值，减除不属于共同海损的损失金额确定。二是按照船舶在航程终止时的实际价值，加上共同海损牺牲的金额确定。

2. 货物的共同海损分摊价值的确定

货物的共同海损分摊价值，是指可以参加共同海损分摊的货物价值。对此，我国《海商法》第 199 条第 2 款第 2 项规定的计算方法是，按照货物在装船时的价值加保险费再加运费，减除不属于共同海损的损失金额和承运人承担风险的运费。货物在抵达目的港以前售出的，按照出售净得金额，加上共同海损牺牲的金额计算。而《约克-安特卫普规则》数字规则第 17 条规定，货物的共同海损分摊价值应当以卸货时的价值为基础，扣除卸货前和卸货时遭受的损失计算。货物的价值，包括货价加保险费和运费，但是不由货方承担风险的运费除外。该价值根据送交收货人的商业发票确定。

3. 运费的共同海损分摊价值的确定

运费的共同海损分摊价值，是指可以参加共同海损分摊的运费数额，但是，限于承运人承担风险而于货物抵达目的港时始得收取的运费。根据我国《海商法》第 199 条第 2 款第 3 项规定，确定运费的共同海损分摊价值的方法是：按照承运人承担风险并于航程终止时有权收取的运费，减除为取得该项运费而在共同海损事故发生后，为完成本航程所支付的营运费用，加上共同海损牺牲的金额。而根据《约克-安特卫普规则》数字规则第 17 条第 2 款的规定，运费的共同海损分摊价值的确定方法是：以承运人在航程终止时应收取的净运费（扣除各种成本之后净得的运费收入）为基础，减除自采取共同海损措施时，至航程终止时止，为赚取该运费所发生的费用。诸如燃料费、船员的工资和伙食费、港口费、卸货费等，是为赚取运费而支付的成本，不属于共同海损。

4. 免除分摊义务的财产

我国《海商法》和《约克-安特卫普规则》均规定，非根据提单载运的旅客行李和私人物品，船长、船员的私人物品，邮件，船货抵押贷款，船长、船员的工资等，不列入共同海损分摊。

（三）共同海损分摊金额的确定

共同海损分摊金额，是指因共同海损避险措施而受益的船舶、货物、运费等各受益方，按照其各自在共同海损中分摊价值的大小，所应承担的共同海损损失的数额。由此可见，各受益方承担的共同海损分摊金额，是以各自的共同海损分摊价值为根据的。所以，我国《海商法》第199条第1款规定："共同海损应当由受益方按照各自的分摊价值的比例分摊。"

在共同海损理算中，确定各受益方分摊金额的具体方法是：

（1）先行计算共同海损的损失率，即以共同海损的损失（牺牲和费用）总额，除以共同海损分摊价值总额，再乘以100%。公式为：

$$共同海损损失率=\frac{共同海损损失总额}{共同海损分摊价值总额}\times 100\%$$

（2）计算船舶、货物运费等各受益方的分摊金额，即以各受益方的分摊价值，分别乘以共同海损损失率。公式为：

船舶的共同海损分摊金额＝船舶的共同海损分摊价值×共同海损损失率

货物的共同海损分摊金额＝货物的共同海损分摊价值×共同海损损失率

运费的共同海损分摊金额＝运费的共同海损分摊价值×共同海损损失率

三、共同海损的理算步骤

（一）共同海损的宣布和时限

1. 共同海损的宣布

共同海损的宣布，是指实施共同海损行为的船舶的船长通过法定程序，公布共同海损发生的事实，通知各受益方和有关方面，并向各受益人提出分摊共同海损请求的行为。

一般情况下，在共同海损发生后，船长应当及时将共同海损事故情况向船东或船东的代理人进行报告，经船东或船东代理人授权后，船长在船舶抵达第一停靠港后宣布共同海损，并应分别通知船舶保险人和收货人。当然，船长在没有授权的情况下，也有权宣布共同海损，国际上承认此类宣布的法律效力。同时，作为申请人的船舶所有人或其当事人应当根据提单或船舶租用合同约定的共同海损理算规则，委托共同海损理算人进行理算。

而且，由于共同海损理算的时间和地点关系到各方当事人的利益，因而各国海商法或者理算规则均对理算地点作出明确规定。例如，《约克-安特卫普规则》规则G便规定，"共同海损的损失和分摊，应当以航程终止的时间和地点的价值为基础进行理算"。

共同海损的宣布具有重要意义，它是船舶所有人行使共同海损分摊请求权的标志，也是开始共同海损理算的前提。并且，经过共同海损宣布的，船舶所有人无法得到分摊补偿的损失，可以从船东保赔协会得到赔偿。即使是对共同海损的发生有不可免责过失的船舶所有人，在货方以其过失为由拒绝分摊共同海损时，同样可以向船东保赔协会提出赔偿要求，前提是必须已经宣布了共同海损的发生。反之，船舶所有人若不宣布共同海损，则被视为放弃了共同海损分摊请求权，船东保赔协会不予赔偿。

2. 共同海损的时限

共同海损的时限，是指共同海损的当事人，在共同海损发生后，宣布共同海损或向共同海损理算人提供有关材料的法定期限。

共同海损的当事人应当在共同海损的时限内，实施宣布共同海损或者提供有关材料的行为。否则，将承担对其不利的法律后果。不过，具体的时限期间则应当以有关法律或共同海损理算规则的规定为准。我国《海商法》第 196 条规定："提出共同海损分摊请求的一方应当负举证责任，证明其损失应当列入共同海损"。

而《约克-安特卫普规则》规则 E 亦增加了提供证明材料时限的规定："所有提出共同海损索赔的关系方应于共同航程终止后 12 个月内将要求分摊的损失或者费用书面通知海损理算师。如不通知或者经要求后 12 个月内不提供证据支持所通知的索赔或者关于分摊方的价值的详细材料，则海损理算师可以根据他所掌握的材料估算补偿数额或者分摊价值。除非估算明显不正确，否则，不得提出异议。"

（二）确定海损分摊人

为了认定共同海损分摊义务的归属，必须先行根据共同海损的实际情况，确定共同海损分摊人。

共同海损分摊人，是指有义务分摊共同海损的各受益方。一般情况下，共同海损分摊人包括：

（1）船舶所有人。共同海损离不开船舶，则船舶所有人作为共同海损的受益人，应当分摊共同海损。而其所应分摊的财产价值不仅包括其船舶因共同海损避险措施而被保全的部分，而且，因共同海损行为而损失的船舶部分，也应计入共同海损的分摊价值。

（2）货物所有人。共同海损涉及货物时，货物所有人（托运人或者收货人）便成为共同海损分摊人。其所应当分摊的财产价值包括基于共同海损避险措施而保全的货物和因共同海损行为而损失的货物部分，相应的货物所有人均应分摊各自所有的货物价值。

（3）运费取得人。如果因共同海损避险措施而形成的受益结果涉及运费，则有权获得运费的当事人便成为共同海损分摊人。海运实践中，运费取得人往往是作为承运人而享有运费请求权的船舶所有人，或是船舶经营人，或是船舶承租人。运费取得人参与分摊的财产价值包括因共同海损避险措施而保全的运费金额和在共同海损中损失的运费金额。

（三）出具共同海损理算书

接受委托的共同海损理算人，应按照共同海损的构成条件，认定委托人所委托的海损事故是否属于共同海损，在此基础上进行调查，根据当事人提供的有关材料和证据，进行审查和核算，确定共同海损的损失和费用后果、同一航程的各方受益人的分摊价值和分摊金额，最后编制共同海损理算书。

这表明共同海损理算人从事共同海损理算工作的结果，是其编制的共同海损理算书。

它是共同海损理算人对于共同海损事故进行调查和审核计算之后编制的书面文件。其内容包括共同海损事故情况概述、共同海损的损失和费用划分表、共同海损分摊表、共同海损收付结算表等，并附有相应的证明文件。共同海损理算人提供的共同海损理算书对于共同海损当事人并不具有法律约束力，而只是一种初步证据，其作用仅仅是证明所产生的损失和费用是共同海损避险措施的结果，证明该损失和费用的金额和各受益方的分摊金额。当事人对其有异议的，可以提请仲裁或者诉讼。

（四）共同海损的担保

共同海损的担保，是指在共同海损发生后，为了确保共同海损的分摊，根据有关方请求，由共同海损的受益方实施的保证履行分摊义务的行为。

从海商法理论上讲，提供共同海损担保的可能是共同海损的各个分摊方，即“经利害关系人要求，各分摊方应当提供共同海损担保”（《海商法》第 202 条第 1 款）。而在海运实践中，通常是根据船方的要求，由货方提供共同海损的担保。因为，一般情况下，是由船方在抵达第一停靠港后宣布共同海损，提出分摊请求，所以，为了保证货方切实履行分摊义务，往往要求作为当事人的货方提供担保。共同海损担保经常适用的方式包括：

1. 由货方提供共同海损保证金

共同海损保证金，是由收货人在提货之前，向船方提供的保证履行共同海损分摊义务的现金担保。

共同海损保证金的处理方法是存入特定银行的特别账户，由共同海损理算人决定该保证金的使用。具体而言，根据《约克-安特卫普规则》数字规则第 22 条的规定，该保证金应当以船舶所有人和保证金交付者所分别指定的代表的联合名义，存入经双方认可的银行的特别账户，作为提供该保证金的货方向有权收取共同海损分摊金额的人提供担保。如经理算师书面证明，可用保证金进行预付或者退还给支付者。我国《海商法》第 202 条第 2 款规定：“以提供保证金方式进行共同海损担保的，保证金应当交由海损理算师以保管人名义存入银行。”

应当注意，“保证金的提供、使用或者退还，不影响各方最终的分摊责任”（《海商法》第 202 条第 3 款）。当然，因保证金可能产生的利息也应列入履行分摊义务的范围，而超过最终确定的共同海损分摊金额的保证金及其利息部分，应当返还给交付者。

2. 由货物保险人提供的共同海损担保函

共同海损担保函，是指收货人在提货之前交付给船舶所有人的、由货物保险人签署出具的、以保证收货人履行分摊义务为内容的书面文件。

海运实践中，收货人为了能够及时提取货物，可以要求其货物保险人为其向船舶所有人出具共同海损担保函。在该担保函中，货物保险人就收货人履行共同海损分摊义务向船舶所有人提供担保责任。当然，货物保险人的该项担保责任是补充性的，只有在收货人拒不履行分摊义务时，船舶所有人作为共同海损分摊请求权人（债权人）才能够向货物保险人要求履行担保责任，否则不得依据担保函直接向货物保险人行使权利。

共同海损担保函，根据货物保险人所提供的担保责任的范围，分为限额担保函和无限额担保函。前者是以货物保险人向作为被保险人的收货人承担的货物保险金额为限，向船舶所有人承担收货人履行共同海损分摊义务的担保责任，即货物保险人在货物保险金额范围内，向船舶所有人支付收货人的共同海损分摊额，而超过货物保险金额的共同海损分摊部分，则由收货人自负。后者则是货物保险人对于最终确定的收货人所承担的全部共同海损分摊额承担担保责任。因此，不论该分摊额是否大于货物保险金额，货物保险人均应向船舶所有人予以全额支付。不过，对于其所支付的超过货物保险金额的部分，货物保险人有权向收货人进行追索。而且，货物保险人通常会要求收货人提供反担保函，用以保证其追索权的实现。

3. 由船货双方签署共同海损协议书

共同海损协议书，是指共同海损中的船舶所有人与货物所有权人就共同海损的分摊和给付事宜签署的协议书。

共同海损协议书对于双方当事人具有法律约束力。各方当事人应当按照该协议书的约定内容予以履行。

4. 由船货双方签署不分离协议书

不分离协议书，是指在共同海损事故发生之后，涉及需转船运输货物时，由船货双方签署的，约定共同海损分摊的权利和义务不因货物的转运而受影响的协议书。

显然，不分离协议书适用于船舶所载运的货物，在共同海损事故发生后需要他船转运的情况下，用以避免转运货物的所有权人以船货分离、已不存在共同安全利益为由拒绝承担共同海损分摊义务，保护船舶所有人的利益。

鉴于海运船舶承运的货物可能涉及若干个货主，船舶所有人在共同海损发生后至货物转运前，很难与所有的货主签署不分离协议书。为了防止因此产生争议，《约克-安特卫普规则》字母规则 G 特别增加了如下规定：船舶在任何港口或地点停留，并且将发生共同海损补偿时，如果全部货物或者其中的一部分货物用其他运输方式运往目的地，并已尽可能通知了货方，则共同海损的权利和义务，将尽可能地如同没有此一转运而是在运输合同和所适用的法律所许可的时间内由原船继续原航程一样。当然，因此认作共同海损补偿而由货物分摊的部分，不应超过假如由货主承担费用把货物转运至目的港所应支付的费用。

5. 由船舶所有人行使留置权

当货方拒绝参加共同海损分摊，并拒不提供共同海损担保时，船舶所有权人有权对于尚处于其控制之下的属于该货主的货物予以留置，并依法予以拍卖，以所得价款抵偿该货主所应当分摊的共同海损损失金额。

实例枚举

1998 年 1 月 13 日，A 商贸公司向海事法院起诉，请求海事法院依法确认被告 B 远洋运输公司所属的“双华”轮搁浅导致的船货损失不构成共同海损。海事法院经过审理，查明了以下案件事实：1997 年 10 月 5 日，“双华”轮在 X 国 G 港装载 A 商贸公司托运的

9 000吨化肥，驶往中国J港。在中途停靠Y国H港临时修理后驶出H港时，“双华”轮因航道水位较浅而搁浅于航道中的浮鼓上。由于搁浅的部位是“双华”轮的船头和船尾，而船载主要装载于船的中部。船长判断，如果不尽快脱浅，势必会造成船体变形甚至船体板断裂的危险，而且，一旦船体漏水则将扩大所载货物的损失。于是，船长命令卸下了船上所载的A商贸公司的化肥3 000吨，此后，“双华”轮为了摆脱困境而全速后退，如此数次操作后始得以脱浅。但是，船体已然受损。为了保证继续航行的安全，“双华”轮返回H港进行了必要的修理后，于10月28日驶抵中国J港。次日，船长宣布共同海损，而A商贸公司因持有异议而诉至海事法院。

本案的争议焦点是“双华”轮搁浅导致的船货损失是否属于共同海损。根据上述案件过程，显然，在“双华”轮的船头和船尾搁浅的情况下，船体变形断裂威胁到“双华”轮和船上所载货物的共同安全，属于船货遭遇的共同危险。从而，船长为了船货的共同安全而有意采取的避险措施产生的损失和支出的特殊费用构成共同海损。

知识链接

评析2004年《约克-安特卫普规则》①

经国际海事委员会第38届大会于2004年6月修改后的《约克-安特卫普规则》，与此前的1994年《约克-安特卫普规则》相比较，修改主要涉及六个方面：

（1）修改规则六，将大部分救助报酬排除在共同海损之外。

这是争论最多的问题。长久以来，各海运国家把它当作典型的共同海损费用。而英国有所不同，规定对救助报酬给予补偿，却否认将其纳入共同海损。1974年修改1950年《约克-安特卫普规则》时，在规则六中加入救助费用属于共同海损的规定，1994年《约克-安特卫普规则》延续了此规定。

对此，国际海上保险联盟很不满意，主张将救助报酬排除在共同海损之外。而国际航会则主张应将救助报酬作为共同海损费用纳入共同海损之中，重新理算和分摊。经过大会表决，修改规则六的提案获得通过。

（2）修改规则十一，规定船舶在避难港停留期间的船员工资和给养不得确认为共同海损。

按原规则，上述船员工资和给养应纳入共同海损。对此，与会代表意见不一。有的代表提出这些费用属于滞期损失，根据规则C不得作为共同海损受偿。有的代表却认为这些费用列为共同海损已为许多国家法律所接受，不应修改。

（3）修改规则十四，将临时修理费用确认为共同海损但应减除船方的节省费用。

根据原规则十四，船舶在避难港需要永久修理但为节省时间和费用而仅作临时修理的，该临时修理费用以因此所节省的如不在该地作临时修理将产生的共同海损费用为限，确认为共同海损。

在大会上，有些代表对此提出异议，认为船方不应从中得利，故需要进行修改。

① 摘编自：叶伟膺．评《2004年约克-安特卫普规则》．中国海商法年刊，2004年卷．

(4) 修改规则二十，规定共同海损费用不给予手续费。

根据原规则二十第1款，除船长、高级船员和一般船员的工资、给养以及不在航程中补充的燃料和物料外，按共同海损费用2%计算手续费，认入共同海损。

此次大会，将上述规则二十第1款予以删除，对共同海损费用一律不补偿手续费。

(5) 修改规则二十一，规定采用浮动年利率计算利息。

原规则二十一规定："对于共同海损费用，牺牲和受偿项目，应给予年利率7%的利息，计算至共同海损理算书发出后三个月之日止。"多年实践证明，该年利率7%的共同海损费用的利息明显偏高。而且，固定的年利率缺乏灵活性。因此，新规则改为按浮动的年利率计算共同海损费用的利息。

(6) 增加了索赔共同海损分摊请求权的时效规定。

原规则无此项规定，新规则增加规则二十三，对于共同海损分摊的时效作出规定，其主要内容是：要求共同海损分摊的一方在共同海损理算书作出后1年内提起诉讼。但是，同一航程结束之日起6年后不得提起诉讼。若同一航程结束后有关方同意，上述期限可以延长。

国际海运实践中，对共同海损制度的存废有正反不同观点，此次对《约克-安特卫普规则》的修改再次证明，共同海损分摊制度，在今后一段时间内仍然不可完全废除，而应沿着合理改革与简化的方向发展。

虽然，修改后的新规则对船方不利，但是船东增加的费用负担不是很大，在海运成本中所占比例较小，故对运价影响不会太大，并且，由于《约克-安特卫普规则》不是强制性的，故只能是在合同当事人选择适用时才予以适用。因此，在一定时间内，新规则难以被普遍适用，甚至会出现1974年、1994年和2004年三个规则并存的局面。

问题与思考

1. 什么是共同海损？共同海损有哪些法律特征？
2. 共同海损的构成条件有哪些？
3. 什么是共同海损的损失（牺牲）？共同海损的损失包括什么内容？
4. 什么是共同海损的费用？共同海损的费用包括什么内容？
5. 什么是共同海损的损失金额？如何确定共同海损的损失金额？
6. 什么是共同海损的分摊价值？如何确定共同海损的分摊价值？
7. 什么是共同海损的分摊金额？如何确定共同海损的分摊金额？
8. 什么是共同海损理算？
9. 什么是共同海损的宣布？
10. 什么是共同海损的时限？
11. 什么是共同海损的担保？具体的担保方法有哪些？
12. 共同海损分摊人有哪些？

第十二章
海上油污损害赔偿责任制度

本章提示

海上油污损害是海商法领域的特殊海上侵权行为。随着海上运输事业和海上石油开采业的发展，海上油污损害事件频繁发生，诸如大型油轮触礁搁浅或者船舶碰撞导致所运载的原油泄漏，由此造成的油污损害后果日益严重，对海洋环境构成重大威胁，这引起了世界各国和国际社会的高度重视。为此，从20世纪60年代以来在国内法、国际公约、民间协定中出现了有关防止船舶污染及其损害责任的规定，在海商法领域形成了新兴的海上油污损害赔偿法律制度。我国政府亦颁布了一系列调整海洋污染的法律规范，构成较为完整的海上污染法律制度体系，并加入1969年《国际油污损害民事责任公约》。相应的，我国《海商法》为避免重复而未单独规定油污损害民事赔偿责任，而将其列入“海事赔偿责任限制制度”的范畴之内。不过，在海商法理论上，海上油污损害赔偿仍然是独立的法律制度，故应当注意掌握海上油污损害赔偿责任制度特有的构成条件、适用范围、责任主体、赔偿范围、责任限额等方面与一般海事赔偿责任的区别。

学习本章的重点是，掌握海上油污损害赔偿责任的概念、特点和构成条件、责任主体、赔偿范围、责任限额等内容。

关键术语

海上油污损害　事故性海上油污损害　排放性海上油污损害　海上油污损害赔偿责任　海上油污损害赔偿责任主体　海上油污损害赔偿责任限制基金　国际海上油污损害赔偿基金

第一节 海上油污损害的概念和种类

一、海上油污损害的概念和性质

海上油污损害，是指船舶或者其他海上移动式装置在海上营运中或者发生海难事故时，往海洋中溢出或者排放油类货物、燃料油或者其他油类物质[①]而造成海洋污染，并因此引起财产损失或者人身伤亡等损害结果的事件。从海洋环境角度讲，此类事件：严重损害海洋水质，减损海水的使用价值；危害海洋生物资源的生长与繁殖，破坏包括渔业在内的海上生产经营活动；影响到海洋与大气之间正常的交换作用，损害了海洋环境的自净能力；甚至对局部地区的气候也产生严重的不利后果。随着海上油类货物运输和海上石油开采业的发展，海上油污损害事件不断增多，油污损害后果日益严重。例如，2002 年 11 月 19 日，希腊油轮“威望”号在西班牙海域断裂沉没后，泄漏出数万吨原油，在沉没海域形成了漂浮的油污层，使得当地渔业生产遭受严重破坏，也威胁到成百上千的海鸟的生命，被称为历史上最严重的原油泄漏事件，对附近海域造成无法估量的环境破坏。

由此可见，海上油污损害属于环境侵权行为，是一种特殊的海事侵权行为。其特殊之处在于跨国性，原因是海上营运船舶在各国水域的运动性和海洋环境的自然特性。而且，这种侵权行为产生的消极影响波及范围广泛，损害后果难以用金钱衡量。

二、海上油污损害的种类

海商法理论根据海上油污损害发生的途径，将海上油污损害分为船舶引起的海上油污损害和海洋石油勘探或开发引起的海上油污损害；按照海上油污损害发生的方式，分为事故性海上油污损害和排放性海上油污损害。

（一）船舶引起的海上油污损害和海洋石油勘探或开发引起的海上油污损害

船舶引起的海上油污损害，是指海上油污损害的污染源来自船舶溢出或排放的油类物质。20 世纪中叶以后，伴随着石油开发和石油加工业的发展，海上运输成为石油运输的主要渠道，相应的，专门用于运输石油的油轮日益增多，并向巨型化发展。因此，油轮遭遇海难事故导致石油泄漏而造成海洋污染的事件不断出现，引起的海上油污损害后果日益严重。可以说，船舶引起的海上油污损害已成为海上油污损害的主要根源。

海洋石油勘探或开发引起的海上油污损害则是指海上油污损害的污染源来自石油勘探中发生井喷的石油、钻机运转排出的残油和运输石油的管道泄漏的石油。

① 油类物质，在海上油污损害范围内是指持久性油类，如原油、燃料油、重柴油、润滑油及鲸油，不论是作为货物装运于船上，还是作为船舶的燃料。这些持久性油类不易挥发而随水流四处漂浮造成海洋环境的污染。

（二）事故性海上油污损害和排放性海上油污损害

事故性海上油污损害，是指营运船舶或投入生产的石油勘探、开发设备因当事人的过错、不可抗力、意外事故等原因发生事故，导致石油遗漏形成的损害事件。在国际海运实践中，事故性海上油污损害的损害后果严重、影响范围广泛，成为海上油污损害的主要原因。

排放性海上油污损害，则是指船舶在营运过程中，有意识地排放燃料油、润滑油或含油污水等，造成了海上油污损害。其中，在有关法律或者国际公约规定的排放标准范围内排放油污的，属于正当排放。而超过法定排放标准或者在禁排区排放油污的，构成不正当排放。应当说，在海上运输中大量存在的经常性的不正当排放，也是造成海上油污损害的又一重要原因。

实例枚举

1989年3月23日午夜，“埃克森·瓦尔迪兹”号超级油轮满载21万余吨原油从阿拉斯加州V港A码头起航，按照该港通航规章沿南向分隔航道航行。为了避开冰川崩裂的浮冰，船长于23时10分命令该船偏离通航区左转向东南的浅水区方向行驶。23时50分，船长离开驾驶室，由三副负责航行值班。23时55分，该船驶入灯塔指示的扇形暗礁危险区，三副来不及标定船位，马上用大舵角来改变航向。24日凌晨零时9分“埃克森·瓦尔迪兹”号超级油轮在距V港20海里的布莱暗礁上搁浅，大约35 600吨原油流入阿拉斯加沿岸1 200海里的海域，造成美国迄今最严重的船舶漏油事件。此次油污染给该海域的海洋生物、水产资源、海洋环境以及人类健康带来严重的危害，该油轮所属的埃克森公司为消除油污染的影响支付了20亿美元。

美国国家运输安全委员会对此次船舶漏油事件的调查结果是，指挥（船长在酒后判断力失当状态下指挥，且未坚持在驾驶室监视）、操作不当（三副超负荷工作过度疲劳造成操纵船舶失误）的人为因素是直接原因，船东在人员配备方面的失职（只配备3名船员而增加了船员工作负荷）是最根本的原因。

本案让大家切实认识到，为了维护国际海上运输的正常秩序和地球上海洋资源的环境安全，海商法创设独立的海上油污损害责任制度具有重大的法律价值和社会意义。

第二节　有关海上油污损害赔偿的国际公约与相关规则

海域污染问题已受到国际航运界和法律界的重视，各方纷纷着手尝试建立保护海洋环境的国际规则制度。一些航运国家、国际组织，甚至某些民间团体都纷纷或者制定法律，或者缔结国际公约，或者签订民间协议，试图防止和控制海域污染并追究污染者的法律责任，形成了包括国际法律规则、国内法律规范和民间协议条款在内的“立体保护屏障”。

一、有关海上油污损害的国际公约

（一）1954 年《防止海洋油污国际公约》及其修订

1954 年在伦敦召开的防止石油污染国际会议上通过的《防止海洋油污国际公约》是第一个海洋环境保护的国际公约，并于 1958 年 7 月生效。该公约规定，禁止 150 总吨以上的油轮和 500 总吨以上的其他船舶在离岸 50 海里以内排放油类或油类混合物。1962 年修正案将 50 海里扩大到 100 海里。但是，船旗国，尤其是方便旗国既未严格遵循公约的标准，也未严厉惩罚造成油污的船舶。因此，公约在实践中难以奏效，油污损害仍然严重。而且，该公约并未涉及因船舶发生事故而造成油污损害的问题。

（二）1969 年《国际油污损害民事责任公约》

1967 年的“托利・堪庸”号油污损害事件[①]促使国际海事组织于 1969 年 11 月 29 日在布鲁塞尔召开海上油污损害法律会议，同时通过了具有公法性质的《国际干预公海油污事件公约》和具有私法性质的《国际油污损害民事责任公约》。其中，《国际油污损害民事责任公约》于 1975 年 6 月 19 日生效。至今，该公约已有 79 个国家和地区成员。我国于 1980 年 1 月加入该公约。该公约对国际油污损害民事责任作出了较为全面的规定，构成基本的责任制度，故产生了比较广泛的影响。

1. 适用范围

公约适用的船舶是指实际载运散装油类货物的任何类型的海运船舶和海上船艇。公约不适用于军舰、国有的公务船舶、内河船、平台和海上石油存储设备等海上装置以及非油轮海运船舶，甚至载运桶装油类货物或空载的油轮等。

公约适用的油类是指任何持久性油类，例如原油、燃料油、重柴油、润滑油以及鲸油。公约不适用于非持久性油类，例如汽油、轻柴油等。

公约适用的地理范围仅包括缔约方的领土和领海。在此范围以外的油污损害赔偿，适用其他国际公约或相关的国内法。

2. 责任主体

责任主体为船舶所有人，具体包括：（1）登记为船舶所有人的人；（2）没有登记的，则为拥有该船舶的人；（3）船舶为国家所有而由在该国登记为船舶经营人的公司所经营的，则为船舶经营人。责任主体不包括船舶所有人的代理人或工作人员。

3. 民事赔偿责任与免责

只要船舶溢出或排放油类并污染了缔约方领土、领域，船舶所有人即应赔偿。多船造成污染损害的，所有船舶所有人都应对不能合理区分的损害承担连带责任。船舶所有

---

① 1967 年 3 月 18 日，利比亚籍油轮“托利・堪庸”（Torry Canyon）号在英吉利海峡触礁，船体断裂，货油舱大面积破损，船上所装载的 12 万吨原油溢入大海，造成英国南海岸、法国北海岸和荷兰西海岸大面积污染，损失达 1 500 万美元。

人证明损害是下列原因造成的，不负赔偿责任：（1）战争行为、敌对行为、内战或武装暴动，或特殊的、不可避免的和不可抗拒的自然现象；（2）完全是由于第三人故意的作为或不作为；（3）对灯塔或其他助航设施管理的政府及其主管当局在履行职责时的疏忽或过失；（4）受害人的故意或过失行为。船舶所有人对受害人故意引起的损害不负责任，对受害人过失引起的损害可全部或部分免责。

4. 赔偿范围

公约规定的油污损害赔偿范围包括：（1）由于船舶溢出或排放油类而直接造成的财产损失或人身伤害；（2）采取预防措施而支付的费用，但不包括在船舶溢出或排放油类之前采取的任何预防措施而产生的任何费用；（3）由于采取预防措施而造成的进一步灭失或损害。如使用热水冲洗或化学分解等方法清除油污，导致某些海洋生物死亡，或在作业过程中某些人员中毒等损害。

5. 责任限额与限制基金

船舶所有人有权将其对任何油污事故的赔偿总额限定为按船舶吨位计算每吨 2 000 金法郎。船舶所有人实际过失或私谋造成损害的，无权享受责任限制。至于吨位，按净吨位加机舱部分的数额计算，对不能按标准的吨位丈量规则测定的船舶，其吨位是按该船所能载运油类的重量吨的 40%计算。

船舶所有人为取得责任限制，应向任何油污发生地的缔约方的法院或其他主管当局设立相当其责任限制总额的基金。责任限制基金应在索赔人之间按法院、主管当局确定的索赔额比例分配。

6. 强制保险与保证

缔约方登记载运 2 000 吨以上散装油类货物的船舶所有人必须进行保险或取得其他财务保证，以便按公约规定承担其对油污损害应负的责任，并向每一船舶签发证书以证明其已进行保险或取得其他财务保证的有效性。对油污损害的任何索赔，可向保险人或财务保证人提出。

7. 时效、管辖权、判决的承认与执行

油污损害赔偿请求时效为 3 年，自损害发生之日起算。但无论如何不得在导致污染事件发生之日起 6 年后提出诉讼。

在一个或若干个缔约方领域内发生油污损害事件，或已在此缔约方领域内采取防止或减轻油污损害的预防措施，赔偿诉讼只能向上述的一个或若干个缔约方的法院提出，任何诉讼的合理通知均应送达被告人。每一缔约方都应保证它的法院具有处理上述赔偿诉讼的必要的管辖权。基金设立后，基金所在国家或地区法院是决定有关基金分摊和分配的一切事项的唯一可以管辖的法院。

具有管辖权的法院所作出的任何判决，如可在原判决地实施而无须通常的复审手续，应为各缔约方所承认，但下列情况除外：（1）判决是以欺诈取得的；（2）未给被告人以合理的通知和陈述其立场的公正机会。上述确认的判决，一经履行各缔约方所规定的各项手续，便应在当地立即实施。在各项手续中不得重提该案的是非。

（三）1969 年《国际油污损害民事责任公约》的议定书

1969 年公约生效以后，为了适应实践需要，又进行了多次修改，产生了相应的议定书。其中具有重要影响的是 1976 年议定书和 1992 年议定书。前者将 1969 年公约规定的金法郎改为特别提款权，按 1 特别提款权等于 15 金法郎计算，即将赔偿责任限额改为每一船舶吨位 133 特别提款权，但总额不得超过 1 400 万特别提款权。后者则是因美国 1990 年《油污法》的颁布而出台，又称为 1992 年《国际油污损害民事责任公约》。该议定书的修改之处在于：（1）扩大了适用范围；（2）明确规定了对污染损害不负责人员范围；（3）明确规定了对环境损害的赔偿仅包括利润损失和实际采取或准备采取恢复措施而支付的合理费用两个项目，克服了司法实践的困难；（4）进一步提高了赔偿责任限额，完善了计算方法。

二、1971 年《设立国际油污损害赔偿基金公约》及其修订

（一）1971 年《设立国际油污损害赔偿基金公约》

该公约是对 1969 年《国际油污损害民事责任公约》的补充。它是在 1971 年底国际海事组织召开的布鲁塞尔外交会议上通过的，于 1978 年 10 月生效。至 1996 年 9 月，已有 72 个国家和地区加入了该公约。该公约的中心内容为两部分：一是对污染受害人的赔偿以及对船舶所有人的补贴，二是关于赔偿基金的设立与分摊。考虑到购买石油并销售石油及其制品的石油公司等货油企业是石油运输的最大获益者，只要求油轮船东单独承担油污损害赔偿责任，显然不公平。基金公约首次以国际公约的形式提出了由货油企业分摊海上油污损害责任的新概念，进而明确规定了基金的款项是由缔约方中在其领土内的港口每年接受海运石油 15 万吨以上的任何人摊款组成。同时，为了实施该公约，基金公约建立了一个政府间组织，即国际油污损害赔偿基金会。

（二）1971 年《设立国际油污损害赔偿基金公约》的议定书

1971 年《设立国际油污损害赔偿基金公约》生效后，在国际海事组织的多次外交会议上，以议定书的形式对该公约加以修改，以适应海运实践的发展变化。其中，值得一提的是：（1）1976 年议定书将赔偿责任限额的计算单位由金法郎改为特别提款权。（2）1984 年议定书则对原公约作出实质性修改：1）取消了对船舶所有人的补贴。2）将赔偿限额划分为两个阶段。第一阶段的限额比原公约规定的提高了两倍，即 1.35 亿特别提款权。第二阶段是当有 3 个缔约方前一日历年度进口海运石油达到 6 亿吨以后，赔偿限额将增加到 2 亿特别提款权。但是，该议定书至今未生效。此后的 1992 年议定书更以加重船舶所有人的责任为宗旨，进行了如下修改：（1）关于责任限额。1992 年议定书规定，基金会赔偿给油污受害人的总额不超过 1.35 亿特别提款权。特定条件下，可增加至 2 亿特别提款权。（2）关于赔偿机制。1992 年公约完全取消了原公约实行的对受害人和船舶所有人或其保证人的双重补偿，实行仅对油污受害人提供补偿的单一赔偿制度。（3）规定了过渡性条款。1992 年公约规定，一缔约方的年度摊款额，不超过基金会年度

摊款总额的 27.5%，但它仅在所有缔约方前一日历年度中收到的摊款总油量未达到 7.5 亿吨时，或该公约生效后 5 年内执行（两者以较早者为准）。(4) 规定了最后条款。1992 年议定书规定，在基金会秘书长收到缔约方的年度摊款油量达到 7.5 亿吨的信息之日起 6 个月，这些缔约方应退出 1969 年责任公约和 1971 年基金公约。

知识链接

《内罗毕国际船舶残骸清除公约》：首次建立国际船舶残骸清除制度

2007 年 5 月 14 日至 18 日，国际海事组织在肯尼亚首都内罗毕召开外交大会，审议并通过了《内罗毕国际船舶残骸清除公约》(以下简称《公约》)。制定《公约》的目的，在于针对通航水域内沉船沉物以及搁浅、漂浮物体的打捞、清除问题，明确沿岸国对专属经济区内的残骸清除的权利和义务，以便确保及时、有效地清除残骸并对清除费用进行追偿，并规定了沿岸国对残骸的定位、标记、清除、费用追偿和船舶所有人的强制保险、报告、费用偿付等内容，构成国际上第一套较为完整的船舶残骸清除制度，填补了国际法关于残骸清除制度的空白。

《公约》的起草工作开始于 1993 年，最初由国际海事组织法律委员会进行多次充分的讨论，1999 年第 79 届会议上初步形成了包含 17 条内容的残骸清除公约草案，又经过几届会议的反复研究论证，终于在 2006 年的法律委员会第 92 届会议上完成草案的制定。

《公约》由 21 条和 1 个附件组成，生效条件为 10 个国家批准后的 12 个月后生效。2008 年 11 月 8 日，《公约》开放签署。3 月 28 日，爱沙尼亚成为首个加入公约的成员。截至 2011 年 2 月 7 日，又有法国、意大利、荷兰等 3 个国家相继加入公约。

《公约》明确和扩大了残骸的范围。它将“船舶”和“残骸”两个概念紧密结合，构成公约的适用对象。前者包括任何类型的海船，诸如水翼艇、气垫船、潜水器、浮动航行器和浮动平台。后者则扩展了传统意义的沉船残骸范围，包括沉没或搁浅的船舶、船舶的任何部分、船上物品、船舶落海、沉没或漂浮的物品以及即将沉没或搁浅的船舶。依据公约，只要上述物品对航行安全、海洋环境构成威胁或妨碍的，缔约方即可对残骸所造成的危害进行预防、减少或清除。《公约》确认“船舶的登记所有人”为责任主体，对定位、标记和清除残骸的各项费用负责。《公约》规定了缔约方对残骸进行定位、标记、公布的义务以及违反规定所要承担的后果。《公约》采用了限期清除和（用于紧急情况下的）即时清除两项制度，更加符合船舶残骸清除的实际需要，能更加有效地保障航行安全和国家利益。《公约》建立了清除费用追偿制度，规定缔约方主管机关在强制清除有危害的船舶残骸后，能够向登记所有人追偿费用。《公约》提出了强制保险和直接诉讼制度等。

通航水域残骸的打捞、清除也是一直困扰我国海事管理机构的执法难题，我国现有的《海上交通安全法》《水法》《海洋环境保护法》以及相关行政法规大多仅对沉船、漂浮物的打捞作出规定，且彼此间存在冲突，这些表明我国尚未建立完整的船舶残骸清除制度。因此，《公约》对于我国有重要的借鉴价值。但是，也有学者提出，鉴于《公约》不适用于内海和内陆江河湖泊，即使加入《公约》也无法满足我国残骸清除重点的内海、内水的清除工作需要，无法利用公约的强制保险、直接诉讼等制度来保障清除费用，严重削弱我国加入公约的实际意义，也不宜将其直接转化为国内立法。因此，主张采取扬弃吸收的态度，建立符合我国国情需要的残骸清除制度。

三、国际海事委员会油污损害指南

虽然油污损害索赔基本上都可根据责任公约和基金公约机制达到处理海上油污损害事件的目的，但是，到了 20 世纪 90 年代初，由于国际公约具有不确定性，加上各国出现不同立法，油污损害的赔偿问题又产生了新的法律冲突。为了统一油污损害赔偿责任方面的国际法律，保护海洋环境，国际海事委员会于 1994 年通过了具有指导作用的《油污损害指南》。该指南遵循了如下三个原则：其一，确定油污损害赔偿范围时，参考了大多数国家法律认为可以受偿的请求范围，同时适当考虑国际油污损害赔偿基金确立的标准；其二，使用的术语要考虑在不同法律传统的国家都能被理解和接受；其三，既要使请求事项具有很强的明确性，又要保留请求事项的足够灵活性。指南具体规定了除人身伤亡以外的油污损害的请求范围和计算方法。

学术前沿

船舶油污损害公约在中国的适用①

日益脆弱的海洋环境促使国际社会日益重视对海洋承担的保护义务，从 20 世纪 50 年代起，许多国际组织以保护海洋环境为宗旨陆续制定了一系列国际公约。

中国作为负责任的海运大国，自 20 世纪 70 年代以来已经加入了一系列涉及油污损害的国际公约：1969 年《国际干预公海油污事故公约》、1973 年《国际防止船舶造成污染公约》及其议定书、1990 年《国际油污防备、响应和合作公约》、1969 年《国际油污损害民事责任公约》及其 1992 年议定书、1971 年《设立国际油污损害赔偿基金国际公约》、2001 年《国际燃油污染损害民事责任公约》等。我国加入这些国际公约，不仅可以促进国内油污损害立法的建设和完善，发展我国的环境保护事业，也给实践中适用这些国际公约提出了问题。

首先，需要分析解决这些国际公约在中国法律体系中的地位问题，即这些国际公约与国内法的关系。原因在于，国际公约作为国际法体系的组成部分，其在我国的适用，首要问题就是需要调和其与国内法的关系——承认其有国内法的效力。李浩培先生认为，一个在国际上已经生效的条约，其在各国国内法得以适用的先决条件，是为该国国内法所接受，这取决于各国的宪法，而接受的方式包括将条约规定转变为国内法（英、意为代表）和将条约纳入国内法（美国为代表）②。

中国宪法对此没有规定，有的学者指出，依照现有立法和司法实践，中国适用条约

① 叶洋恋．船舶油污损害公约在中国的适用问题研究．中国海商法研究，2012（2）．
② 李浩培．条约法概论．北京：法律出版社，2003：314－318．

的方式，主要包括：(1) 在国内法中直接适用国际条约；(2) 将有关的条约内容制成国内法予以实施；(3) 允许间接适用国际条约。其中居主导地位的是直接适用。

对于船舶油污损害公约在中国的适用来说，如果属于以加强船舶管理和防止油污事故发生为目的，大体上采取纳入方式；如果属于以油污事故发生后弥补和赔偿为目的，则基本上采取直接适用方式。

依据我国《缔结条约程序法》规定，中国加入的条约分为三类：全国人大常委会批准的条约或重要协定、国务院核准的协定或具有条约性质的文件、无须全国人大常委会和国务院批准或核准的协定。我国目前加入的有关船舶油污损害的公约，均属于国务院核准的协定和条约性质的文件，其适用效力低于全国人大常委会批准的条约和重要协定，而高于无须全国人大常委会和国务院批准或核准的协定。

不过，单纯地按照批准机关的等级来确定条约在中国的适用地位，或者单纯地认定条约在中国具有优先适用的效力，都无法准确地概括船舶油污损害公约现阶段在中国的实际地位。目前，随着国际公约数量和种类的飞速发展，各国大多采用复合方式来调整条约与国内法的关系，很少单一地采取优先说。而就船舶油污损害公约与我国国内法的关系，全国人大常委会于 1992 年 11 月 7 日制定的《海商法》第 268 条确立了条约的优先适用效力。《海商法》规定的条约优先原则当然适用于处理船舶油污损害公约与我国国内法的关系上，即全国人大及其常委会制定的法律和批准的条约优先于船舶油污损害公约适用，船舶油污损害公约优先于国务院条例及其行政规章适用。同时，船舶油污损害公约属于海商法领域用于规范船舶油污损害的专门性公约，与全国人大及其常委会制定或批准的基本性法律（包括海商法）和公约，在处理有关船舶油污损害案件时具有优先适用效力。

进而，探讨船舶油污损害公约在中国的适用，还必须考虑其适用的边际范围。我国法律对于公约的适用问题缺乏明确规定，造成国内立法与船舶油污损害公约的适用关系存在不确定性。实践中，一般采取“打补丁”方法来解决海事公约的适用问题：国务院或者交通运输部门发文规定公约的适用范围和适用方式。因此，当出现条约与国内法的适用冲突时，就需要对相关的法律属性文件进行解释。

近年来，我国的海洋环境保护领域出现了新的变化。例如，国务院于 2009 年 9 月 2 日通过了《防治船舶污染海洋环境管理条例》(2010 年 3 月 1 日施行)。它不仅废止了 1983 年的旧条例，确立了船舶污染事故赔偿责任限制、船舶油污损害民事责任强制保险制度和船舶油污损害赔偿基金制度等三项新制度，还明文规定：“船舶载运的散装持久性油类物质造成中华人民共和国管辖海域污染的，赔偿限额依照中华人民共和国缔结或者参加的有关国际条约的规定执行”(该条例第 50 条)，从立法层面明确了船舶油污损害赔偿限额适用我国所加入的 1969 年《国际油污损害民事责任公约》1992 年议定书规定的标准，解决了长期以来就限额标准而产生的争议；并就相关强制保险和赔偿基金等方面明确了上述条约优先适用于中国管辖海域内的船舶油污损害，而该条约规范以外的领域则适用中国国内法。但《防治船舶污染海洋环境管理条例》对于上述条约涉及的适用范围、责任主体、民事赔偿责任和免责事由、时效、管辖等内容，并未作出规定。可见，《防治船舶污染海洋环境管理条例》只解决了一部分船舶油污损害公约的适用边际问题。

不仅如此，《海商法》将条约优先适用原则纳入“涉外关系的法律适用”一章，这是否意味着船舶油污损害公约的适用范围限于涉外关系，而无涉外因素的船舶油污损害适用条约还是国内法则存在法律真空？有的学者提出，可能的解决办法有二：一是完善船舶油污损害的国内立法，二是明确国内法无相关规定的适用公约。

四、有关船舶污染损害赔偿的国际公约

目前，国际航运界针对船舶油污损害事宜普遍适用的国际公约，主要有1992年《国际油污损害民事责任公约》、1992年《设立国际油污损害赔偿基金国际公约》、2001年《国际燃油污染损害民事责任公约》和2010年《国际海上运输有毒有害物质损害责任及赔偿公约》（简称《HNS公约》）。

（一）1992年《国际油污损害民事责任公约》

鉴于1967年"托利·堪庸"号油污损害事件暴露出国际船舶油污损害赔偿之间制度的缺失，为了使油污损害的受害人得到应有的赔偿，原政府间海事协商组织借助其于1969年所通过的《国际油污损害民事责任公约》确立了国际油污损害赔偿责任制度。

此后，国际海事组织又分别用1976年议定书、1984年议定书、1992年议定书和2000年修正案，对该《国际油污损害民事责任公约》予以完善。其中，1976年议定书将国际油污损害赔偿责任的计算单位，由金法郎改为特别提款权；1984年议定书始终未能生效；而经1992年议定书修订的1969年《国际油污损害民事责任公约》被称为1992年《国际油污损害民事责任公约》，其适用范围最为广泛，核心内容在于确定船舶所有人的第一位油污损害的赔偿责任。至于2000年修正案则提高了船舶所有人的赔偿限额，最高可达8 977万特别提款权。截至2020年9月，1992年《国际油污损害民事责任公约》的缔约方计有96个，中国于1999年1月5日加入。

（二）1992年《设立国际油污损害赔偿基金国际公约》

由于《国际油污损害民事责任公约》未能充分有效地让油污损害受害人获取完全的赔偿，也加重了船舶所有人的经济负担，原政府间海事协商组织于1971年通过了《设立国际油污损害赔偿基金国际公约》，作为对1969年《国际油污损害民事责任公约》的补充，重点在于确定了石油货主的第二位油污损害的赔偿责任。

应当说，该基金公约所适用的船舶和污染源类型范围与上述1969年《国际油污损害民事责任公约》相同。而且，对于1971年《设立国际油污损害赔偿基金国际公约》的修订也是与1969年《国际油污损害民事责任公约》基本同步进行，即：1976年议定书将赔偿金额的货币计算单位改为特别提款权；1984年议定书未能生效；1992年议定书提高了国际油污损害赔偿基金的赔偿限额，规定其与1992年《国际油污损害民事责任公约》的赔偿之和不得超过2.03亿特别提款权。目前，适用最为广泛的当属1992年议定书修订的1971年《设立国际油污损害赔偿基金国际公约》，被称为1992年基金公约。截至2020年

9 月，1992 年基金公约的缔约方计有 118 个，中国香港地区已经加入。此后，2003 年议定书又设立了国际油污损害赔偿补充基金，用于按照 1992 年《国际油污损害民事责任公约》和 1992 年基金公约基础上所增加的第三位赔偿责任，合计赔偿数额不得超过 7.5 亿特别提款权，从而大大提高了国际油污损害事故的赔偿限额。可见，确定国际油污损害的第三位赔偿责任是该议定书的突出特点。需要注意的是，2003 年议定书属于非强制性的，1992 年基金公约的缔约方可以自愿加入。截至 2020 年 9 月，共计 32 个国家和地区已经加入。

（三）2001 年《国际燃油污染损害民事责任公约》

由于意识到国际海运的燃油问题亟待解决，国际海事组织于 2001 年通过《国际燃油污染损害民事责任公约》。该公约适用于任何类型的海船或者海上航行器载有用于或者拟用于操作或者推进船舶的任何碳氢矿物油，以及类油的任何残余物包括润滑油在内的污染事故。

该公约适用于 1000 总吨以上的海运船舶。其所规定的赔偿责任限制与 1976 年《国际海事赔偿责任限制公约》的具体要求相同，同时，参考适用 1992 年《国际油污损害民事责任公约》所规定的免责事项。相比较而言，2001 年《国际燃油污染损害民事责任公约》是对 1992 年《国际油污损害民事责任公约》的补充，它适用于 1992 年《国际油污损害民事责任公约》调整范围以外的船载燃油造成的污染损害事故的赔偿。也就是说，能够适用 1992 年《国际油污损害民事责任公约》的，就不适用 2001 年《国际燃油污染损害民事责任公约》。需要明确的是，载有散装油类货物的船舶的燃油泄漏造成污染的，适用 1992 年《国际油污损害民事责任公约》。截至 2020 年 9 月，2001 年《国际燃油污染损害民事责任公约》计有 99 个缔约方，中国已经加入。

（四）2010 年《国际海上运输有毒有害物质损害责任及赔偿公约》

国际海事组织于 1996 年通过《国际海上运输有毒有害物质损害责任及赔偿公约》，它借鉴国际油污损害赔偿机制的经验，另行建立了针对国际海上运输有毒有害物质的损害赔偿制度。

该公约是继《国际油污损害民事责任公约》和《设立国际油污损害赔偿基金国际公约》之后，又一个采用严格责任制度的责任赔偿公约。该公约的最大特点是采用了船东和货主两层赔偿机制，即要求船舶所有人对承运有毒有害物质的予以强制保险构成第一层赔偿机制；而第二层赔偿机制则是要求海运船舶所载有毒有害物质的货主（进口商或收货人）分摊赔偿责任，用所设立的国际有毒有害物质赔偿基金，对船舶所有人无力满足受损方的赔偿要求，或者超出船舶所有人的赔偿责任限额的索赔要求予以赔偿。

不过，由于该公约通过后一直未能生效，国际海事组织又针对实际存在的分歧和问题，通过了 2010 年议定书，经其修正的公约，被称为 2010 年《国际海上运输有毒有害物质损害责任及赔偿公约》，其特色是将船东和货主就运输有毒有害物质损害的赔偿责任一并在该公约中予以规定。截至 2020 年 9 月，仅有 5 个国家加入了 2010 年《国际海上运输有毒有害物质损害责任及赔偿公约》，中国并未加入。

五、有关海上油污损害的国内法

在运用国际公约调整海上油污损害事件的同时，海上油污损害的问题也成为各国政府所制定的保护环境法的必要组成部分，从国内法角度规范和处理海上油污损害所涉及的法律责任关系。例如：

（一）美国 1990 年《油污法》

众所周知，上述的 1969 年责任公约及 1971 年基金公约确立了普遍接受的国际油污损害赔偿制度。但是，美国以赔偿责任限额过低等理由拒绝参加以上公约。1989 年国际上发生了迄今为止最大的油污事件“埃克森·瓦尔迪兹”号轮油污事件。该轮是美国超级油轮，其搁浅导致油舱破裂，35 600 吨原油因此溢出，污染了 1 200 海里的海岸线，除赔偿数亿美元外，船东仅清除油污就花费了 20 亿美元。有鉴于此，美国通过了 1990 年《油污法》。该法提出了一套与上述公约及其议定书完全不同的赔偿框架，诸如责任人范围、适用的船舶范围、赔偿范围、责任制度的严格程度等方面，均有其自身的特色。尤其是该法对各有关方面作出了严格规定，并实行实质上的无限责任制。船舶所有人，尤其是往美国水域运载油类的油轮船东或经营人对此望而生畏，但又不能回避。因此，必须掌握美国油污法规，并积极采取各项有效措施和对策，以避免因油污事件而承担沉重的赔偿责任。

（二）中国防止海上油污损害的立法

我国的海岸线长达 20 000 公里，管辖的海域范围有 300 多万平方公里，随着我国对外经济活动与贸易往来日益频繁，越来越多的外国船舶和石油钻井平台进入我国海域，从事运输和石油开发活动，使我国管辖的海域受到了严重污染。因此，在开发利用海洋资源的同时，加强海洋环境管理，维护我国和人民的合法利益成为一项重要课题。从 20 世纪 70 年代开始，我国政府颁布了一系列与防止海洋油污损害有关的法律法规，主要有 1979 年的《环境保护法》，1982 年的《海洋环境保护法》，1983 年发布的《防止船舶污染海域管理条例》和《海洋石油勘探开发环境保护管理条例》，1985 年发布的《海洋倾废管理条例》，1988 年发布的《防止拆船污染环境管理条例》，1990 年发布的《防治陆源污染物污染损害海洋环境管理条例》和《防治海岸工程建设项目污染损害海洋环境管理条例》，1993 年发布的《国家海域使用管理暂行条例》等。这些法律法规与我国参加的 1969 年《国际油污损害民事责任公约》相配套，对于防止海上油污损害、保护我国海洋环境具有重要的作用。

实例枚举

1999 年甲市环境保护局和乙省海洋与水产厅起诉丙东海海运有限公司和丁船舶燃油供应有限公司，就丙东海海运有限公司所属的“闽燃供 2”号轮（钢制油船，总吨位

497，净吨位 325）装载丁船舶燃油供应有限公司的散装油货从事沿海运输过程中造成油污损害事故，请求两被告承担赔偿责任。审理中，丙东海海运有限公司根据 1969 年《国际油污损害民事责任公约》1992 年议定书申请责任限制。两原告则对丙东海海运有限公司申请责任限制提出异议，理由包括：（1）涉案的"闽燃供 2"号轮不属于该公约调整的船舶；（2）本次油污损害事故没有涉外因素，根据我国《防止船舶污染海域管理条例》的规定，该案只能适用有关的中国国内法。

法院认定：因我国目前并没有关于油污损害赔偿的专门立法，处理船舶油污损害赔偿案件应当适用中国批准的 1969 年《国际油污损害民事责任公约》1992 年议定书，但本案涉及的是沿海运输船舶，当事人均为中国籍，案发地点位于中国领海内，属于无涉外因素的船舶油污案件，对其是否适用国际公约存在争议。有人主张：因《海商法》没有油污损害赔偿的规定，应当以《民法通则》（现已废止）作为赔偿的依据，且没有责任限制；有人主张：适用《海洋环境保护法》；有人主张：油污损害是一种海事赔偿，因此，适用《海商法》第十一章"海事赔偿责任限制"的规定；也有人主张：中国是 1969 年《国际油污损害民事责任公约》1992 年议定书的参加国，该公约已经对中国生效，那么，在国内立法无油污损害民事责任专门规定的情况下，应当适用该公约的规定。

本案有助于大家了解处理船舶油污损害案件时，适用法律依据的复杂性，并了解国际公约在中国适用的实际情况。

六、有关油污损害赔偿的民间协定

1967 年"托利·堪庸"号油污损害事件导致的严重后果，引起了国际社会的强烈反应。为此，油轮船东和石油公司迫于压力，着手制定行业性协议，主动承担油污损害责任。1969 年《油轮所有人自愿承担油污责任协定》和 1971 年《油轮油污责任暂行补充协定》就是在这一背景下产生的。这些协定都是民间协定，不具有国际立法的性质。任何国家政府都不能强迫本国油轮船东执行或加入这些协定。但是，国际立法程序烦琐，等待生效时间漫长，而民间协定正好能够弥补这些法律调整的空白。

1969 年《油轮所有人自愿承担油污责任协定》由英美七大石油公司于 1969 年 1 月 7 日签订，并于 1969 年 10 月 6 日生效。由于世界主要石油公司保持协调一致的立场，即不得租用未加入该协议的油轮，因此，世界上绝大多数的油轮所有人参加了该协议。该协议的核心内容规定，参加协定的油轮所有人所属的油轮或者其承租的光船油轮，无论在什么水域、港口发生油污损害，均应当主动承担因此引起的损害赔偿责任。赔偿限额为每吨 160 美元，最高赔偿额为 1 680 万美元。此后，一些大的石油公司又签订了 1986 年《油轮所有人自愿承担油污责任补充协定》，进一步提高了赔偿限额。同时，与 1969 年责任协定相配套，西方国家的 38 家石油公司于 1971 年 1 月 4 日签订了 1971 年《油轮油污责任暂行补充协定》，目的是设立一项赔偿基金，用以补充油轮所有人依 1969 年责任协定予以赔偿的不足部分。该补充协定于 1971 年 4 月 1 日生效。现在，占世界进口海运石油 90%以上的石油公司参加了该基金的摊款。

而且，为了与 1986 年油污责任补充协定同步，西方的大石油公司又签订了 1986 年

《油轮油污责任暂行补充协定》。

知识链接

"威望"号油轮沉没事件之后的国际油污立法

就海上油污损害赔偿责任制度而言，每一次重大的油污事件都会引起国际立法方面的变革，这成为20世纪中叶以来国际油污立法的一种趋势。例如，发生于1967年3月的"托利·堪庸"号油污损害事件催生了1969年《国际油污损害民事责任公约》、1971年《设立国际油污损害赔偿基金国际公约》和1973年《国际防止船舶造成污染公约》。1978年3月的"阿莫科·卡迪兹"号船的油污事件[①]促使基于1969年《国际油污损害民事责任公约的1976年议定书》、经1978年议定书修正的1973年《国际防止船舶造成污染公约》、1969年《国际油污损害民事责任公约》1984年议定书和1984年《基金公约》议定书的问世。1989年3月的"埃克森·瓦尔迪兹"号船原油泄漏事件导致1990年《国际油污防备、反应和合作公约》、1992年《国际油污损害民事责任公约》、1992年《基金公约》和1996年《国际海上运输有毒有害物质损害责任及赔偿公约》等国际立法的产生。

此后，2002年11月13日晚，发生在西班牙西北海岸的"威望"号油轮沉没事件成为引起国际立法变革的又一次重大油污事件。当晚，载有7.7万吨燃料油的巴哈马籍的希腊油轮"威望"号行驶到距离西班牙西北部加利西亚大区海岸9公里时搁浅，由于恶劣的风暴天气和船只过于陈旧，船体裂开一条35米长的大口，燃油大量泄漏，形成一条宽5公里、长37公里的污染带。到19日，"威望"号油轮的船体断为两截，连同6万吨燃油沉入了海底。此次燃油泄漏直接污染了西班牙所属海域近400公里海岸。

由于此次油轮沉没事件具有极大的复杂性，涉及西班牙、希腊、巴拿马等诸多方面，尤其是导致油轮破损的真正原因尚未查明，该油污事件的有关当事国西班牙、希腊（船长国籍所属国）、巴拿马（船旗国）和有关受害国，如法国、葡萄牙以及欧盟委员会等均没有进行公开的调查，国际海事组织、国际油污赔偿基金组织、国际船级社协会和国际保赔集团也未展开专业调查。因此，虽有确认责任归属的一系列诉讼在西班牙、美国、法国等若干国家进行，但"威望"号船案件恐怕要成为一桩"无头案"。不过，该油污事件又一次引起国际立法变革，2003年5月，国际海事组织制定通过了《关于油污损害赔偿的基金公约补充议定书》，并于2005年3月3日生效。石油业和有关航运组织共同协作，推动1996年《国际海上运输有毒有害物质损害责任及赔偿公约》的批准通过，并使其提前至2005年底之前生效。2003年，国际海事组织制定了《国际海事组织避难地指南》等。而欧盟亦通过一系列的指令或法令，包括关于推广双壳油轮或者改造单壳油轮设计要求的指令、修改关于海上安全和防止船舶污染的指令、决定设立"海洋安全及防止船舶污染委员会"的法令等。

---

① 1978年3月16日，在利比里亚注册的美国石油运输公司的超级油轮阿莫科·卡迪兹（Amoco Cadiz）号（总吨位223 690吨），满载22万吨轻质原油驶往西欧时遭遇风暴，船舶因舵机失灵而失去控制，在法国布列塔尼岸外搁浅沉没，22万吨原油和4 000多吨燃油流入大海中，法国400多公里的海岸和渔场水域受到污染。

第三节　海上油污损害赔偿责任的构成要件

一、海上油污损害赔偿责任的概念和特点

海上油污损害赔偿责任，是指责任人对其实施的海上油污损害行为造成的损害后果所应当承担的予以经济赔偿的法律后果。由于海上油污损害行为是一种特殊的海上侵权行为，故海上油污损害赔偿责任属于侵权赔偿的民事法律责任。海上油污损害赔偿责任具有不同于其他侵权民事责任的特点：

（一）海上油污损害赔偿责任以海上油污损害行为作为适用对象

应当说，海上油污损害行为是存在于特定领域，基于特殊原因而发生，并能够造成特殊损害后果的一种侵权行为。与这种特殊的侵权行为相对应，海商法领域内产生了海上油污损害赔偿责任，并且形成了特殊的归责原则、构成要件、责任内容和适用范围。

（二）海上油污损害赔偿责任适用严格责任原则

应当说，严格责任原则是现代大工业的产物，经常被适用于工业事故赔偿责任的认定。目前，在国际范围内，为了加大海洋环境保护的力度，切实维护受害人的合法利益，对海上油污损害赔偿责任的认定普遍采用严格责任原则。现代海上运输作为现代大工业的组成部分，在此范围内发生的海上油污损害赔偿责任便列入严格责任原则的适用范畴，即一般情况下，不论船舶所有人或者其雇用的船长、船员及其他受雇人有无过错，均应当对其实施的海上油污损害行为承担赔偿责任。

（三）海上油污损害赔偿责任属于限额责任

海上油污损害行为所造成的损害后果往往巨大，有可能使船舶所有人因承担赔偿责任而破产，影响海上运输业的正常发展，因此各国均对海上油污损害赔偿责任实行责任限制制度。船舶所有人只是在有关国际公约或者国内法规定的赔偿责任限制金额范围内承担赔偿责任。

（四）强制责任保险是海上油污损害赔偿责任的组成部分

为了保证船舶所有人有能力承担海上油污损害赔偿责任，有关的国际公约或国内法普遍在海上油污损害赔偿责任制度中推行强制责任保险，将船舶所有人可能承受的海上油污损害赔偿责任的风险转移给保险人。一旦发生海上油污损害赔偿责任，受害人可以直接向保险人要求赔偿，从而既可以使受害人获得赔偿，又能够降低船舶所有人的赔付负担，维持其从事海上运输的经营能力。

（五）海上油污损害赔偿责任实行货方分摊海上油污损害赔偿款项

出于公平地分担海上油污损害赔偿的风险、减轻船舶所有人承受的赔偿负担的目的，

在海上油污损害赔偿责任制度范围内，又设立了油污损害赔偿国际基金，通过进口或接受海运石油的石油公司向赔偿基金交纳摊款的方式，进一步分摊海上油污损害赔偿责任。显然，货方分摊海上油污损害赔偿款项的实行，决定于海上油污损害数额巨大的特点。

二、海上油污损害赔偿责任的归责原则

在海上油污损害赔偿责任范围内，用以确定该赔偿责任归属的归责原则来自有关的国际公约。我国《海商法》未对海上油污损害赔偿责任加以规定，但我国已经加入了1969 年《国际油污损害民事责任公约》[①]，根据《海商法》第 268 条的规定，在处理国际海上油污损害民事责任问题上，应当适用该国际公约的有关规定。当然，海上油污损害赔偿责任具体到海上油污损害赔偿责任的归责原则，根据该公约第 3 条的规定适用严格责任（无过错责任）原则，即除了能够证明损害属于法律特定情况引起的以外，船舶所有人应当对海上油污事件所造成的损害后果承担赔偿责任，而不论船舶所有人本人或船长、船员、其他受雇人有无过错。显然，在海上油污损害赔偿责任的认定上适用严格责任原则，目的在于加重船舶所有人的海上油污损害赔偿责任，提高海上油污损害的受害人获得赔偿的概率，督促船舶所有人积极预防海上油污事件的发生，保护海洋环境。

当然，按照严格责任原则认定海上油污损害赔偿责任的承担，并不意味着当事船舶的所有人对一切海上油污损害都承担赔偿责任，船舶所有人可援引法定的免责事由而免除海上油污损害赔偿责任。根据上述国际公约第 3 条的规定，如果船舶所有人能够证实损害属于以下情况的，便不必承担海上油污损害赔偿责任：

（1）由于战争行为、敌对行为、内战或武装暴动，或者特殊的、不可避免的和不可抗拒性质的自然现象所引起的损害；

（2）完全是由于第三者有意造成损害的行为或者不为所引起的损害；

（3）完全是由于负责灯塔或其他助航设备的政府或者其他主管当局在执行其职责时的疏忽或者其他过失行为所造成的损害。

此外，如果船舶所有人证明海上油污损害完全或部分是由于遭受损害人有意造成损害的行为或不为所引起，或者是由于受害人的疏忽所造成，则该船舶所有人即可全部或部分地免除对该人所负的责任。

学术前沿

论船舶油污损害的损失分担机制[②]

针对船舶油污损害的损失分担，目前适用的是 20 世纪 60 年代末由政府间海事协商组织（国际海事组织的前身）主持缔结的 1969 年《油污损害民事责任公约》体系和 1971

① 1969 年《国际油污损害民事责任公约》和 1969 年《国际干预公海油污事件公约》一同于 1969 年 11 月 29 日，在由国际海事协商组织在布鲁塞尔主持召开的海上污染损害法律会议上通过，分别于 1975 年 6 月和 5 月生效。我国于 1980 年 1 月 30 日加入了上述公约。

② 郭红岩．论船舶油污损害的损失分担．中国海商法研究，2012（2）．

年《设立国际油污赔偿基金公约》体系所建立的、由导致油污损害的船舶所有人和石油进口商在各自的限额民事责任内承担民事责任来分担船舶油污损害的双重赔偿机制，取代了原来的、由导致油污损害的船舶所有人基于归责原则而单独承担油污损害民事赔偿责任的制度。

应当肯定的是，该双重赔偿主体模式构建的船舶油污损害的损失分担机制的适用，对于解决船舶油污损害纠纷提供了有利条件，使得油污损害的受害人能够得到更加充分的民事赔偿。但是，按照该双重赔偿制度来处理船舶油污损害事件的实践表明其所存在的局限性影响到适用效果。原因在于，与不断增加的船舶油污损害事件和不断扩大的油污损害后果相比，现行的双重赔偿制度涉及的承担赔偿责任的主体范围有限、赔偿限额过低，仍然难以确保受害人得到及时和充分的损害赔偿。

鉴于此，有的学者提出，有必要改革现行的双重赔偿主体制度，建立有船旗国参与的船舶油污损害三级赔偿机制，以便及时充分地实现船舶油污损害的损失分担。其法律设计是，在船旗国参与的基础上，建立首位主体、次位主体和末位主体共同分担油污损失的三级赔偿机制。其中，船舶所有人作为首位责任主体，基于船舶污染侵权行为所导致的油污损害结果承担限额民事赔偿责任。石油进口商作为次位责任主体承担的限额赔偿民事责任，并非因为油污损害侵权，而是基于承诺而确立的。至于新引入的船旗国则作为末位责任主体，承担补充赔偿责任，这是基于船旗国的身份而产生的。相比较而言，船舶所有人承担的限额赔偿责任应当是主责任，是次位责任主体和末位责任主体各自承担赔偿责任的必要前提。而次位责任主体和末位责任主体的赔偿责任都属于从责任，不能独立存在。当然，次位责任主体与末位责任主体各自承担的赔偿责任，也存在先后序位。因此，该三级赔偿机制的运行表现是，居于首位责任主体的船舶所有人先行履行限额赔偿责任后，仍然不足以弥补受害人损失时，启动次位责任主体的赔偿环节，即由石油进口商摊款建立的国际油污赔偿基金进行赔偿。若首位责任主体和次位责任主体都履行了限额赔偿责任，仍然不能弥补受害人损失的，即由船旗国的国家财政出资建立的油污损害赔偿基金进行最后的补充赔偿。

显然，实行三级赔偿机制来进行船舶油污损害的损失分担是突破了传统的过错责任原则的惩罚功能，从矫正正义向分配正义的转变。其制度价值不仅能够充分、及时地满足受害人的损失赔偿需要，还可以促使船旗国加强对登记船舶的管理，减少甚至消除方便旗，维护海洋环境和安全。

三、海上油污损害赔偿责任的构成要件

在海上运输实务中，船舶所有人是否承担海上油污损害赔偿责任取决于责任构成要件的存在与否。具体而言，海上油污损害赔偿责任的构成要件包括：存在海上油污损害行为、存在海上油污损害后果、海上油污损害行为与海上油污损害后果之间有因果关系、不存在免责事由。

（一）存在海上油污损害行为

如前所述，海上油污损害赔偿责任是专门用于海上油污损害行为的特殊侵权责任，因此，构成海上油污损害赔偿责任的首要条件就是在海上运输过程中出现了海上油污损害行为。

当然，产生海上油污损害赔偿责任的，并非一切海上油污损害行为，而应当是具备违法性质的海上油污损害行为。衡量海上油污损害行为违法性的法律依据，是有关海上油污损害的国际公约和有关国家颁布的关于保护海洋环境的国内法。根据这些国际公约和国内法的规定，只要船舶所有人实施的海上油污损害行为属于应当承担赔偿责任范围的事故性油污损害，或者违反了法定的排放标准而构成不正当排放行为，便具备了海上油污损害行为的违法性。

（二）存在海上油污损害后果

造成实际的海上油污损害后果，是构成海上油污损害赔偿责任的又一客观条件。在实践中，海上油污损害后果往往表现出综合性和巨大性的特点。所谓综合性，是指海上油污损害后果的内容是多种多样的，不仅是财产损失和人身损失、直接损失和间接损失并存，而且经常涉及自然环境、海洋生物资源、生物平衡、居民健康等诸多方面。

（三）海上油污损害行为与海上油污损害后果之间有因果关系

从民商法理论上讲，行为与后果之间的因果关系是民事责任成立的必备前提。当然，该条件同样适用于海上油污损害赔偿责任。不过，作为成立海上油污损害赔偿责任所需的因果关系，由于海上油污损害事件的特殊性而区别于其他民事责任中的因果关系。实践中，海上油污导致某些损害后果的发生需要一定的时间过程，而在此过程中又会发生新的海上油污损害事件；或者海上油污损害后果可能是由一系列海上油污损害行为所造成。所以，在认定海上油污损害赔偿责任时，强调第一次海上油污损害事故的行为人承担赔偿责任（1969 年《国际油污损害民事责任公约》第 3 条第 1 款）。这意味着第一次海上油污损害行为与海上油污损害后果的因果关系，是构成海上油污损害赔偿责任的因果关系。

（四）不存在免责事由

在海上油污损害赔偿责任范围内，船舶所有人承担赔偿责任的另一个前提条件是不存在免责事由。而判断免责事由的根据，则涉及有关的国际公约和国内法。只有依据这些法律规定，排除了行为人免责事由存在的情况，才构成海上油污损害赔偿责任。

实例枚举

对于海上油污损害赔偿责任的认定，实践中经常会出现因对有关立法的不同理解而形成观点分歧。例如，1999 年 3 月，“闽油 2 号”油船与“东油 9 号”油船在临近珠江口的海面发生碰撞，造成“闽油 2 号”油轮的货油舱破损，所载货油大量泄漏，严重污染了水面，并致渔业资源损失。油污事故发生后，多个污染受害人以两船的船舶所有人为共同侵权责任人，要求双方承担连带赔偿责任。

海事法院在审理本案过程中，就如何认定责任承担者，存在着三种不同的看法。第一种观点认为，污染侵权损害应当适用无过错原则，而本案的污染源来自“闽油2号”油轮，因此不论“闽油2号”油轮的所有人是否有过错，均应作为责任主体对此污染造成的环境损害承担赔偿责任。而“东油9号”油轮不是此污染的来源，故不应承担环境污染的赔偿责任。第二种观点认为，上述两船是因船舶碰撞造成环境污染的当事船，已构成共同侵权，应对此承担连带赔偿责任。第三种观点认为，本案作为船舶泄漏污染海域的侵权案件，依据我国《海洋环境保护法》和我国参加的1969年《国际油污损害民事责任公约》等规定，应适用无过错责任原则，则“闽油2号”油轮作为污染来源，其船舶所有人应对污染受害方承担赔偿责任。而根据我国《海商法》第169条规定，上述两船作为互有过失的船舶碰撞当事船，因污染损害构成共同侵权，应按照各自的过错责任比例对油污致第三人的财产损害承担赔偿责任。

本案给大家的启示是，认定海上油污损害赔偿责任是比较复杂的法律问题，不仅要适用有关的海上油污损害赔偿责任的构成要件，更需要对相关的立法和国际公约的规定精神加以切合实际情况的理解和运用。

第四节　海上油污损害赔偿责任制度的适用

一、海上油污损害赔偿责任主体和赔偿款项的承担

（一）海上油污损害赔偿责任主体

海上运输风险的特殊性和海上油污损害后果的巨大性，决定了直接造成海上油污损害的人员不一定是赔偿责任的承担人。对此，1969年《国际油污损害民事责任公约》和各国有关国内法均规定海上油污损害赔偿责任的责任主体只能是船舶所有人，不得向船舶所有人的雇佣人员或代理人提出赔偿要求，这表明受雇于船舶所有人的船长、船员、其他受雇人并非海上油污损害赔偿责任的责任主体。同时，船舶的承租人、经营人亦不是该类赔偿责任的责任主体，以避免相互推诿责任。

作为海上油污损害赔偿责任的唯一责任主体，船舶所有人是指在有关的船舶登记机关登记为船舶所有人的人；没有这种登记的，则是指拥有该船的人；但是，如果船舶为国家所有而由在该国登记为船舶经营人的公司所经营，则此类公司即为船舶所有人。

（二）海上油污损害赔偿款项的承担

从法律角度讲，海上油污损害赔偿款项的承担着眼于处理海上油污损害赔偿案件的结果。所以，承担向海上油污损害的受害人支付赔偿款项义务的，可以是海上油污损害赔偿责任人——船舶所有人，也可以是基于其他法律关系而承担着向海上油污损害的受

害人支付赔偿款项义务的人。例如，责任保险人因与船舶所有人签订了海上油污损害赔偿责任保险合同而承担支付赔偿款项义务。

对于海上油污损害受害人提出的赔偿请求，船舶所有人作为唯一的责任主体，对其船舶在从事商业营运中造成的海上油污损害基于“严格责任原则”承担赔偿损失的法律责任，是毋庸置疑的。除此以外，受害人依据有关国际公约和国内法的规定，也可以直接向责任保险人或者为船舶所有人提供财务担保的保证人要求给付赔偿款项。此外，进口或者接受海运石油的石油公司，负有向赔偿基金交纳分摊款的义务，而成为海上油污赔偿款项的最终承担者。

二、海上油污损害赔偿责任的赔偿范围

海上油污损害造成的损害后果带有多样性和复杂性的特点，尤其像对人类健康的损害、对海洋生物生长和繁殖的影响等损害，需经过十几年，甚至几十年的时间才能显现出来。同时，有的损害难以用数字进行准确计算，例如，对于海岸自然风景的损害。所以，确定海上油污损害的赔偿范围是一个复杂的问题。实践中，有关的国际公约和多数国家的做法是船舶所有人赔偿责任的赔偿范围限于直接损失，至于自然环境、生态平衡、海洋渔业资源、渔业生产、旅游业的破坏等远期损失则不属于赔偿范围。我国司法实践则倾向于对直接损失和间接损失均予以赔偿。

具体而言，海上油污损害赔偿的范围包括：

（一）海上油污造成的直接损失

海上油污造成的直接损失，是指由于船舶溢出或排放油类物质后，造成船舶本身以外因污染而直接灭失、损害或减少的财产。根据 1969 年《国际油污损害民事责任公约》的规定，涉及两项内容：

1. 海上油污造成的受害人的直接财产损失

因船舶溢出或排放油类物质直接造成的受害人的财产损失和人身伤亡。例如，因油污导致海水养殖生物的死亡，接触油污海水的人员受到的人身伤害等。

2. 采取预防措施的费用

在油污事件发生后，任何人（包括导致油污事件船舶的所有人、船长、船员）为了防止或减少污染损害后果而采取的任何合理措施所支出的费用也属于海上油污的直接损失。例如，动用船舶打捞浮油或为防止浮油扩散而在海面设置浮栅栏所支出的费用。

（二）海上油污造成的间接损失

海上油污所造成的可得利益的损失或者因对油污损害采取预防措施而造成的进一步的灭失或损害。

1. 海上油污造成的可得利益的损失

这是指有关人员或单位正常情况下可以得到的利益，由于海上油污事件的发生而丧

失。例如，由于海上油污导致捕捞业的捕捞损失，或者养殖业所养殖的水产品的损失，海滨风景区的旅游业、饭店业、服务业因海上油污事件遭受的营业损失等。

2. 对海上油污采取预防措施而造成的进一步的损失

此类损失虽然并非海上油污直接造成的损失，但它是由于为避免或减轻海上油污损害后果而采取预防措施所引起的损失，与海上油污事件之间存在间接的联系，所以构成间接损失，应列入赔偿范围。例如，为了清除海面的浮油而喷洒清洁剂所导致的海洋生物的损害或人员的中毒伤亡等。

三、海上油污损害赔偿责任的限制

（一）海上油污损害赔偿责任限额

为了避免船舶所有人财力不足以承担大额的油污损害赔偿责任，有关的国际公约和各国国内法均将海上油污损害赔偿责任纳入责任限制的范围。而作为其代表的1969年《国际油污损害民事责任公约》第5条，将船舶所有人对任何一个海上油污损害事件承担的赔偿责任，限定为按船舶吨位计算的赔偿额是每一船舶吨位[①] 2 000金法郎，但是，赔偿总额不超过2.1亿金法郎。上述赔偿限额在具体适用时，应当根据赔偿责任限制基金设立之日，该基金所在国货币与法郎的比价，折合成基金所在国的货币。

相应的，出于避免由于黄金价格波动和通货膨胀导致上述赔偿责任限额计算成不同国家货币时的不平衡，原政府间海事协商组织[②]于1976年11月17日在伦敦举行会议，通过了1969年《国际油污损害民事责任公约》的议定书。该议定书将上述赔偿责任限额修改为每船舶吨位113特别提款权。赔偿总额不超过1 400万特别提款权。该议定书已于1981年4月8日生效，我国于1986年4月29日加入了该议定书。

当然，在不适用1969年《国际油污损害民事责任公约》的范围内，船舶所有人承担海上油污损害赔偿责任也有赔偿限额，但它是根据船舶所有人所参加的有关油污损害赔偿责任的民间协定所规定的赔偿限额予以确定。

（二）海上油污损害赔偿责任限制权利的享有和丧失

适用海上油污损害赔偿责任限制的目的在于保护船舶所有人的正当利益，稳定海上运输秩序，因此，船舶所有人必须具备法定条件才享有赔偿责任限制权利。与此相对应，不具备法定条件的船舶所有人便丧失了赔偿责任限制权利。根据1969年《国际油污损害民事责任公约》第5条第2款的规定，船舶所有人享有和丧失赔偿责任限制权利的法定条件，是船舶所有人对于海上油污损害事件的发生是否有实际过失或者暗中参与。如果海上油污损害事件非为船舶所有人的实际过失或私谋的原因造成的，船舶所有人享有赔

① 船舶吨位在此是指船舶净吨加上为计算净吨而从总吨中扣除的机舱所占容积。对于不能按照标准的吨位丈量规则测定的船舶，其吨位应当按该船所能载运油类的重量吨（每吨2 240磅）的40%计算。

② 政府间海事协商组织，成立于1958年，1959年成为联合国的专门机构，1975年11月该组织第9届大会决定改名为国际海事组织。我国于1973年3月1日起正式参加该组织的活动。

偿责任限制权利。反之，如果是由于船舶所有人的实际过失或者暗中参与而造成海上油污损害事件的，则船舶所有人丧失赔偿责任限制权利。例如，船舶所有人任命的船长资格不当或者未对船长习惯于在雾中超速行船的做法给予警告或采取其他措施、指使船长凿沉船舶等导致海上油污损害事件的发生。

（三）海上油污损害赔偿责任限制基金

船舶所有人为了取得赔偿责任限制权利的另一前提，是必须在海上油污损害赔偿案件的受理法院或者其他主管当局设立相当于其赔偿责任限制总额的赔偿基金。具体方法是由法院或者其他主管当局以保管人的名义照数存入银行，也可是提供为设立基金所在国法律接受的、为受理法院或者其他主管当局认可的银行担保函或其他担保方法。

实例枚举

发生于1983年的“东方大使”轮油污案，是我国迄今赔偿额最大的油污案。该年11月25日，巴拿马籍“东方大使”轮在青岛港装载43 934吨原油出港时，由于瞭望疏忽、操作不当，触礁搁浅，船体破损。经过5天的抢救，方使其脱浅，但已经漏出原油3 343吨，造成青岛港、胶州湾及其附近海域的严重污染。

该漏油污染发生后，青岛港务监督因收到来自各方面的油污损害和清除油污的索赔报告，便通知“东方大使”轮船东，要求其提供油污赔偿的担保。该船东当即向其保险人——汽船保赔协会如实予以转告。此后，青岛港务监督依据我国《海洋环境保护法》等有关法律，根据索赔方的申请，主持其与汽船保赔协会代表的调解，双方确认解决此次油污损害事故适用1969年《国际油污损害民事责任公约》① 的油轮船东责任限额，并达成赔偿1 775万元人民币的调解协议。具体的赔偿范围涉及：（1）水产品捕捞、养殖损失费；（2）海上清污费；（3）污染清除费；（4）生产企业、旅游业等损失赔偿等。

本案有助于大家从处理海上油污损害赔偿的实践角度，理解海上油污损害赔偿制度的适用，尤其是确认油污损害赔偿的范围等，以达到恢复油污损害行为人与受害人之间平衡的法律地位的目的。

四、海上油污损害赔偿责任的强制保险

海上油污损害赔偿责任法律制度在适用严格责任原则和实行限制责任的同时，还引入了海上油污损害赔偿责任强制保险。该责任保险专门承保船舶所有人可能承担的海上油污损害赔偿责任，以缓解船舶所有人因承担海上油污损害赔偿责任而不堪重负，确保受害人的受损利益得到赔偿。根据有关国际公约和各国国内法的规定，海上油污损害赔偿责任保险属于强制性保险，法定范围内的船舶所有人负有投保该责任保险的法定义务，相应的保险人也应当予以承保。这集中表现在1969年《国际油污损害民事责任公约》第

① 中华人民共和国是1969年《国际油污损害民事责任公约》（CLC）的签字国。

7 条的规定中："在缔约国登记的载运 2 000 吨以上散装货油的船舶的船舶所有人必须进行保险或取得其他财务保证，如银行保证或国际赔偿基金出具的证书等"。上述船舶在营运中必须持有船舶登记国有关机构颁发的《油污损害民事责任保险或者其他财务保证证书》。否则，各个缔约国不得允许上述船舶进入本国领海从事营运。

我国作为该公约的成员国同样在海上油污损害赔偿责任制度中适用强制责任保险。按照我国的有关规定，凡是在我国登记从事国际海上运输的载运 2 000 吨以上散装油类货物的船舶，其所有人必须对其依法承担的海上油污损害赔偿责任投保责任保险，或者取得其他财务保证。实践中，在我国登记的上述船舶大多在英国船东保赔协会投保海上油污损害赔偿责任保险，并持有该协会签发的投保证明书，通称为绿卡（Blue Card）。船舶所有人必须在取得海上油污损害赔偿责任保险证明或其他财务保证之后，才能够向我国海事局申领油污损害民事责任保险或者其他财务保证证书。如果未投保责任保险或者未取得其他财务保证的船舶，则适用一种临时措施——船舶所有人到我国港务监督机构办理《油污损害民事责任信用证书》，声明对于其船舶造成的海上油污损害，按照上述国际公约规定的赔偿责任限额承担赔偿责任。而我国的国有船舶，可以不投保责任保险或者取得其他财务保证，但是，应当持有我国海事局签发的，以声明该船为我国国有，并按照上述国际公约承担赔偿责任为内容的证书，即可从事营运。至于载运 2 000 吨以上的外籍油轮，则必须持有其船籍登记国主管机构按照上述国际公约签发的油污损害民事责任保险或者其他财务保证证书的，才能进入我国水域或者港口。如果在非缔约国登记的船舶，则应当持有我国港务监督机构和该国主管当局协议认可的有关油污损害民事责任保证证书，或者该非公约缔约国签发的油污损害民事责任保险或者其他财务保证证书，才能进入我国水域或港口。

基于海上油污损害赔偿责任保险或者其他财务保证的存在，在船舶造成海上油污损害的情况下，受害人可以直接向承保海上油污损害赔偿责任的保险人或其他财务保证人提出索赔。在此类诉讼中，作为被告的油污损害赔偿责任保险人或其他财务保证人有权要求致损船舶所有人参加诉讼。同时，油污损害赔偿责任保险人或其他财务保证人得以援引上述国际公约赋予船舶所有人的免责事由和赔偿责任限额。如果能够证明海上油污损害是船舶所有人有意的不当行为（如船舶所有人明知船舶不适航仍命令开航）导致的，油污损害赔偿责任保险人或其他财务保证人不承担赔偿责任。此外，油污损害赔偿责任保险人或其他财务保证人不得援引其对船舶所有人的抗辩事由来对抗油污损害受害人。

五、国际海上油污损害赔偿基金

虽然 1969 年《国际油污损害民事责任公约》对于船舶所有人规定了较高的赔偿责任限额，但实践证明，发生重大海上油污事件时，受害人仍然不能得到充分的补偿。为此，在通过该民事责任公约的海上油污损害法律会议上，同时通过了《关于设立国际油污损害赔偿基金的决议》，确认了以设立国际油污损害赔偿基金作为补充措施，借助货方分摊海上油污损害赔偿款项的方法保证受害人获得充分的补偿。

目前，设立国际油污损害赔偿基金已被很多国家所接受。该公约于 1971 年 11 月 29 日至 12 月 18 日由原政府间海事协商组织在布鲁塞尔召开的关于设立国际油污损害赔偿基金外交会议上被通过，并于 1978 年 10 月 16 日生效。我国尚未加入该公约。

国际油污损害赔偿基金所需资金来自缔约方每年进口海运石油超过 15 万吨的石油公司直接交纳给基金组织的摊款。理由在于石油公司是海上油类运输的最大受益者，应当由其出资分摊一部分海上油类运输造成海上油污的风险后果。为此，缔约方有义务向基金组织通报有摊款义务的石油公司名单。

国际油污损害赔偿基金用于提供海上油污损害赔偿，因此，任何遭受油污损害的人按照 1969 年《国际油污损害民事责任公约》规定在不能得到足够的赔偿时，可以向国际油污损害赔偿基金提出赔偿申请。

这些规定包括：（1）按照 1969 年《国际油污损害民事责任公约》，船舶所有人不承担赔偿责任的损害；（2）船舶所有人在财务上不能承担全部赔偿责任，而责任保险或者其他财务保证人也不能满足损害赔偿请求的；（3）超过船舶所有人按照 1969 年《国际油污损害民事责任公约》而享有的赔偿责任限制金额的损害部分。

对于赔偿申请人能够证明与海上油污事件之间存在因果关系的、实际发生的合理费用（主要包括清除油污而产生的费用和采取预防措施而产生的费用），国际油污损害赔偿基金予以赔偿。但是，国际油污损害赔偿基金向赔偿申请人给予的赔偿同样是有限制的，即该基金给付的赔偿金额加上油污受害人依据 1969 年《国际油污损害民事责任公约》而实际得到的赔偿金额，再加上该基金补偿给船舶所有人的金额总和，不得超过 4.5 亿金法郎①。

同时，国际油污损害赔偿基金对根据 1969 年《国际油污损害民事责任公约》向受害人承担海上油污损害赔偿责任的船舶所有人或者责任保险人或者其他财务保证人给予一定的补偿。补偿的金额限于补偿向申请人实际支付的赔偿金额的一部分，具体计算方法适用 1971 年《设立国际油污损害赔偿基金的国际公约》的规定。但是，如果经证实，海上油污事件是因船舶所有人的过失或者私谋导致的，或者溢出或者排放油类物质造成污染损害的船舶未遵守有关的国际公约②，并且，所造成的海上油污损害后果的全部或部分是由于船舶未遵守有关国际公约所致的，该基金可以免除全部或者部分的补偿责任。

实例枚举

2010 年墨西哥湾漏油事故的警示③

墨西哥湾漏油事件，又称英国石油漏油事故或深水地平线漏油事件。它是发生于

① 该限额于 1978 年 4 月 20 日提高为 6.75 亿金法郎，并可进一步提高到 9 亿金法郎。此后，根据 1976 年 11 月在伦敦会议通过的 1971 年《设立国际油污损害赔偿基金公约》的议定书的规定，将上述的 4.5 亿金法郎和 9 亿金法郎分别改为 3 000 万特别提款权和 6 000 万特别提款权。相应地，6.75 亿金法郎改为 4 500 万特别提款权。

② 这些国际公约是指 1972 年《国际海上避碰规则》、1973 年《国际防止船舶污染公约》、1974 年《国际海上人命安全公约》以及在海上油污事件发生时生效在 12 个月以上的上述国际公约的修正案。

③ 摘编自百度百科词条《2010 年墨西哥湾漏油事件》；百度文库，陈立宏《墨西哥湾事故及其影响》。

2010 年 4 月 20 日墨西哥湾外海的一起油污外漏事故，起因是英国石油公司所租用的一个名为深水地平线的可移动半潜船式深海钻油平台发生井喷，引发大火及爆炸，导致 11 名工作人员死亡、17 人受伤。事发之后，多艘船舶参与灭火，没有成功。钻油平台燃烧 36 小时后于 4 月 22 日早上沉没。现场人员发现在平台沉没当日的下午 1 时开始漏油，并继续蔓延。据英国石油公司估计，在最坏的情况下，每日泄漏 162 000 桶原油。

不仅如此，该漏油事故发生后，附近大范围的水质受到污染，不少的鱼类、鸟类、海洋生物都受到严重的影响，波及墨西哥湾及周边地区的渔业、旅游、能源、航运等诸多领域，特别是美国的路易斯安那州、密西西比州和亚拉巴马州等超过 8.8 万千米水域的渔业作业被迫停止，渔业生产进入灾难状态。

在后续的事故处理过程中，美国政府要求英国石油公司成立一个 200 亿美金的基金来处理这个事件。2012 年 11 月，英国石油公司与美国达成和解，接受 12.56 亿美元的刑事罚款，并另行向野生动物基金会提供 23.94 亿美元、向美国国家科学院提供 3.5 亿美元，用于环境补救行动。此外，在未来 3 年向美国证交会支付 5.25 亿美元。2015 年 10 月 6 日，美国司法部宣布，英国石油公司将以 208 亿美元的代价与美国政府和解，彻底解决此次漏油事件的所有赔偿内容，包括所有几百个地方政府的求偿、《美国清洁水法案》的罚款、天然资源损害赔偿等。这一 208 亿美元的和解代价刷新了美国司法部门有史以来最大的单一案件的和解金额。

此次漏油事件向人类发出了警示。本次漏油事故的影响十分严重，与历史上数次主要的漏油事件相比较，本次漏油事件有着明显的特点：一是本次是由深海作业事故所致，不同于史上的数次漏油事件多属于油轮事故。墨西哥湾漏油事件的处理技术难度、影响规模、持续时间等均居于首位。二是本次漏油事件发生在油气资源极其丰富的墨西哥湾近海海域，不仅严重威胁墨西哥湾地区的能源战略地位，也给此地区的经济，特别是石油、渔业、旅游和运输四大产业带来破坏性的影响，更是对该地区的生态环境形成持久的灾难性结果。

此次漏油事件也暴露出美国在立法和管理等方面的漏洞。一是按照美国现行法《石油污染法》的规定，对原油泄漏事故的处罚，实行限额赔偿，责任方除了负担清理石油污染费用外，处罚的上限仅为 7 500 万美元，而且，不随通胀水平进行调整。同时，石油污染事故造成的经济损失，是由政府予以资助。因此，石油公司实质上是免于承担石油污染事故造成的损害责任。这导致石油公司在一定程度上忽视安全生产和设备安全，以及可能造成的环境和经济影响。而从管理角度讲，美国政府存在着多头管理的弊端，联邦政府和地方政府管理并存，还涉及矿产管理、环境保护、国土安全和海岸警卫等多个部门的参与，导致缺乏有效的监管。

六、海上油污损害赔偿案件的管辖

对海上油污损害的民事赔偿案件的管辖，一般采用地域管辖原则，即海上油污损害事件的发生地或者采取防止或减轻油污损害措施的所在地，是确定案件管辖权的根据。其中，根据1969年《国际油污损害民事责任公约》第9条第1款的规定，在一个或者若干个缔约方领土（包括领海）内发生油污损害事件，或者已在上述领土（包括领海）内采取防止或减轻油污损害预防措施的，损害赔偿诉讼只能向上述的一个或者若干个缔约方的法院提出。因此，油污损害受害人，可以选择向上述法院提起诉讼，无须考虑船舶所有人的住所地和营业地。同时，有关国际公约和国内法还赋予了船旗国法院对海上油污损害民事赔偿案件的管辖权，以减少扣押被告船舶与案件受理分属于不同法院产生的矛盾。

与此相连的是海上油污损害的民事赔偿案件的诉讼时效。按照上述国际公约第8条的规定，该时效期间为损害事件发生之日起的3年，而且任何情况下最长不得超过损害事件发生之日起的6年。可以说，海上油污损害的民事赔偿案件的诉讼时效是《海商法》中最长的。

而对海上油污的行政、刑事案件的管辖权，则涉及船旗国的管辖权、港口国的管辖权和沿海国的管辖权。首先，船旗国的管辖权体现的是国家司法主权的属人原则。根据1982年《联合国海洋法公约》规定，对违反主管国际组织或者外交会议规则的船舶，不论该违反行为或者损害后果发生于何地，其船旗国都有权进行调查，并提起行政案件或者刑事案件的司法程序。其次，港口国的管辖权包括行政管辖权和司法管辖权。前者限于按照一般的国际规则，检查外国船舶所持有的各种船舶证书、航海记录和其他文件。若发现未持有有效证书和文件，或者证书和文件所载内容与船舶的配置和状况有重大不符等情况，则有权扣押船舶。但是，在被扣船舶提供了保证书或者其他担保之后，港口国法院应当迅速释放被扣船舶。而后者则表现为港口国法院对船舶在本国内水、领海或者专属经济区内实施的油污排放行为，或者虽然发生于他国内水、领海或者专属经济区内却已经或可能对本国管辖水域造成污染后果的海上油污事件，有权对相应船舶进行调查，并在有充分证据时提起司法程序。最后，沿海国的管辖权则包括对下述海上油污损害案件享有司法调查和提起司法程序的权力：（1）停靠在本国港口或者岸外设施而在本国领海、专属经济区内发生违反有关防止、减少、控制船舶造成油污损害法律规范行为的船舶；（2）有明显证据认为通过沿海国领海的船舶在沿海国水域内发生违反有关防止、减少、控制船舶造成油污损害法律规范行为的；（3）有明显证据认为在沿海国专属经济区航行的船舶在沿海国专属经济区内发生违反防止、减少、控制船舶造成油污损害法律规范大量排放油污造成重大污染而又拒绝提供其识别标志、登记港、上次停泊和下次停泊港口等情报，或者所提供的上述情报与实际情况不符的。

实例枚举

1997年10月3日，拥有A国国籍的“宝石”号油轮装载着10万吨原油从波斯湾驶往中国R港，在中国黄海水域与B国国籍的“好望角”号货轮相撞，导致“宝石”号油轮中部船体出现一个大洞，船上所载原油从漏洞处不断流出，在临近R港的海面形成了宽2千米、长3.5千米的污染面积，造成了40余万元人民币的损失。因R港有关方面的全力抢救，才避免了污染损失的进一步扩大。事后，经中国R港及其他有关方面的交涉，

“宝石”号油轮的船东支付了40万元赔偿金。不过，“宝石”号油轮的船舶所有人认为该海上油污损失是由于“好望角”号的船舶碰撞行为所致，应当由其船东承担主要赔偿责任。为此，“宝石”号船舶所有人将“好望角”号货船的船舶所有人告上海事法院，要求后者承担相应的赔偿责任。

众所周知，本案是“宝石”号油轮与“好望角”号货船之间的船舶碰撞导致的海上油污损害事件，因此油污损害赔偿责任的承担应当与船舶碰撞责任的认定相联系。这意味着必须先行依法确认船舶碰撞双方当事人所应承担的船舶碰撞责任，然后，以此为根据认定各自所应当承担的海上油污损害赔偿责任。

知识链接

不应忽略的国际海上油污损害赔偿公约的法律空白①

船舶油污损害责任及赔偿问题长期困扰着国际海运界。经过各国及有关国际组织多年的不懈努力，通过了影响深远的1969年《国际油污损害民事责任公约》及其以后的一系列议定书，形成了较为完备的国际油污损害责任及赔偿法律体系。

但是，解读这些国际公约及议定书，不难发现其主要着眼于解决货油所造成的油污损害及赔偿问题，而有关船舶携带的燃料（油类燃料）所造成的油污损害责任及赔偿方面的规定却存在空白。

因此，在实践中，处理船舶携带的燃料所造成的油污损害责任及赔偿事宜时，首先应当分清相应的船舶是否属于载运散装油类货物的船舶，其次是根据有关国家所参加的国际公约或者国内法甚至是民事损害赔偿原则进行责任认定和追究赔偿责任。而对于上述的有关国际公约及议定书中所排除的作为船舶燃料的非持久性烃类矿物油造成的油污损害责任及赔偿，因缺乏相应国际公约的适用依据，则只能依照有关的国内法确立的民事损害赔偿原则来确定。

这意味着基于1969年《国际油污损害民事责任公约》和1971年《设立国际油污损害赔偿基金公约》而确立的油污受害人利益保障体系以及尚未生效的《国际海上运输有毒有害物质损害责任及赔偿公约》所创立的双层责任制，面对船舶自身携带的燃料所造成的油污损害责任及赔偿问题并无用武之地，致使油污受害人的利益不能得到充分的法律保障。因此，有必要建立一个更加科学、全面的国际船舶油污损害责任及赔偿法律体系。

问题与思考

1. 什么是海上油污损害？海上油污损害有哪些特点？
2. 什么是事故性海上油污损害？

① 摘编自：唐金立．评国际油污公约的法律空白：论船舶燃料油污损害责任及赔偿．中国海商法年刊，1997年卷.

3. 什么是排放性海上油污损害?
4. 什么是海上油污损害赔偿责任?海上油污损害赔偿责任的构成条件有哪些?
5. 如何确定海上油污损害赔偿责任的承担者?
6. 什么是海上油污损害责任限制基金?如何设立海上油污损害赔偿责任限制基金?
7. 什么是国际海上油污损害赔偿基金?如何设立国际海上油污损害赔偿基金?

第十三章
海事赔偿责任限制制度

本章提示

海事赔偿责任限制制度，原称为“船舶所有人责任限制制度”，是海商法特有的而且历史久远的法律制度。与民法的民事赔偿责任制度不同，海事赔偿责任限制制度将海事赔偿责任人的海事赔偿责任限制在一定范围之内，超出该范围的海事损害，海事赔偿责任人不承担赔偿责任。可见，海事赔偿责任限制制度适用的客观结果是受害人的海事损失不能得到充分的赔偿，但是，正是基于这一特点，可以降低海上运输和各种海上作业的责任负担，维持海上运输市场的正常发展，同时，也有利于鼓励海难救助。因此，海事赔偿责任限制制度始终在海商法中占有重要地位，甚至可以讲，海事赔偿责任限制制度正是海商法自成一体的主要原因之一。需要注意的是海事赔偿责任限制与海上货物运输合同中承运人的责任限制的区别。前者适用于各种合同（除海上货物运输合同以外）之债和侵权之债，是针对一次事故所引起的各类债权的综合性限制；而后者则是海上货物运输合同承运人对提单项下每一件或每一单位货物的赔偿责任限制。同时，该法律制度从船舶所有人责任限制制度到海事赔偿责任限制制度的演变，表明伴随着海上运输和海上作业的发展，该制度适用的范围具有不断扩大的趋势。

学习本章应当重点掌握海事赔偿责任限制制度的概念和特点，海事赔偿责任限制制度所适用的船舶范围、主体范围、限制性债权范围；同时了解海事赔偿责任限额以及适用条件、适用程序等问题。

关键术语

海事赔偿责任限制　限制性债权　非限制性债权　赔偿责任限额金额制度　船价制度　海事赔偿责任相互索赔的冲抵　责任限制基金

第一节　海事赔偿责任限制制度概述

一、海事赔偿责任限制制度的形成和发展

海事赔偿责任限制制度是海商法特有的一项法律制度，原被称作“船舶所有人责任限制制度”。该制度在海上运输市场中的适用由来已久。不过，该制度始于何时，至今众说纷纭。有人认为，它可以追溯到古罗马法时期。因为，按当时的法律，奴隶主对于奴隶因过失所犯的侵权行为，要负全部赔偿责任，但是，可用交付奴隶来免负责任。这一立法内容虽不是赔偿的责任限制制度，但可从中看到赔偿责任限制制度的痕迹。但也有人认为，古罗马法中有关船东的债务和侵权承担的责任应属于无限责任，并被沿用到中世纪。直到 14 世纪在西班牙巴塞罗那编纂的《康苏拉度海法》规定了船舶共有人（合伙人）的责任以其所认购的股份为限度。这不仅是后世股份有限公司的开始，也是船东有限责任的萌芽。

此后，各国的近代海事立法逐步正式确立了这一法律制度。1681 年法国路易十四发布的《海事条例》即吸收了这一责任限制原则，最早的形式表现为“委付制度”。就是说它一方面沿用以前的船东无限责任，另一方面允许采取委付制度，即承担无限赔偿责任的船东可以将其海上财产（船舶及其收益——包括本航次运费及其他分摊所得）委付给债权人（受害人）后免除其所负责任。该委付制度后被编入 1807 年的《法国商法典》，欧洲大陆各国亦纷纷效仿，遂成为大陆法系（拉丁法系）海商法的一大特色。

1644 年德国的《汉撒敕令》明文规定“货主对经过售船之后的债，无权再诉”。此后，1900 年的《德国商法典》不仅采用了物的有限责任制，而且实行了“执行制度”。依此制度，因船舶发生的债务，只限于用债务人的海上财产清偿，债权人不得对船东另有主张，即债务人（船东）不履行债务的，债权人只能通过请求法院对债务人的海上财产予以强制执行。此执行制度一经颁行，即为北欧四国（挪威、瑞典、丹麦、芬兰）所接受。

在普通法系国家，船东责任限制最初普遍采用船价制度。英国 1734 年的《乔治法案》改变了以往船东负无限责任的做法，代之以船价制度，即把船东的赔偿责任限制在船舶的价值和运费之内。此后，1854 年的《商船法》又将船东责任限制改为金额制度——以船舶登记的净吨位为根据确定船东的赔偿限额。而且，船东的责任限制不以航次为标准，而是以事故次数为标准，即同一航次中如有数次事故，则按次数承担责任，故又称为事故责任制。而欧洲其他国家则采取航次制度。

美国亦先采用船价制度，最早规定于 1851 年的《船舶所有人责任限制法》；此后又于 1935 年改为船价制度与金额制度的“并用制度”。美国各州先后从单一的船价制度改变为船价制、执行制和金额制并用的制度。

知识链接

海事赔偿责任限制制度的历史渊源探究[①]

海商法领域最为重要和古老的法律制度之一，就是海事赔偿责任限制制度。但对其起源的问题，在国际学界可说是莫衷一是。

有的学者从海商法的起源地地中海东岸入手，溯本求源，比较考察了《罗得海法》、《阿玛菲海商法》、《奥列隆海法》、《维斯比海法》、《汉萨同盟海商法》和《康苏拉度海法》等早期著名的海商法史料，认为：其他海商法均没有海事赔偿责任限制的内容，唯有早在1075年就已经存在的《康苏拉度海法》可能最早规定了海事赔偿责任限制，并最早在地中海地区实行。当然，实际实行该责任限制的时间有可能更早，至少在1075年罗马教皇认可该法之前就已经实行。同时，该学者还运用史料否定了荷兰海商法学者有关海事赔偿责任限制源于17世纪、由荷兰最先适用的观点。

不仅如此，该学者还进一步重点研究了《康苏拉度海法》英译本的第二部分中有关海事赔偿责任限制的内容，概括出其不仅全面系统地规定了作为海事责任主体的船长所应承担的赔偿责任（包括船长对货主和船员的赔偿责任，对造船人、船舶股东以及第三人的赔偿责任），而且对于船长与船舶的股东的海事赔偿责任作出不同的规定，即船长不享有赔偿责任限制而形成无限责任，而船舶的股东却有权享有赔偿责任限制而承担着有限责任。

可见，《康苏拉度海法》有关船舶的股东有权享有赔偿责任限制的规定内容成为海商法之海事赔偿责任限制制度的源头，它影响到海商法制度体系的构建。

二、海事赔偿责任限制制度的概念和意义

如前所述，海事赔偿责任限制制度在国际公约及各国海商立法中，最初仅仅是为了保护船舶所有人的利益而建立的一项法律制度，故被命名为“船舶所有人责任限制”制度，其含义是指船舶所有人在海损事故中，仅在法律规定的最高限度之内承担损害赔偿责任的制度。这意味着将船舶所有人承担的赔偿责任限制在一定的范围之内。

但是，随着国际海运市场的发展，船舶所有人与船舶的实际经营人的分离日益普遍，享受赔偿责任限制的主体范围逐渐扩大到船舶经营人、承租人、救助人等，遂演变成了今天的“海事赔偿责任限制制度”。我国《海商法》即采用了这一概念，按照该法第204条的规定，船舶所有人、船舶承租人、船舶经营人和救助人对于法定范围内的海事赔偿请求权，依法在规定范围内承担赔偿责任。另依该法第206条规定，当被保险人依法限制其赔偿责任时，对该海事赔偿请求承担责任的保险人有权享受相同的赔偿责任限制。这表明海事赔偿责任限制制度与传统的船舶所有人责任限制制度在本质上无区别，仅仅是前者所适用的责任限制主体范围大于后者而已。

应当说，海事赔偿责任限制是海商法赋予的一种法定特权。因为，哪些船舶可以适

① 黄永申．试探海事赔偿责任限制的法律历史渊源．中国海商法研究，2015（2）.

用赔偿责任限制，哪些责任人在何种情况下，针对哪些债权享受赔偿责任限制以及限制到何种程度等，均取决于海商法的规定。而且，这种海事赔偿责任的限制，实质上是对法定范围内的海事赔偿请求权（债权）的限制，使得这些受限制的海事赔偿请求权（债权）即使未能得到完全受偿，亦随之消灭，超出限制范围以外的债权部分依法不能获得赔偿，海事赔偿请求权人也不得再行申请仲裁或起诉。从而，该制度在一定程度上使作为债务人的海事赔偿责任人得到了保护。可见，海事赔偿责任限制制度是不同于一般民事赔偿责任制度的特殊的损害赔偿责任制度。它体现了海商法律制度的特色，是海商法自成一体的重要原因。同时，海事赔偿责任限制制度与海上货物运输合同的货损赔偿责任不同，它们是两种彼此独立的责任限制制度。前者适用于海上航运领域，因各种海损事故引起的各种海事合同之债和侵权之债，故又称为总的责任限制。而后者则只适用于海上货物运输合同的承运人在提单项下因违约所承担的货损赔偿责任。

在海运市场上，船舶所有人与营运人往往是分离的，船舶所有人并不亲自操纵其船舶从事海上运输活动，甚至可能不熟悉航海驾驶，也不随船同行。从而，船舶所有人（包括船舶经营人、承租人）将营运中的船舶的有关职权委于船长，由其具体管理、指挥船舶，两者之间存在着法律上的民事代理关系。因此，船舶所有人作为被代理人既享受着船舶营运带来的利益，又要对船长或其他船上人员在营运中的致害行为承担法律责任。但是，由于海难事故造成的损害后果可能是巨大的，甚至超过船舶本身的价值，如果让船舶所有人悉数赔偿，会构成其实际承担无限责任，即不限于与发生损害有关的海上财产而导致其破产，这样必然影响海运业的投资，不利于海运业作为国民经济重要环节的正常发展。所以，早在中世纪的冒险航海时代，船舶所有人责任限制制度就与海上救助、共同海损等制度一并产生。

进入资本主义上升时期，各国为了发展本国海运业，扶植造船业，促进海外贸易，纷纷用立法形式来明确规定船舶所有人的责任限制制度。因为，对船舶所有人适用责任限制制度，既使受害人得到了相应的物质赔偿，保护其合法权益，又使船舶所有人不致因承担赔偿责任而陷入破产倒闭的境地，保护了海运业的正常秩序。所以，荷兰著名法学家格劳秀斯称其为“完全合乎正义的要求”。

然而，随着现代航海业的发展，对于海事赔偿责任限制制度存在的必要性，产生了不同的观点。有人认为，当代海运业的现代化水平较高，尤其是现代航海通信工具的发展和应用，使船舶所有人可以较容易地控制（遥控）营运中的船舶，这意味着海运活动的危险性在日益减小；同时，船舶所有人还可以通过保险合同，将损失赔偿后果转嫁给保险公司，导致船舶所有人的责任负担减轻，故海事赔偿责任限制制度的作用已不像以前那么重要，有人甚至开始怀疑该制度存在的必要性了。但是，大多数人对该制度仍持肯定的态度，各国之间有关责任限制的立法仍在进一步发展，即将船舶所有人的责任限于与发生债权相关的海上财产（致害船舶），不扩及船舶公司的其他财产。探究起来，有如下理由决定了该项海商法律制度不会被废弃：

（一）它有利于保障海运业的稳定发展

如今，海上运输的风险虽已非过去的“海上冒险”，但海上运输的危险仍是陆上运输的危险所无法比拟的，尤其是海上油污、核扩散等新风险的不断出现，从而，通过该制度来限制船舶所有人、经营人的赔偿责任，可以使投入海运的资本得到保护。在此基础上，对于保持本国的商船队发展，维护本国海运市场的稳定，促进国家的政治、经济及军事等都具有重要意义。

（二）符合“公平原则”的要求

在海运实践中，基于船舶所有人、经营人与船长、船员实际占有和驾驶船舶相分离的情况，处理船舶营运中的致人损害后果，是一个复杂的问题。如果仅让船长、船员负赔偿责任，对受害人来说是不公平的；但若要求作为被代理人或雇主的船舶所有人或经营人负无限赔偿责任，尤其是对因船长、船员个人的疏忽或过失导致的损失负无限赔偿责任，则也未必公平。因此，限制海事赔偿责任就是一种公平合理的解决方法。

（三）有利于鼓励海上救助

海上救助是建立海上正常运输秩序的必要措施，为此，根据海事赔偿责任限制制度的规定，救助方在救助作业中致使被救助方受到损害的，也享受责任限制。这可以鼓励海上救助的实施。

（四）适应着海上保险的发展要求

海上保险，尤其是船舶责任保险的产生和发展，与海事赔偿责任限制制度的存在不可分离。通过海上保险，船舶所有人或经营人将海事赔偿责任转移给保险人，使受害人的索赔有可靠保障。显然，若取消海事赔偿责任限制制度，也就使得船舶责任保险无所依存。所以，该制度不但要继续存在，而且要向国际统一化发展。

实例枚举

2008 年 2 月 28 日，甲轮船公司所属的“闽 6 号”轮从 A 地运载集装箱驶往 B 地 X 港，3 月 1 日晨 6 点 50 分因雾大与乙船舶运输有限公司所属的“广福”轮在 C 海域发生碰撞，“闽 6 号”轮货舱受损严重，大量进水，有随时沉没的危险，船长当即决定采取冲滩措施，并请求“广福”轮协助。但“广福”轮非但未予协助，反而逃离现场。甲轮船公司得到“闽 6 号”船长报告后，立即联系丙海上救助打捞局进行救助。经救助，货柜和船舶被拖往 D 港。该船舶碰撞事故造成“闽 6 号”轮的船舶、租金等有关损失共计五百余万元，并支付救助费用三百余万元。

于是，甲轮船公司诉至 E 海事法院，要求对方赔偿上述各项损失，其中有关救助费用的赔偿，不得享受海事赔偿责任限制，理由是，“广福”轮在天有晨雾而能见度不良的情况下，未采取安全航速，且瞭望疏忽，尤其是在有碰撞危险时违反避碰规则，采取错误行动，导致碰撞，应负主要责任。乙船舶运输有限公司辩称，“闽 6 号”轮在两船临将互过时，突然盲目向右转向，是造成碰撞事故的最主要、直接的原因；同时，该船在能见度不良的情况下，不派员瞭望也是原因之一。这些均违反了避碰规则。因此，“闽 6 号”轮应当承担大部分责任。而且，乙船舶运输有限公司已向法院申请了海事赔偿责任限制和设立责任限制基金，对方应当经债权登记后，在责任限制基金内受偿。

显然，本案涉及船舶碰撞、海难救助、海事赔偿责任限制等法律制度。仅就海事赔偿责任限制而言，本案的争议焦点是，为减少损失而雇请拖轮实施救助所产生的救助费用是否属于船舶损害赔偿范围，是否应在海事赔偿限制责任基金内受偿。E海事法院认定，该救助费用是合理费用，属于船舶损害赔偿，并非《海商法》第208条规定的非限制性债权——单纯的救助款项。

学习本案，有助于大家理解海事赔偿责任限制制度的适用意义，也可以让大家掌握海事赔偿责任限制的范围界定标准和适用程序。

学术前沿

海事赔偿责任限制权利的法律属性①

海事赔偿责任限制权利究竟是实体性权利还是程序性权利，是抗辩权还是形成权，恐怕是海事赔偿责任限制制度的诸多问题中最为老生常谈也是始终争论不休的首要问题。

针对第一个争议点，主张实体性权利的观点认为，海事赔偿责任限制制度是作为实体法的《海商法》予以规定的。主张程序性权利的观点却认为，行使该项权利必须通过法定方式才具有法律效力。不过，也有学者指出，将海事赔偿责任限制权利界定为实体性权利或者程序性权利的单一属性，实际意义不大。因为，实体法规范规定的未必一定就是实体性权利，程序法也可能规定实体性权利。

对于第二个争议焦点，学者之间的分歧更大。有的学者从讨论海事赔偿责任限制制度的优先适用地位入手，论证海事赔偿责任限制权利基于优先适用的优势地位，仅凭权利人的单方意思表示便可以产生责任限制的法律效果，不需索赔方的同意来强调其应当属于形成权，进而，以海事赔偿责任限制权利的自身特点论证其是形成权的特殊类型，称其为海事优位权。还有学者引用《海商法》第213条关于海事赔偿责任人得以向法院申请设立责任限制基金的权利，表明海事赔偿责任人可以依独立意志引起权利的实现，符合形成权的基本特点。

认为海事赔偿责任限制权利是抗辩权的学者提出，海事赔偿责任人申请海事赔偿责任限制，并非独立的诉讼请求，它只能是以海事赔偿请求人的请求为前提，目的是达到限制自己的责任、部分减少海事赔偿请求人的海事赔偿主张，却不能先行限制自己的海事赔偿责任。这些学者强调，引用《海商法》第213条规定来证明海事赔偿责任限制权利为形成权，实质上是把责任限制基金与海事赔偿责任限制混为一谈。特别是，持抗辩权观点的人，引用2010年9月15日施行的最高人民法院《关于审理海事赔偿责任限制相关纠纷案件的若干规定》的有关用词表述来表明其已然将海事赔偿责任限制权利界定为抗辩权。

① 王建瑞．海事赔偿责任限制制度的十个问题．中国海商法年刊，2010（4）；司玉琢．海事赔偿责任限制优先适用原则研究．中国海商法研究，2011（2）．

第二节　有关统一海事赔偿责任限制制度的国际公约

各国在海事赔偿责任限制问题上分别采用了不同的制度，这对于航行于各国港口之间的船舶所有人、货主、旅客、保险人及其他与海运有关的人员极为不便。因此，为了谋求海事赔偿的责任限制，早自19世纪末期就开始着手制定有关的国际公约。而且，通过一系列国际公约的出台过程，可以清楚地看到海事赔偿责任限制制度不断完善和发展的轨迹。

一、1924年《关于统一海运船舶所有人责任限制若干法律规定的国际公约》

国际海事委员会几经协商，拟订了该公约草案，并于1924年8月25日在比利时的布鲁塞尔通过。该公约在船东责任限制上采用船价制、执行制和金额制并用的制度。该公约虽对一些国家的海商法有所影响，而被法国、比利时、荷兰、丹麦、挪威、瑞典、芬兰、意大利、西班牙、葡萄牙、巴西等11国批准，却未能被英国、美国、德国、日本等主要海运国家所接受。并且，由于该公约并用不同制度，会导致赔偿过程中的矛盾，并未能统一责任限制和金额计算，加之其内容已不适应此后的通货膨胀等实际情况，故迄今未生效。

二、1957年《船舶所有人责任限制国际公约》

国际海事委员会于1955年起草该公约草案，后于1957年10月10日在布鲁塞尔的第10届海洋法外交会议上通过，现已生效，至2007年参加成员为50余个。这是国际上有关船东责任限制方面的第一个已生效的国际公约，它使船舶所有人责任限制作为一项法律制度，在国际上得到初步统一。该公约接受英国的建议，采取了单一的金额制。并且，以与黄金挂钩的金法郎作为计算单位。责任限额按船舶吨位（公约吨）计算[①]。而责任限制则以事故次数（不以航次）为标准，同一航次有数次事故的，亦须按次数负责任。同时，该公约明确了责任限制的适用主体。其范围较之1924年的国际公约更为广泛，具体扩大为两类：第一类为船舶所有人和承租人、经理人、经营人，但是，在“实际过失或知情”的情况下，不能享受责任限制；第二类为船长、船员及为船舶所有人、承租人、经理人或经营人服务的其他船上人员。

该公约较之1924年的国际公约大有进步，对统一各国的船东责任限制制度有重要作用。但是，此后受连年的通货膨胀和船舶大型化的影响，很多国家财政入不敷出，造成赤字，在这种情况下，这些国家用增发货币的方法来弥补财政空虚，致使市场的货币流

---

① 因制定该公约时，对计算吨位的方法有争议，作为妥协的产物，出现了“公约吨”这种特殊吨位——净吨加上为确定净吨而从总吨中减去的机舱所占空间。

通量大大超过商品流通和劳务支付的实际需要，最终导致物价上涨，通货膨胀。从而，该公约规定的限制金额显得过低（尤其是对人身伤亡的限制），加之该公约采用单一金额制，以与黄金挂钩的金法郎作为计算单位，当把金法郎换算为各国货币时，会受金价波动的影响而使换算的各国货币不平衡。正逢此时，发生了轰动国际航运界的日船“东城丸遇难案”。其中心问题是因救助人过失致使被救助船舶发生爆炸。法院认为 1957 年公约中的责任限制主体没有救助人，故排除了对于救助人造成的损害适用责任限制，这引起了各国非议。同时，在一些国家出现了通过船长或船员、船舶经营人、承租人来规避船舶所有人责任限制的案件。这些都表明该公约的船东责任限制制度已不能适应国际航运业发展的需要。因此，国际海事组织开始着手制定新的公约，但是，该公约迄今仍被适用。

三、1976 年《国际海事赔偿责任限制公约》

联合国国际海事协商组织在各方基于上述原因而要求修改公约的敦促下，并在吸取前两个公约的经验与教训的基础上，经过充分酝酿研究后，于 1976 年 11 月 1 日至 19 日在伦敦召开的外交会议上，通过了 1976 年《国际海事赔偿责任限制公约》，至 1985 年 11 月，共被日本、法国、英国、挪威等 12 个国家批准，依公约第 17 条（满足 12 个国家批准之日起一年后次月 1 日起生效）的规定，该公约于 1986 年 12 月 1 日起生效。

与 1957 年的国际公约相比较，该公约的变化在于：（1）将救助人和责任保险人纳入责任限制主体范围内。（2）明确了对于船长、船员或船舶经营人、承租人作为责任人的起诉，其与船东一样，享有责任限制，从而使船东责任限制制度演变为今天的海事赔偿责任限制制度。（3）将 1957 年公约规定的责任限制构成条件——一般过失不享受责任限制改为重大过失或故意不享受责任限制，更有利于保护船东。（4）采用特别提款权作为责任限额的计算单位以及按船舶吨位“超额递减金额制度”。但是，如果缔约国为非国际货币基金组织成员国而本国法又不允许使用特别提款权时，则仍可采用与金法郎等值的货币单位（1957 年国际公约中的计算单位），每一货币单位相当于纯度为 100%的 65.57 毫克的黄金。（5）大幅度提高了责任限额。显然，该公约较之前两个公约，适应了国际海运市场的发展变化，使得海事赔偿责任限制制度更为完善。实践证明，该公约的适用有利于国际海运市场的正常发展。

四、修正 1976 年《国际海事赔偿责任限制公约》的 1996 年议定书

1996 年 4 月举行的国际海事组织外交大会通过了修正 1976 年《国际海事赔偿责任限制公约》的 1996 年议定书。该 1996 年议定书的主要内容是对 1976 年《国际海事赔偿责任限制公约》的第 6 条和第 7 条所规定的海事赔偿责任限额的修改。

具体表现为两点：第一，提高了 1976 年《国际海事赔偿责任限制公约》所适用的小型船舶的最高吨位，由 500 吨提高至 2 000 吨，目的是提高赔偿限额，对于人身伤亡提供更高的赔偿。不过，对于不从船舶进行救助或者在被救船上进行救助的救助人，责任限

额仍按 1 500 吨计算。第二，议定书以平均 2.5 倍的幅度提高了各项赔偿的责任限额，用以抵消通货膨胀和汇率波动造成的影响。此外，因存在非国际货币基金组织成员的缔约方，1996 年议定书按照 1∶15 的比率换算成代表黄金的货币单位，供缔约方采用。

第三节　海事赔偿责任限制制度的基本内容

一、适用责任限制的船舶范围

适用责任限制的船舶，是指那些引起海事赔偿责任的船舶，船舶所有人可以依海事赔偿责任限制制度来限制自己的赔偿责任。

按 1957 年《船舶所有人责任限制国际公约》的规定，公约适用的船舶为海船，同时还规定 300 公约吨以下的船舶以 300 “公约吨” 为基数 1。同时，公约允许缔约方对 300 公约吨以下的海船以及其他种类的船舶是否适用本公约的责任限制制度予以保留，以国内法另行规定。

而 1976 年《国际海事赔偿责任限制公约》规定，公约在适用于 “海船” 的同时，还有如下的特别规定：第一，不适用于气垫船及航空运输工具以及用于海床或底土的自然资源探测或开采的浮动平台。第二，缔约方可以通过国内法规定，责任限制制度扩大适用于航行于内陆水域的内河船及 300 总吨以下的船舶。第三，若缔约方的国内法有关钻井船舶或用于从事钻井的船的责任限额高于本公约或已加入有关此类船舶责任限制的国际公约，则本公约不适用于此类船舶。

而各国海商法有关责任限制适用的船舶范围的规定不尽相同。一般来讲，各国法律的责任限制基本上都适用于海船。英国对享受责任限制的船舶未作专门规定，可以理解为海商法定义的船舶均适用于责任限制。而美国法律规定，对人身伤亡的责任限制仅适用于海船。日本法律规定责任限制仅适用于海船，但因人身伤亡的索赔，其责任限制不适用于日本本国港口的本国籍船舶。

我国《海商法》第十一章未明文规定适用赔偿责任限制的船舶范围，但是，根据该法第 208 条、第 210 条和第 211 条的规定，海事赔偿责任限制制度适用于该法所规定的船舶（海船和其他海上移动式装置）范围内的 300 总吨以上船舶。但军事船舶和政府公务船舶不适用赔偿责任限制。造成海上油污损害和核能污染的船舶亦不属于《海商法》的海事赔偿责任限制制度适用责任限制的船舶范围。

不过，对于 300 总吨以下的船舶及从事沿海运输和沿海作业的船舶以及从事中华人民共和国港口之间的海上旅客运输的船舶的责任限制，则不直接适用我国《海商法》有关赔偿责任限制的规定。为此，我国《海商法》授权国务院交通主管部门另行制定专门的法律规范。交通部于 1993 年以第 5 号令发布的，并自 1994 年 1 月 1 日起生效的《关于不满 300 总吨船舶及沿海运输、沿海作业船舶海事赔偿限额的规定》就成为相应的适用依据。该规定中有关海事赔偿限额的规定仅适用于 20 总吨以上不满 300 总吨的船舶和 300 总吨以上在中国港口之间从事货物运输或者沿海作业的船舶。

二、适用责任限制的主体范围

适用责任限制的主体被称为责任主体，在一般法律意义上是指因不履行义务而承担法律责任的人，但是，在海事赔偿责任限制制度中则仅指依据海商法的规定而享有赔偿责任限制权利的人。

对此，1924 年《关于统一海上船舶所有人责任限制若干规则的国际公约》规定责任限制只适用于船舶所有人，而 1957 年《船舶所有人责任限制国际公约》则将责任限制适用的主体范围予以扩大，分为两类：第一类为船舶所有人、承租人、经理人或营运人，但是，有“实际过失或知情”的便不享受责任限制；第二类为船长、船员及其他为船舶所有人、承租人、经理人或经营人服务的受雇人员，但限于执行职务时的行为所产生的赔偿责任，因其过失行为造成的损害，船舶所有人等享受责任限制。此外，当以船舶为被告时，亦适用本公约的限制主体规定。

1976 年《国际海事赔偿责任限制公约》规定的责任限制主体则吸收了前述国际公约的经验，不仅包括了 1957 年公约的船舶所有人、承租人、经理人、营运人、船长、船员及其他受雇的服务人员，而且包括了海上救助人及受其雇用的与海上救助作业直接有关的服务人员、海上责任保险的保险人。此外，应当注意的是船舶所有人、承租人、经理人、营运人只在直接故意和间接故意的情况下，才丧失责任限制主体资格。责任限制主体在申请责任限制时，于缔约方无经常居住地或主要营业处所的，或当事船未悬挂缔约国国旗的，缔约方可完全或部分不适用本公约的规定。

具体到各国海商立法中，尽管具体规定不尽相同，但总的趋势是逐步扩大责任限制主体的范围。英国在 1976 年公约前，其国内立法规定的责任限制主体范围较小，限于船舶所有人和光船承租人。而当英国成为 1976 年公约缔约国后，其国内立法已与该公约规定的主体范围相一致。日本、法国均已加入 1976 年公约，国内法也与该公约大致相同。

按照我国《海商法》第 204 条、第 205 条、第 206 条的规定，责任限制主体，包括船舶所有人、承租人和经营人、救助人；上述主体中对其行为、过失负有责任的人员在被提出请求时，这些人员享受责任限制；责任保险人亦为责任限制主体。

（一）船舶所有人

在发生海损事故后，首先是由船舶所有人承担赔偿责任。因为，在海上营运中，由船舶所有人作为承运人时，其船舶造成海损事故，船舶所有人作为船舶合法所有权人自然应当针对受害人的海事赔偿请求，承担赔偿责任。故船舶所有人依法享受责任限制。

（二）船舶承租人和船舶经营人

在现代海运市场上，船舶所有权与船舶营运权相分离的情况是比较普遍的，船舶所有人并不直接从事海上营运，而是由船舶承租人或船舶经营人对船舶行使营运权，成为海上营运中的承运人，他们基于这一身份应对其所经营或所承租的船舶造成的损害承担赔偿责任，故海商法确立其为责任限制主体。

（三）救助人

救助人在海上对遇难船舶施行救助，有利于建立正常的海运秩序。但由于救助过程中的情况复杂，可能会因救助人的过失行为使被救助船舶遭受更大的损失，为此，救助人应针对被救助人提出的赔偿请求，承担赔偿责任，所以，为了鼓励海上救助行为，法律应当保护善意救助人的合法利益，将其列入责任限制的主体范围，如今，各国海商法及 1976 年国际公约都作了类似规定。

（四）船舶所有人、承租人、经营人、救助人对其行为、过失负有责任的人员

这些人员具体包括船长、船员以及受雇于船舶所有人、承租人、经营人或救助人的其他服务人员，如代理人。这些人直接在海上营运或者海难救助中，管理、操作船舶或者受托从事海商代理活动，从而其具体的管理、操作行为或者代理行为是否得当是决定航运安全或者海商秩序的重要因素。很多海损事故或者海商合同纠纷的发生，都是起因于这些受雇人员或者代理人的操作管理不当或者过失行为，因而使其成为海损事故或者海商合同纠纷的直接责任人。为此，在海运实践中，受害人可能利用赔偿责任限制制度的疏漏，不向享有赔偿责任限制权利的船舶所有人、承租人、经营人或救助人提出索赔，而是直接向这些作为直接责任人的受雇人员或者代理人请求赔偿。但是，由于这些受雇人员或者代理人与船舶所有人、承租人、经营人或救助人之间的雇佣关系，最终仍要由后者向受害人承担赔偿责任，其结果是避开赔偿责任限制而获得超出赔偿责任限额的赔偿。故《海商法》借鉴了有关的国际公约和海运实践中经常适用的“喜马拉雅条款”[①]，规定对于这些受雇人员或者代理人适用赔偿责任限制，使其有权与船舶所有人、承租人、经营人、救助人一样享受赔偿责任限制的利益，因此，可以避免出现赔偿责任限制制度的疏漏，充分实现该制度的作用，更有效地保护船舶所有人、承租人、经营人、救助人的合法利益。这与各国及 1976 年国际公约的规定是一致的。

（五）责任保险人

海上保险是船舶营运人（所有人、承租人、经营人）转移风险、分散损失的重要手段。其中，海上责任保险则使营运人在因发生海损事故而承担赔偿责任时，将该风险转嫁给保险人成为可能。从而，营运人作为被保险人在海损事故中承担的赔偿责任，依责任保险合同的约定应由保险人承担，而保险人的这一保险赔偿责任在保险金额范围内应与被保险人实际承担的赔偿责任相一致。所以，对该海事赔偿请求承担赔偿责任的保险人亦应享受与被保险人相同的赔偿责任限制。《海商法》第 206 条对此予以明文规定，有利于我国海上保险制度的发展。

---

① 喜马拉雅条款，是班轮运输的提单中的一个条款，其内容是规定承运人的受雇人员享有《海牙规则》所规定的承运人的免责、赔偿限额的权利。该条款因“喜马拉雅”号船一案中，索赔人以承运人的受雇人有过失为由，直接向受雇人追诉并取得胜诉而得名。此案首开对受雇人提起侵权之诉的先例。此后，在提单中出现了“喜马拉雅条款”，并被海运界广泛地运用。

三、适用责任限制的债权（海事赔偿请求权）范围

责任限制的主体只有在法定范围内才享有责任限制的权利，并非对所有的海事赔偿请求都能以责任限制予以对抗。至于哪些海事赔偿请求权属于责任限制的适用范围，则取决于各国海商法或国际公约的规定。在此范围内，责任主体享有责任限制的海事赔偿请求权称为限制性债权。一般情况下，限制性债权是船舶在营运中因海损事故所造成的人身伤亡及财产损害的赔偿请求权。而在此范围之外，责任主体不能享有责任限制的海事赔偿请求权则称为非限制性债权。在国际公约和各国海商法中，非限制性债权一般包括了救助报酬请求权、船方共同海损分摊请求权、船员工资给付请求权等。其理由是，对于救助报酬请求权不予限制责任是为了鼓励海上救助。而且，有关海上救助的法律已规定了救助报酬的最高限额。对于共同海损分摊，则主要考虑到货方已在同样条件下分摊了海损后果。至于船员工资的索赔，则主要是为了保护船员的利益。此外，对于因油污及核损害的索赔，一般也被列入非限制性债权。

对此，各国海商立法及国际公约的规定不尽相同。

（一）1957 年《船舶所有人责任限制国际公约》有关限制性债权的规定

具体包括三类：

（1）船上所载任何人的死亡或人身伤害及船上所载任何财物的灭失或损坏。

（2）船舶所有人须对其负责的船上人员或非船上人员的行为或过失，致使陆上或水上任何其他人的死亡或人身伤害，或任何财物的灭失或损坏，或任何权利的侵犯。但是，船舶所有人仅在上述行为或过失是在船舶的驾驶或管理，货物的装载、运送、卸载，或旅客的上船下船过程中发生时，才享受责任限制。

（3）依清除船舶残骸的法律规定以及因起浮、消除或销毁沉船、搁浅船或被弃船（包括船上任何物品）所产生的义务或责任，以及因对港口工程、港池、航道所造成的损坏而引起的义务或责任。

同时该公约还规定了两类非限制性债权：

（1）因救助报酬及共同海损分摊的债权；

（2）船长、船员、其他受雇人基于雇佣合同对船舶所有人享有的债权。

应当注意的是，由于油污及核损害的赔偿及责任限制的问题，均是在 1957 年国际公约通过之后才出现的新问题，目前国际上已开始制定并通过了有关核能船舶事故和油污事故的责任限制公约，故 1957 年国际公约不适用于此类损害的赔偿责任限制。

（二）1976 年《国际海事赔偿责任限制公约》有关限制性债权的规定

1976 年国际公约的范围较之 1957 年国际公约有所扩大，具体包括：

（1）因在船上发生的，或因船舶营运或救助作业直接造成的人身伤亡或财产的灭失和损坏（包括对港口工程、港池、航道及助航设施的损坏）以及由此引起的损失。

（2）因海上货运、旅客运输及其行李运送的迟延所引起的损失。

（3）因船舶营运或救助作业直接产生的侵权行为侵害合同以外的权利引起的损失。

（4）为了使沉没、遇难、搁浅或被弃的船舶（包括船上的任何物品）及其残骸得以起浮、消除、销毁或使其变为无害而产生的请求（债权）。

（5）为了使船上所载货物得以清除、销毁或使之变为无害而产生的请求（债权）。

（6）（责任人以外的）非责任人为了避免或减少责任人按本公约规定可享受责任限制（属责任限制范围内）的损失而采取的措施，以及由此措施所造成的进一步损失。

同时，1976 年国际公约还规定，任何国家在批准本公约时，可以保留不适用以上第（4）、（5）两项规定的权利。

而非限制性债权，依 1976 年国际公约的规定，包括以下几项：

（1）有关救助报酬或共同海损分摊的请求。

（2）1969 年《国际油污损害民事责任公约》及其议定书或修正案中所规定的油污损害的赔偿请求。

（3）有关调整或禁止核能损害责任限制的国际公约或国内法规定的赔偿请求。

（4）核动力船舶所有人提出的核能损害请求。

（5）根据船舶所有人或救助人与其受雇人之间签订雇佣合同所适用的法律的规定，对于所任职务与船舶或救助作业有关的受雇人，包括其继承人、家属或有权提出（债权）请求的其他人提出的请求，船舶所有人或救助人不享受责任限制，或虽可限制但其限额高于本公约（第 6 条）规定的限额的。

就各国海事立法来看，对此问题的规定是各有特色的。其中，英国在参加 1976 年国际公约之前的法律，将限制性债权分为两大类：第一类是船上任何人的人身伤亡和财产损害。第二类则是由于下列原因造成的船舶以外的人身伤亡和财产损害：（1）任何船上或非船上人员在驾驶船舶或管理船舶中的过失；（2）任何船上或非船上人员在装货、运输、卸货或旅客登船、运送、离船过程中的过失；（3）任何船上人员的过失。所以说，此时的英国立法与 1957 年公约（第 1 条第 1 款）的规定相一致，而 1976 年以后的英国立法在此制度上，则已按 1976 年国际公约的规定予以相应修改。

美国法律对于限制性债权规定的范围极其广泛，几乎包括了除船舶所有人的过失或明知可能产生损害的债权以外的一切债权。凡是在船上所运输或装载的财产，因任何人的行为而被侵占、灭失或毁损时，或因船舶碰撞致其灭失或毁损时，或因船舶所有人不知情的事由而发生的行为、事件致其灭失、毁损或没收时，船舶所有人均可以其海上财产限制其责任。

大陆法系国家规定的限制性债权的范围亦较广泛，究其原因是受委付制度与执行制度的影响较深。例如，苏联海事立法中规定的限制性债权，甚至包括“救助报酬和共同海损的分摊”。

实例枚举

在适用海事赔偿责任限制制度的司法实务中，严格按照《海商法》第 207 条和第 208 条的规定来划分限制性债权与非限制性债权的话，有可能使限制性债权不能得到充分赔偿，因此，司法实践上经常出现扩大非限制性债权的解释和适用结果。如以下几例：

在“雅致”号轮船舶碰撞案中，由于碰撞事故造成了海洋水域污染，从而，碰撞事故的责任方“琼山”号船的船东申请设立了油污损害赔偿责任限制基金。在法院公告期间，A海洋局提出异议，理由是强制清污产生的费用属于行政措施费用，不属于海事赔偿责任限制的范畴，请求驳回申请人设立海事赔偿责任限制基金的申请。另外，在“大江”号轮碰撞案件中，因该碰撞事故导致船载苯乙烯泄漏而污染水域，该船的船东申请设立海事赔偿责任限制基金。B海事局、C海洋局、D环保局等相关机关对“大江”号轮船东的设立申请提出异议，理由是，船载有毒工业化学品泄漏造成水域污染而产生的清除费用属于行政费用，不应纳入限制性债权的范围。对于以上两案，法院均认定清除油污或者有毒有害物质而发生的清除费用属于在船上发生的或者与船舶营运、救助作业直接相关的人身伤亡或者财产灭失、损害的范畴，应当属于限制性债权。在审理A航运公司诉B海运公司的船舶碰撞案中，法院认定用于打捞“永新”号沉船所产生的探摸、打捞、清除等项费用属于限制性债权，应当在责任人设立的海事赔偿责任限制基金内予以受偿。

上述案例有助于大家学习海事赔偿责任限制过程中理解限制性债权与非限制性债权的界定依据和标准。

（三）我国《海商法》有关限制性债权的规定

我国《海商法》第207条规定了四类限制性债权，并且，明文规定此范围内的赔偿请求，除法律另有规定（本法第208条和第209条）以外，无论赔偿责任的基础有何不同，责任人均可以依照《海商法》第十一章规定限制其赔偿责任，即享有赔偿责任限制的权利。

这四类限制性债权包括：

（1）在船上发生的或者与船舶营运、救助作业直接相关的人身伤亡或者财产的灭失、损坏，包括对港口工程、港池、航道和助航设施造成的损坏，以及由此引起的相应损失的赔偿请求。

实践中，此类与船舶营运、救助作业相关的人身伤亡或者财产损失，大多是由于海上航运中的致损事故所引起的责任人对于受害方或者第三方的赔偿责任。不过我国《海商法》将港口工程、港池、航道和助航设施造成的损坏，纳入限制性债权之内是较具特色的。

（2）海上货物运输因迟延交付或者旅客及其行李运输因迟延到达造成损失的赔偿请求。

实践中，因承运人迟延交付或者迟延到达所造成的经济损失，包括承运货物因迟延交付而灭失、损坏（如航行时间延长导致鲜货物品的死亡、腐烂、霉变等），或者其他经济损失（如货物进出口税的增加、本可获得的商业利润的丧失等），但是，迟延交付所造成的经济损失的赔偿限额为迟延交付货物的运费总额；迟延到达造成的人身伤亡、行李的灭失、损坏等。

（3）与船舶营运或者救助作业直接相关的，侵犯非合同权利的行为造成其他损失的赔偿请求。

理解此类限制性债权的范围，涉及与第一类限制性债权的关系，两者之间为排斥关系，即此类限制性债权不属于第一类限制性债权。例如，船舶在航行中触碰导致港口设施损坏，对于该港口设施损坏的赔偿，应当按照第一类限制性债权认定赔偿限额，而由于该港口设施的损坏导致港内交通中断造成的损失，便属于此类限制性债权所针对的“其他损失的赔偿请求”。

（4）责任人以外的其他人，为避免或者减少责任人依照本章规定可以限制赔偿责任的损失而采取措施的赔偿请求，以及因此项措施造成进一步损失的赔偿请求。

此类限制性债权所涉及的“责任人以外的其他人”，一般是指与责任人之间订有相关合同的相对人或者是为了避免或者减少损失而主动采取措施的人（如救助人实施救助行为）。因此产生的费用，甚至造成的人身伤亡、财产损失的赔偿请求，责任人享有赔偿责任限额。但是，责任人基于与本项所说的“其他人”签订的合同约定的支付报酬（如海难救助合同约定的救助报酬）的责任则不属于赔偿责任限制的范围。另外，责任人自己为避免或者减少损失而采取措施所支出的费用和进一步的损失，也不适用赔偿责任限制。

对于上述赔偿请求，依照《海商法》第207条第2款的规定，“无论提出的方式有何不同，均可以限制赔偿责任”。这意味着责任人对于各项海事赔偿请求所承担的赔偿责任，不论是基于合同而产生，还是基于侵权行为而产生，也不论责任人是否有过失；不管适用何种责任制度，也不论以何种方式提出索赔，均可以享受赔偿责任的限制。显然，此规定既可保护债权人的赔偿请求权，又扩大了责任人享受责任限制的权利范围。同时，该条款又对上述第4项赔偿请求的责任限制的适用亦规定了例外情况，即该项“涉及责任人以合同约定支付的报酬，责任人的支付责任不得援用本条赔偿责任限制的规定”。这是因为责任人通过合同约定支付的报酬，是责任人基于相关合同涉及的双方民事法律行为的内容，是对此合同的债权人承担的对价条件。其产生的基础是合同而非责任人的侵害行为，故责任人应依据该合同的约定予以支付，而没有实行责任限制的法律前提。

同时，我国《海商法》第208条规定了责任人不得援引责任限制的请求权，属于非限制性债权。

1. 对救助款项或者共同海损分摊的请求

之所以将该两项请求权排除在限制性债权以外，具体理由如下：第一，救助款项请求权，根据海难救助法律制度的规定，是救助方要求被救助方支付救助报酬、救助酬金和救助补偿的权利。这些款项在海难救助制度中已然有金额的限制（救助报酬不得超过船舶和其他财产的获救价值；救助酬金是对救助海上人命的救助方而言，以从其他救助方所得救助报酬和救助补偿中分取的合理份额为限；救助补偿则一般是以救助费用的两倍为限，而救助费用的请求已有了最高额限制），责任人就不能再次享受责任限制。第二，共同海损的分摊，是船货各方按照自己在共同海损中受益的财产价值为限确定分摊金额的，若船方的共同海损分摊依据赔偿责任限制制度再享有一次责任限制，势必造成分摊后果的不公平，与共同海损制度的目的相悖，故排除于限制性债权之外。

2. 中华人民共和国参加的国际油污损害民事责任公约规定的油污损害的赔偿请求

由于我国已经参加了1969年《国际油污损害民事责任公约》及其1976年议定书，

作为该公约的参加国，对于装载散装持久性油类货物的船舶在缔约方境内发生的油污损害以及为了减轻或者防止这种损害而采取预防措施的赔偿请求权问题和船方作为责任人享有的赔偿责任限制问题，均应当适用该公约的规定，因此，我国《海商法》无须另行将其列入限制性债权范围。

3. 中华人民共和国参加的国际核能损害责任限制公约规定的核能损害的赔偿请求

该项赔偿请求权，一般表现为责任人对于船舶在运输核材料过程中发生事故所引起的赔偿请求，已有的公约如 1971 年《有关海运核材料民事责任的国际公约》等。若我国参加此类国际公约，则关于国际核能损害责任的限制，应当适用相应国际公约的规定。

4. 核动力船舶造成的核能损害的赔偿请求

该项赔偿请求权，专门指责任人对于核动力船舶发生事故引起的损害赔偿请求。由于此类核能损害的范围和后果无法与一般的海损事故相比较，故应当适用专门的国际公约予以调整，如 1962 年《有关核动力船舶经营人责任的国际公约》。我国亦将用专门的法律法规来规范此类赔偿请求权。

5. 船舶所有人或者救助人的受雇人提出的赔偿请求，根据调整劳务合同的法律，船舶所有人或者救助人对该类赔偿请求无权限制赔偿责任，或者该项法律作了高于《海商法》第十一章规定的赔偿限额的规定

由于此类请求权涉及的是船舶所有人或者救助人与其受雇人之间的劳动合同。对于受雇人提出的有关工资报酬、津贴等赔偿请求权，应当以劳动法和劳动合同的规定作为根据，而船舶权利人不得援引赔偿责任限制的规定限制其赔偿责任。即使劳动法作出了高于我国《海商法》海事赔偿责任限制制度之赔偿责任限额的规定，根据《海商法》第 208 条第 5 项的规定，应以调整劳务合同的法律为准，与海商法的海事赔偿责任限制无关。

由此可见，上述非限制性债权的内容涉及两大类：一是海上运输市场中在近几十年内出现的油污损害和核能损害的赔偿责任。因为此类责任产生的损害后果涉及的损失面广，损失数额计算较为复杂，又适用不同的归责条件和免责要求，故《海商法》将其列为非限制性债权。二是劳务报酬和救助报酬的补偿。这涉及受雇人利益的保护和对劳务合同及其相关法律的承认，也表明法律保护善意债权人的善意行为。

四、赔偿责任限额

责任限额，即责任主体依法对限制性债权承担的最高赔偿金额。不过，在确定赔偿责任限额的方法上，各国立法和国际公约采用的制度不尽相同。

（一）各国责任限额制度的比较

关于如何确定责任主体的赔偿责任限额，各国分别采用了金额制度、船价制度、执行制度、委付制度等。但从发展趋势看，越来越多的国家采用了金额制度。

1. 金额制度

金额制度，是指责任主体的责任限制，按发生事故的船舶登记的净吨数乘以每一吨的赔偿额来计算的一种制度。英国1894年的《商船法》规定，对财产的损坏以每吨8英镑为限额，对有人身伤亡的船舶以每吨15英镑为限额。1958年，英国根据1957年国际公约的规定，相应地提高了赔偿限额。

适用金额制计算赔偿责任限额，不仅在发生责任事故时便于计算赔偿金额，而且有利于鼓励船舶所有人建造优质船舶，因为价值高的优质船与价值低的劣质船，其责任限制金额相同，而在发生责任事故时，则优质船的所有人的地位明显优于劣质船。现在大多数国家的海商法采用此制度。

2. 船价制度

船价制度，是指责任主体承担的责任，以航次终了时的船舶价值和运费为限。据传，该制度产生于17世纪，一艘装运黄金的荷兰船舶被盗，其损失的金额大于船价，法院首次判决船舶所有人仅以船价为限承担赔偿责任，至于超出船价的损失部分，船舶所有人无须负责。

在实践中，此制度的适用往往是把船舶和运费委付给债权人，以免除其责任。美国过去采用此制度，1935年美国又在船价制度中附加了金额制度，规定无论是美国船还是外国船，凡在船上运送的财产，因任何人的行为导致其被侵占、灭失或损坏时，或因船舶碰撞而发生灭失或损坏时，或因船舶所有人不知情的事由而发生任何行为、事件导致其灭失、损坏或没收时，船舶所有人的责任不得超过其船舶的价值及本航次所得的运费。而对于人身伤亡的赔偿金额，若按船价及运费计算而未达到按船舶吨数计算的每吨60美元，应补足每吨60美元。

船价制的弊病是估价出入较大，且在肇事船灭失的情况下，受害人得不到应有的损害赔偿。例如，1912年“泰坦尼克”号与冰山相撞沉没，造成众多人身伤亡，此案若按当时英国法律适用金额制计算，则船东应承担每吨15英镑的赔偿责任（折合当时美元，全船的人身伤亡须赔偿375万美元）。但由于该案由美国法院受理，则按美国当时的船价制计算。由于该船已沉没，船东基于责任限制，只赔偿了相当于运费金额的9.8万美元，使受害人的损害赔偿基本落空。相比而言，金额制由于事先确定了责任限额，不论船价是否达到或超过限额额度，受害人均可得到一定数额的赔偿，较为合理，也利于海上航运业的发展。

3. 执行制度

执行制度，是指船舶所有人的责任限制以海上财产为限，即限于船舶与运费。凡属船舶的债务，债权人只能对海上财产（船舶）享有请求权，进行求偿，而不能对船舶所有人求偿。故又称为物的有限责任制度。从而，在债权人对海上财产强制执行后，不足清偿的债务部分，船舶所有人就不再负责。此制度主要为德国采用。

4. 委付制度

委付制度，是指船舶所有人的责任限制，以委付其海上财产来免负其责，若不委付则负无限责任。该制度也属于物的有限责任制度。

5. 并用制度

并用制度，是指船价和金额并用且以海上财产为限的制度。此制度被 1924 年国际公约所采用。依照该公约的规定，船舶所有人所负的责任，以船舶的价值和运费及附属利益相等的金额为限，其责任金额最高不得超过按每吨 8 英镑乘以船舶吨数的总额。

上述各项制度中，以金额制为优。因为，它以事先规定的数额为准，处理上简单易行，不论船舶价值是否达到限额，船舶所有人负同样的责任，也不会发生执行制度和委付制度中的债权人会因船舶灭失而得不到赔偿的情况，故可有效地保护债权人的合法利益。

我国在《海商法》生效之前，按 1959 年 9 月 19 日交通部《关于海损赔偿的几项规定》的规定，对于财产损失的赔偿限额适用船价制度——以航次终了时的海上财产价值（包括船舶价值、运费和开航后船舶受损未修复所应得赔偿）为限。而我国《海商法》在制定海事赔偿责任限制制度过程中，考虑到现今国际上通行的金额制并以特别提款权作为限额计算单位的实际做法，将上述的船价制改为金额制，也适用以特别提款权作为计算单位，规定的限额则高于 1957 年国际公约而低于 1976 年国际公约，以便与我国已加入的 1969 年《国际油污损害民事责任公约》的规定相协调（因该公约已于 1982 年 7 月 18 日在我国生效）。至于 300 总吨以下的船舶的赔偿限额，因为 1957 年国际公约和 1976 年国际公约都允许缔约国依照国内法处理，故适用交通部于 1994 年 1 月 1 日起施行的《关于不满 300 总吨船舶及沿海运输、沿海作业船舶海事赔偿限额的规定》。

（二）责任制度

所谓责任制度，也就是海事赔偿责任制度确定适用赔偿责任限制的客观标准。从海商法理论上，分为航次制度和事故制度。其中，航次制度，是指责任人根据法律规定以航次为标准承担赔偿责任和适用赔偿责任限制。换句话说，责任人按一次航次承担赔偿责任和适用一个赔偿责任限制，而不按该航次中发生海损事故的次数来承担赔偿责任和适用赔偿责任限制。而事故制度，则是责任人根据法律规定以事故次数为标准承担赔偿责任和适用一个赔偿责任限制。与上述的各种计算赔偿限额的方法相联系，船价制度、执行制度、委付制度等均与航次制度一并适用。而金额制度则存在于事故制度中。

我国《海商法》所采用的责任制度为事故制度，具体表现在该法第 212 条的规定中：“本法第 210 条和第 211 条规定的赔偿限额，适用于特定场合发生的事故引起的，向船舶所有人、救助人本人和对其行为、过失负有责任的人员提出的请求的总额。”其中，“特定场合”按照我国《海商法》的立法精神，应当理解为特定事故。一次事故，一个赔偿限额；几次事故，几个赔偿限额。

（三）赔偿请求的内容

在各国海事立法和国际公约中，适用海事赔偿责任限制的海事赔偿请求主要有两方面内容：一是人身伤亡的赔偿请求，包括发生于海上货物运输活动中的船上人员的人身伤亡和发生于海上旅客运输中的旅客人身伤亡。二是非人身伤亡的赔偿请求，即海损事故中除人身伤亡以外的其他各种损失，包括财产损失和其他损失。对于这两类损失（人身伤亡和非人身伤亡）的赔偿适用不同的计算方法。

（四）计算单位

计算单位，就是用于计算赔偿责任限额的货币单位。如前所述，因受不同历史时期和各国政治、经济的影响，各国海商法和各个国际公约在海事赔偿责任限制制度中采用的计算单位均不相同。1924 年国际公约是以英镑为计算单位，1957 年国际公约以金法郎为计算单位，而 1976 年国际公约则以特别提款权（SDR）为计算单位（国内法不允许使用 SDR 的，也可用与 SDR 计算的金额基本一致的金法郎计算）。

我国《海商法》关于海事赔偿限额的计算单位规定为特别提款权："本法所称计算单位，是指国际货币基金组织规定的特别提款权；其人民币数额为法院判决之日、仲裁机构裁决之日或者当事人协议之日，按照国家外汇主管机关规定的国际货币基金组织的特别提款权对人民币的换算办法计算得出的人民币数额"（第 277 条）。

（五）责任限额

责任限额是责任主体依法对限制性债权承担的最高赔偿额。目前，大多数国家的海事立法及国际公约原则上都采用金额制来确定责任限额。但是，适用金额制涉及船舶吨位的确定、每一吨位的赔偿额及货币种类等问题，还涉及所采用的事故责任制度。实践中，存在着"航次制度"和"事故制度"之分。尤其是在一个航次中发生两次以上事故时则对于责任金额的确定更为重要。对此，大多数国家又采用"事故制度"。

我国《海商法》第 210、211、212 条的规定涉及了责任限额。首先，我国《海商法》采用了事故制度，即本法第 210 条和第 211 条规定的赔偿限额，适用于特定场合发生的事故引起的，向船舶所有人、救助人本人和对其行为、过失负有责任的人员提出的请求的总额。其次，我国《海商法》规定赔偿限额的船舶分级，由 300 吨起。而 300 吨以下的，则另行颁布法规予以规定。最后，我国《海商法》在确定赔偿限额时，基于事故制度和金额制度的适用，以船舶的登记吨为单位计算赔偿金额。由于国际海运市场上，登记吨已被总吨位所替代，而且，我国已参加的 1969 年《船舶吨位丈量公约》规定的船舶丈量单位亦是总吨，所以，我国《海商法》规定海上赔偿责任限制制度用于计算赔偿限额的责任限制吨即为总吨。

具体来讲，在我国海商法领域内，赔偿责任限额的计算涉及三种情况：（1）300 总吨以上的船舶，按照《海商法》第 210 条的规定计算赔偿限额；（2）300 总吨以下船舶的赔偿限额，以国务院交通主管部门发布的《关于不满 300 总吨船舶及沿海运输、沿海作业船舶海事赔偿限额的规定》作为计算依据；（3）海上旅客运输的旅客人身伤亡的赔偿限额的计算根据，则是《海商法》第 211 条和《中华人民共和国港口间海上旅客运输赔偿责任限额规定》。

1. 300 总吨以上船舶海事赔偿责任的赔偿限额

第一，一般赔偿限额。

我国《海商法》第 210 条的规定吸收了 1976 年《国际海事赔偿责任限制公约》的精神，将人身伤亡的赔偿限额分为五级，财产损害（非人身伤亡）的赔偿限额分为四级。

其中，人身伤亡的赔偿请求，总吨位300吨至500吨的船舶，赔偿限额为333 000计算单位（SDR）；非人身伤亡的赔偿请求，总吨位300吨至500吨的船舶，赔偿限额为167 000计算单位。

总吨位超过500吨的船舶，其500吨以下部分适用上述规定，而500吨以上部分则分级增加相应数额：

501吨至3 000吨的部分，人身伤亡的赔偿请求，每吨增加500计算单位；

3 001吨至30 000吨的部分，人身伤亡的赔偿请求，每吨增加333计算单位；

而501吨至30 000吨的部分，非人身伤亡的赔偿请求，每吨增加167计算单位；

30 001吨至70 000吨的部分，人身伤亡的赔偿请求，每吨增加250计算单位；非人身伤亡的赔偿请求，每吨增加125计算单位；

超过70 000吨的部分，人身伤亡的赔偿请求，每吨增加167计算单位；非人身伤亡的赔偿请求，每吨增加83计算单位。

现将上述赔偿限额列表如下（表13-1）：

表13-1

船舶总吨位	人身伤亡的赔偿限额	财产损失的赔偿限额	限额种类
300～500	333 000 SDR	167 000 SDR	基本限额
501～3 000	500 SDR	167 SDR	每吨增加限额
3 001～30 000	333 SDR	167 SDR	每吨增加限额
30 001～70 000	250 SDR	125 SDR	每吨增加限额
70 000以上	167 SDR	83 SDR	每吨增加限额

第二，人身伤亡赔偿限额与财产赔偿限额的适用关系。

对于因同一事故产生的人身伤亡和非人身伤亡赔偿请求，依人身伤亡的赔偿限额不足以支付全部人身伤亡的赔偿请求的，其差额部分应当与非人身伤亡的赔偿请求并列，从非人身伤亡的赔偿限额中按比例受偿（《海商法》第210条第1款第3项）。

在不影响支付人身伤亡赔偿请求的情况下，就港口工程、港池、航道和助航设施的损害提出的赔偿请求，应当优先于其他赔偿请求受偿（《海商法》第210条第1款第4项）。

第三，救助人的赔偿限额。

我国《海商法》第210条第1款第5项采纳1976年国际公约的方法，规定"不以船舶进行救助作业或者在被救船舶上进行救助作业的救助人，其责任限额按照总吨位为1 500吨的船舶计算"。因此，形成了统一的计算标准。但是，如果救助人通过自己所有的或者租用的船舶实施救助作业的话，则应当适用《海商法》第210条第1款的规定，按照救助船舶的总吨位计算赔偿限额。

2. 300总吨以下船舶和沿海运输、沿海作业船舶的赔偿限额

第一，300总吨以下船舶的赔偿限额。

300总吨以下船舶的赔偿限额，以《关于不满300总吨船舶及沿海运输、沿海作业船舶海事赔偿限额的规定》为根据。该规定适用于超过20总吨，不满300总吨的船舶，具体计算赔偿限额的方法是：

超过 20 总吨，不满 21 总吨的船舶，人身伤亡的赔偿限额为 54 000SDR，财产损害的赔偿限额为 7 500SDR；超过 21 总吨的船舶，超过部分的人身伤亡的赔偿限额每吨增加 1 000SDR，财产损害的赔偿限额每吨增加 500SDR。

现将上述赔偿限额列表如下（表 13－2）：

表 13－2

船舶总吨位	人身伤亡的赔偿限额	财产损失的赔偿限额	限额种类
20～21	54 000 SDR	7 500 SDR	基本限额
21 以上	1 000 SDR	500 SDR	每吨增加限额

第二，沿海运输、沿海作业船舶的赔偿限额。

沿海运输、沿海作业的船舶，不满 300 总吨船舶的赔偿限额，按照《关于不满 300 总吨船舶及沿海运输、沿海作业船舶海事赔偿限额的规定》所规定的上述赔偿限额的 50％计算；300 总吨以上船舶，其赔偿限额按照我国《海商法》第 210 条规定的赔偿限额的 50％计算。

同一事故中的当事船舶的赔偿限额，有适用《海商法》或本规定之规定的，其他当事船舶的赔偿限额应当同样适用。

3. 海上旅客运输的旅客人身伤亡的赔偿限额

第一，海上旅客运输的旅客人身伤亡的赔偿限额，根据我国《海商法》第 211 条的规定，按照 46 666 计算单位乘以船舶证书规定的载客定额计算赔偿限额，但是最高不超过 25 000 000 计算单位。按照该赔偿限额的标准，计算赔偿限额的船舶载客定额为 535 人。超过该定额的，实际人数平均分摊 25 000 000 计算单位。

第二，中华人民共和国港口之间的海上旅客运输的旅客人身伤亡的赔偿限额，根据我国交通主管部门制定，并于 1994 年 1 月 1 日起施行的《中华人民共和国港口间海上旅客运输赔偿责任限额规定》，我国港口之间的海上旅客运输的旅客人身伤亡的赔偿限额是：

旅客人身伤亡的，每名旅客不超过 40 000 元人民币；其赔偿限额以每名旅客 40 000 元人民币乘以船舶证书规定的载客定额计算赔偿限额。但是，最高不得超过 2 100 万元人民币。这意味着在海损事故中，计算赔偿限额的船舶载客定额为 525 人。即使实际载客超过 525 人的，也只能在 2 100 万元人民币内平均分摊。

旅客自带行李灭失或损坏的，每名旅客不超过 800 元人民币。

旅客车辆包括该车辆所载行李灭失损坏的，每一车辆不超过 3 200 元人民币。

上述自带和车载行李以外的旅客其他行李灭失或损坏的，每千克不超过 20 元人民币。

此外，该规定还允许承运人与旅客以书面约定高于上述数额的赔偿限额。则当事人应当依据该书面约定执行赔偿限额，而不受上述规定的赔偿限额的约束。

现将上述赔偿限额列表如下（表 13－3）：

表 13－3

适用范围	旅客人身伤亡	旅客自带行李	旅客车辆	旅客其他行李
赔偿限额	40 000 元/人	800 元/人	3 200 元/辆	20 元/千克

实例枚举

1998 年 3 月 15 日，A 国船舶租赁公司所属的散装危险化学品专用船“骋江”号装载着 4 000 吨液体化学品苯乙烯抵达中国 Z 港引水锚地锚泊，等候引水员上船引领进港。经船长与引水员通话后，商定“骋江”号自航进港，到 12 号灯浮时接引水员上船引靠码头卸货。“骋江”号以 7 节航速行进中，雷达发现船艏偏右 1 海里处驶来 B 远洋公司所属的“仙女”号货轮。因两船距离过近，碰撞在即，“骋江”号船长命令右满舵、车进一避让，见无效果又命令车进三，意欲冲过“仙女”号的船艏。但是，为时已晚，最终，“骋江”号左舷与“仙女”号货轮船艏呈 60°角相撞，致使“骋江”号二号货舱水下舷板破裂，部分苯乙烯液体泄漏入海，造成周边水域的污染。经中国有关渔业环境监测部门的调查，污染水域面积达 160 平方公里，包括海水养殖、滩涂护养、渔业捕捞、清污等各项直接损失和间接损失，共计 4 200 余万元人民币。1998 年 7 月 5 日，遭受此次海上污染损害的渔业、养殖业、旅游业的单位和个人委托 B 渔业协会，向海事法院提起诉讼，要求“骋江”号的船东 A 国船舶租赁公司承担赔偿化学物品污染海域损失的责任。

1998 年 8 月 20 日，A 国船舶租赁公司向海事法院申请海事赔偿责任限制，请求准予其依照中国《海商法》，对于“骋江”号因船舶碰撞导致化学物品污染海域而承担的赔偿责任享受责任限制。海事法院在受理该赔偿责任限制申请后，依法发布了异议公告。B 渔业协会作为利害关系人在异议期内向海事法院递交了异议申请书，提出《海商法》用于调整海上运输关系和船舶关系，而 B 渔业协会所代表的索赔方是化学物品污染海域损害赔偿法律关系中的受害人，与海上运输关系和船舶关系无关，故加害人无权援引《海商法》享受海事赔偿责任限制，而应当根据我国《海洋环境保护法》等有关法律的规定承担海洋污染赔偿责任。

海事法院经过审查，认为本案所涉及的化学物品污染海洋水域事故发生在我国水域内，应当适用中国法律。中国的《海洋环境保护法》等有关环境保护的法律和《海商法》均适用于本案。因此，根据我国《海商法》第 207 条和第 208 条的规定，有毒化学物品污染海洋水域的损害赔偿责任应当属于限制性债权。

但是，海事法院还查证，“骋江”号是严重不适航的船舶。虽然自动化程度较高，设备齐全，但是，该轮上没有配备包括中国 Z 港在内的各国港口的航路指南、灯塔表、航行通告、进出港指南、进出港管理规则等必备航海资料，致使“骋江”号船长不了解中国有关外国籍船舶、船舶装载危险货物的管理规则以及中国 Z 港的航行通告的规定。而且，该船的船长、大副、二副均未经过雷达观测和模拟、自动雷达标绘仪、无线电话通信等专业训练和均未持有相应证书。这一隐患充分表现在“骋江”号在没有引航员引航的情况下，冒险进港，船长不能正确使用雷达观察周围情况，及早发现来船。而导致船舶碰撞的直接原因，则是在“骋江”号与“仙女”号货轮即将相撞时，“骋江”号船长未能运用良好船艺，采取正确有效的避碰措施，属于明知可能造成损失而轻率地作为。所以，根据我国《海商法》第 209 条的规定，A 国船舶租赁公司作为赔偿责任人丧失了享有赔偿责任限制的权利。

通过本案，不仅可以了解申请海事赔偿责任限制的程序，而且能够具体掌握海事赔偿责任制度的内容。

第四节　海事赔偿责任限制制度的适用

一、海事赔偿责任限制的适用条件

责任主体行使其责任限制权利必须符合法律规定的条件。对此，各国海事立法和有关国际公约的规定亦不相同。

（一）1957 年《船舶所有人责任限制国际公约》规定的责任限制适用条件

1957 年国际公约针对两类责任主体，分别规定了不同的法律条件。具体来讲，对于第一类责任主体因“实际过失或私谋”所引起的损害事故，此类责任主体不得限制其所负赔偿责任。而因第二类责任主体（如船长）的“实际过失或私谋”所引起的损害事故，第一类责任主体有权限制其责任。而当第一类责任主体与第二类责任主体竞合时，例如船长同时又是船舶所有人的，则其作为责任主体，只有在其以船长、船员的身份履行船长、船员的相应职责中的行为，存在疏忽或违反义务时，才限制其责任，否则，就不能限制其责任。而在司法实践中，大多将“实际过失或私谋”解释为“过失”。可见，该公约对于责任限制实行过失责任制度，强调责任人本身无主观过失是享有赔偿责任限制的前提。

此外，该公约还规定，对于非缔约方或在缔约方无经常居住地或无主要营业处所或有关的船舶未悬挂缔约国国旗的责任主体，缔约方有权完全或部分不适用本公约的规定。

（二）1976 年《国际海事赔偿责任限制公约》规定的责任限制适用条件

1976 年国际公约的规定较之 1957 年国际公约的规定存在差异，其规定的责任限制条件更为有利于船舶所有人的利益。因为，前者将 1957 年公约的船舶所有人本人有过失而不能主张责任限制条件的规定，改为船舶所有人有重大过失的才不能主张责任限制，而一般过失所致损害的，责任主体仍可主张责任限制。也就是说，如果经证明，损害是由于责任主体的“故意或明知可能造成损害而毫不在意的行为或不行为”所致，责任主体不得享有限制其责任的权利。

（三）我国《海商法》规定的责任限制适用条件

我国《海商法》对此问题，主要接受了 1976 年国际公约的规定，但没有直接规定责任限制的条件，只是在第 209 条从海事赔偿责任限制（权利）丧失的角度规定：“经证明，引起赔偿请求的损失是由于责任人的故意或者明知可能造成损失而轻率地作为或者不作为造成的，责任人无权依照本章规定限制赔偿责任。”可见，其意在于更为有力地保护责任主体，尽管其“有过失或参与”，但在一般过失情况下仍可享受责任限制；而在法律规定的“重大过失”[①] 的范围内，丧失责任限制的权利。

实例枚举

责任人丧失海事赔偿责任限制的条件认定

在法院审理“振风”轮与“信天翁”轮碰撞案期间，事故双方均申请了责任限制。法院认为，“振风”轮虽然配员不足，但事故发生时，船长在驾驶室指挥台位置指挥船舶进港，大副操舵，二副协助瞭望，机舱有值班员，该轮配员不足与事故的发生之间没有因果关系。而“信天翁”轮以三副代替二副属配员不当，但事故发生时，船长操舵，并有水手瞭望，其配员与碰撞事故造成的损失发生之间也不存在因果关系。因此，判定两船船东均有限制赔偿责任的权利。

而在“兴昌”轮与“泉丰”轮碰撞案中，针对“兴昌”轮的配员不足与碰撞事故的发生之间是否存在因果关系，两审法院的认定是完全不同的。海事机关对该船舶碰撞事故的调查结论是，“兴昌”轮的船员配员不足，当班驾驶员不适任，导致未能在出现危险局面时采取有效的避碰措施，与造成事故存在着直接因果关系，加之，瞭望疏忽，未使用安全航速，未鸣放雾号，故应负事故的主要责任。且事故发生前10天，该轮进行船员更换，但经办人未将更换后的船员配员和持证情况向船公司报告，致使船公司未掌握相应的变化情况。一审法院认为，事故发生的重要原因是“兴昌”轮的当班驾驶员不适任所致，直接起因是船员操作过失。但该轮更换船员并未及时通知船公司，因此，船公司本身无主观过错，可以限制其赔偿责任。二审法院则认为，“兴昌”轮的船员不适任，且严重不足，与事故的发生有着直接因果关系。船公司是船舶安全配员的责任人，负有不可推卸的责任。虽然，船公司声称，其已经在事故发生之前转让该轮给第三人，故其对船员更换情况不知情；但是，在事故发生之时，该轮并未办理转让登记手续，从而，船公司仍然是该轮法律上的所有人，有义务和责任掌握该轮的船员更换和配员情况。其事实上不掌握这些情况，说明其疏于安全管理，是对事故发生的放任态度，因此，船公司不能限制赔偿责任。上述案例有助于大家理解法定的海事赔偿责任限制条件在实务中的运用具有的复杂性，以及认定这些条件的多样性。

二、海事赔偿责任限制的适用程序

责任限制的适用程序，是指责任主体依法行使责任限制权利的法定手续。一般来讲，责任人要使其所承担责任享受法律限制，首先要向法院提出申请。法院对该申请予以初步审查，对具备责任限制条件的，则接受其申请，并要求申请人设立责任限制基金；而对于不具备责任限制条件的申请，则予以驳回。但也有的国家规定，责任人提出申请，不会提高责任基金的，也可享受责任限制。

① 对于“故意或者明知可能造成损失而轻率地作为或者不作为”，有的海商法学者解释为故意或者间接故意（於世成，等．海商法．北京：法律出版社，1997：329）。

应当注意的是，提出责任限制申请，并不意味着申请人承认或确认其责任。此外，责任限制申请的提出及其责任基金的设立并不一定必须到已对其船舶予以扣押的法院。

三、海事赔偿责任相互索赔的冲抵

这是指双方当事人互为责任人和索赔人的情况下，并且相互均提出索赔要求时的处理问题。立法上主要有两种处理原则：一是“交叉责任限制”原则，即责任限额分别适用各自的索赔额，然后相互予以充抵。又称“先限制，后冲抵”原则。二是单一责任限制，两者先行按请求数额冲抵，然后就差额部分依法适用责任限制。又称“先冲抵，后限制”原则。

大多数国家采用后者。1957 年国际公约和 1976 年国际公约也接受“先冲抵，后限制”原则。如果责任主体因同一事故，有权向索赔人提出反索赔的，则公约的规定仅适用于相互索赔冲抵之后的差额。

我国《海商法》第 215 条亦采用了“先冲抵，后限制”的原则，按其规定：“享受本章（第十一章）规定的责任限制的人，就同一事故向请求人提出反请求的，双方的请求金额应当相互抵销，本章（第十一章）规定的赔偿限额仅适用于两个请求金额之间的差额”。显然，适用相互索赔冲抵的条件包括：（1）请求方和被请求方分别提出了赔偿请求，而且，两方或者一方的请求的内容属于法定的限制性债权；（2）双方各自的请求必须属于同一海损事故；（3）双方的请求在等额范围内相互冲抵。

四、海事赔偿责任限制权利的丧失

赔偿责任限制权利体现着其享有者一定的利益，从而，责任主体享有赔偿责任限制权利不是无条件的。如果出现海商法规定的事由，责任主体就丧失了其本应享有的限制其赔偿责任的权利。

当然，责任主体丧失赔偿责任限制权利的条件是与责任主体享有赔偿责任限制的权利相对应的。因此，按照 1957 年国际公约的规定，责任主体丧失赔偿责任限制权利的条件是责任主体有过失（实际过失和私谋）。而根据 1976 年国际公约的规定，责任主体“因故意或者明知可能造成损失而轻率地作为或者不作为”构成重大过失的，丧失赔偿责任限制的权利。我国《海商法》海上赔偿责任限制制度借鉴了 1976 年国际公约的精神，将责任主体享有与丧失赔偿责任限制权利的条件定位为“重大过失”，即“经证明，引起赔偿请求的损失是由于责任人的故意或者明知可能造成损失而轻率地作为或者不作为造成的，责任人无权依照本章规定限制赔偿责任”（《海商法》第 209 条）。但是，认定责任人有重大过失的举证责任归属于赔偿请求方。

五、责任限制基金

实例枚举

在法院审理“华山”轮爆炸沉没损害赔偿案中，由于“华山”轮装载的化学工业品过硫酸钠发生爆炸导致该船受损最终沉没，该船的所有权人、经营人和期租人作为本案的共同被告，申请设立了海事赔偿责任限制基金，并都在诉讼中提出了享有海事赔偿责任限制的抗辩。但是，法院经过审理后，认为期租人A轮船有限公司对于过硫酸钠爆炸与“华山”轮受损沉没之间的关联性，负有证明两者之间存在因果关系的举证责任，但因A轮船有限公司未能向法庭提供证明，应当承担举证不能的法律后果。因此，A轮船有限公司作为专业从事海运的企业，应当知道其利用“华山”轮运送高度危险的过硫酸钠发生爆炸而致船货损失的可能性极大，必须严格遵守运送该类危险工业化学品货物的安全规则和合理配载。但是，A轮船有限公司在运送该危险工业化学品的过程中明知其高危险性，在掌握相应的安全运输和配载规定的情况下，仍然进行违规配载，导致运载化学品爆炸、船货损失的后果，依据《海商法》第209条规定，其丧失了享有海事赔偿责任限制的权利，应当向原告承担全额赔偿责任。同时，由于A轮船有限公司没有证据证明“华山”轮的所有权人B海运公司、经营人C船务公司和丁某对于运送危险工业化学品导致爆炸存在主观过错，故认定“华山”轮的所有权人B海运公司、经营人C船务公司和丁某享有海事赔偿责任限制权利。

通过本案例，大家能具体了解到设立海事赔偿责任限制基金与享有海事赔偿责任限制之间不存在必然联系，即使是设立了海事赔偿责任限制基金，仍然要依据《海商法》第209条规定，审查各责任人是否存在丧失海事赔偿责任限制的情形，分别加以认定。

在此，责任限制基金是指依法享有责任限制权利的责任主体（债务人）在向有管辖权的法院提出责任限制申请并审查认可后，应向法院提供与责任限额等值的、用于支付各项限制性债权的专用款项，称为责任限制基金。

设立责任限制基金的目的在于为责任人（债务人）与请求人（债权人）双方迅速、快捷地解决海损索赔问题提供条件，因为，从责任人角度讲，其提供足以支付受害人提出的索赔请求涉及的在责任限额范围内的债权金额，既可以保证受害人得到及时的应得债务清偿，又可使责任人尽早解脱债务责任，从事正常的营运活动。而从请求人角度讲，其通过责任限制基金迅速满足了债权，但也意味着其不得再对责任人的财产行使权利。从而，保护了各方当事人的合法权益，并促进海运业的发展。

责任限制基金的实质是对债权（海事赔偿请求权）的担保。在海损事故发生后，形成了侵权行为所生之债。其中，作为债务人的责任人提供现金或实物设立责任限制基金，这表明债权人的债权保证得到实现，从而解除受害人的后顾之忧。

对于责任限制基金的设立和分配，各国法律和国际公约均有明确规定。按1957年国际公约的规定，责任限制发生在如下地点时，责任人可设立责任限制基金：（1）发生于损害索赔事故的港口；（2）发生于港外的事故的当事船在事故发生后的第一到达港；（3）对人身伤亡或货物损坏的索赔，则在旅客离船地或卸货地港口。依公约规定，一经在上述地点设置责任限制基金或提交了其他形式的担保，则限制性债权人就不得再另行申请法院扣押责任主体的船舶或其他财产，已经扣押的，法院应予以退还。此外，有关责任限制基金的设置、分配及诉讼时效等程序性问题适用基金设置地法律。

1976年国际公约和1957年国际公约一样，作出了相同的规定，只是其基金设置地包括四种：(1) 事故发生港或当事船第一到达港（事故发生在港外）；(2) 人身伤亡的索赔，为伤亡人员的离船港；(3) 货物损害的索赔，为卸货港；(4) 实施扣押的国家。此外，该公约规定，未设立责任限制基金的，也可申请责任限制。但缔约国可用国内法规定，债权人在本国提起索赔诉讼时，责任主体只有按1976年国际公约规定设立了责任限制基金时，才可享有责任限制的权利。

关于在我国设立责任限制基金，依照《海商法》第213条规定，凡要求依本法规定限制赔偿责任的，责任人可以在有管辖权的法院设立责任限制基金。由此就依法产生了对受害人之请求权予以限制的法律效果，即如《海商法》第214条的规定："责任人设立责任限制基金后，向责任人提出请求的任何人，不得对责任人的任何财产行使任何权利；已设立责任限制基金的责任人的船舶或者其他财产已经被扣押，或者基金设立人已经提交抵押物的，法院应当及时下令释放或者责令退还。"这一规定表明，在责任限制基金的设立使得请求人之索赔请求的给付成为可能的情况下，继续扣押其财产已无实际意义，故应当予以释放或退还，从而使其在设立责任限制基金后得以支配其他合法财产，从事营运活动，以保护责任人的合法权益。

至于设立责任限制基金的数额，原则上应与依法应支付的限制性债权的赔偿限制金额一致。具体来讲，1957年国际公约规定，人身伤亡的索赔，按每公约吨3 100金法郎建立责任基金，各索赔人按比例分配该基金；财产损害索赔，则按每公约吨1 000金法郎建立责任基金，各索赔人按比例分配该基金；当同一事故同时造成人身伤亡和财产损害时，则分别按每公约吨2 100金法郎和1 000金法郎建立人身伤亡基金和财产损害基金。而且，当人身伤亡基金不足以清偿实际发生的人身伤亡索赔时，不足部分与实际发生的财产损害索赔按比例分配财产损害基金，各个人身伤亡和财产损害的索赔人则按比例分配新确定的人身伤亡基金和财产损害基金。

由此可见，责任限制基金是按人身伤亡基金和财产损害基金两类分配的，前者专门用于人身伤亡的索赔赔付，后者则专门用于有关财产损害的索赔赔付。前者不足以清偿时，不足部分与后者一并由各个索赔人按比例接受清偿。各国法律多如此规定。但有的国家规定，因码头、港口工程设施受损而索赔的，优先于其他财产损害索赔人受偿。

依照我国《海商法》第213条的规定，责任限制基金数额分别为该法第210条和第211条规定的责任限额，加上自责任产生之日起至基金设立之日止的相应利息。分配方法亦与第210条的规定相同。至于不满300总吨船舶、沿海运输船舶、沿海作业船舶的海事赔偿限额则适用我国原交通部发布的《关于不满300总吨船舶及沿海运输、沿海作业船舶海事赔偿限额的规定》。

实例枚举

A轮船运输公司所属的"海208"轮于1999年3月15日在中国S水域与B船运公司所属的"光明"轮发生碰撞，给B船运公司和货主造成重大经济损失。为此，A轮船运输公司向海事法院提出海事赔偿责任限制申请，其按照不满300总吨的沿海运输船舶，要求申请责任限制的金额为1 268 450元。海事法院初步审查后，认为申请人的申请符合我国《海商法》第207条、第210条第2款、第213条和《关于不满300总吨船舶及沿海运输、沿海作业船舶海事赔偿限额的规定》第4条的规定，遂裁定：准许A轮船运输公司的海事赔偿责任限额申请，A轮船运输公司可以向海事法院申请设立责任限制基金，基金总金额为1 268 450元人民币及其从事故发生之日起至基金设立之日止的利息。此后，海事法院将该裁定公告于报纸之上，同时告知，若利害关系人认为裁定不当，可以在公告之日起的60日内提出异议。

B船运公司于异议期内提出异议，认为A轮船运输公司所属的“海208”轮属于港澳航线的运输船舶，其申请不符合沿海运输船舶海事赔偿限额的条件。经海事法院进一步审查，认定“海208”轮总吨为764吨，运输航线为港澳航线。故对于该轮船的海事责任限额不适用《关于不满300船舶及沿海运输、沿海作业船舶海事赔偿限额的规定》，而应当按照《海商法》第210条第2项的规定计算其赔偿责任限额，B船运公司的异议成立。据此，海事法院裁定：撤销前一裁定，A轮船运输公司可以向海事法院申请设立责任限制基金，基金总金额为2 536 950元人民币。

就本案而言，A轮船运输公司的“海208”轮在船舶碰撞事故中造成的损害为B船运公司“光明”轮的船舶损失和货主的货物损失，属于财产损失，由此引起的海事赔偿请求权属于《海商法》第207条规定的限制性债权，故责任人A轮船运输公司依法享有赔偿责任限制。但是，由于“海208”轮超过了300总吨，并且从事港澳航线的运输，其赔偿责任限制不能适用有关不满300总吨和沿海运输船舶的责任限额，而应当按照《海商法》第210条第2项的规定认定其责任限额，并据此设立责任限制基金。

知识链接

国际上两大海事立法主体的立法工作比较[①]

国际海事委员会（CMI）与国际海事组织（IMO）是国际上两个主要的海事立法主体。其中，国际海事委员会作为一个国际的民间私人组织，成立于1897年，总部设在约克-安特卫普。而国际海事组织则是于1982年5月22日由原1948年成立的政府间海事协商组织（IMCO）更名而成的，总部设在伦敦，是联合国的专门机构之一，属于政府间国际组织。国际海事立法的进程中，许多彪炳史册的法律文件都留有这两个国际组织的名字。而总结比较两者的立法实践，对于归纳国际海事立法经验、探讨其立法规律和发展趋势具有积极意义。

相比而言，国际海事委员会的立法工作主要集中在船舶碰撞法、海上货物运输法和共同海损理算规则等领域，其立法成果，主要有1910年《统一船舶碰撞若干法律规定的国际公约》、1924年《海牙规则》、1968年《维斯比规则》以及2001年11月提交给联合国国际贸易法委员会的《运输法最终框架文件草案》等。而国际海事组织的立法工作主要集中在海上安全、防止海洋污染、海事责任与赔偿等方面，主要的立法成果包括：1974年《国际海上人命安全公约》、1978年《海员培训、发证和值班标准国际公约》、1972年《国际海上避碰规则》、1954年《防止海洋油污国际公约》、1992年《国际油污

① 摘编自：彭先伟，翟国忠．国际海事委员会和国际海事组织的立法工作比较研究．中国海商法年刊，2005年卷.

损害民事责任公约》、1992 年《设立国际油污损害赔偿基金公约》、1974 年《雅典公约》、1989 年《救助公约》、1976 年《国际海事赔偿责任限制公约》等。

分析上述两个国际海事立法组织的立法工作，明显地感觉到国际海事委员会的民间性决定了其法律文件的“私法性质”，突出的是“当事人意思自治”原则。其立法程序主要是通过向各国海商法协会发问题单来获取反馈意见和建议，并形成法律草案。因此，国际海事委员会往往是选择国际航运惯例比较成熟的领域编写公约或规则，且其立法过程相对缓慢。同时，国际海事委员会之立法成果的适用，也是以当事人的自愿采纳为基础的。

相反，国际海事组织的立法成果则更多地体现出“公法性质”。首先是其制定和修改公约的速度快于国际海事委员会，这当然得益于其联合国专门机构的国际地位，尤其是在航行安全、海洋污染等涉及国家主权和人权的公法领域。其次，国际海事组织出台的国际公约的适用效果更为明显。因为，其通过各国立法机关将其公约内容转化为各国国内法，并由各自的司法机关凭借国家强制力予以适用。

不过，这两个国际海事组织之间的互动作用也是不可忽视的。主要表现在，国际海事组织制定通过的国际公约经常是以国际海事委员会制定的公约草案为基础的，其修正案也多是采纳国际海事委员会的建议，国际海事委员会的调查则是其掌握公约执行情况的重要途径。

总之，伴随着海商法的国际趋同化、公法扩大化，适应着海事立法的中心从货物向船舶的转化，船员立法由福利型向资格型的转变，国际海事委员会与国际海事组织并驾齐驱，经过共同努力，会进一步加快海商法的国际统一化进程。

问题与思考

1. 什么是海事赔偿责任限制制度？它有哪些特点？
2. 海事赔偿责任限制与民事赔偿责任的异同是什么？
3. 海事赔偿责任限制制度适用于哪些债权？
4. 海事赔偿责任限制制度适用于哪些主体？
5. 我国《海商法》上的非限制性债权包括哪些债权？
6. 如何确定我国《海商法》规定的海事赔偿责任限额？
7. 我国《海商法》的海事赔偿责任限制制度适用何种责任限额制度？
8. 丧失海事赔偿责任限制权利的法定条件是什么？
9. 如何适用海事赔偿责任相互索赔的冲抵？
10. 什么是责任限制基金？如何设立责任限制基金？

第十四章
海上保险合同

本章提示

海上保险是适用于海上活动领域内的保险关系的统称，是保险制度的必要组成部分，而且，从保险制度的发展过程来看，海上保险是现代保险制度的源头，具有悠久的历史。同时，海上保险通过其特有的经济补偿职能，成为海上运输领域中普遍适用的风险转移手段，对于维持正常的海上运输程序起着“稳压器”的作用。因此，海上保险又是海商法不可或缺的组成部分。而且，基于各国长期以来的立法传统，海上保险法律制度一直被列入海商法之中。而海上保险合同则是海上保险法律关系的法律表现形式。通过海上保险合同的依法订立和履行才能切实落实海上保险的经济补偿功能，维护正常的海上运输市场秩序。我国《海商法》即从海上保险合同入手，确立了海上保险法律制度。因此，正确理解海上保险法律制度与保险法、海商法的关系是学习海上保险制度的首要问题。不仅如此，在国际上迄今为止尚无有关海上保险的国际公约，调整海上保险法律关系的依据主要是各国国内法的有关规定。

学习本章的重点是掌握海上保险合同的法律属性和法律构成，订立、解除和转让海上保险合同的法律程序，海上保险合同的条款内容，各方当事人的权利和义务，了解海上保险合同的损失种类和赔付步骤。

关键术语

海上保险　海上保险合同　投保人　被保险人　保险利益　告知　保证　近因原则　海上保险单　船舶保险合同　货物运输保险合同　保险责任　海上责任保险合同　保赔保险合同　推定全损　局部损失　委付　代位求偿

第一节 海上保险制度的性质和地位

一、海上保险制度的性质

海上保险属于财产保险的范畴，是指保险人对于承保财产因海上风险所造成的损失给予经济补偿的制度。

理解海上保险的本质，应当立足于保险市场的整体。在此意义上讲，海上保险是一种商品交换关系。由于海上航运面临着复杂多样的海上风险，海上航运经营者或者货物所有人需要寻求一种专门的保险保障，以便保护其自身的经济利益。相应的，专门经营海上保险的保险人也就设计了适合投保人需求的海上保险险种，通过与投保人签订海上保险合同，收取保险费而向被保险人提供保险保障。这一保险保障就是双方当事人在海上保险中予以交换的劳务商品。其中，保险人针对海上保险合同约定的海上风险提供的保险保障是该保险商品的使用价值，而投保人所应缴纳的保险费则是该保险商品所包含的交换价值的货币化形式。海上保险作为一种保险商品交换的方式，意味着海上航运的经营者或者货物所有人将其在海上航运中所面临的海上风险集中到了海上保险人名下，而在船舶或者货物因海上保险事故的发生遭受损害时，由保险人按照海上保险合同的约定向其支付保险赔偿金来弥补其经济损失。其实质上是将该被保险人本应单独承受的海上风险通过保险人的保险经营行为，转移给各个被保险人共同分担。由此可见，海上保险是转移和分散海上风险，降低损害后果的有效手段。

同时，海上保险作为保险的具体类型之一，基于自身的特定内容又形成了如下特有属性：

（一）承保风险的综合性和复杂性

海上保险是针对一定危险发生的可能性提供保险保障的。但是，由于海上保险主要是以航海事故——航海中所遇到的自然灾害和意外事故为对象的，而海上地理环境和自然条件的特殊性，使得航海风险大于陆上风险，致损原因也更为复杂。它可能来自台风、海啸等自然灾害，也可能因为船舶本身的缺陷导致船舶碰撞、触礁、搁浅、沉没等，甚至可以起因于海盗、船员的不法行为或者有关当局对船舶扣押等人为灾难。海上保险的承保风险不仅有复杂性，而且以综合性为其特点。因为，它所承保的风险不限于在海上发生，也包括与海上航行有关的发生于内河或者陆上的事故。比如，海上运输货物保险中，保险人的保险责任为“仓至仓”，责任就包括对海上运输前后的陆上风险予以承担。随着国际多式联运和集装箱综合保险的发展，海上保险承保风险的综合性特点将更为突出。

（二）承保标的的多样性和流动性

保险标的是保险法律关系的组成部分，为各个保险合同的必备内容。然而，大多数保险合同中，保险标的是单一的。相比之下，海上保险合同的保险标的则具有多样性。根据投保人向保险人投保的情况，海上保险合同所规定的保险标的经常是有形财产和无形财产并存，法律责任、经济权益可以与财产并存于同一海上保险合同之中。具体包括船舶、货物、运费、法律责任（诸如船舶碰撞或漏油污染等事件引起的赔偿责任）及其相关的经济权益等均可成为海上保险合同的保险标的。同时，海上保险合同的保险标的又是以流动性为特色的。海上保险合同主要是围绕着船舶和运输的货物，为海上运输活动提供保障，而这些船舶或运输货物往往是处于流动状态的。这就使得海上保险合同有别于陆上以固定财产为保险标的的保险合同。

（三）承保内容的多变性和国际性

海上保险是与海上货物运输紧密相连的，从而要受海上运输活动的影响。在海上运输经营中会出于贸易经营的需要而转让提单、转让或出售船舶、将船舶予以抵押等，相应地也就引起海上保险合同的依法转让或背书转让。这对于保险人来说，意味着承保对象（保险单持有人）的变化。它反映出海上保险与海上运输之间的密切关系，体现了海上保险的又一特点。与此同理，海上运输是为国际贸易提供服务的，从而决定了海上保险合同的国际性。海上运输存在于各个港口之间，必然涉及不同国家、不同水域，承运人、托运人、收货人的国籍也不相同。因此，海上保险合同的适用当然要遇到各国的法律、国际公约、国际惯例，在处理海事纠纷中有关的海上保险合同也就不可避免地涉及仲裁、诉讼、管辖权等一系列法律问题。而国际再保险的日益扩大，也使得海上保险合同的国际性特点更为突出。

二、海上保险的地位

在保险领域，海上保险是起源最早、历史最久的一种。这取决于航海贸易对于保险保障的需要。早在公元前 2000 年左右，地中海的海上贸易活动较为发达，但由于船舶简陋，抵御海上风险的能力薄弱，海上贸易成为一种冒险。为此，产生了补偿海上事故损失的共同海损分摊制度和船舶抵押借贷制度，成为海上保险的萌芽。而现代形式的海上保险则产生于 14 世纪的意大利。11 世纪末，意大利商人控制了东方与西欧的中介贸易，使得当时意大利的伦巴德、佛罗伦萨、热那亚等沿海城市成了海上贸易中心。相应的，意大利商人逐步地采用与现代形式相似的海上保险合同保护其经济利益。这可以热那亚商人乔治·勒克维伦于 1347 年 10 月 23 日为承保“圣·克勒拉”号从热那亚至马乔卡的航运所出具的船舶航程保险单作为例证。

现代海上保险的发展则是在英国。17 世纪的资产阶级革命为英国资本主义的发展开辟了道路，使英国成为在世界贸易和航运业中占据垄断地位的殖民地国家。这为海上保险的完善和发展提供了有利条件，出现了经营海上保险的垄断组织和较完备的海上保险合同文本。其中影响最大的首推英国劳埃德保险合同社及其制作的劳氏船货保险单，至今仍在国际海上保险业中占有举足轻重的地位。同时，英国政府也不断完善其海上保险立法，于 1906 年制定了《海上保险法》，用法律形式将海上保险予以固定，创立了海上保险发展的新阶段。该法对于海上保险乃至整个保险业的发展都具有重要意义。

知识链接

海上保险制度的雏形——海上船舶抵押借贷（海上冒险借贷）

有关海上保险的起源存在多种说法，比较普遍的是认为海上船舶借贷是近现代海上保险的雏形。其作为古代借贷的变形，表现为，借款人以出海航行的船舶和船载货物作为抵押而向放款人借款，约定高于普通借贷的利率（甚至高出1倍）。如果船舶安全抵达目的地，则借款人应当向放款人如数偿还借款的本金加上利息；如果船舶以及货物在航行途中遭遇海上风险而蒙受损失，则借款人根据受损程度，免除全部或者部分借款债务的偿还责任。可见，该类船舶抵押贷款实质上是一种风险转移手段，不过，其高额利息意味着赢利与风险责任的比例悬殊，致使双方都承受着很大的风险，故素有“海上冒险借贷”之称。

船舶抵押贷款最早出现在地中海地区，一般认为，公元前2500年的《汉穆拉比法典》中有关海上冒险借贷的规定是最早的保险法律规定。533年，罗马国王查士丁尼颁布法典承认了海上冒险借贷，这只是简单的保险法律萌芽。

海上冒险借贷具备了保险的基本特征，放款人相当于保险人，借款人相当于被保险人，被抵押的船舶以及货物是保险标的，所收取的高于一般借贷的利息部分就是保险费。直至中世纪，海上冒险借贷在意大利和地中海沿岸的海运各国十分盛行，于是，被12世纪适用于地中海沿岸的《康苏拉度海法》所吸收。1973年，学者罗伯特·哥什（Robert Goshay）和理查德·桑德尔（Richard Sandor）基于海上冒险借贷所包含的远期信用风险的理念，提出将再保险风险转移到资本市场，借助保险证券化来解决再保险市场承保能力不足之问题，由此引发一系列保险证券化的尝试[①]，以适应保险业发展的需要。

由此可见，海上保险合同是现代保险合同的最初渊源。它所确立的基本原则和基本条款被各类保险合同所采纳吸收。所以说，海上保险是保险法的重要组成部分。

海上保险又是各国海商法的基本内容之一。纵观各国海运业发展的实践，海上保险是与海上运输不可分离的。由于在现代科学技术条件下，人类预测和消除海上灾难事故的水平仍然有限；加之受各种政治、经济因素的影响而发生的人为灾难普遍存在，所以，在海上运输中发生各种事故损失是客观的。为此，必然要借助海上保险来补偿相应的损失，维持海上运输活动的稳定和发展。海上保险的核心作用在于，将海上运输的参与者——承运人、货主及有关各方所承担的海运风险转移给保险人。

仅以海上货物运输活动为例。一方面，海上运输合同中的承运人、船东通过海上保险合同，将其承担的货物运输风险或船舶风险转移给保赔保险人或船舶保险人。另一方

① 例如，1992年，美国芝加哥交易所推出巨灾风险期货，开创了保险风险转移到资本市场的先例。1993年和1995年，该交易所相继推出巨灾风险买权价差和财产赔偿服务巨灾选择权，标志着期货市场开始关注保险证券化业务。1997年11月，百慕大商品交易所推出巨灾指数选择权，向避险者提供了又一种避险工具。同时，保险证券化概念也开始出现在柜台市场，1994年，德国汉诺威再保险公司就成功发行巨灾债券。1997年，纽约设立巨灾风险交易所，为其会员在网上进行各种巨灾风险的交换、各种传统保险和再保险的买卖和非传统风险转移工具的买卖提供服务。

面，海上运输合同中的货物所有人则同样可利用海上保险合同，将其所承担的货损风险转移给保险人。因为，根据各国普遍采用的 1924 年《海牙规则》及 1968 年《维斯比规则》的规定，在适用海运提单和租船合同的海上货物运输活动中，承运人享有上述国际公约所规定的免责条款的保护，使得货物所有人自行承担着免责条款所列举的危险。为此，货物所有人当然要向保险人投保海上货物运输险，以便在货物发生短少或损坏时从保险人处获得补偿。

因此，海上保险合同作为一种典型的补偿合同，与海上运输活动的性质迥然不同，但却由于它所具有的风险转移作用，而被普遍适用于海上运输当中，成为海商法的一个重要法律制度。

海上保险在我国的发展始自中华人民共和国成立之后。随着中国保险事业独立自主地发展壮大，海上保险也日臻完善。1949 年 10 月 20 日中国人民保险公司成立之初，为适应对外贸易和国际经济交往的需要，陆续开办了出口货物运输保险、远洋船舶保险等海上保险业务，并制定了独立的海洋货物运输保险条款、船舶保险条款。1979 年以来的改革开放浪潮又促进了我国海上保险业务的迅猛发展。中国人民保险公司新开办了保赔保险、海上石油开发等海上保险险种。同时，根据当代海上运输业的新特点，参照英国伦敦协会制定的海上保险条款（伦敦条款），颁布了新的海洋运输货物保险条款。如今，在太平洋保险公司、平安保险公司相继开办海上保险业务的形势下，我国的海上保险业务必将日益扩大，海上保险合同也一定更加完善。

上述海上保险的地位决定了其适用范围是以海上运输为中心。正如我国《海商法》第 216 条所规定的，保险人在海上保险合同中承担赔偿责任所涉及的保险事故，“是指保险人与被保险人约定的任何海上事故”。这首先就是针对所投保的船舶、货物、运费等在海上运输过程中遭受的各种危险。不过，随着世界各国政治经济形势的变化，海上运输业的发展，以及海上资源开发利用的扩大，海上保险合同的适用也处于不断的发展变化之中。

首先，海上保险所承保的危险范围日益扩大，不仅限于海上危险。在实践中，由于“仓至仓”交货制度的兴起，以及国际多式联运中采用了“门至门”交货制度，海上保险合同承保危险的范围，已经从海上扩大到内河、陆上及航空运输的全过程，而且，还包括各种联运工具所引起的法律责任等。正为适应这种客观需要，我国《海商法》第 216 条第 2 款明确规定：保险事故“包括与海上航行有关的发生于内河或者陆上的事故”。

其次，海上保险合同所承保的标的范围不断扩大，保险险种日益增加。随着国际海运业的发展和人类对海洋资源开发利用的扩大，遭受海上风险危及的物质内容和经济利益自然也会增多，使得社会成员寻求保险保障的范围相应扩大。为此，海上保险合同承保的保险标的已由传统的船舶、货物、运费，扩展到建造中的船舶、海上作业、海上资源开发、被保险人对于第三者应负的责任及由于发生保险事故可能受到损失的其他财产、责任、费用等。与此相适应，海上保险的险种也在增加，出现了许多新险种，诸如船舶建造保险、污染保险、海上石油开发保险、集装箱保险等。我国《海商法》第 218 条所规定的保险标的范围以及我国保险公司经营海上保险的实践均反映了海上保险的这一趋势。

知识链接

最具影响力的英国 1906 年《海上保险法》

1906 年 12 月 21 日，英国政府颁布了《海上保险法》，并于 1907 年 1 月 1 日施行，命名为 1906 年《海上保险法》。《海上保险法》是对此前普通法领域内有关海上保险规则的完整总结。由于立法体系的严密和定义的准确，其对于国际海上保险界产生了巨大的影响，被各国视为海上保险的范本而纷纷仿效或者援用。因此，《海上保险法》虽然是英国的国内法，但是具有国际意义，是国际海上保险界处理海上保险事宜的重要依据。

英国 1906 年《海上保险法》共计 94 条，分为 17 个部分，主要内容是对海上保险的定义、基本原则、保险内容和赔偿标准等予以准确的规定和详尽的解释。具体而言，该法第 1 条至第 3 条明确规定了海上保险的定义；第 4 条至第 15 条全面解释了可保利益的内涵和外延；第 16 条规定了保险价值的计算问题；第 17 条至第 21 条确立了海上保险所应当遵循的最大诚信原则以及告知和陈述规则；第 22 条至第 31 条全面阐述了海上保险单的作用和内容；第 32 条专门规定了双重保险的定义和处理规则；第 33 条至第 41 条对于海上保险所涉及的保证的定义、种类以及各自的适用规则加以规定；第 42 条至第 49 条规定的是有关航程保险单中的航程问题；第 50 条和第 51 条分别规定了海上保险单的转让和禁止转让；有关保险费的规定，则是第 52 条至第 54 条的内容；从第 55 条至第 63 条全面阐述了海上保险的损失种类以及实际全损、推定全损的定义和委付的适用规则；而第 64 条至第 66 条则分别规定了海上保险所涉及的单独海损、救助费用和共同海损问题；第 67 条至第 78 条具体规定了各类损失的赔偿方法和计算数额；第 79 条至第 81 条规定的是保险人在赔偿后的权利；第 82 条至第 84 条则规定了保险费的退还问题；第 85 条专门规定了相互保险的定义和适用规则；第 86 条至第 94 条作为补充条款，则分别对于有关的术语、生效、保留、撤销等问题加以规定。

英国 1906 年《海上保险法》的贡献是，在总结实践中形成的海事规则的基础上，对于海上保险的主要概念和基本制度予以准确和科学的定义和规则，构建了完善的海上保险法律体系。主要表现在：(1) 明确规定了海上保险合同的定义，是"保险人按照约定的方式或者金额，对被保险人遭受的与航海冒险有关的海事损失负赔偿责任"的合同。(2) 明确规定了可保利益的定义，尤其是明文规定用于赌博的海上保险合同无效。(3) 分别规定了船舶保险、运费保险和货物保险的可保价值及其计算规则。(4) 确立了最大诚信原则，并在此基础上规定了告知、陈述和保证的适用规则。(5) 详细规定了海上保险单的内容和分类。(6) 明确规定了重复保险的定义和处理方法。(7) 规定了海上保险单的转让规则。(8) 全面规定了海上保险的损失种类及其适用规则。(9) 规定了委付制度的适用规则。(10) 规定了保险人履行海上保险的赔付责任后的代位求偿权问题。此外，英国 1906 年《海上保险法》还附有劳氏船货保险单作为立法者推荐使用的海上保险单的范本，使其在国际海上保险市场上产生了近一百年的影响。

第二节　海上保险合同的概念和构成

一、海上保险合同的概念和性质

根据我国《海商法》第 216 条第 1 款的规定，“海上保险合同，是指保险人按照约定，对被保险人遭受保险事故造成保险标的的损失和产生的责任负责赔偿，而由被保险人支付保险费的合同”。

海上保险合同是海上保险关系的法律表现形式，它作为合同的具体类型，具有如下法律属性：

（一）海上保险合同是补偿性合同

从保险法角度讲，海上保险合同属于财产保险的范畴。其适用目的在于补偿被保险人因保险事故的发生而造成的经济损失，维持海上航运市场的正常经营秩序。因此，海上保险合同是针对海上运输过程中频繁发生的复杂的海上风险而建立的一种风险保障手段，是被保险人转移海上风险的有效措施，其在海上航运市场上具有不可替代的经济补偿作用。但是，海上保险合同并非牟取收益的手段，海商法在调整和规范海上保险合同关系时，力求防止出现道德风险。

（二）海上保险合同是双务合同

海上保险合同是一种以保险商品交换为内容的权利义务关系。为了实现保险商品的交换过程，保险人和被保险人均应承担一定的义务，并享有一定的权利。而且，双方当事人各自的权利和义务是互为条件的，其基本的权利义务表现在被保险人向保险人支付保险费，而保险人则在保险事故发生后就造成的保险标的的损失承担保险责任。

（三）海上保险合同是有偿合同

作为保险商品交换的法律形式，海上保险合同是保险人从事的商业保险的组成部分。这意味着保险人是基于营利目的而与被保险人签订海上保险合同的。从而，被保险人要获取保险人提供的保险保障，就必须支付相应的对价，这一对价条件集中表现在被保险人应当根据海上保险约定向保险人支付保险费。每个海上保险合同都以此作为基本内容，所以说，海上保险合同是一种有偿合同。

（四）海上保险合同是诺成合同

按照海上保险市场的通行做法，双方当事人意思表示真实一致时，海上保险合同即告成立。我国《海商法》第 221 条亦确认了海上保险合同的这一性质，即“被保险人提出保险要求，经保险人同意承保，并就海上保险合同的条款达成协议后，合同成立”，但是，“保险人应当及时向被保险人签发保险单或者其他保险单证，并在保险单或者其他保险单证中载明当事人双方约定的合同内容”。因此，应当把海上保险合同与保险单或者其他保险单证区别开来，后者是固定前者内容，并证明其存在的法律凭证。

（五）海上保险合同是格式合同

按照海上保险市场的惯例，海上保险合同是典型的格式合同，即由保险人事先设计海上保险险种，单方面统一拟订保险合同条款，供被保险人投保之时选择符合其投保需要的保险条款予以投保。如果被保险人有特殊的投保要求时，只能通过双方特别约定，经保险人批注或签发批单，而不能对格式的保险条款加以修改。鉴于海上保险合同的格式化性质，使被保险人处于被动地位，各国法律多适用特殊的方法对于被保险人加以保护。正如我国《保险法》第 31 条所规定的：对于保险合同的条款，保险人与投保人、被保险人或者受益人有争议时，人民法院或者仲裁机构应当作有利于被保险人和受益人的解释。这一规定同样适用于作为保险合同具体类型的海上保险合同。

二、海上保险合同的构成

与其他保险合同一样，海上保险合同所确立的是存在于当事人之间的海上保险法律关系。其中，主体和客体具有重要的特点。

（一）海上保险合同的主体

海上保险合同的主体，是指参与海上保险合同的各方当事人，具体包括海上保险人和投保人、被保险人。

1. 海上保险人

在海上保险合同中，海上保险人是指按照合同约定，收取保险费，承担赔偿责任的一方当事人。

根据各国海上保险业的实际情况，海上保险人是经营保险业务的经济组织或个人，其具体组织形式，包括股份有限公司、相互保险公司、保险合作社、个人保险人等。依照各国法律规定，不论哪种形式的保险组织要成为海上保险合同的保险人，其条件有两个：一是必须经过政府机构的批准，取得保险人资格；二是应当具有经营海上保险业务范围的资格。在我国获准经营海上保险的财产保险公司，可以成为海上保险合同的海上保险人。

2. 投保人

投保人又称要保人，是指经申请与保险人订立海上保险合同，负有缴纳保险费义务的一方当事人。

从法律上说，海上保险合同的投保人可以是自然人或法人。投保人可以是为自己的利益，也可以是为他人的利益或两者兼有而订立海上保险合同。不过，作为海上保险合同一方当事人的投保人应当具备如下条件：

第一，应当具有民事行为能力。由于订立海上保险合同是一种民事法律行为，会引起相应的法律后果。因此，要求投保人必须具有民事行为能力，能够正确地分析判断其投保海上保险合同的性质和后果。

第二，应当具有保险利益。作为海上保险合同一方当事人的投保人应当与保险标的之间存在着某种切身利害关系。无保险利益的自然人或法人不能向保险公司投保，也就不会成为海上保险合同的投保人。如果依此条件确认投保人资格的话，具体包括：船舶所有人（船东）对其拥有的船舶具有保险利益（但是，涉及光船租船合同时，法律则一般认定租船人为船东，对其所租船舶具有保险利益，可以向保险人投保）；货物所有人对其享有所有权的货物具有保险利益；运费所有人（到付运费时的承运人或预付运费时的货主）对相应的运费具有保险利益；租船合同中的出租人对其应得的租金具有保险利益；船舶抵押中的抵押人（船东）对其抵押的船舶或抵押权人（银行或金融机构）对其支出的抵押贷款均有保险利益。上述民事主体都可以向保险公司投保而成为海上保险合同的投保人。

3. 被保险人

海上保险合同的被保险人，是指承受保险事故所造成保险标的损失的后果，并有权请求赔偿的一方当事人。由此可见，被保险人是在海上保险合同中获取保险保障的直接承受者。所以，作为海上保险合同中的被保险人也应具备两个条件：一是与保险标的之间有切身利害关系，即具有保险利益。二是在保险事故时将直接承受损害后果。就大多数国家的海上保险实践而言，若投保人是为自身利益投保海上保险合同，则投保人与被保险人是同一个当事人；但若投保人是为他人利益投保，被保险人就是另一个当事人。但是，根据我国《海商法》对于海上保险合同的规定，被保险人就是投保人，两种主体身份不得分离。

知识链接

船东互保协会——海上保险的主要参与者之一

一、船东互保协会参与海上保险

船东互保协会，不是商业保险公司，却以互助保险形式承担船东的海上经营风险，向船东提供着保险保障，补偿会员船东的经济损失，以保障船东的利益为已任。因为，船东互保协会是船员间的互助性保险机构，它参与海上保险活动，专门承保船东对第三方的船舶或者货物造成损失的责任以及诸如污染和清除船舶残骸等法定责任的保险，但它并不承保船东自身船舶或者货物的直接损失。

船东互保协会起源于18世纪上半叶的英国，经过近200年的发展和经营，在国际海运界、保险界和法律界的形象和信誉已经确立。它的组建一般采取会员模式，以每个会员按年度交纳会员费来预付保险费，分摊各自在海运经营中的责任风险。概括来讲，船东互保协会开展的保险业务，主要包括责任险（保赔险）、船舶险和一些附加险。协会还附设投资业务，将赔款基金用于投资，增加协会资产，扩大协会信誉，降低会费资本。

船东互保协会不仅保险业务专业化，更以国际化著称（会员国际化、商事案件处理国际化、投资活动国际化等）。目前，国际上有近20家船东互保协会处于运作之中，主要存在于英国，斯堪的纳维亚半岛的瑞典、挪威、丹麦、冰岛，日本和美国。近年来，国际上的船东互保协会的业务规模不断扩张，其中，共同保险组织船东互保组织（国际船东保赔协会集团）是承保海上保险领域的责任险的最主要承保人，其市场份额按照承保船舶总吨位计算达到95%。

成立于1984年1月1日的中国船东互保协会（简称“中船保”，CPI），已经发展为有130余家会员，会员船舶总吨位超过3 200万总吨。在业务规模不断扩大的同时，其为会员提供的业务服务种类和范围也不断增加。但是，中国船东互保协会的规模和水平与国际主要船东互保协会的平均规模和水平还存在较大差距，尚需加强吸引力，努力提升国际影响力。

二、中国船东互保协会的法律地位[①]

之所以有学者提出此问题，皆源于中船保所处的地位和现状：按现行规定，它是我国民政部注册登记的社会团体法人，未完全照搬英国的模式[②]；它的业务内容主要是开展保险业务，却因保赔业务不属于商业保险，在我国《保险法》和《海商法》的调整范围之外，也不纳入中国保险监管机构的监管范围。

为了解析中船保的法律地位，研究者从多方面讨论了中船保与现有的社会团体法人身份不相吻合：(1) 中船保从事的保险业务与社会团体的功能不一致。中船保作为“风险分散”和“负担平均”的保险机构，是由船舶的船东、承租人等相互承保海事责任而设立的组织，其任务是向会员提供保险服务。这不同于根据会员的意愿和行业利益来表达相关意见的行业性社会团体的功能。(2) 用社会团体性质决定中船保的财产权属不合理。中船保的财产来源主要是会员缴纳的会费，会员代表大会有权处置经营所得财产。而按我国现行规定，社会团体作为非营利法人，其拥有的财产不得以任何方式转变为私人财产。从而，登记为社会团体法人的中船保就与其所需的财产权属不相吻合。(3) 社会团体的组织机构不能适应中船保的运作需要。中船保的设立目的有别于社会团体，也不同于一般的以营利为目的的商业保险公司，而是以会员互助共济、共担风险为宗旨，因此，该组织处理重大事项的原则应当是一人一票原则。这显然与社会团体的组织管理模式不相吻合。(4) 中船保不符合社会团体法人的要求。中船保实质上属于相互保险组织的性质，不符合社会团体法人的条件，尤其是中船保不具备独立承担法人责任的能力。(5) 中船保经营的相互保险业务缺乏专门的保险监管机制。中船保现为社会团体法人，交通运输部是其业务主管单位，民政部是其登记管理机关，但其所经营的相互保险业务却缺乏专门的保险监管，不利于在市场竞争中的可持续发展。据此，研究者提出，依照《民法典》的规定，中船保可归为“特别法人”中的合作经济组织，并依《相互保险组织监管试行办法》，经中国保险监管机构批准成立，纳入保险监管范围。

（二）海上保险合同的客体

海上保险合同的客体，是指当事人的权利义务所指向的事物，即通过保险人在海上

---

① 徐仲建．论船东互保协会在民法中的法律地位．中国海商法研究，2018 (2).

② 英国的船东互保协会一般采用保证有限公司的形式，取得法人资格（英国采用广义的法人概念）。

保险合同中获得保险保障的对象。

那么，海上保险合同所保障的，并非保险标的——在海上保险合同中所投保的船舶、货物、运费等，而保险利益才是海上保险合同各方当事人追求的保障对象——在保险标的因保险事故致损时，由保险人予以赔偿来保障相应的保险利益。所以说，海上保险合同的客体是保险利益。

所谓保险利益，指的是投保人（或被保险人）与保险标的之间存在的切身利害关系。诸如对保险标的具有的所有权利益、共有利益、经营管理利益、承担法律责任或费用引起的利益等。这些经济利益是客观存在的，可以为保险人加以保障，故又称为可保利益。

作为海上保险合同客体的保险利益必须具备三个条件：

第一，保险利益必须是合法的。否则，即使存在着利害关系，也会因其不合法而不能成为海上保险合同的客体。

第二，保险利益一般应是确定的、能够实现的经济利益。不论是现实存在的（如运营的船舶），还是可期待利益（如运费、租金、利润等），均应符合这一条件。因此，仅靠推论可能获得的利益就不能成为保险利益。

第三，保险利益必须具有经济价值，即可以用货币加以衡量和计算。所以，不能用货币衡量的损害后果就不具有保险利益。

保险利益在海上保险合同中的范围，一般是由法律规定或合同约定。以英国 1906 年《海上保险法》为例。该法第 5 条规定："依本法规定，凡对于航海冒险发生利益关系的人，均有保险利益。"具体包括在航海冒险中保险的任何财产，根据法律而有合法关系的人，因其财产的安全或及时到达而获利。我国的《海商法》在海上保险合同一章未对保险利益予以规定。而按照我国《保险法》的规定，被保险人（投保人）"对保险标的具有法律上承认的利益"就是保险利益。

实例枚举

2001 年 6 月，甲航运有限公司将其管理的"霞光"轮向乙保险公司投保了船东保障和赔偿责任保险，但是，该航运有限公司并未将其是"霞光"轮的管理人，以及该船舶的注册船东、光船承租人的情况向乙保险公司进行陈述。同年 11 月，被保险的"霞光"轮在海上航行过程中，因操作不当而与另一运输原油的油轮发生碰撞，致使船舶严重受损，并导致被撞油轮运载的原油外泄形成主航道的海洋污染。为此，甲航运有限公司对于被保险"霞光"轮发生的船舶碰撞责任、油污责任以及清理油污费用等，依照《船东保障和赔偿责任保险条款》向乙保险公司递交索赔申请书。

乙保险公司受理后在理赔过程中发现，甲航运有限公司仅仅是被保险"霞光"轮的管理人，于是，作出了拒赔决定，理由是被保险人甲航运有限公司在投保本保险时，既不是"霞光"轮的船舶所有人，也不是该船舶的光船承租人，其对于该船舶不具有保险利益。被保险人甲航运有限公司表示不能接受乙保险公司的拒赔决定，理由是，《船东保障和赔偿责任保险条款》并未明文将被保险人限定为船舶所有人和光船承租人，而甲航运公司作为被保险"霞光"轮的管理人，基于该管理权对于该船舶依法具有保险利益。

借助本案例，可以了解海上保险关系的构成特色，以便与现代国际海运市场的多样性相适应。船舶所有人、光船承租人、船舶经营人、船舶管理人等均对船舶具有保险利益，也都可以就各自的保险利益而投保海上保险，并与保险人之间建立海上保险合同关系。不仅如此，海上保险法律关系还因各自提供的保险保障内容的区别而形成不同的保险险种，例如，本案例就属于海上保险领域内的船东保障和赔偿责任保险，与海上运输货物保险相互独立、相互区别，形成各自特定的保险保障范围。

第三节　调整海上保险合同的法律原则

海上保险作为独特的保险类型，基于自身的特点和适用范围，逐步在长期的发展过程中形成了一系列基本原则。根据国际惯例，这些基本原则可归纳为：损失补偿原则、保险利益原则、最大诚信原则、近因原则。由于海上保险早于其他各类保险而产生，并具有国际性，所以，上述基本原则逐渐被保险市场普遍适用。

一、损失补偿原则

海上保险是以保险人对于被保险人因遭受海上事故所致损失予以赔偿为目的的，所以，被保险人在保险合同中约定的保险事故发生之后，保险人对其遭受的实际损失应给予充分的补偿。这就是损失补偿原则的法律含义。

损失补偿原则是海上保险的基本原则。首先，它集中体现了海上保险的宗旨。由于国际海上航运面临着各种自然灾害和意外事故的危险，使船东和货主的财产处于毁损灭失的风险之中。那么，通过海上保险合同，船东和货主可以将其面临的风险转移出去，在损失发生时从保险人处获取保险赔偿。正是因为该宗旨符合海上航运的客观需要，海上保险才得以日益发展，在国际贸易和海上航运中普遍适用。

其次，损失补偿原则确定了海上保险的成立要件。基于海上保险的补偿性，保险人依约履行合同，以被保险人在保险责任范围内的实际损失为前提。法律禁止任何人企图通过海上保险获取额外收益。因此，损失补偿是海上保险的成立要件和履行赔偿责任的条件。

为了确保海上保险目的的实现，当事人应当认真执行损失补偿原则。不过，其具体适用应与海上保险的特点相一致。

第一，对于定值保险，损失补偿要求保险人按约定的保险价值进行赔偿。以船舶保险为例：投保的船舶有诸多价值，包括造船时的造价、买船时的买价、投保时的市价、发生保险事故致损时的当地时价等。但是，双方当事人在海上保险合同中约定的保险价值才是进行赔偿的依据。

第二，对于不定值保险，保险人应按各国法律规定或国际海上保险市场的惯例和保险价值进行赔偿。前者例如我国《海商法》第 219 条规定的法律标准。后者例如计算被保险人的货物预期利润损失时，按惯例是以 CIF 发票价格另加 10％～30％作为标准。

第三，在超额保险情况下，保险人是按保险价值进行赔偿。

第四，保险人在向被保险人赔付之后，代位向责任方追偿时，亦应在其向被保险人赔付的范围内行使追偿权。其在追偿中获取的高于赔偿数额的部分，应归于被保险人。

二、保险利益原则

该原则在保险领域中普遍适用，海上保险亦不例外。其基本含义是，对保险标的具有保险利益（又称可保利益）的投保人与保险人签订的海上保险合同才有法律效力，保险人才承担保险责任。

保险利益原则的具体内容表现在：

第一，保险利益是海上保险合同生效的依据。只有对保险标的具有保险利益的人，才能取得投保人的资格而与保险人签订海上保险合同，这一海上保险合同才具有法律效力。反之，投保人在对保险标的不具有保险利益的时候，不能与保险人签订海上保险合同。即使在不知情的情况下，与不具有保险利益的人签订了海上保险合同的，该合同也归于无效。

第二，保险利益是保险人履行保险责任的前提。当保险标的遭受保险事故而致损时，被保险人应当对该保险标的具有保险利益。这时，被保险人才有权向保险人索赔，保险人才向其履行保险赔偿责任。同时，就海上保险而言，被保险人据以索赔的保险利益应当处于海上运输的风险之中。超出此范围的损失（如尚未交付海上运输的货物），被保险人即使投保了海上保险，也不得向保险人索赔。

保险利益原则被大多数国家的海商法和保险法所确认，而且，将其作为海上保险合同成立的法定条件，当事人不得协商变更。我国《海商法》的规定亦体现了这一精神（比如第 224 条），我国海上保险实务中也遵循着该原则。

保险利益原则的确立由来已久，时至今日它已成为国际保险市场的通用原则之一，这取决于保险利益原则在海上保险中的意义。

第一，它限制着保险人的保险赔偿责任，防止超额保险。与海上保险合同的损失补偿原则相联系，保险人的赔偿责任是以被保险人在海运过程中遭受的实际损失为对象，而最终目的是补偿被保险人的保险利益，因此，保险利益是保险人履行赔偿责任的依据，也是赔偿的最高限额。如果保险合同的保险金额超过保险利益时，超过部分是无效的。

第二，它可以杜绝利用保险进行赌博，防止道德危险的出现。如果投保人对于保险标的始终没有保险利益而能获得赔偿，实质上是赌博行为。而被保险人在保险合同订立之后，为图谋保险赔偿而故意损坏保险标的或在保险事故发生时人为地扩大损失程度的行为，直接损害着保险制度的宗旨和性质，构成了道德危险。在保险业发展的初期，由于没有保险利益原则的制约，利用保险合同进行赌博的行为和追求不法收益的不道德行为屡见不鲜。为了消除保险领域的消极因素，保险利益便应运而生，比如英国 1906 年《海上保险法》规定，不能证明存在保险利益的保险单无效，从而防止了保险中的赌博行为和道德危险。

基于海上保险的特殊性，保险利益适用在海上保险合同上也就形成了诸多特色：

1. 保险利益在海上保险中的适用时间

国际贸易和海上运输复杂纷纭，风险重重，所以，其参与者寻求海上保险保障的需求也是多种多样的。诸如货主为了安全和节省费用，往往将尚未到手的货物提前予以投保海上保险合同；船东也经常把尚未下水的船舶预先投保船舶险。适应国际贸易和航运经营的特点，保险利益原则的运用不同于其他保险合同，即充分强调在保险事故发生时，被保险人必须对保险标的具有保险利益，以此作为衡量被保险人有无索赔权的标准。而对于被保险人在订立海上保险合同之时具有保险利益，许多国家的法律并不作硬性规定。

2. 保险利益在海上保险中的适用范围

在海上保险中，不论是有形的保险标的（如船舶、货物、海上石油开采设备等），还是无形的保险标的（如承运人收取的运费、租船人收取的租金、货主的可预期利润等），它们的损失或支出都会影响到被保险人的合法利益，构成海上保险所要求的保险利益。按国际海上保险市场的惯例，海上保险的保险利益分为现有利益、期得利益和责任利益。从我国保险公司经营的海上保险险种来看，上述三类保险利益皆被认可，《海商法》的有关规定亦体现了这一精神。

凡具有上述保险利益的人均可向保险人投保，订立合法有效的海上保险合同。例如，船东对船舶、货主对货物、承租人对所承租船舶、银行对其向船东提供贷款所接受的抵押物、承运人对于应收运费等。同样，保险人对其在经营海上保险中所承担的保险责任，也具有保险利益，可将此向再保险人进行再投保。

3. 保险利益的转让与海上保险的效力

保险利益作为被保险人拥有的一种权益，是客观存在的。它经被保险人投保后成为保险，而不予投保时仍然是一种客观权益，所以，保险利益的转让与海上保险（保险单）的转让并不能等同而论，两者可以分离，相应地影响到海上保险的效力。凡法律规定可以转让的保险单，在其转让的同时，标的物的保险利益一并转移，则海上保险因保险利益仍然存在而继续有效至保险期限届满。反之，凡法律规定或合同约定不能转移的保险单，保险标的一经转移，而因海上保险不能随之转让，原被保险人具有的保险利益即行消失，海上保险的效力也就终止。这集中体现在我国《海商法》第 229 条和第 230 条的规定中。

三、最大诚信原则

该原则要求签订海上保险合同的各方当事人应最大限度地按照诚实与信用精神协商签约。所谓“诚信”表现在保险领域中，就是各方当事人都必须把各自知道的有关事实告知对方，如实陈述，不得不予告知、隐瞒、伪报或诈欺。如果有一方当事人违反了该原则，对方有权解除海上保险合同。

最大诚信原则已经存在了两个多世纪，成为保险业的基本准则，特别是在海上保险中的要求更加严格和具体。因为，国际贸易范围广泛，相应的，海上运输是跨国界的水上活动，而作为保险标的的船舶、货物等处于被保险人的实际占有，保险人对其所承保的海上风险和保险标的无法加以控制。所以，保险人一般是基于对被保险人的充分信任来接受投保和承担保险责任。至于在海上保险合同中承保的船货是否存在、有无瑕疵、出航与否及其他有关保险事项，保险人主要靠投保人书面或口头陈述，据以签订海上保险合同。

有鉴于此，法律要求投保人必须依诚实和信用原则行事，从而，达到预防海上运输的欺诈行为（如陈述不实、隐瞒、伪报等），确保海上保险合同真实有效，保护当事人合法权益，维持海上保险市场的正常秩序等目的。

海上保险适用最大诚信原则时，对于被保险人的约束体现为如下内容：

（一）告知

国际保险市场上又称其为“披露”，是指被保险人在签订海上保险合同时，应该将其知道的或推定应该知道的有关保险标的重要情况如实向保险人进行说明。因为，如实告知是保险人判断是否接受承保和确定保险费率的重要依据。

所以，告知是最大诚信原则的基本内容之一，被各国法律所确认。正如我国《海商法》第 222 条同样规定：“合同订立前，被保险人应当将其知道的或者在通常业务中应当知道的有关影响保险人据以确定保险费率或者确定是否同意承保的重要情况，如实告知保险人。”

（二）保证

保证是最大诚信原则的内容之一，属于被保险人向保险人作出的履行特定义务的承诺。诸如“航区保证”是承诺其保险船舶不超越规定航区，“船级保证”是承诺在投保之时申报的船级无误，而承诺其船舶在开航上时具有适航性的，就构成“适航保证”。

由于保险人无法直接控制保险船舶和货物，只有在保险事故发生时才能了解事故发生的始末和保险标的的受损原因和受损状况，因此，为了保护保险人的合法权益，防止海上保险中的不道德行为，各国法律确认了保证为最大诚信原则的组成部分。我国海上保险实务中同样加以运用。

基于海上保险合同的平等性，最大诚信原则同样适用于保险人。表现在：

（1）保险人在签订海上保险合同前，应将保险合同的内容和办理保险的有关事项，如实告知被保险人及其代理人。

（2）保险人在签订海上保险合同时，对于只有其知道的保险标的之不可能因保险事故受损的情况（如被保险船舶已经安全到达目的地），应当及时告知被保险人，而不得签订保险合同。否则，被保险人有权解除合同，收回已支付的保险费。

实例枚举

“金安 15”号轮船舶所有人为刘某，由甲轮船有限公司经营。2001 年 10 月 15 日，刘某将该轮向乙财产保险公司投保一切险和 1/4 的附加险，保险价值、保险金额均为 1 000 000 元，保险期限为 2001 年 10 月 16 日至 2002 年 10 月 15 日。2002 年 5 月 28 日，刘某将“金安 15”号轮光船租赁给姚某、严某，并未在船舶登记机关办理光船租赁登记，也未通知乙财产保险公司。

2002年8月17日，“金安15”号轮装载陶土从广东新会运往浙江温州。航行中，该轮在广东横琴岛外海区遭遇大风浪，1号和2号发电机组相继发生故障，轮机失控。船长采取冲浪措施，试图让船舶搁浅，但船舶遭遇横向大浪袭击而沉没。事故发生后，某海事局做出《“金安15”号轮沉没事故调查报告》，认定导致该轮发生沉没事故的原因有四个：一是电机故障导致船舶失控；二是船长应急措施欠妥，导致船舶横向受浪；三是大风浪的影响；四是船员不足且素质较低，船舶管理不善。由于乙财产保险公司拒绝赔付，刘某诉至某海事法院，请求判令乙财产保险公司支付保险赔偿金850 000元以及利息。

一审法院经过审理，查明如下事实：(1) 签订海上保险合同过程中，刘某作为投保人在记载有“投保人兹确认，同意以本投保单作为订立保险合同的依据，保险合同所附保险条款（包括除外责任和被保险人义务部分）的内容业经保险人详细说明，投保人已经了解，同意从保险单正式签发之日起保险合同生效”等内容的投保单上签字。同日，乙财产保险公司签发了以刘某为被保险人的保险单一份。(2) 保险合同条款的第16条至第19条规定了被保险人的义务。其中，规定有：被保险人对船舶的情况应当如实申报。在保险期间，保险船舶出现出租或管理人、经营人的改变或船舶改变技术状况和用途等情况的，应当事先书面通知保险人，经保险人同意并办理批改手续后，保险合同方为有效。被保险人及其代表应当确保船舶的适航性。并规定，被保险人违反这些义务的，保险人有权终止合同或拒绝赔偿。(3) 保险船舶“金安15”号轮发生沉没事故的此航次中，船上配员严重不足，具体表现为缺少2名轮机员、2名驾驶员和1名水手和机工。一审法院认为，双方签订的船舶保险合同合法有效，其所涉被保险人义务的条款属于被保险人的保证条款。乙财产保险公司已经就有关免责条款向被保险人做出明确说明。被保险人在保险期限内擅自将保险船舶出租给他人且在该船开航前未能尽到谨慎处理责任来确保船舶适航，严重违反了船舶保险合同的保证条款。于是，判决驳回刘某的诉讼请求。

刘某上诉称，原判认定事实有误，理由是：(1) 涉案船舶保险条款既规定有除外责任，又另外规定被保险人义务条款，无限扩大了保险人的免责权利；(2) 保险人未就这些免责条款向被保险人进行明确说明；(3) 原判适用被保险人义务条款时，未考虑其是否与保险事故之间存在因果关系。

乙财产保险公司辩称，保险船舶沉没的主要原因是船舶不适航等综合因素，故依据船舶保险合同拒赔成立。二审法院经审理认为，被保险人义务条款属于保证条款，是被保险人对保险人做出的承诺。投保人刘某在投保单上签名的行为，可以认定为保险人已经就保险合同条款内容（包括除外责任和被保险人义务）向投保人做出了合理和详细的说明，投保人已经了解了该条款。被保险人刘某出租船舶给他人，事先未书面告知保险人，违反了如实告知义务。保险船舶不适航的事实违反了被保险人的保证条款。故而，维持原判。

本案能帮助大家具体了解海上保险合同特有的保证制度的表现，理解双方当事人在海上保险合同中之权利与义务的架构和实施过程。

四、近因原则

近因原则是为了明确事故与损失之间的因果关系，认定保险责任而专门设立的一项基本原则。其含义是指保险人对于承保范围的保险事故作为直接的、最接近的原因所引起的损失，承担保险责任，而对于承保范围以外的原因造成的损失，不负赔偿责任。

在国际海上保险市场中，近因原则是必不可少的法律原则。自从英国 1906 年《海上保险法》第 55 条规定了该原则至今，它几乎被各国经营海上保险的保险人采用。我国《海商法》第 216 条在规定海上保险合同定义时就包含了近因原则的精神。可以说，在海上保险领域内，保险人承担保险责任予以赔偿的，必须是由于承保的近因造成的损失后果。

近因原则被海上保险人所重视的根源是它在海上保险的普遍意义。由于海上运输的复杂多变，风险四布，导致从事海上运输的船舶或货物遭受损失的原因往往不是一个。而保险人出于其商品经营的性质和自身利益的需要，不可以将这些致损原因全部承保。于是，海上保险人根据海上事故的性质、发生概率及其与损害后果的关系，予以分类研究，设立不同的海上保险险种，确立各自所承保的危险范围。当损失发生后，保险人从致损原因与损害后果之间的因果关系入手，认定直接造成损失或最接近损失后果的原因是否属于其承保范围，进而判断是否承担赔偿责任。可见，近因原则是确认保险人之保险责任的主要依据。

虽然，近因原则在海上保险中广泛适用，但是，如何认定其致损的近因尚无统一标准，具体的论证方法有多种多样，主要的有三种：一是最近时间论，它将各种致损原因按发生的时间顺序进行排列，以最后一个作为近因；二是最后条件论，它区别于前一种方法，是将致损所不可缺少的各个原因列出，以最后一个作为近因；三是直接作用论，即将对于致损具有最直接最重要作用的原因作为近因，这一方法被大多数人所认可。

当然，保险人在判断认定海上保险的近因时，应当先行将保险单所规定的除外责任予以排除。按国际海上保险市场的惯例，在海上货物运输保险中，所排除的情况包括：(1) 被保险人的故意行为造成的损失；(2) 属于发货人责任所引起的损失；(3) 被保险货物在保险责任开始前，已经存在的品质不良或数量短缺所引起的损失；(4) 被保险货物的自然损耗、本质缺陷或特性引起的损失；(5) 因市价跌落、运输延迟所引起的损失或费用；(6) 战争、罢工所致的损失等。而船舶保险中予以排除的情况有：(1) 船舶不适航，包括船舶装备或装载不妥，或船员配备不当所引起的损失（但限于被保险人在船舶开航时，知道或应当知道）；(2) 被保险人及其代表的疏忽或故意行为引起的损失；(3) 被保险人恪尽职责所应发现的情况，诸如正常磨损、锈蚀、保险不周、材料缺陷等；(4) 战争或罢工所引起的损失。

实例枚举

第一次世界大战中的 1918 年，雷兰得船运公司所属的一艘投保了船舶保险合同的船舶在驶往哈佛港的途中，被敌方军舰的鱼雷击中。为了躲避灾难，该艘船舶被拖进风平浪静的法国勒阿华尔港。此后，港口当局因担心该艘船沉在码头泊位上，遂令其驶往外港，故该船被移至港口以外。由于港区以外的海面没有防护设施，海浪较大，在海浪的冲击之下，该船沉入了海底。雷兰得船运公司依据船舶保险合同向保险人诺威治联合火灾保险协会提出索赔要求，得到的却是拒赔通知书，理由是保险船舶沉没的近因是被敌方军舰的鱼雷击中，属于船舶保险合同约定的责任免除事项。雷兰得船运公司则提出，导致船舶沉没的近因应是海浪冲击，属于保险责任的范围，保险人应承担保险责任。于是，雷兰得船运公司诉至法院。法院经审理后，认为导致船舶沉没的近因是被鱼雷击中而非海浪冲击。

显然，导致本案的船舶沉没的原因包括鱼雷击中和海浪冲击。从时间上看，距离船舶沉没最近的原因是海浪冲击。但是，对于船舶沉没起到决定作用的是鱼雷击中船舶，船舶被鱼雷击中后始终没有脱离危险境地，而海浪冲击则是促使船舶沉没的一个条件。因为本案所涉及的船舶保险合同约定敌对行为属于责任免除范围，所以保险人不承担保险责任。

第四节　海上保险合同的订立、解除和转让

一、海上保险合同的订立

海上保险合同作为对海上航运提供保险保障的法律手段，于国际贸易和海上航运具有重大意义。而订立海上保险合同则是实现其保险职能的首要环节。为此，应当把握海上保险合同的有效条件、订立程序等问题。

（一）海上保险合同的有效条件

1. 当事人应当具备法定资格

从法律角度讲，具有法定资格的社会成员才能订立海上保险合同。否则，所签订的海上保险合同无效。这一资格条件对于保险人和被保险人（投保人）均有法律约束力。

对于保险人而言，其资格是须经政府机构批准，取得保险人身份，并且，有经营海上保险业务的内容。

与此相对应，被保险人的法定资格则表现在，应具有民事行为能力，而且，与保险标的之间存在着保险利益。在海上保险实践中，船东、货主（发货人或收货人）、船舶的承租人、提供贷款而享有抵押权的银行、承运人，甚至保险代理人等可以作为被保险人订立海上保险合同。

另外，通过保险代理人或保险经纪人订立海上保险合同的，也应具备法定资格。虽然，保险代理人和保险经纪人不是海上保险合同的当事人，但是，其是否具备合法资格，也关系到海上保险合同的效力。根据很多国家的法律规定，参与海上保险合同订立的保险代理人或保险经纪人，应当是经保险管理机关批准具有从事保险代理或保险经纪业务

资格，尤其是保险代理人或保险经纪人应当在委托授权范围内参与订立海上保险合同。我国有关的保险立法亦规定了保险代理人和保险经纪人的资格条件。

2. 当事人的意思表示真实一致

这是合同法对各类合同的基本要求，同样适用于海上保险合同，即保险人和被保险人在订立海上保险合同的过程中，表达各自的真实意思，经过协商，达成一致协议。以此确保所订立的海上保险合同代表双方当事人的真实意思，切实发挥其应有的保险保障职能。

基于最大诚信原则，当事人意思表示真实一致作为海上保险合同的有效条件，着重强调当事人应当履行如实告知的义务。根据我国《海商法》第 222 条第 1 款的规定，海上保险合同订立之前，“被保险人应当将其知道的或者在通常业务中应当知道的有关影响保险人据以确定保险费率或者确定是否同意承保的重要情况，如实告知保险人”。可见，我国《海商法》具体限定了重要情况的范围，这有利于当事人在订立海上保险合同时予以执行，也便于审查该合同的有效性。

3. 当事人所订立海上保险合同的内容合法

当事人所订立的海上保险合同的内容应当符合有关国家法律的规定，符合有关国际贸易、海上航运、海上保险的国际公约和国际惯例。

海上保险合同内容合法体现在保险条款上。比如各国法律均禁止赌博性海上保险合同。再有，作为海上保险合同的保险标的，依据有关国家的法律规定，必须是合法财产，而且属于法定的海上保险合同的承保范围。海上保险合同所涉及的保险利益，必须是被保险人与保险标的之间存在的合法的经济利害关系。

4. 海上保险合同的形式符合法律规定

保险合同标准化是当今保险业的发展趋势，尤以海上保险合同最为典型，各个经营海上保险的保险人纷纷格式合同，并在此基础上逐步形成了若干个标准合同。同时，各国法律均对海上保险合同的形式予以规定，构成相应的形式要件。

概括各国海上保险实践，海上保险合同一般表现为保险单形式。我国《海商法》借鉴了这些国家对于海上保险合同形式的规定，没有硬性要求海上保险合同必须用书面形式。因为，根据该法第 221 条的规定，保险人和被保险人只要就海上保险合同的条款达成协议后，合同即告成立。显然包含了书面形式和口头形式。但是，保险人依法应当及时向被保险人签发保险单或者其他单证。

（二）海上保险合同的订立程序

与其他合同的订立一样，海上保险合同的订立程序也要经过要约和承诺两个步骤。一般情况下，保险人事先拟订了格式性的保险条款，制作好保险单，这一活动在法律上称为要约的邀请。意欲投保的投保人提出保险申请，填写投保单，就是订立海上保险合同所需的要约。如果保险人无条件地接受投保人的投保申请，同意承保，即为承诺。如果保险人在收到投保人提交的投保单后，又提出新的条件，则构成新的要约，其法律地位与投保人互换，成为要约人，投保人作为受要约人予以承诺的，海上保险合同才成立。

因此，我国《海商法》第221条明确规定了海上保险合同的订立程序是：被保险人提出保险要求，经保险人同意承保，并就海上保险合同的条款达成协议后，合同成立。保险人应当及时向被保险人签发保险单或者其他保险单证，并在保险单或者其他保险单证中载明当事人双方约定的合同内容。

实例枚举

甲海运公司于1998年4月2日为其所属的“晨光”轮向乙保险公司投保船舶保险，保险期限一年。在办理投保过程中，投保人需要填写保险人所提供的船舶保险申请表。在回答保险人各项提问项目时，对于“前三年总赔付金额及平均赔付率”一栏，甲海运公司没有填写任何内容，而乙保险公司在核保和承保时，对此也没有提出任何异议，并向甲海运公司签发了保险单。

1999年1月，被保险船舶“晨光”轮在航行中因发生舵机失灵而搁浅于航道之上，此后，该船舶被拖至A港口进行修理，甲海运公司因此需向港口公司、修船人以及货主等支付拖船费、修理费、港口规费和货损赔偿费，共计110余万元。为此，被保险人甲海运公司向乙保险公司提出书面的索赔申请。但是，乙保险公司在理赔调查过程中，发现“晨光”轮在1997年8月曾因与其他船舶发生海损事故而获得70万元赔偿，而甲海运公司在上述船舶保险申请表的“前三年总赔付金额及平均赔付率”中未填写任何内容，实质上是未向保险公司告知被保险船舶在投保本船舶保险之前已经发生海损并获赔的情况。于是，乙保险公司以被保险人甲海运公司违反如实告知义务而作出拒赔决定，并通知甲海运公司：因其未依法履行如实告知义务而解除双方所订立的船舶保险合同，并对于此前发生的海损事故不承担保险赔偿责任。双方产生保险纠纷。

借助本保险案件，可以看到投保人在实施投保行为过程中承担和履行如实告知义务具有重要意义，它关系到保险人进行风险评估和是否予以承保的决策。在海上保险实务中，投保人不履行如实告知义务的后果，经常是保险人决定拒赔，并解除海上保险合同。

（三）海上保险单

海上保险单是体现海上保险合同的内容，证明海上保险合同存在的法律凭证。

首先，海上保险单是体现海上保险合同内容的法律文件。我国《海商法》明确要求保险人应当在其签发的保险单中载明当事人双方约定的合同内容，作为双方当事人的履约依据。在海上保险实务中，保险合同的基本条款是由保险人事先统一印制的。如果被保险人对于基本条款有所修改和补充的，应在保险单中注明。如果被保险人所填写的投保单有遗漏的，也可在保险单中进行增补。

一般情况下，海上保险单记载了如下海上保险合同内容：

（1）声明事项。这是被保险人为订立海上保险合同所需提供的基本资料。诸如被保险人的名称，保险标的的名称、种类及其他事项（如被保险船舶的船龄、国籍等），保险金额，保险期限，保险费的数额和支付时间、方式，被保险人所作的保证或承诺事项等。

（2）保险责任事项，即保险人在本海上保险合同中应承担的保险责任。

（3）除外责任事项。这是对保险人承担的保险责任所加的限制或修改。一般写明了因低频保危险所引起的保险标的损失，保险人不负保险责任。

（4）条件事项，即海上保险合同各方当事人所享有的权利和承担的义务。诸如被保险人的各项义务，索赔的手续、时效，保险合同或保险单的变更、转让、注销，代位求偿权的转移，争议的处理等。

其次，海上保险单是证明海上保险合同的法律凭证。按照海上保险的惯例，海上保险合同都是以保险单（或其他保险凭证）来表现。被保险人持有保险单，就在法律上具有保险权益，也就成为认定海上保险合同关系的证明。

此外，海上保险单还兼有有价证券的属性，被称为“保险证券”。比如，在海上货物运输保险合同中，指示式或无记名式的保险单，可由被保险人背书后，随同货物转让给第三人，受让人依据保险单取得保险权益。又如，在国际贸易中，经卖方投保海上保险后，海上保险单是进行国际结算的必要条件。

二、海上保险合同的解除

（一）海上保险合同的解除与解除权

海上保险合同的解除，是指一方当事人依法行使解除权，而使其自始无效的单方法律行为。

解除海上保险合同的法律后果集中表现在，它使海上保险合同的法律效力消失，回复到未订立合同以前的原有状态。因此，海上保险合同的解除具有溯及既往的效力，即保险人要返还相应的保险费，并且，不承担相应的保险责任。

海上保险合同的解除取决于一方当事人行使解除权。所谓解除权，就是法律赋予海上保险合同的当事人在合同成立之后，基于法定事由解除合同的权利。此项解除权可以由保险人行使，也可以由被保险人行使（又称“退保”）。

（二）海上保险合同解除的原因及其处理

根据我国《海商法》的规定和海上保险的实践，解除海上保险合同的原因包括下列法律事实：

（1）由于被保险人违反如实告知义务，保险人解除海上保险合同。然而，对其处理方法则因被保险人的主观恶性不同而有区别。

按照我国《海商法》第 223 条第 1 款的规定，被保险人出于故意违反如实告知义务，未将法律规定的重要情况如实告知保险人的，保险人有权解除合同，并不退还保险费。而且，保险人对于合同解除前发生保险事故造成的损失，不负赔偿责任。

与此不同，对于被保险人非故意的违反如实告知义务的，该法第 223 条第 2 款规定保险人有权解除合同，也可以不解除合同而要求增加相应的保险费。如果解除海上保险合同的，除非未告知或者错误告知的重要情况对保险事故的发生有影响的，保险人对于合同解除前发生保险事故造成的损失，应当负赔偿责任。

（2）被保险人违反保证条件的，保险人有权解除海上保险合同。为此，我国《海商法》第 235 条要求被保险人应当立即书面通知保险人。保险人在收到通知后，可以解除合同。不过，对于被保险人未通知的情况，保险人在得知对方违反保证条件的，能否解除合同却未予以规定。

（3）在保险责任开始前，被保险人可以要求解除合同。那么，如何处理？我国《海商法》第226条明确规定，保险人应当退还所收取的保险费，但是，被保险人应当向保险人支付手续费。

（4）除货物运输保险和船舶的航次保险以外，根据合同约定，被保险人或保险人可以在保险责任开始后要求解除合同。而且，我国《海商法》第227条相应规定了处理方法：如果被保险人要求解除合同的，保险人有权收取自保险责任开始之日起至合同解除之日止的保险费，剩余部分予以退还。如果保险人要求解除合同的，应当将自合同解除之日起至保险期间届满之日止的保险费退还给被保险人。

（5）未经保险人同意，因船舶转让而转让船舶保险合同的，该合同自船舶转让之时起解除，船舶转让发生在航次之中，船舶保险合同至航次终了时解除。我国《海商法》第230条第1款的这一规定，保护了保险人的权益。因为保险人不能控制这种转让行为，就会损害其权益。当然，第230条第2款还规定了处理方法——在合同解除后，保险人应当将自合同解除之日起至保险期间届满之日止的保险费退还给被保险人。

三、海上保险合同的转让

海上保险合同的转让，一般是指被保险人将其合同让与第三人，而由受让人取代被保险人地位的法律行为。由此可见，海上保险合同的转让实质是合同主体（被保险人）的变更。

在实践中，海上保险合同的转让往往是由于买卖、赠与、继承等法律行为导致保险标的权益的转移而引起的。但是，海上保险合同不是保险标的的附属物，不能随保险标的权益的转移而必然转让。所以，应当把保险标的的转移与海上保险合同的转让区分开来。

根据国际海上保险的惯例和各国法律的规定，允许海上保险合同的转让。不过，海上货物运输保险合同和船舶保险合同的转让条件是不一样的。我国《海商法》第229条和第230条第1款吸收了这一精神，分别规定了海上货物运输保险合同和船舶保险合同转让条件。

（一）海上货物运输保险合同的转让

由于海上货物运输的范围广泛，流动性大，货物在运输途中发生物权的转移时有发生，则货物在运输保险合同中的保险利益也随之易主。如果对此要求必须经保险人同意才能转让保险合同，必然会给货物买卖双方和保险人带来不便，影响商品流转，不利于国际贸易往来。

因此，各国法律多采取便利各方利益的原则，允许海上货物运输保险合同不需征得保险人同意即可转让，以使其与货物提单的转让同步进行。相应的，海上货物运输保险合同使用记名和不记名两种保险单。记名保险单经被保险人背书后转让给受让人，而不记名保险单则自被保险人交付给受让人之时转让。我国《海商法》第229条亦规定："海上货物运输保险合同可以由被保险人背书或者以其他方式转让，合同的权利、义务随之转移。”

如果在海上货物运输保险合同转让时，还有未支付的保险费，各国法律多规定由合同受让人予以支付。但是，我国《海商法》第229条则规定：“合同转让时尚未支付保险费的，被保险人和合同受让人负连带支付责任。”用以加重被保险人的责任，提高其认真负责的态度。

（二）船舶保险合同的转让

各国法律对于船舶保险合同的转让规定十分严格，原因是船舶所有权转移有可能改变船舶的管理状况，从而影响到保险人的承保风险及其保险费率的确定。所以，各国法律一般都规定船舶保险合同的转让，须经保险人同意。保险人也须在船舶保险合同中规定“所有权变更条款”，约定在保险人书面同意前，船舶保险合同从船舶所有权转移之时起自动终止效力。我国《海商法》第230条第1款明确规定：“因船舶转让而转让船舶保险合同的，应当取得保险人同意。”具体方法是由保险人在保险单上批注或附贴批单，确认合同的转让。否则，“未经保险人同意，船舶保险合同从船舶转让时起解除”。因为原被保险人从此时起，因对所转让的船舶丧失了所有权，也就不存在保险利益。

实例枚举

A进出口公司需将其以单价1 900元人民币购进的2 500吨饲料，从S港经由水路运至T港，1995年9月10日，A进出口公司将该批饲料运抵S港。由于S港接受B保险公司的委托代办货物运输保险事宜，故S港的业务人员当日在为A进出口公司办理货运手续时，在水路货物承运登记单上一并加盖了保险印章，A进出口公司当即按照每吨1 200元的标准，缴纳了全部保险费。但是，在装船过程中遭遇连天大雨，而承运船舶第五舱的船盖因液压管爆裂无法关闭，导致400件货物被雨淋湿，A进出口公司立即通知了B保险公司。承运人在9月20日装船完毕之时向A进出口公司出具了记载有“400件货物被雨淋湿”内容的货运记录。9月25日，B保险公司向A进出口公司出具了国内水路、陆路货物运输保险单。10日后，该船抵达T港，卸货时发现部分雨淋饲料有霉变现象。B保险公司派员查验后，A进出口公司根据B保险公司的有关尽快处理受损货物，减少损失的要求，以500元的低价变卖了受损的饲料，共计损失38万元。针对A进出口公司提出的保险索赔要求，B保险公司以货损发生在出具保险单之前，保险合同尚未成立为由，拒绝承担保险责任。

保险合同的成立时间，是处理该海上货物运输保险合同纠纷的关键。根据我国《海商法》第221条和《保险法》第12条的规定，投保人和保险人双方就保险合同条款达成协议时，保险合同成立。至于保险人签发保险单，则是保险人在保险合同成立之后所实施的义务，并非保险合同成立的前提条件。以此为标准，S港作为B保险公司的代理人9月10日在水路货物承运登记单上加盖保险印章，意味着B保险公司已经同意承保，双方已经达成协议，保险合同应当自此成立。对于此后装货过程中造成的货损，保险人应当承担保险责任。

第五节 海上保险合同的种类和基本条款

一、海上保险合同的种类

海上保险合同的种类是海上保险险种在法律上的表现形式。首先，在海上保险实务中，按照海上保险合同涉及的保险标的，可以分为：船舶保险合同，货物运输保险合同，运费和其他期得利益保险合同，海上责任保险合同，保赔保险合同，海上石油勘探，开发保险合同等。

1. 船舶保险合同

这是以各类船舶为保险标的的海上保险。在此，“船舶”包括船体、船机和船舶属具。各种海上作业船，如钻井平台、挖泥船、趸船、浮船坞、浮吊、水上仓库等也归入此类予以承保。在国际海上保险市场上，船舶保险不仅承保营运船舶，还有建造的船舶、修理的船舶、停航的船舶等，同时，往往兼保船舶碰撞责任和费用。从各国海上保险实践看，船舶所有人或光船租船人可以把船体、船机和船舶属具分别投保。但在我国，通常是把船体、船机和船舶属具作为一个保险标的来投保。

2. 货物运输保险合同

这是以海上运输的货物为保险标的的海上保险。所谓货物，在海上保险中主要是指具有商品性质的贸易货物，当然，物品、展品、援助物资、旅客行李等经特别约定，亦在此列。就现代国际海上保险来说，上述货物由各种运输工具，包括海船、火车、汽车、邮运或联运的，均可投保货物运输保险合同。

3. 运费和其他期得利益保险合同

此类海上保险是以运费和其他期得利益为保险标的。运费和其他期得利益不同于船舶和货物等有形物，而是保险人承保的一种无形利益。

在海上货物运输中，运费的支付有预付和到付之分，以其作为保险标的投保情况是不同的。预付运费时，不论货物是否到达目的地，预付运费一般不退还。从而，承担该风险的货主可将运费单独投保。但在实践中，货主更多的是将运费列入货价一并投保货物运输保险。而到付运费的风险是由船东或承运人承担，则承运人可就其向保险人投保。当然，保险人只是在载货船舶或货物全部灭失（全损），运费收取权全部丧失时，才予以赔偿的。

与此相同，租船合同中的租船人对预付的租金，或船东对到付的租金也可投保此类海上保险。

期得利益，主要是指货主对于货物预期的利润。它从属于货物，对其享有保险利益的是货主。所以，货主可以此为保险标的单独投保，或将其以 CIF 发票价格的 10%～30%列入保险金额来投保。

4. 海上责任保险合同

这是以被保险人所承担的法律责任为保险标的的海上保险。在此，法律责任，是指船东、货主或其他利害关系人在海上航行或海上生产作业中因发生危险事故而对第三人承担的赔偿责任。比如，船舶碰撞中的损害赔偿责任、海洋污染责任等。依法承担上述责任的当事人（船东、货主）或其他利害关系人可以将其向保险人投保。

5. 保赔保险合同

其全称为“保障与赔偿责任保险”，它的保险标的是船东在营运过程中因意外事故所引起的损失、费用及其依法承担的法律责任。其特点在于，一般是船舶保险所规定的保险责任范围以外的风险，诸如保险人在船舶保险中不予承保的碰撞责任、货损货差责任、人身伤亡赔偿责任、油污责任及清除费用、航道清理费用、船员遣返费用等。船东可以将其向船东保赔协会投保此类海上保险。近年来，保险公司也开始单独办理此类海上保险。

6. 海上石油勘探、开发保险合同

此类海上保险的保险标的是综合性的，包括用于海上石油勘探、开发的作业船舶、平台、设备、费用、对第三者的责任、工程建造等。勘探、开发者可以进行投保，签订保险合同。

其次，海上保险合同按确定保险价值的方式划分，有定值保险合同与不定值保险合同两种。

1. 定值保险合同

其特点是，保险人和被保险人按照约定的固定价值在保险合同中规定保险金额。定值保险的海上保险合同是以约定的保险价值作为收取保险费和计算赔偿数额的依据，而不论保险标的的实际价值高于或低于约定的保险价值。依此保险价值所规定的保险金额是保险人承担保险责任的最高限额。海上保险中的船舶保险和货物运输保险大多采用这种保险合同。

2. 不定值保险合同

其特点是，保险人和被保险人只在保险合同中规定保险金额，却不约定保险价值。当保险标的遭受保险责任范围的保险事故而损失时，保险人按标的损失之时的实际价值（市价）确定保险价值，并以此为根据计算赔偿数额。如果保险价值低于保险金额，则按保险价值赔偿；如果保险价值高于保险金额，则按两者之间的比例计算赔偿金额。由于海上保险的标的流动性很大，确定保险标的致损时的实际价值比较困难，故很少采用此种保险。

最后，按海上保险合同的承保期间划分为航程保险合同、定期保险合同、混合保险合同、停泊保险合同、船舶建造保险合同、预约保险合同等。

1. 航程保险合同

这是以船舶航程为单位确定保险期间的海上保险合同，即保险人仅按合同约定的港口之间的一次航程、往返航程或多次航程确定保险责任起止期间。在保险实践中，海上货物运输保险较多地采用此种保险，海上运费保险根据运费的性质也可投保航程保险，而船舶保险则较少采用，只是用于接受新船等特殊情况。

2. 定期保险合同

这是以保险人和被保险人所约定的某一时间过程为保险期间的海上保险合同。如3个月、6个月或一年。船舶保险多采用此类保险。

3. 混合保险合同

这种合同将航程保险与定期保险结合于一个海上保险中。实践中，此类海上保险合同以航程为主，又用具体时间加以限制，并规定以何者先发生为准。

4. 停泊保险合同

这类海上保险合同主要适用于船舶保险。具体来说，它是以投保船舶在约定港内停泊时间为保险责任起止根据的。因此，凡是在船舶不营业或进行维修而需要在港内长期停留时，可以投保此类海上保险，保险人对于船舶在港内停泊或在港内移泊过程中遭受意外损失的，承担保险责任。

5. 船舶建造保险合同

这是以船舶建造过程为根据确定保险期间的海上保险合同。因此，保险人的保险责任始于船舶建造开工或上船之时，终止于船舶建成下水或交付之时。

6. 预约保险合同

预约保险是一种事先约定承保范围、保险险种、保险费结算办法、每次保险的最高保险金额的保险形式。它实际上是被保险人与保险人之间约定长期保险业务的协议，没有期限限制。

预约保险可以长期使用，主要适用于海上货物运输保险和再保险。我国《海商法》第231条确认了这种保险形式："被保险人在一定期间分批装运或者接受货物的，可以与保险人订立预约保险合同。"

预约保险在海上保险中的适用方法不同于其他保险险种。被保险人只需将每批保险标的（如货物）向保险人申报（一般采取起运通知书或定期填报起运登记表的办法），作为保险人结算根据即可，保险标的一经起运，保险责任自动产生。所以，被保险人不须逐笔与保险人签订保险合同。但是，由于预约保险具有的概括性，各国法律往往要求保险人应当根据被保险人的需要分别签发保险单。我国《海商法》就明确要求："预约保险合同应当由保险人签发预约保险单证加以确认。"（第231条）

二、海上保险合同的基本条款

从法律上说，海上保险合同的内容是各方当事人所享有权利和承担义务的总和。当然，这些权利义务是通过海上保险合同的条款予以表现的。

根据我国《海商法》第217条的规定，海上保险合同的内容，主要包括下列各项条款：

（一）保险人名称条款

此条款应写明保险人名称的全称，作为确定保险人身份，承担保险责任的依据。海上保险实践中，由于采用格式合同，所以，保险人名称一般是事先印制的。

（二）被保险人名称条款

该条款是由当事人在签订海上保险合同时进行填写的。为了保险合同的有效性，明确权利义务关系，应当注意填写被保险人的法定名称的全称。如果被保险人为多数时，需要逐一写明。

在海上货物运输合同中，为便于海上货物运输保险单随货物的转移而转让给第三人。因此，在适用指示式保险单时，除要写明被保险人名称，还要有“或其指定人”的字样。我国《海商法》第 229 条允许被保险人以背书或其他方式转让海上货物运输合同，所以，在签约时应注意上述问题。

（三）保险标的条款

保险标的是投保人向保险人投保的对象，也是海上保险合同客体——保险利益的载体。海上保险合同保险标的的范围，决定于法律和具体海上保险合同条款的规定。一般包括有形财产（船舶、货物等）、法律责任和经济权益三大类。根据我国《海商法》第 218 条的规定，海上保险合同之保险标的包括：

（1）船舶。在此，按照我国《海商法》第 3 条的规定，船舶是指除了用于军事的、政府公务的船舶和 20 总吨以下的小型船艇以外的海船和其他海上移动式装置。就我国海上保险实践而言，船舶保险的保险标的还包括建造中的船舶。而且，受保权益的范围不限于船体，船舶属具（船上设备及用具等）亦在此列。

（2）货物。包括各种进行海上运输的货物。

（3）船舶营运收入，包括运费、租金、旅客票款。其中，运费作为海上保险合同的保险标的是比较复杂的。因其运费的收取方式存在到付和预付的区别，则承受运费风险的当事人不同（承运人或货主），从而，承担风险的一方当事人可以该运费作为保险标的，投保海上货物运输保险合同。此外，海上货运实践中还存在一种船东的贸易运费，即船东用自己的船运自己的货，将其运费计算在货物成本内，待贸易过程中向买方收取。对此贸易运费，船东可以作为保险标的单独投保。

（4）货物预期利润。这是货主的期待利益，即待海上运输航程结束时，在目的地出售或转卖货物可能获得的利润。货主可以其为保险标的单独投保。但海上保险的实践中，一般采用投保加成——以 CIF 发票价格的 10％～30％加进货物保险金额之内的方法予以处理。

（5）船员工资和其他报酬。

（6）对第三人的责任。这是指海上保险合同的被保险人因保险事故发生致第三人的财产或人身损害而承担的法律责任。比如，船东因船舶碰撞而向他人承担的赔偿责任、油污责任等。

（7）由于发生保险事故可能受到损失的其他财产和产生的责任、费用。

（四）保险价值条款

保险价值指的是保险标的所具有的实际价值。法律要求被保险人向保险人投保之时，应当申明保险标的的保险价值。因受各种因素的影响使得准确认定保险标的实际价值很困难。比如，船舶的价值受国际市场影响而变化不定，运杂费因所运货物品种不同、运输方式和运输路线不同而难以准确计算。所以，海上保险合同保险标的的保险价值，一般是由被保险人和保险人协商约定。当事人没有约定的则要按照法律规定来确认保险标的的保险价值。保险价值一经确定，应写入合同条款。

我国《海商法》第219条确认了上述认定保险标的的保险价值的方法，同时，明确规定了计算保险价值的法定方法：

（1）船舶的保险价值，是保险责任开始时船舶的价值，包括船壳、机器、设备的价值，以及船上燃料、物料、索具、给养、淡水的价值和保险费的总和。

（2）货物的保险价值，是保险责任开始时货物在起运地的发票价格或者非贸易商品在起运地的实际价值以及运费和保险费的总和。

（3）运费的保险价值，是保险责任开始时承运人应收运费总额和保险费的总和。

（4）其他保险标的的保险价值，是保险责任开始时保险标的的实际价值和保险费的总和。

（五）保险金额条款

保险金额是被保险人向保险人实际投保的货币数额。它在海上保险合同中具有重要意义。一方面，保险金额是被保险人享有保险利益的货币表现，成为被保险人获取保险保障的法律标准。另一方面，它是保险人计收保险费的依据和承担赔偿责任的最大限额。

保险金额与保险价值直接相关联。在海上保险合同中，如果被保险人投保的保险金额与保险标的的保险价值相一致，构成“全额保险”；如果被保险人只将保险标的的保险价值的一部分予以投保，就为“不足额保险”。具体方式由被保险人与保险人协商约定。但法律禁止保险金额超过保险价值的海上保险合同。对此，我国《海商法》第220条规定：“保险金额不得超过保险价值；超过保险价值的，超过部分无效。”

（六）保险责任和除外责任条款

1. 保险责任条款

保险责任是指保险人按照海上保险合同的约定所应承担的损害赔偿责任。它是保险人在海上保险合同中所承担的基本义务。在合同条款约定的责任范围内发生海上事故造成保险标的损失时，保险人负责予以赔偿。保险责任可分为基本责任、附加责任和特约责任。

（1）基本责任。

基本责任是指保险人按照事先制定的海上保险合同基本条款的规定，向被保险人承担的赔偿责任。基本责任所涉及的赔偿范围，一般是非个人行为引起的、人类难以防止的自然灾害和意外事故。

至于被保险人及其代理人的过错行为所致损害是否属于基本责任，则依法律和有关海上保险的约定。在我国海上保险实务中，1986 年修订的《船舶保险条款》将船长、船员和引水员、修船人员及租船人的疏忽行为列入全损险的责任范围。而我国 1981 年修订的《海洋货物运输保险条款》则将过失行为排除在基本责任之外。同时，我国《海商法》第 242 条明确规定，对于被保险人故意造成的损失，保险人不负赔偿责任。

应当注意的是，虽然从 1983 年起，英国伦敦保险市场在海上保险领域开始使用新的以 A、B、C 命名的协会货物保险条款取代原来长期使用的大名鼎鼎的“劳氏 S. G. 保险单”，但我国《海洋货物运输保险条款》则仍然沿用传统的平安险、水渍险和一切险的称谓，与上述的 A、B、C 条款相对应，用来确定各自的基本责任范围。而我国的船舶保险的基本责任，则具体表现在船舶基本险——全损险和一切险之中。

（2）附加责任。

附加责任是指保险人在承担主险的基本责任之外，就被保险人加保的附加险约定的附加风险承担的赔偿责任。例如，保险人在海上货物运输保险合同中承担基本责任的同时，对加保的钩损险、锈损险、提货不着险承担相应的附加责任。

在我国的海上保险实践中，海上货物运输保险的附加责任，包括普通附加险、特别附加险和特殊附加险三类，而船舶保险的附加责任则限于船舶战争险和罢工险。

由于海上保险中的附加险必须与主险同时承保，不得单独投保。因此，保险人承担的附加责任必须附属于主险的基本责任项下，不能独立存在。当然，附加责任是针对具体附加险的特定风险来适用的，故不能与基本责任混为一谈。

（3）特约责任。

特约责任是指根据被保险人的特殊需要，经双方协商约定，在保险责任范围外另行增加的承保责任。

特约责任往往适用于保险人一般不予承保或者在现有保险条款中列入除外责任的风险，因被保险人有特殊需要而另行注明的情况，其条件是必须经保险人同意。可见，特约责任实际上是对保险人之赔偿责任的扩大，以适应海上保险的客观需要。

2. 除外责任条款

除外责任，与保险责任相对应，即保险人在海上保险合同中不承担赔偿责任的范围。按照海上保险的惯例，保险人的责任免除一般采用列举方法加以规定，也有的用不列举方法，即海上保险合同未列入承保范围的灾害和意外事故均属除外责任。法律和海上保险合同明确规定除外责任，有助于明确保险人和被保险人的权利和义务，保证被保险人依法获取充分的保险赔偿，防止道德危险的出现，实现海上保险的宗旨。

我国《海商法》第 243 条和第 244 条，根据中国海上保险实践，采用列举方法分别规定了货物损失和船舶损失的除外责任，作为海上保险合同的法律依据。

（1）海上保险合同中货物损失的除外责任。

除了合同另有约定外，保险人因下列原因之一造成的货物损失，不负赔偿责任：

第一，航行迟延、交货迟延或者行市变化；

第二，货物的自然损耗、本身的缺陷和自然特征；

第三，包装不当。

(2) 海上保险合同中船舶损失的除外责任。

除了合同另有约定外，保险人对于下列原因之一造成被保险船舶损失的，不承担赔偿责任：

第一，船舶开航时不适航，但是在船舶定期保险中被保险人不知道的除外；

第二，船舶自然磨损或者锈蚀。

同时，保险人对于海上保险中运费损失的赔偿责任，也适用《海商法》第 244 条规定的除外责任。

（七）保险期间条款

保险期间是指保险人所承担保险责任的存续时间，即保险责任从开始到终止的时间。在此期间内发生保险事故致保险标的损害的，保险人承担保险责任。否则，保险人不予赔偿。因此，海上保险合同必须明确规定保险期间。

不同的保险合同计算保险期间的方法是不一样的。具体到海上保险合同，主要有定期保险和航程保险两种情况。

定期保险多适用于船舶保险。具体方法是按时间计算，即保险责任从当事人约定的起始日零时开始到约定终止日的 24 时止，习惯上包括起始日和终止日。由于海上运输活动的国际性特点，在签订海上保险合同时，应把起始时间按照有关的时区注明当地的标准时间，以免发生计算上的异议。

航程保险多适用于海上货物运输保险。它是按照运输航程来计算保险期间的，即从货物起运地至运送目的地的时间过程作为保险期间。

（八）保险费条款

保险费是指被保险人按约定向保险人缴纳的货币金额。它是被保险人从保险人处获取保险保障所应支出的对价。

保险费是根据保险费率计算出来的。海上保险合同应当写明被保险人所应支付的保险费数额，并根据当事人的约定明确保险费的缴纳方式。

第六节　海上保险合同当事人的权利和义务

海上保险合同作为一种双务合同，各方当事人均享有一定的权利，也承担着相应的义务。从义务角度讲，它们均自海上保险合同生效之时产生了法律约束力。

一、被保险人的义务

（一）支付保险费的义务

保险人经营海上保险业务是一种专门性商品经营活动，其与被保险人所签订的海上保险合同就具有双务、有偿的性质。这决定了被保险人在此合同中承担的首要义务是向保险人支付保险费。被保险人承担并履行该项义务，是其最终取得保险赔偿的对价条件。因此，被保险人在海上保险合同成立后，应当按照合同约定的金额、时间、地点、方式来支付保险费。否则，即构成违约。按照我国《海商法》第 234 条的规定："被保险人支付保险费前，保险人可以拒绝签发保险单证。"

被保险人履行支付保险费义务时，应当以海上保险合同中约定的保险费条款为依据。

保险费的数额与保险金额的多少、保险费率的高低、保险危险的大小、保险期限的长短等都有密切的联系。尤其是保险金额和保险费率，是确定保险费数额的重要依据。

海上保险合同的保险金额是由保险人和被保险人根据保险标的的保险价值来确定的。保险金额一经确定，就直接影响着保险费数额。一般来说，保险金额越大，保险人承担的保险责任越大，被保险人所获取的保险保障程度越高，则被保险人所应支付的保险费越多。由此可见，被保险人支付保险费的多少与其所得到的保险保障成正比例关系。

同时，保险费的计算离不开保险费率。保险费率是由保险人根据保险标的的状况、危险程度、损失概率、责任范围、保险期限、经营费用等诸多因素予以制定和调整的。

例如，保险人在制定船舶保险费率时，主要考虑船舶的种类和性能、船舶的年龄和吨位、保险责任、保险金额、船舶以往的损失记录等因素。

衡量被保险人是否履行支付保险费的义务，不仅要看其支付的数额，而且要看其支付保险费的时间和方式是否符合海上保险合同之保险费条款的约定。

被保险人支付保险费的时间和方式，可以由双方当事人根据海上保险的具体内容协商确定，也可以按法律规定来执行。一般情况下，被保险人是在海上保险合同签订之时一次性付清，或者分期分次付清。

（二）遵守保证条款的义务

保证是《保险法》中的诚信原则的基本内容之一，它对于整个海上保险领域具有普遍的适用意义。它表现为被保险人和保险人在海上保险合同中约定，被保险人保证对某一事项的作为或不作为，或保证某一事项的真实性。从而，遵守海上保险合同约定的保证条款就成为被保险人所承担的法定义务。被保险人一旦作出保证，就必须遵守，否则，会产生不利于被保险人的法律后果。因为，各国保险法公认保证是保险合同的基础。被保险人违反保证，就使保险合同失去了存在的基础。与此相适应，各国司法部门在处理保险合同纠纷时，对于保证条款掌握得非常严格。只要被保险人违反保证义务，不论是否给对方当事人造成损害，也不论被保险人是否有过失，保险人均可解除合同，不负保险赔偿责任。

海上保险合同的保证可分为明示保证和默示保证。根据海上保险的惯例，它们各自适用的范围不同，法律条件也有所区别。

1. 明示保证的法律要求

在国际海上保险市场中，对于明示保证的遵守要求得更为严格。明示保证通常采用书面形式，明示保证内容应当在保险单（或投保单）中载明。

在海上保险实践中，明示保证可涉及以下各项内容：

（1）开航保证，就是保证船舶在保险合同规定的日期准时开航。故保险单上通常写明“在某日（或某日前）开航”。把握被保险人是否遵守的法律条件有三个：一是船舶已做好开航准备，包括船员、文件、物料、燃料、伙食等；二是船舶必须处在不系缆绳并在开航过程中；三是船长必须有让船舶开航的意图。

（2）船舶状态保证。它是保证船舶在指定日期和指定地点处于良好状态或完好状态。从而，履行该保证的条件是船舶必须在指定日期和指定地点的状态符合保险合同要求的状态。

（3）船员人数保证。它是保证按照有关国际公约和有关国家的规定，船上配备足够数额的船员，并且要工作职责予以合理安排。其遵守的条件包括配备船员的人数和时间。

（4）护航保证。在战争时期，海上保险单往往写明保证船舶在军事护航下航行。因此，被保险人遵守保证条款，就必须符合有军事护航和获得开航指示等条件。

（5）国籍保证。它是对于船舶国籍予以的明示保证。其遵守的条件包括船舶国籍在保险期间与保险单的保证相一致，而且不得更改。

（6）中立性保证。它是保证承保船舶或货物处于中立状态。从而，被保险人是否遵守该保证条款，就要看保险标的在风险出现时，是否具有中立性，被保险人是否具备必要的文件证明中立，这些证明文件是否真实等。

上述明示保险及其遵守条件在我国的海上保险实务中同样适用。

2. 默示保证的法律要求

默示保证是依照法律规定而应当遵守的保证。从国际保险市场的实际情况来讲，默示保证主要在海上保险中予以适用，故各国海商法中均有所规定。我国《海商法》从除外责任角度，规定了被保险人必须提供适航船舶的保证。中国人民保险公司的有关保险条款亦有同样的规定。

根据国际海上保险的实践，海上保险合同的默示保证主要有三项：

（1）船舶适航的默示保证。它适用于船舶的航次保险、运费保险和货物运输的航次保险，即被保险人保证船舶开航时具有到达承保目的地的适航状态。根据《海牙规则》及有些国家的海上保险法规定，遵守此默示保证的标准是谨慎处理、恪尽职责，使船舶在一切方面都能经受得起承保海上运输的一般海上危险，即认为是具有适航能力。

（2）船舶不改变航程和不绕航的默示保证。它的内容是保证被保险船舶航行不改变或不偏离两个港口之间的正常航道。当然，在适用上，为了躲避危险的威胁或营救遇难船舶而偏离航道的，不属于违反默示保证。

（3）船货合法的默示保证。它是被保险人保证所承保的海上运输以合法的方式进行。该默示保证适用于船舶保险（包括船舶建造保险）、海上货物运输保证。

违反保证条款也就是被保险人的违约行为，会影响海上保险合同的宗旨，损害保险人的合法权益，因此，为了维持海上保险市场的正常秩序，保护保险人的利益，各国法律均对其予以处理，产生不利于被保险人的法律后果。

我国《海商法》针对中国保险市场的实际情况和发展我国海上保险的需要，在第235条赋予了保险人处理被保险人违反保证行为的权利，并规定了两种法律后果：一是上述国际保险市场的通用处理方法——保险人可以解除合同，相应的，拒绝赔偿、不退还保险费；二是保险人可以要求修改承保条件、增加保险费。

学术前沿

海上保险合同的保证条款之适用①

海上保险中的保证制度源于英国的海上保险实践。根据英国1906年《海上保险法》，保证是指被保险人作出的正式承诺，即被保险人承诺对某些事项的作为或者不作为，或者履行某些条件，或者肯定抑或否定某些事实情况的存在。我国《海商法》所规定的海上保险合同部分虽然在很大程度上借鉴了英国1906年《海上保险法》，但涉及保证的仅有1个条文，即第235条。该条文表明我国《海商法》确认保证条款在海上保险合同中的适用效力。不过，其规定内容过于简单笼统，导致司法实践对于海上保险的保证条款的识别与适用缺乏明确统一的标准。

一般认为，海上保险的保证制度完全不同于担保法上的保证制度，这决定于其具有的如下两个基本特征：一是该类保证应当是承诺性保证。我国司法实践中，一般按照保证事项发生的时间标准，将投保人对于过去或现在某一特定事项的存续与否的确认性保证，纳入被保险人的告知义务来处理。而投保人对于将来某一特定事项存续与否的承诺性保证，才为海上保险的保证条款内容。二是该类保证应当具有免责性。无论是英国1906年《海上保险法》，还是我国《海商法》有关违反保证的后果规定，均赋予了保险人海上保险合同的解除权，并且，保险人对自保证条款被违反之时起发生的保险事故一概不负责任。当然，我国《海商法》也规定保险人通过要求修改承保条件、增加保险费等保障自身的权益。

由此也就涉及海上保险的保证条款在司法实践中的如下适用问题：

首先，辨别海上保险合同的保证条款与除外责任条款的问题。因为，这两个条款的作用，都属于保险人控制风险的条款，但也有明显区别。其一是法律功能的差异。除外责任条款用于明确保险人不承担保险责任的范围，目的在于限制保险人的承保风险。而保证条款却是针对被保险人的特定行为或者保险标的的特定状态的存在与否，目的在于防止承保风险因被保险人的特定行为或者保险标的的特定状态发生不应有的变化而改变。其二是法律后果不尽相同。除外责任条款强调的是，保险人对于保险标的因除外责任事项而发生损失的，无须承担保险赔偿责任。而保证条款被违反的，引发的是保险人之合同解除权得以行使，并对此后发生的保险标的损失不予赔偿。

其次，保证条款生效是否需要特别条件。由于我国《海商法》第235条未就保证的生效作出规定，司法解释就成为司法实践中认定保证条款的生效问题的依据。最高人民法院民四庭于2004年4月8日公布的《涉外海事审判实务问题解答（一）》第158条对此问题的解释意见是，保险人在其向被保险人提供的保险单中声明的保险条款和免除责任条款，一经投保人签字确认，视为保险人履行特别告知义务。这成为当前法官认定保证条款效力的依据，对此认定条件，有的学者解释为，保险人履行了《保险法》第18条所要求的明确说明义务。

---

① 蔡福军，俞建林．海上保险保证条款的法律适用．中国海商法年刊，2011（1）．

最后，认定被保险人违反保证条款是否以存在因果关系为条件。分析英国 1906 年《海上保险法》和我国《海商法》的规定，判断和认定被保险人违反保证条款，无须证明违反行为与保险标的损失之间的因果关系。但是，国际上对此的质疑日益扩大，有些国家的立法也对此进行了调整。例如，美国的部分州法院已经开始采用因果关系的标准，即保险人须证明违反保证的行为是造成损失的原因，法院才会支持其主张被保险人违反保证的诉求①。英国的《2002/2003 国际船舶保险条款》也已在部分保证条款中强调了因果关系。

（三）发生保险事故时的通知义务和施救义务

这是被保险人在海上保险合同中所承担着的两项相互联系的义务。其共同之处在于，该两项义务均为被保险人在保险事故发生之后，应予履行的义务。

1. 发生保险事故的通知义务

这项义务是要求被保险人在保险事故发生后，应当立即通知保险人。具体来说，被保险人履行此义务时，既要将发生保险事故的事实通知保险人，又要陈述损害发生的情况，提交有关的文件材料。

各国法律之所以规定被保险人承担此项义务，是出于两个目的。一是使保险人能够立即调查保险事故发生的原因及其损失情况，以免延误时间而增加调查的困难，防止被保险人隐瞒或消灭证据等欺诈行为。二是使保险人能够迅速采取适当措施，防止损失的扩大。

显然，被保险人不履行此项通知义务的结果，必然导致损失的扩大，危害保险人的合法权益。因此，我国《海商法》第 236 条第 1 款明确规定："一旦保险事故发生，被保险人应当立即通知保险人。"

被保险人违反此项义务所引起的法律后果不同于被保险人的其他违约行为。除非是出于故意欺诈，被保险人没有立即通知保险人的，保险人不能解除保险合同，只能是对由此扩大的损失有权拒绝赔偿。我国《海商法》第 236 条第 2 款的规定就是相应的法律依据。

2. 施救义务

这项义务要求被保险人在保险事故发生时，应当采取各项合理的抢救措施，防止或减少保险标的的损失。此项义务在国际海上保险市场中广泛适用。我国《海商法》第 236 条也规定了这一义务，即一旦保险事故发生，被保险人应当"采取必要的合理措施，防止或者减少损失"。

被保险人承担此项义务的意义重大，它有利于增强被保险人对于保险标的的责任心，促使其在保险事故发生时采取合理措施，以减少社会财富的损失；也有利于防止产生被保险人谋取不当利益的道德危险。

① 刘轶．海上保险中的保证制度研究．上海：上海海事大学，2006.

同时，在保险事故发生后，“被保险人收到保险人发出的有关采取防止或者减少损失的合理措施的特别通知的，应当按照保险人通知的要求处理”（我国《海商法》第 236 条第 1 款）。

被保险人因履行施救义务所支出的合理费用，应当由保险人予以偿付。根据我国《海商法》第 240 条第 1 款和第 2 款的规定，保险人向被保险人支付的施救费用，以相当于保险金额的数额为限。而且，根据国际海上保险市场的惯例，被保险人施救的，不应视为放弃委付的表示。

二、保险人的义务

赔偿责任是海上保险合同中的保险人所承担的基本义务，正如我国《海商法》第 237 条所规定的：“发生保险事故造成损失后，保险人应当及时向被保险人支付保险赔偿。”这是保险人收取保险费的对价条件。从整个保险行业来说，保险人在保险合同中承担的责任统称为保险责任。它在具体保险活动中的表现，按照财产保险和人身保险两大基本类别，分为损失赔偿责任和保险金支付责任。由此可见，海上保险合同中的赔偿责任是保险人承担保险责任的具体表现之一。

虽然，赔偿责任是保险人在海上保险合同中承担的基本义务，但是，受保险业历史传统的影响，它使用了“责任”一词。不过，我们应当将其与民法上的民事赔偿责任严格区分开来。

保险人在海上保险合同中承担的赔偿责任，具体包括两部分内容：一是保险事故造成的保险标的损失，二是被保险人支出的费用。我国《海商法》即做如此规定。

（一）保险人赔偿保险事故造成的保险标的损失

根据具体承保的标的范围，保险人对于因保险事故造成的船舶、货物、运费、货物预期利润的损失予以赔偿。同时，对于因保险事故而损失的船员工资和对第三人承担法律责任所支付的货币数额，保险人也要赔付。

保险人依照海上保险合同向被保险人履行赔偿责任，计算赔偿数额时，必然要联系到海上保险合同约定的保险金额。保险金额就成为确定赔偿范围的法律标准。

1. 保险金额是保险人进行赔偿的最高限额

正如我国《海商法》第 238 条所规定的：“保险人赔偿保险事故造成的损失，以保险金额为限。”因此，保险人在保险事故发生后，要依据保险金额，分别确定赔偿数额。

（1）对于足额保险，由于其保险金额与保险标的的实际价值相等，则保险人按照保险标的的实际损失确定保险赔偿数额，全部损失的足额赔偿，部分损失的如数赔偿。

（2）对于不足额保险，因当事人在海上保险合同中确定的保险金额低于保险标的的实际价值，所以，被保险人在保险责任范围内遭受的损失，不能得到充分的经济赔偿，只能在保险金额限度内要求赔偿。在海上保险实务中，保险人计算赔偿数额的方法有两种：一是比例赔偿式，即按照保险金额与保险标的的实际价值的比例计算赔偿数额；二是第一危险赔偿式，具体方法是不考虑保险标的的实际价值与保险金额的比例，而是在保险金额限度内，按保险标的的实际损失数额予以赔偿。我国《海商法》针对海上保险合同的不足额保险情况，明文确立了比例赔偿方法，即“保险金额低于保险价值的，在保险标的发生部分损失时，保险人按照保险金额与保险价值的比例负赔偿责任”（《海商法》第238条）。

（3）如果是超额保险的海上保险合同，按照国际海上保险的惯例，只要不是出于被保险人的恶意行为，保险人并不解除保险合同，但是，“超过保险价值的，超过部分无效”（《海商法》第220条）。因此，保险人只按保险标的的实际损失进行赔偿。

2. 保险人对于连续损失的赔偿责任

根据我国《海商法》第239条的规定，如果在海上保险合同的保险期限内发生几次保险事故，连续给保险标的造成损失的，保险人应当对连续损失承担赔偿责任。除了海上保险合同另有约定外，即使保险标的损失金额的总和超过保险金额，保险人也应当予以赔偿。

但是，如果对于已经发生部分损失的保险标的，未经修复又发生全部损失的，则被保险人只能要求全损索赔，保险人则按照全部损失予以赔偿。不过，保险人对于保险标的连续损失的赔偿，不影响保险人对被保险人的施救费用承担的赔偿责任。

3. 保险人对于被保险人的共同海损分摊的赔偿责任

在我国海上保险实务中，共同海损的分摊属于保险责任之列，比如船舶保险条款的一切险和海洋运输货物保险条款均有此规定。因此，当构成共同海损时，被保险船舶和货物所有人依法应当承担的共同海损分摊价值，保险人应按照海上保险合同的规定予以赔偿。这一赔偿数额的限度仍是海上保险合同约定的保险金额。

如果保险金额低于共同海损分摊价值的，根据我国《海商法》第241条的规定，保险人按照保险金额同分摊价值的比例赔偿共同海损分摊。

（二）保险人要对被保险人支出的有关费用予以赔付

根据我国《海商法》第240条规定，这些费用包括：（1）被保险人支出的施救费用，即被保险人为保全保险标的进行施救，防止或者减少根据海上保险合同可以得到赔偿的损失而支出的必要的合理费用，诸如抢救、保护、清理工作支出的合理费用。（2）为确定保险事故的性质、程度而支出的检验、估价的合理费用。（3）为执行保险人发出的有关采取防止或者减少损失的合理措施的特别通知而支出的费用等。

上述各项费用在合理支出的前提下，依法应当由保险人在保险标的的损失赔偿之外另行支付。所谓合理支出，其条件是：（1）为了保全保险标的或查清保险事故；（2）由被保险人及其代理人、受雇人员自行支出；（3）用于防止或者减少保险人之赔偿责任内的损失或用于调查保险事故；（4）支出费用的数额应当是从事上述活动所不可缺少的、合情合理的。但是，保险人赔付这些费用时，要以“相当于保险金额的数额为限”（《海商法》第240条第2款）。这与国际海上保险的惯例相一致。

而且，在海上保险合同约定的保险金额低于保险标的的保险价值时，除合同另有约定外，保险人应当按照保险金额与保险价值的比例，向被保险人赔付这些费用。当然，对于明显不合理的或者与保险危险无关的费用，保险人有权拒绝赔付。

实例枚举

A海上救助打捞局于1998年12月28日将其所属的两艘拖轮向B保险公司投保船舶保险合同。保险期间为1999年1月1日至12月31日。1999年5月17日，两艘拖轮之一“吉祥”轮，因海上锚泊的“珠江”号遇险而奉命对其实施拖带救助。在拖带过程中，由于海上风浪过大，致使“珠江”号触碰到锚地锚泊的另一艘船舶“江海”号。事后，“江海”号的船舶所有人因其船舶受损而向A海上救助打捞局要求予以赔偿。于是，A海上救助打捞局向B保险公司就“吉祥”号拖轮拖带“珠江”号过程中导致“珠江”号触碰“江海”号一事所产生的海事赔偿责任，要求保险公司履行保险责任。但是，B保险公司以其与A海上救助打捞局所签船舶保险合同的标的物“吉祥”号并未发生碰撞为由拒绝予以保险赔付。

理解本案的焦点在于本案所涉及的船舶保险合同的保险标的物的范围及其由此确定的保险责任范围。应当说，A海上救助打捞局投保的包含“吉祥”号在内的两艘拖轮与“吉祥”号拖带救助的“珠江”号是完全不同的两个概念。B保险公司对于“吉祥”号造成的船舶碰撞应当承担保险责任。但是，被拖带的“珠江”号并非船舶保险合同的保险标的物，对其碰撞造成的损害所涉及的海事赔偿责任，B保险公司无须承担保险责任。

第七节　海上保险合同的赔付

保险人的赔付就是保险人的理赔行为，是海上保险合同得以实现的直接途径。但因其涉及保险人和被保险人双方的利益，故应当符合海商法和海上保险合同的有关规定，具体来讲，保险标的的损失及其确定、海上保险合同的委付制度、保险赔付中向第三人的追偿权的转移等问题对海上保险的赔付都有重要意义。

一、海上保险合同保险标的的损失

海上保险合同的保险标的在遭受保险事故后会造成损失，保险人对此要予以赔偿。但是，保险标的在保险事故中所受到的损失情况不同，保险人的赔偿方法也有区别。为此，《海商法》具体规定了保险标的损失的分类及其确定条件。

（一）按照保险标的的损失程度，分为全部损失和局部损失

1. 全部损失

它是保险标的遭受保险事故后的损毁程度，已经是全部毁灭，或者几乎接近其整体价值，或者已经没有修复、施救价值，或者被保险人无可挽回地丧失保险标的物等。全部损失又进一步分为实际全损和推定全损。

（1）实际全损。

实际全损就是保险标的在实际上完全灭失或损毁。按照我国《海商法》第245条的规定实际全损表现为“保险标的发生保险事故后灭失，或者受到严重损坏完全失去原有形体、效用，或者不能再归被保险人所拥有的”。

基于上述法律规定，实际全损可确定为四种情况：

第一种是保险标的在保险事故发生后已完全灭失或损毁。例如，海上航运中的船舶沉没、货物被烧成灰烬等。

第二种是保险标的受到严重损坏完全失去原有形体、效用。例如，海运中的茶叶被水浸泡而不能饮用、不能销售，丧失了其原有商品形体和使用价值。

第三种是被保险人对于丧失的保险标的不能再归其所拥有。例如，船舶被劫走、货物被没收等。

第四种是被保险船舶失踪达到法定时间长度而无下落的，按实际全损处理。正如我国《海商法》第248条规定的：“船舶在合理时间内未从被获知最后消息的地点抵达目的地，除合同另有约定外，满两个月后仍没有获知其消息的，为船舶失踪。船舶失踪视为实际全损。”

保险标的发生实际全损时，保险人按照保险金额予以金额赔偿。

（2）推定全损。

推定全损是指保险标的在保险事故发生后，受损程度虽未完全损毁，但已无法补救，故按完全损失处理的情况。

在国际海上保险市场中，确认为推定全损的有以下几种损失状态：

第一种是保险标的损失严重，构成实际全损已无法避免。

第二种是为了防止保险标的实际全损而需要支付的费用（如施救费用、救助费用），将超过保险标的的价值。

第三种是被保险船舶受损以后，进行修复所需的修复费用（不包括残骸价值）将达到甚至超过船舶的保险价值。

第四种是被保险货物受损后，修复费用、整理费用以及续运到目的地的费用，将超过其到达目的地的价值。

第五种是保险标的遭受保险事故的，使被保险人丧失了对其享有的所有权，而收回该所有权所需费用，将超过保险标的价值。

我国《海商法》参照国际惯例，根据我国海上保险的实务，分别规定了船舶和货物的推定全损。具体来讲，“船舶发生保险事故后，认为实际全损已经不可避免，或者为避免发生实际全损所需支付的费用超过保险价值的，为推定全损”（《海商法》第246条第1款）。而对于货物来说，在发生保险事故后，认为实际全损已经不可避免，或者为避免发生实际全损所需支付的费用与继续将货物运抵目的地的费用之和超过保险价值的，为推定全损。

对于保险标的的推定全损，被保险人可以按全部损失或局部损失向保险人请求赔偿。但是，要求全损赔偿的，被保险人必须向保险人发出委付通知，并经保险人接受，始得获取全部赔偿。

2. 局部损失

局部损失，是指保险标的因保险事故造成的一部分损失，又称为部分损失。如船舶设备的部分损坏，经修复后仍可使用，货物的一部分被水浸泡受损等。局部损失与全部损失相对应，所以，我国《海商法》第 247 条规定："不属于实际全损和推定全损的损失，为部分损失。"

海上保险标的的局部损失包括船舶的局部损失、货物的局部损失、运费的局部损失等。产生局部损失的原因，有共同海损和单独海损。对于保险标的的局部损失，保险人在保险金额范围内按实际损失数额予以赔偿。

（二）按保险标的的损失内容，主要分为财产损失、法律责任和费用损失等

1. 海上保险中的财产损失

在海上保险合同中，因海上风险遭受损失的财产，包括船舶、货物、运费等。其中，船舶和货物的损失是有形财产损失，而运费的损失则属于无形财产损失，它是由船舶、货物的有形财产损失所引起的。

船舶、货物、运费等财产在保险事故发生后，或者是全部损失（实际全损或推定全损），或者是局部损失。被保险人依法向保险人要求赔偿。不过，被保险人在请求全损赔偿时，应当提供所需的证件和证明材料。否则，保险人只能按照局部损失给予相应赔偿。

对于船舶、货物、运费的部分损失，国际海上保险市场一般的认定方法是：

（1）船舶部分损失的确定。

如果船舶的部分损失已修理完毕的，则以合理的修理费用作习惯扣除（比如更换材料的以新换旧扣除）后不超过保险金额的部分作为部分损失。

如果船舶的损失部分仅作了部分修理，则以修理部分的修理费和未修理部分的折旧费，在全部修理所需费用之内的部分作为部分损失。

如果船舶的受损部分未修理的，则在对受损部分作全部修理的费用之内，就未曾修理的受损部分的合理折旧费作为部分损失。

（2）货物部分损失的确定。

如果海上货物运输保险合同承保的货物一部分遭受全损时，其部分损失是按照损失部分在保险单中的投保数额与部分可保价值同全部可保价值之比的乘积来确定的。

如果货物应按品种分批送到目的港，但因为标志涂擦或其他相关内容无法确认而不能分清时，也属于部分损失。

（3）运费部分损失的确定。

运费的部分损失，一般情况下表现为，预先交付运费的货主在货物未送达目的地或者货物有损时，不能退还的运费部分或将货物再送达目的地所支出的运费等。同时，在运抵后收取运费的承运人，因意外事故而不能收取的部分运费。

2. 海上保险中的法律责任

在海上保险合同中，被保险人（船东或货主等）依法对第三人承担法律责任，支出的货币，对于保险人来说，就属于保险标的的损失。

这类保险标的的损失，包括船东因撞船、海洋污染、船员伤亡等意外事件而向他人承担的赔偿责任，以及被保险人（船东、运送人、货主等）因共同海损或救助行为而向他人承担的损失分摊责任或给付救助费用的责任。

3. 海上保险中的费用损失

在海上航运中，为了保全船舶或货物，船东或货主往往要支出相应的费用。这些费用在成为海上保险合同的标的时，就构成海上保险的损失，由保险人负责赔偿。

海上保险中的费用损失主要包括：

（1）船舶营运费用。

它是指船舶营运所需的燃料、物料、储藏品等的购入费，以及船员的薪金和支出的保险费等的总称。在现代海上保险中，营运费用保险一般已成为船舶保险的补充。因此，当海上保险合同承保了营运费用时，在船舶因海难事故而全损的，保险人视保险金额为损失额予以赔偿。当然，保险实务中一般将此保险金额限制在船舶保险价值的12％～20％。

（2）施救费用。

被保险人在保险事故发生时，为了防止或减少保险标的的损失而进行抢救、恢复、清理等所支出的费用，构成保险标的的损失，由保险人支付。按照我国《海商法》的规定，还包括被保险人为执行保险人的特别通知而采取合理措施所支出的费用。

（3）救助费用。

如果被保险船舶和货物处于危险状态，经第三人自愿救助而使保险标的免于灭失或损毁的，被保险人有义务向救助成功的救助者支付救助费用。从而，在海上保险合同承保范围内的风险引起上述危险时，该救助费用属于海上保险标的的损失，由保险人承担。

（4）共同海损分摊费用。

在共同海损成立时，被保险船舶或货物的所有人依法应承担的共同海损分摊费用，也是海上保险标的的损失，由相应的保险人给予赔偿。

（5）检验、估价费用。

当保险事故发生时，被保险人有义务申请检验，进行估价，以便确定保险事故的性质、原因，损失的范围、程度、数量，利于确认责任，计算赔偿数额。被保险人为此支出的合理的检验费、估价费，应由保险人予以赔付。

二、适用于海上保险合同的委付制度

（一）委付的概念和适用范围

委付是海上保险独有的法律制度，成为海上保险的具体赔偿方式。它是指在发生保险事故造成保险标的推定全损时，被保险人明确表示将该保险标的的一切权利转移给保险人，而有权请求保险人赔偿全部保险金额。

委付在海上保险中适用由来已久。最初它是海上保险合同的一个条款，规定为“船舶航行方向不明而无任何消息时，视同船舶的丧失”。此后，适应着海上航运贸易的特殊性，委付逐步发展成为被保险人让渡保险标的物而取得保险赔偿的制度。至15世纪和16

世纪，委付已被海上保险所广泛采用。现在，各国法律也普遍确认了委付制度。

由委付的概念可知，委付专门适用于海上保险标的的推定全损。因为，保险标的实际全损时，保险人必然要按保险金额来全额赔偿，而在保险标的部分损失时，被保险人仅能要求在保险金额之内就实际损失实际赔偿。只有在保险标的依法被确定为推定全损时，被保险人才得以请求全额赔偿，并将其物交于保险人。

在现代国际海上保险市场中，适用委付的情况包括以下几种：

（1）船舶沉没。它是指船舶不能起浮的沉没，包括经济上的不能起浮（起浮所需费用巨大的沉没）。

但是，易于起浮的沉没和由于保险人免责的事由造成的沉没，被保险人不得适用委付。

（2）船舶失踪。它是指船舶行踪不明达到法定或合同约定的时间长度。一般是 6 个月，而我国《海商法》第 248 条规定为 2 个月。

如果船舶失踪期间超过了保险期限的，被保险人也可以申请委付。但是，在查证船舶于保险期限内没有失踪时，委付无效。

（3）船舶不能修复。对于委付来说，所谓船舶不能修复，专指船舶在经济上的不能修复，即估计船舶的损失、救助费、修理费和其他必要支出的费用的总和将超过被保险船舶的保险价值。

但是，在船舶不能修复的情况下，船长毫不迟疑地用其他船舶继续运输货物时，该货物不能适用委付。

（4）船舶或货物被捕获或扣押。这是指船舶或货物被敌对国的军舰捕获或被官方处分而扣押 6 个月未释放的，不能再归被保险人所有，可适用委付。

（5）被保险货物推定全损。这是指被保险货物遭受保险事故后，认为实际全损已不能避免，或者所需恢复费用、施救费用、续运到目的地的费用等，其每项或总和超过该货物到达目的地价值时，可适用委付。

实例枚举

2010 年 5 月，甲远洋船运公司所属的“莞中运 225”轮在中国香港仔东博寮海峡瀑布湾华富村以西约 600 米水面与巴拿马籍商船“K. H. CHIVACRY”轮发生碰撞，导致“莞中运 225”轮沉没。该轮船东甲远洋船运公司认为，如果打捞该沉船，所需支付的船舶打捞费用将超过该沉船的船舶价值，于是，作出放弃打捞该船舶的决定，并依据其与乙财产保险公司签订的船舶保险合同的约定，向乙财产保险公司提出索赔，并提交了委付通知书，要求乙财产保险公司履行委付，预付船舶打捞费用或者支付保险金。乙财产保险公司拒绝接受委付。

此后，经过双方多次协商达成了一致处理意见，签订了一份协议书。该协议书的主要内容包括：第一，乙财产保险公司一次性赔偿甲远洋船运公司的“莞中运 225”轮的损失 84 万元人民币，保险责任随之终止，甲远洋船运公司不得再以任何理由、任何方式反悔。第二，如果“K. H. CHIVACRY”轮或者其他船舶发生损失的，由甲远洋船运公司自行处理，不得再要求乙财产保险公司予以赔偿。第三，因“莞中运 225”轮沉没而发生的打捞、清理航道等一切费用，均由甲远洋船运公司负责。第四，乙财产保险公司不接受委付请求，但甲远洋船运公司必须将其享有的向第三人的追偿权转让给乙财产保险公司。如果向第三人追偿成功，甲远洋船运公司无权享有。显然，该协议书取代了委付而成为双方按照全损赔偿来处理“莞中运225”轮的保险赔偿事宜的依据。

通过分析本案涉及的上述协议书，大家可以看到乙财产保险公司是按照全损赔偿来履行保险责任的。这显然不同于委付的性质和履行内容以及法律结果。因此，本案例有助于大家界定和区分委付与全损赔偿。

（二）委付的成立条件

委付制度在海上保险中，既是被保险人处理保险标的损失的一种手段，又是保险人进行保险赔偿的具体方式，因其关系到各方当事人的经济利益，则须具备法定条件，才能有效成立。

（1）委付是以保险标的推定全损为条件的。由于委付包含全额赔偿和转移保险标的的一切权利的两重内容，所以，要求必须是在保险标的推定全损时才能适用。

（2）委付必须适用于保险标的的整体，具有不可分性。这就是说被保险人要求委付，必须是针对推定全损的保险标的整体。比如，推定全损的一艘船舶、一批货物。不得仅就保险标的的一部分（受损部分）申请委托，而对另一部分不适用委付。

当然，如果同一保险单上载有若干种保险标的，其中之一产生委付原因时，则就该种保险标的适用委付。

（3）被保险人应当在法定时间内向保险人提出书面的委付申请。这一条件要求被保险人为进行委付，必须提出申请，即向保险人发出委付书。按照国际海上保险的惯例，委付书可以是书面的也可以是口头的。应向保险人或其授权的保险经纪人提出。而在我国海上保险实践中，则必须用书面形式，直接向保险人提出，并且是在法定时间内。对此，有的法律规定为3个月（《日本商法典》第836条），有的法律规定为“在得知受损的可靠情报后的适当期限内”（英国1906年《海上保险法》第62条第3款）。我国《海商法》对此未作明确规定。

如果被保险人不在法定时间内提出委付申请，则保险人对于推定全损的保险标的按部分损失赔付。

（4）被保险人必须将保险标的的一切权利转移给保险人，不得附加条件。在保险标的推定全损的情况下，被保险人要获取全额赔偿的对价条件，就是转移保险标的的一切权利归保险人。而且，被保险人不得附加任何条件。例如，被保险人对船舶失踪申请委付，但要求船舶有着落时返归其所有。这是法律所禁止的。

（5）委付必须经保险人承诺接受才能生效。委付是否成立和履行，还取决于保险人的意志。“保险人可以接受委付，也可以不接受委付”（我国《海商法》第249条第1款）。

如果保险人接受委付，则委付成立。我国《海商法》明确规定“委付一经保险人接受，不得撤回”（第249条第2款）。如果保险人不接受委付，则委付不成立。但这并不影响被保险人的其他权利。

保险人承诺接受委付的方式，在国际保险市场中，包括书面形式，或用行动来表明，或默示接受。我国《海商法》则明确规定：保险人“应当在合理的时间内将接受委付或者不接受委付的决定通知被保险人”（第 249 条第 1 款），不承认默示方式。

（三）委付的法律效力

委付依法成立，即对保险人和被保险人产生法律约束力。这一效力表现在三个方面：

（1）被保险人在委付成立时，有权要求保险人按照海上保险合同约定的保险金额向其进行全额赔付。

（2）被保险人必须将保险标的的一切权利，诸如所有权、担保物权、债权等转移给保险人。其转移的时间始于委付原因产生之日。因此，保险人处理保险标的所得的利益（不论是否超过全额赔偿数额）均归其享有。比如，处理保险标的残值的所得、船舶应获得的运费、共同海损分摊请求权等。而且，被保险人基于保险标的，对有责任的第三人享有的追偿权也随保险标的一并转移给保险人，由保险人直接向第三人追偿。但这不同于保险人在一般赔付取得的代位求偿权。

（3）有关保险标的的义务也由保险人承担。比如，因船舶沉没在航道而进行清除所需支出的费用。正如我国《海商法》第 250 条规定的：“保险人接受委付的，被保险人对委付财产的全部权利和义务转移给保险人。”

三、适用于海上保险合同的代位求偿制度

（一）代位求偿的概念

代位求偿，是指保险人在向被保险人进行保险赔偿之后，取得了该被保险人所享有的依法向负有民事赔偿责任的第三人追偿的权利，并依据此权利予以追偿的制度。

代位求偿是财产保险合同的补偿性的具体表现，是保险人履行了保险赔偿责任后的必然结果。因为，财产保险合同是为了补偿被保险人因保险事故造成的财产损失，而不是被保险人获取额外利益的手段。所以，被保险人对于因第三者的法律责任而造成的保险财产损失，或者向负有法律责任的第三者追偿，或者从保险人那里得到保险赔偿，不能两者兼得。如果被保险人获取了保险赔偿，就应当将其享有的向第三者追偿的权利转让给保险人，这便是代位求偿制度。而海上保险合同作为财产保险合同的组成部分，保险人在实施保险赔付时当然适用代位求偿制度。

代位求偿制度已被各国保险法所普遍承认，成为海上保险业务中权益转让的主要方式。我国的保险立法也规定了这一制度。正如《保险法》第 60 条第 1 款规定的：“因第三者对保险标的的损害而造成保险事故的，保险人自向被保险人赔偿保险金之日起，在赔偿金额范围内代位行使被保险人对第三者请求赔偿的权利。”同时，针对海上保险合同，我国《海商法》第 252 条亦规定：“保险标的发生保险责任范围内的损失是由第三人造成的，被保险人向第三人要求赔偿的权利，自保险人支付赔偿之日起，相应转移给保险人”，以此防止被保险人通过海上保险合同牟取额外利益。而在适用代位求偿制度时，《保险法》和《海商法》的有关规定便是法律依据。

（二）代位求偿的构成要件

在海上保险范围内，代位求偿的适用必须具备下述要件：

1. 保险事故的发生必须是因第三者的违法行为引起的

只有第三者的违法行为导致保险事故的发生，才可能产生第三者承担的民事赔偿责任。这是被保险人享有求偿权的前提。而且，第三者造成的损失又必须是在海上保险合同约定的保险责任范围之内。这是保险人得以代位求偿的必要条件。在海上保险实践中，第三者应对如下违法行为承担民事赔偿责任，相应地得以适用代位求偿。

（1）侵权行为。这是指由于第三者的故意或者过失，或者在依法适用无过错责任的情况下，造成保险财产损失的行为。例如，第三者的过失碰撞造成保险人承保船舶的损失，制造商的产品质量不合格造成保险标的的损害等，其应当承担民事赔偿责任。

（2）合同责任。这是指由于第三者在履行其与被保险人所订立合同时的违约行为造成保险财产的损失或依约应由第三者承担民事责任。例如，承运人在履行运输合同中的违约行为造成已投保货物的损失。

（3）不当得利。这是指由于第三者的不当得利行为而产生的民事返还责任。例如，第三者非法占有散失的受灾财产，其负有依法返还的责任。

（4）共同海损。这是指保险财产因共同海损造成损失的，被保险人有权依法向其他受益人求偿的情况。

2. 被保险人必须向第三者享有赔偿请求权

保险人代位求偿是建立在被保险人享有向第三者追偿权基础之上的。这样，被保险人才可能在获得保险赔偿后，对保险人转让其向第三者享有的赔偿请求权。因此，各国保险立法均要求被保险人不得损害保险人代位求偿的权益。如果被保险人放弃向第三者的赔偿请求权或基于被保险人的过错致使向第三者的赔偿请求权消灭的，相应的保险财产的损失应由被保险人自行承担，保险人有权拒赔。对此，我国《保险法》第 61 条着眼于保护保险人的合法利益，作出明确规定：如果在“保险事故发生后，保险人未赔偿保险金之前，被保险人放弃对第三者的请求赔偿的权利的，保险人不承担赔偿保险金的责任”；如果在“保险人向被保险人赔偿保险金后，被保险人未经保险人同意放弃对第三者请求赔偿的权利的，该行为无效”；如果“被保险人故意或者因重大过失致使保险人不能行使代位请求赔偿的权利的，保险人可以扣减或者要求返还相应的保险金。”

3. 代位求偿一般应在保险人向被保险人进行保险赔付之后始得实施

被保险人在保险事故发生之后，可以依照法律规定或合同约定向负有民事赔偿责任的第三者行使赔偿请求权。如果被保险人从第三者那里获得民事赔偿的，则“保险人赔偿保险金时，可以相应扣减被保险人从第三者已取得的赔偿金额”（《保险法》第 60 条第 2 款）。显然，如果第三者赔付给被保险人的民事赔偿金额等于或大于保险人所应承担的保险赔偿责任时，保险人依相应的海上保险合同承担的保险赔偿责任随之免除，也就无须赔付和转让权益。只有当被保险人未从负有赔偿责任的第三者处获得赔偿或先行向保险人索赔时，经保险人进行保险赔付后，才有转让赔偿请求权给保险人的必要，代位求偿才得以适用。当然，海上保险合同另有约定时，保险人也可以在保险赔付之前取得代位求偿权。

（三）代位求偿权的行使

代位求偿权，是指保险人在向被保险人进行保险赔付后，得以取代被保险人的地位，对负有赔偿责任的第三者进行追偿的权利。

代位求偿权是代位求偿制度的核心内容。保险人能否正确行使该项权利，关系到各方当事人的合法权益，并与海上保险合同的职能密切相关。因此，行使代位求偿权时，应当符合下述条件：

1. 行使代位求偿权的名义

保险人是以自己的名义，还是以被保险人的名义行使代位求偿权，各国的保险立法和司法实践是不一样的。我国的海上保险实践中，习惯上是以被保险人的名义行使求偿权，现行保险立法尚无明确规定。从法律理论上说，代位求偿是一种债权转移行为，即被保险人将其享有的债权——赔偿请求权转移给保险人。从而，该债权债务关系的内容不变，但其债权人则变更为保险人。因此，保险人作为新的债权人，应当以自己的名义向其债务人——负有民事赔偿责任的第三者进行追偿。

2. 行使代位求偿权的对象

保险人的代位求偿权，应当向对于保险财产的损失负有民事赔偿责任的第三者，包括法人或自然人行使。所以，对于保险财产的损失依法不负赔偿责任的第三者就不能成为保险人代位求偿的对象。

同时，有些国家的保险立法对于代位求偿的对象加以限制。例如，规定保险人对于被保险人一定范围内的亲属或雇员没有代位求偿权。其目的在于防止因被追偿的亲属或雇员与被保险人具有一致的利益，而使保险赔偿失去意义。我国《保险法》第 62 条规定："除被保险人的家庭成员或者其组成人员故意"对保险标的加以损害而造成保险事故的以外，"保险人不得对被保险人的家庭成员或者其组成人员行使代位请求赔偿的权利"。在海上保险实践中亦存在着对于特定对象放弃代位求偿权的做法。例如，中国人民保险公司制定的各类海上石油开发保险合同中多规定了"放弃代位求偿权条款"。按此条款规定，保险人对于为被保险人作业、提供服务或被保险人为其作业或提供服务的个人、团体、公司放弃代位求偿权。

3. 行使代位求偿权的范围

保险人行使的代位求偿权应当以被保险人享有的赔偿请求权为限，并且，其追偿的货币金额不得超过向被保险人实际赔付的保险赔偿金的金额。因为，保险人通过代位求偿取代了被保险人作为债权人的地位，相应的，仅能享受被保险人所拥有的权益，同样不能获取额外利益。以此为界限，保险人在其保险赔付范围内代位求偿获得的赔偿金额应当归其所有，用以保护保险人的合法权益。但是，保险人代位求偿所获金额大于保险赔付时，其超过的部分则应当归还被保险人。同理，保险人依法行使代位请求赔偿的权利，"不影响被保险人就未取得赔偿的部分向第三者请求赔偿的权利"（《保险法》第 60

条第 3 款）。在海上保险领域内，代位求偿不同于委付，它不是保险人取得额外利益的途径，而是以补偿保险人所支付的保险赔偿为原则。因此，保险人必须依据其向被保险人支付保险赔偿的范围，向第三方责任者要求赔偿，故我国《海商法》第 254 条第 2 款规定，如果“保险人从第三人取得的赔偿，超过其支付的保险赔偿的，超过部分应当退还给被保险人”。

4. 行使代位求偿权的时间

一般情况下，保险人应当在向被保险人进行保险赔付，并且，从被保险人处取得“权益转让证书”之后，才能向第三者行使代位求偿权。但是，在海上保险合同另有约定或者法律另有规定时，保险人也可以在保险赔付之前行使代位求偿权。

（四）被保险人的协助义务

为了确保保险人充分行使代位求偿权，《保险法》在平等的前提下，规定了被保险人负有协助的义务，即“在保险人向第三者行使代位请求赔偿权利时，被保险人应当向保险人提供必要的文件和其所知道的有关情况”。同样，我国《海商法》第 252 条第 2 款亦规定：“被保险人应当向保险人提供必要的文件和其所需要知道的情况，并尽力协助保险人向第三人追偿。”

四、海上保险赔偿的支付

（一）海上保险赔偿支付的意义

海上保险赔偿的支付是保险人履行责任的直接表现，也是海上保险理赔的组成部分。因此，保险人在进行海上保险赔偿的支付时，应当遵守保险理赔的基本原则和工作程序。而且，要遵守有关的国际公约和国际惯例。

保险人支付保险赔偿在海上保险中具有重要意义。如前所述，保险人的保险赔偿区别于民事责任者的民事赔偿，是保险合同的履约行为。由于海上保险合同的目的是通过保险赔偿，在承保范围内向被保险人提供保险保障，所以，保险人支付保险赔偿就是实现海上保险合同的宗旨，完成保险职能的必要环节。

具体来说，保险赔偿的支付可以使被保险人及时获得经济补偿，维护国际贸易和海上航运的连续性和稳定性，促进国际经济的发展。同时，保险人正确的支付保险赔偿，可以提高其保险经营的信誉，从而扩大海上保险的展业范围，提高海上保险的经营效益，促进海上保险业的发展。

因此，各国法律都比较重视海上保险赔偿的支付工作。我国《海商法》第十二章第六节即规定了保险赔偿的支付，明确了保险人和被保险人在保险赔偿支付过程中的权利和义务，用以保证保险赔偿支付的正确性，维护保险人和被保险人的合法权益。

（二）索赔单证的提供

是否支付保险赔偿和支付赔偿数额的多少，关系到保险人和被保险人各自的经济利益，所以，保险人需要进行认真的审核检验研究，为此，需要被保险人提供有关的文件。这是保险人在支付保险赔偿过程中的一项权利。对此，我国《海商法》第251条明确规定："保险事故发生后，保险人向被保险人支付保险赔偿前，可以要求被保险人提供与确认保险事故性质和损失程度有关的证明和资料。"

被保险人为了及时从保险人处获取正确的保险赔偿，就有义务根据保险人的要求，迅速提供有关的证明和资料，而且，被保险人所提供的证明和资料应当具备法定条件，符合保险人的合理要求。具体包括：

（1）被保险人所提供的证明和资料，其内容应当是有关确认保险事故性质和损失程度的，才能为保险人支付保险赔偿提供客观的依据。否则，其所提供的证明和资料是无效的。

（2）被保险人提供的证明和资料，应当真实可靠，理由充分。这是为了防止出现骗赔等道德风险所需要的条件。

（3）被保险人提供有关证明和资料，应当是在保险事故发生后至保险人支付保险赔偿之前。为了保证保险人及时支付保险赔偿，被保险人应在知道保险人的要求后，在合理时间内迅速提供。

在我国的海上保险实践中，一般要求被保险人提供的有关证明和资料包括：

（1）海上货物运输保险合同的被保险人应当提供：

第一，保险单（或保险凭证）、提单或运输合同；

第二，发票、装箱单、磅码单等；

第三，货损或货差证明、货损检验报告、索赔清单；

第四，如涉及第三人责任的，还应提供向第三人追偿的文件函电；等等。

（2）船舶保险合同的被保险人应当提供：

第一，船长的海事报告。这是在船舶发生海难事故后，船货损失业已形成，船长向驻外使领馆或港口当局报告，由其签证后而成为具有证据效力的法律文件。

第二，航海日志及机舱日志、海图等文件的摘要或复印件。必要时，保险人还会要求被保险人提供出险前一次航程的航行日志和机舱日志。

第三，检验报告，包括引航员报告、船舶检验师报告、潜水员报告等。

第四，其他海员证明出险原因和损失程度的证明材料。

第五，费用清单，包括施救费用、临时修理费用、港口费用、船坞费用、检验费用的清单。

第六，有关与第三方责任人往来交涉的书面文件。

第七，保险单。

（三）保险标的权利的取得

保险人在向被保险人支付了保险赔偿后，是否取得保险标的的权利，不能一概而论。根据国际海上保险的惯例，保险人支付了全损赔偿的，取得保险标的的权利。但是，保险人对于部分损失的保险赔偿支付，并不使其获取保险标的或保险标的残余部分的权利。

我国《海商法》也采用了这一惯例。按照该法第256条的规定，保险标的发生全损，保险人支付全部保险金额的，取得对保险标的的全部权利。从而，排除了赔付保险标的部分损失后的权利转移。但是，对于不足额保险来说，保险人只是按保险金额与保险价值的比例进行赔偿支付，至于其未赔付的部分，法律视为被保险人自行承受损失后果。因此，我国《海商法》第256条相应的规定是："在不足额保险的情况下，保险人按照保险金额与保险价值的比例取得对保险标的的部分权利。"

显然，取得保险标的的一切权利，是保险人履行赔偿责任，支付了保险赔偿后享有的一项权利。保险人可以依法行使这一权利，同时，也可以根据实际情况的需要，放弃这一权利。特别是在需要尽快解除保险人对保险标的承担的法律义务的时候，比如保险标的已经全部灭失而无权利转移必要，或者经评估接受保险标的的所有权后反而要承担更多的义务和费用，则保险人放弃这一权利就更为重要了。所以，我国《海商法》第255条规定："发生保险事故后，保险人有权放弃对保险标的的权利，全额支付合同约定的保险赔偿，以解除对保险标的的义务。"

同时，《海商法》第255条第2款规定了保险人放弃这一权利的法律条件：

（1）保险人放弃该权利的时间，"应当自收到被保险人有关赔偿损失的通知之日起的七日内通知被保险人"，以便被保险人作出相应的处置。因此，除了法律或合同另有规定外，保险人在此时间之外所作的放弃权利的表示不产生法律效力。

（2）保险人对于被保险人在此之前所支付的必要费用应承担赔付责任。从保险人与被保险人平等的法律地位来讲，保险人放弃权利是一种单方法律行为，取决于其单方面的意志。所以，有必要对于被保险人的合法权益予以保护。具体表现在，"被保险人在收到通知前，为避免或者减少损失而支付的必要的合理费用，仍然应当由保险人偿还"（《海商法》第255条第2款）。

学术前沿

保险标的在拒绝委付后的法律地位认定①

源于16世纪的现代委付制度，被各国普遍适用于海上保险。因此，当存在法定的委付原因时，各国立法均要求被保险人必须发出委付通知。不过，由于各国立法对于委付的生效条件的态度不同，委付的效力认定以及其所产生的法律结果有所不同。

德国、日本、荷兰等国的立法，确认委付属于单方法律行为，从而，委付通知和委付通知的接受，分别是不同阶段的两个法律行为。委付通知的生效不以保险人接受委付通知为条件。这意味着被保险人只要依法发出委付通知，无论保险人接受与否，委付即行具有法律效力。《德国商法典》第861条、《日本商法典》第833条的规定就直接体现着此立法态度。

而在英美法中，委付则属于双方法律行为，被保险人发出委付通知仅仅是其作出的要求委付的意思表示，只有委付通知并不能直接发生被保险人预期的委付效果，还需要保险人接受委付通知的表示，委付才能产生法律效力。例如，英国1906年《海上保险法》第62条就规定："保险人接受委付通知，即表明保险人最终承认委付通知有效并对

① 马炎秋，杨俊．委付被拒后保险船舶的法律地位．中国海商法年刊，2011（1）．

损失负责”。当然，按照英美法的立法精神，保险人拒绝接受委付的，并不影响被保险人请求对保险标的的推定全损予以全损赔偿的权利。我国《海商法》对于委付的性质和生效条件采取了与英美法相同的态度。

受到上述各国关于委付性质和生效条件的立法态度的影响，在保险人拒绝接受委付的情况下，对于保险标的之法律地位的认定也就会出现不同的处理和认识。

首先是保险人在拒绝委付后，对保险标的予以部分损失赔偿的保险标的的法律地位，一般认定，保险标的的权利和义务没有发生转移，仍然归属于被保险人。但保险人基于其对保险标的实施的赔付部分而取得对第三人的追偿权。

其次是保险人在拒绝委付后，对保险标的作出全损赔偿的保险标的的法律地位的认定，存在着三种结果：一是认定保险标的的权利被放弃而成为无主物。理由是，保险人拒绝委付的，并不能取得保险标的之权利，但其又予以全损赔偿的，表明其取得二次获得保险标的的所有权的权利，则其选择放弃该权利也就导致保险标的的成为无主物。但有学者提出质疑，保险标的成为无主物的，因该无主物产生的义务由何人履行呢？二是保险标的的权利自全损赔偿时自动转移至保险人。理由是，保险人基于全损赔偿而应当取得附属于保险标的之上的各项权利。但有学者提出质疑，既然保险人拒绝委付，则因保险标的引发的责任应由何人承担呢？三是保险标的的一切权利和责任仍然归属于被保险人。理由是，保险人在拒绝委付的同时对保险标的实施全损赔偿的，标志着保险人的意愿是，既放弃对保险标的的权利，也要求被保险人承担因保险标的而产生的义务和责任。

（四）保险赔偿的扣减

根据上述内容可知，保险人在支付保险赔偿的过程中享有一系列权利，体现了保险人作为独立合同当事人的经济权益。对此，被保险人有义务予以维护。如果出于其过错行为，损害了保险人的这些权益，被保险人依法应当承担相应的法律责任。在国际海上保险市场中，被保险人承担责任的方式，一般是由保险人扣减保险赔偿来实现的。

根据我国《海商法》第 253 条的规定，被保险人在保险赔偿支付的过程中，损害保险人权利的行为有两种：

（1）被保险人未经保险人同意放弃向第三人要求赔偿的权利。由于在海上保险中，保险人经全损赔偿或部分损失实际赔偿，均在保险赔偿范围内取得被保险人所享有的向第三人要求赔偿的权利，因此，是否放弃该权利关系到保险人的利益，被保险人不得任意处置。只有经保险人同意的，被保险人才可以放弃这一权利。否则，保险人有权在其支付的保险赔偿之中予以相应的扣减，以确保其应享有的向第三人要求赔偿的权益。

（2）由于被保险人的过失致使保险人不能行使追偿权利。同样道理，向第三方责任人追偿的权利，从被保险人向保险人转移的前提是被保险人提出保险索赔和保险人进行保险赔偿的支付。因此，这一追偿权的有效性有可能由于被保险人的过失而受影响。比如，被保险人因疏忽大意未向第三人（如承运人）提出索赔申请，或者索赔诉讼，却在该权利的时效届满之后向保险人要求保险索赔。其结果是，保险人在支付保险赔偿后，已不能再向第三人追偿。对此，被保险人应当承担法律责任，保险人可以相应地扣减保险赔偿。

此外，如果被保险人已经向第三方责任人行使赔偿请求权，并获得了经济赔偿后，受海上保险合同补偿性的制约，相应的损失部分已经不能获取保险赔偿了。所以，我国《海商法》第 254 条第 1 款规定："保险人支付保险赔偿时，可以从应支付的赔偿额中相应扣减被保险人已经从第三人取得的赔偿。"

保险人对于重复保险的保险赔偿支付，因重复保险的保险金额总和大于保险标的的保险价值，而被保险人又不能获取额外利益，所以，重复保险所涉及的各个保险人的保险赔偿支付方法不同于一般情况。根据国际海上保险市场的实践，英国实行比例分摊风险制，即被保险人可选择其中一个保险人索赔，而由各个保险人按比例分摊后支付保险赔偿。美国则实行居先承保赔偿制，即由居先承保的保险人负责支付全部保险赔偿，其他保险人免赔。我国《海商法》确认了前一种方式。根据该法第 225 条的规定，在重复保险情况下，被保险人可以向任何保险人提出赔偿请求。而各个保险人应按照其承保的保险金额与重复保险的保险金额总和的比例承担赔偿责任，支付相应的保险赔偿。任何一个保险人支付的赔偿金额超过其应当承担的赔偿责任的，有权向未按照所应承担的赔偿责任支付赔偿金额的保险人追偿。

知识链接

海上保险的一次"悄悄的革命"——从劳氏 S. G. 保险单到新的海上保险单

劳氏 S. G. 保险单（劳氏船货保险单）从 1779 年开始在伦敦保险市场上被采用，至 1795 年已在英国保险市场上取代了其他所有的海上保险单而一枝独秀，成为船舶保险与货物运输保险的标准格式保险单。1749 年，劳氏 S. G. 保险单又被扩大适用于运费保险。而英国的 1906 年《海上保险法》则将劳氏 S. G. 保险单列为该法的附件一，并推荐海上保险可按其式样签订。此后的近一百年的历史中，劳氏 S. G. 保险单不仅左右着英国的海上保险市场，而且被各国的海上保险单所参考或者仿效。这标志着英国伦敦海上保险市场对于世界海运市场和保险市场具有的垄断作用。

劳氏 S. G. 保险单一般有 16 个条款，包括：(1) 说明条款；(2) 转让条款；(3) 不论灭失与否条款；(4) 保险单生效期限或者航程起始条款；(5) 保险标的条款；(6) 船舶和船长名称条款；(7) 保险责任的开始、继续、终止条款；(8) 停留条款；(9) 保险金额和估价条款；(10) 承保危险条款；(11) 施救整理条款；(12) 放弃条款；(13) 约束条款；(14) 保险费条款；(15) 证明条款；(16) 附注条款。不过，在适用劳氏 S. G. 保险单的同时，海上运输市场和海上保险市场发生了重大的变化，劳氏 S. G. 保险单存在的局限性也日益显现出来。于是，人们不断听到指摘劳氏 S. G. 保险单的声音。其中，联合国贸易和发展委员会于 1975 年做出的名为《海上保险——海上保险合同的法律和文件问题》的报告，对于劳氏 S. G. 保险单的批评最为尖锐。此类批评触动了英国伦敦海上保险市场。

作为一种回应，英国为了确保其在海上保险市场中的地位，实施了以设计新的保险单和拟订新的保险条款、保险条件为内容的其自称为"悄悄的革命"的保险单制定活动，并于 20 世纪 80 年代初见成效。具体过程是，由劳合社的海上保险人成立的"劳氏保险人协会”与“伦敦海上保险人协会”组成“联合货物委员会”和“联合船舶委员会”，共同起草新的保险单和保险条款。修改的着眼点是，一方面用现代的含义明确的语言取代过时的晦涩难懂的内容，另一方面移植劳氏 S.G. 保险单有价值的内容。1982 年 1 月 1 日，英国伦敦保险市场启用新的协会货物保险（A、B、C）条款。继而，又从 1983 年 10 月 1 日起使用新的协会船舶（定期/航次）保险条款。相应的，劳氏 S.G. 保险单逐渐退出了英国伦敦海上保险市场，结束了其辉煌的历史使命。而新的海上保险单取代劳氏 S.G. 保险单，完全是如今海上运输市场和海上保险市场的客观要求。

问题与思考

1. 海上保险与一般商业保险有何区别？
2. 海上保险包括哪些险种？
3. 调整海上保险的法律原则有哪些？
4. 海上保险合同具有哪些特点？
5. 如何理解海上保险合同的构成？
6. 如何签订、解除和转让海上保险合同？
7. 海上保险合同当事人有哪些权利和义务？
8. 海上保险合同的主要条款有哪些？
9. 阐述保险标的损失的含义和分类。
10. 如何确认海上保险人的赔偿范围？
11. 海上保险中代位求偿权的概念和特点是什么？
12. 委付的适用条件有哪些？

第十五章

海事诉讼

本章提示

海事纠纷处理制度是海商法理论的组成部分，掌握了海事纠纷处理制度，就可以建立完整的海商法理论体系。因为，海上生产经营活动和海商法律规范调整海商活动的诸多特点最终体现在海事纠纷和处理海事纠纷的过程中。在国际海运实践中，海事纠纷一般来自海商合同关系，或者是因海上侵权行为而产生。它具有区别于一般的民事纠纷和国际贸易纠纷的特点。相应的，海事纠纷的受损方的求偿行为被称为海事请求。海事纠纷的解决主要采取海事诉讼方法。同时，海事纠纷的复杂性等特点，决定了处理海事纠纷案件的海事程序不同于处理一般民事纠纷案件的民事程序。我国已经颁布的《海事诉讼特别程序法》便针对处理海事争议案件的特殊需要，规定了处理海事纠纷案件的特别诉讼制度和诉讼程序。另外，为保全海事请求，海事请求权人一般都采取诉前扣船等强制措施。

海事纠纷案件的特点和范围、解决海事纠纷的途径，尤其是海事仲裁和海事诉讼的特殊制度和特殊程序，就是学习本章应当掌握的重点。

关键术语

海事纠纷　海事合同纠纷　海事侵权纠纷　海事诉讼　海事诉讼的地域管辖　海事请求保全　扣押船舶　海事强制令

第一节　处理海事纠纷的法律途径

一、海事纠纷的含义

要准确把握“海事纠纷”的含义，首先应当了解“海事”[①] 的法律内涵。在海商法理论中，“海事”一词存在狭义和广义两种解释。狭义的“海事”仅指发生在海上的各种海损事故。而广义的“海事”则指一切与海上航运活动有关的法律事务。其中，既包括各种海损事故，也包括平等主体之间的各种海上运输合同关系所涉及的法律事务、海运活动当事人与海运主管机构之间的海运行政管理关系所涉及的法律事务。诸如，基于海上运输合同而产生的货损货差纠纷、旅客人身伤亡纠纷，基于船舶租用合同产生的违约纠纷，基于船员雇佣合同产生的工资给付纠纷，共同海损分摊纠纷，海难救助款项给付纠纷以及有关海上安全，航运管理、港口管理、船舶管理，海洋资源开发，海上渔业捕捞，防止海洋环境污染等领域内涉及的法律事务和争议均列入海事的范畴。由此可见，广义的“海事”，不限于海商法的各项制度，还涉及其他有关的海事行政法规的调整内容。

海事纠纷，一般是指因海事行为产生的争议，而且，与“海事”一词的狭义和广义的区别相对应，亦有狭义和广义之分。狭义的海事纠纷特指因海损事故引起的纠纷。而广义的海事纠纷，则是指一切因海上运输关系和船舶关系所引起的纠纷。我国有关的规范性文件在使用海事纠纷概念时，标准并不统一。很多学者提出应当从广义角度解释“海事纠纷”[②]。笔者认为，应当在海商法范围上界定“海事纠纷”的内涵，即海商法中各项法律制度调整的，平等主体之间的有关海事权利和海事义务的纠纷属于海事纠纷。因此，这就排除了其他海事法规调整范围内的海事行政纠纷。1999 年 12 月 25 日第九届全国人民代表大会常务委员会第十三次会议通过的《中华人民共和国海事诉讼特别程序法》正是在此意义上使用“海事纠纷”概念的。

二、海事纠纷的性质和表现

（一）海事纠纷的法律性质

显而易见，海事纠纷是民商事纠纷的具体类型，具备民商事纠纷的共同属性。因为：海事纠纷的当事人彼此之间处于平等的法律地位；海事纠纷的内容无非是物权之争或者债权之争；争议的目的是获得经济赔偿。但是，海事纠纷又因其存在的特点而成为一种特殊的民商事纠纷。这种特殊性表现在，海事纠纷的当事人均是海上运输或者其他海上

---

① 从词源角度考察，海事 admiralty 是由拉丁语的 admirae 演变而来，与此相关的另一个词是海商 maritime。通常认为这两个词同义。而在英美法系国家的法律文件中则会同时出现 admiralty 和 maritime。

② 司玉琢，等．海商法详论．大连：大连海事大学出版社，1995：482；韦经建．海商法．长春：吉林人民出版社，1996：134；贾林青．海商法．北京：中国人民大学出版社，2000：312.

作业的参与者；海事纠纷的具体内容涉及的是构成海上运输关系或者船舶关系的权利和义务之间的争议；尤其是基于海上活动的特点，海事纠纷的处理，适用特殊的程序法规则和实体法规则。例如，适用于海事请求保全制度的船舶扣押和强制拍卖、适用于海事赔偿责任承担的责任限制制度等。

（二）海事纠纷的表现

在实务中，海事纠纷主要归纳为海事合同纠纷和海事侵权纠纷。此外，也有少数的海事纠纷因为其既不是合同之争，也不是侵权纠纷，而被列为其他海事纠纷。

（1）海事合同纠纷，是基于各种海事合同，双方当事人之间因行使权利和履行义务而产生的纠纷。在海商法领域内，存在着多种海事合同，诸如海上货物运输合同、海上旅客运输合同、船舶租用合同、海上拖航合同、海上保险合同等海事合同的履行过程就是完成海上运输或者其他海上作业的过程。当然，因其履行而产生争议的情况会经常发生，形成海事纠纷。一般情况下，海事合同纠纷的争议焦点，主要集中在海事合同的订立、效力和履行。

（2）海事侵权纠纷，是基于海事侵权行为而产生的海事纠纷。海商法范围内的海事侵权行为往往发生在海上运输或者其他各种海上作业过程中，侵害的对象可以是船舶、货物、运费、租费、海上人命，甚至是海洋环境、海洋资源，因此，涉及财产所有权、担保物权、人身权等。

（3）其他海事纠纷，在海事活动实务中，还可能由于无因管理行为、不当得利行为而在当事人之间引起海事纠纷。

三、海事纠纷的处理途径

海事纠纷的处理途径，是指海事纠纷的当事人用于解决海事纠纷的方法。根据各国海商立法的规定、司法实践和国际上通行的惯例，处理海事纠纷的途径，主要包括和解、调解、海事仲裁和海事诉讼。

（1）和解，就是海事纠纷的当事人或者其代理人之间在互谅、互让的基础上，通过直接协商，达成和解协议而解决海事纠纷。其突出特点在于没有第三方参与海事纠纷的解决，因此，又称为自行和解。以和解方法解决海事纠纷有利于维持当事人之间的合作关系，也有利于及时迅速地解决海事纠纷。但是，由于和解协议不具有法律强制效力，当事人反悔时则难以达到和解效果。

（2）调解，是指在海事纠纷以外的第三人的主持和协调下，当事人之间达成调解协议，解决海事纠纷。是否有第三人的参与，是调解与和解的主要区别。

在解决海事纠纷的实践中，根据调解人的不同，用于解决海事纠纷的调解分为民间调解、行政机构（如我国港务监督机构、渔政渔港监督机构）调解、仲裁机构调解和法院调解等。不论何种调解，调解协议都必须征得海事纠纷当事人的自愿同意。不过，仲裁机构或者法院主持达成的调解协议与仲裁裁决或者法院裁判具有同等效力，但是，行政机构主持达成的调解协议则不具有法院强制执行效力。

（3）海事仲裁，是指海事纠纷的当事人根据双方达成的仲裁协议，将海事纠纷提交给约定的仲裁机构予以裁决解决的方法。海事仲裁作为处理海事纠纷的方法，其历史悠久，如今，已经成为各国解决海事纠纷的一种有效方法。

（4）海事诉讼，是指海事纠纷的当事人按照法律的规定，将海事纠纷提交给法院予以裁判解决的方法。与其他各种处理海事纠纷的方法相比，海事诉讼是解决海事纠纷的最终方法，直接体现着国家司法权，其权威性和强制性优于其他处理海事纠纷的方法。

知识链接

海事仲裁——处理海事纠纷的又一有效方法

在国际上，利用仲裁方法解决贸易纠纷有着悠久的历史。13 世纪的英国商业团体的成员之间就曾以仲裁解决商业纠纷。14 世纪的地中海沿岸的欧洲海事法典便承认仲裁为解决海事争议的一种方法。

19 世纪中叶以后，国际贸易的频繁发展使得用仲裁解决商业纠纷的范围扩大到国际贸易领域。1697 年，英国颁布第一部仲裁法。进入 20 世纪，各国之间的国际贸易和海运业日益发展，相应的涉外经济纠纷也不断出现，仲裁作为有效解决涉外经济纠纷的方法，逐渐为世界多数国家所接受，并通过立法加以确认。例如，英国就有 1950 年的和 1979 年的两部《仲裁法》并存施行。美国也分别于 1925 年和 1955 年制定了《联邦仲裁法》和《统一仲裁法》。同样，瑞典并用 1929 年（1976 年修订）的《仲裁法》和《关于外国仲裁协议和裁决法》。

中国的仲裁制度是以海事仲裁为开端的，建立于 20 世纪 50 年代。1958 年 11 月，国务院决定在中国国际贸易促进委员会内设立海事仲裁委员会，并制定了《中国海事仲裁委员会仲裁程序暂行规则》。其职责是解决包括海上货运、海上保险、船舶救助、船舶碰撞、船舶租用、船舶代理等业务中发生的海事纠纷。1988 年 9 月，中国国际贸易促进委员会为了适应国际海事仲裁的发展需要，通过了修改后的《中国海事仲裁委员会仲裁规则》。而 1994 年 8 月 31 日全国人大常委会通过，并经 2009 年 8 月和 2017 年 9 月两次修改的《中华人民共和国仲裁法》更是为海事仲裁提供了充分的法律依据。现行的海事仲裁规则就是由中国国际贸易促进委员会/中国国际商会于 2000 年 11 月 22 日根据我国《仲裁法》的规定精神修订并通过，后经 2014 年 11 月 4 日和 2021 年 10 月 9 日两次修改形成的《中国海事仲裁委员会仲裁规则（2021 年版）》。中国海事仲裁委员会聘请了中外有关航运、外贸、法律界的专家、学者作为仲裁员，供海事纠纷案件当事人选择后，组成仲裁庭，审理具体的海事纠纷案件。

仲裁之所以被普遍接受，用于解决国际经济贸易争议和海事纠纷，源自其不同于诉讼活动的诸多特点：

（1）自愿性。是否提交特定的仲裁机构解决海事纠纷取决于双方当事人是否有达成仲裁协议的“合意”。因为，仲裁的本质就是一种协议基础上的“公断”，仲裁人属于社会组织，所以，提交仲裁是非强制性的。没有当事人之间的仲裁协议，仲裁机构不得处理海事纠纷。

（2）快捷性。由于海事仲裁实行一裁终局，仲裁裁决后，当事人就同一海事纠纷再申请仲裁或者向人民法院起诉的，仲裁机构或者人民法院不予受理（《仲裁法》第 9 条）。所以，通过仲裁解决海事纠纷所用的时间一般短于海事诉讼。

(3) 程序简便灵活性。由于海事仲裁机构是社会组织，其从事的仲裁活动并非国家主权的表现，因而其仲裁程序比较简便，费用较低。同时，不同于海事诉讼的法律强制性，海事仲裁基于自愿性，当事人在海事纠纷的仲裁审理过程中，可以充分享有意思自治权利，包括选定仲裁员、商定仲裁方式等。

(4) 不公开性，即海事仲裁的审理活动是不公开的，除非双方当事人协商公开。为此，仲裁员和仲裁参与人负有保密的义务，有利于达到保护海事纠纷所涉及商业秘密的要求。这完全区别于海事诉讼实行的公开原则。

(5) 无直接强制执行性，即仲裁机构作出的海事仲裁裁决不具有直接的强制执行效力。仲裁裁决生效后当事人必须履行仲裁裁决的内容，如果一方不履行，另一方只有向法院提出强制执行的申请，才能够引起强制执行程序。而仲裁机构则无权对其作出的仲裁裁决予以强制执行，故区别于法院的司法裁判所具有的直接强制执行效力。

(6) 易于执行性。由于世界上大多数国家已加入了 1958 年《承认及执行外国仲裁裁决公约》(《纽约公约》)，我国亦于 1986 年 12 月 2 日加入该公约，因而一国仲裁机构作出的仲裁裁决在其他国家的法院无须进行实体审查，易于得到执行，这不同于海事诉讼。一国法院的裁判要在其他国家得到执行，需要以两国之间的司法协助协议为前提，并且要经过实体和程序两方面的审查。

不仅如此，海事仲裁也不同于其他仲裁，其特点在于，海事仲裁作为国际商事仲裁的具体种类，专门受理海事纠纷案件，从而区别于受理其他国际经济贸易纠纷案件的国际经济贸易仲裁。同时，也区别于我国负责受理各类国内经济贸易纠纷的国内仲裁，比如各类合同纠纷、劳动纠纷、房地产纠纷等。

为了满足当事人通过仲裁解决海事纠纷的需要，很多国家都有常设性仲裁机构。它们一般都属于常设性的社会组织，大多设立在主要的海运国家。较为著名的如伦敦仲裁院、美国纽约海事仲裁员协会、瑞典斯德哥尔摩商会仲裁院等。其中，以成立于 1892 年的伦敦仲裁院历史最久、影响最大。这些海事仲裁机构均制定了各自的仲裁规则和聘请了仲裁员，并制作了相应的仲裁员名册，供海事纠纷当事人在仲裁协议中选择，提出仲裁申请，受理国内或者国际海事纠纷案件。

第二节　海事诉讼制度概述

一、海事诉讼的概念和特点

海事诉讼，就我国法律而言是指海事法院在海事纠纷当事人和其他诉讼参与人的参加下，依法审理和裁判海事纠纷案件的全部活动过程。一般包括起诉、受理、送达、保全、审理、判决和执行等环节，而海事法院在海事诉讼的全过程中始终具有主导和决定性的作用。

海事诉讼制度具有悠久的历史。根据有关史料记载，可以说海事诉讼程序规则的形成先于海事实体法。而且，比较各国海事诉讼制度，英美法系国家发达于大陆法系国家。其中，对于海事诉讼制度的发展和完善作出重要贡献的当属英国。例如，英国首创的“对物诉讼”① 对于英美法系的海事诉讼制度产生了重大影响。我国海事诉讼制度的真正开端是 1984 年全国人民代表大会常务委员会决定在沿海城市设立海事法院专门审理海事、海商案件。而《海商法》和《海事诉讼特别程序法》的实施，则标志着我国海事诉讼制度进入了新的发展阶段。

至于海事诉讼制度的立法模式，存在着统一式（由《民事诉讼法》统一规定）和补充式（在适用民事诉讼法的基础上，另行颁布专门的海事诉讼法）之分②。我国的海事诉讼制度采取了补充式，即在海事诉讼中，一般的诉讼规则适用我国《民事诉讼法》的有关规定，而有关海事诉讼特有的活动规则适用 2000 年 7 月 1 日生效的《海事诉讼特别程序法》。

海事诉讼与一般民事诉讼和其他处理海事纠纷的方法相比，具有如下特点：

（1）法院在海事诉讼中处于主导和裁判的地位。海事诉讼是由受理海事纠纷案件的海事法院依据法律规定的海事诉讼程序，主持海事诉讼的进程和诉讼活动内容，并根据各种证据作出法律裁判。因此，区别于其他处理海事纠纷的方法。

（2）法院所作出的法律裁判具有法律效力。该法律裁判的法律效力表现在负有执行义务的当事人不主动履行裁判内容的，另一方当事人可以向法院申请强制执行。这不同于其他处理海事纠纷的方法。

（3）海事诉讼适用于海事纠纷案件。这些海事纠纷案件的内容限于海商活动关系，而且普遍地具有国际性。相应地，海事纠纷案件专门由海事法院予以审理，并且海事法院审理海事纠纷案件所适用的准据法，可能是我国法律，也可能是外国法，还可能是我国参加的国际条约或者国际惯例。这一点使得海事诉讼区别于一般的民事诉讼。

（4）海事诉讼管辖权的确立有别于一般的民事诉讼。根据各国海事诉讼的实践，确立海事诉讼管辖权的最大特点在于选择管辖权，即在海事诉讼范围内流行“择地诉讼”，海事纠纷的当事人对于确定法院有无海事诉讼的管辖权可以充分地自行选择，法律规定专属管辖的海事纠纷案件除外。因此，经当事人选择最先受理海事纠纷案件的法院对于该海事纠纷案件就拥有管辖权。此外，基于当事人申请扣押船舶，执行扣押船舶的法院取得对于该项海事请求权所涉及的海事纠纷案件的管辖权。

（5）海事诉讼中的海事请求保全制度有别于一般的民事诉讼。针对海事纠纷案件的特点，海事请求保全制度在海事诉讼中占据重要的地位。其突出表现是海事纠纷案件的当事人经常在起诉之前，向法院申请扣押有关的船舶，用以保护自己的权利。

---

① 所谓对物诉讼，是指海事纠纷案件的当事人可以有关的船舶作为被告，向法院提起诉讼。对物诉讼在英美法系国家被适用，而大陆法系国家则多不予承认。我国的海事诉讼也不存在对物诉讼。

② 金正佳．海事诉讼法论．大连：大连海事大学出版社，2001：8.

实例枚举

承运人甲海上运输公司的“福乐”轮从A国装载棕榈油运往我国B港。2009年1月，承运人在卸货港的代理人凭副本提单传真件和保函就将货物交付给该两份文件的持有人，造成持有正本提单的货方乙贸易公司的货款损失。为此，乙贸易公司于2009年3月向A国法院提起对物诉讼并申请法院扣押“福乐”轮。不过，A国法院认为，根据本案所涉及的提单第2条有关“因提单产生的或与之有关的争议可以提交中国仲裁机构仲裁”的规定，该项争议应当由中华人民共和国法院或者仲裁机构管辖，并要求乙贸易公司于2011年4月1日前将本案提交中华人民共和国法院或者仲裁机构审理。

货方乙贸易公司据此向中国海事仲裁委员会申请仲裁，并指定了仲裁员。相应地，承运人甲海上运输公司亦指定了仲裁员，并于5月向仲裁庭提交了针对本案实体内容的答辩书。仲裁庭根据双方提交的书面材料开始了审理工作。但在此后，承运人甲海上运输公司又以本案所涉及提单第2条的规定没有排除法院的管辖权，并不能构成仲裁协议或仲裁条款为由，要求仲裁庭驳回货方乙贸易公司的仲裁申请。仲裁庭认为，承运人签发的提单作为双方海上运输合同的载体，代表着彼此之间的真实意思表示一致。其中的第2条属于管辖权选择条款。货方乙贸易公司已将本案提交给仲裁庭进行仲裁，表明货方选择了仲裁方式。而且，在货方选择了仲裁之后，承运人甲海上运输公司不但未对采取仲裁方式解决本案提出异议，而且按照本仲裁委员会仲裁规则指定了仲裁员，并对本案的实体问题提交了答辩书，这意味着承运人也已经同意采取仲裁方式处理本案。因此，承运人在此以后，再行对本案的仲裁管辖权提出异议便不能成立了。

本案使大家进一步理解到处理海事纠纷时，普遍采用的仲裁与海事诉讼等方式彼此存在的不同，进而，有助于大家掌握仲裁与海事诉讼对海事纠纷管辖权的认定标准。

二、海事诉讼的主管和管辖

（一）海事诉讼的主管

海事诉讼的主管，是指海事诉讼作为一种专业化诉讼活动应由哪些法院负责审理的分工和权限，从法院角度讲，就是海事法院作为一种专门法院与普通法院、其他专门法院或者其他组织机构之间审理案件的分工和权限，又称为海事法院的受案范围。

在1984年11月之前，海事诉讼的一审案件是由我国的地方中级人民法院审理。而在1984年11月以后，根据全国人民代表大会常务委员会于1984年11月14日通过的《关于在沿海港口城市设立海事法院的决定》和最高人民法院于1984年11月28日作出的《关于设立海事法院几个问题的决定》，我国先后在广州、上海、天津、青岛、大连、武汉、宁波、厦门、海口、北海等地设立了海事法院，专门负责审理海事纠纷案件，而其他民事案件、行政案件、刑事案件均不属于海事法院的主管范围。

我国《海事诉讼特别程序法》第4条原则性地确定了我国海事法院的主管范围为：海事侵权纠纷案件、海商合同纠纷案件和法律规定的其他海事纠纷案件。各类案件具体如下：

（1）海事侵权纠纷案件，是指基于海事侵权行为而产生的海事纠纷案件。具体包括船舶碰撞案件，船舶造成港口设施、水下设施损害或者致作业人员、船上人员伤害的赔偿案件，海上油污损害赔偿案件等。

（2）海商合同纠纷案件，是指因各种海商合同而产生的海事纠纷案件。具体包括海上货物运输合同纠纷，海上旅客运输合同纠纷，船舶租用合同纠纷，船舶的建造、买卖、修理、拆解合同纠纷，船舶抵押合同纠纷，海上拖航合同纠纷，引航合同纠纷，海上救助合同纠纷，海上保险合同纠纷，船员雇佣合同纠纷，等等。

（3）其他海事纠纷案件，具体包括共同海损纠纷、救助报酬纠纷、海事赔偿责任限制纠纷、港口作业纠纷、海洋开发勘探利用纠纷、海事请求保全案件等。

知识链接

“最先受诉法院原则”与禁诉令的相互博弈①

所谓“最先受诉法院原则”，是指由最先受诉的法院决定谁有管辖权，在其作出裁决之前，后受诉的法院应当让位于先受诉法院，必须中止本法院的诉讼活动。它是由《关于民商事管辖权和判决执行的布鲁塞尔公约》确立的诉讼管辖原则，但它只涉及解决欧洲境内的管辖权冲突问题。而所谓禁诉令则是针对案件的管辖权冲突，由本国法院发布的禁止当事人在他国法院提起诉讼或者中止诉讼的命令。如果当事人无视禁诉令并违反禁诉令，就可能因藐视法庭而受到惩罚。可以说，禁诉令是提供给那些希望将案件留在本国进行诉讼或者仲裁的当事人可以采用的一种手段，能够防止出现国内和国外法院的裁判相互矛盾的情况。英国普通法就允许在外国法院诉讼的被告向本国法院申请禁诉令，命令原告退出在外国的诉讼活动。实践中，“最先受诉法院原则”与禁诉令是被用来解决案件管辖权冲突的法律规则，而且，它们的适用能够左右案件的管辖法院，并往往产生针锋相对、截然不同的法律结果。

因为，“最先受诉法院原则”的规则内容是强调受诉时间的先后而确认优先受诉法院享有优先的案件管辖权，故而，它在英美法系和大陆法系的法院处理一案多诉问题上时有适用。其中，以欧洲区域性的“布鲁塞尔公约体系”（包括 1968 年《布鲁塞尔公约》、1988 年《洛迦诺公约》，即《关于民商事案件管辖权和判决执行公约》和 2002 年 3 月欧洲理事会发布的 No. 44/2001 条例）对“最先受诉法院原则”规定得最为明确全面，并在欧洲境内予以适用。

而禁诉令当然是与“最先受诉法院原则”相冲突的，因为，后受诉的一国法院发出禁诉令，就是针对他国法院在先受理的案件而所为的，目的是通过在他国的当事人停止在他国的诉讼活动来制止先受诉的诉讼结果。显然，禁诉令的作用，不仅是肯定了本国法院的案件管辖权，也将禁诉矛头指向外方当事人。特别是，根据某国国内法，非先受诉法院对某案件拥有排他性管辖权的，其管辖权并不因“最先受诉法院原则”而丧失。此观点得到一些欧洲学者的支持，理由是，禁诉令制度存在的价值基础是保证拥有排他性管辖权的一国后受诉法院的管辖权不被另一方当事人为了推迟或者延缓诉讼之目的而恶意利用。但是，欧洲法院则认为，禁诉令制度与欧洲理事会的 No. 44/2001 条例规定的“最先受诉法院原

① 张丽英．“最先受诉法院原则”与禁诉令的博弈．中国海商法研究，2012（1）．

则”不相符合，如果适用禁诉令制度将可能导致司法程序效率的降低，因此，认定不能用禁诉令来影响最先受诉法院原则的适用。实践中，虽然英国法院解释，其发出的禁诉令并非试图命令外国法院，而是对案件的当事人发出的；但是，欧洲各国，尤其是德国法院始终拒绝承认和执行英国法院对德国自然人或者法人发出的禁诉令。理由是，如果英国法院的禁诉令发给在英国居住或者在英国有可供执行的财产的德国人，可认为是出于禁止当事人在其他法院或者仲裁机构提起诉讼或申请仲裁。但如果当事人在英国没有住所或者可供执行财产，则英国法院的禁诉令就明显是对德国司法主权的挑战。这意味着禁诉令的效力势必影响到他国法院的管辖和诉讼，因此，签发禁诉令应当十分慎重，只有在避免严重不公平，或者违反排他的司法管辖或者仲裁协议，或者禁诉令指向的当事人在发出国有财产可供执行等情况下，禁诉令的执行力才能显现，可以加以使用。

当然，“最先受诉法院原则”在适用中也暴露了诸多缺陷，主要表现是先受诉法院可能被当事人恶意利用，即利用该原则重点考虑的时间因素，当事人恶意选择法院的复杂程序拖延审理时间，导致另一方因该原则的限制而无法再诉诸其他法院（被称为“意大利鱼雷”式诉讼①）。鉴于此，“最先受诉法院原则”也就需要有新的发展。例如，“不方便法院原则”对“最先受诉法院原则”的适用具有限制作用。所谓“不方便法院原则”，是指涉及他国或他法域的案件，如果法官认为他国或他法域的法院受理案件更为合适，就可自由裁量不受理该案件，或者法院以非方便法院为由而主动中止审理。而且，为了使“最先受诉法院原则”的适用更有灵活性和合理性，1999 年《海牙民商事管辖权与外国判决公约（草案）》吸收了“不方便法院原则”，规定对于依据相同诉因而提起的诉讼，推定最先受诉法院优先于其他法院享有管辖权。但例外情形是，如果能够证明第二受诉法院或其他法院明显地更适于审理解决该案件的，可推翻上述推定，认定第二受诉法院或其他法院的案件管辖权。

上述的“最先受诉法院原则”与禁诉令的博弈关系，以及“最先受诉法院原则”的发展完善，对于中国法院处理与他国法院管辖权冲突具有借鉴意义，特别是海事诉讼或海事仲裁。由于海事活动的复杂性和流动性特点，决定了涉案的提单或者租约中的管辖条款或仲裁条款引发的法院选择或者仲裁权与管辖权的冲突在所难免。例如，近年来，就出现数个海事案件涉及英国仲裁与中国司法管辖权，虽然，中方当事人在中国法院诉讼在先，但英国法院根据外方的申请而向中方签发了禁诉令，对此，我国法院一般不予承认；而如果中方当事人在英国有可供执行的财产，就会面临被强制执行的风险，因此，有必要考虑应对措施。

（二）海事诉讼的管辖

海事诉讼的管辖，是指海事诉讼的一审案件在各海事法院之间的分工和权限。该权限被称为海事诉讼的管辖权。

① 由于意大利的司法诉讼程序复杂缓慢，而被利用来恶意选择法院，拖延诉讼时间，形成对“最先受诉法院原则”的挑战。

1. 海事诉讼的级别管辖

根据我国《人民法院组织法》和《全国人大常委会关于在沿海港口城市设立海事法院的决定》的规定，海事法院与中级人民法院属同一级别，一般的海事诉讼的一审案件是由各海事法院管辖的。在本辖区有重大影响的海事诉讼的一审案件，由海事法院所在地的高级人民法院负责审理。而在全国有重大影响的海事诉讼的一审案件，由最高人民法院负责审理。

2. 海事诉讼的地域管辖

海事诉讼的地域管辖，是指各海事法院之间对于海事诉讼的一审案件的分工和权限，包括一般地域管辖和特殊地域管辖。

根据我国《海事诉讼特别程序法》第 6 条的规定，海事诉讼的一般地域管辖适用《民事诉讼法》的有关规定，按照“原告就被告”的原则确定管辖法院。但是，海事诉讼一审案件的一般地域管辖区别于其他民事案件，是按照案件事实与海事法院所管辖水域范围的关系划分的，而不考虑行政区域。因此，对公民提起的海事诉讼，由被告住所地的海事法院管辖。被告住所地与经常居住地不一致的，由经常居住地海事法院管辖。对法人或者其他组织提起的海事诉讼，由被告住所地海事法院管辖。

同时，在《民事诉讼法》第 28 条和第 30 条至第 33 条所规定的特殊地域管辖涉及海事诉讼的基础上，《海事诉讼特别程序法》第 6 条还针对七种具体情况，更为详尽地规定了海事诉讼的特殊地域管辖：

（1）因海事侵权行为提起的诉讼，除依照《中华人民共和国民事诉讼法》第二十九条至第三十一条的规定以外，还可以由船籍港所在地海事法院管辖；

（2）因海上运输合同纠纷提起的诉讼，除依照《中华人民共和国民事诉讼法》第二十八条的规定以外，还可以由转运港所在地海事法院管辖；

（3）因海船租用合同纠纷提起的诉讼，由交船港、还船港、船籍港所在地、被告住所地海事法院管辖；

（4）因海上保赔合同纠纷提起的诉讼，由保赔标的物所在地、事故发生地、被告住所地海事法院管辖；

（5）因海船的船员劳务合同纠纷提起的诉讼，由原告住所地、合同签订地、船员登船港或者离船港所在地、被告住所地海事法院管辖；

（6）因海事担保纠纷提起的诉讼，由担保物所在地、被告住所地海事法院管辖；因船舶抵押纠纷提起的诉讼，还可以由船籍港所在地海事法院管辖；

（7）因海船的船舶所有权、占有权、使用权、优先权纠纷提起的诉讼，由船舶所在地、船籍港所在地、被告住所地海事法院管辖。

此外，根据《民事诉讼法》和《海事诉讼特别程序法》的有关规定，海事诉讼的特殊地域管辖还包括：

第一，因海难救助费用提起的海事诉讼，由救助地或者被救助船舶最先到达地的海事法院管辖。

第二，因共同海损提起的海事诉讼，由船舶最先到达地、共同海损理算地或者航程终止地的海事法院管辖。

第三，因海上保险合同纠纷提起的海事诉讼，由被告住所地或者海上保险标的物所在地的海事法院管辖。

第四，当事人申请认定海上财产无主的，适用财产所在地管辖原则，应向财产所在地的海事法院提出；因海上事故申请宣告死亡的，管辖权归属于处理海事事故主管机关所在地或者受理相关海事案件的海事法院，则申请人应向上述海事法院提出。

3. 海事诉讼专属管辖

海事诉讼的专属管辖，是指法律规定特定的海事纠纷案件只能由特定的海事法院予以管辖。专属管辖具有明显的排他性，可以排除协议管辖、一般地域管辖和特殊地域管辖的适用，也可以排除外国法院对于海事纠纷案件的管辖。

根据我国《海事诉讼特别程序法》第7条的规定，海事诉讼的专属管辖包括：

第一，因沿海港口作业纠纷提起的海事诉讼，由港口所在地海事法院管辖。

第二，因船舶排放、泄漏、倾倒油类或者其他有害物质，海上生产、作业或者拆船、修船作业造成海域污染损害提起的海事诉讼，由污染发生地、损害结果地或者采取预防污染措施地海事法院管辖。

第三，因在中华人民共和国领域和有管辖权的海域履行的海洋勘探开发合同纠纷提起的诉讼，由合同履行地海事法院管辖。

实例枚举

1994年初，A工程公司与B实业公司签订了联合经营木材出口业务的合同。按照约定，A工程公司负责办理进出口手续、办理制单结汇；B实业公司负责组织货源、装船运输等。同年7月5日，A工程公司在与S国C公司签订了3 000立方米木材买卖合同后，向B实业公司出示了以其名义签订的买卖合同和信用证等有关出口单证。当月30日，B实业公司派出业务员邵某持A工程公司的买卖合同及出口单证，通过传真形式以A工程公司的名义与D航运公司签订了海上运输合同。该合同约定D航运公司派船为A工程公司从T港运送木材至S国W港，并订有“发生争议，由本国贸促会仲裁，适用本国法”的仲裁条款。但是，合同上没有双方的印章，只有D航运公司代表和邵某代表A工程公司的签字。

同年7月20日，D航运公司所属“霞光”轮抵达T港受载。A工程公司向B实业公司出具了载名为A工程公司的出口许可证、信用证、商检证、报关单等所需出口单证，B实业公司的邵某用上述出口单证办理了托运手续。8月6日装船完毕，T港船务代理公司代为签发了A工程公司为托运人的清洁提单。然而，在“霞光”轮驶抵S国W港卸载后，作为收货人的C公司提出质量异议，并拒绝支付货款。此后，A工程公司亦未向D航运公司支付14.4万美元的运费。

D航运公司在向A工程公司和B实业公司追索均未果的情况下，于1994年12月以A工程公司为被诉人向中国海事仲裁委员会提请仲裁。但是，A工程公司否认与“霞光”轮的运费有关而拒绝仲裁。为此，中国海事仲裁委员会以被诉人尚未确定为由，不予受理。D航运公司遂另行向海事法院提起海事诉讼。A工程公司和B实业公司作为被告，在书面答辩中均未提出管辖异议。

分析上述案件情节，以A工程公司名义与D航运公司签订的海上运输合同中的“仲裁条款”显然是有效的，所以，其间的运费纠纷理应由双方选定的中国海事仲裁委员会负责处理。但是，A工程公司否认其是该海上运输合同的当事人而拒绝仲裁，这无异于否认“仲裁条款”的效力，则海事法院有权受理该海事运费纠纷案件。

第三节　海事诉讼审判程序

关于海事诉讼的审判程序，我国《海事诉讼特别程序法》结合海事诉讼的特殊性，在《民事诉讼法》规定的基础上，作出了补充性规定。这意味着《海事诉讼特别程序法》所规定的诉讼程序规则，是海事诉讼特有的规则，应当予以适用，而《海事诉讼特别程序法》没有规定的，则适用《民事诉讼法》的有关规定。

一、海事诉讼的普通程序

海事法院审理一般海事纠纷案件的审判程序也分为普通程序和简易程序，同样适用两审终审制。具体的审判环节，适用我国《民事诉讼法》的有关规定。

二、海事诉讼的特殊程序

由于船舶碰撞案件、共同海损案件、海上保险人行使代位求偿权案件具有明显的特殊性，《海事诉讼特别程序法》分别规定了审理这些案件所应采用的特别程序。其中，审理船舶碰撞案件和共同海损案件的特殊程序的共同特殊之处在于，审限延长为1年。而适用于海上保险人行使代位求偿权案件的特殊程序，则重点规定了行使代位求偿权的条件，将我国《海商法》的有关规定予以具体化。

三、督促程序和公告催示程序

虽然我国的各海事法院的级别为中级人民法院，但是针对大多数案件的一审由各海事法院审理的实际情况，《海事诉讼特别程序法》规定了海事法院审理海事纠纷案件的督促程序和公告催示程序，改变了《民事诉讼法》确立的中级法院审理民事案件不适用督促程序和公告催示程序的一般规则。

四、海事请求保全

（一）海事请求保全的概念和特点

海事请求保全，是指海事法院根据海事请求人的申请，为保障其海事请求的实现，对被申请人的财产所采取的强制措施（《海事诉讼特别程序法》第 12 条）。

分析法定的海事请求保全的概念，表明其具有如下的法律特点：

（1）海事请求保全是海事法院依法采取的一种司法强制措施，即海事请求保全的适用，只有通过海事法院以裁定的形式作出，并予以执行。至于海事请求人的申请，不论是在诉前提出，还是在诉讼中提出，则只是引起海事请求保全适用的前提条件。

（2）适用海事请求保全的目的，在于保障申请人的海事请求权的实现。但是，海事请求保全所追求的不仅是为了满足将来法院判决的执行，而且在于取得被申请人的担保，或者通过拍卖保全的标的物保留所得款项，用于保证将来仲裁裁决、法院判决的债权得以实现。

（3）海事请求保全的适用对象是财产，具体到海事诉讼中，作为海事请求保全对象的财产，主要包括扣押的船舶、船载货物，扣押的其他财产，冻结的运费、租金等。尤其以扣押船舶作为海事请求保全的典型形式。

（4）海事请求保全是一种临时性强制措施，即适用海事请求保全并非为了长期扣押船舶或者其他财产，而在于获得被申请人提供的担保。所以，强制措施实施的时间不宜过长，应按法定的期限执行。例如，我国《海事诉讼特别程序法》规定，扣押船舶的期限为 30 日，扣押船载货物的期限为 15 日。并且，在实施强制措施期间，一旦被申请人提供担保的，海事法院应及时解除海事请求保全措施。

可见，海事请求保全不能等同于民事诉讼中的财产保全。从保障债权实现的角度讲，海事请求保全是一种特殊形式，体现了海事诉讼的一大特点。而且，海事请求保全也不同于诉讼保全。海事请求保全作为一项独立的法律制度，取决于海事请求人的申请，不受海事纠纷当事人之间达成的管辖协议、仲裁协议、法律适用协议的约束。海事纠纷当事人通过调解、仲裁、诉讼等途径解决海事纠纷的，均可以向法院申请海事请求保全。另外，海事请求保全也有诉前保全。海事请求人在诉讼前、诉讼中和诉讼外，均可以提出申请。

（二）扣押船舶

扣押船舶是海事请求保全最为典型的方式，是指海事法院根据海事请求人的申请，经过审查符合法定条件时，对于被申请人的船舶实施的强制措施。

1. 扣押船舶的条件包括：

（1）申请人有法定范围内的具体的海事请求。

申请人提出具体的海事请求保全的申请，是引起扣押船舶的必要前提，没有申请人的申请，海事法院不得依职权适用包括扣押船舶在内的各种海事请求保全措施。不过，根据我国《海事诉讼特别程序法》的规定精神，具体的海事请求应当是程序法意义上的请求内容。而且，申请人的海事请求属于我国《海事诉讼特别程序法》第 21 条所列出的 22 项海事请求。而该立法范围以外的海事请求不得申请扣押船舶。

（2）被申请人对于海事请求负有责任。

海事请求保全适用的目的，在于确保申请人的海事请求权的实现，因此，被申请人对于申请人的海事请求负有法律上的责任正是适用海事请求保全目的的体现。所以，我国《海事诉讼特别程序法》第23条规定，在规定可以扣押的船舶范围时充分体现了该条件的存在。

（3）被扣押船舶属于法律规定的可予以扣押的船舶范围。

（4）有扣押的必要。

基于扣押船舶具有的保全作用，海事法院在适用时，应当考虑有扣押的必要性。一般的标准是情况紧急，不立即扣押船舶会使申请人遭受难以弥补的损害。

2. 扣押船舶的范围，就是海事法院依法可以将其作为海事请求的对象予以扣押的船舶范围。根据我国《海事诉讼特别程序法》第23条的规定，扣押船舶的范围包括三大类：

（1）当事船舶，即直接发生海事请求的船舶。按照该条第1款的规定，可以是：

1）船舶所有人对海事请求负有责任，并且在实施扣押时是该船的所有人；

2）船舶的光船承租人对海事请求负有责任，并且在实施扣押时是该船的光船承租人或者所有人；

3）具有船舶抵押权或者同样性质的权利的海事请求；

4）有关船舶所有权或者占有的海事请求；

5）具有船舶优先权的海事请求。

（2）姊妹船，即与当事船有一定联系的其他船舶。按照该条第2款的规定，表现为："海事法院可以扣押对海事请求负有责任的船舶所有人、光船承租人、定期租船人或者航次租船人在实施扣押时所有的其他船舶，但与船舶所有权或者占有有关的请求除外"。

（3）军事船舶和政府公务船舶。我国《海事诉讼特别程序法》第23条第3款明确规定，"从事军事、政府公务的船舶不得被扣押"。

知识链接

"死扣船"与"活扣船"——扣船方式的多样化[①]

扣押船舶就是限制船舶的权利人处分和使用船舶的保全措施，即被扣押的船舶不能投入营运，不得驶离扣押地，更不能进行处分或者设置抵押权。这是传统的扣船方式，称为"死扣船"或者"即地扣押"。应当说，"死扣船"的优点是其保全效果较佳，成为大多数扣押船舶时采用的扣船方式。但其弊端也显而易见，"死扣船"不仅使得船舶被扣押期间丧失使用价值，还会不断增加保留船员所需供应的费用支出。

随着扣船实践的不断发展，出现了"活扣船"方式，具体表现为只限制被扣押船舶的处分权和抵押权，却不限制船东对船舶的使用权。这意味着船东在船舶被扣押期间，除了不能处分船舶或设置抵押权以外，仍然可以使用船舶从事海上运输和生产。可见，"活扣船"是克服了"死扣船"的不足而表现出更大灵活性的保全措施。当然，在我国海事司法实践中，"活扣船"是较多地适用于沿海运输的扣船方式。原因在于，沿海运输船舶的航行区域在我国境内，对此类船舶的扣押便于监督，判决或裁定也便于执行。同时，沿海运输的船舶均在国内登记，海事法院实施"活扣船"可以得到我国船舶登记机关的

---

① 金正佳，翁子明．海事请求保全专论．大连：大连海事大学出版社，1996：61-66.

协助，达到阻止船舶转让和抵押的目的。

（三）拍卖船舶

拍卖船舶，是指海事法院依法对于船舶实施扣押之后，在一定条件下，根据申请人的申请，依法定程序强制拍卖被扣押的船舶，以所得价款清偿被申请人的债务活动过程。

拍卖船舶与扣押船舶的关系密切，应当说，拍卖船舶是扣押船舶在一定条件下的转化形式，是扣押船舶的延续。因此，拍卖船舶具有强制性、公开性、拍卖条件和拍卖程序法定性等特点。

根据我国《海事诉讼特别程序法》的规定，拍卖船舶的适用条件包括：

1. 船舶扣押期限届满而被请求人不提供担保的

扣押船舶作为一种临时性强制措施，并非以拍卖船舶为目的，只要被请求人提供担保，扣押船舶便应当解除，也就无拍卖船舶的必要。但是，如果被请求人直至船舶扣押期限届满仍不提供担保的，则使得拍卖船舶成为必要的措施了。

2. 船舶不宜继续扣押的

如果船舶不宜继续扣押的，则具备了适用船舶拍卖的又一个条件。

3. 海事请求人提起了海事诉讼或者申请海事仲裁

根据我国《海事诉讼特别程序法》第 18 条第 2 款和第 28 条的规定，海事请求人应当在扣押船舶的 30 日期限内提起海事诉讼或者申请海事仲裁。这是拍卖船舶的前提。否则，海事请求人要承担解除船舶扣押，释放船舶的后果，也就无从拍卖船舶。

4. 海事请求人提出拍卖船舶的申请

虽然，拍卖船舶是一种强制措施，但是，海事法院不能依据职权主动拍卖船舶，而必须是在海事请求人提出拍卖申请的条件下，海事法院才能够实施强制拍卖。

（四）扣押船载货物和拍卖船载货物

扣押船载货物，是指海事法院根据海事请求人的申请，为了保全海事请求人的海事请求，对于船舶所运载的货物予以扣押的强制措施。

1. 扣押船载货物的特点

扣押船载货物是产生于我国海事诉讼实践中的一种独立的海事请求保全措施，《海事诉讼特别程序法》以法律形式将其予以固定。与扣押船舶相比，扣押船载货物具有如下特点：

第一，扣押船载货物适用的根据是海事请求和海上货物运输合同。

在海事诉讼实践中，提出扣押船载货物申请的一般是船方，而提出该申请的根据，除了申请人的海事请求外，还应当存在申请人与被申请人之间的海上货物运输合同。

第二，扣押船载货物措施的对象是船载货物。

在此，船载货物应当理解为，基于申请人与被申请人所签订的海上货物运输合同而经过申请人的船舶载运的货物，不以被申请人占有为条件。

第三，申请扣押的货物价值应当与申请人的债权数额相当。

不同于船舶整体的不可分性，货物具有可分性，所以，按照民商法的公平原则，扣押船载货物的价值应当也可以与相应的海事请求权金额相当。所以，《海事诉讼特别程序法》第45条规定："海事请求人申请扣押船载货物的价值，应当与其债权数额相当。"

2. 扣押船载货物的条件

根据我国《海事诉讼特别程序法》第44条和第45条的规定，扣押船载货物的条件包括：

第一，海事请求人提出申请。

扣押船载货物的目的在于保全其享有的海事请求权，因此，只有海事请求人提出扣押申请的，才意味着需要适用该保全措施，海事法院才能够依法考虑是否采取扣押措施。当然，符合扣押船载货物的申请，应当是海事请求人能够证明其具有基于海上货物运输合同而产生的海事请求，一般表现为费用请求权。

第二，被申请人负有责任。

与海事请求人提出扣押船载货物的申请相对应，被申请人应当是同一海上货物运输合同关系的相对人，而且，负有现实的费用给付责任。否则，不构成扣押船载货物的适用条件。

第三，所扣押的船载货物属于被申请人所有。

该条件表明海事请求保全同样建立在债法的规则之上，一般情况下，负有给付责任的债务人应当以自己所有的财产履行债务责任。因此，海事法院依法予以扣押的船载货物应当属于被申请人所有。

3. 拍卖船载货物

与拍卖船舶的性质和作用一样，拍卖船载货物也是一种强制措施，是扣押船载货物的延续。但是，由于拍卖对象（船载货物）的特点，其拍卖规则具有特色。

第一，可以适用提前拍卖。

由于货物的种类繁多，各自的物质属性不尽相同，对于保管手段和保管措施的要求也不一样。为此，我国《海事诉讼特别程序法》第47条在规定了拍卖船载货物的一般条件的基础上，又针对船载货物的特殊情况，规定了提前拍卖的适用，即"对无法保管、不易保管或者保管费用可能超过其价值的物品，海事请求人可以申请提前拍卖"。

第二，规定了时间期限。

鉴于拍卖货物的特点，《海事诉讼特别程序法》第48条增加了有关拍卖船载货物的时间期限，故不同于拍卖船舶。具体是海事法院收到拍卖船载货物的申请后，应当在7日内作出准予或者不准予拍卖的裁定。

第三，拍卖船载货物的拍卖机构区别于拍卖船舶。

与拍卖船舶相比，拍卖船载货物的专业技术性较为简单，而对拍卖机构的要求也较灵活，海事法院的执行人员、聘请的拍卖师或海事法院委托的其他机构均可从事此拍卖。显然，不同于拍卖船舶必须由依《海事诉讼特别程序法》规定组成的拍卖船舶委员会实施。

五、海事强制令

（一）海事强制令的概念和性质

海事强制令，是指海事法院根据海事请求人的申请，为使其合法权益免受侵害，责令被请求人作为或者不作为的强制措施。

海事强制令是我国《海事诉讼特别程序法》创新性的一项法律制度。其性质属于海事请求保全。它是在紧急情况下为了防止海事请求人的利益遭受损害而由海事法院在起诉前或者诉讼中对于被请求人采取的一种强制措施。但是，海事强制令是一种独立的海事诉讼程序，又不同于海事请求保全。其特点主要表现在：

（1）海事强制令的适用对象是被请求人的行为。诸如，承运人交付货物的行为、承运人签发提单的行为、承租人交还船舶的行为等。故区别于以被请求人的财产为对象的海事请求保全。

（2）海事强制令所采取的强制措施是强制被请求人为一定行为或者不为一定行为。因此，区别于以扣押、查封、冻结为手段的海事请求保全。

（二）海事强制令的管辖

基于海事强制令的独立性，确定海事强制令的管辖权的基础是被请求人实施行为的所在地。为此，我国《海事诉讼特别程序法》第 52 条规定："当事人在起诉前申请海事强制令，应当向海事纠纷发生地海事法院提出"。至于海事诉讼中申请海事请求强制令的管辖问题，该法未作规定，解释上宜为受理海事纠纷案件的海事法院。

（三）海事强制令的适用条件

根据我国《海事诉讼特别程序法》第 56 条的规定，海事法院适用海事强制令，应当具备下列条件：

1. 请求人有具体的海事请求

请求人应当针对具体的海事法律关系的相对人，提出包括实际执行内容的海事请求。这是适用海事强制令的前提条件。

2. 需要纠正被请求人违反法律规定或者合同约定的行为

海事强制令的适用内容是强制性地纠正被请求人的违法行为，所以，海事强制令必须以被请求人的违法行为作为适用对象。具体包括违反法定义务的行为和违反合同义务的行为，既可以是作为行为，也可以是不作为行为。

3. 情况紧急，不立即作出海事强制令将造成损害或者使损害扩大

海事强制令的适用目的是保护请求人的合法权益，但是，海事强制令并非解决海事纠纷的最终裁判，所以，它只能在特殊条件下予以适用，才具有独特的法律功效。而这一特殊条件就是因存在紧急情况，有可能给申请人的合法权益造成损害或者扩大损害。可见，海事强制令不具有普遍的适用效力。

（四）海事强制令的程序

海事强制令的程序，包括申请、请求人提供担保、审查和裁定、复议和异议、执行等。

六、海事担保

（一）海事担保的概念和适用范围

根据我国《海事诉讼特别程序法》第 73 条和第 79 条的规定，海事担保，是指在海事诉讼及其相关活动中，依照法律规定或者当事人约定，为了保障海事诉讼当事人的海事诉讼请求得以实现而提供担保的制度。

海事担保的适用范围，包括海事请求保全、海事强制令、海事证据保全等程序所涉及的担保，以及设立海事赔偿责任限制基金和先予执行涉及的担保。其适用的法律依据是我国《民事诉讼法》和《海事诉讼特别程序法》。所以，区别于在海商活动中，为了保证债权的实现，而由债务人提供的担保。因此，无论是在诉前，还是在诉讼中，凡海事请求人申请海事请求保全、海事强制令、海事证据保全的，海事法院均可以依法责令被申请人提供担保，用以保证海事请求权的实现；或者责令申请人提供反担保，用以补偿因申请保全而可能给被申请人造成的经济损失。

海事担保的提供人，可以是海事请求人或者被请求人，也可以是海事纠纷案件以外的第三人。

学术前沿

船东互保协会的担保函应当属于独立担保[①]

在航运实践中，当船舶因海事纠纷而被索赔方扣押或有扣押之虞时，以尽速解除或避免船舶被扣押、滞留为目的，船东互保协会（简称协会）会为其会员向索赔方出具担保函（letter of undertaking/guarantee，简称保函），约定由协会按照约定条件承担付款义务。

由于协会保函具有的优点，其成为处理海事纠纷时解除或避免船舶扣押、滞留的担保方法而被广泛使用。然而，我国海事审判实践中，法院认定协会保函的责任时，通常不关注保函的措辞，而是直接依据《民法典》有关保证担保的规定，认定协会在保函项下承担着《民法典》规定的“连带责任保证”的责任，具有从属性，进而将协会列为共同被告，判决由其承担连带保证责任。

但有人指出，协会保函的法律属性应当认定为独立担保，并不属于《民法典》规定的连带保证或一般保证。构成此观点基础的，是独立担保理论。正如罗伊·古德（Roy Goode）教授在《国际商会见索即付保函统一规则指南》（Guide to ICC Uniform Rules

① 李澜，章博．船东互保协会担保函法律属性探析．中国海商法研究，2015（4）.

for Demand Guarantees）中定义的独立担保，是指“一方对另一方负有的、在凭其书面请求或者规定的单据请求时向其支付一定数额或者不超过一定数额的款项的承诺”①。它是一种吸收了信用证的自主个性和传统从属性担保的担保机能的担保模式，法律特征主要表现为：（1）效力上的独立性，与基础法律关系相互独立、互不干涉，也无从属性，故又称其为见索即付保函。（2）担保责任的第一性，它作为独立的付款承诺，只要具备约定的付款条件就应当履行付款义务，无从属担保的抗辩权，但也仅仅限于付款义务，而非履约担保，故又称其为无条件的、不可撤销的担保，等同于备用信用证。分析协会保函约定的担保责任完全符合独立担保之“见单即付担保”的性质，并非《民法典》规定的从属性担保。

不过，我国现行法律尚无独立担保的规定，也未加入《联合国独立担保和备用信用证公约》。即便存在如此的立法缺位，也有专家认为，我国《民法典》第682条第1款的“但书”规定“但是法律另有规定的除外”的表述、2016年最高人民法院颁布的《关于审理独立保函纠纷案件若干问题的规定》中明确允许的银行或非银行金融机构有资格开具独立保函的规定，均为独立担保的适用留下合法空间，表明将国际上广泛确认的独立担保制度纳入我国立法已经是必然趋势。

因此，有人建议，在中国法律未规定独立保函的现阶段，考虑协会保函属于合同的具体类型，适用《民法典》“合同”编“通则”部分的一般规定，依据《民法典》第465条来认定协会保函约定的当事人的权利和义务，比如，我国法院就曾有援用国际商会《见索即付统一规则》作为国际惯例来参照处理涉案的保函问题的实践。

（二）海事担保的方式

从民商法理论上讲，可以按照提供担保的标的物，将海事担保分为金钱担保、人的信誉担保和实物担保。而根据我国《海事诉讼特别程序法》第73条第2款的规定，海事担保的方式，包括提供现金或者保证、设置抵押或者质押。

（1）现金担保，是指海事纠纷案件的一方当事人向海事法院或者对方当事人提交一定数额的货币现金，用以保证履行债务的担保方式。现金担保成立的标志，是担保现金的交付。

应当将作为海事担保方式的现金担保与一般民事担保中的定金担保相区别。因为，现金担保可以在诉前或者诉讼中设定，用于担保已经存在或者可能产生的债权。

（2）保证，作为海事担保方式之一，是指海事纠纷以外的第三人作保证人，向被保证人承诺，在被保证人所负海事赔偿责任确定时，如果被保证人不履行给付责任的，保证人承担履行责任的担保方式。

在海事司法实践中，海事担保的保证人范围小于民事担保的保证人范围，条件更为严格。海事法院认可的保证人多是具有良好商业信誉的银行、保险公司、其他金融机构、船东互保协会或者大中型企业。而且，一般要求保证人提供连带责任。

---

① 贺绍奇．国际金融担保法律理论和实务．北京：法律出版社，2001：15.

（3）抵押，作为海事担保方式之一，是指海事请求人、被请求人或者第三人以其具有处分权的财产作为抵押物，在被担保的海事纠纷的海事赔偿责任确定而责任人不履行时，海事债权人得以将抵押物折价或者变卖并优先受偿的担保方式。

在海事司法实践中，抵押的适用经常被海事法院或者海事纠纷案件当事人予以拒绝。原因是抵押的设立程序和手续较为严格，与海事请求保全或者海事证据保全的临时性不相符合，尤其是以船舶作抵押物的，船舶的可移动性和可能附有隐性债务，形成较大的风险性。

（4）质押，作为海事担保方式之一，是指海事请求人、被请求人或者第三人以其具有处分权的财产作为质押物，在被担保的海事纠纷的海事赔偿责任确定而责任人不履行时，海事债权人得以将质押物折价或者变卖并优先受偿的担保方式。

在海事司法实践中，用于质押的质押物多为代表财产权利的海运提单或者货物仓单。但是，由于海运实践中存在着无单放货的现象，故以海运提单质押的，也有一定的风险。

知识链接

“玛瑞瓦”禁令的由来与适用[①]

“玛瑞瓦”禁令是英国海事司法制度中一项颇具特色的诉讼保全措施，其内涵是，在被告有可能将其财产转移到法院管辖范围以外时，法院根据原告的申请而发出禁令，禁止被告转移其财产。

“玛瑞瓦”禁令的名称来源于“玛瑞瓦”案。1975 年 6 月，英国法院受理了“玛瑞瓦”案。在该案中，船东将“玛瑞瓦”轮期租给承租人，该承租人又将船租给印度政府。1975 年 5 月 29 日，“玛瑞瓦”轮装载化肥从 Bordeanx 港运至印度，印度政府向二船东支付了 17.4 万英镑的运费。而船东却没有收到 1975 年 6 月 12 日的应付租金。为此，船东提起诉讼，要求承租人给付租金并赔偿损失。由于担心被告处理自己的财产，使法院的判决难以执行，船东向法院申请发布限制被告处理财产的禁令。法院受理后很快于 6 月 23 日就发布了禁令。因为法官认为，如果债务到期未付的，法院就有发布禁令阻止债务人处置财产来对抗判决执行的管辖权。自此以后，以“玛瑞瓦”禁令命名的司法措施在英国的法院得以形成，并被普遍适用。

为了帮助大家全面认识中国的海事请求保全制度，不妨将其与英国的“玛瑞瓦”禁令加以比较：（1）中国的海事请求保全为了确保海事请求的实现，可以在起诉或者仲裁之前进行；而“玛瑞瓦”禁令属于诉讼保全措施，只能在诉讼中进行。（2）中国现行的海事请求保全，只能针对特定的财产；而“玛瑞瓦”禁令的适用范围则涉及财产和行为，既可以强制或禁止被申请人转移财产的行为，也可以强制或禁止被申请人为一定的不涉及财产的行为。（3）中国的海事请求保全只适用于在中国境内的财产，包括扣押船舶、查封船载货物以及冻结运费和租金等；而“玛瑞瓦”禁令的适用范围涉及被申请人的动产、不动产以及无形资产，不论其是在英国国内，还是处于域外，都可以采取该禁令，因此，“玛瑞瓦”禁令具有较大的适用性和灵活性。

---

① 金正佳，翁子明．海事请求保全专论．大连：大连海事大学出版社，1996：30.

七、设立海事赔偿责任限制基金程序

（一）设立海事赔偿责任限制基金程序性质

与我国《海商法》规定的海事赔偿责任限制制度相适应，《海事诉讼特别程序法》规定了设立海事赔偿责任限制基金的程序规则，从而，将海事赔偿责任限制基金的适用落实在实处。

应当强调的是，设立海事赔偿责任限制基金程序与海事赔偿责任限制制度是彼此独立的两个法律制度。后者的核心是确认海事赔偿责任人是否享有海事赔偿责任限制的权利，为此，受理有关海事纠纷案件的法院或者仲裁机构在认定赔偿责任人的海事赔偿责任时，应当审查该责任人是否享有海事赔偿责任限制的权利。而前者的核心则在于海事赔偿责任人设立一项专门基金，用于偿付责任人所应承担的限制范围内的海事赔偿责任，避免责任人的财产被扣押。所以，设立海事赔偿责任限制基金，受理的海事法院仅审查申请人的主体资格、申请限制的债权是否属于限制性债权，当事船和基金数额是否符合法律规定等，而无须审查申请人是否享有海事赔偿责任限制权利。

（二）设立海事赔偿责任限制基金程序的地位

设立海事赔偿责任限制基金程序是一项独立的海事诉讼程序。根据我国《海事诉讼特别程序法》的规定，“设立海事赔偿责任限制基金，不受当事人之间关于诉讼管辖协议或者仲裁协议的约束”（第 103 条）。“设立责任限制基金的申请可以在起诉前或者诉讼中提出，但最迟应当在一审判决作出前提出”（第 101 条第 3 款）。“设立海事赔偿责任限制基金以后，当事人就有关海事纠纷应当向设立海事赔偿责任限制基金的海事法院提起诉讼，但当事人之间订有诉讼管辖协议或者仲裁协议的除外”（第 109 条）。由此可见，海事赔偿责任人设立海事赔偿责任限制基金的，只能向海事法院提出申请。设立海事赔偿责任限制基金程序可以在海事仲裁、海事诉讼之外独立适用，而又与审理实体海事纠纷案件的海事仲裁、海事诉讼相互配合。而且，可以在诉讼前，也可以在诉讼中提出。

（三）设立海事赔偿责任限制基金的管辖

根据我国《海事诉讼特别程序法》第 102 条的规定，设立海事赔偿责任限制基金的管辖法院包括事故发生地、合同履行地或者船舶扣押地的海事法院，海事赔偿责任人申请时可以从中选择。而且，海事赔偿责任限制实行一次事故一次限额，因此，如果与设立的海事赔偿责任限制基金有关的海事纠纷案件可以在不同的海事法院起诉的，海事赔偿责任人可以在其中的某一个海事法院提出申请。

（四）设立海事赔偿责任限制基金的程序

根据我国《海商法》和《海事诉讼特别程序法》的规定，设立海事赔偿责任限制基金的程序，包括申请、受理、公告与通知、利害关系人提出异议及审查。设立海事赔偿责任限制基金的形式，包括现金形式和海事法院认可的担保两种。

实例枚举

我国A海事法院审理“D”号轮责任限制案时，了解到的案情是：申请人A国甲船务有限公司所属“D”号轮于2006年1月10日航行途中误入被申请人中国B地X村民委员会所属15户村民的扇贝养殖区，造成扇贝及设施严重受损。申请人甲船务有限公司得知上述情况后，指示该船保留现场，停止施救工作，等待保赔代表前来勘验现场。因此直至1月28日该船才被拖离现场。

4月5日，上述15户村民就各自损失分别向A海事法院提起诉讼。审理过程中，申请人甲船务有限公司提出海事赔偿责任限制权利，要求法院裁定其对触损扇贝及设施事故享有339 678计算单位的海事赔偿责任限制权利。上述15户村民作为被申请人抗辩称：申请人未向该船提供最新的航行资料，对触损事故的发生有重大过失。不仅如此，申请人指示该船停留在事故现场致损失扩大，显然是明知可能造成损失而为之，故申请人不能在本案中享受海事赔偿责任限制权利。

A海事法院经审理认为，“D”号轮误入被申请人所属养殖区，主要原因是航行过失，不属于故意或明知可能造成损失而轻率地作为，则申请人对此航行过失直接造成的损失可以享受责任限制，进而，申请人对此设立海事赔偿责任限制基金应当予以准许。但是，申请人在触损事故发生后，指示该船停留在现场致使损失扩大。对于这种因船舶锚泊在养殖区而受海流影响会造成养殖物损失扩大的情况，申请人通常能够预见，因此构成“故意或明知可能造成损失而轻率地作为或不作为”（《海商法》第209条），则申请人对于由此扩大的损失无权享受海事赔偿责任限制，也就不得对此设立上述基金。

大家借助本案能够体会到海事责任人在司法实务中申请设立海事赔偿责任限制基金的前提条件（依法享有海事赔偿责任限制权利）和法律操作程序。

八、船舶优先权催告程序

（一）船舶优先权催告程序的概念和管辖

根据我国《海事诉讼特别程序法》第120条的规定，船舶优先权催告程序，是指海事法院根据船舶所有权的受让人的申请，以公示的方式，催促船舶优先权人于一定期间内主张权利，到期而不主张的，产生消灭该船舶所附有的船舶优先权后果的一项海事诉讼制度。

适用于海事诉讼范围内的船舶优先权催告程序，是民事诉讼中的公示催告制度的具体类型。但是，它仅仅适用于船舶所有权转让的情况，目的是保护船舶所有权受让人的合法利益。因为，船舶所有权的受让人在受让船舶所有权的过程中，并不知道该船舶上是否附有优先权以及附有多少优先权，所以，适用船舶优先权催告程序可以达到提前消灭船舶优先权的目的。

确定船舶优先权催告管辖的根据，是《海事诉讼特别程序法》第121条。根据该条的规定，船舶优先权催告程序的管辖法院，是转让船舶交付地或者受让人住所地海事法院。应当注意的是，船舶优先权催告案件不同于船舶优先权纠纷案件，因此，确定船舶优先权催告管辖权不适用《海事诉讼特别程序法》第 6 条有关船舶优先权纠纷案件的管辖规定。

（二）船舶优先权催告程序的适用条件

船舶优先权催告程序的适用，必须符合如下条件：

1. 申请人必须是船舶所有权的受让人

船舶优先权催告的申请，只能由船舶所有权的受让人提出，才能被海事法院所接受。

2. 催告申请应当在法定期限内提出

船舶所有权的受让人应当在法律规定的期限内提出申请，该法定期限，按照《海事诉讼特别程序法》第 120 条的规定，原则地表述为“船舶转让时”，具体期限应当以有关的司法解释为准。

3. 申请人应当依法提交相应的书面文件

这些书面文件，包括书面申请书、船舶转让合同、船舶技术资料等。

（三）船舶优先权催告的程序

船舶优先权催告的程序，包括申请人提出申请、海事法院受理、公告、船舶优先权登记和审查、海事法院除权判决。

第四节　海事诉讼时效

一、海事诉讼时效的法律含义

海事诉讼时效是民事时效制度在海商法领域的具体适用，即海事权利人请求海事法院强制保护其受到侵害的海事请求权。这意味着海事请求权人在法定的海事诉讼时效期间内行使请求权的，海事法院强制义务人履行其义务；但是，在此海事诉讼时效期间届满后行使海事请求权的，海事请求权人便丧失了强制义务人履行义务的权利。

海商立法确立海事诉讼时效制度的目的，在于督促海事请求权人及时行使其海事请求权，实质上借助海事请求权人行使权利而间接地促使义务人依法履行其义务，从而实现海事法律关系当事人之间的权利和义务，避免因海事请求权人不主动行使海事请求权而导致海事权利义务关系的不确定状态，以促进我国国际海运市场的正常发展。

与一般民事诉讼制度相比，海事诉讼时效的特殊性表现在，其适用于海商立法所规定的特定国际海事运输领域，属于特殊民事诉讼时效的类型。同时，在法律适用上采取特别法优先于普通法的规则，即海商立法有规定的，适用其规定，而海商立法未规定的，则适用民事立法的一般性规定。

二、海事诉讼时效的期间和适用范围

学术前沿

《保险法司法解释（二）》对海上保险代位求偿之诉讼时效的适用性[①]

2013年6月7日，最高人民法院公布了《关于适用〈中华人民共和国保险法〉若干问题的解释（二）》（简称《保险法司法解释（二）》）。其第16条规定，保险代位索赔的诉讼时效自保险人取得代为求偿权之日起算。此一规定已经对保险代位索赔的审判实践带来重大影响。但该司法解释是否适用于海上货物运输领域的保险代位索赔诉讼？根据我国《海商法》第257条规定，涉及海上货物运输要求承运人赔偿的请求权的时效期间为1年，自承运人交付或者应当交付货物之日起算。如此，在海上货物运输的货损货差索赔纠纷中，在保险人因支付保险赔偿而取得代位求偿权并据此向承运人要求赔偿的情况下，其1年的时效是依据《海商法》规定的自承运人交付货物或者应当交付货物之日起算，还是依据《保险法司法解释（二）》规定的自保险人取得代位求偿权之日（实践中即为支付保险赔偿款之日）起算？目前的海事审判实践和理论上存在着截然相反的肯定说与否定说的争议。

其中，肯定说确认了最高人民法院《保险法司法解释（二）》有关主张保险代位求偿权的诉讼时效自保险人取得代位求偿权之日起开始计算的规则所持的理由。并明确指出，《保险法司法解释（二）》的规定并不能适用于海上货物运输保险人代位求偿权诉讼。理由是，如果保险人的代位求偿权的诉讼时效自被保险人取得对第三人请求权之日起算的话，会因我国保险业经营中存在着的保险理赔可能由于鉴定、诉讼等事由的影响而拖延。特别是火灾、重大事故引发的责任保险，因相关政府部门主导责任事故的认定而使得保险公司难以掌控理赔时间，这些对保险公司不具有可归责性的原因极易导致诉讼时效届满，不利于保护保险公司的合法权益。而按照保险人取得代位求偿权之日起算其代位求偿权的诉讼时效则可以避免上述弊端。

而否定说则认为，上述理由不能适用于海上货物运输保险的保险人对承运人的代位求偿权诉讼。因为，如果将《保险法司法解释（二）》规定的自取得代位求偿权之日作为保险代位求偿权的诉讼时效起算点的话，会引起诉讼时效制度的严重混乱和对承运人的不公平，具有明显的不合理性。否定说还列举出下述主要理由来支持其结论：（1）以保险人取得代位求偿权之日起算海上保险代位求偿权的诉讼时效违背了代位求偿权的本质。海上保险代位求偿权虽然是法定权利，但该权利仍然从属于被保险人对第三人的赔偿请求权。根据债权转让的原理，保险人并不能取得优于被保险人的地位。如果作为被保险人的提单持有人或者收货人对承运人提起的有关货物灭失或者损害之诉已经超过1年时效，保险人也应当相应地丧失对承运人的追诉时效，保险人不应当因为取得了代位求偿

① 杨运福，吴星奎．论保险法司法解释（二）对海上保险代位求偿诉讼时效的适用性．中国海洋法学评论，2015（1）．

权而重新计算诉讼时效，则理应以被保险人的诉讼时效起算点为保险代位求偿权的诉讼时效起算点。但若自保险人取得代位求偿权之日起算诉讼时效的话，无疑将扩大被保险人的原有权利，损害承运人的诉讼时效利益，并使得其享有的代位求偿权成为新的权利。(2) 以保险人取得代位求偿权之日起算海上保险代位求偿权的诉讼时效，违背了《海商法》规定1年诉讼时效的立法本意。因为，遵循时效制度之督促权利人及时行使权利来维持社会交易秩序，稳定社会关系的宗旨，我国《海商法》吸收了《海牙规则》的经验，规定海上货物运输对承运人的诉讼时效为1年，并自交付或者应当交付货物之日起算。之所以该1年诉讼时效期间短于我国《民法典》适用于普通民事权利的3年诉讼时效期间，完全是出于针对海上运输的特殊风险而保护承运人的考量。由于海上货物运输的货方绝大部分都购买保险，大多数的货损货差通常都可以获得保险赔付，因而，基本上转变为保险人支付保险赔偿后对承运人的代位求偿权诉讼。不仅如此，相对于地上案件而言，海上运输的流动性更大，证据更容易灭失。且海上运输往往涉及错综复杂的法律关系，加之，船员的流动性很强。这些都给海事诉讼的取证带来困难。如果按照《保险法司法解释（二）》的规定起算代位求偿诉讼时效，不仅会使得承运人享有的1年时效失去意义，与《海商法》保护承运人的立法宗旨背道而驰，也可能引起海上货物运输的时效制度的混乱。(3) 保险理赔的时间长短并不会影响对承运人的诉讼时效。理由是，保险理赔关系与货物运输合同关系是完全不同的两种关系。即使是保险理赔时间较长，保险人也可以通过被保险人（货方）对承运人的起诉来中断时效，或者利用延期举证的规则[①]而获取足够的证据，弥补被保险人对承运人起诉时提交的初步证据。况且，保险理赔涉及的火灾事故调查、水上交通事故调查，一般都可以在1年内完结，只要保险公司及时核赔，是不会影响到诉讼时效的。故其结论是，《保险法司法解释（二）》规定的诉讼时效起算规则不应当适用于海上货物运输的代位求偿诉讼。

根据海上运输活动的特点，参考有关国际公约的规定精神，我国《海商法》专章（第十三章）规定了海事诉讼的期间和适用范围。

(1) 涉及海上货物运输合同的赔偿请求权的时效期间为1年。

应当强调的是，该项海事诉讼时效的适用范围是海上货物运输合同引起的赔偿请求权。首先，根据《海商法》第257条的规定，它适用于托运人、收货人或提单持有人向承运人要求赔偿的请求权，而根据最高人民法院1997年8月5日和2001年5月24日的司法批复精神[②]，承运人向托运人、收货人或提单持有人要求赔偿请求权以及沿海、内河货物运输当事人之间有关货物损失赔偿请求权的诉讼时效期间也是1年。其次，该项海事诉讼时效的起算时间为“承运人交付或者应当交付货物之日”（《海商法》第257条第1款）。

---

① 根据最高人民法院《关于民事诉讼证据的若干规定》，原告可以在起诉时提交初步证据，且法院立案后至举证期限届满搜集证据。如果需要延期举证的，可以申请2次延期。

② 最高人民法院1997年8月15日的批复是《关于承运人就海上货物运输向托运人、收货人或提单持有人要求赔偿的请求权时效期间的批复》，2001年5月24日的批复是《关于如何确定沿海、内河货物运输赔偿请求权时效期间问题的批复》。

(2) 涉及海上旅客运输合同的海事诉讼时效期间为2年。

该项海事诉讼时效的适用有两个要点，一是其适用范围；二是其起算时间。根据《海商法》第258条的规定，其适用范围涵盖了海上旅客运输合同的旅客向承运人要求赔偿的诸多方面，而且，各自的起算时间亦不尽相同。具体包括：第一，有关旅客人身伤害的请求权，自旅客离船或应当离船之日起计算。第二，有关旅客死亡的请求权，发生在运送期间的，自旅客应当离船之日起计算；因运送期间内的伤害而导致旅客离船后死亡的，自旅客死亡之日起计算，但是此期限自离船之日起不得超过3年。

(3) 涉及船舶租用合同的海事诉讼时效期间为2年。

适用范围和起算时间，同样是理解该项海事诉讼时效的要点。首先，该项海事诉讼时效的适用范围，根据《海商法》第257条第2款和第259条的规定，包括航次租船合同、定期租船合同和光船租船合同。其次，其起算时间为权利人知道或者应当知道权利被侵害之日。

(4) 涉及海上拖航合同的海事诉讼时效期间为1年，自权利人知道或者应当知道权利被侵害之日起计算。

(5) 涉及船舶碰撞的海事诉讼时效期间，因情况不同而分别为2年或1年。

我国《海商法》第261条针对船舶碰撞涉及的两种不同的请求权，规定适用2年或1年的海事诉讼时效。其一是一般的船舶碰撞所涉及的财产损害赔偿和人身损害赔偿的请求权，适用2年的海事诉讼时效，自碰撞事故发生之日起计算；其二是互有过失的船舶碰撞造成第三人人身伤亡的赔偿，互有过失的碰撞当事人依据《海商法》第169条的规定，应当向第三方受害人承担连带赔偿责任，因此，当一方责任人连带支付的赔偿额超过法律规定的比例时，向其他有过失的责任方追偿请求权，适用1年的海事诉讼时效，自当事人连带支付损害赔偿之日起计算。

(6) 有关海难救助请求权的海事诉讼时效期间为2年，自救助作业终止之日起计算。

(7) 有关共同海损的请求权的海事诉讼时效期间为1年，自理算结束之日起计算。

需要指出的是，如果当事人选择适用2004年《约克-安特卫普规则》的话，则涉及上述的1年海事诉讼时效与该规则中诉讼时效[①]的适用关系问题。对此，2004年《约克-安特卫普规则》第23条规定，其前提是“服从所适用的法律中任何关于时效的强制性规定”。

(8) 涉及海上保险合同的海事诉讼时效期间为2年。其适用范围是向海上保险合同的保险人要求保险赔偿的请求权，自保险事故发生之日起计算[②]。

(9) 有关船舶油污损害请求权的海事诉讼时效期间为3年和6年。

鉴于船舶油污损害案件的特殊性——情况错综，调查取证复杂，则受害人要求赔偿的请求权适用的海事诉讼时效期间一般为3年，但是，在特殊情况下，诉讼时效期间不得超过6年。上述诉讼时效期间自油污损害发生之日起计算。

---

① 2004年《约克-安特卫普规则》第23条对共同海损的诉讼时效规定了三种情况：一是在共同海损理算书编成后1年内起诉；二是某些调查取证比较困难的共同海损案件的诉讼时效为6年，自同一航程结束时计算；三是经有关当事人协商同意，可以延长上述1年和6年的诉讼时效。

② 对此起算点的规定，不同于保险法理论，有商榷和修改的必要。

三、海事诉讼时效的中止、中断和延长

（一）海事诉讼时效的中止

根据《海商法》第266条的规定，海事诉讼时效的中止，是指在海事诉讼时效期间的最后6个月内，因不可抗力或者其他障碍不能行使请求权的，暂时停止计算海事诉讼时效期间，而自中止时效的原因消除之日起，海事诉讼时效期间继续计算的情况。又称其为海事诉讼时效期间的暂时停止。

适用海事诉讼时效期间的中止，应当具备两个条件：一是发生法定的中止事由，不论是不可抗力或其他障碍，均是与人的主观意志无关的客观情况。二是法定的中止事由应当发生在法定期间内，即诉讼时效的最后6个月内，才产生中止时效的效力。

（二）海事诉讼时效的中断

根据《海商法》第267条的规定，海事诉讼时效的中断，是指海事诉讼时效期间因请求人提起诉讼、提交仲裁或者被请求人同意履行义务以及请求人申请扣船而不再计算，自时效期间中断时起，海事诉讼时效期间重新开始计算的情况。

适用海事诉讼时效中断，应当具备的条件是，发生法定的中断事由，包括请求人提起诉讼、提交仲裁、被请求人同意履行义务、请求人申请扣船。但是，请求人撤回起诉、撤回仲裁或者起诉被裁定驳回的，时效不中断。

（三）海事诉讼时效的延长

关于海事诉讼时效的延长，我国《海商法》没有作出规定，但就海事诉讼司法实践而言，因存在引起海事诉讼时效期间中止、中断的法定原因以外的情况而导致权利人无法行使请求权的事实是必然的，按照有关的国际公约或国际惯例，允许当事人协商而延长海事诉讼时效期间。

实例枚举

"乐油"轮登记为赵甲等六人共有，乙有限公司于2004年7月20日与赵甲签订光船租赁合同，租用该船一年，此后，该船被交付给丙海运公司经营。2005年6月1日，该船舶经营人为"乐油"轮向丁保险公司投保了沿海内河船舶一切险，保险金额100万元，承保比例100%。2005年10月6日，"乐油"轮锚泊于A港的北港池，遭遇大风而搁浅在离主航道160米的浅滩上。次日，赵甲等通知丁保险公司该船舶出险。丁保险公司受理后，嘱船方待机自行脱浅。赵甲等人先后尝试拖轮拖离、高压水枪冲击船底泥沙以及在船底装气囊充气上浮等脱浅办法，并为此支付了12万元，但均告失败。

2006年6月15日，丙海运公司和赵甲等人向海事法院提起还船之诉，要求乙有限公司返还"乐油"轮，赔偿损失80万元。海事法院认定乙有限公司在光船租赁合同期限届满后未完全履行还船义务，判决其30日内还船，并赔偿损失。

2007年7月20日，丙海运公司向丁保险公司递交了书面的理赔报告，丁保险公司营

业部门受理后，将该理赔案移交给理赔部门。其理赔部门遂要求船方联系海事救助单位，编制可行性施救方案，并编制预算报告。丁保险公司也委托保险公估机构进行损失评估。

海事法院就还船之诉的判决生效后，一直未能执行，“乐油”轮仍然搁浅在原位置。于是，赵甲等人在2008年9月25日，又向海事法院提起保险赔偿之诉，要求丁保险公司赔偿船舶损失100万元、船舶施救费用16万元、船舶保管费用12万元等。丁保险公司提出6条拒赔理由，其中包括赵甲向海事法院提起本案诉讼之时，已经超过《海商法》第264条规定的2年时效。

仅就本案所涉及的诉讼时效问题，海事法院认为，本案涉及的被保险人丙海运公司于2007年7月20日向丁保险公司递交书面理赔报告，丁保险公司营业部门受理后，遂要求船方联系海事救助单位，编制可行性施救方案，并编制预算报告以及自行委托保险公估机构进行损失评估，上述行为均表明其同意进行保险理赔而未拒绝保险赔付，依据我国《海商法》第267条第1款的规定，构成“被请求人同意履行义务”，产生时效中断的法律效果。

显然，大家学习本案例，有助于理解我国《海商法》有关时效制度的规定精神，把握海事司法实践中的适用标准等实务问题。

第五节　涉外海事关系的法律适用

众所周知，海上运输往往是超出一国所管辖的水域的，由此产生的海事关系必然具有涉外因素。这种涉外因素，一般情况下是通过当事人之间的海事纠纷得到具体表现。比如，海事纠纷的一方或者各方为外国自然人、外国法人，或者是海事纠纷的标的物处于外国领域或者从外国领域进入公海或中国领域，也可以是海事纠纷所涉及的海上运输关系或者船舶关系得以产生、变更、消灭的法律事实发生在国外。从而，处理海事纠纷的目的就是稳定海事关系，而处理海事纠纷所遇到的首要问题，便是法律适用，即应当以哪一个国家的法律作为处理海事纠纷的准据法。为此，我国《海商法》专章（第十四章）规定了“涉外关系的法律适用”，用以作为确认处理海事纠纷准据法的规则。

一、确认准据法的基本原则

我国《海商法》第268条、第269条和第276条分别规定了确认准据法的基本原则：“中华人民共和国缔结或者参加的国际条约同本法有不同规定的，适用国际条约的规定；但是，中华人民共和国声明保留的条款除外。中华人民共和国法律和中华人民共和国缔结或者参加的国际条约没有规定的，可以适用国际惯例”。“合同当事人可以选择合同适用的法律，法律另有规定的除外。合同当事人没有选择的，适用与合同有最密切联系的国家的法律”。“依照本章规定适用外国法律或者国际惯例，不得违背中华人民共和国的社会公共利益”。

归纳上述法律规定，其中用于确认准据法的基本原则包括：

（1）国际法优先原则，即我国法院在处理涉外的海事纠纷时，我国缔结或者参加的国际条约与我国法律有不同规定的，应当优先适用国际条约的规定。但是，我国声明保留的条款除外。

（2）国际惯例补充原则，即我国法律和我国缔结或者参加的国际条约没有规定而有相应的国际惯例的，适用国际惯例处理海事纠纷。因为，我国法律承认国际惯例的适用效力。但是，国际惯例对于具体的海事纠纷是否具有适用效力取决于当事人的选择。

（3）公共秩序保留原则，即依据《海商法》确立的冲突规范，需要适用的外国法律或者国际惯例处理海事纠纷时与我国公共秩序、公共利益相抵触的，则法院排除该外国法或者国际惯例的适用而适用国内法。

（4）当事人意思自治原则，即处理海事合同纠纷的准据法时，首先适用合同当事人选择的法律。在实务中，当事人通常采取在海事合同中订立法律适用条款来确定解决海事合同纠纷时所应当适用的准据法。

（5）最密切联系原则，即合同当事人没有选择处理海事合同纠纷所应当适用的法律的，则适用与合同有最密切联系的国家的法律。所谓最密切联系，是指具体的海事合同因特定的连接因素而与特定国家的法律之间存在的紧密联系。诸如，合同履行地、合同缔结地、当事人的住所地、营业地等均属于连接因素。

实例枚举

中国的甲船务公司作为出租人就其所属的“惠山”轮，与中国的乙进出口贸易公司签订了航次租船合同。2006 年 5 月，“惠山”轮从中国 X 港装载袋装水泥运往 B 国 Y 港。此后，双方当事人因装卸港滞期费和时效问题发生争议。原因在于，双方所签订的航次租船合同中未约定所适用的法律。在仲裁审理过程中，甲船务公司与乙进出口贸易公司均引用中国《海商法》第 257 条论证各自的观点，只不过出租人甲船务公司的结论是其提起仲裁申请没有超过时效期间，而承租人乙进出口贸易公司的结论是出租人提起仲裁请求之时已超过时效期间。

仲裁庭认为，本案的双方当事人没有约定适用的法律，但双方在各自的主张中，均引用了中国法律。因此，考虑到出租人和承租人均为中国企业，仲裁地也在中国，根据最密切联系原则，处理本案争议应当适用中国法律。而根据我国《海商法》第 257 条规定的 2 年时效期间来计算，本案涉及的“惠山”轮 2006 年 5 月 24 日卸货完毕，出租人于 6 月 1 日致函要求承租人支付滞期费，则出租人知道或应当知道权利被侵害的时间应当开始于 6 月 1 日以后。相应地，出租人于 2008 年 5 月 26 日将仲裁申请书交由邮局寄往仲裁委员会，仲裁委员会亦于同日收到出租人传真发来的仲裁申请书，并于 2008 年 5 月 28 日收到其通过邮局寄送的仲裁申请书正本。据此，出租人提起仲裁请求并未超过法定的时效期间。

本案能帮助大家从海事仲裁实务角度理解我国《海商法》有关涉外关系的法律适用的规定精神，尤其是把握该法第 269 条所规定的最密切联系原则的适用标准。

二、确认准据法的具体规则

根据我国《海商法》第 269 条至第 275 条对于处理具体的海事纠纷规定了确认准据法的具体规则。

（1）有关船舶所有权的取得、转让和消灭的海事纠纷，适用船旗国法律。根据我国法律的规定，船舶所有权属于物权的主要类型。各国处理具有涉外因素的物权纠纷时，广泛适用“物之所在地法”的冲突规则。而在海商法领域，船舶所有权必须在某一国家登记，才能够悬挂登记国的国旗，受船旗国法律的保护。因此，解决有关船舶所有权的涉外纠纷时，船旗国的法律具有重要意义。

（2）有关船舶抵押权的海事纠纷，适用船旗国法律。如果涉及在光船租赁以前或者光船租赁期间，设立船舶抵押权的海事纠纷，适用原船舶登记国的法律。

（3）有关船舶优先权的海事纠纷，适用受理案件的法院所在地法律。

（4）有关船舶碰撞的损害赔偿的海事纠纷，适用侵权行为地法律。如果船舶在公海上发生碰撞的损害赔偿，适用受理案件的法院所在地法律。如果是同一国籍的船舶，不论碰撞发生于何地，碰撞船舶之间的损害赔偿适用船旗国法律。

（5）有关共同海损理算的海事纠纷，适用理算地法律。

（6）有关海事赔偿责任限制的海事纠纷，适用受理案件的法院所在地法律。

知识链接

《中华人民共和国海事诉讼特别程序法》诞生记①

1991 年 4 月 9 日，全国人民代表大会通过了《中华人民共和国民事诉讼法》。1999 年 12 月 25 日，全国人民代表大会常务委员会又通过了《中华人民共和国海事诉讼特别程序法》。那么，既然《民事诉讼法》是统一规范民事诉讼活动的法律体系，为什么还要颁布《海事诉讼特别程序法》呢？究其原因，是因为海事纠纷案件的特点决定了海事诉讼活动存在诸多区别于一般民事诉讼的特点，不能简单地适用《民事诉讼法》的一般性规则。因此，海事诉讼法律制度相对独立于民事诉讼在国际范围内已成为通例，尤其是作为老牌海运大国的英国早在 14 世纪即确立了海事法院与地方法院相分离的格局，并且，在海事诉讼范围内开创了对物诉讼形式。虽然，英国 1999 年新《民事诉讼规则》的实施，意味着海事诉讼与民事诉讼在英国趋于融合，但是，海事诉讼仍然基于其特殊性而主要适用英国的“司法指南 49F”规定的海事诉讼程序规则。大陆法系国家亦如此。例如，日本在《民事诉讼法》之外，另行颁布了《海事审判法》。

随着我国改革开放的深化和社会主义市场经济的发展，各海事法院受理的海事纠纷案件大幅度增加。但是，苦于缺乏以海事诉讼法律规范为根据，各海事法院只能在适用《民事诉讼法》的基础上，结合审理海事纠纷案件的特点，勇于摸索海事诉讼的新经验和新措施。可见，我国海事诉讼的实践，不仅急需专门的诉讼法律予以调整，也为制定海

---

① 摘编自：金正佳．海事诉讼法论．大连：大连海事大学出版社，2001.

事诉讼法积累了丰富的司法经验。于是，1994 年 1 月，全国人民代表大会委托最高人民法院起草《海事诉讼特别程序法》。

1994 年 3 月，最高人民法院成立了由富有海事审判经验的法官和著名法学专家组成的海事诉讼特别程序法起草小组。该起草小组先后在海运、外贸、保险、律师等实务界以及法院系统和高等院校召开了座谈会，进行了大量的调查研究，并且比较研究了其他海运国家海事诉讼的立法和司法情况，在此基础上拟订了《海事诉讼法（征求意见稿）》，送交有关的国家机关、企业系统、社会团体、法律院校和法院系统广泛地征求意见。

1998 年 12 月，最高人民法院将经过院审判委员会两次讨论的《海事诉讼法（草案）》，以《关于提请〈中华人民共和国海事诉讼法（草案）〉的议案》的名义，报送全国人民代表大会常务委员会。1999 年 7 月，该议案被提交给第九届全国人民代表大会常务委员会审议。同年 8 月 24 日，第九届全国人民代表大会常务委员会第十一次会议分组审议了《中华人民共和国海事诉讼特别程序法（第一次审议稿）》。此后，全国人民代表大会常务委员会在京召开各有关部门参加的座谈会，征求修改意见。1999 年 10 月 24 日，第九届全国人民代表大会常务委员会第十二次会议对经过修改的《中华人民共和国海事诉讼特别程序法（草案）》进行了第二次审议。

1999 年 12 月 18 日，第九届全国人民代表大会常务委员会第十三次会议对《中华人民共和国海事诉讼特别程序法（草案）》进行第三次审议，并于 25 日通过。当日，中华人民共和国主席江泽民签署了第 28 号主席令，并发布了《中华人民共和国海事诉讼特别程序法》。该法于 2000 年 7 月 1 日起在我国施行。由此可见，我国《海事诉讼特别程序法》是在总结我国海事诉讼司法实践经验的基础上，借鉴有关国际公约和其他国家海事诉讼立法与司法的先进经验，反复征求意见，反复进行修改，最终形成的立法成果。它的颁布和实施，是我国海事诉讼法律制度发展完善的重要标志。

问题与思考

1. 什么是海事争议？
2. 处理海事争议的途径有哪些？
3. 海事诉讼的特点是什么？
4. 海事法院主管哪些海事案件？
5. 如何确认海事法院的管辖权？
6. 什么是海事诉讼保全？
7. 什么是扣押船舶？扣押船舶的程序有哪些？
8. 什么是扣押货物？扣押货物的程序有哪些？
9. 海事强制令的程序有哪些？
10. 海事担保适用于哪些情况？

11. 如何设立海事赔偿责任限制基金？
12. 什么是船舶优先权催告程序？
13. 海事诉讼时效具有哪些特点？
14. 如何确认处理涉外海事关系应适用的准据法？

参考文献

1. 任建新．海商法教程．北京：人民法院出版社，1988.

2. 司玉琢，等．海商法详论．大连：大连海事大学出版社，1995.

3. 傅廷中．海商法论．北京：法律出版社，2007.

4. 韦经建．海商法．长春：吉林人民出版社，1996.

5. 张湘兰，等．海商法论．武汉：武汉大学出版社，1996.

6. 於世成，等．海商法．北京：法律出版社，1997.

7. 杨良宜．程租合约．大连：大连海事大学出版社，1998.

8. 贾林青．海商法．北京：中国人民大学出版社，2000.

9. 司玉琢．司玉琢海商法论文集．北京：法律出版社，1995.

10. 司玉琢，吴兆麟．船舶碰撞法．大连：大连海事大学出版社，1991.

11. 王恩韶，许履刚．共同海损．大连：大连海事大学出版社，1996.

12. 金正佳．海事诉讼法论．大连：大连海事大学出版社，2001.

13. 杨良宜，汪鹏南．英国海上保险条款详论．大连：大连海事大学出版社，1996.

14. 汪鹏南．海上保险合同法详论．大连：大连海事大学出版社，1996.

15. 郁志轰．美国海商法．杭州：杭州大学出版社，1996.

16. 当代香港航运编委会．当代香港航运．大连：大连海事大学出版社，1997.

17. 李政明，贾林青．海上保险合同的原理与实务．北京：中国政法大学出版社，1994.

18. 徐新铭．船舶优先权．傅廷忠，审．大连：大连海事大学出版社，1995.

19. 联合国亚太经社理事会．货运代理．刘洪俊，郭萍，编译．袁林新，校译．大连：大连海事大学出版社，1997.

20. 高言，康军．海商法理解适用与案例评析．北京：人民法院出版社，1996.
21. 北京大学法学院海商法研究中心主办．海商法研究．北京：法律出版社，2000.
22. 魏振瀛．民法．北京：北京大学出版社，高等教育出版社，2000.
23. 王利明．民法．4版．北京：中国人民大学出版社，2008.
24. 王利明，房绍坤，王轶．合同法．4版．北京：中国人民大学出版社，2013.
25. 范健．商法．北京：高等教育出版社，北京大学出版社，2000.
26. 最高人民法院民二庭（原经济庭）．担保法新释新解与适用．北京：新华出版社，2001.
27. 柴发邦．民事诉讼法学新编．北京：法律出版社，1996.
28. 中国对外贸易运输公司．国际货物运输法规选编．上海：同济大学出版社，1992.
29. 吴焕宁，等．重要的国际经济条约．贵阳：贵州人民出版社，1995.
30. 交通部政策法规司，交通部交通法律事务中心．《海商法》学习必读．北京：人民交通出版社，1993.
31. 租船及海运术语词典．北京：中国科学技术出版社，1999.
32. 司玉琢．中国海商法年刊：1997年至2011年各卷．大连：大连海事大学出版社，1997－2011.
33. 司玉琢．中国海商法研究：2012年至2022年各卷．大连：大连海事大学出版社，2012－2016.
34. 孙丁杰，赵承璧，张希森，主审．国际海事欺诈．北京：中信出版社，1993.
35. 司玉琢．海商法专论．北京：中国人民大学出版社，2010.
36. 司玉琢，韩立新．《鹿特丹规则》研究．大连：大连海事大学出版社，2009.
37. 司玉琢，胡正良．《中华人民共和国海商法》修改建议稿条文、参考立法例、说明．大连：大连海事大学出版社，2003.
38. 司玉琢．海商法专题研究．大连：大连海事大学出版社，2002.
39. 关正义．海事审判实务研究．大连：大连海事大学出版社，2006.
40. 中华人民共和国交通部．2015中国航运发展报告．北京：人民交通出版社，2016.
41. 习近平．习近平谈治国理政．北京：外文出版社，2014.
42. 习近平．习近平谈治国理政：第2卷. 北京：外文出版社，2017.
43. 习近平．习近平谈治国理政：第3卷. 北京：外文出版社，2020.
44. 《习近平法治思想概论》编写组．习近平法治思想概论．北京：高等教育出版社，2021.

图书在版编目（CIP）数据

海商法 / 贾林青著．-- 6 版．-- 北京：中国人民大学出版社，2024.8．--（新编 21 世纪法学系列教材/曾宪义，王利明总主编）．-- ISBN 978-7-300-33043-3

Ⅰ．D996.19

中国国家版本馆 CIP 数据核字第 2024EX9715 号

新编 21 世纪法学系列教材

总主编　曾宪义　王利明

海商法（第六版）

贾林青　著

Haishangfa

出版发行	中国人民大学出版社		
社　　址	北京中关村大街 31 号	邮政编码	100080
电　　话	010－62511242（总编室）		010－62511770（质管部）
	010－82501766（邮购部）		010－62514148（门市部）
	010－62515195（发行公司）		010－62515275（盗版举报）
网　　址	http://www.crup.com.cn		
经　　销	新华书店		
印　　刷	北京溢漾印刷有限公司	版　　次	2000 年 7 月第 1 版
开　　本	787 mm×1092 mm　1/16		2024 年 8 月第 6 版
印　　张	30.5 插页 1	印　　次	2024 年 8 月第 1 次印刷
字　　数	697 000	定　　价	78.00 元

《　　　　　　　　》※任课教师调查问卷

为了能更好地为您提供优秀的教材及良好的服务，也为了进一步提高我社法学教材出版的质量，希望您能协助我们完成本次小问卷，完成后您可以在我社网站中选择与您教学相关的 1 本教材作为今后的备选教材，我们会及时为您邮寄送达！如果您不方便邮寄，也可以申请加入我社的**法学教师 QQ 群：436438859（申请时请注明法学教师）**，然后下载本问卷填写，并发往我们指定的邮箱（cruplaw@163.com）。

邮寄地址：北京市海淀区中关村大街甲 59 号文化大厦 1202 室收

邮　　编：100080

再次感谢您在百忙中抽出时间为我们填写这份调查问卷，您的举手之劳，将使我们获益匪浅！

基本信息及联系方式※：

姓名：__________ 性别：__________ 课程：____________________

任教学校：______________________ 院系（所）：________________

邮寄地址：______________________ 邮编：____________________

电话（办公）：__________ 手机：__________ 电子邮件：__________

调查问卷※：

1. 您认为图书的哪类特性对您使用教材最有影响力？（　　）（可多选，按重要性排序）

   A. 各级规划教材、获奖教材　　B. 知名作者教材

   C. 完善的配套资源　　D. 自编教材

   E. 行政命令

2. 在教材配套资源中，您最需要哪些？（　　）（可多选，按重要性排序）

   A. 电子教案　　B. 教学案例

   C. 教学视频　　D. 配套习题、模拟试卷

3. 您对于本书的评价如何？（　　）

   A. 该书目前仍符合教学要求，表现不错将继续采用。

   B. 该书的配套资源需要改进，才会继续使用。

   C. 该书需要在内容或实例更新再版后才能满足我的教学，才会继续使用。

   D. 该书与同类教材差距很大，不准备继续采用了。

4. 从您的教学出发，谈谈对本书的改进建议：________________________

____

____

选题征集：如果您有好的选题或出版需求，欢迎您联系我们：

联系人：黄　强　联系电话：010-62515955

索取样书：书名：____

书号：____

备注：※ 为必填项。